Le contrôle fiscal des contrats d'affaires internationaux en Afrique

Le droit aujourd'hui

La collection « Le droit aujourd'hui » regroupe des études juridiques concernant des problèmes d'actualité nationale et internationale, dans divers domaines (éthique, politique, questions de société...).

Dernières parutions

Héloïse PLAQUIN, *Identités culturelles régionales ou autochtones et Etats unitaires. Les exemples de la Corse en France et du peuple sami en Norvège*, 2024.
Jacques DELGA, *Avocat, Parcours et règles essentielles*, 2024.
Béatrice BLOHORN-BRENNEUR (dir.), *La médiation sur les cinq continents, rêve ou réalité ? GEMME 20 ans déjà !*, 2024.
Anaïs VIAL, *Le droit à la mort*, 2024.
Béatrice BLOHORN-BRENNEUR (dir.), *Médiation, écologie, environnement et intelligence artificielle*, 2024.
François GERBER, *Tempête Xynthia. La responsabilité des acteurs locaux dans les conséquences de la submersion*, 2023.
Olivier SALOMON, *Interprétation artistique et propriété intellectuelle, Essai d'une théorie du voisinage des droits exclusifs au sein de la propriété littéraire et artistique*, 2023.
Sarah TOUBAL, *Le rebond du débiteur. Contribution à l'étude du droit de la défaillance économique,* 2023.
Claire BORREL, Loïc PELISSIER, Abélisse PINCHON, *Altruisme et Droit*, 2023.
Cristina Elena POPA TACHE, *Le dynamisme du droit international public contemporain et la transdisciplinarité,* 2023.
Charles COLOMAR, *Le droit de l'art en question(s). 20 réponses juridiques sur des thématiques artistiques*, 2023.
Marcel Yannick MISONGUI, *La protection juridictionnelle par la Cour de justice dans l'ELSJ et la PESC après le Brexit*, 2023.
François CAMPAGNOLA, *Précis de droit de l'énergie*, 2023.
Sébastien DEMAY, *La charge de travail à l'ère du numérique*, 2023.
Meganne NATALI, *Le droit international face au trafic illégal de biodiversité sauvage,* 2023.

Sylvain NGNEBA

Le contrôle fiscal des contrats d'affaires internationaux en Afrique

Préface de Francis QUEROL

L'Harmattan

5-7, rue de l’École polytechnique, 75005 Paris

www.harmattan.fr

978-2-336-50242-7

9782336502427

REMERCIEMENTS

Monsieur Francis Querol, puissiez-vous trouver ici l'expression de mon infinie gratitude pour la confiance que vous avez bien voulu placer en moi, ainsi que pour l'encadrement bienveillant et exigeant de ce travail de recherche. La richesse de vos conseils et la rigueur de votre relecture ont largement influencé la qualité de ce travail. Ce fut une agréable expérience autant qu'un réel privilège d'être votre doctorant.

Madame le Professeur Maria Amparo Grau Ruiz, Mesdames Fabienne Labelle et Marie-Andrée Rakotovahiny, Messieurs les Professeurs Olivier Debat et Martin Ndende, Messieurs Manuel Chastagnaret et Pascal Saint-Amans, je vous suis profondement reconnaissant d'avoir bien voulu m'honorer en acceptant de lire cette étude et de siéger au sein du jury de ma soutenance de thèse.

Mes remerciements vont en outre à Messieurs, Stéphane Essaga, René Ossa, Richard Evina Obam, Fred Ebongue Makolle, Ferdinand Nji Tandji, Etoa Kessek, Hamidou Bouba Adji, Blaise Moussa, Roland Atanga Fongue, et Serge Alain Godong pour leur soutien multiforme.

J'exprime enfin ma profonde gratitude à tous ceux dont la sollicitude aura été constante tout au long de ces années de thèse. Ainsi en est-il notamment de Madame Inès Yomog pour sa relecture et de Monsieur Samuel Amenguele Akin pour ses conseils avisés.

Plus que tout, merci à ma mère, de si regrettée mémoire, et à mon père, infatigable amoureux de la vie. Par-dessus tout, merci à mon épouse Marie Madeleine et à nos merveilleux enfants que je ne cesserai jamais de chérir.

Le présent ouvrage est une version remaniée – en la forme - de la thèse de Doctorat en droit de Monsieur Claude Sylvain Ngneba Wandop soutenue publiquement le 20 juin 2023 à l'Université Toulouse Capitole.

Siégeaient au jury de thèse :

Mesdames Fabienne Labelle (Examinatrice), Maria Amparo Grau Ruiz (Examinatrice), Marie-Andre Rakotovahiny (Examinatrice) ; Messieurs Manuel Chastagnaret (Rapporteur), Martin Ndende, (Rapporteur), Pascal Saint Amans (Examinateur) Francis Querol (Directeur de thèse) et Olivier Debat (Président du jury).

PRÉFACE

Il est des thèses que l'on garde longtemps en mémoire après avoir terminé leur lecture tant elles imprègnent l'esprit de leur lecteur et tant elles l'éclairent. La thèse soutenue par Claude Sylvain NGNEBA WANDOP est assurément de celles-là. L'auteur a défendu, à l'Université Toulouse Capitole, le 20 juin 2023, devant un éminent jury international de spécialistes du droit fiscal, une richissime recherche portant sur « Le contrôle fiscal des contrats d'affaires internationaux en Afrique », que j'ai eu l'honneur et le plaisir de diriger. C'est aujourd'hui cet ouvrage qu'il vous est donné de découvrir. Permettez-nous de vous dire quelles sont les raisons qui ont emporté notre conviction (et celles du jury) et celles pour lesquelles, nous l'espérons, vous l'adorerez.

Que l'ouvrage ait été rédigé par un spécialiste du droit fiscal pourrait constituer un premier argument en faveur de son intérêt. Mais cet argument, pour être intéressant, ne se suffit pas en lui-même : combien d'excellents ouvrages de droit fiscal, commis par des auteurs dont la science ne fait aucun doute, dorment au fond d'une bibliothèque, ignorés de tous, sous une épaisse couche de poussière ? Gageons qu'il n'en sera pas de même de ce manuel mis entre vos mains et que sa lecture suscitera votre intérêt et éveillera votre curiosité !

Mais commençons par le commencement. Sylvain Ngneba, après de solides études juridiques universitaires dans son pays, démarra une carrière au sein de l'administration fiscale du Cameroun à la Direction Générale des Impôts du Ministère des Finances où il occupa, au fil du temps, différents postes de responsabilité dans des unités en charge du contrôle fiscal. La mission de vérification fiscale des entreprises de toutes tailles et de toutes sortes (locales, régionales, nationales et multinationales) lui conféra une très précise connaissance des pratiques commerciales mises en place par les grands groupes internationaux. Patiemment, il forgea sa conviction : celle d'un monde des affaires prêt à jouer des lacunes, des imperfections et des potentialités offertes par une règlementation fiscale au mieux permissive au pire défaillante ; d'un autre côté, la perplexité d'un contrôleur disposant d'un arsenal juridique impressionnant dont il ne sait pas user. Cette expérience dura plusieurs années. Mais il était dit que l'horizon professionnel de Sylvain Ngneba ne pouvait s'arrêter à une pratique, purement administrative, du droit fiscal. Les horizons qu'offrait l'administration fiscale étant sous-dimensionnés au regard des savoirs et de l'appétit scientifique de l'auteur, un changement s'imposait. Franchissant le Rubicon, il intégra, ensuite, un cabinet de conseil et d'audit appartenant au club fermé des « big four ». Cette fois-ci, il endossa le costume de conseil du contribuable soucieux de préserver au mieux les intérêts de ses clients dans le respect de la légalité fiscale. La carrière professionnelle de Sylvain Ngneba dans le domaine du conseil fiscal, déjà bien remplie selon l'expression consacrée, aurait pu continuer paisiblement son chemin. Il n'en fut rien et, récemment, il intégra l'univers des organisations internationales afin de vivre une nouvelle aventure. En définitive, ces multiples et diverses expériences structurent l'ouvrage, lequel couple naturellement théorie et pratique, existant et futur, notions et applications. Une des multiples qualités, et non la moindre, de ce dernier est qu'il regorge, en outre, d'exemples concrets le rendant accessible à tout un chacun et ce, en vulgarisant les règles fiscales souvent perçues, avec raison, comme complexes.

Sur le plan formel, l'ouvrage de Sylvain Ngneba est excellemment écrit : le style est précis et ciselé, les mots choisis, les formules font mouche et la syntaxe jamais prise en défaut. Sa lecture s'en trouve, naturellement, facilitée et le lecteur peut se concentrer, d'emblée, sur la réflexion et le débat juridiques primordiaux sur un sujet aussi technique.

Sur le fond, la démonstration retenue, sans vouloir pour autant la déflorer, tient en deux mots : déconstruire pour reconstruire. Ainsi donc, après avoir évacué dans l'introduction les termes techniques de son sujet (contrat d'affaires) et l'avoir circonscrit d'un point de vue géographique (les pays d'Afrique francophone), l'auteur explique que les agents du fisc sont » désorientés » par le contenu des contrats d'affaires internationaux dont ils ne saisissaient pas, d'emblée, toutes les implications fiscales. Pour le dire plus simplement, les contrats d'affaires internationaux sont, trop souvent, analysés pour ce qu'ils semblent être (une simple construction juridique) et pas pour ce qu'ils sont réellement (une construction juridique permettant l'évitement de l'impôt). Pourtant, les moyens juridiques susceptibles de mettre en échec ce subterfuge, comme le souligne Sylvain Ngneba, ne manquent, apparemment, pas (théorie de l'abus de droit par exemple). Ils se heurtent cependant à la difficulté de leur mise en œuvre (formation défaillante des agents de l'administration chargée du contrôle fiscal, extrême sophistication des montages propre à dérouter les contrôleurs...). Tout bien considéré, les clauses habituellement contenues dans les contrats d'affaires internationaux se transforment, bien trop souvent, en pompes aspirantes du transfert indirect des bénéfices (via notamment la théorie des prix de transfert), au grand dam des Etats lésés et des principes juridiques les plus élémentaires (égalité devant l'impôt).

Que l'on se rassure, l'ouvrage de Sylvain Ngneba n'est pas uniquement un livre pour initiés. Certes, en tant que thèse universitaire, il élabore une théorie reposant sur l'étude de notions, de procédures et de pratiques complexes. Comment pourrait-il en être autrement, puisque ces impératifs sont consubstantiels à tout travail scientifique de recherche ? Mais l'ouvrage de Sylvain Ngneba est bien plus que cela. Il invite le lecteur, non spécialiste, à s'interroger sur les grands principes qui guident l'ordonnancement juridique et fiscal de notre temps : qu'est-ce qu'une bonne politique fiscale ? Existe-t-il une gouvernance fiscale internationale ? Comment préserver les droits des Etats, et par là-même des citoyens ? Devant les pratiques fiscales agressives de sociétés multinationales, peut-on circonscrire le risque fiscal ? Toutes ces questions et bien d'autres inviteront le lecteur à s'interroger sur son rapport à la vie en société, au monde des affaires et, disons-le, à la fiscalité comme moyen de régulation. Voilà pourquoi, nous conseillons, après tout, la mise « entre toutes les mains » de cet ouvrage !

1er mars 2024

Francis QUEROL
Maître de conférences en droit public
Institut du Droit de l'Espace, des Territoires, de la Culture et de la Communication (IDETCOM)
Université Toulouse Capitole

SOMMAIRE

REMERCIEMENTS **7**

PRÉFACE **9**

SOMMAIRE **13**

TABLE DES ABRÉVIATIONS **15**

INTRODUCTION GÉNÉRALE **17**

PARTIE I

LA DÉSORIENTATION DU CONTRÔLE PAR LES CONSTRUCTIONS À FINALITÉ FISCALE DES CONTRATS D'AFFAIRES INTERNATIONAUX **57**

TITRE I

LE TRANSFERT INDIRECT DE BÉNÉFICES, OBJET FUGITIF DU CONTRÔLE FISCAL DES CONTRATS D'AFFAIRES INTERNATIONAUX **61**

CHAPITRE I

LE TRANSFERT INDIRECT DE BÉNÉFICES, OPÉRATION CONTRACTUELLE D'ÉVITEMENT DU CONTRÔLE FISCAL 63

CHAPITRE II

LE CONTRÔLE FISCAL, FONCTION VIRTUELLE D'ÉVICTION DES TRANSFERTS INDIRECTS DE BÉNÉFICES 127

CONCLUSION TITRE I **195**

TITRE II

L'ABUS DE DROIT, LEVIER FURTIF D'ÉVITEMENT DU CONTRÔLE FISCAL DES CONTRATS D'AFFAIRES INTERNATIONAUX **197**

CHAPITRE I. 201

LE DÉSÉQUILIBRE FISCAL DES CONTRATS D'AFFAIRES INTERNATIONAUX OCCASIONNÉ PAR L'ABUS DE DROIT 201

CHAPITRE II

LA DÉSARTICULATION DU CONTRÔLE FISCAL DES CONTRATS D'AFFAIRES INTERNATIONAUX DU FAIT DE L'ABUS DE DROIT 249

CONCLUSION DU TITRE II **315**

CONCLUSION DE LA PREMIÈRE PARTIE....................................317

PARTIE II

LA RÉORIENTATION DU CONTÔLE PAR LA DÉCONSTRUCTION FISCALE DES CONTRATS D'AFFAIRES INTERNATIONAUX....................................319

TITRE I

LE DECRYPTAGE FISCAL DES CLAUSES, OUTIL DIDACTIQUE DE DECONSTRUCTION DES CONTRATS D'AFFAIRES INTERNATIONAUX....................................323

CHAPITRE I....................................325

LA DÉTECTION DES RISQUES FISCAUX DISSIMULÉS DANS LES MONTAGES CONTRACTUELS TRANSNATIONAUX....325

CHAPITRE II

LA DÉTECTION DES RISQUES FISCAUX CONTRACTUELS MODULÉE PAR SECTEUR D'ACTIVITÉS....................................407

CONCLUSION DU TITRE I....................................471

TITRE II

L'ÉQUILIBRE FISCAL DES CLAUSES, FINALITÉ DE LA DÉCONSTRUCTION DES CONTRATS D'AFFAIRES INTERNATIONAUX....................................473

CHAPITRE I....................................477

LA NÉCESSAIRE PRÉSERVATION DES INTERÊTS FISCAUX DE L'ÉTAT....................................477

CHAPITRE II

LA NÉCESSAIRE PRÉSERVATION DE LA SÉCURITE FISCALE DES CONTRIBUABLES TRANSNATIONAUX....................................533

CONCLUSION DU TITRE II....................................577

CONCLUSION DE LA DEUXIÈME PARTIE....................................579

CONCLUSION GÉNÉRALE....................................581

BIBLIOGRAPHIE SÉLECTIVE....................................587

INDEX....................................607

TABLE DES ABRÉVIATIONS

ALENA : Accord de libre-échange nord-américain
APEC : Asia-Pacific Economic Cooperation
ATAF: African Tax Administration Forum
AUA : Acte uniforme relatif au droit de l'arbitrage
AUDCIF : Acte uniforme relatif au droit comptable et à l'information financière
AUSCGIE : Acte uniforme relatif au droit des sociétés commerciales et du groupement d'intérêt économique
BEPS: Base Erosion and Profit Shifting
BOFiP : Bulletin officiel des finances publiques
Bull. civ. : Bulletin des arrêts de la Cour de cassation, Chambres civiles
CAA : Cour administrative d'appel
Cass. Civ. : Arrêt de la Cour de cassation, Chambre civile
C.civ. : Code civil
CCJA : Cour Commune de Justice et d'Arbitrage
CDI : Centre divisionnaire des impôts
CGI : Code général des impôts
CEA : Commission économique pour l'Afrique
CE : Conseil d'Etat
CEMAC : Communauté économique et monétaire de l'Afrique centrale
Chron. : Chronique
CIMA/ Conférence interafricaine des marchés d'assurance
CIME : Centre des impôts des moyennes entreprises
Circ. : Circulaire
CIRDI : Centre international de règlement des différends relatifs à l'investissement
coll. : Collection
Comm. : Commentaire
Concl. : Conclusions
Cons. const : Décision du Conseil constitutionnel
CNUDCI : Commission des Nations Unies pour le droit commercial
DGE : Direction des grandes entreprises
DGI : Direction générale des impôts
Dr. fisc : Revue de Droit fiscal
éd. : Edition (s)
F.CFA : Franc CFA
FMI : Fonds monétaire international
Ibid. : Cité dans la note immédiatement supérieure
IRCM : Impôt sur le revenu des capitaux mobiliers

IS : Impôt sur les sociétés
LME : London Metal Exchange
LPF : Livre des procédures fiscales
NYMEX : New York Mercantile Exchange
OCDE : Organisation de Coopération et de Développement économique
OHADA : Organisation pour l'harmonisation du droit des affaires en Afrique
OIT : Organisation internationale du travail
OMC : Organisation mondiale du commerce
ONU : Organisation des Nations-Unies
p. : page
PPTE : Pays pauvres très endettés
RJF : Revue de jurisprudence fiscale
et s. : et suivants
sous-sect. : Sous- section(s)
SYSCOHADA : Système comptable de l'Organisation pour l'Harmonisation en Afrique du Droit des Affaires
TSR : Taxe spéciale sur le revenu
TVA : Taxe sur la valeur ajoutée
UA : Union Africaine
UDEAC : Union Douanière et Economique de l'Afrique Centrale
UEMOA : Union Economique et Monétaire Ouest-Africaine

INTRODUCTION GÉNÉRALE

1. La dynamique actuelle de globalisation des échanges, impulsée par les pays industrialisés et relayée par les pays émergents, a quelque peu pris au dépourvu les pays africains. Elle a en effet pris son envol en occident après la deuxième guerre mondiale alors que se posaient à peine les jalons des futurs Etats africains[1]. Aujourd'hui à leur tour en quête d'émergence, les économies de ces jeunes Etats sont, plus que par le passé, appelées à s'ouvrir aux capitaux extérieurs ainsi qu'aux biens et services offerts par le marché international.

2. Souhaitée ou non, cette ouverture est sous-tendue par une impressionnante dynamique contractuelle impulsée par une kyrielle de stratégies professionnelles et commerciales déployées par les opérateurs économiques transnationaux[2] au point de représenter un véritable défi technologique aussi bien pour les fiscalistes que pour les pouvoirs publics ; ces derniers étant confrontés, entre autres, au souci lancinant de mobilisation des recettes fiscales piégées par ce marché.

3. Comme dans le marché intérieur, les affaires internationales se nouent et se dénouent de nos jours essentiellement au gré des stratégies commerciales et financières des opérateurs économiques transnationaux au moyen de contrats tantôt matériels, tantôt dématérialisés. Le monde des affaires est de fait aujourd'hui l'expression d'une vitalité contractuelle sans précédent[3]. Cette vitalité se traduit par une expansion aussi bien quantitative que qualitative du phénomène contractuel. Le contrat est à la base de la vie des affaires et la vie économique est inconcevable sans le contrat, car c'est

---

[1] En effet, la Communauté Européenne du Charbon et de l'acier (C.E.C.A.), ancêtre de l'actuelle Union Européenne (U.E.) a été créée en 1951 pour réaliser le marché commun du charbon et de l'acier entre les pays du Benelux, la France, l'Italie et la R.F.A. alors que voyaient à peine le jour en Afrique, les premiers mouvements de décolonisation et d'indépendance.

[2] L'expression « opérateurs économiques transnationaux » dans la présente étude renvoie aux entités, personnes physiques ou morales, qui réalisent des activités économiques qui traversent les frontières nationales. Au nombre de ces entités figurent en bonne place les Etats et les entreprises transnationales. (Voir en ce sens *Dictionnaire d'économie et des faits économiques et sociaux contemporains*, BIALES (C.), BIALES (M.), LEURION (R.), RIVAUD (J.-L.), Foucher, coll. « La dicothèque Foucher », 1999, p. 427 ; LHUILIER G.), *Le droit transnational*, Dalloz, coll. « méthodes du droit », 2016, 4e de couv.)

[3] La richesse du phénomène contractuel n'est plus à démontrer et se perçoit de manière saisissante à travers cette célèbre formule de JOSSERAND : « Nous vivons de plus en plus contractuellement » *in Aperçu général des tendances actuelles de la théorie des contrats*, RTD civ. 1937 1, spéc. 7, cité par DUTILLEUL (F.), COLLART et DELEBECQUE (P.), *Contrats civils et commerciaux*, Paris, Dalloz, 9e éd., 2011, p.1.

dans ce cadre qu'il manifeste le plus évidemment son existence. Le contrat est un instrument de dialogue qui permet, sur la base d'un consensus et d'une égalité au moins supposée, de réguler avec souplesse les rapports entre les parties. Et au fil du temps, les contrats d'affaires internationaux façonnent le relief de la mondialisation en même temps qu'ils épousent ses contours. Ils constituent le créneau juridique par excellence de diffusion du capitalisme marchand[4].

4. Le terrain de la mondialisation économique, bâti sur le fondement de la libre circulation des marchandises et des personnes, de frontières supprimées, est davantage un espace impitoyable qui tend à transcender la logique d'un système interétatique pour lui substituer une logique de réseaux transnationaux[5]. Cet espace se construit sur le fondement d'un rapport de force permanent entre les acteurs économiques les plus puissants et les plus faibles, entre les producteurs et détenteurs du savoir et du savoir-faire et les consommateurs du savoir, entre les nantis et les moins nantis. Les effets institutionnels de cette mondialisation selon Monsieur Grégoire Duhamel se manifestent par l'importance de plus en plus accrue des instances de surveillance (OMC, FMI, OCDE, OIT, etc.) et par le pouvoir renforcé du « contrat » entre les entreprises ou les individus par rapport à la « loi », issue elle de l'idéologie ou du clientélisme électoral[6] ; le tout dans un contexte où l'accélération technologique est en train de prendre de vitesse la plupart des législations politiques et financières[7] .

5. Sur ce terrain, l'Afrique sub-saharienne fait pour l'instant office de faire-valoir, pourvoyeuse qu'elle est de ressources naturelles dont la transformation profite principalement aux pays industrialisés. A la fin du siècle dernier, des spécialistes de fiscalité internationale, prévoyaient déjà qu'en matière fiscale, *« le vrai et seul problème que les Etats et la communauté internationale allaient devoir s'attacher à résoudre dès le début du XXIe siècle, serait la prise en compte de la disparition des frontières[8] »*. L'actualité du début du XXIe siècle est, à plus d'un titre, édifiante sur cette question lorsqu'on la considère sous l'angle fiscal. Les grandes « affaires » récemment révélées par des consortiums de journalistes d'investigations témoignent en effet de l'ampleur des phénomènes de fraude, d'évasion et d'optimisation fiscale internationales[9]. Face à ces fléaux,

---

[4] Voir en ce sens ADDA (J.), *La mondialisation de l'économie -1, Genèse*, Paris, La découverte, 2001, p. 3 : l'auteur est sans concession sur le sujet : *« Parler de mondialisation, écrit-il, c'est évoquer l'emprise d'un système économique, le capitalisme, sur l'espace mondial »*.

[5] ADDA (J.), *op. cit.*, p. 3.

[6] DUHAMEL (G.), *Les paradis fiscaux*, Paris, Grancher, 4e éd., 2006, p. 666.

[7] DUHAMEL (G.), *op. cit.*, p. 666.

[8] RASSAT (P.) et MONSELATO (G.), *Les prix de transfert*, Paris, Maxima, 1998.

[9] Il en va ainsi notamment de l'affaire dite des *« Panama Papers »* déclenchée en 2015 par un lanceur d'alerte anonyme et relayée en 2016[2] par le Consortium international des journalistes d'investigation (ICIJ) basé à Washington. Cette affaire a mis en cause les activités de la firme

l'Afrique s'est pendant des décennies affichée comme une victime résignée, dévorée qu'elle a toujours été par le capitalisme mondial. Tout au plus est-elle apparue comme un acteur passif de la mobilisation mondiale menée par les pays industrialisés contre la fuite des opérateurs économiques transnationaux devant l'impôt. Notre réflexion sur le contrôle fiscal des contrats d'affaires internationaux se propose de comprendre les facteurs explicatifs de l'atrophie de ce contrôle avant de proposer aux Etats africains une approche susceptible d'induire une meilleure efficacité dudit contrôle. Elle invite dès lors à se saisir d'une part, des aspects théoriques de la relation entre le contrôle fiscal et les contrats d'affaires internationaux **(§1)** et, d'autre part, de l'approche méthodologique **(§2)** retenue pour la mettre en œuvre.

§1. Aspects théoriques de la relation entre le contrôle fiscal et les contrats d'affaires internationaux

6. La présente étude a vocation à mettre en exergue les rapports actuels ou éventuels susceptibles d'orienter l'action du contrôle fiscal vis-à-vis du phénomène des contrats d'affaires internationaux. La réflexion quant à cette relation appelle avant tout de notre part des clarifications terminologiques autour des concepts de contrôle fiscal et de contrat d'affaires international **(A)**. Elle requiert ensuite que soit précisés l'objet **(B)** et l'intérêt de notre étude **(C)** de sorte à en dégager la problématique **(D)**.

A. Clarifications terminologiques autour des concepts de contrôle fiscal et de contrat d'affaires international

7. Nos travaux interrogent la relation singulière qui existe entre le contrôle fiscal, envisagé comme un instrument juridique aux mains de l'administration fiscale, et les contrats d'affaires internationaux, considérés comme des instruments juridiques aux mains des opérateurs économiques transnationaux. La compréhension du rapport de force existant entre ces deux types instruments appelle inévitablement de notre part des clarifications conceptuelles pouvant permettre de saisir la caractérisation des rapports qu'ils entretiennent telle qu'exposée tout au long de nos travaux.

8. Le concept de contrat d'affaires international. Les contrats d'affaires internationaux sont avant tout des contrats et l'on oublie trop souvent, d'après la doctrine, que le contrat est un procédé de création des normes du droit individuelles[10]. En effet, le contrat est bien un procédé de création de normes nécessaires à la réalisation du seul projet des parties[11]. Il

Mossack Fonseca en lien avec plus de 214 000 sociétés *offshores* utilisées comme sociétés écrans dans l'évasion fiscale et le blanchiment d'argent.

[10] Voir en ce sens JACQUET (J.M.), DELEBECQUE (P), CORNELOUP (S.), *op. cit.*, n°25, p. 18.

[11] *Ibid.*, p.19

est à cet égard admis par la doctrine et la loi que le contrat n'est pas seulement une espèce de convention, mais un accord de volontés ayant pour finalité la production de certains effets juridiques entrainant des obligations juridiques[12]. D'après Stefan Goltzberg, le contrat est *« ...un accord, ou plutôt l'expression, voire la formalisation d'un accord*[13] *»*. La définition proposée par le Code civil français conduit à considérer le contrat comme « *une convention par laquelle une ou plusieurs personnes s'obligent envers une ou plusieurs autres, à donner, à faire ou à ne pas faire quelque chose*[14] ». Monsieur Frédéric Dal Vecchio observe dans les lignes introductives de sa thèse qu' *« aussi loin que l'on puisse remonter dans l'échelle du temps, l'une des caractéristiques des sociétés humaines est l'existence d'échanges économiques qui trouvent leur traduction juridique à travers les conventions, notamment à travers le contrat*[15] *»* qu'il présente en paraphrasant la doctrine française comme l'instrument par excellence d'échange des biens et de services [16] traduisant la tentation des hommes de s'approprier l'avenir.[17]

9. Il n'est pas nécessaire d'avoir une science des contrats particulièrement pointue pour se rendre compte de leur importance dans la marche des affaires. Monsieur Jean Marc Mousseron dans son ouvrage consacré à la *technique contractuelle* nous invite à faire une analogie entre le contrat et la roue. Comme la roue écrit-il, *« le contrat est l'une des créations les plus utiles et les plus simples de l'Humanité. Rien de plus utile, en effet, dans la mesure où le contrat substitue le dû au spontané et, par-là, le durable à l'instantané. Il permet, alors, la création d'engagements prolongés à tous les niveaux de relations, des plus brèves aux plus amples ; comme la roue, le contrat est en effet, adaptable à la plus grande variété de situations : du prêt d'un stylo à la construction d'une raffinerie...*[18] *»* Le contrat nous apparaît dans le prolongement de cette image comme un instrument indissociable de la vie des affaires.

---

[12] COHET (F.), *Le contrat*, PUG, 2016, p. 7, n° 9.
[13] GOLTZBERG (S.), *Les sources du droit*, PUF, coll. « Que sais-je ? », 2016, p.81.
[14] C. civ., art.1101.
[15] DAL VECCHIO (F.), *L'opposabilité des conventions de droit privé*, l'Harmattan, coll. « Finances publiques », 2014, p. 19.
[16] STARCK (B.), ROLAND (H.) et BOYER (L.), *Droit civil des obligations 2 Contrat*, Litec, coll. « Manuel », 6ème éd., 1998, p. 512, cité par DAL VECCHIO (F.), *op. cit.*, p. 19.
[17] *« Il y a dans le mécanisme du contrat, du moins quand il est productif d'obligation, quelque chose qui le pousse à essayer de s'emparer de l'avenir. [...] Le contrat représente ainsi la tentative la plus hardie qui se puisse concevoir pour établir la domination de la volonté humaine sur les faits en les intégrant d'avance dans un acte de prévision.* » (HAURIOU (M.), *Principe de droit public à l'usage des étudiants en licence et en doctorat sciences politiques*, 2ème éd., 1996, p. 201, cité par DAL VECCHIO (F.), *op. cit.*, p. 19.
[18] MOUSSERON (J. M.), *Technique contractuelle*, Editions Francis Levèbvre, 4e éd. par MOUSSERON (P.), RAYNARD (J). et SEUBE (J. B.), 2010, p. 18.

10. Tout en participant de cette définition fondatrice de son essence juridique, le contrat dans la vie des affaires, se présente comme l'accord de deux agents économiques sur la manière de régler certains flux entre eux[19]. Le contrat d'affaires a la particularité d'avoir pour fonction de traduire en des termes juridiques une opération économique[20]. Les contrats d'affaires sont des contrats ayant vocation à régir « les affaires » au sens de transactions ou de marchés, d'opérations commerciales ou financières voire, spéculatives. De cette conception découle le caractère protéiforme des contrats d'affaires. La doctrine nous apprend que la notion d'affaires recouvre une gamme extrêmement large d'opérations, et que l'on qualifie de « contrat d'affaires », une infinie variété de contrats que les entreprises passent entre elles dans le souci d'organiser leurs relations économiques et financières[21]. Les contrats d'affaires relèvent logiquement du droit des affaires et se caractérisent dans leur développement par une effervescence technique et économique singulière se justifiant par le fait qu'ils relèvent de l'ordre juridique international, et qu'ils gèrent par suite des intérêts économiques internationaux.

11. Les contrats d'affaires relèvent ainsi du domaine global du droit des affaires qui s'appréhende comme l'ensemble des règles applicables aux intervenants de la vie économique à raison de leur activité professionnelle. Au-delà du droit commercial qui s'applique aux seuls commerçants, le droit des affaires régit tous les professionnels, qu'ils soient commerçants, artisans, agriculteurs ou professionnels libéraux. C'est le droit applicable aux personnes qui effectuent à titre de profession indépendante, des opérations qui participent à la circulation des richesses, dans tous les domaines de la vie économique[22].

12. Les contrats d'affaires tiennent en général une place prééminente dans la vie des entreprises en ce qu'ils définissent les orientations stratégiques desdites entreprises en matière économique et financière. Cette logique se vérifie avec une acuité singulière dans la vie internationale des affaires qu'animent principalement les entreprises multinationales[23].

13. La notion de contrat d'affaires international, telle qu'elle découle de la théorie générale des contrats se doit, dans le cadre de la présente étude, d'être appréhendée sous le double prisme du droit civil d'inspiration

---

[19] TESTU (F. X.), *Contrats d'affaires*, Paris, Dalloz, coll. « *Dalloz référence* », 2010, p.1.

[20] KERHUEL (A. J.), *L'efficience stratégique du contrat d'affaires - Un champ d'action de la liberté contractuelle* -, p. 32.

[21] BESSONNET (A.), LAMY (P. E.), *Contrats d'affaires internationaux*, Paris, Pearson, 2e éd., 2008, p.66.

[22] AZEMA (J.), BESNARD GOUDET (R.), ROLLAND (B.), VIENNOIS (J. P.), *Dictionnaire de droit des affaires*, Coll. Dictionnaires de Droit, Ellipses, Paris, 2007, p. 195.

[23] ADDA (J.), *op.cit.*, p. 89 : *" Le terme multinationalisation visait à décrire l'implantation des firmes sur plusieurs marchés nationaux, sans nier pour autant l'origine généralement mononationale des firmes en question ».*

romano-germanique dont se revendique le droit français et la plupart des systèmes juridiques, et du droit anglo-saxon ou anglo-américain dont la *Common law* et l'*Equity* sont les principaux leviers[24]. En droit français, il s'est en effet forgé une théorie générale des contrats qui a pris forme à travers l'élaboration d'un ensemble de principes et règles éprouvées, fixées par le législateur ou élaborées par la jurisprudence avec l'aide de la doctrine, qui valent pour les contrats en général indépendamment de leur natures particulières[25]. La structure de ce droit est celle d'un ensemble de règles de droit écrites susceptibles d'être ordonnées dans des recueils systématiques inspirés par des concepts juridiques relativement fermes. C'est une organisation qui aspire à la rationalité et qui, lorsque le juge en respecte suffisamment l'esprit, assure une sécurité juridique convenable[26].

14. Le droit anglo-saxon quant à lui, s'est élaboré à partir de la résolution au cas par cas des litiges portés à la sanction du juge. Il s'est ainsi développé sur la base de la règle du précédent constituant le socle de la *Common law* qui désigne, moins un droit coutumier au sens technique, que le principe consistant à appliquer la solution habituelle[27]. A ce système de la *Common law*, qui se résume en un droit jurisprudentiel obligatoire, s'est historiquement greffé, pour combler les lacunes inhérentes à sa rigidité formelle, le système de l'*equity* qui privilégie des règles manifestes de justice équitable, de loyauté et de bon sens au détriment de la règle du précédent[28].

15. Cela dit, qu'ils soient d'inspiration romano-germanique ou anglosaxonne, les contrats d'affaires internationaux procèdent du développement de la liberté contractuelle à l'échelle supranationale, et il revient logiquement au droit fiscal dans ses expressions nationale et internationale d'en tenir compte. En effet, comme l'atteste la doctrine, le contribuable est normalement libre de ses mouvements et de ses affaires avec l'étranger[29]. Le contrat est à ce titre le principal véhicule de concrétisation de cette liberté.

16. Pour bien appréhender le concept de contrat d'affaires international, il est fondamental de faire appel à une caractérisation à la fois juridique et économique. Du point de vue juridique, le contrat international peut être

---

[24] Selon Mme KERHUEL, *« Les systèmes de droit romano-germaniques réunissent en effet un ensemble de normes bien éloignées de toute prise en compte des enjeux économiques, à l'inverse de la logique « conséquentialiste » qui préside dans les systèmes de droit anglo-saxons »*. KERHUEL (A.-J.), *op. cit.*, p. 97.

[25] TESTU (F. X.), *op. cit.*, p.1.

[26] *Ibid.*, p. 2.

[27] *Ibid.*, p. 3.

[28] Ainsi, la théorie générale du contrat en droit français repose sur une logique causaliste fondée sur des valeurs de légitimité et « l'idée d'une détermination par l'origine » qui la distinguent de la *Common Law* reposant elle, sur la poursuite de l'efficacité et partant sur un pilotage des résultats. KERHUEL (A.-J.), *op. cit.*, p. 97.

[29] COLLET (M.), *Droit fiscal*, PUF, coll. « Thémis droit », Paris, 2007, p. 242.

défini comme le contrat dont l'un au moins des éléments échappe à la sphère juridique interne. A ce propos, Monsieur Henri Battifol a pu concevoir qu'un contrat revêt un caractère international *« quand, par les actes concernant sa conclusion ou son exécution, ou la situation des parties quant à leur nationalité ou à leur domicile, ou la localisation de son objet, il a des liens avec plus d'un système juridique »*[30]. La dispersion de ses éléments au-delà des frontières provoque un conflit de lois : de fait, plusieurs lois émanant d'Etats différents ont vocation à régir le contrat international dont l'application doit être déterminée. La diversité des législations internes conduit à des divergences dans les réglementations étatiques qui touchent tous les caractères du contrat que sont l'offre, le lieu et la date de la formation du contrat, les délais de prescription ainsi que la forme du contrat[31].

17. Suivant une combinaison de la pensée doctrinale et jurisprudentielle française, un contrat est international lorsqu'il comporte un élément d'extranéité, c'est-à-dire un élément extérieur significatif par rapport à l'ordre juridique à l'intérieur duquel on se place . Est ainsi considéré comme international tout contrat qui déborde le cadre d'un seul Etat et dont l'internationalité repose sur au moins un élément d'extranéité pertinent . Une frange de la doctrine en droit des contrats internationaux met aujourd'hui en avant l'idée d'une «internationalité fonctionnelle» du contrat pour caractériser les contrats internationaux .

18. Cette internationalité est susceptible d'être appréciée d'une part, en rapport avec le régime du contrat : elle sera alors conflictuelle ou matérielle . D'après les auteurs, l'internationalité est dite conflictuelle, lorsque le contrat est virtuellement exposé à l'emprise de plusieurs lois et laisse aux parties la faculté de choisir celle qui régira leur accord. Elle est dite matérielle lorsque le contrat peut être régit par des règles matérielles du droit international privé susceptibles d'apporter des solutions adaptées aux singularités des relations privées internationales. D'autre part, l'internationalité peut s'apprécier en rapport avec le contentieux du contrat : elle sera dans ce cas arbitrale ou juridictionnelle .

19. L'on devrait sur la base de ce qui précède considérer comme international, le contrat se rattachant à des normes juridiques émanant d'Etats différents. En considérant le moment de la formation du contrat, ou l'exécution des différentes obligations des parties, on constate qu'il s'agit

---

[30] BATTIFOL (H.), *Rép. Internat., v° Contrats et conventions,* 1968, n°9, cité par ANCEL (M.-E.), DEUMIER (P.), LAAZOUZI (M.), *Droit des contrats internationaux*, Sirey, coll. « Universités », 2017, p. 7.

[31] Sur la forme du contrat lire COHET (F.), *Le contrat*, PUG, coll. « Droit en + », 2016, p. 97 et s. L'auteur opère une distinction entre les contrats solennels, qui exigent pour leur formation autre chose que l'échange de consentement, et les contrats réels qui requièrent dans leur formation, outre l'échange de consentements, la remise de la chose objet de l'obligation du débiteur.

d'un acte qui a des liens avec les lois de plusieurs Etats. Ce rattachement à plusieurs systèmes juridiques, suivant la doctrine, ne doit pas être artificiel, ni inspiré par le seul désir de réaliser une fraude. [32] La jurisprudence française ne dit pas autre chose, elle qui appréhende le contrat international comme celui qui est raisonnablement rattachable à plusieurs systèmes juridiques[33].

20. Du point de vue économique, les contrats d'affaires internationaux sont des instruments juridiques de type conventionnel appelés à encadrer les opérations du commerce international qui se nouent et se dénouent au gré des intérêts des parties contractantes. En effet, d'après la doctrine et la jurisprudence de référence en France, peut être tenu pour international, *« tout contrat qui met en jeu les intérêts du commerce international »*[34]. Dans sa thèse consacrée à l'étude de *l'efficience stratégique du contrat d'affaires*, Madame Anne-Julie Kerhuel revient opportunément sur les conclusions du procureur général Matter dans l'affaire *Pélissier du Besset* pour illustrer l'internationalité du contrat à travers le critère économique[35]. Cette jurisprudence révèle en effet que » *le contrat est international dès lors qu'il implique un flux et un reflux de valeurs au-dessus des frontières*[36]». La doctrine relate ce qu'il y a de singulier dans les contrats d'affaires internationaux en nous permettant de réaliser qu'ils ne s'illustrent pas seulement par leurs performances économiques, mais qu'ils sont aussi à l'origine d'un considérable enrichissement puisqu'ils permettent à des figures contractuelles de s'implanter dans des systèmes juridiques où elles étaient jusqu'alors inédites. Dans cet élan, ils s'affirment comme *« le terreau*

---

[32] GOURION (P.-A.), PEYARD (G.), SOUBEYARD (N.), *Droit du commerce international*, LGDJ, 4e édition, 2008, p. 169.

[33] TESTU (F. X.), *op. cit.*, p. 568.

[34] Cass. Civ. 19 fév. 1930 et Cass. Civ. 27 janv. 1931, S. 1933, I, p. 41, cité par KERHUEL (A.-J.) *op. cit.*, p. 144 : En l'occurrence, il s'agissait dans le premier arrêt de ventes conclues en France entre deux français, mais qui portaient sur des marchandises à transporter d'Amérique jusqu'à un port français, la doctrine MATTER ne permettait pas de qualifier le contrat d'international alors même qu'il mettait en cause les intérêts du commerce international.

[35] Cass. Civ. 19 mai 1927, D. 1928 cité par KERHUEL (A.-J.), *op. cit.*, p. 144.

[36] Ainsi que le relate Madame KERHUEL, *« L'affaire portait sur la location d'un immeuble situé en France, consentie par un anglais vivant à Londres et dont les loyers devaient être payés en Livres sterling. Lorsque surgit un conflit sur la clause de paiement en monnaie étrangère, se posa la question de savoir s'il s'agissait d'un contrat interne ou d'un contrat international. En effet, le régime juridique de la clause en dépendait. Celle-ci devait être considéré comme illicite dans le cas d'un contrat interne, alors qu'elle demeurait licite dans l'hypothèse d'un contrat international. La solution du litige dépendait ainsi de la qualification d'internationalité du contrat. Dans sa décision, la Cour de cassation a suivi les conclusions du procureur général à l'origine de ce qui fut appelé la « doctrine MATTER ». Celle-ci adopte un critère économique pour établir l'internationalité du contrat. L'arrêt révèle en effet que : « le contrat est international dès lors qu'il implique un flux et un reflux de valeurs au-dessus des frontières. »* (Cf. KERHUEL (A.-J.), *op. cit.*, p. 144.)

de clauses contractuelles nouvelles ou, sinon originales, poussées à un degré de perfectionnement et de sophistication remarquable[37] ».

21. De toutes les façons, qu'ils relèvent de l'ordre juridique interne ou international, les contrats d'affaires peuvent dans la pratique se structurer suivant une infini variété de formats. Le contrat peut en effet se présenter sous des formes très diverses[38] passant d'une structuration simple dans le cadre d'un contrat isolé, à une structuration plus complexe dans le cadre d'un ensemble contractuel[39]. Comme nous le montrerons dans cette étude, cette dernière hypothèse se vérifie avec une acuité particulière dans le cadre des contrats d'affaires internationaux en raison de la complexité de la structuration de la plupart des activités industrielles et commerciales transnationales. A cela s'ajoute le facteur « innovation » qui dans ce registre est devenu la règle. De nouvelles formes de contrats d'affaires aujourd'hui consacrées par la pratique, sont ainsi apparues dans tous les secteurs et pour toutes les activités de l'entreprise[40].

22. Tous ces contrats d'affaires, faut-il le souligner, ne constituent pas dans leur substance, une matière susceptible de taxation, excepté en droit d'enregistrement où ils apparaissent comme des actes juridiques précisément passibles de la formalité de l'enregistrement. En revanche, ce sont les opérations et les revenus directs et indirects qu'ils génèrent qui forment en réalité l'essentiel de la substance de la matière imposable[41].

23. Pour autant, la présente étude n'a nullement vocation à placer tous les contrats d'affaires internationaux, autant qu'ils existent, au crible du contrôle fiscal. Une telle entreprise serait prétentieuse et vaine parce qu'insurmontable. Elle se heurte en effet à l'impossibilité de recenser tous ces contrats dans un environnement mondialisé qui, en cette matière, n'a de cesse de se réinventer. La doctrine l'atteste, elle qui reconnaît volontiers que

---

[37] ANCEL (M.-E.), DEUMIER (P.), LAAZOUZI (M.), *op. cit.*, p. 1.

[38] MOUSSERON (J. M.), *Technique contractuelle*, *op. cit.* n°12, p. 21.

[39] Voir en ce sens MOUSSERON (J. M.), *Technique contractuelle*, *op. cit.* n°12, p. 21 : Selon l'auteur, le contrat peut passer *« ...de la formule la plus légère à la formule la plus lourde... ».*

[40] Voir en sens BESSONNET (A.), LAMY (P. E.), Contrats d'affaires internationaux, 2e éd., *op. cit.* p. 67-68: Les auteurs citent de manière non exhaustive les *« contrats d'acquisition d'actions, d'achats d'actifs, de cession de contrôle, accords de coopération technique et commerciale, de recherche et de développement, groupements momentanés d'entreprises, accords de groupement, contrats de ventes d'ensembles industriels clefs en main, contrats de prestations ou d'assistance technique, de maintenance, de détachement de personnel, de gestion d'activités, de management, de distribution, d'agence commerciale, de crédit-bail mobilier ou immobilier, de leasing, de factoring, contrats de cession ou nantissement de créances commerciales, contrat de sponsoring, accords de licence de brevet, de marque, de savoir-faire ou de know-how, contrats informatiques, de facilities management, etc. ».*

[41] En effet, au-delà des questions relatives à l'enregistrement des actes auprès de l'administration fiscale, les contrats d'affaires ne sont que de manière résiduelle objets de déclarations, ce sont les revenus réalisés à l'occasion de leur conclusion, de leur exécution ou de leur extinction qui doivent être déclarés.

« Depuis la seconde guerre mondiale, les inventions contractuelles ont connu un développement inouï que le législateur ne peut plus suivre [42]*».* S'abstenir d'engager une telle démarche tient donc tout simplement du bon sens. L'on ne saurait en effet circonscrire l'horizon de l'imagination des entreprises en cette matière. Aussi nous paraît-il pertinent d'aborder le contrôle fiscal des contrats d'affaires internationaux en mettant d'abord en avant les traits dominants de ce contrôle communs à tous les contrats d'affaires internationaux. Une telle tâche est loin d'être aisée, mais peut être surmontée en recourant aux illustrations tirées de l'expérience africaine en la matière.

24. En revanche, il nous paraît tout aussi pertinent, sans doute un peu moins ardu, mais plus utile, d'envisager le rapport du contrôle fiscal vis-à-vis des contrats d'affaires internationaux dans une perspective utilitariste orientée notamment par les activités qu'ils régissent et les secteurs d'activité qu'ils structurent, revêtant ainsi pour les pays africains un intérêt sinon stratégique, du moins déterminant dans la construction de leurs économies. A ce titre, les contrats qui se nouent et se dénouent dans les secteurs dits « stratégiques » en tant que pôles de croissance et développement des pays africains à l'instar des secteurs de l'industrie agroalimentaire, des industries extractives, du négoce, des banques, des assurances ou encore du transport international peuvent utilement contribuer à poser les jalons d'une systématisation et méthodologie du contrôle fiscal des contrats.

25. Comme le pense une frange de la doctrine, il peut paraitre de prime abord, paradoxal d'opposer les deux concepts que sont le contrat et l'impôt dont les natures sont si différentes car, là où la loi fiscale est l'expression formelle de la volonté générale, s'appliquant par voie d'autorité à l'ensemble des contribuables, le contrat n'exprime que la volonté des contractants et ne lie, par principe, que les parties à l'acte[43].

26. La présente étude du contrôle fiscal des contrats d'affaires internationaux exprime, sur le fondement des définitions ci-dessus, le rapport entre un instrument administratif d'expression de la souveraineté fiscale de l'Etat et des actes exprimant des situations juridiques plurielles qui débordent dans leur déploiement le cadre des frontières d'un Etat et ayant par suite, vocation à rogner les ailes de cette souveraineté.

27. Le concept de contrôle fiscal. Le contrôle fiscal participe avant tout d'un *pouvoir* de l'administration fiscale dont les agents en sont les dépositaires légaux. Ce pouvoir s'analyse en un pouvoir discrétionnaire clairement mis en exergue à travers la formule lapidaire du Professeur

---

[42] JESTAZ (P.), *Les sources du droit*, Paris, Dalloz, coll. « Connaissance du droit », 2005, p.90.

[43] Voir en ce sens ESCLASSAN (M. C.), « *La fiscalité entre institution et contrat* », in *Contrat ou institution :* un enjeu de société, B. Basdevant –GAUDEMET (P. M.) (dir.), Paris, LGDJ, coll. « Systèmes », 2004, page 87.

Christophe de la Mardière suivant laquelle *« l'administration est libre de contrôler qui elle veut quand elle le veut »*[44]. Concrètement, le pouvoir de contrôle recèle un autre pouvoir : le pouvoir de rectification et de sanction. Il s'agit du pouvoir de modifier la base d'imposition déclarée par le contribuable contrôlé de manière à pouvoir exiger le cas échéant un supplément d'impôt. Un tel pouvoir se situe dans le prolongement d'un autre pouvoir dont dispose le législateur, celui de lever l'impôt[45], pouvoir lui-même tributaire du *principe de la nécessité de l'impôt* qui tire sa source de l'article 13 de la Déclaration des droits de l'homme et du citoyen de 1789 qui établit le caractère *« indispensable »* d'une contribution commune, ainsi que de l'article 14 du même texte qui dispose que *« Tous les citoyens ont le droit de constater, par eux-mêmes ou par leurs représentants, la nécessité de la contribution publique, de la consentir librement, d'en suivre l'emploi, et d'en déterminer la quotité, l'assiette, le recouvrement et la durée »*. D'après Monsieur Francis Querol, *« ce principe rend [...] le paiement de l'impôt obligatoire pour le contribuable et, par là même, habilite l'administration à vérifier que ce dernier s'acquitte correctement de son obligation au besoin en déclenchant un contrôle fiscal [46]»*. C'est en effet dans l'exercice de son pouvoir constitutionnel que le législateur, après avoir fixé les termes de l'assiette de l'impôt confère à l'administration fiscale et notamment à ses agents la latitude d'en contrôler l'exactitude. C'est du reste ce qui ressort des dispositions de la loi fiscale camerounaise. Ce pouvoir est clairement exprimé à l'article L9 du Livre des Procédures Fiscales en vigueur au Cameroun en ces termes : *« Les agents des impôts assermentés ayant au moins le grade d'inspecteur ont le pouvoir d'assurer le contrôle de l'assiette de tous les impôts et taxes dus par les contribuables qu'ils vérifient[47] »*. Ainsi libellé, le contrôle fiscal s'apparente bien, au Cameroun comme ailleurs, au *« pouvoir de contrôle de l'administration [48]»*, lui-même légitimé juridiquement et politiquement - comme le pouvoir d'assiette - par la nécessité de l'impôt[49]. En effet, l'on peut théoriquement concevoir que

---

[44] MARDIERE (Ch. de la), *Droit fiscal général*, Flammarion, 2e éd., coll. « Champs université », 2009.

[45] Art. 26-d-3 de la Constitution de la République du Cameroun. Suivant cette disposition, relèvent du domaine de la loi, les questions financières et patrimoniales relatives à *« [...] la création des impôts et taxes et la détermination de l'assiette, du taux et des modalités de recouvrement de ceux-ci »*.

[46] QUEROL (F.), *Finances publiques*, Ellipses, 2e éd., Coll. « Tout le droit », 2009, p. 232.

[47] Art. L 9 du LPF camerounais.

[48] LAMARQUE (J.), *Droit fiscal général*, Litec, t. 2, 1998, p. 527.

[49] Dans une décision n°83-164 du 29 décembre 1983, le juge constitutionnel a affirmé que la lutte contre la fraude fiscale découlait notamment du principe de nécessité de l'impôt (Cons. Const., Décision n° 83-164 du 29 décembre 1983, JCP 1984, II, 20160). Cette jurisprudence révèle que le contrôle fiscal trouve sa justification théorique, moins dans le principe du consentement universel à l'impôt prôné par les révolutionnaires de 1789, que dans celui de la nécessité de l'impôt : « Considérant que l'article 13 de la Déclaration des droits de l'homme et

l'impôt est nécessaire pour tous les citoyens, et notamment pour tous les contribuables qui ont de ce seul fait, l'obligation de l'acquitter. Mais plus concrètement, il convient de reconnaître que c'est du contrôle fiscal que dépend l'effectivité du prélèvement de l'impôt, et par conséquent, la capacité de l'Etat à accomplir ses missions. En permettant ainsi de contribuer au financement de son action, c'est sur le contrôle fiscal que repose, en partie, l'existence même de l'Etat.

28. Le contrôle fiscal est donc un pouvoir aux mains de la puissance publique, et par extension, aux mains de l'Etat dans son ensemble. Dans cette perspective, il est important de garder à l'esprit que le contrôle fiscal participe de l'exercice de la souveraineté fiscale à laquelle se trouvent en général confrontés les contrats d'affaires internationaux, aussi bien sous le rapport de l'ordre juridique interne, que sous celui de l'ordre juridique international. Suivant une perception doctrinale bien établie, la souveraineté fiscale peut être appréhendée comme la réunion, pour un même impôt ou ensemble d'impôts, d'une compétence fiscale et d'un pouvoir fiscal[50]. Nous partageons cette perception doctrinale qui conduit à considérer que la souveraineté fiscale entretient avec le contrôle fiscal un rapport conceptuel de complémentarité dans lequel elle se pose comme le fondement nécessaire des contrôles fiscaux tandis que ceux-ci s'exposent comme la manifestation irréductible de la souveraineté fiscale[51]. Ainsi décrite, la souveraineté fiscale semble revêtir un caractère compact et ferme vis-à-vis des opérateurs économiques et de leurs transactions. Mais cela ne se tient que dans l'ordre juridique interne[52] car, la souveraineté fiscale se présente comme une charpente à deux versants. Le premier versant renvoie à la souveraineté fiscale exprimée dans l'ordre juridique interne, le second révèle la souveraineté fiscale telle qu'elle se déploie dans l'ordre international. Alors que dans l'ordre interne, la souveraineté fiscale de l'État et le contrôle fiscal se renforcent mutuellement, dans l'ordre international, le contrôle fiscal et la

du citoyen proclame : "Pour l'entretien de la force publique et pour les dépenses d'administration une contribution commune est indispensable : elle doit être également répartie entre tous les citoyens, en raison de leurs facultés".

[50] MAITROT DE LA MOTTE (A.), *« Contrôle fiscal et souveraineté fiscale »* RGFP, n°12, p. 905.

[51] *Ibid.* p. 907.

[52] Le Professeur CARTOU a pu considérer qu'*« est revêtue de la souveraineté fiscale, l'autorité qui, sur un territoire déterminé, détient le pouvoir exclusif de créer un système d'impôt et de l'appliquer »*, avant d'ajouter que *« la souveraineté fiscale, c'est d'abord le pouvoir de créer un système d'impôts sur un territoire déterminé. Ce pouvoir s'applique à tous les éléments de la fiscalité : définition du contribuable, détermination des taux de l'impôt, (assiette, fait générateur, évaluation), modalités du recouvrement, règlement des litiges [...]. La souveraineté fiscale, c'est en second lieu, le pouvoir d'appliquer l'impôt au contribuable par l'intermédiaire des autorités compétentes, administratives ou judiciaires. Sur le territoire du « souverain fiscal », le pouvoir des autorités nationales est exclusif et la loi fiscale de l'État exclut sur ce territoire l'application de toute loi étrangère»*.

souveraineté tendent à s'affaiblir mutuellement[53]. Cela dit, il reste que les contrats d'affaires internationaux sont le produit de l'internationalisation des économies et du droit et sont, de ce fait, à la base de la nécessaire coopération fiscale internationale que sont contraints de construire les Etats en faisant des concessions relativement à leurs souverainetés fiscales respectives[54].

29. Le contrôle fiscal est ensuite une *fonction* de l'administration fiscale qui se déploie aux côtés des fonctions d'assiette, de recouvrement et de contentieux tout en interagissant avec elles dans le cadre d'une dynamique systémique génératrice de performance - ou de sous performance - susceptible d'être logiquement indexée au rendement de chacune des fonctions. Vis-à-vis de la *fonction d'assiette*, la *fonction de contrôle* joue un rôle de relais indispensable parce qu'elle permet de corriger les éléments qui concourent à la fixation des bases de détermination et de liquidation des impôts dus dans les déclarations fiscales[55]. De plus, l'efficacité de la fonction de contrôle influe indubitablement sur les ajustements ou les réajustements des contribuables en matière de déclaration en sorte que le niveau du rendement des déclarations fiscales se déprécie lorsque cette fonction s'atrophie dans ses missions et ses ressources, alors qu'il s'apprécie au contraire lorsque la fonction contrôle se densifie.

30. Sous ce rapport, le contrôle fiscal est l'instrument pratique par excellence d'évaluation et d'appréciation de l'opérationnalité d'un système d'imposition. Il permet en effet d'éprouver l'efficience d'un système fiscal. L'on ne saurait de ce point de vue concevoir une politique fiscale efficace sans un contrôle fiscal performant dans la mesure où cet instrument constitue un outil non négligeable de gestion de la soutenabilité des finances publiques[56]. Les pouvoirs publics se servent du contrôle fiscal, de la *fonction contrôle*, pour rattraper au mieux les déperditions actuelles et potentielles de recettes consécutives aux pratiques de fraude et d'évasion fiscales orchestrées par les entreprises. Ainsi, le contrôle fiscal prend sa part dans la

---

[53] Voir en ce sens MAITROT DE LA MOTTE (A.), *op. cit.* p. 907 ; *« ...Il est indéniable qu'il est plus difficile pour les États de mener des contrôles fiscaux lorsque ces derniers comportent une dimension internationale. Aussi apparaît-il que dans l'ordre international, la souveraineté fiscale des États et les contrôles fiscaux sont confrontés à des risques d'affaiblissements simultanés ».*

[54] Selon Alexandre MAITROT DE LA MOTTE, *« L'internationalisation des économies et du droit remet en cause la souveraineté fiscale des États dans ses deux dimensions. Elle limite en effet les compétences fiscales et les pouvoirs fiscaux des États. Partant, les contrôles fiscaux s'avèrent être plus difficiles à mettre en œuvre ». Ibid.*, p. 908.

[55] Voir en ce sens DJOURI (M.), *L'évolution du contrôle fiscal depuis 1945 : Aspects juridiques et organisationnels*, LGDJ, Lextenso éditions, 2012, p. 17.

[56] MORDACQ (F.), *Les finances publiques*, PUF, 4e éd., coll. « Que sais-je ? », Paris, 2016, p.23 : *« La notion de soutenabilité des finances publiques vise la capacité d'un Etat à rester solvable, c'est-à-dire à conserver des marges de manœuvre budgétaires suffisantes pour honorer ses engagements futurs (dette, santé, retraite...) ».*

consolidation de la soutenabilité des finances publiques[57], indispensable dans le cadre des relations entre les Etats et les bailleurs de fonds de tout bord, bilatéraux et multilatéraux.

31. Ajoutons au demeurant qu'en tant que fonction, le contrôle fiscal contribue pour une part active à la construction du droit fiscal, à façonner ce droit. Il œuvre à son édification tout en révélant ses carences. Ce faisant, le contrôle fiscal peut être perçu, pour un système d'imposition donné, à la fois comme un levier de révélation de l'état du droit fiscal et une rampe de conceptualisation et de structuration de ce droit. Suivant cette perception, Les contrôles fiscaux passés sont bien souvent à l'origine des normes fiscales futures.

32. Le contrôle fiscal est en plus l'action ou *l'activité* de l'administration fiscale ayant trait à la surveillance des éléments appelés à servir ou ayant servi de base aux impositions du contribuable. L'expression contrôle fiscal ne correspond-t-elle pas en effet dans l'inconscient collectif à *« un magma d'actions administratives plus ou moins différenciées »* comme le décrit Jean Claude Drié[58] ? Cela nous semble évident. Mais tout autre chose est de situer le moment du déploiement desdites actions. Deux sortes de contrôles fiscaux peuvent être déployés par l'administration fiscale : le contrôle *a priori* ou le contrôle a *posteriori*, même si pour l'heure, le contrôle fiscal *a posteriori* reste le type le plus répandu en Afrique. Cela n'est guère surprenant dans la mesure où il s'agit de l'hypothèse classique de contrôle qui commande que l'administration fiscale exerce unilatéralement son droit de contrôle et ce, exclusivement à sa seule initiative. Le contrôle fiscal renvoie ainsi à *« l'action de l'Administration qui consiste à vérifier a posteriori les déclarations des contribuables[59] »*. Notons que le contrôle fiscal *a priori, quant à lui,* consiste pour le contribuable à se confier volontairement à l'administration afin de faire examiner sa situation fiscale. Au Cameroun et ailleurs en Afrique cette forme de contrôle peine à faire l'objet d'une codification. En France en revanche, le contrôle *a priori* se manifeste notamment à travers la procédure du contrôle sur demande objet des articles L13 à L13 CA du Livre des Procédures Fiscales. Cette procédure qui fait l'objet d'un encadrement étroit, permet à certains contribuables de demander

---

[57] Sur cette notion lire : OCDE (2009), « Soutenabilité budgétaire », *in Government at a Glance*, 2009, Editions OCDE, Paris : *« La soutenabilité budgétaire comprend la solvabilité des administrations publiques, une croissance économique stable, la stabilité des impôts et l'équité intergénérationnelle (Schick, 2005). La solvabilité est la capacité de s'acquitter des obligations financières. La stabilité des impôts permet de financer des programmes sans modifier la charge pesant sur les citoyens. L'équité est la capacité de payer les services publics actuels grâce aux revenus actuels, sans en reporter la charge sur les générations futures ou priver celles-ci des services actuellement disponibles »*.

[58] DRIE (J. C.), *Le contrôle fiscal raconté aux dirigeants et à leurs conseils*, Paris, Litec, 2e édition, 2010, p. 1.

[59] BARILARI (A.), DRAPE (R.), *Lexique fiscal*, Dalloz, 2e édition, 1992, 182 p., cité par DJOUHRI (M.), *op. cit.*, p. 3.

à l'administration, sur certains points précisés dans leur demande, de contrôler les opérations réalisées[60].

33. Le contrôle fiscal est aussi une *conjonction de techniques*, une sorte de boîte à outils virtuelle à la disposition de l'administration. De ce point de vue, contrôler les contrats d'affaires internationaux requiert de la part des agents de l'administration la mise en œuvre de techniques et méthodes appropriées qu'il serait utile de mettre en perspective afin de contribuer à une modélisation des approches en cette matière. La vérification de comptabilité par exemple, requiert la mise en œuvre d'un savoir-faire visant à découvrir, analyser et contrôler les enregistrements comptables et les documents justificatifs desdits enregistrements en vue éventuellement de redresser les insuffisances ou défauts de déclaration, droits et taxes dus par l'entreprise.

34. Le contrôle fiscal est en outre un *faisceau de procédures légales* pouvant être mobilisées par l'administration fiscale dans l'exercice de son droit de contrôle[61] et de son droit de reprise[62]. Chaque législation fiscale prévoit en effet des procédures susceptibles d'être activées par les agents de l'administration fiscale. Suivant la législation fiscale camerounaise, chacune de ces procédures, à des degrés différents, peut permettre de contrôler les contrats d'affaires internationaux.

35. La première de ces procédures est le contrôle sur pièces qui permet à l'administration de procéder au contrôle des déclarations souscrites par les contribuables, depuis ses locaux sans envoi d'un avis préalable. Selon le législateur, ce contrôle se limite à l'examen des déclarations, des actes utilisés pour l'établissement des impôts et taxes ainsi que des documents

---

[60] En effet, d'après l'article L13 C du LPF français, *« Les contribuables dont le chiffre d'affaires n'excède pas 1,5 million d'euros, s'il s'agit d'entreprises dont le commerce principal est de vendre des marchandises, objets, fournitures et denrées à emporter ou à consommer sur place ou de fournir le logement, ou 450 000 €, s'il s'agit d'autres entreprises, peuvent, y compris pour la période ou l'exercice en cours, demander à l'administration, sur certains points précisés dans leur demande, de contrôler les opérations réalisées. Lorsque l'administration a donné suite à cette demande, elle informe le contribuable des résultats de ce contrôle sur chacun de ces points. Les erreurs, inexactitudes, omissions ou insuffisances constatées sur ces points dans les déclarations souscrites peuvent être régularisées par le contribuable dans les conditions prévues à l'article L62. A défaut, elles font l'objet d'une procédure de rectification »*.

[61] Dans le contexte camerounais, le droit de contrôle fait l'objet des articles L9 à L41 bis du Livre des Procédures Fiscales qui est une composante du Code général des impôts. Celui-ci est subdivisé en quatre Livres : le « Livre préliminaire » est dédié aux « Dispositions générales » ; le « Livre premier » qui traite des « Impôts et Taxes » ; le « Livre deuxième » est intitulé « Livre des procédures fiscales » et le « Livre troisième » réservé à la « Fiscalité locale ».

[62] Au Cameroun, le droit de reprise s'exerce jusqu'à la fin de la quatrième année suivant celle au titre de laquelle l'impôt ou la taxe est exigible (Cf. art. L34 du LPF). En France, le droit de reprise s'exerce jusqu'à l'expiration de la troisième année suivant celle au titre de laquelle l'imposition est due (Cf. Bofip.impots.gouv.fr).

déposés en vue d'obtenir des déductions ou des remboursements. Et parmi les actes utilisés pour établir les impôts figurent en bonne place les contrats[63]. Le contrôle sur pièces est de ce point de vue un contrôle de cohérence des déclarations du contribuable et tranche d'avec le contrôle sur place qui peut prendre tantôt la forme d'un contrôle ponctuel[64], tantôt la forme d'une vérification de comptabilité ; cette dernière procédure se situant sur l'échiquier des procédures comme l'expression la plus achevée du contrôle fiscal[65].

36. Au soutien des procédures de contrôle sur pièces et sur place, viennent s'ajouter des procédures connexes telles que le droit de communication, le droit d'enquête ou le droit de constatation physique des stocks. Dans la pratique, celles-ci ne concourent que très peu à l'entreprise de surveillance des contrats d'affaires internationaux en raison de l'usage restrictif qu'en font les administrations fiscales, qui se contentent en cette matière de ne requérir des entreprises que des informations de gestion courante sans jamais aller jusqu'à demander à se faire communiquer des contrats ou à enquêter sur ceux-ci dans le cadre desdites procédures[66].

37. En droit fiscal, les procédures de contrôle ne sont pas à confondre avec les procédures de redressement. Les premières participent du pouvoir de contrôle incombant à l'administration, tandis que les secondes procèdent

---

[63] Il convient d'assimiler au contrôle sur pièces qui constitue la procédure principale de contrôle dans le cadre de l'animation de la fonction « assiette ou gestion », des procédures secondaires telles que les demandes d'éclaircissements et de justifications. Suivant la loi fiscale, l'administration peut demander par écrit aux contribuables, tous renseignements, justifications ou éclaircissements relatifs aux déclarations souscrites et aux actes déposés auprès d'elle (Cf. art. L 22 du LPF en vigueur au Cameroun).

[64] Art. L16 bis du LPF camerounais. L'administration peut en effet procéder à des contrôles ponctuels, relativement souples dans leur mise en œuvre, consistant au contrôle des impôts, droits ou taxes à versement spontanés sur une période inférieure à un exercice fiscal. Le contrôle ponctuel obéit à des exigences de célérité et d'efficacité de l'action administrative en matière de contrôle.

[65] *Ibid.* : *« La vérification de comptabilité s'exerce au siège de l'entreprise ou au lieu de son principal établissement et consiste en l'examen de la comptabilité et de l'ensemble des documents justificatifs des écritures comptables de l'entreprise. La vérification de comptabilité est dite générale lorsque l'avis de vérification ne comporte pas de précision sur les impôts, droits et taxes ou l'indication des années ou périodes soumises à vérification, cela suggère que c'est l'ensemble des impôts dont le contribuable est redevable au titre de la période non prescrite, qui fait l'objet de la vérification. Elle est dite partielle lorsqu'elle consiste, à condition d'en faire mention sur l'avis de vérification, au contrôle de l'ensemble des impôts, droits ou taxes dus au titre d'un exercice fiscal ou d'un impôt donné sur tout ou partie de la période non prescrite ».*

[66] Les termes utilisés pour exprimer le droit de communication dans les dispositions du CGI camerounais se limitent à une énumération des personnes physiques ou morales soumises au droit de communication. Aucune précision n'est donnée sur la nature des documents susceptibles d'être communiqués. Il en découle que les entreprises saisies se conforme à la coutume administrative qui consiste à ne requérir en général que des extraits de comptes tels qu'enregistrés dans les livres comptables ou des relevés de comptes bancaires.

du pouvoir de rectification qui lui est subordonné. Au nombre des procédures de redressement susceptibles d'être mobilisées en cas de contrôle fiscal, la législation fiscale camerounaise prévoit la procédure de redressement contradictoire, la procédure de taxation d'office et la procédure de l'abus de droit. La procédure de redressement contradictoire est fille du principe du contradictoire qui doit prévaloir tout au long de l'exercice du droit contrôle de l'administration fiscale sans discrimination de procédure de contrôle[67]. Les procédures de contrôle sur pièces et de contrôle sur place sont toutes concernées par le respect du principe du contradictoire qui constitue un aspect essentiel des garanties octroyées par la loi fiscale aux contribuables contrôlés.

38. Plus contraignante est la procédure de taxation d'office qui est une procédure sanction en ce qu'elle est univoque et emporte recouvrement immédiat des impositions formulées par l'administration fiscale dans sa notification de redressement même si le législateur le droit de présenter une réclamation contentieuse garantit au contribuable taxé d'office, qui du reste est présumé coupable dans la mesure où la charge de la preuve des impositions mises à sa charge lui incombe[68].

39. Plus subtile est en revanche la procédure de l'abus de droit. Celle-ci confère à l'administration fiscale le droit de restituer son véritable caractère à toute opération conclue sous la forme d'un contrat ou d'un acte juridique quelconque dissimulant une réalisation ou un transfert direct ou indirect de bénéfices ou de revenus et de déterminer subséquemment les bases imposables découlant de cette analyse. De toutes les procédures de redressements, celle qui pour le moment, apparaît comme étant la plus appropriée pour examiner et analyser la lettre et l'esprit de tout contrats d'affaires est assurément la procédure de l'abus de droit. Elle constitue encore pourtant, comme on le verra, une procédure peu usitée au Cameroun et dans les autres pays de l'espace OHADA, sans doute en raison des carences multiformes qui entourent aussi bien sa consistance légale que sa mise en œuvre pratique. Comparé à la situation en France qui dispose depuis 2019 d'un dispositif fiscal spécifique de lutte contre les montages et les séries de montages « non authentiques [69]», cet état de fait traduit le retard préoccupant qu'accusent ces pays en matière de lutte contre les montages contractuels fiscalement abusifs.

40. Il est vrai que l'administration fiscale est appelée à composer avec l'ensemble des procédures de contrôle et de redressement pour surveiller les

---

[67] Art. L 23 et s. du LPF camerounais.

[68] *Ibid.*, art. L 29 et s.

[69] Cf. art. 205 A du CGI français institué par l'article 108 (V) de la Loi n°2018-1317 du 28 décembre 2018. D'après ce dispositif, *« [...] un montage ou une série de montages est considéré comme non authentique dans la mesure où ce montage ou cette série de montages n'est pas mis en place pour des motifs commerciaux valables qui reflètent la réalité économique ».*

contrats d'affaires internationaux. Mais la vérification générale de comptabilité, qui peut fédérer dans sa mise en œuvre l'ensemble des autres procédures, et qui offre légalement la marge de manœuvre la plus ample aux agents en charge du contrôle, émerge comme la procédure la mieux à même d'explorer fiscalement les profondeurs et les ramifications des stipulations contractuelles. C'est notamment à l'occasion de la mise en œuvre de cette procédure que le contrôle fiscal dit des *« prix de transfert »* - dont l'encadrement juridique et la pratique en Afrique sont essentiellement inspirés par les travaux de l'OCDE - trouve son champ d'investigation le plus fertile[70].

B. L'objet de l'étude : l'exploration des contrats d'affaires internationaux dans une perspective exclusivement fiscale

41. La présente recherche n'est pas dédiée à l'exploration des contrats d'affaires en vue d'en comprendre les effets ou la portée comme le ferait un juriste d'affaires. Elle a plutôt vocation à explorer les possibilités qu'offre l'exercice du droit de contrôle au sein des administrations fiscales africaines vis-à-vis des contrats d'affaires internationaux considérés dans leur ensemble, tout au long de nos travaux, comme étant le principal vecteur de diffusion du phénomène de l'érosion de la base d'imposition et du transfert indirect de bénéfices. Ce phénomène, stigmatisé depuis plus d'une décennie par les pays de l'OCDE et du G20[71], connaît en Afrique un ancrage particulièrement marqué en raison du retard structurel qu'accusent la plupart des pays du continent dans la lutte contre fraude et l'évasion fiscales internationales. Il s'agit de se livrer à une analyse de la portée fiscale susceptible de se dégager de la lecture des stipulations contractuelles destinées à régir les rapports entre les parties. En se situant dans cette perspective, l'on se doit de considérer que si le regard inquisiteur de l'administration fiscale peut irradier la totalité des clauses d'un contrat, il ne saurait en réalité avoir la même intensité vis-à-vis de chacune de ces clauses, les unes étant plus porteuses de ferments fiscaux que les autres. En effet, toutes les stipulations, quand on les appréhende en les dissociant les unes des autres, ne sont en effet pas susceptibles de déteindre sur le droit fiscal ; certaines plus que d'autres ont cette vocation.

---

[70] L'OCDE fait en effet figure de tête de proue dans le vaste chantier de la lutte contre la fraude et l'évasion fiscale internationale notamment grâce à sa contribution à la modélisation et à la systématisation du contrôle fiscal des prix de transfert. Dans la présente étude, le contrôle fiscal des prix de transfert est envisagé, non comme le seul, mais comme l'un des multiples centres d'intérêt du contrôle fiscal des contrats d'affaires internationaux.

[71] C'est à partir de février 2013, avec la parution du rapport intitulé « Lutter contre l'érosion de la base d'imposition et le transfert de bénéfices » que les pays de l'OCDE et du G20 ont fait connaître au reste du monde leur volonté de combattre ce phénomène.

42. Notre réflexion se sert ainsi du contrôle fiscal pour interroger les contrats d'affaires dans une perspective exclusivement fiscale en mettant en évidence les interactions du droit fiscal avec le droit des contrats et le droit des affaires. Elle élude, se faisant, volontairement toute la problématique de l'équilibre du contrat qui prévaut entre les cocontractants pour rechercher à l'échelle des rapports fiscaux entre le contrat et l'Etat, l'équilibre susceptible d'exister entre l'administration fiscale et le contrat d'affaires international. Elle met ainsi un accent particulier sur l'analyse des stipulations contractuelles dotées d'une portée fiscale directe ou indirecte au profit de l'Etat.

43. En clair, appréhender les contrats d'affaires internationaux en tant qu'objet du contrôle fiscal, revient d'abord à les considérer comme les gisements les plus prolifiques et les plus profonds en matière imposable, et requiert que les administrations fiscales africaines changent de paradigme pour dépasser la zone de confort que constitue le simple contrôle du dossier fiscal et comptable de l'entreprise essentiellement axé sur l'examen des déclarations du contribuable, afin d'embrasser le contrôle plus déterminant du dossier juridique de l'entreprise orienté vers l'examen des contrats qui structurent véritablement les affaires de l'entreprise.

44. Le contrôle fiscal dont il est question dans la présente étude ne se limite pas au seul contrôle des prix de transfert dont les contrats d'affaires internationaux sont par ailleurs les supports. Une telle perception serait fort réductrice et reverserait nos travaux dans le champ des multiples contributions déjà réalisés à ce sujet. En réalité, le contrôle fiscal des contrats d'affaires internationaux ne prend pas seulement en charge les clauses de rémunération et les facturations intragroupe qui génèrent les prix de transfert. Il va bien au-delà et interroge tous les aspects des relations contractuelles transfrontalières, tant entre entreprises dépendantes, qu'entre entreprises indépendantes[72]. Et pour cause, les relations intragroupes ne sont pas les seules occurrences susceptibles de générer des situations d'évasion ou de fraude fiscales internationales. Ces situations se rencontrent également à l'examen de certaines relations d'affaires entre entreprises indépendantes. Dans l'une comme l'autre hypothèse, c'est dans le contrat d'affaires que se camoufle la matière imposable qui est avant tout, comme l'énonce la doctrine, une réalité juridique[73]. Ainsi, parce que le contrat d'affaires est le révélateur des opérations industrielles et commerciales voulues par les

---

[72] La question du contrôle des prix de transfert ne saurait évidemment être éludée puisque ces prix tirent leur existence, et leur intérêt pour les chercheurs en fiscalité, des contrats desquels ils émanent.

[73] Voir en ce sens COZIAN (M.), *Les grands principes de la fiscalité des entreprises op. cit.*, p. 8 : L'auteur cite le professeur belge Victor GOTHOT : *« Qu'on nous fasse grâce de cette formule selon laquelle l'impôt atteint des réalités. Bien sûr, mais quelles réalités ? Pour l'instant, presque toujours des réalités juridiques. Le droit fiscal s'appuie par nécessité sur des réalités juridiques »*.

parties d'un côté, ainsi que le dissimulateur des fictions et montages qu'elles orchestrent de l'autre, il mérite de notre point de vue toute l'attention des administrations fiscales africaines en matière de contrôle.

45. Les problèmes que posent les contrats d'affaires internationaux à ces administrations ont commencé depuis plusieurs décennies à trouver des réponses pertinentes au sein des administrations fiscales des pays industrialisés, même si là-bas également rien n'est jamais gagné d'avance, la réflexion y est permanente et la faculté d'adaptation desdites administrations ne s'en trouve que plus aiguisée. Les administrations fiscales africaines gagneraient sur cette base, non seulement à s'inspirer des évolutions théoriques et pratiques enregistrées par leurs consœurs occidentales, mais aussi et surtout, à rechercher la mise en œuvre de solutions plus originales et mieux adaptées à la position qui est la leur dans le cadre des rapports entre les Etats dont elles dépendent et les entreprises transnationales.

C. L'intérêt de l'étude : Contribuer à la lutte contre « le nomadisme des bases d'impositions »

46. L'intérêt qui motive la présente étude est pluriel et peut être appréhendé sur le triple plan juridique, économique et géopolitique.

47. Sur le plan de la science juridique, l'intérêt de nos travaux procède pour une large part de la faculté du contrôle fiscal en tant que « fonction » à façonner le droit fiscal. Il s'agit modestement de contribuer au moyen de la présente recherche, à l'enrichissement droit fiscal des d'affaires par l'exploration des voies de modélisation et de systématisation du contrôle fiscal des contrats d'affaires internationaux. Une telle entreprise passe d'abord par la suggestion de techniques de contrôle en adéquation suffisante avec la matière des contrats internationaux, mais aussi par la proposition de méthodes d'interprétation appropriées susceptibles d'être exploitées, tant à l'occasion des opérations de contrôle fiscal des contrats, qu' à l'occasion du contentieux fiscal susceptible de découler de ces contrôles. Une telle ambition suppose auparavant une évolution, ou plutôt une adaptation, de la loi fiscale au contrôle fiscal de cette matière mutante que constituent les contrats d'affaires internationaux.

48. Du point de vue fiscal, il nous semble impérieux de traiter du contrôle fiscal des contrats d'affaires internationaux pour au moins deux raisons. La première est d'ordre technique D'abord, parce que les affaires internationales qui doivent leur existence et leur substance aux contrats rédigés pour les gérer, donnent souvent lieu à des pratiques que le fisc réprouve, sans pour autant parvenir à en démontrer le caractère frauduleux : soit par difficulté à prouver la violation de la loi, soit parce que le contribuable aura habilement joué avec les silences de celle-ci[74].

---

[74] COLLET (M.), *Droit fiscal*, PUF, coll. « Thémis droit », 2007, p. 242.

49. Le second axe tient à l'évolution de la perception du rapport au contrôle fiscal jusqu'ici entretenue par les administrations fiscales africaines vis-à-vis des contribuables. Elles focalisent en général en aval sur la vérification de comptabilité en tant outil technique d'analyse des états financiers et des comptes sociaux de l'entreprise en reléguant au second plan la question des analyses contractuelles, toutes choses qui contrastent avec la démarche des entreprises sur le marché international des biens et services. A l'inverse des administrations fiscales, la préoccupation première des entreprises porte chronologiquement sur la structuration contractuelle des opérations avant de se déporter sur la structuration financière et comptable en rapport avec les stipulations contractuelles. Il nous semble donc plus judicieux de proposer que les efforts du contrôle fiscal soient prioritairement dirigés plus en amont, c'est-à-dire vers l'analyse des contrats, non seulement pour assouvir le besoin d'exhumer les risques fiscaux enfouis dans les stipulations contractuelles, mais aussi et surtout, pour repositionner lesdits contrats au premier plan des priorités des administrations fiscales dans leur mission de contrôle des éléments servant à la détermination des bases d'imposition des entreprises.

50. Sur cet aspect, la doctrine et la pratique françaises nous apprennent d'ailleurs que les autorités fiscales font de plus en plus de vérifications contractuelles au sein des groupes multinationaux ; elles portent leur intérêt, et donc leurs efforts, sur la vérification des prix de transfert, ce qui ne signifie pas pour autant qu'elles délaissent la simple vérification des comptes sociaux, mais cette dernière n'est plus l'élément essentiel de leur vérification, comme cela fut le cas pendant de nombreuses années[75]. Les administrations fiscales africaines gagneraient, il nous semble, à s'inspirer de ce changement de paradigme opéré au sein des administrations fiscales des pays industrialisés. Le fait que contrôle fiscal en Afrique se trouve aujourd'hui si désuni face aux contrats d'affaires internationaux tient principalement à une absence de repères et de marqueurs qui, telle une balise, orienterait la démarche de contrôle de l'administration fiscale. La présente étude entend ainsi proposer des balises propres à générer une plus grande cohérence dans l'approche de cette épineuse question.

51. Sur le plan économique, les contrats d'affaires internationaux impulsent et animent la vie quotidienne des entreprises et des affaires. Cela est vrai à l'intérieur des frontières de l'Etat, mais plus encore au-delà des limites territoriales de l'Etat en raison du développement exponentiel des relations d'affaires transnationales. Ces relations d'affaires donnent lieu à la multiplication des implantations de filiales et de succursales d'entreprises multinationales étrangères dans les pays d'Afrique subsaharienne[76]. Le

---

[75] DUCCINI (R.), *op. cit.* p.221.

[76] LAMORLETTE (T.) et RASSAT (P.), *Stratégie fiscale internationale*, Maxima, 3e éd., 1997, p.12.

phénomène est tel que pour tous ces pays, le poids des contributions fiscales desdites filiales est important. Ces entités transnationales représentent en général moins de 20% du fichier des grandes entreprises et contribuent inversément à plus à de 80% des recettes fiscales recouvrées par les structures en charge de la gestion des grandes entreprises[77]. Ces chiffres révèlent l'importance que prennent les contrats d'affaires internationaux dans l'œuvre de construction d'un espace financier public durable[78] auquel devrait logiquement aspirer les pays d'Afrique subsaharienne dans la perspective de leur développement.

52. Sur le plan géopolitique, nous souscrivons à l'avis doctrinal suivant lequel « la fiscalité n'est pas seulement un instrument de couverture des dépenses étatiques par des recettes sous forme de contributions obligatoires demandées aux agents économiques, mais aussi, un instrument de tactique et de stratégie de guerre économique[79] ... ». Fort de ce constat, nos travaux se saisissent des questions liées au « nomadisme des bases d'imposition » pratiqué par les entreprises à l'échelle internationale à l'heure où les profits sont de plus en plus localisés dans des juridictions dans lesquelles ils n'ont pas été produits. Notons sur ce point que s'il est désormais acquis que le nomadisme des bases taxables s'accentue aujourd'hui non seulement par l'effet de la mobilité des personnes et des biens, elle-même dupliquée de manière exponentielle par la numérisation de l'économie, il reste que ce phénomène est pour l'essentiel indéniablement porté par les contrats d'affaires internationaux. Il nous semble dès lors important de relever à ce stade de notre étude que l'érosion des bases d'imposition que combat l'OCDE sous l'impulsion des pays du G20, et plus largement dans le primètre de son Cadre inclusif[80], ne peut être endiguée au Cameroun et ailleurs en Afrique avec un minimum d'efficacité que si les administrations fiscales africaines s'inscrivent dans une démarche de systématisation du contrôle fiscal des contrats d'affaires internationaux en tant que vecteurs du

[77] Au Cameroun par exemple, le poids des contributions fiscales des filiales d'entreprises étrangères par rapport à l'ensemble du fichier des entreprises relevant de la Direction des Grandes Entreprises est de 82,7% à la fin de l'exercice budgétaire 2017.

[78] BOUVIER (M.) (dir.), *Réforme des finances publiques : La conduite du changement*, LGDJ, « Actes de la IIIe Université de printemps de finances publiques du Groupement Européen de recherches en finances publiques (GERFIP) », Paris, 2007, p.127-128 : *« Celui-ci doit être en cohérence avec l'objectif de développement et de lutte contre la pauvreté, et donc plus généralement de mieux être des populations, et il importe par ailleurs qu'il soit en mesure d'allier culture traditionnelle et culture gestionnaire, autrement dit d'intégrer culture du pays et nouvelle gouvernance financière »*.

[79] LAMORLETTE (T.) et RASSAT (P.), *Stratégie fiscale internationale*, Maxima, 3e éd., *op. cit*, p. 12.

[80] Cf. www.oecd.org./tax/beps : Le Cadre inclusif OCDE/G20 sur le BEPS a été mis en place afin que les pays et juridictions intéressés, y compris les pays en développement, puissent participer sur un pied d'égalité à l'élaboration de standards sur les problématiques relatives au BEPS, tout en s'associant à l'examen et au suivi de la mise en œuvre du projet BEPS.

nomadisme en cause. Ces administrations doivent, d'une part, tirer profit des différents dispositifs proposés par le Cadre inclusif de l'OCDE, dont les moindres ne sont certainement pas les récents modèles de règles constitutifs du Pilier Un axé sur le lien et la répartition des bénéfices et du Pilier Deux basé quant à lui sur un impôt minimum mondial destiné à répondre aux problématiques de l'érosion et du transfert de bénéfices non résolues [81]. Mais elles se doivent, d'autre part, d'assurer leur résilience fiscale en montrant un certain aplomb technique en matière de contrôle fiscal des contrats d'affaires internationaux. Notons à ce propos que le Forum sur l'administration fiscale africaine - plus connu sous son acronyme anglo-saxon ATAF (African Tax Administration Forum) - lancé depuis 2008, souligne depuis quelques années et ce, dans le sillage de l'OCDE, l'ampleur croissante de l'érosion de la base d'imposition et le transfert indirect des bénéfices ainsi que les flux financiers illicites comme une préoccupation majeure en Afrique. Cette institution panafricaine reconnaît et encourage la nécessité pour les pays africains de faire partie d'un instrument d'échange de renseignement continental et multilatéral qui soit approprié et adapté aux conditions et au contexte des pays africains[82].

53. De notre point de vue, les pouvoirs publics des Etats africains devraient accorder aux contrats d'affaires internationaux une attention au moins équivalente à celle qui leur est accordée par les pouvoirs publics des pays économiquement les plus avancés de manière à accroitre leur niveau d'efficacité dans la lutte contre la fraude et l'évasion fiscales internationales [83]. Les problèmes que posent les contrats affaires aux administrations fiscales africaines trouvent en effet des réponses plus vigoureuses et plus percutantes en occident, même s'il faut reconnaître que dans ce registre rien n'est jamais gagné, y compris au sein des pays industrialisés. A l'heure où les Etats africains brandissent à l'unisson de vastes programmes de développement économique élaborés pour les hisser au rang de pays émergents dans un avenir plus ou moins proche, les administrations fiscales africaines gagneraient à s'inspirer, non seulement des solutions formulées par les pays développés, mais aussi à trouver des solutions plus originales

[81] OCDE (2020), les défis fiscaux soulevés par la numérisation - Rapport sur le blueprint du Piler Un -, Projet OCDE/G20 sur l'érosion de la base d'imposition et le transfert de bénéfices, Cadre inclusif sur le BEPS, Editions OCDE, Paris, 2020 : *« Le modèle de Règles du Pilier Deux vise à faire en sorte que les grandes entreprises multinationales (EMN) paient un impôt minimum sur les bénéfices qu'elles génèrent dans chacune des juridictions où elles exercent des activités. Les règles comptent environ 45 pages, qui sont complétées par 15 pages de définitions. Elles sont rédigées sous forme de modèle de règles, offrant ainsi aux juridictions un modèle qu'elles peuvent transposer dans leur droit interne, afin de les aider à mettre en œuvre le Pilier Deux dans les délais impartis et de manière coordonnée ».*

[82] Cf. Site officiel du Forum sur l'Administration Fiscale Africaine : www.ataftax.org.

[83] Les pays membres de l'OCDE offrent à ce propos l'un des modèles de vigilance et de régulation fiscale internationale les plus avancés.

qui tiennent du mieux possible compte des atouts et des contraintes structurels inhérents à ces Etats.

D. La problématique de l'étude

54. Les contrats d'affaires internationaux sont le produit d'une ingénierie juridique, financière et fiscale qui commande que leur rédaction fasse appel à des stratégies d'accompagnement des entreprises contractantes suivant une logique d'optimisation de leurs intérêts[84]. Une telle logique peut se trouver, intentionnellement ou non, travestie par une logique sous-jacente de fraude ou d'évasion fiscales qui procède, quant à elle, de stratégies plus agressives de réduction du coût fiscal des opérations contractuelles, dans le même souci de rentabilisation desdites opérations. Dans cette configuration, les Etats africains subissent en général le génie économique, juridique et financier des opérateurs économiques transnationaux. A travers leurs administrations fiscales, ils sont moins dans l'action que dans la réaction, et ont toujours de ce fait un train de retard en matière de contrôle fiscal qui se traduit systématiquement en pertes sèches de recettes fiscales au détriment des Etats en cause, et en économies fiscales réelles ou en « gains de compétitivité fiscale » au profit des entreprises étrangères.

55. Traiter du contrôle fiscal des contrats d'affaires internationaux revient à éprouver le développement ou l'adaptabilité du droit fiscal vis-à-vis de la vitalité du droit des affaires en tant que domaine générateur des contrats d'affaires internationaux. Une telle entreprise commande que l'on appréhende les contrats d'affaires internationaux comme des actes juridiques » construits » sous l'empire de l'intelligence des opérateurs économiques transnationaux qui intègrent systématiquement des paramètres fiscaux dans leurs » constructions ». Sous ce prisme, l'étude du contrôle fiscal des contrats d'affaires internationaux en Afrique subsaharienne requiert en bout de réflexion que l'on se pose la question cruciale de l'équilibre fiscal desdits contrats en rapport avec les intérêts qu'ils génèrent. Deux niveaux d'intérêts doivent à cet égard être considérés : le premier niveau est de toute évidence celui qui émerge des rapports intra-contractuels entre les signataires. A ce stade se pose sans équivoque le problème de l'équilibre contractuel qui est censé être trouvé dès lors que les parties au contrat se sont accordés sur la chose et sur le prix. Le second niveau d'intérêts, quant à lui, renvoie aux intérêts « péri-contractuels » que condensent les relations entre les parties au contrat et les tiers, au rang desquels s'invite l'Etat. C'est à ce second niveau que surgit le problème de

---

[84] Voir en ce sens RASSAT (P.), LAMORLETTE (T.), CAMELLI (T.), *Stratégies fiscales internationales*, Maxima, Paris, 2010, p. 13 et s. : *« Certes, la fiscalité ne doit pas être, et n'est en général pas, le seul fondement de ces stratégies. Il n'en demeure pas moins vrai que le paramètre fiscal est un puissant levier d'économies qui à ce titre contribue à la prise de décision et à la définition de la stratégie internationale des entreprises ».*

l'équilibre fiscal. Celui-ci est en principe trouvé dès lors que ni les parties au contrat international, ni l'Etat, ne se trouvent respectivement lésés quant à l'impôt légalement dû en raison de la conclusion et de l'exécution du contrat. De notre point de vue, l'équilibre fiscal devrait être regardé comme la finalité ultimement recherchée par le contrôle fiscal des contrats d'affaires internationaux dans le souci de sauvegarder aussi bien les intérêts fiscaux de l'Etat que la sécurité juridique et fiscale des entreprises. Il nous faut sur cette base concevoir que si dans la pratique, l'équilibre fiscal est un équilibre sans cesse tangent, voire évanescent, dans la mesure où sa réalisation est à tout moment susceptible de faire l'objet d'une remise en cause de la part des acteurs du droit fiscal que sont notamment le contribuable et l'Etat, il reste que le contrôle fiscal constitue pour ces acteurs un catalyseur de choix susceptible de contribuer au rétablissement de cet équilibre partout où il est fragilisé.

56. Sous ce rapport, comment comprendre les mécanismes qui régissent le contrôle fiscal des contrats d'affaires internationaux dans les pays africains en l'état actuel de leurs législations face à la prise de conscience tardive des enjeux fiscaux que charrient ces contrats et au désordre normatif qui caractérise en général l'édiction des règles du droit fiscal ? Cette interrogation conduit à examiner en quoi les contrats d'affaires internationaux constituent en Afrique plus qu'ailleurs un terrain fertile d'évasion fiscale internationale ; et au-delà, à envisager comment armer le dispositif fiscal existant pour assurer un contrôle plus objectif et plus opérant desdits contrats. Se pose à ce niveau le problème de la consistance à donner à ce dispositif pour garantir un contrôle fiscal pertinent et fiable de ces contrats tout en sauvegardant la sécurité juridique des contribuables. Cette préoccupation nous invite à rechercher les ressorts juridiques susceptibles de jeter les bases d'un contrôle fiscal orienté vers une interprétation plus objective des clauses contractuelles, de manière à améliorer les conditions d'exercice d'une justice fiscale plus équitable entre l'Etat et les contribuables transnationaux.

57. Cette étude aurait pu porter de manière plus globale sur le contrôle fiscal des contrats d'affaires sans distinction aucune de l'ordre juridique de rattachement desdits contrats, interne ou international. Certes, de nombreux contrats se nouent dans l'ordre juridique interne, mais ils ne présentent pas pour le chercheur le même intérêt analytique que les contrats internationaux et ce, pour au moins deux raisons : Premièrement, dans l'hypothèse où les contrats relèvent de l'ordre juridique interne, les contrôles fiscaux s'effectuent en principe avec une meilleure aisance que les contrôles portant sur des contrats conclus entre partenaires transnationaux. L'accessibilité aux informations et aux opérateurs économiques encadrés juridiquement par le contrat est en effet dans ce cas plus évident que dans un contexte de partenariat international.

58. En second lieu, le fait que les économies des pays africains soient essentiellement extraverties les rend crucialement dépendantes, dans tous les secteurs de la vie économique, de la demande et de l'offre internationale des biens et des services. C'est donc sur le marché international que les enjeux économiques et financiers se révèlent être les plus importants, les risques d'évasion et de fraude aussi. Les contrats d'affaires internationaux revêtiront sur cette base une importance particulière au regard des enjeux fiscaux qu'ils mobilisent ainsi que du niveau de sophistication de l'ingénierie qui préside à leur élaboration ; ce qui reverse au second plan, sans le vider, l'intérêt discursif du contrôle fiscal des contrats d'affaires émanant de l'ordre juridique interne.

§2. Approche méthodologique

59. La question spécifique du contrôle fiscal des contrats d'affaires internationaux n'a jusqu'ici été abordée que de façon incidente ou elliptique à travers des publications traitant plus généralement du contrôle fiscal des opérations internationales[85] ou de manière plus réductrice du contrôle fiscal des prix de transfert[86]. Après avoir circonscrit le champ de notre étude **(A)**, la démarche méthodologique adoptée repose sur le postulat du « déconstructionnisme fiscal » en tant qu'outil d'analyse des contrats d'affaires internationaux **(B)**.

A. Le champ de l'étude

60. En nous gardant de verser dans une forme quelconque de complexification, traiter du contrôle fiscal des contrats d'affaires internationaux en Afrique requiert de notre part que nous situions notre étude tant dans le champ juridique, pour tenter une circonscription du domaine juridique auquel il est appelé à se rattacher, que dans le champ géographique qu'elle a la prétention de couvrir afin de rendre au mieux compte des préoccupations techniques qu'elle est susceptible de révéler.

61. Le champ juridique de l'étude. L'étude du contrôle fiscal des contrats d'affaires internationaux se pose à notre sens comme une recherche en droit fiscal inspirée globalement par le droit des affaires et se situe de la sorte au confluent de ces deux domaines du droit. Les deux matières entretiennent en effet au quotidien des rapports d'entrelacement de plus en plus étriqués au point que la production du droit fiscal est largement tributaire de celle du droit des affaires. Dans son rythme de production, ce dernier s'inscrit de fait dans une dynamique d'anticipation et d'entraînement

---

[85] Cf. THOMAS (J. N.), *Le contrôle fiscal des opérations internationales*, Paris, L'Harmattan, coll. « Finances publiques », 2004, 395 p.

[86] Cf. GHARBI (N.), *Le contrôle fiscal des prix de transfert*, Paris, L'Harmattan, coll. « Finances publiques », 2005, 495 p.

vis- à- vis de l'emprise du premier tandis que le droit fiscal se construit dans une démarche de réaction et de « *superposition* [87]» vis-à-vis de l'effervescence du droit des affaires.

62. Le droit des affaires, qu'il soit international ou non, est d'un point de vue doctrinal, le berceau traditionnel d'une inventivité contractuelle rendue nécessaire par l'évolution et la transformation des activités économiques[88] de sorte que la dynamique contractuelle est si diversifiée et si mouvante, qu'elle finit par constituer un champ permanent d'études et de réflexions pour les juristes de toutes les branches.

63. Le droit des affaires trouve ses fondements dans la vaste matière du droit civil et constitue l'un des domaines les plus riches du droit privé. Pour une partie de la doctrine, le droit des affaires est souvent exposé, suivant une conception réductionniste, comme une branche du droit, ou plus encore, comme une branche du droit privé. Une partie de la doctrine l'appréhende en effet comme une branche du droit privé qui, par dérogation au droit civil, règlemente de manière spécifique la plupart des activités de production, de distribution et de services[89]. Pour elle, le droit des affaires repose effectivement sur le droit des obligations, le droit des biens, la théorie des personnalités juridiques et celle du patrimoine[90] ; ce qui lui confère un caractère éminemment extensible dans la mesure où il est singulièrement tributaire du développement économique.

64. Pour une autre frange de la doctrine, le droit des affaires ne saurait être présenté comme une simple branche du droit privé mais plutôt comme un immense domaine du droit, une « vaste fédération » de branches du droit ou de *« toutes les matières qui intéressent la vie des affaires »*[91]. Cette approche nous paraît techniquement plus crédible dans la mesure où réduire le droit des affaires à un fagot ténu de branches du droit privé édulcorerait gravement la réalité des relations juridiques d'affaires que sont à même de nouer et d'entretenir les entreprises dans le monde des affaires. A bien y regarder, ces relations touchent à tellement de branches du droit qu'il est plus difficile de déterminer celles qui n'ont aucun rapport avec le droit des affaires. Le Professeur François-Xavier Lucas explique à ce propos que *« s'il*

[87] Voir en ce sens DOUET (F.), Contribution à l'étude de la sécurité juridique en droit fiscal interne français, Av. p. de Jean SCHMIDT, Préf. de Brigitte NEEL, L.G.D.J., p. 235.

[88] JACQUET (J.-M.), DELEBECQUE (P.), CORNELOUP (S.), *Droit du commerce international*, Paris, Dalloz, 1ère éd., 2007, p. 19.

[89] GUYON (Y.), *Droit des affaires*, Tome I, Droit commercial général et sociétés, Paris, Economica, 8e éd., 1994, p.2.

[90] MENJUCQ (M.), *Droit des affaires*, Paris, Gualino éditeur, coll. « Mémentos », 2001, p.18.

[91] LUCAS (F.-X.), *Le droit des affaires*, 1ère éd., Paris, PUF, coll. « Que sais-je », 2005, p. 5 et s. L'auteur livre un aperçu de l'immensité de ce domaine du droit en y logeant « le droit des contrats, le droit des sociétés, le droit de la concurrence, le droit de la faillite, le droit bancaire et financier, le droit du travail, le droit patrimonial de la famille, le droit fiscal, le droit comptable, le droit pénal des affaires, le droit du commerce international, bref, tous les « droits » qui peuvent être sollicités à l'occasion du fonctionnement d'une entreprise… »

fallait dessiner les contours de la matière, plutôt que de procéder par énumération, sans doute faudrait-il procéder par élimination et se demander quelles disciplines n'ont aucun rapport avec le droit des affaires [92] ».

65. La présente étude est pour une large part une réflexion qui rentre dans le vaste champ du droit fiscal des affaires qui s'appréhende selon le Professeur Patrick Serlooten comme *« l'ensemble des règles juridiques concernant les impôts applicables aux commerçants et industriels ainsi qu'aux activités commerciales et industrielles*[93] *»*. Si l'on pose que les acteurs du monde du commerce et de l'industrie, dans l'exercice de leurs activités entretiennent entre eux des relations essentiellement contractuelles, l'on peut aisément comprendre que le droit fiscal des affaires tire l'essentiel de sa substance de la prolifération des conventions de droit privé qui sont l'expression des échanges de biens et de services ou de l'organisation des patrimoines[94]. Plus encore, il embrasse des conventions à cheval entre le droit public et le droit privé et devient alors une véritable centrifugeuse de multiples branches du droit. Tel est le cas lorsqu'il doit notamment s'appliquer, comme on le verra, aux contrats d'Etat qui sont eux aussi des contrats d'affaires « transgenre » dans le sens où ils sont à chaque fois la résultante d'un *« accord de volonté entre un Etat et une personne privée étrangère en vue d'atteindre certains objectifs*[95] *»* et pas simplement le produit d'un accord de volonté entre personnes privés.

66. Cet état de fait, qui n'est plus à démontrer dans les pays industrialisés, se vérifie avec une acuité de plus en plus marquée dans les pays d'Afrique subsaharienne devenus des pourvoyeurs incontournables d'opportunités d'affaires, lancés qu'ils sont dans la bataille contre la pauvreté et la course vers une émergence économique de moins en moins utopique. Le développement du droit des affaires dans cette région du monde est depuis plus de deux décennies principalement l'œuvre de l'Organisation pour l'Harmonisation en Afrique du Droit des Affaires (OHADA)[96]. Entrent

---

[92] M. LUCAS est plus explicite puisqu'il relève comme traits caractéristiques du droit des affaires, « sa vocation encyclopédique » et « sa vocation à ignorer les frontières entre les branches du droit », (LUCAS (F.-X., *Le droit des affaires*, *op. cit.* p. 6).

[93] SERLOOTEN (P.), DEBAT (O.), *Droit fiscal des affaires*, Dalloz, Collection « Droit privé », 18e éd., 2019, p.1.

[94] DAL VECCHIO (F.), *op. cit.*, p. 61.

[95] Voir en ce sens KAMTO (M.), « La notion de contrat d'Etat : une contribution au débat », Rev. Arb., 2003, p.719.

[96] L'Organisation pour l'Harmonisation du Droit des Affaires en Afrique (OHADA) a été créé par le traité relatif à l'Harmonisation du Droit des Affaires en Afrique signé le 17 octobre 1993 à Port-Louis. Le traité est ouvert à l'adhésion de tout Etat membre de l'Organisation de l'Unité Africaine (OUA) ainsi qu'à l'adhésion de tout autre Etat non-membre de l'OUA invité à y adhérer du commun accord des Etats parties. Le domaine géographique dépasse largement les frontières de la zone franc. A ce jour dix-sept Etats sont membres de l'Organisation pour l'Harmonisation du Droit des Affaires en Afrique : le Benin, le Burkina Fasso, le Cameroun, la Centrafrique, la Côte d'Ivoire, le Congo, les Comores, le Gabon, la Guinée, la Guinée

ainsi dans le domaine du droit des affaires suivant le Traité OHADA qui pose les jalons d'un droit supranational des affaires en Afrique, « l'ensemble des règles relatives au droit des sociétés et au statut juridique des commerçants, au recouvrement des créances, aux suretés et aux voies d'exécution, au régime du redressement des entreprises et de la liquidation judiciaire, au droit de l'arbitrage, au droit du travail, au droit comptable, au droit de la vente et des transports ». Une ouverture est d'ailleurs laissée dans la composition de ce domaine, à toute autre matière que le Conseil des Ministres de l'OHADA déciderait, à l'unanimité, d'y inclure, conformément à l'objet du Traité[97]. La matière est donc vaste, et les contrats d'affaires qui sont le fruit de l'imagination et du génie des praticiens du droit n'ont de cesse de contribuer à son enrichissement. La prolifération des contrats d'affaires peut d'ailleurs valablement être perçue comme la manifestation la plus éclatante du développement théorique et pratique du droit des affaires.

67. De son côté, le droit fiscal entendu comme l'ensemble des règles de droit relatives aux impôts[98] appréhende aussi bien les activités des agents de l'administration fiscale que celles des contribuables[99]. se définit comme l'ensemble des règles qui régissent le calcul, l'établissement, et le paiement des impôts. Comme le droit des affaires, le droit fiscal a lui aussi vocation à régir la plupart des activités de production, de distribution et de services. Ce qui singularise le droit fiscal, c'est qu'il a forgé son développement en se nourrissant des autres branches du droit et en particulier du droit civil.

68. C'est au droit fiscal qu'il revient de déterminer la matière imposable c'est-à-dire de se prononcer sur les activités et les personnes imposables ou non imposables, la base et le taux d'imposition afférents aux opérations imposables, les charges déductibles ou non déductibles, les produits imposables, exonérés ou exemptés. Le droit fiscal ne saurait échapper à cette donne tant à l'échelle interne de l'Etat qu'à l'échelle internationale, lui qui s'affiche comme un *« droit inquisiteur »* ayant de ce fait vocation à irradier les affaires internationales et les contrats qui les régissent, comme il le fait pour une immensité d'activités et de professions à l'échelle nationale. Il importe à ce stade de ne pas verser dans la facilité en essayant de réduire le champ de l'étude à l'exposé d'un rapport de force entre le droit fiscal et le seul droit des contrats internationaux, même si cette branche du droit des affaires renseigne de manière édifiante, comme on le verra, sur les contours du phénomène des contrats d'affaires internationaux.

Bissau, la Guinée Equatoriale, le Mali, le Niger, la République Démocratique du Congo, le Sénégal, le Tchad, le Togo.

[97] Art. 2 du Traité relatif à l'Harmonisation du Droit des Affaires en Afrique (OHADA) ratifié le 31 décembre 2000.

[98] COLLET (M.), *Droit fiscal*, PUF, coll. « Thémis droit », Paris, 2007, p. 23. Voir aussi MARDIERE (C. de la), *Droit fiscal général*, Flammarion, coll. « Champs université », 2e éd., p. 13.

[99] *Ibid.*, p. 35.

69. Cela dit, sur le terrain des affaires, le droit fiscal revêt le manteau de la fiscalité pour faire référence, tantôt au système de perception des impôts en vigueur dans un Etat, tantôt à l'ensemble des lois qui s'y rapportent. La doctrine nous apprend que dans la conception keynésienne, « *la fiscalité est aussi un important instrument de politique économique offert aux Etats pour renforcer leur économie nationale* [100]». Selon elle, deux fonctions peuvent, en effet, être assignées à cet instrument ; la première est la fonction de soutien aux entreprises locales dans la conquête des parts de marché à l'extérieur ; la seconde est la fonction de protection contre les « agressions étrangères » : dans ce dernier domaine, la frontière avec le protectionnisme est ténue et doit être surveillée. La fiscalité devient ainsi, « *un instrument de tactique et de stratégie de guerre économique*[101] ».

70. En Afrique comme ailleurs, le phénomène contractuel international met à rude épreuve deux leviers indispensables de la politique fiscale : la maîtrise de la matière imposable et la souveraineté fiscale des Etats[102]. Il est vrai que les Etats africains ont déjà maille à partir avec la fiscalisation des activités relevant du secteur informel en raison de pesanteurs structurelles et culturelles rémanentes, mais la tâche est autrement plus compliquée sur le terrain des transactions commerciales et financières transfrontalières du fait principalement de l'important retard historique et technologique qu'ils accusent dans la gestion administrative et fiscale desdites transactions.

71. En se présentant comme l'ultime recours dans la quête de la matière fiscale en hibernation dans les contrats d'affaires internationaux, le contrôle fiscal s'affiche en droit fiscal comme le détecteur par excellence des zones de contiguïté ou de frictions entre droit fiscal et droit des affaires.

72. Le champ géographique de l'étude. A l'heure où les regards du monde entier se tournent vers ce continent en tant que dernier pôle de croissance, les pays africains sont plus que par le passé, interpellés par les enjeux juridiques et fiscaux que génèrent des contrats d'affaires internationaux[103]. La présente recherche est impulsée à partir du cadre spatial du Cameroun et s'étend aux autres pays d'Afrique subsaharienne relevant de ce qu'il convient aujourd'hui d'appeler l'» *espace OHADA* » pour désigner

---

[100] RASSAT (P.), LAMORLETTE (T.) et CAMELLI (T.), *Stratégie fiscale internationale*, Maxima, 2010, p.14.

[101] *Ibid.* p.14.

[102] La question de l'élargissement de l'assiette et de la maîtrise de la matière imposable constitue dans les Etats africains une préoccupation systématiquement rappelée par les textes préparatoires des lois de finances dans leurs dispositions fiscales et douanières notamment, pour le cas du Cameroun, dans la Circulaire du Président de la République relative à l'élaboration du Budget, exposés de motifs de la loi de finances.

[103] L'Afrique s'affiche comme la dernière grande surface de manifestation de la concurrence économique mondiale. Nous sommes d'avis que la conquête des marchés trouve sur ce continent un vaste champ de possibilités contractuelles que les pays africains gagneraient à domestiquer.

une communauté spécifique d'Etats africains juridiquement harmonisée au regard du droit des affaires[104]. Les Etats de l'espace OHADA, dont fait partie le Cameroun, constituent un échantillon assez expressif des pays africains en développement. Ce vaste ensemble politico-économique que recouvrent dix-sept (17) pays, constitue dans la mouvance actuelle de la mondialisation de l'économie de marché, un champ de plus en plus fertile d'expansion des multinationales étrangères en quête de débouchés, ayant pour corolaire sur le plan juridique, le déferlement dans cet espace des « radiations juridiques » émises par des contrats internationaux de plus en plus innovants.

73. Cela dit, traiter du contrôle fiscal des contrats d'affaires internationaux en tant que phénomène juridico-fiscal dans cet espace peut à notre sens relever de deux approches analytiques :

- la première reviendrait à mener directement une étude comparative relative à ce phénomène impliquant tous les Etats de l'espace OHADA. Cette démarche nécessite, à défaut d'une immersion suffisante dans l'environnement juridique et fiscal de chaque Etat concerné, au moins, une expérience heuristique conséquente concernant l'ensemble de ces pays.
- La seconde consisterait à analyser le droit et les faits en se projetant à partir de chacun des Etats, quitte à procéder ultérieurement à la restitution d'une étude comparative sur la base des travaux monographiques réalisés en amont par pays. Une telle approche aurait peut-être le mérite d'» éviter des généralisations abusives et des approximations nocives[105]» selon l'expression du Professeur Roger-Gabriel Nlep, mais décevrait les attentes du monde de la recherche en ce qu'elle souffrirait éventuellement d'un défaut de coordination à l'échelle internationale.

74. Il nous paraît judicieux, face à ce dilemme, de nous situer à mi-chemin entre ces deux approches en nous propulsant à partir du contexte fiscal camerounais, tout en procédant à des incursions sporadiques dans l'environnement juridique et fiscal des autres Etats membres de l'OHADA, dans la perspective de mettre en exergue le niveau d'évolution des systèmes fiscaux africains en matière de contrôle des contrats d'affaires internationaux. Une telle démarche aurait à notre sens le mérite d'apprécier de manière comparative le dynamisme ou la réactivité fiscale des Etats considérés face aux défis imposés par la surveillance fiscale des contrats d'affaires internationaux.

75. L'analyse dans le temps et dans l'espace du contrôle fiscal des contrats d'affaires internationaux invite nécessairement le chercheur à s'abreuver à la source des systèmes développés par un échantillon

---

[104] Cette harmonisation qui est gérée par l'Organisation pour l'Harmonisation en Afrique du Droit des Affaires (OHADA) fait l'objet d'un traité visant à promouvoir l'investissement, à favoriser l'essor des activités économiques et à faciliter l'activité des entreprises.

[105]NLEP (R.-G.), *L'Administration Publique camerounaise « Contribution à l'étude des systèmes africains d'administration publique »*, LGDJ, coll. « Bibliothèque Africaine et Malgache », Paris, 1986, p. 2.

suffisamment représentatif de pays pour mener une étude pertinente. Le problème en cette matière en Afrique, c'est que les évolutions sont lentes et rares. De plus, chaque pays avance à son rythme, en fonction de sa conjoncture économique et politique. Plusieurs postes d'observation[106] nous ont paru incontournables pour vérifier le plus complètement possible les hypothèses formulées dans la présente étude. Le premier poste est incontestablement celui du Cameroun. Cet Etat d'Afrique centrale constitue le centre de propulsion de la présente recherche qui doit son déclenchement pour une large part à la pratique camerounaise du contrôle fiscal. La vitalité de cette étude repose ainsi principalement sur le Cameroun qui s'affiche comme la locomotive de la zone CEMAC en ce qu'il dispose de l'économie la plus diversifiée de cette sous-région. Au-delà du Cameroun s'imposent d'autres postes d'observations africains qui sont mis à contribution afin de tirer avantage des illustrations pratiques à travers lesquelles certains pays irriguent nos travaux, fournissant par la même occasion de réels marqueurs à même d'inspirer les démarches souveraines des autres Etats en matière de contrôle fiscal des contrats d'affaires internationaux.

76. De ces autres postes d'observation sont en Afrique de l'Ouest le Bénin, Etat membre de la zone UEMOA, ou le Tchad, pays enclavé de la zone CEMAC qui offre un tableau saisissant des rapports conflictuels entre les multinationales et l'administration de l'Etat tchadien. Font également partie de ces postes d'observation, la République Démocratique du Congo et le Mali véritables « pays continents » et indiscutables « scandales miniers » qui ont en commun de faire partie des modèles les plus frappants de sous-fiscalisation des activités minières dans l'histoire du continent africain. Plus contrastée est la perspective qu'offre un pays comme la République d'Afrique du Sud, première puissance économique du continent africain qui présente pour l'heure, le tableau le plus abouti de l'évolution du contrôle fiscal des contrats d'affaires internationaux en Afrique.

77. Dans une perspective africaine plus globale, la question des transferts indirec ts de bénéfices baigne dans la problématique plus large des flux financiers illicites. Le groupe de haut niveau chargé de la question des flux financiers illicites en provenance d'Afrique, créée conjointement par l'Union Africaine et par la Commission Economique des Nations Unies pour l'Afrique définit ces flux comme des « capitaux gagnés et transférés ou utilisés illégalement »[107]. Du point de vue fiscal, l'illégalité dont il est

[106] L'expression « poste d'observation » renvoie dans le cadre de la présente recherche à tous les pays, institutions et structures ayant en commun d'avoir été visités dans le cadre de travaux en rapport avec notre étude. Des collaborations techniques avec les entreprises, les administrations ou les cabinets de d'audit et de conseil fiscal ont également permis de disposer de précieux angles de vues pour les besoins de nos travaux.

[107] CEA (2015), Rapport du Groupe de haut niveau sur les flux financiers en provenance d'Afrique, Addis-Abeba, CEA.

question ici renvoie aux transferts indirects de bénéfices objets de fraude ou d'évasion fiscale internationales dont il est question dans notre étude.

78. L'observation des évolutions enregistrées en Afrique, est utilement complétée par le droit comparé tel qu'il se développe en en France et au sein des pays de l'OCDE afin non seulement de prendre la mesure du retard restant à combler au regard de certaines évolutions, mais surtout de proposer des solutions originales qui éviteraient aux pays africains de sombrer dans le fatalisme, l'attentisme ou le suivisme improductif.

B. La démarche méthodologique de l'étude : le déconstructionnisme fiscal, outil d'analyse des contrats d'affaires internationaux

79. Envisager la problématique du contrôle fiscal des contrats d'affaires internationaux en Afrique sous le prisme d'un rapport de force entre l'Administration fiscale et les opérateurs économiques transnationaux requiert tout d'abord que l'on procède à un recensement des possibilités juridico-fiscales qui s'offrent à l'Administration en matière de contrôle des flux financiers générés par les contrats d'affaires internationaux. Notre étude montre que ces possibilités de contrôle existent, mais qu'elles restent, et sont appelées à rester, contre-productives si le Cameroun et les pays africains de l'espace OHADA ne montrent pas plus d'agilité et d'audace dans la formulation d'une réponse technique appropriée à la question du contrôle fiscal des contrats d'affaires internationaux. Il importe dès lors de dresser un inventaire suffisamment expressif des solutions fiscales appelées à être mises en lumière par les administrations fiscales africaines à la faveur d'une exploration analytique des contrats d'affaires internationaux, de manière à optimiser l'exploitation du potentiel fiscal qu'ils couvent. Cet exercice ne saurait évidemment aller sans trouver auprès des entreprises une résistance technique légitime face à la menace que représente le regard inquisiteur de l'administration fiscale vis-à-vis de leurs intérêts commerciaux et leur sécurité fiscale. Dans une dynamique d'optimisation fiscale, des stratégies contractuelles protéiformes sont employés par celles-ci pour faire échec aux velléités de redressement de l'administration fiscale qu'il est important de mettre en évidence.

80. Ainsi, les clés de compréhension de la situation actuelle du contrôle fiscal des contrats d'affaires internationaux dans les pays africains de l'espace OHADA peuvent à notre sens être révélées si l'on se place dans une perspective épistémologique constructiviste. Le constructivisme, soulignons-le, est une *« théorie qui considère un objet de pensée comme construit, donc suppose qu'on peut aussi le déconstruire, lui enlever ses fondations, et par là sa légitimité, naturelle ou rationnelle*[108] *»*. Sur le fondement de cette

[108] Lire sur ce point BARAQUI (N.), BAUDART (A.), DUGUE (J.), LAFFITTE (J.), RIBES (F.), WILFERT (J.), *Dictionnaire de philosophie*, Armand Colin, 4e éd., 2014, pp. 107 à 111.

théorie, nous pouvons concevoir à la manière du philosophe Emmanuel Kant que *« la connaissance des phénomènes résulte d'une construction effectuée par le sujet* [109]*»* et que les représentations du monde sont le produit des opérations de l'intelligence[110]. Suivant cette approche, les choses ne sont pas ce qu'elles semblent être simplement parce que la substance d'une chose est recouverte par la construction de ladite chose[111]. Dans cette perspective, pour rendre compte de la tension permanente qui gouverne les rapports entre le contrôle fiscal et les contrats d'affaires internationaux en Afrique à travers le jeu des acteurs sur le terrain mouvant des opérations transfrontalières des biens et des services, les pays africains doivent avoir à l'esprit que les contrats d'affaires internationaux sont des « constructions », c'est-à-dire le produit d'opérations multiformes de l'intelligence et que chaque contrat dans le « discours fiscal » qu'il véhicule, n'est pas toujours ce qu'il semble être.

81. Ainsi, pour arriver à lire entre les lignes, ou tout au moins aller au-delà de ce que semble être le contrat, notre étude, en capitalisant le postulat constructiviste de la dissimulation des phénomènes derrière les constructions échafaudées pour les abriter, requiert que nous ayons parallèlement recours à une démarche déconstructiviste empruntée à la philosophie derridienne qui met en avant la déconstruction comme un « exercice de vigilance » adossée à une attitude de *« méfiance vis-à-vis des mots, des concepts et des certitudes que nous habitons en rappelant qu'aucun langage n'est innocent, qu'il se compose de décisions, d'exclusions, et de structures qu'il faut tenter de rendre perceptibles* [112]*»*. De notre point de vue, le langage des contrats d'affaires internationaux est lui aussi loin d'être innocent et requiert, s'agissant de son rapport aux obligations fiscales des parties, une lecture à la fois constructiviste[113] et déconstructiviste[114] pour tenter de le rendre

[109] La conception constructiviste marque « une rupture avec la notion traditionnelle selon laquelle toute connaissance humaine devrait ou pourrait s'approcher d'une représentation plus ou moins « vraie » d'une réalité indépendante ou « ontologique ». Au lieu de prétendre que la connaissance puisse représenter un monde au-delà de notre expérience, toute connaissance est considérée comme un outil dans le domaine de l'expérience ». Lire sur ce point NICOLAS (E), SINTEZ (C.), « La décriture du droit, une méthode constructiviste d'observation d'un objet quantique. À propos de V. FORRAY et S. PIMONT, *Décrire le droit... et le transformer* – Essai sur la décriture du droit, coll. Méthodes du droit, Paris, Dalloz, 2017 », R.I.E.J., 2018. 80, pp. 241 à 253.

[110] Cette perception nous vient du fondateur du constructivisme dialectique Jean PIAGET (1886-1980), auteur de *La construction du monde chez l'enfant*, 1937, ouvrage duquel est tirée la célèbre citation : *« L'intelligence organise le monde en s'organisant elle-même »*.

[111] Voir en ce sens BARAQUIN (N.), BAUDART (A.), DUGUE (J.), LAFITTE (J.), RIBES (F.), WILFERT (J.), *op. cit.,* p.107. : le constructivisme est ainsi du point de vue épistémologique et philosophique, un *« mode de connaissance du réel par sa construction »*.

[112]Lire à ce propos *« La définition derridienne de la déconstruction »,* Conférence prononcé le 29 septembre 1997 à l'ouverture d'un colloque sur l'herméneutique et la déconstruction tenu à l'Université de Prague, publiée dans *Archives de philosophie* 62 (1999), 5-16.

[113] NICOLAS (E), SINTEZ (C.), « La décriture du droit, une méthode constructiviste d'observation d'un objet quantique. À propos de V. FORRAY et S. PIMONT, *Décrire le*

perceptible. Nous concevons dès lors comme Monsieur Maurice Blanchot que le texte ou le discours contractuel rédigé par les parties ne saurait se limiter à « sa surface graphique [115]». Il peut faire l'objet d'un *codage* d'inspiration constructiviste susceptible de lui donner une réalité différente du réel, et que sur cette base, la quête du réel qui se cacherait derrière la réalité apparente exposée par le texte contractuel devrait nécessairement passer par un *décodage* d'inspiration déconstructiviste[116]. Nous empruntons ainsi à l'approche analytique du langage juridique proposée par la Professeure Véronique Champeil-Desplats qui veut que *« l'analyse du langage juridique repose sur de multiples opérations de décomposition et recomposition des énoncés du discours juridique qui visent à les clarifier, les simplifier, les ordonner, les synthétiser ou encore les systématiser[117] ».*

82. La recherche de solutions viables en vue d'un contrôle plus rationnel et plus pertinent se veut dans ces conditions l'exigence finale de cette approche, pour autant qu'elle intègre l'impératif de la préservation de la sécurité juridique des entreprises étrangères établies ou opérant en Afrique.

83. La démarche adoptée tout au long de cette étude tire donc l'essentiel de sa substance d'une approche juridico- analytique qui se sert du positivisme juridique[118] tout en le dépassant pour emprunter à l'analyse

---

droit... et le transformer – Essai sur la décriture du droit, coll. Méthodes du droit, Paris, Dalloz, 2017 » : *« La décriture est l'acte de communication du sens du droit par le canal de l'écriture. Elle a pour but de connaître le droit et suppose l'application d'un régime de véridiction. La connaissance du droit passe par sa description. Et la description n'est autrement possible qu'à travers une activité d'interprétation, qui n'est jamais réductible ni à un acte de connaissance ni à un acte de volonté. C'est un projet. Une construction qui aussi formelle soit-elle et objective se veut telle passe par la subjectivité de celui qui décrit. La description du droit – sa décriture – est un constructivisme ».*

[114] BARAQUIN (N.), BAUDART (A.), DUGUE (J.), LAFITTE (J.), RIBES (F.), WILFERT (J.), *Dictionnaire de philosophie*, Armand Colin, 4e éd, op. cit., p137 : les auteurs nous apprennent que chez Jacques DERRIDA, après HEIDEGGER, mais sur d'autres bases, la déconstruction renvoie philosophiquement à la « décomposition » et à la « désédimentation » de toutes les notions et démarches dominées par le modèle de l'ontothéologie (idéalité, unité, présence à soi, originarité) et à la mise au jour de leurs « montages ».

[115] BLANCHOT (M.), *« l'accompagnement de Jacques Derrida », in* LEGRAND (P.), *Pour la relevance des droits étrangers,* IRJS éditions, coll. « Les voies du droit », 2014, p.53.

[116] Voir en ce sens, FORRAY (V.) et PIMONT (S.), *Décrire le droit...et le transformer*, Dalloz 1ère édition 2017, p.28). Comme l'expliquent les auteurs : *« le texte accomplit un codage par lequel le monde prend forme de droit, ce qui permet au juriste de s'y mouvoir, de texte en texte. (...) Ainsi, l'écriture fixe le droit en une réalité qui se substitue au réel ; un réseau référentiel et intertextuel que parcourent les juges et les juristes ...Ceux-ci, dans l'exercice de leur activité, opèrent le nécessaire décodage de cette réalité afin de la mettre en rapport avec la cause qui guide leur action... ».*

[117] CHAMPEIL-DESPLATS (V.), Méthodes du droit et des sciences du droit, Dalloz, 2014, p. 297 et s.

[118] BERGEL (J.-L.), *Théorie générale du droit*, Dalloz, coll. « Méthodes du droit », 2012, n° 19 : *« Le positivisme juridique consiste à ne reconnaître de valeur qu'aux seules règles de*

économique du droit[119]. La doctrine nous rappelle que dans le cadre analytique du positivisme juridique, *« la tâche du juriste est de considérer les règles de droit comme des éléments d'un ensemble plus vaste, au sein duquel il s'agit de questionner la cohérence logique et le sens des énoncés normatifs pris en eux-mêmes et non dans leur articulation aux faits sociaux* [120]*»*. Le thème se situe en effet à titre principal au confluent du droit fiscal, du droit comptable et du droit civil, telles que ces disciplines se déploient dans l'ordre juridique interne et dans l'ordre international. Plus concrètement, il s'agit à notre avis d'une préoccupation cruciale de fiscalité internationale en raison des effets transnationaux des contrats d'affaires internationaux. Il est sur cette base question d'analyser les ressorts du pouvoir de contrôle de l'Administration fiscale face au phénomène des contrats d'affaires internationaux à la lumière du droit fiscal d'une part et, d'autre part, de saisir les possibilités d'exercice de ce pouvoir de contrôle sur lesdits contrats à partir d'un décryptage minutieux de leurs clauses. Ce décryptage ne peut lui-même être empreint d'objectivité que si l'analyste a recours aux méthodes objectives d'interprétation des actes juridiques généralement convoquées en droit civil tel que proposé par Monsieur Bertrand Gelot[121]. Contrôler fiscalement les contrats d'affaires internationaux reviendrait ainsi pour l'administration à manier simultanément au moins deux leviers d'interprétation des actes juridiques. Le premier levier établit une trajectoire qui se dirige du droit fiscal vers les contrats, et concerne l'interprétation du droit fiscal tel qu'il est exposé par le législateur fiscal au sens large dans ses multiples aspects touchant aux prestations contractuelles. Celle-ci permet de préciser le sens des dispositions fiscales de droit interne ou international afin de valider leur application ou non aux prestations contractuelles. Le second levier quant à lui établit une trajectoire inverse qui part des contrats vers le droit fiscal, et concerne l'interprétation des stipulations contractuelles qui permet non seulement de préciser leur sens, mais aussi de découvrir les réalités économiques qu'elles régissent, de manière à déterminer à la lumière de la loi fiscale si celles-ci échappent ou non à l'impôt.

84. A cette approche juridico-analytique, il convient d'adjoindre l'utilisation d'une analyse de type sociologique en raison de l'intervention de facteurs exogènes à la technique juridique et comptable dans les relations qui mettent aux prises l'Administration fiscale et les entreprises. Cette démarche

---

droit positif et à réduire tout le droit en vigueur à une époque donnée et dans un Etat donné, sans se préoccuper de savoir s'il est juste ou non ».

[119] Voir en ce sens BLANCHOT (M.), *op. cit.*, p. 40. : *« Etudier le droit étranger à l'aune positiviste, c'est le placer en déficit d'altérité ».*

[120] Voir en ce sens KIRAT (T.), *« Economie et droit »*, La découverte, coll. « Repères – Economie », 2012, p.50.

[121] Cf. GELOT (B.), *Finalités et méthodes objectives d'interprétation des actes juridiques-* aspects théoriques et pratiques, L.G.D.J, Cahors, 2003.

emprunte un peu à l'économie du droit[122] telle qu'exposée par Thierry Kirat en tant qu'elle prône l'étude du *« rapport actif entretenu par les acteurs sociaux avec les dispositions juridiques[123] »* suivant une vision du droit qui revient à mettre au centre de l'analyse les pratiques de mise en œuvre du droit et le règlement des conflits d'intérêts[124]. Dans le cadre de notre étude, les intérêts potentiellement conflictuels que nous appréhendons sont ceux qui opposent deux pôles émetteurs du droit. L'un est formé par l'Etat, émetteur unilatéral du droit fiscal applicable aux contrats d'affaires internationaux ; l'autre est formé par les cocontractants transnationaux, émetteurs conventionnels du droit des obligations applicable à leurs relations d'affaires. A cet égard, l'observation des acteurs qui interagissent au quotidien dans la chaîne du contrôle fiscal des contrats d'affaires internationaux permet de constater que ces acteurs se recrutent aussi bien dans l'Administration fiscale qu'au sein des opérateurs économiques[125].

85. Notre étude se sert enfin d'une approche comparative qui se veut tantôt intégrative[126], pour tenir compte des ressemblances et des similarités entre les ordres juridiques nationaux, tantôt différentielle[127], lorsqu'elle se concentre sur les singularités de l'un quelconque des ordres juridiques nationaux rentrant dans son champ géographique.

C. Hypothèses de recherche

86. Notre étude vise à démontrer de prime abord qu'au Cameroun et dans les pays africains de l'espace OHADA, le contrôle fiscal en tant qu'instrument légal de prévention et de répression de la fraude ou de l'évasion fiscale internationales, lorsqu'il touche aux contrats d'affaires internationaux, se disperse au point de se perdre méthodologiquement du fait de l'optimisation fiscale contractuelle. Il se désuni techniquement parce que mal préparé à relever les nombreux défis techniques qui lui sont proposés par les constructions à finalité fiscale des contrats d'affaires internationaux. sur le terrain du transfert indirect de bénéfices à travers des outils tels l'abus de droit, les actes anormaux de gestion, la manipulation des prix de transfert,

---

[122]KIRAT (T.), *op. cit*, p. 3 - 4 : *« L'économie du droit, même sa diversité rend délicat de la résumer en un schéma général, ne s'intéresse pas tant à ce qu'est le droit qu'à ce que différents procédés de régulation juridique (la législation, la réglementation, l'appareil juridictionnel) ou différentes règles relatives aux contrats, à la responsabilité, à la propriété, etc.) produisent comme conséquences économiques »*.

[123] KIRAT (T.), *op. cit*, p. 5.

[124] KIRAT (T.), *op. cit*. p. 5 : D'après l'auteur, cette vision *« permet de saisir le contenu et les effets économiques du droit, que la pratique laisse trop souvent dans l'ombre »*.

[125] Des entretiens avec des personnels en charge du contrôle fiscal à la Direction des Grandes Entreprises de la Direction Générale des Impôts, des responsables des services fiscaux d'un échantillon de dix filiales de multinationales étrangères et une dizaine de conseils et auditeurs fiscaux indépendants.

[126] CHAPEIL-DESPLATS (V.), op. cit., p. 222, n° 364.

[127] Ibid., p. 223, n° 365.

ou encore la sous-capitalisation, pour ne citer que ceux-ci. Dans une telle configuration, le contrôle fiscal des contrats d'affaires internationaux en Afrique s'enlise dans la sous-performance au détriment des finances publiques des Etats africains et s'éloigne de la protection de la sécurité juridique des contribuables. Ce qui est en cause, ce n'est pas l'existence ou l'inexistence de ce type de contrôle, mais sa désorientation, quand il existe, devant la matière des contrats d'affaires qui constitue pourtant pour les stratèges internationaux le champ d'expérimentation par excellence de l'optimisation fiscale.

87. Sous ce rapport, les contrats d'affaires internationaux apparaissent comme de redoutables instruments de stratégie fiscale internationale manipulés par les entreprises. En effet, s'il est vrai comme l'expose dans ses travaux Madame Anne-Julie Kerhuel, que la stratégie fiscale d'une entreprise demeure généralement annexe à la stratégie opérationnelle dont elle dépend fondamentalement[128], force est de reconnaître qu'elle tient une place indécrottable dans la conclusion des contrats d'affaires internationaux impliquant des entreprises multinationales présentes en Afrique.

88. Ainsi, la lecture de ces contrats permet d'observer qu'ils sont dans leur majorité rédigés dans un souci d'optimisation fiscale bien souvent générateur d'un déséquilibre préjudiciable aux finances publiques des Etats hôtes. L'optimisation fiscale, en tant qu'option stratégique, consiste pour l'essentiel à anticiper les risques fiscaux auxquels s'exposeraient les cocontractants dans le cadre de l'exécution de leurs obligations contractuelles. Il s'agit là d'un outil dont font usage les opérateurs économiques dans l'exercice de leur liberté contractuelle. Or, c'est précisément cette volonté légitime d'anticipation des risques fiscaux qui, le plus souvent, est à l'origine des distorsions fiscales constitutives tantôt de fraude, tantôt d'évasion fiscale.

89. L'efficacité est largement tributaire du contrôle des opérations et situations de transfert indirects de revenus encadrées par ces contrats. C'est en fait en cherchant à contrôler les opérations découlant des transactions économiques et financières internationales que les acteurs du contrôle se heurtent au contrat en tant que cadre, tantôt de définition et de description des opérations et situations à surveiller, tantôt de camouflage desdites opérations. Sous ce rapport, le transfert indirect de revenus apparaît comme l'objet fugitif après lequel court le contrôle fiscal, tandis que l'abus de droit se présente à l'opposé comme le moyen furtif qui, tel un masque protecteur, permet aux contrats d'affaires internationaux d'échapper à la vigilance du contrôle fiscal. Il nous revient donc de vérifier que la « fugitivité » qui caractérise le transfert indirect de revenus organisé à travers les contrats associée à la « furtivité » propre aux montages contractuels abusifs

[128] KERHUEL (A.-J.), *L'efficience stratégique du contrat d'affaires- un champ d'action de la liberté contractuelle-*, thèse droit, Aix-Marseille, 2010, p.30.

constituent les principaux facteurs explicatifs de la désorientation du contrôle fiscal.

90. Le second axe majeur de notre analyse consiste à jeter les bases d'une configuration plus rationnelle, et donc moins empirique, du contrôle fiscal des contrats d'affaires internationaux en évoluant vers un contrôle fiscal plus réaliste, plus fonctionnel qui érige le contrat d'affaires international en espace privilégié de surveillance des opérations fiscales internationales. Une telle approche prioriserait le contrat d'affaires international en tant que centre d'intérêt permanent auprès des protagonistes du contrôle fiscal. Dans cette hypothèse, il convient de vérifier que le contrôle fiscal, en tant qu'instrument de politique et d'administration fiscales, gagnerait à s'affiner d'un point de vue méthodologique en s'inscrivant dans une logique qui respecte le contrat, et dans son architecture intrinsèque, et dans son attelage avec d'autres contrats, afin de permettre une analyse quasi exhaustive des clauses qui le composent et d'apporter des réponses pertinentes aux questions de qualification et d'interprétation fiscale des dispositions contractuelles.

91. Cette seconde orientation, dite de déconstruction fiscale des contrats, nous semble à même de permettre que la recherche de l'équilibre fiscal entre les cocontractants et les « tiers bénéficiaires » du contrat devienne la finalité ultime du contrôle fiscal des contrats internationaux. Dans cette perspective, il nous semble opportun de militer en faveur d'une transmutation qualitative des législations fiscales nationales et internationales qui permettrait une fiscalisation plus optimale des contrats d'affaires internationaux à l'instar du dispositif de lutte contre les montages contractuels à finalité fiscale en vigueur en France depuis 2019[129] . Pour être pertinente, cette réforme des textes fiscaux ne devrait pas occulter la nécessaire préservation de la sécurité fiscale des contribuables transnationaux qui en contrepartie de leurs obligations déclaratives devraient, autant que faire se peut, disposer d'un cadre légal adéquat d'anticipation des qualifications fiscales. Le fait pour cette prévisibilité des qualifications fiscales par les cocontractants de pouvoir être, elle aussi, source de conflit avec une ou plusieurs administrations fiscales, appelle une vigilance particulière de la part des juges dans le cadre du règlement juridictionnel des conflits fiscaux mettant en cause l'application des dispositions des contrats d'affaires internationaux.

D. Proposition de plan

92. La vérification des hypothèses ci-dessus nous invite à consacrer deux parties à notre étude. La première procède principalement d'une analyse descriptive de la désorientation du contrôle par les constructions à

[129] Voir sur ce point art. 205 A du CGI français. Ce dispositif a été intauré par la Loi n° 2018-1317 du 28 décembre 2018 - art. 108 (V).

finalité fiscale des contrats d'affaires internationaux (Première partie), tandis que la seconde est le résultat d'une analyse prospective de la réorientation du contrôle par la déconstruction fiscale des contrats d'affaires internationaux (Deuxième partie).

- **Première partie**. La désorientation du contrôle par les constructions à finalité fiscale des contrats d'affaires internationaux ;
- **Deuxième partie**. La réorientation du contrôle par la déconstruction fiscale des contrats d'affaires internationaux.

PARTIE I

LA DÉSORIENTATION DU CONTRÔLE PAR LES CONSTRUCTIONS À FINALITÉ FISCALE DES CONTRATS D'AFFAIRES INTERNATIONAUX

93. Face au pouvoir de contrôle de l'administration fiscale, les contrats d'affaires internationaux se dressent en Afrique comme une forteresse quasi imprenable, et renvoient l'image d'une nébuleuse que le contrôle fiscal peine à circonscrire, tant la matière est diffuse et complexe. La diffusion et la complexité de la matière des contrats d'affaires a de quoi induire une réelle désorientation des acteurs du contrôle à commencer par l'administration fiscale. Le *Petit Larousse illustré* nous apprend que la désorientation se caractérise par une absence de repères qui produit une frustration chez le sujet désorienté[130]. Celui-ci ne sait où aller, encore moins que faire, et se trouve en fin de compte obligé de verser dans le tâtonnement pour trouver une issue.

94. Poser que le pouvoir de contrôle de l'administration fiscale est désorienté lorsqu'il lui faut appréhender la diversité et la complexité des contrats d'affaires internationaux revient à mesurer le poids et la force déstabilisatrice de l'ingénierie fiscale internationale qui, quoique tolérée par la loi, véhicule et diffuse *« des solutions de planification fiscale en tirant partie des disparités qui existent entre différents régimes nationaux* [131] *»*. C'est en effet l'ingénierie fiscale internationale qui, dans une perspective d'optimisation fiscale, échafaude les constructions fiscales des contrats d'affaires internationaux. Comme nous le verrons, l'idée de construction fiscale, qui participe du concept plus général de « construction des contrats [132]», transparaît clairement à travers le concept de montage juridique à finalité fiscale développée par Mme Deboissy[133].

95. Si l'optimisation fiscale a droit de cité sur tous les continents et occasionne dans tous les pays d'importantes moins-values fiscales, en Afrique plus qu'ailleurs, l'étendue des pertes, passées, actuelles et

---

[130] Le petit Larousse illustré 2015.

[131] RASSAT (P.), LAMORLETTE (T.) et CAMELLI (T.), *Stratégies fiscales internationales*, Paris, Maxima, 2010, p. 13.

[132] La doctrine nous révèle que la construction des contrats à vocation à définir le contenu et l'autorité des obligations contractuelles. Voir en ce sens MOUSSERON (J. M.), MOUSSERON (P.), REYNARD (J.), SEUBE (J.-B.), *Technique contractuelle*, Francis Lefebvre, 5e éd., 2017, p. 180.

[133] DEBOISSY (Florence), « L'opposabilité à l'administration fiscale des montages contractuels », RDC 2007, n° 3, p. 1006.

potentielles enregistrées ou à enregistrer du fait de ces contrats est difficile à quantifier et les Etats ont encore du mal à agencer les termes d'une réponse à la mesure de l'ampleur du phénomène[134]. Au-delà de sa justification théorique, l'optimisation fiscale consiste pour ses instigateurs, à l'échelle internationale, à réaliser au profit des entreprises transnationales, de substantielles économies et plus-values fiscales destinées à mieux rentabiliser les projets industriels et commerciaux réalisés par celles-ci dans les différents pays d'accueil. L'optimisation fiscale prend et assume ainsi sa part de responsabilité dans la recherche de marges bénéficiaires et de profits divers par les opérateurs économiques sur le marché international.

96. En nous situant dans la perspective du pouvoir de contrôle des administrations fiscales africaines exercé sur les contrats d'affaires internationaux, il apparaît que ces contrats qui constituent, chacun en ce qui le concerne, un ensemble de stipulations rédigées dans l'intérêt bien compris des parties, suscitent dans maintes hypothèses la curiosité de l'administration sans que celle-ci ne parvienne à venir à bout de la menace heuristique et technique qu'ils charrient. Sur le terrain des rapports entre contrôle fiscal et contrats d'affaires internationaux, ceux-ci semblent à l'observation infliger au contrôle une véritable déroute en raison sans doute de la sophistication des montages juridiques et fiscaux procédant directement d'une logique ou d'une stratégie d'optimisation fiscale[135].

97. Les ressorts d'une telle déroute tiennent pour l'essentiel à la rémanence du transfert indirect de bénéfices occasionné par l'exécution des contrats d'affaires internationaux. Sur le terrain africain, la traque fiscale diligentée par les administrations fiscales vers cette catégorie de contrats se focalise essentiellement sur le mécanisme du transfert indirect de bénéfices sans toujours être à même d'établir à bon droit que ce mécanisme relève, d'une gestion anormale de l'entreprise contrôlée[136]. Cela dit, vérifier l'hypothèse de la désorientation du contrôle fiscal par l'optimisation fiscale

---

[134] Un ordre de grandeur donné en France par l'Association pour la taxation des transactions financières (Attac) révèle que les géants du numérique autrement désignés sous l'acronyme de GAFAM (Google, Apple, Facebook, Amazon et Microsoft) « ont réalisé en 2017 *« 9,4milliards d'euros de chiffre d'affaires, non déclarés en France et transférés vers des Etats à la fiscalité plus douce »* (Cf. Libération n°11773 du 8 avril 2019, p. 16.). De telles statistiques ne sont pas disponibles pour les pays africains relevant individuellement ou collectivement de notre champ d'étude.

[135] DEBOISSY (F.), « L'opposabilité à l'administration fiscale des montages contractuels », *op. cit.* p. 1006. Selon l'auteure, « Parmi les effets recherchés de l'opération contractuelle figurent bien évidemment les préoccupations fiscales ainsi qu'en atteste le développement de ce qu'il est convenu d'appeler l'« optimisation fiscale » (tax planning) ».

[136] Cela est aussi vrai sous d'autres latitudes avec des variantes tributaires du niveau de modernisation des instruments de lutte contre la fraude et l'évasion fiscales internationales.

contractuelle revient à mettre en évidence, à partir de l'observation du théâtre des opérations[137], les principaux facteurs de cette désorientation.

98. Sous un tel rapport, le transfert indirect de bénéfices orchestré contractuellement se pose comme un objet fugitif du contrôle fiscal **(Titre 1)** ou en tout cas comme un risque récurrent et irréductible. Il est à l'observation, le premier facteur de désorientation et participe d'une pure logique mercantile. Le second facteur, plutôt d'essence juridique, se trouve être l'abus de droit. La désorientation du contrôle fiscal est en effet aggravée par ce facteur dont usent et abusent les rédacteurs des contrats d'affaires internationaux, tant et si bien qu'il apparaît comme un moyen furtif d'évitement du contrôle fiscal **(Titre 2)**. A l'ombre du transfert indirect de bénéfice se cache bien souvent l'abus de droit et *vice versa.*

---

[137] Le théâtre des opérations met en scène les Etats ou les administrations fiscales africaines face aux entreprises étrangères opérant directement ou non à travers leurs ramifications multiformes dans lesdits Etats.

TITRE I

LE TRANSFERT INDIRECT DE BÉNÉFICES, OBJET FUGITIF DU CONTRÔLE FISCAL DES CONTRATS D'AFFAIRES INTERNATIONAUX

99. Sur le marché international des biens et services, transférer les bénéfices à l'étranger relève du bon sens commercial ou du sens des affaires. Dans le langage juridique et financier, la notion de transfert recouvre plusieurs acceptions dont la compréhension est à chaque fois tributaire de la nature ou du domaine d'activité concerné. Mais à chaque fois, cette notion recouvre l'idée de déplacement d'éléments matériels ou immatériels qui conditionnement la base d'imposition d'un lieu dans un autre, ou d'une entreprise à une autre. Du point de vue fiscal, il n'est pas interdit aux entreprises légalement implantées ou opérant économiquement à l'étranger de transférer les revenus ou bénéfices réalisés à l'étranger dans leurs Etats d'origine ou dans tout autre destination de leur choix.

100. Qu'il soit direct ou indirect, le transfert de bénéfices à l'étranger n'a rien de fiscalement répréhensible tant qu'il s'effectue dans le strict respect de la législation fiscale nationale et internationale appelée à s'appliquer aux opérations qu'il recouvre. La clarification qu'il convient de faire à ce stade, c'est que le transfert direct de bénéfices se distingue du transfert indirect en ce que le premier est affiché par l'entreprise dans ses comptes sociaux et visible par l'administration fiscale à première lecture[138] desdits comptes, alors que le second l'est moins précisément parce qu'il est susceptible de s'opérer à travers un arsenal d'instruments conventionnels que les législations fiscales ont du mal à appréhender et que les administrations fiscales doivent à chaque fois interroger pour conclure à une fiscalisation adéquate ou non.

101. Ainsi, ce qu'il y a de fiscalement pernicieux dans le transfert indirect de bénéfices c'est principalement son rapport d'évitement vis-à-vis de la législation fiscale nationale de l'Etat d'origine des bénéfices. Dans cette hypothèse, sa mise en œuvre est l'expression de la volonté de ses commanditaires et s'analyse par suite, en une option contractuelle d'évitement du contrôle fiscal **(Chapitre I)**. En Afrique plus qu'ailleurs, le transfert indirect de bénéfices tire sa prospérité de l'exploitation des

[138] Les opérations de transfert direct de bénéfice à l'étranger procèdent d'une distribution totale ou partielle aux actionnaires ou aux associés étrangers du résultat fiscal net dégagé par l'entreprise en fin d'exercice.

fragilités qu'exposent aussi bien les législations fiscales que les administrations fiscales en matière de contrôle fiscal. Dans ces conditions, le contrôle fiscal s'affiche comme une fonction virtuelle de remise en cause du transfert indirect de bénéfice d'origine contractuelle **(Chapitre II).**

CHAPITRE I

LE TRANSFERT INDIRECT DE BÉNÉFICES, OPÉRATION CONTRACTUELLE D'ÉVITEMENT DU CONTRÔLE FISCAL

102. L'Afrique exerce aujourd'hui plus que par le passé un attrait de plus en plus marqué sur les investisseurs étrangers en provenance d'orient et d'occident, qui par le truchement des délocalisations ont entrepris de domestiquer de nouvelles parts de marché en vue d'accroitre leur rentabilité. Cette rentabilité intègre indubitablement le paramètre fiscal qui pour les stratèges est un élément incontournable de la décision d'investir. Il s'agit pour eux d'anticiper sur l'amoindrissement de leurs charges fiscales, de s'offrir les meilleures possibilités de d'évitement de l'impôt et partant, du contrôle de l'impôt. C'est en rapport avec cette finalité fiscale que les contrats d'affaires internationaux constituent de redoutables instruments de stratégie à la disposition des entreprises internationales. En effet, dans le jeu des relations d'affaires transnationales, le paramètre fiscal est un puissant levier d'économie qui, à ce titre, contribue à la prise de décision et à la définition de la stratégie internationale des entreprises[139] quelle que soit leur taille, grande, moyenne ou petite. Le transfert indirect de bénéfices, s'orchestre à l'aide des contrats et n'émane pas d'un choix innocent de la part de ses initiateurs. Il exploite aussi bien les failles de la loi fiscale que l'incurie supposée ou avérée des agents de l'administration fiscale. De la sorte, il participe d'un choix stratégique d'optimisation fiscale (**section I)** et s'affiche ce faisant, comme un facteur de déséquilibre fiscal des contrats d'affaires internationaux **(section II)** ; toutes choses qui transforment ces contrats en de redoutables instruments de stratégie fiscale.

SECTION I. LE TRANSFERT INDIRECT DE BÉNÉFICES, OPTION STRATÉGIQUE D'OPTIMISATION FISCALE

103. Le transfert indirect de bénéfices relève généralement du choix délibéré de ses bénéficiaires. Il est la résultante d'une combinaison de stratégies d'inspiration juridico-économique et fiscale. De plus en plus d'entreprises tiennent aujourd'hui compte de l'impact fiscal de leurs investissements et ajustent continuellement leur stratégie pour optimiser leur

---

[139] L'on peut penser que cette problématique ne concerne plus que les grands groupes multinationaux. Pourtant aujourd'hui, chaque agent économique, quelle que soit sa taille, est dorénavant impliqué dans le défi de l'importation ou de l'exportation des biens ou des services.

fiscalité. L'optimisation fiscale consiste, selon l'heureuse expression de Jean pierre Cossin, à tirer le meilleur parti des possibilités offertes par la loi même en tirant éventuellement profit de ses failles ou de ses imprécisions[140]. Pour une entreprise donnée, l'optimisation relève classiquement de la stratégie et renvoie d'abord sur le plan fiscal, à l'art de manœuvrer habilement pour atteindre un but profitable, en l'occurrence un gain fiscal. Dans son acception mathématique, la stratégie renvoie à un ensemble de décisions prises par l'entreprise en fonction des hypothèses de comportement des acteurs intéressés dans une conjoncture déterminée. En empruntant au langage militaire, la stratégie devient l'art de coordonner des forces militaires, politiques, économiques et morales impliquées dans la conduite d'une guerre ou la préparation de la défense d'une entreprise ou d'un groupe d'entreprises. Plus qu'un produit marchand de premier ordre, l'optimisation fiscale contractuelle, est devenue « un secteur d'activités » qui met en relation d'affaires à l'échelle mondiale les cabinets de conseil fiscal et les entreprises multinationales. Le professeur Maurice Cozian nous fait remarquer à ce propos que *« l'optimisation ou la gestion fiscale est devenu un art et une science, presque une industrie »*[141].

104. Une bonne frange de la doctrine fiscale contemporaine reconnaît en effet – quoiqu'en relativisant - que la fiscalité tient une place de choix dans la stratégie des entreprises qui se projettent à l'international dans leurs activités. Selon elle, *« devant le spectre de la délocalisation, on surestime trop souvent le poids du paramètre fiscal : ce dernier n'est, rappelons-le, qu'un élément de la prise de décision, rarement le seul. Il n'en demeure pas moins vrai que la fiscalité constitue un instrument de gestion important. Elle peut même être un outil de décision particulièrement structurant »*[142]. Une telle assertion devrait recevoir de notre point de vue une résonnance particulière en Afrique.

105. Le transfert indirect de bénéfices en tant qu'objet du contrôle fiscal des contrats d'affaires internationaux devrait être considéré comme le produit d'une option contractuelle assumée par ses auteurs **(§1)**. Ceux-ci ont recours aux multiples possibilités offertes par la technique contractuelle pour dérouter le contrôle fiscal **(§2)**.

§1. L'optimisation fiscale contractuelle, option de gestion assumée par les opérateurs économiques transnationaux

106. En tant que produit de l'ingénierie fiscale internationale, l'optimisation fiscale consiste pour une entreprise à utiliser les asymétries du droit fiscal de différents pays ou régimes afin de réduire le montant de

140 COSSIN (J. P.), « Le contrôle fiscal peut-il permettre une évaluation sérieuse de la fraude ?», RGFP, N°12, décembre 2011, p.882.

141 COZIAN (M.), *Les grands principes de la fiscalité des entreprises*, 4e éd. Paris, 1999, p.20

142 RASSAT (P.), LAMORLETTE (T.), CAMELLI (T.), *op. cit.*, p. 37.

l'imposition tout en respectant les obligations fiscales de son pays[143]. En Afrique, le transfert indirect de bénéfices a pendant longtemps été regardé comme une fatalité par les administrations fiscales. Pourtant, Il peut logiquement s'analyser comme la manifestation d'un rapport de force technologique favorable aux entreprises étrangères[144]. Celles-ci, fortes de l'accompagnement et des recommandations de leurs conseils, ne lésinent en général sur aucune précaution pour anticiper sur d'éventuelles investigations fiscales[145]dirigées contre les transactions dans lesquelles elles sont parties prenantes. Le but poursuivi par le choix de l'optimisation dans la démarche de conclusion et d'exécution d'un contrat est d'anticiper[146] sur le risque fiscal auquel s'exposent les cocontractants dans une logique bien comprise d'économie fiscale. Au nom de la liberté de gestion et de son corollaire la liberté contractuelle, les entreprises font systématiquement appel à l'optimisation fiscale[147]. Cela dit, il nous paraît important de comprendre la démarche d'anticipation contractuelle du risque fiscal **(A)**, avant de jeter un regard critique sur la portée fiscale de l'option contractuelle d'optimisation **(B)**.

A. L'anticipation contractuelle du risque fiscal par les opérateurs transnationaux

107. Selon le Professeur Bernard castagnède, les choix de gestion juridique des opérateurs internationaux font une large place à la perspective fiscale[148]. La recherche dans ce domaine révèle que les entreprises avisées,

---

[143] Voir en ce sens *https://fr.wikipedia.org/wiki/Optimisation_fiscale*

[144] La technologie du savoir dans le domaine de l'optimisation fiscale a connu un développement prodigieux depuis plus de trois décennies en Europe et aux Etats-Unis avec la montée en puissance d'une véritable industrie du savoir fiscal portée pour l'essentiel par des Cabinets conseils d'obédience planétaire.

[145] Voir DUCCINI (R.) *in Stratégie fiscale des contrats internationaux*, Lexis Nexis, 2006, p. 296. Dans cet ouvrage, l'auteur nanti d'une riche expérience dans la négociation des contrats internationaux énonce que l'entreprise doit s'efforcer d'anticiper la nature des investigations dont elle est susceptible de faire l'objet. Une telle posture conduit l'entreprise à préparer d'avance les explications à fournir à l'administration quelle que soit la procédure de contrôle engagée par ses agents.

[146] Anticiper, c'est formuler des hypothèses plus ou moins optimistes ou pessimistes concernant l'évolution économique à venir, à partir de laquelle un agent fonde ses prévisions (valeurs que cet agent donne pour une période future aux variables qui conditionnent sa situation économique) et fait éventuellement ses calculs pour prendre présentement une décision. Cf. *Dictionnaire d'économie et des faits économiques et sociaux contemporains.* p.37.

[147] DEBOISSY (F.), *« L'opposabilité à l'administration fiscale des montages contractuels »RDC 2007, n° 3, p. 1006. « Qu'il s'agisse de la gestion des entreprises ou de la gestion du patrimoine privé, l'optimisation fiscale trouve son fondement dans une liberté, la liberté de gestion, laquelle autorise les contribuables, parmi plusieurs voies juridiques possibles, à privilégier celle qui est la moins imposée. Et lorsque la gestion passe par la conclusion d'un contrat, la liberté de gestion se confond avec la liberté contractuelle ».*

[148] CASTAGNEDE (B.), *Précis de fiscalité internationale,* PUF, Coll. *« Fiscalité »*, 2e éd. p.76

d'implantation supranationale ou non disposent toutes d'un système de gestion du risque fiscal leur permettant de mettre en cohérence les stratégies fiscales avec la stratégie de l'entreprise et corrélativement, le risque fiscal avec le profil global de l'entreprise[149]. A ce propos, Madame El Abbadi Bouchra nous apprend qu'il existe plusieurs domaines de risques fiscaux de source interne ou externe à l'entreprise[150]. Mais notre attention se focalisera d'abord sur le risques anticipés lors de la conclusion des contrats d'affaires internationaux pour constater que cette logique d'anticipation du risque fiscal prévaut aussi bien en phase de structuration contractuelle des opérations transnationales **(1)** qu'en phase de restructuration desdites opérations **(2)**. Ensuite il nous reviendra d'examiner l'lhypothèse d'anticipation du risque fiscal à l'extinction du contrat d'affaires international **(3)**.

1. L'anticipation du risque fiscal en phase de structuration contractuelle des opérations internationales

108. Le monde des affaires a beau être pour ses acteurs un monde à risque, voire à haut risque, un univers où « *qui ne risque rien n'a rien* » comme l'exprime l'adage séculaire, il reste que tous les risques ne sont pas permis. Ce constat est à la base des anticipations rationnelles activées par les entreprises dès la négociation du contrat[151]. C'est pendant cette phase qu'ils travaillent à élaborer les mécanismes juridiques de formation et d'exécution du contrat. La formation du contrat correspond à la phase de négociation du contrat où s'élaborent les contrats préparatoires qui permettent de préparer le contrat définitif en étudiant notamment les conditions financières, les exigences administratives, les conséquences fiscales de l'opération[152]. Dans le registre de la formation et de l'exécution des contrats d'affaires internationaux, les stratèges s'accordent à reconnaître au volet fiscal une place de premier ordre. La variable fiscale est en effet loin d'être négligée et reçoit en général de leur part aussi bien pour les contrats internationaux de taille modeste que pour les grands contrats une considération active[153]. Le

---

[149] Lire BOUCHRA (El A.), *Cours d'audit fiscal*, Master en Sciences de Gestion, ENCGT, Université Abdelmalek Essaadi, Tanger 2014.

[150] L'auteure est à ce sujet tributaire d'une étude réalisée par la célèbre firme PriceWaterhouseCoopers.

[151] DUCCINI (R.), *Stratégie fiscale des contrats internationaux*, *op. cit.*, p. 303, L'auteur explique que « La négociation du contrat international est un travail permanent d'équipe, de concertation, et non de simplement des échanges successifs de projet par fax ou courriel, ou une juxtaposition d'individualités, comme cela est amené à se présenter ; des litiges naissent souvent de cette absence de rigueur et peuvent coûter cher à l'entreprise. C'est un véritable combat économique où les plus forts gagnent ».

[152] LACHIEZE (C.), *Droit des contrats*, Ellipses, 3e éd., 2012, p. 46.

[153] Selon Monsieur DUCCINI, *« La négociation de grands contrats internationaux, avec les enjeux financiers qui s'y attachent, s'étend généralement sur plusieurs années, compte tenu de leur nature, du nombre des parties concernées et des partenariats susceptibles d'en*

principe de précaution est en cette matière de rigueur et s'appuie sur deux ressorts objectifs : la prévention de la double imposition juridique et la prévention de la double imposition économique. Sur la base de ce principe, l'on peut aisément relever que les entreprises étrangères qui font affaire en Afrique anticipent sur les incidences fiscales des contrats qui régissent les opérations qu'elles réalisent à partir de deux niveaux de risque : les risques de législation et les risques de gestion.

109. L'anticipation des risques de législation. En rapport avec le droit en vigueur dans l'Etat d'accueil de leurs activités, l'anticipation des risques de législation fait référence aux risques qui existent indépendamment du contexte de gestion interne des entreprises. Celles-ci n'ont pas d'autre choix que de les intégrer dans leur stratégie globale de gestion des risques[154]. A l'observation, les risques de législation s'appréhendent aussi bien au regard de l'application de la législation fiscale souveraine des Etats susceptibles de prétendre à un intérêt fiscal du fait des contrats conclus par les entreprises, qu'au regard de l'application éventuelle de la législation fiscale internationale auxdits contrats.

110. Au regard de la législation souveraine des Etats, praticiens et chercheurs recommandent généralement aux entreprises parties à de tels contrats de s'efforcer d'anticiper la nature des investigations fiscales dont elles sont susceptibles de faire l'objet[155]. Dans une thèse en droit traitant du sujet - fort évocateur - de *« Stratégie fiscale des contrats internationaux »*, Monsieur Roger Duccini, explique que l'analyse comptable et fiscale des opérations d'un contrat international susceptible de concerner deux ou plusieurs administrations doit s'effectuer « *tout au long de sa négociation et de son exécution, compte tenu de ses caractéristiques, des options et des risques fiscaux susceptibles d'être pris* »[156]. Les entreprises sont en effet prévenues par l'auteur de ce que les autorités fiscales de chaque Etat

---

résulter. Cette négociation va généralement impliquer, à plein temps le chef de projet retenu en vue :
- d'en cerner, avec les équipes appropriées, l'ensemble de ses aspects techniques, industriels, commerciaux, juridiques, comptables, douaniers, fiscaux et financiers ;
- d'en définir la stratégie douanière et fiscale possible, en fonction des options susceptibles de se présenter et des directives reçues du comité exécutif de sa direction générale, les risques susceptibles d'être pris l'étant, dès lors, en toute connaissance de cause... », DUCCINI (R.), *Stratégie fiscale des contrats internationaux, op. cit.*, p.303.

[154] Voir en ce sens COZIAN (M.), « La notion d'abus de droit », in *Les grands principes de la fiscalité des entreprises, op. cit.*, document 2, p. 18, n° 5. *« La gestion fiscale est devenue un art et une science, presque une industrie. Le langage utilisé est révélateur ; autrefois les juristes parlaient modestement de la liberté du choix de la voie la moins imposée ; les gestionnaires utilisent aujourd'hui un vocabulaire plus agressif ; ils parlent de gestion fiscale, de stratégie fiscale, d'optimisation fiscale, de défiscalisation, ou en franglais, de tax-planning ».*

[155] DUCCINI (R.), *op cit*, p. 296.

[156] *Ibid.*, p. 287.

territorialement impacté par un contrat d'affaires international traiteront les opérations dudit contrat en rapport avec leur propre législation, sous réserve de l'application des dispositions conventionnelles internationales. Monsieur Duccini prévient qu'en cette matière, *« il n'y a pas de recette de cuisine »*. A son avis, pour les entreprises parties aux contrats d'affaires internationaux *« c'est du cas par cas qu'il convient de savoir prévenir en fonction de la nature des opérations en cause, par une anticipation appropriée des positions pouvant être prises par toute autorité fiscale à leur encontre*[157] *»*.

111. L'avis de cet auteur est fort édifiant pour les administrations fiscales des Etats africains en ce qu'il renseigne sur l'exigence et la disponibilité d'un savoir-faire au service des entreprises en matière d'anticipation des risques fiscaux, et par la même occasion, sur le professionnalisme des entreprises en matière de gestion des risques de législation. En tout état de cause, les entreprises s'informent en général sérieusement sur l'état des législations appelées à impacter les contrats dans lesquels elles sont parties. Et de fait, ce qui est vrai sous d'autres cieux l'est également en Afrique, chaque Etat dispose d'un système fiscal différent des autres Etats.

112. Pour ne considérer que le cas du Cameroun, l'on peut aisément saisir les possibilités d'anticipation offertes aux entreprises à partir des questions fiscales liées à la constitution des sociétés. Les entreprises désireuses d'investir au Cameroun doivent en effet faire face, comme ailleurs en Afrique, à des questions récurrentes de droits d'enregistrement.

113. Il s'agit souvent pour elles de savoir si elles seront sous le régime de l'enregistrement gratis ou de l'exonération ou, à défaut, sous le régime d'un quelconque droit proportionnel ou droit fixe. Un tour d'horizon de la question permet de relever que le régime fiscal de la constitution des sociétés a évolué avec le temps dans ce pays. Jusqu'en 2009, les actes de constitution de société étaient enregistrés selon les cas, sous condition du paiement d'un droit dégressif, suivant les tranches du capital ou d'un droit fixe. Les nouvelles dispositions en la matière, issues de la loi de finances pour l'exercice 2010, soumettent lesdits actes à la formalité d'enregistrement sans acquittement de droits[158].Ce nouveau régime de l'enregistrement gratis est également applicable en matière de prorogation de société et d'augmentation

---

[157] *Ibid.*, p. 287 : L'auteur explique à ce propos que les précautions fiscales et comptables à prendre sont fonction de la nature des opérations réalisées (en France ou à l'étranger), de la durée et des modalités d'exécution des opérations nées du contrat, du délai de prescription à couvrir et de celui corrélatif de conservation des documents relatifs à ces opérations, et des justificatifs à produire pour chacune des opérations incriminées.

[158] Circulaire N°0000001/MINFI/DGI/LC/L du 15 janvier 2010 précisant les modalités d'application des dispositions fiscales de la loi n°2009/018 du 15 décembre 2009 portant loi de finances de la République du Cameroun pour l'exercice 2010.

du capital social[159]. C'est donc dans une logique d'attrait des investisseurs et de relance économique par l'impôt que cette mesure de politique fiscale a été adoptée par le législateur fiscal camerounais. Notons au passage que la doctrine fiscale camerounaise a pris la précaution pour l'application de cette mesure de revenir sur les définitions des actes de constitution, de prorogation de société et d'augmentation de capital[160]. Les entreprises étrangères sont attentives à ces évolutions de la loi fiscale qui structurent chez elles de près ou de loin la décision d'investir. Ces actes revêtent une importance non négligeable pour les administrations parce qu'ils contiennent des informations de choix sur la composition des associés ou des actionnaires et sur le poids de ceux-ci dans les filiales implantées ou les entreprises liées qui s'établissent au Cameroun.

114. Au regard de la législation fiscale internationale, la démarche d'anticipation sur le plan fiscal ne consiste pas seulement à s'informer à l'avance sur la structure des systèmes fiscaux et des modalités d'imposition prévues par les législations fiscales nationales sous l'empire desquelles s'exécuteront les contrats. Elle consiste davantage à atrophier à l'avance le champ des opportunités fiscales susceptibles de profiter aux Etats du fait de la conclusion et de l'exécution des contrats. Suivant cette logique, les entreprises recherchent en général les brèches ouvertes par les systèmes fiscaux nationaux de manière à moduler subséquemment les termes des contrats. Cette approche leur permet de scruter, pour les contourner ou les contrecarrer, les risques auxquels elles peuvent se trouver exposées par suite de l'application soit des conventions fiscales bilatérales, soit des conventions fiscales multilatérales. Il convient de souligner sur ce point que même si l'on peut observer une tendance à l'harmonisation des systèmes fiscaux en Afrique, les spécificités liées aux configurations socio-économiques et culturelles propres aux Etats font partie du champ d'appréciation des entreprises soucieuses de faire affaire en Afrique. Cela se vérifie aussi bien dans les espaces économiques communautaires tels que la CEMAC ou

---

[159] Art. 546 du CGI camerounais. Les actes de prorogation de société et d'augmentation du capital social subissaient le même sort fiscal que les actes de constitution des sociétés avant la LF pour 2010.

[160] Cf. Circulaire N°0000001/MINFI/DGI/LC/L du 15 janvier 2010, *précitée :* Par acte de *constitution de société,* il faut entendre la création de la société, matérialisée par la rédaction des statuts par acte authentique, lesquels déterminent notamment la forme, la durée, la dénomination, le siège, l'objet social et le montant et la répartition du capital. La *prorogation de société*, elle est l'opération par laquelle la durée de vie de la société est rallongée, à la suite d'une décision de l'organe social compétent, généralement l'assemblée générale, laquelle est matérialisée par la modification de ses statuts. Pour ce qui est de l'*augmentation du capital*, elle consiste en un accroissement du capital social soit par incorporation des réserves, soit par émission de titres sociaux nouveaux, soit par augmentation de la valeur nominale des actions. L'augmentation de capital peut également résulter des opérations de fusion, scission ou apport partiel d'actif.

l'UEMOA, qui jouissent d'une véritable intégration monétaire[161], que dans les espaces communautaires économiquement moins intégrés tels que le Maghreb. La loi fiscale n'est pas la même partout et les singularités sont parfois déconcertantes d'un Etat à l'autre, d'une sous-région à une autre. De fait, chaque Etat fonctionne avec la fiscalité de ses intérêts et il est dans l'intérêt des entreprises de le savoir afin d'optimiser leurs choix fiscaux.

115. L'anticipation des risques de gestion. Les risques de gestion font référence à proprement parler aux risques de pilotage quotidien des activités des entreprises. Notre étude reprend à son compte l'inventaire des risques répertoriés par Mme El AbbadI Bouchra dans son cours d'audit fiscal. L'auteure, identifie dans une classification édifiante, les sept domaines de risque suivants : les risques de transaction, les risques de situation, les risques opérationnels, les risques de non-conformité à la loi, les risques comptables, les risques de management et les risques de réputation162.

---

[161] La dynamique d'intégration économique sous régionale en zone CEMAC et UEMOA s'est accompagnée de l'adoption de dispositifs fiscaux de portée sous régionale à l'instar de la Directive n° 1/99/CEMAC-028-CM-03 du 17 Décembre 1999 portant harmonisation des Législations des Etats Membres en matière de TVA et de Droits d'accises. Rentrent également en ligne de compte, les conventions fiscales sous régionales : la Convention fiscale CEMAC, signée par les pays membres l'UDEAC (devenue CEMAC) regroupant le Cameroun, le Congo, le Gabon, la Guinée Equatorial, la République Centrafricaine et le Tchad par Acte n° 5/66 UDEAC-49 du 13 décembre 1966.

[162] Cf. BOUCHRA (El A.), *Cours d'audit fiscal*, *op. cit.* : L'auteure élabore sur ces sept domaines de risque ainsi qu'il suit: « ***1) les risque de transaction*** : Chaque transaction rencontre l'impôt. Plus la transaction est complexe, plus elle peut générer des incertitudes fiscales et, par conséquent, des risques fiscaux. Plus la transaction est non courante, non routinière, plus elle expose à des risques spécifiques [...] ***2) les risques de situation*** : Le risque fiscal dépend de son impact et de sa probabilité de survenance. La probabilité de survenance dépend de l'action ou de la réaction de l'administration fiscale face à une situation [...] ***3) Les risques opérationnels*** : Les risques opérationnels impliquent tous les services et toutes les personnes concernées par la fiscalité et non uniquement la fonction fiscale de l'entreprise [...] ***4) Les risques de compliance ou risque de non-conformité à la loi :*** Ce risque est lié d'abord à la politique générale de l'entreprise et à l'intégrité de sa direction, de ses cadres et de son personnel. Il est ensuite fonction : - De la qualité des procédures de gestion et de synthèse des données comptables et fiscales et de leur révision (audit interne et audit externe), - De la fiabilité du système d'information, - De la compétence fiscale des personnes intervenantes, et - Des procédures de veille fiscale (mise au courant des nouvelles législations, des règlementations, de la doctrine et des pratiques administratives fiscales) [...] ***5) Les risques comptables*** : La comptabilité, en tant qu'outil de centralisation, de synthèse et d'assiette fiscale, constitue la principale base du contrôle fiscal et, par conséquent, de découverte de défaillances fiscales. La comptabilité apparaît donc à la fois comme étant la première source de menace fiscale mais aussi l'outil de formalisation des options jugées offrir une opportunité pour l'entreprise [...] ***6) Les risques de management :*** Peu d'entreprises documentent et formalisent leur gestion du risque fiscal. Dans ce cas, le principal risque réside dans le fait que la gestion du risque fiscal se trouve dans les têtes des personnes qui en sont chargées [...] ***7) Les risques de réputation :*** La bonne réputation, à l'origine de préjugés et de ressentiments favorables, et qui résulte d'un savoir, d'une conviction et d'un jugement

116. L'anticipation de ces risques relève de la science des décisions stratégiques et tactiques dans les entreprises, science qui permet de déterminer la combinaison la plus satisfaisante en matière de rendement et de productivité eu égard aux moyens matériels, financiers et humains mobilisés par les lesdites entreprises[163]. Elles le savent d'ailleurs pour la plupart, et c'est pourquoi la disparité des cadres juridiques constitue pour elles un paramètre important dans la gestion de deux types de risque, le risque de transaction, que cotoie de près le risque de non conformité à la loi, et le risque de situation.

117. Parmi les risques énumérés par El Abbadi Bouchra, le risque le plus attaché au fait contractuel est le risque de transaction. Ce risque se situe au confluent des rapports entre les contrats d'affaires et la législation de l'Etat irradié par la conclusion ou l'exécution desdits contrats. Il s'agit d'un risque intimement lié au niveau d'élaboration de la législation d'un Etat. Ce risque expose l'entreprise dans ses transactions à des charges fiscales dont le degré d'incertitude varie en fonction de la complexité ou du caractère non courant de l'occurrence de la transaction. A titre d'illustration, le choix de la forme juridique d'exploitation ne relève pas du hasard mais d'une étude préalable des « possibilités fiscales » qu'offre le cadre juridique du pays hôte des investissements ou de tout ou partie de l'exploitation. L'option pour un bureau de liaison, pour une franchise, une succursale, une filiale est la résultante d'une analyse-risque qui sert avant tout les intérêts de l'entreprise y compris ses intérêts fiscaux.

118. En guise d'illustration, ajoutons que le Professeur Bernard Castagnède fait observer au sujet des options juridiques internationales que les entreprises minières et pétrolières américaines, relevant du régime d'imposition mondial, mais non consolidé, caractéristique de l'*income tax* américain, ont avantage à obtenir des pays d'accueil de leurs activités la possibilité d'opérer sous forme d'établissements, plutôt que de filiales, afin de bénéficier d'une compensation entre leurs coûts de recherche et d'exploitation extérieurs et leurs bénéfices intérieurs, avant imputation sur l'impôt américain, le cas échéant, des crédits d'impôts étrangers[164].

119. On le voit, anticiper le risque fiscal constitue une préoccupation analysée comme une responsabilité managériale quasi incontournable des protagonistes à l'occasion de la négociation et de l'exécution des contrats d'affaires internationaux. Le recul dont ils peuvent bénéficier avant et en cours d'implantation de leurs affaires en Afrique leur permet de mieux maîtriser les choix fiscaux à opérer. Cette réalité prend un tout autre relief

---

publics positifs sur une entreprise ou une personne ou un pays, etc. […] est un outil de gestion des risques dont l'importance apparaît aux moments cruciaux […] »

[163] MARTINET (A.-Ch.) et SILEM (A.), *Lexique de gestion*, Dalloz, 5e éd., 2000, p. 212 et 213.

[164] CASTAGNEDE (B.), *Précis de fiscalité internationale*, PUF, 2e éd. Coll. Fiscalité, 2006, p. 77.

lors de la transmission du contrat ou à l'extinction de celui-ci. La considération du risque par les cocontractants dans ces dernières hypothèses prend systématiquement la forme d'une équation à plusieurs inconnues.

2. L'anticipation du risque en phase de restructuration contractuelle des opérations internationales

120. La vie d'un contrat d'affaires après sa conclusion peut être sujette à une évolution contrastée en raison des modifications dont il est susceptible de faire l'objet du fait des fluctuations de la conjoncture économique qui influencent son exécution. Le trait caractéristique des modifications qu'encourent les contrats d'affaires internationaux impliquant des entités opérant en Afrique est qu'elles sont en général suscitées ou provoquées par les entreprises dominantes domiciliées à l'étranger. Lorsque celles-ci retiennent l'option d'une restructuration de leurs opérations, la démarche d'anticipation comporte à l'observation deux paliers. Le premier concerne les opérations de modification de contrat à mettre en œuvre tandis que le second touche de manière plus critique aux incidences fiscales éventuelles ou probables consécutives aux opérations de modification contractuelle retenues.

121. L'anticipation des opérations de restructuration du contrat. Les hypothèses de transmission du contrat retenues dans la présente étude privilégient pour l'essentiel les différentes solutions de modification envisagées par les entreprises opérant en forme sociétaire au détriment des entreprises individuelles moins représentatives des enjeux économiques en cause sur le plan international. En général, les parties n'ont pas la maîtrise de la durée ou du terme définitif du contrat d'affaire international qui peut être conclu soit pour une période initiale relativement courte, le plus souvent renouvelable par tacite reconduction, soit pour une période assez longue. Dans l'une ou l'autre hypothèse, l'imprécision et l'imprévisibilité demeurent la règle[165]. Pourtant, traiter de l'épineuse question de l'anticipation du risque fiscal à la transmission ou à l'extinction du contrat revient à supposer que les parties contractantes détiennent une certaine emprise non seulement sur la durée du contrat, mais également sur leurs responsabilités respectives en cas de modification ou de fin de contrat. Or, rien n'est moins sûr. De l'avis de Monsieur Duccini, « les parties ont, en effet selon l'objet de leur contrat, difficilement la possibilité de prévoir avec suffisamment de précision le déroulement de leurs opérations ». Ce qui de notre point de vue complique davantage la question de la prévision de la fin des opérations contractuelles.

122. L'expression « transmission du contrat » renvoie à l'ensemble des hypothèses de transfert partiel ou total d'actifs ou d'activité envisageables

[165] DUCCINI (R.), *op. cit.* p. 242. Selon l'auteur, « La durée des contrats est fonction de leur objet et son trait dominant est d'être, pour nombre d'entre eux, généralement longue…et imprécise ».

entre cocontractants[166]. La description donnée par le Professeur François Xavier Testu du principe de la transmission du contrat à l'ayant causé universel est d'une éloquente précision[167]. L'environnement du commerce international offre en cette matière une panoplie de cas de figure. Mais du point de vue transnational, nous retiendrons le schéma doctrinal de Dominique Villemot qui synthétise de manière binaire les opérations de transmission d'activité en opérant une distinction entre les transferts d'actifs d'une part, et les transferts de titres d'autre part[168] ; les deux modalités se déclinant à chaque fois en cession ou en apport[169]. Ces modalités de transmission de contrat rencontrent à chacune de leurs occurrences des analyses fiscales qui sont étroitement dépendantes de la lecture qu'en font les stratèges chargés d'analyser au profit des entreprises les législations fiscales nationales et internationales.

123. Il peut en effet arriver qu'un contrat d'affaires international fasse l'objet d'une transmission du fait d'une cession d'activité, d'une fusion-absorption, d'une cession de titres ou de droits sociaux ou encore d'un apport de titres. Dans l'un ou l'autre cas, les parties devront faire face à des réalisations d'actifs ou de passifs appelées à impacter leurs situations fiscales respectives. Lorsque ces opérations impliquent des entreprises domiciliées en Afrique, la maîtrise du droit fiscal interne des Etats africains en cause devient indéniablement un atout dans la réussite économique desdites opérations.

---

166 TESTU (F. X.), *Contrats d'affaires*, Dalloz, p.426. Pour le Professeur TESTU, « ...*Quand une personne transmet un ou plusieurs droits à une autre, la question est de savoir si elle transmet ce ou ces droits de manière isolée (ce qui exclut toute transmission de passif associé, sauf stipulation expresse et contraire), ou si elle transmet son patrimoine ou une fraction de celui-ci, auquel cas certaines charges de passif se trouvent transmises de manière associée aux valeurs d'actifs*... »

167 TESTU (F. X.), *Contrats d'affaires, op. cit.* p.429 : « *Puisque l'ayant cause universel ou à titre universel prend juridiquement la place de son auteur, il y a lieu de considérer que cet ayant cause prend la place de son auteur dans les liens du contrat auquel celui-ci était partie. Il va se retrouver créancier de ses droits et débiteur de ses obligations.*
Si donc une société A conclu avec une société B un contrat des services, et que la société B se fait absorber par B', le contrat se poursuivra de manière inchangée, entre A et B', B' étant l'ayant cause universel de B ».

168 VILLEMOT (D.), *Fiscalité des fusions acquisitions*, éd. EFE, coll. Référence première, 2001, p. 8. Deux catégories de situation peuvent se présenter en en matière de transfert des actifs : la vente d'activité et l'apport partiel d'actif ou fusion-absorption. Le transfert des titres s'analyse quant à lui en vente de titres et apport des titres.

169 Cf. *Lexique de gestion*, MARTINET (A. Ch.) SILEM (A.) (sous la dir. de), Dalloz, 5e éd. p.26. L'apport se définit comme une contribution, un concours, un appoint ou une participation à la création ou à l'augmentation des moyens d'activité d'une entreprise donnant droit à des titres de participation à son capital ou à son bénéfice. Les apports peuvent être effectués par une personne physique ou morale en numéraires, en nature ou en industrie. De ces trois formes d'apport, seules les deux premières sont reconnues légalement comme élément du capital social.

124. Du point de vue du droit commercial général et du droit des sociétés, les entreprises à capitaux transnationaux peuvent se trouver impliquées dans des opérations de vente d'activité ou de vente de titres de société, ou à l'inverse d'apport d'activité, d'apport de titres voire d'absorption de société[170]. Toutes ces situations sont autant de techniques de transfert d'activité induisant une ou plusieurs modifications du contrat initial ou précédent, c'est-à-dire du contrat au moyen duquel se déployait l'activité transférée.

125. L'anticipation des incidences fiscales liées à la restructuration du contrat. Aux différentes possibilités de transmission de contrats viennent se greffer une multiplicité d'incidences fiscales qui sont fonction des législations fiscales nationales et des conventions fiscales de portée bilatérales ou multilatérales. La recherche des solutions fiscales les moins onéreuses est dans ce registre une préoccupation constante pour les entreprises ; celles-ci, il faut le reconnaitre n'ont pas toujours la tâche facile. Pour ne prendre que l'hypothèse des législations fiscales nationales, les faveurs fiscales recherchées ne se rencontrent pas uniquement pour un Etat considéré dans le Code général des impôts. Selon les options politiques des Etats, elles peuvent être logées soit dans une loi générale chargée de régir les investissements sur le territoire national à l'instar du code des investissements, soit dans une loi spécifiquement constituée de normes incitatives[171], soit dans une convention d'Etablissement[172], ou encore dans un texte réglementaire spécifique. Soulignons sur ce point que pour un Etat considéré, le régime des incitations fiscales est en général un régime composite que les experts s'attachent à reconstituer par la lecture des différents textes susceptibles de fournir des dispositions attractives. En pratique, dans cette quête de la solution la moins couteuse, les régimes fiscaux de faveur constituent la préoccupation première des stratèges internationaux. Ces régimes de faveur peuvent prendre la forme tantôt d'une exemption ou d'une exonération partielle ou totale de taxe, tantôt d'une faible imposition ou d'un abattement de base imposable.

126. En tout état de cause, la démarche d'anticipation intègre non seulement les caractéristiques et formalités juridiques qui différencient les principales modalités de transmission de contrat[173], mais également les

---

[170] Voir en ce sens VILLEMOT (D.), *op. cit.*, p. 9.

[171] C'est le cas au Cameroun avec la Loi N° 2013/004 du 18 avril 2013 fixant les incitations à l'investissement privé en République du Cameroun.

[172] Voir en ce sens DUCCINI (R.), *op. cit.*, p. 77 : *« Les conventions d'établissement, comme leur nom l'indiquent, constituent un agrément particulier passé entre l'investisseur et l'Etat signataire. Ces conventions permettent à l'investisseur de bénéficier sur une certaine durée, en plus des avantages fiscaux, de garanties d'ordre juridique ou financier ; elles précisent également les obligations mises à sa charge ».*

[173] Il peut s'agir de l'existence de flux financiers, de l'incidence sur l'organigramme de l'entreprise ou encore de l'impact sur ses structures.

conséquences fiscales découlant des options retenues par les entreprises. De ce point de vue, la vigilance des stratèges sera inéluctablement mise à rude épreuve, tant en matière d'impôts directs, qu'en matière d'impôts indirects .

127. Ainsi, en matière d'impôt directs, les anticipations généralement observées chez les contribuables réalisant des opérations transfrontalières impliquant le Cameroun concernent au moins deux aspects du droit fiscal des restructurations d'entreprises: le régime fiscal avantageux des plus-values de fusion, scission et apport partiel d'actifs objet de l'article 9 du Code général des impôts[174] et le régime fiscal contraignant des cessions de titres d'entreprises de droit camerounais réalisées à l'étranger élaboré à l'article 42 du même Code devenu plus contraignant à la faveur de la loi de finances pour 2012[175].

128. En matière d'impôts indirects, des anticipations similaires sont effectuées par les contribuables transnationaux au regard notamment des droits d'enregistrement et de la Taxe sur la valeur ajoutée (TVA). En ce qui concerne les droits d'enregistrement, ces anticipations sont largement tributaires des options de restructuration contractuelle retenues, et convergent toutes dans le sens de la solution fiscale la moins onéreuse. Dans le contexte camerounais, deux illustrations peuvent être évoquées. La première illustration est donnée par l'évolution du régime fiscal des scissions en rapport avec celui des fusions. Avant l'exercice 2012, l'engouement des entreprises à se livrer à des opérations de scission était quelque peu contenu en raison d'une taxation plus onéreuse desdites opérations en comparaison avec les actes de fusion. Avec l'harmonisation du régime des actes de restructuration des sociétés actée par la loi de finances pour 2012, l'enregistrement à des conditions tarifaires avantageuses - droits fixes - naguère réservé aux seuls actes de fusion, a été élargi aux actes de scission de sociétés anonymes, en commandite ou à responsabilité limitée[176].

---

[174] Le régime fiscal des plus-values de fusion, de scission ou d'apport partiel d'actifs offre un champ d'opportunités fiscales indéniable aux investisseurs étrangers au Cameroun. Ceux-ci peuvent en effet bénéficier de l'exonération de l'impôt sur les sociétés lorsqu'à l'occasion d'opération de fusion, de scission ou d'apport partiel d'actifs, ils ont la qualité de société absorbante ou de société bénéficiaire de l'apport domiciliée au Cameroun ou dans un autre Etat de la CEMAC. Le bénéfice de cette mesure de faveur résultera alors pour ces entreprises d'une exploitation minutieuse des dispositions de l'article 9 du Code Général des Impôts.

[175] Les plus-values sur cessions de titres d'entreprises de droit camerounais réalisées à l'étranger constituent également un aspect intéressant de mise en perspective du jeu des anticipations envisageables par les entreprises sur le marché international. Le législateur fiscal camerounais ne s'était pas préoccupé de cette question avant que ne survienne la loi de finances pour 2012, période à partir de laquelle les autorités fiscales camerounaises se sont rendues à l'évidence du développement sur le marché international des transactions portant sur des titres d'entreprises de droit camerounais. Cette prise de conscience a été à l'origine de la métamorphose de la physionomie de l'article 42 du Code Général des Impôts qui traite des gains sur cessions d'actions et autres parts de capital.

[176] Cf. art. 346 et 350 du CGI camerounais. Du point de vue fiscal, la scission a désormais au Cameroun les mêmes conséquences fiscales que la fusion en ce sens qu'elle ouvre droit à la

129. La seconde illustration est donnée par l'exploitation du régime fiscal des cessions de droits sociaux et notamment celle des cessions massives de droits sociaux. Deux périodes méritent d'être distinguées dans le débat des anticipations fiscales des cessions de droits sociaux. La période avant l'intervention de la loi de finances pour 2015, et celle d'après ladite loi. Avant l'exercice 2015, le débat en cette matière se réduisait en un jeu de qualification-déqualification entre les contribuables et l'administration fiscale. Sur le terrain du contrôle fiscal, le jeu des anticipations fiscales consistait pour les entreprises contractantes à rechercher et à ne retenir que la qualification de simple « cession d'actions ou de parts sociales » qui pour elles, constituait la solution la moins coûteuse puisqu'elle emporte application du taux réduit de 2% face à la qualification de « cession de fonds de commerce », plus proche de la réalité économique de l'opération, mais plus onéreuse au plan fiscal dans la mesure où elles est passible du taux élevé de 15%[177]. Avec la Loi de finances pour 2015, ce débat a évolué pour embrasser l'épineuse question des cessions indirectes d'actions d'entreprises de droit camerounais réalisées à l'étranger. Cette loi de finances a apporté une modification substantielle de l'article 543 du CGI en intégrant dans le champ des actes impactés par le taux réduit des droits d'enregistrement de 2%, les cessions indirectes de droits sociaux réalisées à l'étranger[178].

130. S'agissant de la TVA, les anticipations épousent également la configuration du dispositif fiscal du pays appelé à héberger l'exploitation découlant du contrat d'affaires modifié ou transmis. Quel que soit le pays africain considéré, la taxe sur la valeur ajoutée ne saurait être occultée par ces anticipations. Cela s'observe aussi bien en matière de fusion ou de scission qu'en matière d'apport partiel d'actif. Pour ce qui est de la fusion, alors que le droit des sociétés unifie son régime juridique en l'appréhendant comme une seule et même opération, le droit fiscal l'encadre en faisant coexister au Cameroun deux régimes, un régime de droit commun et un régime de faveur. Les apports partiels d'actifs, quant à eux, soulèvent à la fois des questions d'application des droits d'enregistrement et d'application de TVA. Le premier écueil à franchir par les entreprises est le cumul du paiement de ces deux catégories d'impôts pour la même opération, dans la

---

soumission identique au droit fixe de FCFA 50 000 assorti du droit de timbre gradué tel que précisé aux dispositions de l'article 545A (a) du même Code Général des Impôts.

[177] La législation fiscale camerounaise soumet les cessions d'actions au droit proportionnel au taux réduit de 2% (art. 343 et 543-d) tandis que les cessions de fonds de commerce sont passibles du taux élevé de 15% (art. 341et 543-a) du CGI).

[178] En effet, suivant la nouvelle rédaction des dispositions de l'article 543-d) du CGI camerounais, *« les cessions, même indirectes, au Cameroun ou à l'étranger, d'actions, de parts et d'obligations de sociétés dont le siège social est au Cameroun »* sont soumises au taux réduit de 2%.

mesure où les ambiguïtés du dispositif fiscal d'un Etat peuvent conduire au paiement cumulatif de la TVA et des droits d'enregistrement[179].

3. L'anticipation du risque fiscal à l'extinction du contrat d'affaires international

131. L'extinction du contrat d'affaires international s'entend de la rupture des relations contractuelles pouvant survenir entre les cocontractants. Elle s'appréhende différemment selon que l'on est en présence d'un contrat à durée déterminé ou d'un contrat à durée indéterminée[180]. Dans les deux cas de figure, les stratèges anticipent en général autant que faire se peut aussi bien les opérations d'extinction du contrat d'affaires que les incidences fiscales qui s'y rattacheraient.

132. L'anticipation des opérations d'extinction du contrat. Par extinction du contrat, il faut entendre, la fin ou la rupture des engagements contractuels qui se matérialise soit par la résiliation d'un contrat d'affaires marquant la fin des relations juridiques entre les cocontractants, soit de la dissolution de société. Dans un contrat à durée indéterminée, la résiliation unilatérale est une prérogative d'ordre public qui donne la possibilité à l'un des cocontractants de mettre fin au contrat à chaque instant[181] moyennant le respect d'un délai de préavis[182]. Dans le contrat à durée déterminée, les parties fixent dans l'accord initial la durée de leur contrat fixant de la sorte son terme extinctif[183].

133. A l'extinction du contrat, les risques fiscaux auxquels s'expose l'entreprise sont en général des risques de management c'est-à-dire des risques liés à la faculté des dirigeants de l'entreprise à intégrer leur occurrence ou non. Il faut reconnaître qu'il est difficile pour les cocontractants d'anticiper ce type de risque dans la mesure où cette anticipation dépend de la représentation que s'en font les décideurs au sein des entreprises parties au contrat. Cela dit, les opérateurs prennent

---

179 ATANGA FONGUE (R.) et TOCKE (A.), *Eléments de la fiscalité des affaires au Cameroun*, *op. cit.*, p.146.

180 TESTU (F. X.), *op, cit.* p. 472 : « *Le contrat est à durée indéterminée lorsque aucune limite temporelle n'est stipulée, et qu'il n'est pas possible de le tenir pour accessoire d'un acte temporaire* ».

181 TESTU (F. X.), op. cit. p. 472.

182 Voir en ce sens TESTU (F., X.), *op, cit.* p. 472 : « *Bien que l'acte notifiant le préavis puisse être délivré à tout moment, cet acte « le congé » doit prévenir suffisamment à l'avance le cocontractant que l'on congédie* ».

183 Lire TESTU (F. X.), *op. cit.* p. 467 : Selon l'auteur, le terme extinctif peut être « *certain* », « *incertain* » ou « *implicite* ». Le terme extinctif est certain lorsque la date de fin du contrat est déjà définie ou lorsque le contrat est appelé à durer un temps déterminé à compter de son entrée en vigueur. Il peut être incertain comme ce serait le cas d'un contrat de recherche conclu pour la durée d'un projet déterminé dont la durée d'exécution n'a pas été arrêtée. Il peut aussi être implicite dans l'hypothèse d'un crédit accordé à une entreprise en difficulté pendant une période d'observation.

néanmoins garde, avec plus ou moins de rigueur, à ne pas encourir de sanctions fiscales ou des charges fiscales impromptues à l'extinction du contrat d'affaires soit du fait de sa résiliation, soit du fait de la survenance normale de son terme. Ces deux situations n'expriment aucune forme de continuité de l'exploitation mais plutôt un arrêt définitif de celle-ci à travers un démantèlement intégral des installations de l'entreprise étrangère ou de l'entreprise liée. L'enjeu central à l'extinction du contrat est assurément pour l'entreprise l'existence d'un passif fiscal se rapportant à la phase d'exécution du contrat et notamment au dernier exercice fiscal afférent à l'exécution du contrat.

134. La dissolution peut, en fonction des contrats, être prévisible ou imprévisible. Elle sera prévisible dans les hypothèses de contrats à durée déterminée et sera imprévisible dans le cadre des contrats à durée indéterminée. Dans le cadre des contrats à durée déterminée, le terme normal du contrat revêt un caractère prévisible du fait de la latitude généralement laissée aux parties de fixer la durée du contrat. Les entreprises anticipent ici les risques fiscaux auxquels elles peuvent être exposées en établissant contractuellement les responsabilités des parties. L'idée maîtresse pour chaque partie dans ce contexte est d'anticiper sur le contrôle du passif fiscal à sa charge. Cet exercice de gestion du risque n'est pas aisé pour l'entreprise pour au moins deux raisons : d'abord, outre le fait qu'il suppose une maîtrise préalable du terme de l'engagement contractuel, il contraint le cocontractant local soit à se rapprocher de l'administration fiscale en vue d'arrêter les modalités d'apurement du passif fiscal né du contrat, soit à subir les redressements fiscaux de l'administration dans le cadre des actions de contrôle fiscal inspirées de l'extinction du contrat.

135. En revanche, il peut paraitre plus aisé d'anticiper le risque fiscal à l'extinction du contrat lorsque celui-ci est d'avance projeté par le contrat. Cette hypothèse qui se vérifie dans tous les secteurs d'activité, présente en Afrique un relief particulier dans le secteur minier où l'on peut observer que la plupart des contrats conclus entre opérateurs de filiation étrangère et opérateurs nationaux comportent des clauses qui anticipent les opérations comptables et fiscales à mettre en œuvre une fois le contrat arrivé à son terme. Le cas des clauses traitant de la remise en état des sites constitue l'une des illustrations les plus frappantes[184]. De telles clauses emportent en général de la part des opérateurs miniers des dotations de provisions pour remise en état de sites tout au long de l'exécution du contrat, puis une reprise du montant excédentaire desdites provisions en fin d'exploitation. Le débat

---

184 Les provisions pour remise en état des sites sont des dépenses concernant les coûts estimés de démontage, d'abandon et de restauration du site diminués de la valeur estimée des coûts de récupération du matériel, (Cf. IFP, Centre Economie et Gestion de l'Ecole du pétrole et des moteurs (coord.), *Recherche et production du pétrole et du gaz – réserves, coûts, contrats-*, Editions Technip, coll. « Publications de l'Institut Français du Pétrole » 2002, p. 267).

entre praticiens du contrôle fiscal dans le secteur des hydrocarbures et des mines solides porte essentiellement sur la déductibilité fiscale des provisions pour remise en état de sites. D'aucuns considèrent que ces provisions sont déductibles dans la mesure où la prise en compte de l'altération et de la restauration de l'environnement par les contrats dans le domaine de l'exploitation des ressources naturelles se traduit nécessairement en comptabilité, en vertu du principe de prudence, par la constitution de provisions destinées à faire face ultérieurement aux dépenses de remise en état de sites. Pour eux, de telles provisions rentreraient dans le cadre de l'exploitation normale des entreprises et devraient par suite être déductibles. Il s'agit là d'une position de principe qui peut valablement trouver matière à s'appliquer dès lors que les modalités techniques de détermination du montant des dotations respectent le cadre fixé par la loi et/ou le contrat. De fait, il existe plusieurs modes de provisionnement en cette matière et l'absence d'encadrement légal et contractuel est de cette provision est une source potentielle de conflit[185].

136. D'autres praticiens considèrent qu'en raison de la durée généralement longue, du terme particulièrement éloigné du contrat et du caractère ostensiblement élevé du montant des dotations de provisions, celles-ci devraient faire l'objet d'un cantonnement dans le cadre d'un compte séquestre[186].

137. L'anticipation des incidences fiscales liées à l'extinction du contrat. L'extinction du contrat qui survient à la suite d'une rupture de la relation contractuelle, soit par voie de résiliation unilatérale, soit du fait de la survenance du terme du contrat, entre un client et un fournisseur emporte simplement pour les parties l'accomplissement des obligations déclaratives au titre des impôts et taxes dus dans le cadre de l'exécution du contrat. C'est le cas notamment lorsqu'intervient une fin ou une résiliation de contrat entre un fournisseur domicilié à l'étranger et son client résident au Cameroun. Vis-à-vis des autorités fiscales camerounaises, ce dernier a la responsabilité d'être à jour de ses obligations fiscales en tant que redevable réel et en tant que redevable légal notamment au regard de l'obligation de retenue à la source des impôts et taxes légalement dues par son fournisseur.

138. Lorsqu'elle procède d'une dissolution ou d'une transformation de société l'extinction d'un contrat d'affaires international entraine nécessairement « la liquidation fiscale » d'une filiale ou d'une entreprise

---

185 ESSAGA (S.), *Droit des hydrocarbures en Afrique*, L'Harmattan, 2013, p. 39.

186 Au Congo, la provision pour remise en état des sites est régie par deux textes spécifiques : la loi N°

liée. « Avant de dissoudre une société, il faut bien en évaluer le coût fiscal »[187].

139. En effet « comme sur le plan juridique, la société dissoute se survit fiscalement à elle-même pour les besoins de sa liquidation. Sa personnalité fiscale subsiste jusqu'à la clôture définitive des opérations de liquidation. Cette période, quelle que soit la durée, est considérée comme un exercice unique dont les résultats définitifs ne seront connus et imposés qu'à la clôture de la liquidation. La règle de l'annualité de l'impôt implique toutefois que le liquidateur produise une déclaration provisoire à la fin de chaque année civile [188]». Dans un tel cas de figure, les incidences fiscales anticipées par les cocontractants portent en général sur les droits d'enregistrement, la TVA et les impôts directs.

B. La portée fiscale de l'option contractuelle d'optimisation

140. L'optimisation fiscale est avant tout une option managériale de bon sens. Opter pour l'optimisation, n'a fondamentalement rien de répréhensible pour une entreprise, fusse-telle économiquement ou juridiquement d'émanation étrangère. Le chercheur n'a pas besoin de faire de procès d'intention aux entreprises étrangères pour comprendre que la systématisation de l'optimisation fiscale est à bien des égards le ferment par excellence du transfert indirect des bénéfices. Ainsi considérée, l'option contractuelle d'optimisation fiscale porte en elle-même les germes de ses dérives **(1)** et met en évidence le rapport de force qui prévaut au sujet de l'opposabilité fiscale des contrats d'affaires internationaux **(2)** entre les cocontractants, l'administration fiscale et du juge de l'impôt.

1. Les dérives de l'optimisation fiscale contractuelle

141. En gardant à l'esprit qu'elle vise à rentabiliser l'exploitation d'une entreprise en lui permettant de réaliser les bénéfices les plus élevés possibles, l'on peut aisément comprendre que telle une drogue, l'optimisation peut devenir enivrante pour les stratèges qui l'utilisent au point d'en faire un paramètre quasi-incontournable dans l'exploitation de l'entreprise. En effet, d'un côté, l'optimisation fiscale se sert des contrats d'affaires internationaux notamment pour délocaliser les revenus ou les bénéfices à l'étranger, de manière à éviter leur imposition au sein des juridictions fiscales où ils sont réalisés. D'un autre côté, elle a vocation à jouer avec les niches fiscales, mieux encore, à se jouer des niches fiscales, car dans celles-ci *« [...]se cachent non seulement les exploitations astucieuses des silences du législateur mais aussi les dispositifs légaux qui*

---

[187] COZIAN (M.), *Précis de fiscalité des entreprises*, *op.cit.* p. 470 : *« Si le coût est prohibitif, il n'est pas rare que les associés décident de renoncer à la dissolution »*, observait le Professeur COZIAN.

[188] *Ibid.*, p. 471.

autorisent, d'une manière ou d'une autre, à réduire son imposition [189] ». L'on peut parler de dérive en matière d'optimisation lorsque l'entreprise, sous le couvert d'une stratégie d'optimisation fiscale, enfreint volontairement ou involontairement la législation fiscale. Dans la première hypothèse, en raison de la méconnaissance intentionnelle de la lettre ou de l'esprit de la loi qu'elle entraîne, l'optimisation fiscale se réduira à une opération de fraude ou d'évasion fiscale tandis que dans la seconde, elle s'analysera en simple erreur fiscale du fait de la bonne foi qui entoure la méconnaissance de la loi. Il convient cependant de garder à l'esprit que dans l'une ou l'autre hypothèse, l'optimisation peut s'avérer tantôt efficace et conduire à la réduction de la charge fiscale au profit de l'entreprise[190], tantôt inefficace et occasionner des redressements fiscaux au détriment de l'entreprise.

142. L'efficacité de l'optimisation : la réduction de la charge fiscale au profit de l'entreprise. L'optimisation fiscale est efficace lorsque l'entreprise réalise l'objectif stratégique qu'elle s'est fixée, celui de payer le moins d'impôt possible eu égard aux choix commerciaux et financiers opérés dans les contrats auxquels elle est partie, sans que l'administration fiscale ne soit en mesure de l'analyser en fraude ou en évasion fiscale191. S'applique dans cette hypothèse l'adage *« pas vu, pas pris »* qui veut que l'on ne puisse rien reprocher à celui qui n'a pas été pris en faute. Ainsi considérée, l'optimisation efficace pour l'entreprise se traduit chez l'administration fiscale par un manque à gagner de recettes fiscales, et révèle parallèlement, tantôt les faiblesses de la législation fiscale nationale ou communautaire, tantôt le caractère léonin des dispositions des conventions fiscales internationales, ou plus simplement le manque de vigilance ou de rigueur affiché par les acteurs du contrôle fiscal dans l'analyse des contrats d'affaires notamment dans le registre de l'interprétation des stipulations contractuelles en adéquation avec la loi fiscale . Dans le feu de l'action, l'optimisation élaborée par l'entreprise peut recevoir une validation tantôt tacite, tantôt expresse de l'administration fiscale.

---

[189] Sur la notion de niche fiscale, voir WEIDENFELD (K.), *À l'ombre des niches fiscales*, Paris, Economica, coll. « Pratique du droit », 2011, p. 2 : l'auteure met en évidence dans son ouvrage, aussi bien le sens restreint de la notion de niche fiscale qu'elle emprunte au *Journal Officiel* français, d'après lequel il s'agirait *« d'une lacune ou vide législatif permettant d'échapper à l'impôt sans être en infraction »*, que le sens large selon lequel, une niche fiscale est une mesure fiscale dérogatoire se traduisant par un système d'imposition préférentiel.

[190] Cette validation peut être expresse ou tacite, volontaire ou involontaire en fonction du niveau d'élaboration de la législation fiscale et du niveau de structuration des administrations fiscales.

[191] L'efficacité de l'optimisation fiscale peut procéder de la dissimulation de l'évasion ou de la fraude provenant du transfert indirect de bénéfices.

143. La validation de l'optimisation fiscale est tacite lorsque l'administration s'abstient de remettre en cause les déclarations fiscales de l'entreprise après avoir pris connaissance des contrats qui régissent les opérations commerciales exposées par lesdites déclarations. La validation est expresse lorsqu'à la faveur d'une procédure de rescrit fiscal, l'administration approuve l'interprétation fiscale des options contractuelles qu'entend retenir l'entreprise pour la réalisation de ses opérations commerciales. Notons au passage que le rescrit fiscal est un mécanisme dont peut se servir le contribuable afin d'obtenir un avis autorisé sur sa situation au regard d'un texte fiscal[192]. Comme nous le verrons plus loin dans cette étude, cette procédure est régie au Cameroun par l'article L33 bis du Livre des procédures fiscales qui tire son inspiration de l'article L64 B du Livre des procédures fiscales en vigueur en France[193]. Pour mémoire, il est toutefois déjà important de relever à ce stade qu'en France, les procédures régissant l'abus de droit fiscal ne sont pas applicables lorsqu'un contribuable, préalablement à la conclusion d'un ou plusieurs actes, a consulté par écrit l'administration centrale en lui fournissant tous éléments utiles pour apprécier la portée véritable de cette opération et que l'administration n'a pas répondu dans un délai de six mois à compter de la demande.

144. Certes, l'on peut être d'avis avec la frange de la doctrine qui reconnaît que la définition de la stratégie fiscale d'un contrat *«[...] ne doit pas avoir pour objectif de soustraire artificiellement une entreprise au paiement d'impôts, droits ou taxes dont elle doit se trouver normalement redevable, mais de limiter le plus possible sa charge fiscale par le caractère judicieux de ses choix, compte tenu des coûts que ces décisions impliquent*[194] *»*. Mais dans de nombreux cas, force est de constater que le recours aux artifices juridiques constitue le creuset des solutions d'évitement de l'impôt qui serait normalement dû en l'absence de tels artifices.

145. L'inefficacité de l'optimisation : les redressements fiscaux au détriment de l'entreprise. L'optimisation fiscale est inefficace lorsque l'entreprise ne réalise pas l'objectif stratégique d'évitement ou de contraction de sa charge fiscale. L'on est ici dans la situation de « l'arroseur arrosé » dans la mesure où les choix commerciaux et financiers opérés dans les contrats auxquels elle est partie, se retournent fiscalement contre elle parce qu'ils sont analysés, à bon droit, par l'administration fiscale ou par le juge, en opérations de fraude ou d'évasion fiscale. Rappelons à la suite de la doctrine que l'évasion fiscale est une forme subtile de fuite devant l'impôt qui n'est pas directement contraire à la loi, sans y être conforme non plus[195].

---

[192] LAMBERT (Th.), *Procédures fiscales*, *op. cit.*, p. 472, n° 1233.
[193] Cf. art. L64 et L64 du LPF en vigueur en France.
[194] DUCCINI (R.), *op. cit.* p. 304.
[195] MARDIERE (Ch. de la), *op. cit.*, p. 71.

Elle consiste à utiliser les règles de droit pour réaliser des économies fiscales[196]. Elle n'est pas en elle-même illégale, mais lorsqu'elle emprunte des voies qui aboutissent à méconnaître la législation fiscale, elle se transforme alors en fraude fiscale[197]. A la différence de l'évasion, la fraude fiscale est une forme pure et dure de fuite devant l'impôt qui consiste à éluder volontairement l'impôt en contrevenant directement à la loi[198]. Ainsi, c'est plus le moyen utilisé pour éviter l'impôt lui-même qui est déterminant pour distinguer la fraude, par nature illégale, de l'évasion, a priori légale, mais susceptible de devenir illégale lorsqu'elle se transforme en fraude.

146. Cela dit, lorsque l'optimisation s'avère inefficace, elle débouche sur des redressements fiscaux au détriment de l'entreprise, et se traduit subséquemment par un relèvement circonstancié du niveau des recettes fiscales au profit de l'Etat. Ce qui signifie que la démarche d'optimisation retenue par l'entreprise n'aura pas été suffisamment fine pour éviter de se transformer en opération de fraude ou d'évasion fiscale, ou à tout le moins, en opération susceptible d'être analysée comme telle - fraude ou évasion - par l'administration fiscale et par le juge de l'impôt. Ainsi considérée, l'optimisation fiscale inefficace est celle qui n'atteint pas son objectif d'amoindrissement légal de la charge fiscale de l'entreprise qui la met en œuvre. Ce faisant, elle dessert non seulement les intérêts fiscaux de l'entreprise, mais aussi, ses intérêts commerciaux et financiers.

147. Lorsqu'elle est organisée en marge de la légalité fiscale, l'optimisation fiscale contractuelle peut conduire à plonger l'entreprise dans des situations multiformes de fraude ou d'évasion fiscale internationales qui se déclinent en abus de droit, en actes anormaux de gestion ou encore en manipulations multiformes des prix de transfert. En effet, et c'est notamment le cas lorsque certaines « stratégies fiscales » sont mises en œuvre, l'optimisation correspond bien à la volonté du contribuable, par application de moyens juridiques légaux, de payer des impôts pour des montants moins élevés que ceux qui auraient été dus en l'absence de « stratégies d'optimisation ». L'intention délibérée existe bien mais les moyens utilisés sont légaux.

---

[196] *Ibid.*, p. 71

[197] Voir en ce sens RASSAT (P.), LAMORLETTE (Th.), CAMELLI (Th.), *Stratégies fiscales internationales*, Maxima, 2010, p. 314 : *« Le terme évasion fiscale n'est pas une notion de droit français. Il renvoie généralement aux [agissements] illicites par lesquelles le contribuable réduit sa charge d'impôt en cachant des revenus ou en occultant des informations aux autorités fiscales ».*

[198] MARDIERE (Ch. de la), *op. cit.*, p. 72.

2. *L'opposabilité fiscale des contrats d'affaires internationaux*

148. La notion d'opposabilité renvoie au rayonnement d'un acte ou d'un jugement à l'égard de ceux qui n'ont été ni parties ni représentés[199]. Les contrats d'affaires internationaux, comme on l'a vu, sont avant tout contrats d'affaires et ne sauraient en tant que supports indispensables aux échanges économiques[200] et instruments de planification du profit, éviter de servir d'arrière-base aux cocontractants pour opposer leurs choix fiscaux à l'administration fiscale. Celle-ci utilise de manière ambivalente les contrats en choisissant tantôt d'entériner leur opposabilité, tantôt de leur dénier cette opposabilité, toute chose qui place le juge de l'impôt dans une situation d'arbitre de l'opposabilité desdits contrats face aux protagonistes du contentieux de l'imposition des contrats d'affaires internationaux.

149. L'opposabilité du contrat par les cocontractants à l'administration fiscale. La question de l'opposabilité des contrats d'affaires par les cocontractants à l'administration fiscale est diversement débattue par la doctrine. Elle trouve chez des auteurs comme Frédéric Dal Vecchio des éclairages édifiants. Dans ses travaux de thèse consacrés au sujet plus vaste de « l'opposabilité des conventions de droit privé en droit fiscal », l'auteur se livre à un exercice de mesure du degré de transposition des conditions et des effets de l'opposabilité desdites conventions en droit fiscal. L'on y apprend que le contrat peut comporter en son sein des stipulations qui déterminent pour le législateur ou - en cas de silence de ce dernier - pour l'administration, le fait générateur de l'impôt. Les entreprises avisées en ont conscience et se livrent bien souvent à des exercices de tactique fiscale en opérant des choix fiscaux dans les limites des possibilités offertes par la loi fiscale[201]. Ce n'est en effet que dans ces limites que le contribuable peut procéder à une personnalisation de l'impôt dans le but de se situer dans la situation fiscale la plus favorable au regard des possibilités prévue par la loi. Pour y parvenir il module les stipulations contractuelles en fonction de l'option fiscale retenue.

150. En clair, en rédigeant les contrats d'affaires internationaux, les parties peuvent chercher à en maîtriser la portée fiscale. Les entreprises d'origine étrangère qui opèrent en Afrique le comprennent bien et « surfent »

---

[199] GUILLIEN (R.) et VINCENT (J.) (sous la dir. de), *Lexique des termes juridiques*, 17e éd. *op. cit.*, p. 501.

[200] « Les conventions sont des supports indispensables aux échanges économiques des sujets de droit privé qui ne peuvent pas ignorer leurs conséquences fiscales ». DAL VECCHIO (F.), *op. cit.*, p. 23.

[201] Selon M. DAL VECCHIO, « Pour certains auteurs, dont M. Arnaud Agostini, la notion d'option fiscale n'est pas fondamentalement en contradiction avec le statut de contribuable car l'option s'exerce dans les limites de la volonté du législateur ». DAL VECCHIO (F.), op. cit. p. 153.

pareillement au moyen des stipulations contractuelles sur la « vague » des régimes de faveur proposés par les législations fiscales nationales dans le dessein de les opposer, le cas échéant, à l'administration fiscale et au juge de l'impôt. En procédant de la sorte, ces entreprises se donnent les moyens de modifier leur rapport à l'obligation fiscale[202].

151. Mais en tout état de cause, la force obligatoire des contrats *« dépend de leur conformité au droit objectif*[203]*»* duquel fait partie le droit fiscal. A ce propos, le fait que les contrats d'affaires puissent ainsi être excipés par le cocontractant pour en opposer les stipulations à l'administration fiscale participe de l'essence même des contrats. Ceux-ci se trouveraient en réalité vidés de leur sens s'ils ne produisaient aucun effet auprès des tiers, et notamment des tiers de l'autorité desquels ils tirent la validation de l'essentiel de leurs stipulations. Sur ce point, Monsieur Dal Vecchio explique à partir de l'hypothèse de la modification des patrimoines occasionnée par le contrat - qui ne peut être ignorée par l'administration fiscale, tiers aux conventions - que *« ... les conventions n'ont de sens que si leurs stipulations sont opposables aux tiers, les contraignant ainsi à reconnaitre leur existence et leurs effets*[204] *»*. Nous approuvons ainsi l'idée suivant laquelle *« le contribuable possède une sorte de compétence propre lui permettant de personnaliser sa charge d'impôt en recourant soit aux options, soit au droit des contrats*[205]*»*. Toutefois, cette compétence propre, faut-il le reconnaitre, lui est dévolue par la loi fiscale dans la mesure où c'est au législateur qu'il revient de circonscrire le champ des options fiscales édictées en faveur du contribuable après en en avoir posé le principe[206].

152. Cet état de fait se vérifie aussi bien dans les pays industrialisés qu'en Afrique subsaharienne où les Etats sont le plus souvent conduits à travers leurs législations fiscales à offrir de telles possibilités aux investisseurs afin de répondre sinon à leurs exigences, du moins à leurs aspirations[207]. Toutefois, ce qui tranche entre le champ des options proposées par les législations africaines et celui de celles proposées par les législations des pays industrialisés, c'est moins la prise en compte de la complexité

---

[202] DAL VECCHIO (F.), *op. cit.*, p 153. : *« Le contribuable, en recourant aux stipulations contractuelles, a les moyens de modifier son rapport à l'obligation fiscale ».*

[203] Voir en ce sens GOLTZBERG (S.), *op. cit.*, p. 82.

[204] DAL VECCHIO (F.) *op. cit.*, p. 23.

[205] *Ibid.*, p. 155.

[206] DAL VECCHIO (F.), *op. cit.*, p.154 : « Le choix fiscal s'inscrit dans le cadre d'une volonté des pouvoirs publics de tenir compte de la complexité économique propre aux sociétés modernes tant en ce qui concerne l'imposition que pour les procédures de vérification »

[207] *Ibid.*, p. 153 : Dans les pays industrialisés comme la France, *« Les règles fiscales se sont adaptées à la diversité de l'économie moderne reposant sur une très forte fragmentation des attentes des contribuables et se traduisant par la rédaction de textes dans le sens d'une reconnaissance générale par la puissance publique, de leurs aspirations et de leurs contraintes ».*

économique propre aux sociétés modernes, que la manifestation de la volonté des Etats d'attraire les investisseurs.

153. Ajoutons en outre que l'opposabilité des contrats d'affaires invoquée par les contribuables est le plus souvent une opposabilité protectrice de leurs intérêts fiscaux vis-à-vis de l'administration fiscale dans la mesure où elle est invoquée pour conforter la perception ou l'interprétation qu'ils ont des dispositions fiscales applicables aux opérations et situations décrites par lesdits contrats. Il importe à ce stade de garder à l'esprit comme le décrit Monsieur. Dal Vecchio, que *« le contrat peut endosser un double rôle en conséquence des stipulations arrêtées par les parties : d'une part, au titre de l'option fiscale, d'autre part, comme vecteur de l'imposition ou encore comme sujet de droit fiscal*[208] *»*. C'est en effet en tant que sujet de droit que le contrat manifeste vis-à-vis de l'administration fiscale et du juge de l'impôt toute sa complexité notamment quant à l'épineuse question de l'interprétation de ses stipulations. La jurisprudence française à travers le célèbre arrêt Janfin du Conseil d'Etat offre une systématisation de la théorie de l'opposabilité à l'administration des actes de droit privé en établissant qu'» un acte de droit privé opposable aux tiers est en principe opposable dans les mêmes conditions à l'administration tant qu'il n'a pas été déclaré nul par le juge judiciaire ». Il en découle que les contrats d'affaires sont en principe opposables à l'administration aussi bien quant à leur existence que quant à leur qualification et leur contenu[209]. Seulement, le principe de l'opposabilité des contrats d'affaires à l'administration ainsi exposé n'est pas absolu ; il est tempéré par une exception de taille en droit fiscal qui consiste pour l'administration *« lorsque se révèle une fraude commise en vue d'obtenir l'application de dispositions de droit public d'y faire échec, même dans le cas où cette fraude revêt la forme d'un acte de droit privé »*[210]. Cette marge de manœuvre laissée à l'administration fiscale lui permet de se soustraire à l'opposabilité des contrats d'affaires lorsque ceux-ci enfreignent dans leurs stipulations les dispositions fiscales légales. Cette position de l'arrêt *Janfin* constitue une source d'inspiration utile aux administrations fiscales africaines en matière de lutte contre la fraude fiscale et plus exactement en matière de contrôle fiscal des contrats d'affaires internationaux.

---

[208] *Ibid.*, p. 155.

[209] Voir en ce sens, DEBOISSY (F.), *« L'opposabilité à l'administration fiscale des montages contractuels »*, RDC 2007, n° 3, p. 1006.

[210] Voir en ce sens CE, Sect., 27 sept. 2006, n° 260050, *Sté Janfin*, Droit fiscal 2006, n° 47, comm. 744, concl. OLLEON (L.) : En l'espèce, l'affaire portait sur un schéma d'optimisation dont l'objet était de générer des avoirs fiscaux puis de les utiliser comme moyen de paiement de l'impôt sur les sociétés, sachent que l'avoir fiscal était un crédit d'impôt exclu du champ de l'article L64 du Livre des Procédures Fiscales (LPF) qui réprime l'abus de droit. Les juges du Conseil d'Etat, après avoir rappelé le champ d'application limité de la procédure de l'article L64 LPF, ont affirmé qu'il existe un principe général du droit permettant à l'administration fiscale de faire obstacle, même sans texte, à une fraude à la loi.

154. Tout autre chose est de traiter de l'opposabilité du contrat vis-à-vis des cocontractants. L'opposabilité de principe du contrat d'affaires vis-à-vis de ceux-ci ne saurait être discutée. Le principe est bien connu et fait l'objet d'un rappel récurent par la doctrine : *les conventions tiennent lieu de loi entre les parties.* Les parties au contrat s'obligent en général au respect de ses stipulations y compris de toute évidence des stipulations à caractère fiscal. Comme on le montrera plus loin dans cette étude, les cocontractants peuvent arrêter contractuellement les responsabilités en matière de paiement de certains impôts et taxes surtout s'agissant des impôts pour lesquels la solidarité de paiement est susceptible d'être invoquée par l'administration fiscale.

155. On le voit, les parties à un contrat d'affaires international, en profitant des possibilités et faveur de la loi, peuvent non seulement choisir à l'avance de projeter contractuellement des qualifications d'opérations, et partant, des faits générateurs d'impositions correspondant à leurs aspirations fiscales, mais aussi opposer ces choix d'abord à l'administration fiscal et plus loin au juge. Ces derniers ne sont toutefois pas tenus de s'arrêter aux qualifications formulées par les entreprises.

156. L'opposabilité du contrat par l'administration fiscale aux cocontractants. L'ambivalence des contrats d'affaires internationaux confine en général l'administration fiscale à une posture de prudence lorsqu'il s'agit de les exploiter à des fins fiscales. Les stipulations contractuelles seront ainsi analysées par l'administration tantôt dans le sens de leur opposabilité au contribuable contrôlé, tantôt à l'inverse dans le sens de leur inopposabilité à ce dernier.

157. Le débat doctrinal qui conduit à expliquer les ressorts de la capacité de l'administration à opposer ou non le contrat d'affaires au contribuable est en partie alimenté par les prises de positions des spécialistes du droit sur la qualité de « tiers » de l'administration fiscale. Le contrat d'affaires en liant les parties aux contrats produit de notre point de vue des effets indiscutables à leur égard mais ne s'arrête pas là ; il va au-delà en produisant des effets non seulement à l'égard des tiers ordinaires appelés à être impactés d'une manière ou d'une autre par l'exécution du contrat, mais aussi à l'égard d'un tiers extraordinaire, en l'occurrence l'administration fiscale, susceptible de s'inviter à tout moment à la table des parties au contrat pour sécuriser les intérêts fiscaux de l'Etat.

158. Dans son rapport aux contrats d'affaires, l'administration fiscale peut en effet valablement briguer le statut de tiers sans en être complètement investi. C'est du reste ce qui ressort de la controverse doctrinale sur le statut de tiers de l'administration par rapport aux conventions de droit privé exposée avec emphase dans leurs thèses respectives par des auteurs comme Frédéric Dal Vecchio, Frédéric Durand ou Florence Deboissy.

159. La professeure Deboissy met à ce propos en exergue les divisions doctrinales relatives à la qualité de tiers de l'administration fiscale sans pour autant prendre position. Monsieur Durand dans son ouvrage intitulé *l'apparence en droit fiscal*, propose quant à lui de se tourner non pas vers le droit fiscal, mais plutôt vers le droit privé pour reconnaître la qualité de tiers à l'administration fiscale en matière d'opposabilité des actes juridiques. Cette proposition ne conduit pas l'auteur à assimiler l'administration fiscale aux personnes de droit privé, mais plutôt à les placer sur le même plan en matière d'opposabilité des actes juridiques et partant, des contrats[211]. Monsieur Dal Vecchio se montre plus tranché en suggérant de considérer l'administration fiscale comme un tiers particulier, autrement dit *« comme une personne s'appuyant sur les conventions et la loi fiscale afin d'opérer un prélèvement ou d'assurer son recouvrement*[212] *»*. L'administration fiscale apparaît au sortir de cette controverse comme un tiers condescendant qui tire cette posture de ce qu'elle prend acte des conventions conclues entre les parties, non pas pour en subir les effets, mais pour les analyser et les critiquer afin de sauvegarder les intérêts fiscaux de l'Etat[213]. Ce qui importe en effet, c'est que l'administration fiscale soit en mesure de ne pas prendre pour argent comptant les stipulations contractuelles générant des droits et des obligations entre les parties de manière à s'octroyer le recul analytique qui lui permet de tirer toutes les conséquences fiscales desdites stipulations[214].

---

211 Les termes utilisés par M. DURAND sont ceux-ci : *« ...Ce n'est pas vers le droit fiscal mais vers le droit privé qu'il convient de se tourner pour déterminer les règles qui gouvernent l'opposabilité des actes juridiques à l'administration fiscale. Le fisc est mis sur le même plan que les personnes de droit privé. Ceci n'est pas la conséquence du fait que sa situation serait similaire à celle de ces personnes.il s'agit du corollaire indispensable des liens qui unissent le droit civil au droit fiscal et qui font que lorsque le législateur fiscal fait mention des notions bien connu du droit civil, ou d'une autre branche du droit, sans les définir, il faut transposer les préceptes dégagés par ce droit dans le cadre du droit de l'impôt »* (DURAND (F.), *L'apparence en droit fiscal*, LGDJ, coll. « Bibliothèque de droit privé » T. 507, 2009, p. 75-76, n°264).

212 DAL VECCHIO (F.), *op. cit.*, p. 48.

213 Sur cette controverse, M. DAL VECCHIO nous explique en bout d'analyse que « *Le Professeur Maurice COZIAN a conclu au caractère irréductible de l'administration fiscale et que c'est pourquoi il a écrit que « la qualité de tiers ou non n'emportait pas d'intérêt ». Le professeur Florence DEBOISSY a également soulevé les divisions de la doctrine quant au rattachement de l'administration à une catégorie précise de tiers, ce qui est révélateur de la difficulté à trancher la question dès lors que le terme « tiers » renvoie à des définitions multiples »*.

214 *« Le terme « tiers » ne laisse pas supposer l'existence d'une diversité de solutions pour lesquelles les effets qui y sont attachés peuvent diverger et, en définitive, si certains auteurs dénient la qualité de tiers à l'administration fiscale, il faut bien admettre que cette dernière tire les conclusions en droit fiscal, tant en matière de recouvrement que d'assiette, des conventions qui lui sont opposées et pour lesquelles elle n'est pas partie : quel que soit la qualification retenue, c'est là l'essentiel »*. DAL VECCHIO (F.), op. *cit.*, p. 39.

160. En matière de contrôle, l'opposabilité des contrats d'affaires est généralement activée par l'administration fiscale à l'encontre des contribuables lorsqu'il s'agit de prouver l'effectivité de la réalisation de certaines opérations prévues par le contrat, que le contribuable aurait cependant tendance à dissimuler totalement ou partiellement. Le contrat peut ainsi servir de support de reconstitution des opérations imposables ou non imposables et ce, qu'il s'agisse d'opérations commerciales ou financières en rapport ou non avec l'exploitation normale de l'entreprise. Dès lors, le contrat permet à l'administration fiscale en situation de contrôle, notamment dans les nombreuses hypothèses de transactions entreprises liées, d'aller au-delà d'une simple facture ou d'une note quelconque de débit ou de crédit présenté par le contribuable en guise de pièce justificative, pour établir la régularité ou l'irrégularité fiscale de l'opération contrôlée. Il revient dans ces conditions à l'administration de prouver au moyen du contrat qui lie par exemple une société mère de droit étranger et sa filiale camerounaise que le justificatif produit par la filiale contrôlée est mensonger[215].

161. Le contrat d'affaires peut parallèlement servir de document de preuve de la réalisation de diverses opérations imposables pouvant échapper à la vigilance des services fiscaux dans de nombreuses hypothèses d'absence de contrôle desdits contrats. Nous sommes sur ce point en phase avec la thèse de Monsieur Dal Vecchio qui soutient que *« l'administration fiscale peut déduire le régime d'imposition du contribuable à partir de la nature du contrat- ce dernier jouant également un rôle sur le plan formel lorsqu'il est support d'une option fiscale- ou encore lorsqu'il s'agit, pour le service de recourir aux instruments juridiques permettant de lutter contre la fraude et l'évasion fiscales.*[216] »

162. Toutefois, la problématique de l'opposabilité des contrats d'affaires internationaux par l'administration fiscale au contribuable est davantage une affaire d'inopposabilité qu'une question d'opposabilité tant la suspicion, justifiée ou non, qui plane sur ces contrats est grande. Il faut dire qu'en Afrique une espèce d'impuissance - sans doute tributaire du retard structurel accusé par la plupart des pays dans la modernisation des finances publiques[217] - à aller au bout de la remise en cause des contrats a fini par

---

[215] Voir en ce sens : MARDIERE (Ch. de la), *La preuve en droit fiscal*, Litec, Coll. « Litec fiscal », 2009, p. 47. Selon l'auteur, *« L'existence d'une facture régulière (en la forme) laisse présumer que la charge lui correspondant est déductible. En conséquence, il appartient à l'administration, si par exemple elle conteste la réalité des prestations facturées, de prouver que le justificatif est mensonger. En dehors même de l'hypothèse d'une facture fictive, ou de complaisance, si le service ne parvient pas à fournir les éléments probants pour contester la déductibilité d'une charge, la seule facture suffit à démontrer qu'elle a été déduite à bon droit. La présomption est cependant affaiblie lorsque le justificatif émane d'une personne liée à l'entreprise cliente, ainsi une société mère qui facture des services à sa filiale... »*

[216] DAL VECCHIO (F.), op. *cit.*, p. 51.

[217] La mise en place récente de *Programmes d'Appui à la Modernisation des Finances Publiques* en faveur des plusieurs Etats africains sous la houlette des bailleurs de fonds

donner des coudées franches aux opérateurs transnationaux dans la mise en œuvre de l'optimisation fiscale agressive et plus encore, de l'évasion fiscale. Au nombre des prérogatives techniques dévolues à l'administration fiscale en matière de contrôle des contrats figure au premier rang sa faculté à les interpréter, voire à les remettre en cause dans leur dimension fiscale[218]. C'est cette faculté qui fonde sa capacité à soumettre le contrat à un examen critique et à recourir en tant que de besoin à certains instruments juridiques visant à lutter contre la fraude et l'évasion fiscales[219].

163. L'administration fiscale peut en effet vérifier la teneur et la nature des conventions qui lui sont présentées sans s'arrêter aux qualifications retenues par les parties comme le souligne à grands traits une frange de la doctrine[220]. Pour certains auteurs, rappelle Monsieur Dal Vecchio, le principe d'opposabilité des conventions de droit privé n'appelle pas de commentaires particuliers dans la mesure où « *très fréquemment, l'administration fiscale tire toutes les conséquences des conventions opposées par les contribuables* [221] ». Cet état de chose tient au postulat suivant lequel l'administration fiscale ne peut pas être considérée comme une personne désintéressée vis-à-vis des contrats d'affaires. Son intérêt se justifie par le fait qu' *« étant une émanation de l'Etat et dotée d'une personnalité, elle possède nécessairement un intérêt dans la mesure où son rôle, qui n'est pas neutre, s'inscrit dans une démarche étatique, incarnation même du pouvoir, et se manifeste régulièrement à travers des textes votés par le parlement afin de contrecarrer ou d'anticiper les opérations d'ingénierie contractuelle »*[222]. En cela, son rôle n'est certainement pas celui d'une simple « administration-relais » se contentant de constater et d'entériner des situations et d'appliquer mécaniquement la volonté des représentants de la nation dont le consentement à l'impôt, symbolisé par le premier article de la loi de finances votée chaque année en France[223], n'est que de pure forme : dans ce cadre, l'importance de fait de l'administration permet de la qualifier de quasi-législateur en matière fiscale[224].

---

bilatéraux (Coopération allemande GIZ) et multilatéraux (FMI, Banque Mondiale, Union Européenne) reste une réponse partielle à la résorption de ce retard structurel.

[218] DAL VECHIO (F.), *op. cit.*, p. 17 : *« L'administration peut procéder à une interprétation du contrat pouvant aller, dans sa dimension fiscale, jusqu'à sa remise en cause »*.

[219] *Ibid.*, p. 139.

[220] *Ibid.*, p. 32 et 33.

[221] *Ibid.*, p.47.

[222] *Ibid.*, p.33.

[223] Voir par exemple en ce sens art. 1er-I de la Loi n° 2021-1900 du 30 décembre 2021 de finances pour 2022 : *« La perception des ressources de l'Etat et des impositions de toutes natures affectées à des personnes morales autres que l'Etat est autorisée pendant l'année 2022 conformément aux lois et aux dispositions de la présente loi [...] »*.

[224] VAPAILLE (L.), La doctrine administrative fiscale, L'Harmattan, coll. « Finances publiques », 1999, p. 159 : *« L'administration a une mission essentielle dans le processus législatif puisqu'elle est à l'origine de la quasi-totalité des lois votées par le Parlement [...]*

164. Ce que l'on peut observer en Afrique et notamment au Cameroun, c'est que les législations fiscales posent çà et là le principe de la remise en cause des actes juridiques des contrats sans pour autant fournir les repères méthodologiques de cette remise en cause, laissant ainsi les services de contrôle comme nous le montrerons, dans un réel désarroi technique bien souvent insurmontable en matière d'interprétation desdits contrats. En tout état de cause, l'administration est une partie au litige qui l'oppose au contribuable et ne saurait se substituer au juge quant au rétablissement de la vérité juridique émanant de la lecture du contrat.

165. Le juge fiscal, arbitre de l'opposabilité du contrat vis-à-vis du contribuable et de l'administration fiscale. Lorsque les interprétations des stipulations contractuelles émises par l'administration fiscale et le contribuable divergent, c'est au juge saisi qu'il appartient de vider le contentieux en donnant l'interprétation à même de départager les protagonistes. L'administration fiscale, en usant de ses prérogatives d'interprétation des contrats et en les remettant en cause n'en est pas juge et ne dispose pas du monopole de la vérité y compris lorsqu'il s'agit de dégager les incidences fiscales desdits contrats. En cette matière, le dernier mot revient au juge et son action en interprétation revêt une importance certaine aussi bien devant les juridictions relevant de l'ordre juridique interne que devant celles de l'ordre juridique international.

166. De l'avis de la doctrine, quel que soit l'ordre juridique considéré, le contrat constituera devant le juge tantôt l'élément central de la preuve, tantôt un élément secondaire du régime probatoire[225]. Dans le premier cas de figure, le juge donne au contrat une portée pleine et entière au regard de la preuve des prestations rendues par le cocontractant[226]. Dans le second cas de figure, le contrat est considéré comme un élément de preuve parmi d'autres de sorte qu'il apparaît comme étant secondaire car le juge de l'impôt exerce un contrôle étroit des faits qui l'entourent[227].

Mais c'est au détriment du pouvoir législatif. La complexité et la technicité de la matière fiscale permettent à l'administration de développer un processus d'élaboration de la norme duquel le parlement est trop souvent absent. La brièveté du texte législatif et l'abondance de la doctrine administrative laisse apparaître une nouvelle répartition du pouvoir de dire le droit, entre d'une part le législateur qui met en place les principes et les grandes lignes et, d'autre part l'administration à qui revient la mission d'inclure la nouveauté législative dans le système existant et d'en préciser les détails et modalités afin de la rendre effective ».

[225] DAL VECCHIO (F.), *op. cit.*, p. 190.

[226] *Ibid.*, p. 190 et s. Le commentaire de l'auteur à ce propos est édifiant : *« Dans un arrêt remarqué, une juridiction d'appel avait rejeté les prétentions du contribuable malgré l'identité de la fonction de dirigeant de la holding et de ses filiales ainsi que la détention de la quasi-totalité du capital de ces dernières par la holding. Au visa de l'article 1134 du Code Civil, la Cour de Cassation va censurer la juridiction d'appel pour avoir dénaturé par omission les conventions opposées par le contribuable » ;* Cass. Com ; 8 février 2005, n° 191 F-PB, Elias, RJF mai 2005, n° 508 ; CA Paris, 7 juillet 2006, n° 05- 12395, 1e ch. B, Elias, RJF janvier 2007, n° 98.

[227] DAL VECCHIO (F.), *op. cit.*, p. 191.

167. La motivation des décisions de justice est sur le plan du droit substantiel du contrat pour une large part guidée par la double prise en compte du fait économique et du réalisme du droit fiscal. La prise en compte du fait économique peut être appréhendée comme une « parade » du juge de l'impôt visant à combler les omissions ou les silences du droit fiscal vis-à-vis des effets fiscaux qu'induit le contrat. Ce qu'il faut comprendre, c'est qu'en principe, face au silence de la loi fiscale, le juge ne devrait pas sombrer dans le découragement au point de se dessaisir du litige mettant aux prises l'administration fiscale et le contribuable. Dans une telle occurrence, il doit au contraire se saisir du litige pour le vider en faisant appel à la notion « d'opportunité économique » inhérente à tout contrat d'affaires[228]. C'est du reste cette approche qui est proposée et appliquée par la jurisprudence française. Certes, il faut reconnaître avec la doctrine que le fait économique apparaît comme une notion opportuniste dont il est toujours difficile à priori de cerner les contours et la portée avec exactitude. Mais cette notion opportuniste a au moins le mérite de nourrir et de faire évoluer le débat de l'interprétation des stipulations contractuelles à portée fiscale.

168. Le réalisme du droit fiscal devrait, pour sa part, être présent dans la motivation des décisions de justice. Par-delà la controverse doctrinale et jurisprudentielle qui, jusqu'à présent, a conduit d'éminents spécialistes du droit fiscal à relativiser la théorie du réalisme du droit fiscal[229], force est de reconnaître que celle-ci continue de faire son chemin à tort ou à raison dans les esprits des praticiens de la chose fiscale en Afrique. Dans les rapports entre le droit fiscal et les contrats, le réalisme participerait d'une entreprise de neutralisation des effets du contrat d'affaires *« les plus dommageables pour les finances publiques* [230]*»* par le juge fiscal et se situerait dans le prolongement du réalisme législatif ou politico-budgétaire qui transparaît en général à travers les dispositions fiscales de lutte contre la fraude et l'évasion fiscale internationales[231]. En droit fiscal camerounais, c'est en application de l'article L33 du Code Général des impôts que le juge de l'impôt peut être

---

[228] *« Le commissaire du gouvernement Martin Laprade*[228] *justifiait l'abandon du critère de dessaisissement définitif par le silence de la loi à cet égard et par la notion « d'opportunité économique ». A nouveau si cette notion d'opportunité économique peut être en définitive, favorable aux intérêts du contribuable partie à l'instance, nous en déduisons qu'elle a été un moyen de « sauver » la convention quant aux effets fiscaux qu'elle induisait... »*, (*Ibid.*, p. 254).

[229] Le Professeur Maurice COZIAN n'a pas hésité à qualifier de « tarte à la crème » le débat sur l'autonomie et le réalisme du droit fiscal animé par des spécialistes « voulant faire savants ». (Voir COZIAN (M.), *Les grands principes de la fiscalité des entreprises*, Préf. de Florence DEBOISSY, LexisNexis, 4e éd., 1999, p. 3.)

[230] DAL VECCHIO (F.), *op. cit.*, p. 269.

[231] Le réalisme législatif « *...traduit la sensibilité d'une législation fiscale au regard des stipulations contractuelles qui pourrait influencer la charge d'impôt pour les parties et, en conséquence, les recettes fiscales prévisibles à partir desquels les autorités publiques peuvent mettre en œuvre leur politique* », (DAL VECCHIO (F.), *op. cit.*, p. 269).

amené à substituer son analyse à celle de l'administration eu égard aux contrats dissimulant des transferts de bénéfices ou revenus effectués directement ou par personnes interposées. Dans cette hypothèse, il est convié à tenir un véritable rôle d'arbitre dans la mesure où les réclamations contentieuses découlant des contestations devant lui des analyses des stipulations contractuelles effectuées par l'administration renversent la charge de la preuve du côté de l'administration[232].

169. La double interrogation que soulève la question de l'application du principe du réalisme par le juge fiscal dans son appréhension des contrats d'affaires tient d'une part à la prévisibilité des qualifications contractuelles par les parties au contrat et, d'autre part, à la justesse de l'analyse des stipulations contractuelles c'est à dire à la conformité des qualifications retenues par le juge au droit fiscal en vigueur.

170. Dans l'ordre juridique interne, le juge fiscal fait très peu usage au Cameroun de son pouvoir d'interprétation des contrats et notamment des contrats d'affaires internationaux. Il faut dire à sa décharge que très peu de litiges lui parviennent en raison de l'épuisement de la plupart des contentieux fiscaux au cours de la phase administrative. Cette situation s'explique principalement par le déficit de confiance accordé aussi bien par les contribuables que par l'administration fiscale au juge de l'impôt. Ce dernier souffre d'un réel déficit de crédibilité découlant sans doute du retard accusé par l'administration de la justice dans la formation ou la spécialisation des magistrats en droit fiscal. L'essentiel du contentieux fiscal est de la sorte confinée à la phase pré-juridictionnelle et congestionne dès qu'il s'agit de le vider auprès de juridictions administratives[233]. Parallèlement, dans la profession d'avocat, l'on ne compte quasiment pas d'avocat fiscaliste à même de nourrir de manière éloquente le débat devant lesdites juridictions. Il faut noter à cet égard que les tribunaux administratifs compétents en matière fiscale sont de création très récente[234]. Avant l'exercice budgétaire 2013, seule la Chambre administrative de la Cour Suprême était compétente pour connaître du contentieux fiscal.

---

[232] Art. L 33 du CGI en vigueur en République du Cameroun : En cas de réclamation contentieuse, l'Administration a la charge de la preuve.

[233] Art L 126 du CGI en vigueur en République du Cameroun : En matière d'impôts directs et de taxe sur la valeur ajoutée ou de taxes assimilées, les décisions rendues par le ministre en charge des finances sur les réclamations contentieuses, et qui ne donnent pas entièrement satisfaction aux intéressés, peuvent être attaquées devant les tribunaux administratifs, dans un délai de 60 jours à partir du jour de la réception de l'avis portant notification de la décision.

[234] C'est avec la Loi n° 2012/014 du 21 décembre 2012 portant loi de finances de la République du Cameroun pour l'exercice 2013 que les tribunaux administratifs ont été institués en tant que premier degré de juridiction en matière d'impôts directs et de taxe sur la valeur ajoutée ou de taxes assimilées.

§2. La technique contractuelle, outil d'optimisation fiscale aux mains des opérateurs économiques transnationaux

171. La technique contractuelle est un véritable vivier de production de solutions juridiques appelées à répondre aux commandes formulées par les entreprises auprès des conseils afin de bénéficier de leur ingénierie tant en matière juridique qu'en matière de gestion du secteur d'activité dont ils dépendent. En souscrivant à la la construction intellectuelle du Professeur Jean Marc Mousseron dans son ouvrage intitulé « *Technique contractuelle* », l'on peut appréhender la technique contractuelle comme l'art d'organiser des relations entre opérateurs, de prévoir les attributions des cocontractants en définissant leurs obligations respectives selon un scénario prévisionnel et en répartissant entre eux les risques qu'une telle initiative emporte[235].

172. Une fois retenue le principe de l'optimisation fiscale d'une opération commerciale ou financière par la voie contractuelle, les entreprises ont ensuite recours à la technique contractuelle pour octroyer à ladite opération un revêtement juridique convenable tout en recherchant à neutraliser ou à maîtriser les incidences fiscales de l'option envisagée par une rédaction appropriée des dispositions contractuelles. Un éventail non exhaustif de possibilités s'offre dès lors aux investisseurs étrangers désireux de déployer leur génie industriel, commercial ou financier en Afrique. Mais en synthétisant, l'on peut à l'observation dégager deux registres de solutions auxquelles lesdits investisseurs peuvent avoir recours en s'approvisionnant sur le marché juridique mondial. Le premier registre de solutions consiste à recourir aux modèles de contrats d'affaires disponibles sur ledit marché **(A)**. Quel que soit le niveau de solutions retenu à ce stade, il arrive fréquemment que la recherche effrénée du profit prenne le pas sur l'éthique juridique et fasse basculer les entreprises dans l'hydre des montages juridiques à finalité fiscale **(B)**.

A. Le recours aux modèles et formules de contrats

173. Le recours aux modèles usuels de contrats **(1)** proposés par des officines juridiques de renom est à notre sens le premier niveau des solutions qui s'offrent aux entreprises dans leur quête de solutions contractuelles. Pour emprunter au jargon de l'industrie de l'habillement, l'on est ici en présence de *« prêt-à-porter contractuels »* auxquels les stratèges peuvent apporter çà et là quelques retouches afin de mieux répondre aux objectifs des cocontractants. Le second niveau de solutions consiste à recourir aux formules originales **(2)** à même de correspondre aux spécificités intrinsèques des opérations à contractualiser . L'option ici est celle du *« sur mesure contractuel »* qui permet aux stratèges de répondre aux besoins d'une clientèle particulièrement exigeante.

---

[235] MOUSSERON (J. M.), *Technique contractuelle*, 4e éd., *op. cit.*, p.18.

1. Le recours aux modèles usuels de contrats

174. Les modèles de contrat généralement fournis par des institutions corporatistes aux entreprises répondent moins à une finalité fiscale qu'à une finalité juridique plus large. Il s'agit en effet pour lesdites institutions d'offrir leur génie juridique aux entreprises afin de répondre aux besoins des chefs d'entreprises en cette matière de manière à fluidifier au mieux les relations commerciales entre opérateurs économiques sur le marché international des biens et des services. En effet, dans la vaste entreprise d'homogénéisation de la pratique contractuelle observée ces dernières décennies, les modèles de contrat sont devenus de véritables produits de l'industrie du conseil juridique et fiscal. Qu'ils soient proposés en tant que produits finis ou semi finis par les institutions qui les promeuvent, les modèles de contrat sont tantôt mis en ligne gratuitement, tantôt commercialisés à travers des sortes de « boutiques » en ligne[236].

175. Les promoteurs d'entreprises disposent assez souvent de capitaux et de savoir-faire technologique, mais moins souvent de compétence juridique. Les modèles de contrats leur permettent de disposer d'une sorte de boussole dans l'élaboration des supports contractuels appelés à encadrer les relations d'affaires dans lesquels ils s'engagent avec leurs cocontractants. Ces modèles de contrats sont ainsi non seulement une source d'inspiration technique, en ce qu'ils véhiculent des éléments appropriés de technique contractuelle en matière de rédaction des contrats, mais aussi une source de sécurité juridique et fiscale en ce qu'ils balisent pour les entreprises le cadre juridique et fiscal de déploiement des opérations économiques qu'ils entendent nouer – ou dénouer – avec leurs partenaires.

176. Cela dit, c'est dans la dynamique d'adaptation des modèles de contrat à leurs situations contractuelles particulières que les opérateurs arrivent à calibrer fiscalement leurs contrats d'affaires. Ils peuvent ainsi, à travers les choix qu'ils font dans la rédaction des stipulations contractuelles, tenter de répondre à leurs préoccupations d'optimisation fiscale. Seulement, entre l'optimisation fiscale - qui participe a priori d'une « bonne gestion fiscale » -, l'erreur fiscale et l'abus de droit, les zones grises sont nombreuses et peuvent logiquement justifier une certaine défiance de l'administration fiscale vis-à-vis des contrats d'affaires internationaux, qui pour la plupart tirent leur inspiration, et d'une certaine manière leur existence, des modèles de contrats ou des contrats types qui leur servent de matrice.

---

[236] Le site internet https://www.jurifax.com est un exemple de boutique en ligne de modèles de contrats. Les entreprises peuvent y retrouver des modèles de contrats correspondant aux affaires qu'elles entendent mener ou aux facilités juridiques dont elles ont besoin. A titre d'exemple le site propose pêle-mêle des modèles de : convention d'arbitrage, contrat de vente d'une entreprise, divers modèles de contrat de services, de distribution (distribution exclusive ou non ; licence /fabrication, distribution de logiciels, etc.) ; contrat de consultation informatique, contrat de programmation informatique, contrat de franchise etc.

177. Au rang des modèles de contrats d'affaires internationaux disponibles sur le « marché juridique mondial », l'on peut citer en premier lieu le *« contrat modèle ICC »* de vente internationale proposé par la Chambre Internationale de Commerce[237] ainsi que les fameux Incoterms élaborés par le même organisme.

178. Le terme incoterms est un acronyme du concept anglo-saxon *« International Commercial Terms »* dont traduction littérale est *« Termes commerciaux internationaux »*. Les Incoterms n'ont en réalité pas la nature et l'envergure des modèles de contrat. Techniquement, ils permettent d'uniformiser les termes commerciaux les plus utilisés dans les contrats relevant du commerce international même si depuis 2010, il est admis qu'ils soient aussi utilisés dans le cadre de contrats d'affaires relevant du commerce national. Rappelons qu'ils ont été mis au point par la Chambre Internationale de Commerce (ICC) en 1936 et font depuis lors l'objet de révisions régulières[238]. Leur fonction principale est de définir par un terme unique, interprétable d'une façon identique à travers le monde, le transfert des risques et des frais entre l'acheteur et le vendeur. Leur signification est donc la même sous toutes les latitudes y compris lorsqu'ils régissent des transactions transfrontalières en Afrique[239]. L'on peut pourtant déplorer qu'un accent particulier ne soit pas mis dans les administrations fiscales africaines afin de permettre aux acteurs du contrôle fiscal de saisir leur importance dans le jeu du commerce international ainsi que leur signification intrinsèque tels qu'ils sont utilisés dans les contrats d'affaires internationaux. Ce premier registre peut être complété par les multiples modèles de contrats type proposés depuis longtemps par la *London Corn Trade Association*[240].

---

[237] L'on peut lire sur le site internet de la Chambre de Commerce Internationale (http://www.icc-france.fr) que *le contrat modèle ICC de vente internationale est d'application facile ; même par un professionnel non spécialiste du commerce international, mais il apporte toute la sécurité juridique exigée par les parties les plus expérimentées. Le contrat modèle ICC propose des réponses claires et équitables aux principales questions pratiques et juridiques qui se posent lors d'opérations internationales. Sûr et souple, il simplifie la rédaction des contrats de vente internationale de produits manufacturés. Le contrat modèle ICC comporte une introduction explicative, des conditions particulières, des conditions générales et en annexes les principaux textes officiels auxquels il se réfère.*

[238] La dernière révision des incoterms est intervenue en 2010 et a retenu 11 incoterms. La particularité des incoterms 2010, c'est qu'ils peuvent être utilisés aussi pour le commerce national.

[239] Cf. les 11 Incoterms multimodaux élaborés par la CCI sont : EXW : Ex Works / Départ usine ; FCA Free Carrier / Franco transporteur ; CPT Carriage Paid to / Port payé jusqu'à ; CIP : Carriage and Insurance Paid to / Port payé jusqu'à assurance comprise ; DAT : Delivered at Terminal / Livraison au terminal ; DAP : Delivered At Place / Livraison sur place DDP Delivered Duty Paid / Rendu droits acquittés. incoterms maritimes ou fluviaux : FAS : Free Alongside ; FOB Free on Board / Franco à bord CFR Cost and Freight / Coût et fret CIF Cost Insurance and Freigt / Coût, Assurance et Fret.

[240] Voir JOLIVET (E.), Les Incoterms, Etude d'une norme du commerce international, Litec, Bibl. Droit de l'entreprise, T.62, 2003, Avant-propos de FOUCHARD (Ph.) et préface FERRIER (D.), cité par MOUSSERON (J. M.), *op. cit.*, p. 81.

179. L'on peut ensuite évoquer les contrats types ou formules de contrat dont le Centre du Commerce International *(International Trade Center)* assure la promotion prioritairement à l'intention des petites firmes internationales. Ces contrats types sont destinés aux activités commerciales clés telles la vente de marchandises, la distribution, les services, les coentreprises, etc.[241] Les « formules de contrats » sont pour les petites entreprises un moyen de décrocher des contrats de portée transnationale et de conjuguer nombre de traditions juridiques et culturelles, grâce à une harmonisation des dispositions légales récurrentes et communes à la plupart des contrats[242].

180. Par ailleurs, il convient de souligner que plusieurs autres « officines juridiques » proposent des modèles de contrat appelés à couvrir les besoins des entreprises de tous les continents dans tous les secteurs d'activités clés. Une illustration appropriée est offerte par l'organisme *Global Negogiator*, fournisseur international de modèles de contrats qui en propose en huit langues[243]. Dans le secteur spécifique des hydrocarbures, *l'Association of International Petroleum Negotiators* (AIPN) qui recrute des professionnels du secteur du monde entier, fournit divers modèles de contrats exploitables aussi bien par les investisseurs internationaux que par les sociétés nationales agissant pour le compte des Etats producteurs d'hydrocarbures.

2. Le recours aux formules originales de contrats

181. De innombrables formules de contrats sont proposées ici et là par les cabinets juridiques et fiscaux internationaux pour répondre aux besoins renouvelés et personnalisés d'une clientèle d'entreprises transnationales toujours plus innovante, toujours plus exigeante. Les cabinets juridiques et fiscaux se chargeant quant à eux d'offrir un service sur mesure à même de satisfaire les préoccupations singulières de chaque client. En effet, le deuxième niveau de solutions disponibles sur le marché juridique au profit des entreprises est formé des solutions contractuelles originales plus

---

[241] Dans sa publication de 2010 intitulée Model Contracts for Small Fims : Legal Guidance for Doing International Business, le Centre du Commerce International désigné en anglais sous l'acronyme ITC pour International Trade Center proposait les huit contrats types suivants : 1) Alliance Contractuelle Internationale (International Contractual Alliance) ; 2) Coentreprise internationale (International Corporate Joint Venture) ; 3) Vente Commerciale Internationale de Marchandises (International Commercial Sale of Goods) ; 4) Approvisionnement en Marchandises à Long Terme (International Long-Term supply of goods) ; 5) Sous-traitance industrielle internationale (International Contract Manufacture Agreement) ; 6) Distribution Internationale de marchandises (International Distribution of Goods) ; 7) Agence commerciale internationale (International Commercial Agency) ; 8) Fourniture internationale de services (International Supply of Services), (Cf. International Trade Center (ITC), Model Contracts for Small Firms : Legal Guidance for Doing International Business, Geneva, 2010, x. 148 p.)

[242] Cf. www.intracen.org: site internet officiel du Centre du Commerce International.

[243]Cf.www.globalnegotiator.com : site internet officiel de Global Negotiator.

adaptées à leurs activités. Il s'agit de sortes de contrats sur mesure appelés à procurer le maximum de satisfaction aux cocontractants eu égard à leurs aspirations juridiques, économiques et financières. La fiscalité, en raison de ses incidences sur le profit des entreprises fait assurément partie de ces aspirations.

182. On le perçoit, initialement destinés à voler au secours des investisseurs internationaux pour pallier les carences juridiques des entreprises, les modèles de contrat peuvent, pour ainsi dire, servir malgré eux de matrice de montages juridiques et fiscaux à l'effet d'offrir aux entreprises la meilleure optimisation de leurs coûts et profits.

B. Le basculement vers les montages contractuels à finalité fiscale

183. Des modèles de contrat aux montages juridiques et fiscaux, existent de nombreuses passerelles qui sont l'œuvre des ingénieurs et techniciens du droit et de la fiscalité. En effet, la doctrine nous apprend que la prise de conscience de l'importance du droit par les dirigeants d'entreprises a suscité l'émergence d'une nouvelle race de juristes d'affaires qui mettent toute leur compétence à imaginer des solutions et à créer des schémas contractuels nouveaux répondant de fait aux problèmes posés tout en tenant compte des contraintes industrielles, commerciales, financières, juridiques et fiscales[244]. C'est dans cette dynamique que surgissent des montages en tout genre qui prospèrent à travers le monde grâce à l'ambiguïté des clauses contractuelles imaginées par les rédacteurs et à l'ineptie dans laquelle se trouvent figées les administrations fiscales africaines à leur contact. Cela dit, deux critères fondamentaux permettent de caractériser un montage contractuel à but fiscal. A l'ambiguïté ou au caractère sibyllin des clauses contractuelles, il convient d'ajouter la combinaison des contrats pour bien cerner la problématique des montages contractuels à finalité fiscale. Cette observation permet nous permet de distinguer les montages intra-contractuels **(2)** des montages pluri-contractuels **(1)**.

1. Les montages pluri-contractuels

184. La notion de montage dans le langage ordinaire connote l'idée de construction, d'assemblage ou mieux encore, d'échafaudage. En droit des affaires et en droit fiscal, la réception doctrinale et jurisprudentielle de cette notion ne s'éloigne guère de cette idée d'échafaudage. Les montages pluri-contractuels sont des constructions juridiques qui s'appuient sur plusieurs contrats[245]. En effet suivant la doctrine, le montage contractuel est perçu

---

[244] BESSONNET (A.), *op. cit.*, p. 67.

[245] Au contraire de ce l'on peut observer en France, ces montages, pas plus que les montatges intra-contractuels, ne sont pour l'heure pas visés ni par la législation fiscale camerounaise par les législations fiscales des autres Etats de l'OHADA.

comme une *«combinaison finalisée d'actes ordonnés et interdépendants*[246] *»*. Cette définition, qui révèle l'ambiguïté de la notion, est notamment reprise par le Professeur Florence Deboissy dans un article très instructif publié en 2007 sur *« L'opposabilité à l'administration fiscale des montages contractuels »*. Dans cet article, Mme Deboissy établit une similitude entre la notion de montage contractuel et celle d'ensemble contractuel pour viser toutes les situations où *« plusieurs actes juridiques concourent à la réalisation d'une même opération économique et poursuivent le même but* [247]», avant de préciser qu'en droit fiscal, le terme montage a été consacré pour dénoncer l'artifice dont il peut à l'occasion être le vecteur[248].

185. De toute évidence, suivant cette conception, lorsqu'on est en présence d'une combinaison finalisée de contrats d'affaires c'est-à-dire de plusieurs contrats concourant à la réalisation d'une même opération économique ayant entre autres pour objectif de minimiser ou d'occulter les charges fiscales, l'on est en présence d'un montage pluri-contractuels. Dans une telle perspective, le montage devient une pratique abusive dans laquelle la fiscalité prend très souvent une part active[249]. L'on parlera alors de montages artificiels, agressifs ou abusifs pour exprimer plus nettement la finalité dissimulatrice du montage contractuel. Ainsi considéré, le montage devient un « avatar » de l'optimisation fiscale, une sorte de « produit dérivé » de l'ingénierie juridique et fiscale.

186. Des illustrations de montages pluri-contractuels sont données en Afrique dans tous les secteurs d'activités stratégiques. Dans le domaine de l'exploration-production d'hydrocarbures, l'on observe de manière récurrente la mise en place de montages pluri-contractuels afin de gérer toute la chaîne de production et de commercialisation des hydrocarbures dans le cadre des multinationales pétrolières entre les sociétés mères domiciliées à l'étranger et leur filiales implantées en Afrique. Ainsi, pour la même opération de production de pétrole brut, la société mère conclut avec chacune de ses filiales africaines- en marge du contrat de partage de production qui lie celles-ci aux entités étatiques- un ensemble contractuel composé d'un contrat d'assistance générale, un contrat de prestations ou d'assistance technique, un contrat de commercialisation du brut qui permet à la société-mère, pour le même objet, de bénéficier de plusieurs pôles

---

[246] DOM (J. - Ph.), *Les montages en droit des sociétés*, éd. Joly, 1998. Cité par DEBOISSY (Florence), *« L'opposabilité à l'administration fiscale des montages contractuels » RDC 2007, n° 3, p. 1006.*

[247] MALAURIE (Ph.), AYNES (L.) et STOFFEL-MUNCK (Ph.), *Les obligations*, Defrénois, 2e éd., n° 839.), citée par Florence DEBOISSY in *« L'opposabilité à l'administration fiscale des montages contractuels », RDC 2007, n° 3, p. 1006*

[248] DEBOISSY (F.), *« L'opposabilité à l'administration fiscale des montages contractuels », op. cit., p. 1006.*

[249] Selon Mme BESSONET, « *Les considérations fiscales ont, dans de nombreux cas, fortement influencé certains montages par rapport à d'autres, pourtant plus simples* » (BESSONET (A.), *op. cit.*, p. 68).

contractuels de rémunérations de manière à s'assurer, à partir de ses filiales, des transferts indirects de bénéfices susceptibles d'échapper à l'impôt sur le revenu dans les Etats africains. Les administrations fiscales africaines sont en général désorientées quant à l'imposition cohérente de chaque type de revenus générés par chacun ce ces contrats.

187. Plus récemment, Antoine Malgoyre, dans son ouvrage intitulé *Montages juridiques et habileté fiscale* publié en 2017, se livre à une analyse sans précédent de plus de cent schémas de montages juridiques à finalité fiscale[250] au bout de laquelle il formule une appréciation doctrinale et jurisprudentielle des différents montages- notamment au regard de l'abus de droit- avec à chaque fois une évocation de l'objectif recherché par la pratique et une description du mécanisme mis en œuvre[251]. L'on y retrouve sans grande surprise les montages les plus emblématiques dans le registre des contrats d'affaires internationaux. La plupart des montages exposés connaissent en Afrique de nombreux points d'ancrage.

188. Il importe de souligner que les organisations internationales établies en Afrique se montrent elles aussi préoccupées par ce phénomène. L'important rapport du Groupe de haut niveau sur les flux financiers illicites en provenance d'Afrique publié en 2015 par la Commission économique des Nations Unies pour l'Afrique reproduit dans ses pages un montage juridique emblématique retraçant un circuit de fraude fiscale internationale Irlande-Pays-Bas-Irlande baptisé *Double Irish with a Dutch Sandwich* tiré du New York Times, célèbre magazine d'informations américain. Ce montage utilisé par de grandes multinationales, tire profit des lacunes et disparités du droit fiscal international pour déplacer des bénéfices entre pays de façon à éviter ou diminuer l'impôt dû notamment sur les bénéfices réalisés sur les redevances de marques ou de brevets dans des pays comme l'Irlande où lesdites redevances sont faiblement imposées[252]. Ce montage rentre dans une catégorie très répandue de montages désignés suivant la terminologie anglophone de *treaty shopping* qui « *consiste, pour les entreprises en une analyse comparée des conventions fiscales, afin d'organiser les flux internationaux de sorte à bénéficier des stipulations les plus avantageuses. Pour ce faire, la solution la plus fréquemment utilisée est la création dans un Etat donné d'une structure par laquelle transitent les flux, afin de placer lesdits flux sous le régime plus favorable d'une convention non applicable*

---

[250]», MALGOYRE (A), *Montages juridiques et habileté fiscale*, préface de Lise CHATAIN-AUTAJON, Gualino, Lextenso, 2016, 4e de couv. : « *Chaque montage contient une description chronologique retraçant la « voie non optimisante » et la « voie optimisante » d'un point de vue uniquement fiscal... L'ouvrage explicite les indices ayant permis aux autorités fiscales de trancher dans le sens de la légalité ou de l'illégalité de ces montages. Il permet ainsi de sécuriser les schémas mis en place aujourd'hui par le contribuable* ».

[251] Voir MALGOYRE (A.), *op. cit.* p.5.

[252] Cf. UA/CEA (2015), « Flux financiers illicites », Rapport du Groupe de haut niveau sur les flux financiers illicites en provenance d'Afrique, CEA, 2015, p. 28.

dans l'Etat de la source[253]». L'idée pour les entreprises, on le voit, est de considérer les conventions fiscales internationales comme des produits marchands et de se résoudre, comme dans un marché à n'» acheter » que les conventions les moins chères c'est-à-dire à placer leurs opérations sous l'empire des conventions les plus avantageuses sur le plan fiscal. D'après la doctrine, *« ces conventions, très nombreuses, constituent un écheveau serré et complexe, mais obéissent à un modèle général établi par l'OCDE ou l'ONU*[254]». Nous souscrivons à l'observation de Monsieur Dominique Blanco selon laquelle l'utilisation avisée desdites conventions peut considérablement réduire l'impact fiscal des opérations internationales, au point que beaucoup d'opérateurs se livrent au jeu du *treaty shopping*, c'est-à-dire la recherche du meilleur traité fiscal international pour l'opération considérée, en ayant recours, notamment, à l'utilisation des sociétés *offshore* installées dans les paradis fiscaux[255] ».

189. Au Cameroun, la doctrine administrative expose des « cas pratiques » de montages dans le souci de clarifier les interprétations qu'elle apporte à la suite des modifications des dispositions des articles 343 et 543 du CGI en vue de lutter contre l'évasion fiscale internationale en matière de cessions de droits sociaux d'entreprises camerounaises à l'étranger. Une illustration en est donnée à travers l'exposé d'un cas pratique traitant de la question de la soumission au droit d'enregistrement des cessions, mêmes indirectes, au Cameroun ou à l'étranger des droits sociaux de sociétés commerciales ou civiles ayant leur siège social au Cameroun qui, met précisément l'accent sur le caractère indirect et transnational de l'opération de cession. Les termes du montage dans ce cas de figure sont les suivants :

190. Une entreprise W de droit belge cède à une entreprise X de droit français la totalité de sa participation au capital d'une holding Y située aux Îles Caïmans, cette dernière détenant elle-même 80% du capital d'une société Z de droit camerounais. Certes, la cession est réalisée entre W, le cédant, et X, le cessionnaire. Z n'est donc pas directement concernée par cette opération qui ne modifie d'ailleurs pas la structure de son capital toujours détenu à 80% par la holding située aux Îles Caïmans.

---

[253] Rapport d'information, Assemblée nationale, « optimisation fiscale des entreprises dans un contexte international » cité par MALGOYRE (A.) in *Montages juridiques et habileté fiscale*, *op. cit.*, n° 74, p. 169 ; Voir également BLANCO (D.), *op. cit.* p. 153 : Pour cet auteur, *« Ces conventions, très nombreuses, constituent un écheveau serré et complexe, mais obéissent à un modèle général établi par l'OCDE ou l'ONU. Leur utilisation avisée peut considérablement réduire l'impact fiscal des opérations internationales... »*

[254] *Ibid.*., p. 153.

[255] *Ibid.*

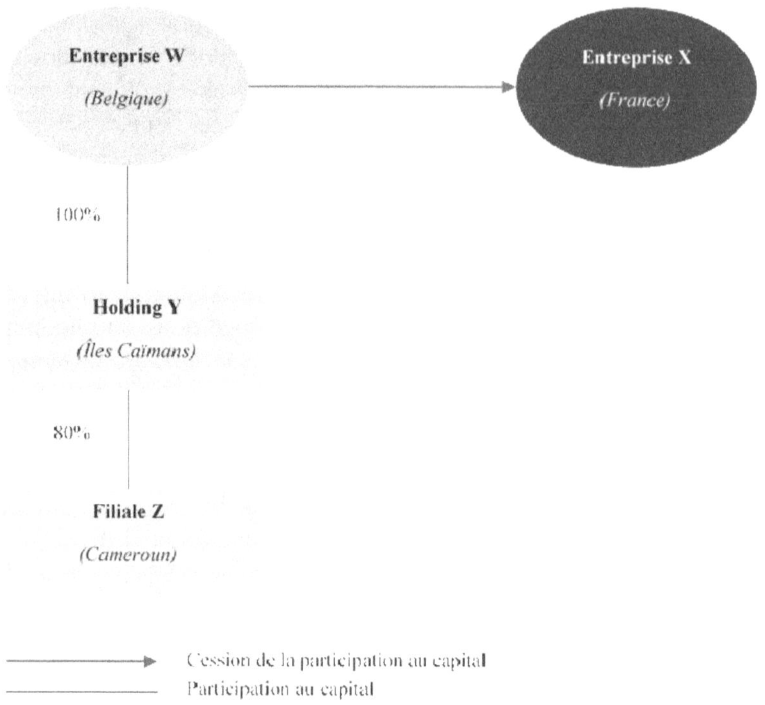

191. Selon l'administration fiscale, il y a là une cession indirecte des droits sociaux de l'entreprise Z de droit camerounais passible de droits d'enregistrement, dès lors que le capital de cette dernière est au moins partiellement détenu par la holding étrangère Y. Telle est l'interprétation des dispositions de la loi de finances pour l'exercice 2015 donnée par la doctrine administrative camerounaise. En supposant que la holding ainsi cédée possède des actifs dans plusieurs pays, la base des droits d'enregistrement selon cette même doctrine serait constituée par la quote-part du prix de cession correspondant au pourcentage de ces actifs globaux dans l'entreprise de droit camerounais[256]. Notons au passage que l'entreprise camerounaise est solidairement redevable de cet impôt qui devrait être acquitté dans les trois (03) mois suivant la transaction auprès de son centre des impôts de rattachement.

192. La doctrine africaine s'est elle aussi emparée de la notion de montage, davantage dans le sens de la stigmatisation du phénomène, que dans le sens d'une déconstruction technique du concept. Dans son ouvrage intitulé : *La pratique du contrôle fiscal des prix de transfert dans l'espace CEMAC*, Monsieur Joseph Ayangma Ayangma consacre tout un chapitre à

[256] Circ. n° 004/MINFI/DGI/LRI/L du 28 janvier 2015 précisant les modalités d'application de la loi de finances de la République du Cameroun pour l'exercice 2015, *préc.*

la complexité des montages intragroupe à travers lequel il expose une quarantaine de cas de figure en guise d'illustration dans le souci de mettre l'accent sur les difficultés de contrôle liées, tant à la complexité des montages directs et indirects intragroupes, qu'à celle des montages réalisés dans le domaine du commerce numérique[257]. Bien sûr les illustrations exposées le sont dans le cadre de la manipulation intragroupe des prix de transfert avec en tête les questions de majorations et minorations de prix, mais elles traitent aussi de plusieurs autres questions importantes dont les moindres ne sont certainement pas celles concernant les déductions fictives de charges intragroupe, les prêts et abandons de créances intragroupe, ou encore le versement de commissions et redevances abusives aux partenaires étrangers du groupe, pour ne citer que ces situations qui comptent parmi les plus courantes dans la pratique.

193. La compréhension jurisprudentielle de la notion de montage ne tranche guère d'avec la perception doctrinale. La jurisprudence voit elle aussi dans le montage une opération globale résultant d'une « série d'actes cohérents et convergents [258]». En effet, le juge français, lorsqu'il se livre à l'analyse d'une opération commerciale ou financière s'attache, s'agissant de la recherche de la volonté des parties, à ne pas traiter de façon isolée les différents actes concourant à la réalisation de ladite opération mais au contraire à identifier la finalité globale de l'opération[259]. Une telle attitude devrait également inspirer les juridictions des pays africains dans leurs analyses fiscales des contrats d'affaires internationaux dans la mesure où elle présente l'avantage de sécuriser de manière plus holistique le périmètre de l'analyse, laissant ainsi peu de place aux inévitables biais ou erreurs pouvant provenir d'une approche parcellaire, c'est à dire d'une analyse qui embrasse pour une même opération chaque contrat sans aucun rapprochement avec le ou les autres contrats participant de ladite opération.

2. Les montages intra-contractuels

194. Le montage intra-contractuel s'appréhende à notre sens comme une construction juridique qui s'opère au sein d'un même contrat en vue d'édulcorer la portée véritable de l'opération qu'il régit. Il joue avec les stipulations d'un contrat à l'intérieur dudit contrat en usant du cadre formel dudit contrat. Au tout début des années 2000, les professeurs Cozian et Gutmann soutenaient déjà dans un article fortement illustré en

---

[257] AYANGMA AYANGMA (J.), La pratique du contrôle fiscal des prix de transfert – le cas du Cameroun -, L'Harmattan, 2015, p. 195 et s.

[258] COLLIN (P.), concl. sous CE, 8e et 3e s.-sect., 18 mai 2005, *Min. c/ Sté Sagal*, req. n° 267087, Dr. fisc. 18 mai 2005, n° 44-45, comm. 726, cité par DEBOISSY (F.) in « l'opposabilité à l'administration fiscale des montages contractuels » RDC 2007, n° 3, p. 1006.

[259] DEBOISSY (F.), « L'opposabilité à l'administration fiscale des montages contractuels », RDC 2007, n° 3, p. 1006.

jurisprudences de référence, que *« la rédaction d'un contrat permet souvent de réaliser de substantielles économies d'impôts. Il convient donc,* ajoutaient-ils, *de veiller tout particulièrement au choix et à la formulation des clauses contractuelles afin de faire de celles-ci de véritables instruments d'optimisation fiscale »*[260]. Il y a dans ce postulat l'idée que le montage contractuel ne l'est pas du seul fait qu'il mette en liaison plusieurs contrats autour d'une même opération, mais qu'il tire avant tout sa force, pour chaque contrat, de la subtilité avec laquelle chacune des stipulations contractuelles est rédigée. Le montage devrait ainsi logiquement se concevoir également sur une base intra-contractuelle.

195. Deux illustrations de montages intra-contractuels rencontrés nous viennent ici à l'esprit. La première tirée du secteur brassicole est un contrat de franchisage camouflé sous l'intitulé de *« Contrat d'embouteilleur »* passé entre une compagnie étrangère et une entreprise camerounaise qui dans ses stipulations ne laisse apparaître aucune obligation de paiement de redevance par le franchisé au franchiseur. Pourtant, l'administration fiscale au fil des vérifications de comptabilités de l'entreprise camerounaise a été, comme on le verra[261], en mesure de déceler le transfert indirect et illicite de bénéfice occasionné par ce contrat qui ne prévoyait expressément aucune rémunération en faveur de la multinationale américaine, mis à part l'achat auprès d'elle des matières premières par la société camerounaise. Ce qui signifie que la compagnie américaine ne réalise au Cameroun aucune opération taxable suivant le contrat d'embouteilleur, les achats de matières premières étant en l'occurrence simplement enregistrés dans la comptabilité de la société camerounaise dans ses charges d'exploitation en diminution de son résultat imposable.

196. La seconde illustration nous vient du secteur du négoce. Il s'agit d'un contrat de fourniture de matières premières passé entre une centrale d'achats de droit suisse et une entreprise camerounaise qui prévoit à la charge de celle-ci pour la même opération, outre le prix des marchandises achetées auprès du fournisseur final de la centrale d'achats, une commission sur achat au profit de ladite centrale représentant un pourcentage des achats, elle-même assortie d'un complément de frais pour *« peines et soins »*. Un tel contrat constitue assurément une construction juridique élaborée dans le but de transférer des revenus de manière illicite à l'étranger, en l'occurrence les sommes payées par l'entreprise camerounaise à l'entreprise suisse à titre de *« peines et soins »*. L'on peut à l'envie multiplier les exemples de montages intra-contractuels tant la pratique contractuelle internationale en recèle. Mais les deux exemples ci-dessus montrent déjà clairement que tous les contrats

---

[260] COZIAN (M.) et GUTMANN (D.), *« Optimisation fiscale et choix de la bonne clause contractuelle »*, *Dr. fisc.* n° 50, déc. 2000.

[261] Cf. Deuxième partie, Chapitre I de notre étude.

sont susceptibles, pour autant que les parties le veulent, de faire l'objet de montage.

197. Dès lors, une compréhension plus aboutie du concept de montage consisterait à le caractériser comme la combinaison d'une rédaction imaginative ou originale des clauses contractuelles dans le cadre d'une suite de contrats ou d'un contrat isolé en vue de détourner lesdits actes pris ensemble ou isolément de leur véritable portée. Il y'a sur cette base montage contractuel à finalité fiscale dès lors qu'une ou plusieurs entreprises à travers un ou plusieurs contrats camouflent un stratagème fiscal en vue d'éviter l'impôt ou de diminuer ostensiblement la charge fiscale globale de ladite entreprise ou dudit groupe d'entreprises. La notion de montage se conçoit certes plus aisément dans le cadre d'un groupe d'entreprises, mais elle peut aussi, quoique rarement, se concevoir dans le cadre d'une relation concernant exclusivement deux entreprises indépendantes. Il en découle que le phénomène des montages contractuels trouve un terreau d'expression plus élaboré et plus fertile en fiscalité internationale en raison des contraintes d'économies fiscales que s'imposent les groupes multinationaux d'entreprises.

198. Cela dit, il existe des milliers de montages contractuels à finalité fiscale et il serait prétentieux de se livrer dans le cadre de la présente étude à une présentation fouillée par type ou par catégorie de montage. Ce qui importe à ce stade notre réflexion, c'est de retenir d'une part que quel que soit le type duquel - ou la catégorie de laquelle - procède un montage donné, celui-ci est susceptible de s'appuyer aussi bien sur les stipulations internes à un contrat que sur les stipulations relevant de plusieurs contrats techniquement liés par la réalisation de la même opération économique. D'autre part, il est tout aussi important de noter qu'en matière de contrôle fiscal, ce qui compte dans ces schémas d'optimisation fiscale est l'érosion de la base d'imposition et le transfert indirect des bénéfices.

SECTION II. LE TRANSFERT INDIRECT DES BÉNÉFICES, FACTEUR DE DÉSÉQUILIBRE FISCAL DES CONTRATS D'AFFAIRES INTERNATIONAUX

199. Plus qu'un choix stratégique d'optimisation fiscale au profit des entreprises étrangères, le transfert indirect de bénéfices est à plus d'un titre, sous le rapport des relations d'affaires qu'entretiennent les économies africaines avec les entreprises étrangères, un facteur de déséquilibre fiscal des contrats d'affaires au détriment des Etats africains. Du point de vue économique, la notion d'équilibre correspond à l'état dans lequel les actions des différents acteurs interagissent de manière cohérente entre elles au point de fournir au système économique considéré les conditions d'un fonctionnement harmonieux et stable[262]. L'équilibre dans les contrats d'affaires internationaux ne renvoie que très rarement à cette conception. L'obsession de l'optimisation, pour ne parler que du volet fiscal desdits contrats, est en général source de déséquilibre. Le rapport d'intérêt et d'intelligence entre entreprises étrangères et administrations fiscales africaines tourne en effet très vite à l'avantage des premières lorsque l'on considère l'économie générale des contrats d'affaires internationaux. Sur ce terrain, les grandes firmes multinationales ont plus qu'une longueur d'avance et assument une responsabilité évidente, elles qui sont historiquement les premières à investir dans la construction des déséquilibres contractuels. Elles ont pour ainsi dire une responsabilité active dans ce déséquilibre fiscal **(§1)**, ce qui nous conduit à qualifier la responsabilité des administrations fiscales africaines de responsabilité passive **(§2)**.

§1. La responsabilité active des entreprises étrangères

200. Parler de responsabilité active des entreprises étrangères dans le déséquilibre fiscal des contrats d'affaires internationaux nous invite à reconnaître que les entreprises étrangères se préoccupent très peu de la recherche d'un quelconque équilibre fiscal dans leurs relations avec les Etats lorsqu'elles nouent des contrats appelés à être soumis à l'examen critique d'une ou plusieurs administrations fiscales africaines. Au contraire tout semble indiquer dans leur fonctionnement que la recherche du déséquilibre fiscal desdits contrats serait plutôt la règle, tant se creuse le fossé des déperditions de recettes au détriment des administrations fiscales à mesure que se développe l'ingénierie fiscale internationale **(A)**. Cette entreprise, d'envergure planétaire, est de surcroît favorisée par la disponibilité permanente des ressources financières au service des firmes étrangères **(B)**.

A. La prédominance de l'ingénierie fiscale internationale

201. Le concept d'ingénierie renvoie en gestion à l'ensemble des activités ayant pour objet la conception rationnelle et fonctionnelle des ouvrages ou des équipements industriels de l'établissement du projet à sa réalisation, en passant par sa coordination et son contrôle[263]. En s'inspirant de cette définition, l'ingénierie fiscale renvoie à l'ensemble des activités de conception et de réalisation de produits fiscaux marchands au bénéfice des entreprises. En assurant la prolifération des montages juridiques et fiscaux, cette ingénierie joue avec la justice et l'équité fiscales au point de supplanter en face les administrations fiscales aussi bien d'un point de vue fonctionnel **(1)** que d'un point de vue organisationnel **(2)** réduisant bien souvent ces

---

[262] BIALÈS (C.), BIALÈS (M.), LEURION (R.), RIVAUD (J.-L.), *Dictionnaire d'économie et des faits économiques et sociaux contemporains*, Foucher, coll. « La dicothèque Foucher » 1999.

[263] MARTINET (A.-Ch.) et SILEM (A.), *Lexique de gestion*, (sous la dir. de), Dalloz, 5e édition, 2000.

dernières, notamment les administrations fiscales africaines, au rang de contemplatrices du jeu fiscal international.

1. Du point de vue fonctionnel

202. Parler de prédominance de l'ingénierie fiscale internationale sur le plan fonctionnel revient à mettre en exergue sa fonctionnalité, c'est-à-dire son caractère pratique. A ce propos, force est de constater que la contribution de l'ingénierie fiscale internationale dans le développement de l'optimisation fiscale connaît une formidable résonance auprès des entreprises multinationales en raison de son utilité et de son efficacité. Deux raisons expliquent de notre point de vue la réalisation de ce tour de force. Le secteur de l'ingénierie fiscale tire son efficacité non seulement de l'innovation et de la formation qu'il promeut en permanence, mais aussi de la promotion de la spécialisation des cadres appelés à accompagner les entreprises.

203. La promotion permanente de l'innovation et de la formation. L'innovation est au cœur du développement des contrats d'affaires internationaux. Elle est portée comme on l'a vu par la mondialisation et le développement corrélatif de l'internationalisation des marchés, des entreprises, et des opérations[264]. Par la force des choses, atteste la doctrine, les entreprises sont devenues éminemment proactives en matière juridique et n'hésitent pour assurer leur survie et le développement de leurs affaires dans un environnement chaque jour plus concurrentiel à inventer de nouvelles manières de faire et à mettre au point de nouvelles techniques industrielles, commerciales et financières qui ne correspondaient à aucun régime juridique préexistant[265]. Le recours permanent des multinationales à l'ingénierie fiscale leur permet de payer en toute légalité un impôt de loin compatible avec les revenus qu'elles engrangent. Cela est certes vrai sur tous les continents à travers le monde, mais cette incompatibilité entre la prospérité de leurs affaires et l'impôt correspondant acquitté au profit des Etats africains est autrement plus marquée. La presse internationale, et notamment la presse spécialisée des pays occidentaux, renseigne d'ailleurs abondamment son lectorat sur les exploits – qui se changent parfois en déboires - des multinationales en matière de fraude et d'évasion fiscales internationales[266]. Cette presse n'hésite pas à avancer que « l'optimisation

---

[264] Lire en ce sens BESSONET (A.) et LAMY (Ph. E.), *Contrats d'affaires internationaux*, *op. cit.*, p. 66 : « La complexité croissante des structures et des opérations, l'instabilité des relations et la précarité des situations ont conduit les entreprises à rechercher à s'adapter en permanence à cette nouvelle donne ».

[265] BESSONET (A.) et LAMY (Ph. E.), *op. cit.*, p. 67 : les auteurs voient dans cette tendance à l'innovation une forte influence des pratiques commerciales anglo-saxonnes et citent sur ce point l'exemple de la franchise commerciale et du crédit-bail (leasing).

[266]Nous avons pu lire sur le site du magazine le figaro, http/ www.le figaro.fr, que les autorités françaises réclamaient 1,1 milliard d'euros au géant du Web. Le tribunal administratif de Paris a annulé le redressement dont faisait l'objet le géant du Web français au

fiscale est au cœur de la finance mondiale » et nous révèle dans le même temps que les méthodes de travail des grands cabinets s'apparentent fortement à celles des banques d'investissement qui possèdent des laboratoires de recherche dans lesquels des mathématiciens conçoivent sans relâche de nouveaux produits financiers d'une grande complexité. Dans les grands cabinets d'optimisation fiscale, ces laboratoires sont appelés « centre d'innovation fiscale » ou « centre de réflexion sur la fiscalité »[267]. Les pouvoirs publics des pays industrialisés présentent l'optimisation fiscale comme un commerce lucratif dont les premiers acteurs sont les sociétés de conseil fiscal[268]. En effet le secteur de l'optimisation fiscale est très organisé et dominé par quatre sociétés que les praticiens de la fiscalité et de la finance internationale surnomment les « Big Four ».[269]

204. De fait, derrière les entreprises classiques opérant dans l'industrie et le commerce international se cachent les cabinets spécialisés dans le conseil fiscal, véritables dépositaires de l'ingénierie fiscale internationale. Le génie des cabinets consiste à déplacer les revenus des territoires où ils se réalisent vers des pays moins hostiles sur le plan fiscal à travers une panoplie de montages contractuels qui ne cessent d'être réinventés au gré du développement de l'économie mondiale.

205. Le pouvoir anticipateur des ingénieurs fiscaux internationaux est tout simplement phénoménal quand on considère l'ampleur du spectre d'intervention des cabinets et des entreprises qui les emploient. Toutes les activités relevant de tous les secteurs stratégiques portent leur marque. La doctrine le reconnaît volontiers puisqu'elle nous révèle que *« La prise de conscience de l'importance du droit par les dirigeants d'entreprises a suscité l'émergence d'une nouvelle race de juristes d'affaires qui mettent toute leur compétence à imaginer des solutions et à créer des schémas contractuels nouveaux répondant de fait aux problèmes posés tout en prenant en compte les contraintes industrielles, commerciales, financières,*

---

motif que cette procédure n'était pas justifiée au regard de la manière dont Google mène ses activités en France. La régulation fiscale des géants du Web est un sujet hautement politique. Trois jours avant cette décision, le Ministre Français de l'Economie a appelé l'Europe à *« faire payer »* leurs impôts à Google, Apple, Facebook et Amazon.

[267] Selon le magazine Courrier international, « Des têtes grassement rémunérées y épluchent les législations et règlementations fiscales du monde entier et combinent les moindres failles juridiques à des schémas d'optimisation fiscale hautement complexes et censés être impénétrables pour les agents du fisc ».

[268] Suivant un rapport d'une commission d'enquête désignée par le Sénat américain, « le commerce de dispositif fiscaux potentiellement contraires au droit est lucratif, et les sociétés de conseil fiscal sont les premiers acteurs de cette tendance ». (Cf. Courrier international n° 1171 du 11 au 17 avril 2013, Fisc : la grande évasion, pp. 26-31).

[269] L'appellation *« Big Four »* désigne en effet quatre des plus grandes sociétés spécialisées dans le conseil fiscal à savoir : Deloitte, PricewaterhouseCoopers, KPMG et Ernst & Young. Toutes ces entreprises disposent de franchises régionales ou locales en Afrique. Ces entreprises sont toutes présentent au Cameroun à travers lesdites franchises .

juridiques et fiscales[270]». La planification fiscale agressive prend ainsi la forme d'une restructuration totale de l'entreprise pour la transformer en un labyrinthe international de sociétés emboîtées les unes dans les autres.

206. La promotion permanente de la spécialisation des cadres. Les grandes multinationales de l'audit et du conseil juridique et fiscal promeuvent la spécialisation des cadres par secteur d'activité et par entreprise, continent, région, sous-région, et pays. Ces entreprises tissent une véritable toile sur le monde de manière à intervenir au profit des entreprises qu'elles accompagnent sur les activités économiques les plus significatives quel que soit le lieu de localisation desdites activités.

207. Le poids décisif de l'expertise fiscale internationale se mesure notamment en matière de restructuration transfrontalière d'entreprises. Les grands cabinets d'audit disposent en effet en leur sein de « lignes de services » spécialisées dans les structurations et restructurations d'entreprises à l'échelle planétaire[271]. Ainsi, la ligne de services qui prend en charge les questions de structuration restructuration d'entreprises en matière fiscale porte généralement la désignation anglo-saxonne de *« Tansaction Tax »* et œuvre notamment à travers des revues fiscales plus ou moins approfondies en fonction des besoins de sa clientèle. Autrement appelées *« Tax due diligences »*, ces revues consistent en des analyses ayant pour objectif de mettre en évidence les facteurs de risque et les potentialités susceptibles d'avoir un impact sur l'appréciation par l'acquéreur de la valeur de la cible[272].

208. Plus globalement, les due diligences incluent généralement des due diligences financières et fiscales et la plupart du temps, juridiques et sociales mais peuvent également inclure des due diligences de marché, opérationnelles, environnementales, des analyses portant sur les engagements de retraite et les assurances, ainsi que sur la qualité du management[273] . Chaque fois qu'elle est commandée à un cabinet par un client, la due diligence n'est pas un exercice standard mais un travail *sur mesure qui est engagé* suivant des objectifs bien précis et un périmètre de revue bien défini. C'est pourquoi les entreprises de l'audit et du conseil juridique et fiscal, suivi en cela par les multinationales pour lesquelles elles travaillent, investissent beaucoup dans la formation et le renforcement des capacités de leurs ressources humaines dans ce domaine. De fait, pour les grandes firmes, les due diligences peuvent être réalisées par l'acquéreur en

---

[270] BESSONET (A.) et LAMY (Ph. E.), *Contrats d'affaires internationaux*, *op. cit.*, p. 67.
[271] Les lignes de services dans un cabinet d'audit et de conseil juridique et fiscale regroupent chacune un éventail de services spécialisés dans plusieurs domaines se rapportant à leur objet social et révèlent la capacité d'intervention de chaque cabinet.
[272] PWC, *Fusions et acquisitions*, Editions Francis Lefebvre, coll. « Mémento Expert », p.88 : La cible désigne dans ce contexte l'entreprise convoitée par l'acquéreur.
[273] *Ibid.*, p. 88.

utilisant ses propres équipes appuyées le cas échéant par un département fusion acquisitions ; mais elles peuvent aussi être confiées pour tout ou partie à des cabinets externes, notamment pour les aspects financiers à des équipes spécialisées en transactions au sein d'un cabinet d'audit[274].

209. Il convient de souligner que la spécialisation technique des cadres s'affine dans les entreprises qui hébergent en leur sein des spécialistes de fiscalité par secteur d'activité porteur tels les secteurs des hydrocarbures, mines solides, télécommunications, banque, assurances, énergies, agro-industries, aéronautique, transports, grande distribution, Bâtiments et travaux publics, etc. Cette spécialisation se décline également dans l'espace puisqu'on peut retrouver des spécialistes de fiscalité par continent, par région et par pays. A ce propos, le système fiscal chinois, américain, français, burkinabé, indonésien et russe comporte des disparités qui requièrent des spécialistes par pays et par région pour être domestiqués.

2. Du point de vue organisationnel

210. Sur le plan organisationnel, le marché de l'ingénierie fiscale est dominé par les professions libérales essentiellement composé des cabinets de conseils juridique et fiscal et des cabinets d'avocats fiscalistes. Telles sont les deux premières composantes relevant de l'expertise fiscale externe qui participent au secours des entreprises transnationales. Parallèlement, les entreprises multinationales instituent de plus en plus en leur sein des unités en charge des questions fiscales. Cette dernière composante procède du développement de l'expertise fiscale interne auxdites entreprises.

211. Le secours de l'expertise externe. Les opérateurs économiques transnationaux ont régulièrement recours au secours de l'expertise externe lorsqu'il s'agit de structurer ou de restructurer leurs activités. Pour s'assurer la meilleure qualité de service, ils ont généralement recours aux cabinets de conseil juridique et fiscal. Cela se comprend dans la mesure où le niveau le plus élaboré de l'ingénierie fiscale internationale est en effet logé au sein des plus grands cabinets de conseil juridique et fiscal. Le niveau d'élaboration de l'ingénierie que se partagent ces cabinets est tel que ce sont les plus grandes firmes multinationales du monde qui s'adjugent leur expertise et ce, à grands frais275, dans le but de générer en leur sein de réelles économies d'échelle susceptible décupler leur rentabilité industrielle ou commerciale à l'échelle mondiale.

---

[274] PWC, *Fusions et acquisitions*, *op. cit.*, p. 89.

[275] « Aux Etats-Unis et en Grande-Bretagne, le pouvoir de cet oligopole est d'ores et déjà un sujet de débat à la télévision. Même la classe politique a reconnu que les *Big Four constituent* un problème qu'il convenait de prendre au sérieux. Le Sénat américain a désigné une commission d'enquête, laquelle conclut ainsi son rapport : « le commerce de dispositifs fiscaux potentiellement contraires au droit est lucratif, et les sociétés de conseil fiscal sont les principaux acteurs de cette tendance » *(Cf.* Courrier international n° 1171 du 11 au 17 avril 2013, « Fisc, la grande évasion »

212. Considérés à tort ou à raison comme la plus grande menace contre la justice fiscale, les quatre plus grandes sociétés d'audit financier à l'échelle mondiale dominent le secteur de l'optimisation fiscale internationale et partant, de l'évasion fiscale. En matière fiscale, les allusions à leurs méthode*s* de travail conduisent les praticiens à les traiter de *« cabinets d'optimisation fiscale ».* Leurs méthodes sont caractérisées par les expressions peu évocatrices d'» *aménagement fiscal*[276] *»,* ou de *« tax planning* [277]*»* tandis que l'OCDE utilise l'expression plus engagée de *« planification fiscale agressive*[278] *»* pour mettre notamment en exergue le caractère offensif et radical de l'évasion fiscale relativement à l'érosion des recettes fiscales des pays membres[279]. Les grandes firmes de l'audit et du conseil juridique et fiscal sont à cet égard devenues les principales pourvoyeuses de services en matière de négociation, de rédaction et d'audit des contrats d'affaires internationaux. Plus en aval de la chaîne du contrôle fiscal, notamment en matière de contentieux fiscal, les opérateurs économiques transnationaux ont recours aux services des cabinets d'avocats fiscalistes en plus de l'accompagnement des cabinets classiques d'audit et de conseil juridique et fiscal[280]. Le corps des avocats fiscalistes est constitué de professionnels indépendants astreints à la maîtrise des lois et règlements auxquels doivent se conformer autant les contribuables que les administrations fiscalesA ce stade de notre étude, il ne nous paraît pas nécessaire d'égrener le chapelet des différents montages rencontrés aussi bien dans la pratique qu'à l'occasion de nos recherches étant donné que la quasi-totalité des illustrations que nous exploitons tout au long de cette étude procèdent d'une logique de montage. Le contrôle fiscal des contrats d'affaires internationaux sous ce rapport, il importe de le reconnaître, s'apparente pour l'essentiel au contrôle des montages contractuels pris tantôt sous le prisme intra-contractuel, tantôt sous l'angle pluri-contractuel, mais le plus souvent sous le prisme syncrétique de ces deux formes de montages.

213. Au Cameroun, le législateur a entendu encadrer le recours à l'expertise externe en matière de contrôle fiscal en disposant dans un premier temps que les contribuables avaient la faculté de se faire assister par un conseil de leur choix. Telle était l'état du droit fiscal camerounais

---

276 Expression consacrée au sein de l'administration fiscale allemande (Cf. Courrier international n° 1171 du 11 au 17 avril 2013, *préc.*)

277 Expression utilisée aux Etats-Unis et dans les pays anglo-saxons.

278 Cf. www.ocde.org: site officiel de l'OCDE.

279 La structure commerciale qu'ils prescrivent à leurs clients, les *Big four* l'ont systématiquement mise en pratique chez eux. Ce ne sont pas des entreprises au sens strict, mais des réseaux de sociétés indépendantes les unes des autres. La forme juridique de l'entité dirigeante peut se trouver être une coopérative dont le siège social est logé dans un paradis fiscal.

280 Certains cabinets assument en leur sein une gamme plus complète de services qui comporte aussi bien les missions courantes d'audit et de conseil que celles, plus incidentes, de gestion du contentieux fiscale des entreprises.

jusqu'en 2021. Plus récemment à la faveur de la loi de finance pour 2022, le législateur s'est montré plus restrictif en spécifiant que les contribuables *« [...] possibilité qu'il a de se faire assister par un conseil fiscal agréé CEMAC et inscrit au tableau de l'ordre ou un Centre de Gestion Agréé de son choix »*. C'est ce qui ressort des dispositions de l'article L13 du LPF qui indique par ailleurs que *« Mention doit en être faite dans l'avis de vérification sous peine de nullité de cette dernière »*. L'on peut ainsi relever qu'en introduisant la contrainte du recours à un conseil fiscal agréé inscrit au tableau de l'ordre à la charge de tout contribuable désireux de se faire assister lors d'un contrôle fiscal, le législateur réduit concrètement au Cameroun le champ des garanties octroyées aux contribuables en général, et aux contribuables transnationaux en particulier puisque ceux-ci ne disposent plus de la liberté de porter leur choix sur n'importe quel conseil, mais d'exercer ce choix au sein des effectifs limités de l'ordre des conseils fiscaux agrées CEMAC inscrits au tableau dudit ordre.

214. Le recours à l'expertise interne. Les entreprises multinationales recrutent également en leur sein de ressources humaines disposant d'un niveau de maîtrise des dossiers juridiques et fiscaux de grande qualité. Cet état de fait s'explique en partie par le fait que le recrutement desdites ressources obéit à des critères sélectifs, tant en ce qui concerne le niveau individuel d'expérience professionnelle, que pour ce qui est du cursus académique. Un double enjeu peut être à l'origine de l'adoption d'une telle approche par les multinationales. D'une part, elle permet à ces firmes de disposer en leur sein d'interlocuteurs techniques de premier choix dans leurs relations avec les professionnels du conseil fiscal ou les administrations fiscales. D'autre part, elle permet de minimiser les coûts des prestations externes dont elles peuvent bénéficier de la part des professions libérales.

215. Que ce soit dans le segment de l'expertise externe ou dans celui de l'expertise interne aux entreprises, le renforcement des capacités est permanent. Les frais de formation constituent en effet un poste de charge incontournable dans la comptabilité de ces entreprises. Ce qui signifie que la formation et l'innovation occupent une place de choix dans le développement des entreprises multinationales puisqu'elles correspondent et répondent aux ambitions desdites entreprises qui se résument à l'expansion et à la prospérité de leurs activités d'abord au niveau international, puis au niveau mondial.

B. La disponibilité permanente des ressources financières

216. La pratique de l'optimisation fiscale a un coût que doit financer l'entreprise qui en bénéficie. A la différence de la communauté des Etats l'espace OHADA qui peinent en général à stabiliser leurs finances publiques, les entreprises multinationales disposent en permanence d'importantes ressources économiques et financières qui leur permettent de faire aisément face aux contraintes pécuniaires qu'imposent en général les stratégies d'optimisation fiscale. Ces contraintes rappelons-le, intègrent le recrutement de ressources humaines externes et internes hautement qualifiés dans de nombreux domaines techniques y compris dans le domaine de la fiscalité.

217. En effet, quel que soit le secteur d'activité, la puissance économique et financière des multinationales n'est plus à démontrer. D'après la doctrine, plus de 60% des échanges mondiaux correspondent à des transactions entre filiales d'entreprises multinationales[281]. Ce pourcentage révèle le poids économique des firmes multinationales au sein de l'économie mondiale ainsi que le niveau de richesse qu'elles concentrent. En effet, plusieurs d'entre elles, prises isolément, rivalisent de puissance avec certains pays émergents et surpassent de loin l'ensemble des pays de l'espace OHADA. La Conférence des Nations Unies pour le Commerce et le Développement (CNUCED), organe rattaché à l'Organisation des Nations Unies (ONU) publie périodiquement un classement des cent entités économiques les plus importantes du monde, pays et entreprises confondues. Ce classement révélait pour l'année 2000 que les multinationales occupaient vingt-neuf places sur cent[282]. Cet état de fait témoigne de la capacité des entreprises à investir dans la mobilisation de l'expertise économique, financière et fiscale afin d'optimiser leur gestion, en réalisant, entre autres, des économies fiscales. C'est fort de cette prodigieuse puissance économique et financière que les entreprises multinationales creusent au quotidien l'écart technologique qui les sépare des économies des pays de l'espace OHADA qui compte en son sein, faut-il le souligner, des Etats dits « fragiles » selon la terminologie utilisée par l'OCDE[283].

§2. La responsabilité passive des administrations fiscales africaines

218. Hormis l'hypothèse de la mise en œuvre de la procédure du rescrit qui permet à l'administration fiscale, à l'invitation des entreprises, de se prononcer sur les incidences fiscales d'une ou plusieurs stipulations contractuelles envisagée(s), l'élaboration des contrats d'affaires n'appelle en général aucune interférence de la part de l'administration fiscale. Il ne

---

281 HECKLY (C.), *Fiscalité et mondialisation*, LGDJ, coll. « Systèmes-Fiscalité », 2006, p.17.

282 La première entreprise multinationale, la compagnie Exxon Mobil apparaissait au 45e rang juste derrière le Chili et devant le Pérou.

283 OECD (2014), *Domestic revenue mobilisation in fragile states,* Paris, OECD : D'après l'OCDE, un Etat fragile n'a qu'une faible capacité à assurer les fonctions de gouvernance de base et n'est pas en mesure de développer des relations constructives et mutuellement avantageuses avec la société ; Les Etats fragiles sont aussi plus vulnérables face aux chocs internes ou externes tels que des catastrophes naturelles ou et des crises économiques.

saurait d'ailleurs en être autrement dans la mesure où la conclusion d'un contrat d'affaires est d'abord l'affaire des parties auxdits contrats.

219. L'expression responsabilité passive est employée pour qualifier l'attitude attentiste des administrations fiscales africaines en matière de contrôle fiscal des contrats d'affaires internationaux. Cette posture déficiente contraste avec l'intense activité déployée par les administrations fiscales des pays développés et tient en substance au déficit rémanent de l'expertise africaine en matière de contrôle desdits contrats d'une part **(A)**, et à l'indisponibilité rémanente des ressources financières d'autre part **(B)**.

A. Le déficit rémanent de l'expertise locale

220. Le combat contre la fraude et l'évasion fiscale internationale requiert de la part des administrations fiscales africaines, en tant que protagonistes au combat, de relever le défi de l'expertise pour lutter à armes égales avec les firmes internationales. Seulement, les pays africains au sud du Sahara ont en commun d'être techniquement dépendants des pays industrialisés en matière de formation et d'expertise. Le fait est que ceux-ci travaillent à assurer leur leadership mondial dans cette lutte tandis que ceux-là essayent péniblement de s'accrocher au dernier wagon du train de cette croisade. Le contrôle fiscal des contrats d'affaires internationaux n'ayant pas été identifié assez tôt comme un centre d'intérêt prioritaire par les administrations fiscales africaines, celles-ci se sont avec le temps enferrées dans un déficit aussi bien qualitatif **(1)** que quantitatif **(2)** de leur expertise à l'égard de ces contrats.

1. Le déficit qualitatif de l'expertise africaine

221. La prise de conscience tardive des pays africains des enjeux de lutte contre l'évasion et la fraude fiscale internationale est pour une large part à la base du déficit qualitatif des agents et responsables en charge du contrôle fiscal des contrats d'affaires internationaux. Comparées à leurs consœurs des pays industrialisées, les administrations fiscales africaines accusent un retard qualitatif criant dans l'édification et la consolidation d'une réelle expertise africaine dans la lutte contre la fraude et l'évasion fiscales en général et en matière de contrôle fiscal des contrats d'affaires internationaux en particulier. Ce réveil tardif peut s'expliquer en partie par le caractère particulièrement vaste du champ des personnes et des opérations imposables dans tous les systèmes fiscaux qui contraint les acteurs de la filière contrôle à se forger des profils de « généralistes » capables de démêler les questions fiscales ordinaires touchant aux activités les plus courantes de l'économie du pays. Mais il s'explique surtout par l'insuffisance de l'expertise développée par les administrations fiscales africaines.

222. L'on observe en effet dans les structures de contrôle de la plupart des administrations que les ressources humaines techniquement au point en matière de contrôle fiscal des contrats d'affaires internationaux sont rares.

Au début de l'exercice budgétaire 2018, la Direction Générale des Impôts du Cameroun n'était pas en mesure de revendiquer plus d'une dizaine de cadres suffisamment formés et spécialisés dans le contrôle fiscal des contrats d'affaires internationaux tels qu'envisagés par la présente étude. De fait, les contours de ce déficit qualitatif s'apprécient au moins à deux niveaux : au niveau de la formation et au niveau de la spécialisation.

223. Le déficit de formation. S'agissant du déficit de formation, il s'apprécie au regard de l'utilisation sous-optimale des outils structurels et didactiques dont se dotent ces administrations. Au plan structurel, les questions de formation relèvent en général de deux paliers de décision. Le premier est celui du département ministériel en charge des finances ou du budget. Il est difficile à ce stade de cibler les formations adéquates à moins de s'adresser à la Direction générale des Impôts. Le second palier est constitué est logé au sein de la Direction Générale des Impôts et est constitué, en plus du Directeur Général, d'un service ou d'une cellule en charge de la formation qui propose des programmes de formations en fonction des besoins émis au sein de la Direction Générale des Impôts. Or, ces besoins n'intègrent précisément pas comme il se doit les préoccupations relatives au contrôle fiscal des contrats d'affaires internationaux pour au moins deux raisons : la première tient à ce que le responsable dédié à la formation qui fait office conseil de sa hiérarchie en matière de formation est généralement plus dans un rôle d'exécution, de secrétariat et de liaison que dans un rôle pourvoyeur de propositions concrètes. Ces services sont assez souvent desservis soit par le profil des cadres qui y travaillent, soit par une concentration excessive de l'autorité en cette matière administrative à l'échelon du responsable en chef de l'administration fiscale qui, en l'occurrence, opère des choix discriminatoires et subjectifs284.

224. Dans de telles conditions, seuls quelques cadres privilégiés bénéficient de formations auprès des institutions internationales à l'instar du Centre de politique et d'administration fiscale de l'OCDE ou de l'ATAF. Ces formations portent en général sur le contrôle fiscal des prix de transfert, les conventions fiscales internationales ou sur l'échange de renseignements à des fins fiscales. Ce dernier volet est pris en charge par le Forum mondial sur la transparence et l'échange de renseignements à des fins fiscales qui constitue l'instance faîtière en matière de renforcement des capacités des services de contrôle des administrations fiscales lorsqu'il s'agit de former lesdits services sur les questions d'échange de renseignements à la demande ou d'échange automatique de renseignements[285].

225. L'OCDE déploie sporadiquement son assistance technique en direction des pays africains qu'elle accompagne dans l'arrimage aux standards internationaux qu'elle promeut en matière de lutte contre la fraude

[284] Le ministre en charge des finances ou le Directeur Général des Impôts selon les pays.
[285] Cf. deuxième partie de la présente étude.

et l'évasion fiscale internationale sous l'impulsion politique du G20. Il en va ainsi des formations relatives aux problématiques d'érosion des bases imposables et de transferts indirects de bénéfices (*Base Erosion Profit Shifting*).

226. Parallèlement, à ces formations dispensées dans le cadre de l'assistance technique allouée par ces organismes aux administrations fiscales africaines, il convient de mettre en évidence les missions de renforcement des capacités déployées par le Département des Affaires Fiscales du FMI en faveur des administrations fiscales placées sous assistance technique consécutivement aux Facilités Elargies de Crédit (FEC) accordés par le Fonds aux Etats qu'il est souvent amené à accompagner financièrement[286]. Au rang de ces missions, l'on peut relever à titre d'exemple les missions de *« Tutorat de vérifications des comptabilités »* organisées au Bénin au profit des services de contrôle de la DGE. Concrètement, l'objectif principal poursuivi par ces missions est d'accompagner l'administration fiscale dans sa démarche d'amélioration de l'impact qualitatif et quantitatif des vérifications de comptabilité des grandes entreprises en cours à la DGE du Bénin, avec la triple ambition de transférer l'expertise en la matière aux vérificateurs locaux , de relever le niveau de pertinence de la démarche de vérification à l'égard des contribuables et au bout, d'améliorer le niveau de civisme fiscal des contribuables et le niveau de recettes fiscales correspondant. Ce faisant, le FMI privilégie une approche par secteur d'activités en vue de résorber le déficit abyssal de spécialisation des administrations fiscales africaines. Cette approche rejoint l'initiative *« Inspecteur des Impôts Sans Frontières »,* qui constitue une formule proposée par l'OCDE en vue de faciliter la mise en œuvre de programmes ciblés d'assistance en matière de vérification dans les pays en développement de par le monde. Dans le cadre de cette initiative, des spécialistes de la vérification fiscale sont appelés à travailler directement avec des agents locaux d'administrations fiscales de pays en développement sur des vérifications en cours et des questions y afférentes soulevant des problématiques de fiscalité internationale, et à partager des pratiques de portée générale appliquées à des situations spécifiques[287]. Ce qui est déplorable dans ces différentes approches, c'est la passivité des pays africains qui se complaisent dans une posture d'assistés vis-à-vis des pays industrialisés alors que des marges existent, en matière de contrôle fiscal des contrats internationaux, qui peuvent permettre d'obtenir de réelles avancées en matière de formation interafricaine. On le voit, le déficit de formation est à la base du déficit de spécialisation qui atrophie l'expertise africaine.

---

[286] Le Département des Affaires Fiscales du FMI, le très célèbre *Fiscal Affairs Department (FAD)* développe une importante assistance technique en faveur « pays pauvres très endettés » désignés sur le continent par l'acronyme (PPTE) ainsi que des pays fragiles.

[287] Voir https://www.oecd.org: site officiel de l'OCDE.

227. Le déficit de spécialisation. Le déficit de spécialisation quant à lui se manifeste par une carence singulière de profils et de compétences suffisamment aptes à prendre en charge dans les opérations de contrôle fiscal, la lecture et l'analyse des contrats par secteurs d'activités stratégiques. En effet à l'occasion des contrôles fiscaux des entreprises relevant de ces secteurs, les contrats constituent en général la « bête noire » des agents vérificateurs. Cet état de fait tire sa source des disparités de profils enregistrées lors du recrutement de ces agents. Il faut dire que la partie n'est déjà pas gagnée pour les cadres bénéficiant d'un background de « juriste » acquis dans les facultés de droit, a fortiori ne l'est-elle pas pour les non-juristes issus des autres établissements universitaires.

228. Sans doute inspirées par l'adage séculaire « *Qui trop embrasse mal étreint* », les administrations fiscales africaines promeuvent depuis le début des années 2000, non sans un certain dilettantisme, une organisation des services fiscaux opérationnels axé sur le principe de l'interlocuteur fiscal unique dans le cadre des unités de gestion spécialisés[288]. Ces unités de gestion spécialisée fonctionnent sur la base d'une segmentation de la population fiscale élaborée suivant le double critère de la taille et du secteur d'activités auxquels elles correspondent. En Afrique subsaharienne, le schéma type d'organisation dans une administration fiscale prévoit ainsi une Direction des Grandes Entreprises (DGE), des Centres des Impôts de Moyennes Entreprises (CIME) et des Centres des impôts de petites entreprises[289].

229. La Direction des Grandes Entreprises est *a priori* le principal champ d'expérimentation des problématiques de contrôle fiscal des contrats d'affaires internationaux. Au Cameroun, ces questions sont prises en charge à la DGE suivant une organisation par secteurs d'activités à la fois par les services d'assiette dans le cadre de contrôles sur pièces et par des services de contrôle ou de vérification dans le cadre des vérifications de comptabilités[290]. Suivant le texte organique du Ministère de Finances, les services d'assiette sont subdivisés en Cellules de Gestion et de Suivi (CGS) et exécutent des opérations de contrôle sur pièces sous l'autorité d'un

---

[288] Au Cameroun, les entreprises relevant des « unités de gestion spécialisée » c'est-à-dire de la Direction des grandes entreprises et des Centres des impôts de moyennes entreprises sont astreintes à des obligations déclaratives particulières notamment au dépôt des déclarations statistiques et fiscales à la fois sur support physique et en version électronique (art. L 2 du CGI)

[289] Au Cameroun, ce schéma prévoit une Direction des Grandes Entreprises (DGE), des Centres des Impôts de Moyennes Entreprises (CIME) et des Centre Divisionnaires des Impôts (CDI) pour les petites et très petites entreprises.

[290] Les services de gestion prennent suivant les pays la dénomination de cellule de gestion (cas du Cameroun) ou de service d'assiette (cas du Bénin). Les services de contrôles prennent la dénomination de Brigade de vérification ou de service de contrôle avec des variantes selon les pays qui renvoient à la même réalité.

Coordonnateur[291]. Les services de contrôle quant à eux sont subdivisés en Brigade de Contrôle et de Vérification des Grandes Entreprises et sont précisément chargés des contrôles et des vérifications sur place des entreprises relevant de la compétence de la DGE[292]. A l'arrivée, cinq Brigades de contrôles et de Vérification des grandes Entreprises officient au quotidien à côté de cinq Cellules de Gestion et de Suivi chacune en fonction de son champ de spécialisation. Le décret présidentiel qui organise l'administration fiscale jette les bases de cette spécialisation en accolant à chacune des Cellules et Brigades un secteur d'activités suivant le découpage ci-après :

- Secteur des industries ;
- Secteur du commerce général ;
- Secteur des banques, des assurances et des technologies de l'information et de la communication ;
- Secteur de la forêt, de l'eau et du pétrole ;
- Secteur des services.

230. Ces services spécialisés sont aujourd'hui fonctionnels, mais il existe un contraste déconcertant entre la vocation réglementaire de ces structures et la carence de spécialistes au niveau des ressources humaines chargées de donner vie à cette spécialisation par secteur d'activités. La spécialisation est, pour ainsi dire, proclamée mais pas assumée. Dans la pratique en effet, 15 ans environ après son adoption, la spécialisation à la DGE du Cameroun reste formelle en raison d'une part, de l'absence de planification de cette spécialisation en faveur des agents gestionnaires et vérificateurs et, d'autre part, de l'exacerbation de la précarité des fonctions desdits agents. Ces derniers ont pendant longtemps été affectés aux différents postes de travail de la DGE à la faveur de simples notes de services du Directeur Général des Impôts prises en lieu et place d'actes de plus grande autorité tels les arrêtés ministériels de nomination. Adossée à de telles bases, la spécialisation des cadres reste une option évanescente et inatteignable dans la mesure où le saut qualitatif qui doit s'opérer dans le registre de la capacitation des cadres reste prisonnier de paramètres essentiellement subjectifs. En clair, le bénéfice d'une formation est encore ressenti dans certaines administrations comme un privilège extraordinaire par les bénéficiaires [293]. Comme nous le montrerons plus en aval dans notre

---

[291] Art. 178 du décret n° 2013/066 du 28 février 2013 portant organisation du Ministère des Finances.

[292] Cf. Décret présidentiel n° 2013/066 du 28 février 2013 portant organisation du Minière des finances.

[293] Octroyer des formations appropriées aux agents relève du pouvoir discrétionnaire des autorités fiscales et bien souvent d'une démarche complaisante et relève de leur appréciation subjective. Un cadre exerçant dans une structure de contrôle des grandes entreprises peut dans ces conditions y passer plusieurs années sans bénéficier du privilège d'une formation appropriée dans un pays industrialisé.

étude, pour un secteur donné, la prise en charge des problématiques de contrôle fiscal repose fondamentalement sur le contrôle fiscal des contrats d'affaires régissant les opérations et activités des entreprises opérant dans ledit secteur[294].

231. Les autorités camerounaises ont, bon an mal an, essayé de dupliquer le modèle organique de la DGE au niveau des Centres des Impôts des moyennes entreprises avec, il est vrai, des variantes en fonction des régions fiscales d'implantation desdits centres. Ici plus qu'à la DGE tout reste à faire en raison de l'intérêt moins marqué des autorités pour la spécialisation des acteurs affectés à l'animation de ces centres qui couvrent pourtant un potentiel non négligeable de dossiers qui recelant des enjeux commerciaux et financiers transnationaux. Au total, il souffle un très faible vent de spécialisation dans ces administrations.

232. De notre point de vue, penser la résolution des questions de contrôle fiscal des contrats d'affaires internationaux sous le prisme des approches utilisées par les pays industrialisés s'avère très souvent inopérant en Afrique. Il serait plus percutant de tropicaliser certaines solutions *« océdéennes[295] »* et promouvoir des solutions originales africaines susceptibles de contribuer à l'essor technique des administrations fiscales africaines et à même d'inspirer, pourquoi pas, les pays industrialisés. L'Union Africaine de concert avec la Commission Economique des Nations Unies pour l'Afrique, qui déplorent les premiers *« le manque de spécialistes capables de s'attaquer de façon décisive au phénomène des flux financiers illicites[296] »* devraient à cet égard impulser et coordonner les actions à l'échelle du continent[297]. A cet égard, une démarche rationnelle consisterait à promouvoir au sein des administrations fiscales une véritable spécialisation des cadres qui réponde à la logique d'implantation des entreprises transnationales dans les pays africains. Une telle démarche comblerait le déficit de spécialisation des cadres et agents de l'administration fiscale par

---

[294] Voir Deuxième partie, chapitre 2.

[295] GHARBI (N.) *Le contrôle fiscal des prix de transfert*, *op. cit.*, p. 142 et s. Ce qualificatif est employé à plusieurs reprises par Monsieur Najib GHARBI dans cet ouvrage.

[296] CEA, *« Flux financiers illicites »*, Rapport précité, p. 38.

[297] Comme le recommande le Groupe de haut niveau dans son rapport sur les flux financiers en illicites, *« les pays africains devraient s'impliquer dans les travaux de l'OCDE sur l'érosion de l'assiette fiscale et le déplacement des profits pour s'assurer que les règles mondiales actuellement à l'étude et qui seront décidés n'entrainent pas en fait une augmentation des flux financiers illicites en provenance de l'Afrique. Les pays africains devraient coordonner leurs efforts et présenter des positions communes, à l'échelle régionale ou même une plus large échelle, en réponse aux consultations et aux réunions de l'OCDE sur le sujet. Si les mesures que l'OCDE adoptera sont contraires aux intérêts de certains pays africains, ou même du continent dans son ensemble, les gouvernements africains devraient recommander et publier les mesures que tous les pays pourraient prendre pour éliminer les pratiques de déplacement de profits qui sont contraires à leurs intérêts ». CEA, « Flux financiers illicites »*, Rapport du Groupe de haut niveau sur les flux financiers illicites en provenance d'Afrique, *op. cit.* p. 87.

secteur d'activité et apporterait en face une réponse plus significative à la spécialisation déjà nettement plus avancée des experts exerçant en cabinet ou dans les entreprises multinationales.

2. Le déficit quantitatif de l'expertise africaine

233. Les administrations fiscales africaines ne souffrent pas seulement d'un déficit qualitatif en ressources humaines. Ces ressources sont également insuffisantes en nombre, ce qui complique davantage le travail desdites administrations sur le terrain du contrôle fiscal. Or, les mutations incessantes des personnels affectés dans les services de contrôle ne permettent pas d'organiser de manière rationnelle une bonne transmission des savoirs et des expériences. Les hésitations observées çà et là en Afrique en matière de spécialisation des cadres au sein des administrations fiscales impactent négativement l'organisation de la lutte contre la fraude et l'évasion fiscales internationales en occultant la question du renforcement des effectifs

234. Le cas de l'administration fiscale béninoise est à cet égard révélateur. A la fin de l'exercice budgétaire 2016, le service de contrôle de la DGE du Bénin n'en était encore qu'à sept (07) vérificateurs à la DGE pour une population plus de 400 grandes entreprises. Ce chiffre contraste certes avec celui des effectifs des Brigades de contrôle de la DGE camerounaise qui était environ cinq fois plus fournis en vérificateurs que le service analogue du Bénin[298]. Rien d'étonnant dès lors que la première soit plus performante que la seconde et qu'elle soit potentiellement en meilleure capacité relative de contrôler les contrats d'affaires internationaux.

235. Les administrations fiscales africaines ont pris un retard plus que considérable dans la lutte contre l'évasion fiscale internationale. Elles se sont fait distancer dans la course par les firmes multinationales d'optimisation fiscale. Cela n'a spécialement rien de surprenant dans la mesure où les administrations fiscales des pays industrialisés n'ont de cesse de stigmatiser le retard qui est également le leur vis-à-vis desdites firmes. Les exigences toujours plus agressives du capitalisme moderne placent irréversiblement lesdites firmes dans une situation de recherche permanente de solutions d'optimisation ou de maximisation des profits qui s'appuie sur l'innovation intellectuelle et technologique. En face les administrations fiscales africaines, déjà handicapées pour certaines par la pénurie de cadres, peinent à mettre en cohérence les programmes de formation et de renforcement des capacités des cadres disponibles en cohérence avec les exigences du marché international des biens et des services et avec les enjeux de lutte contre la fraude et l'évasion fiscale internationale. Dans de telles conditions, elles ont par exemple du mal, en matière de contrôle fiscal, à se mettre au diapason des enjeux normatifs de lutte contre l'érosion des

[298] Au Cameroun, la Direction des Grandes Entreprises compte une quarantaine de cadres dédiés aux activités de contrôle fiscal, ce qui représente un potentiel intéressant à exploiter en matière de surveillance des contrats d'affaires internationaux.

bases d'imposition des sociétés. Les solutions que nous proposons à cet égard dans la deuxième partie de la présente étude peuvent en partie aider à pallier le déficit qualitatif et quantitatif des agents de l'administration en matière de contrôle fiscal des contrats d'affaires internationaux[299].

B. L'indisponibilité rémanente des ressources financières

236. Sur le terrain de la traque contre la fraude et de l'évasion fiscale internationales consécutives aux transferts indirects de bénéfices, le nerf de la guerre c'est aussi l'argent. Or, par-delà les fluctuations de l'économie mondiale, c'est précisément l'argent qui fait le plus défaut aux pays de l'Afrique subsaharienne. L'autonomie financière des Etats africains est en permanence remise en cause en raison non seulement de l'inconsistance structurelle des ressources financières internes **(1)**, mais aussi du fait de la dépendance structurelle desdits Etats vis-à-vis des ressources financières externes **(2)**.

1. L'inconsistance structurelle des ressources financières internes

237. Dans lutte contre le transfert indirect de bénéfices, l'argent est, et restera pour longtemps encore le nerf de la guerre. Ceci est vrai aussi bien pour les administrations fiscales africaines que pour celles des pays industrialisés, toutes choses restant égales par ailleurs, puisque théoriquement le niveau d'investissement engagé par des pays industrialisés pour la même cause est autrement plus élevé que celui des pays africains. Le déséquilibre institutionnel et infrastructurel observé dans les pays africains en matière de gestion du contrôle fiscal des transactions internationales est profond. Il est clair que lorsque l'on lésine sur les dotations budgétaires à allouer à l'administration de l'impôt, on atrophie à l'avance l'épaisseur de l'enveloppe des recettes fiscales. Il est assez paradoxal de constater que les Etats africains peinent à investir dans le financement du contrôle fiscal des transactions internationales alors qu'un tel investissement est en partie le gage de la rentabilité fiscale des opérations commerciales et financières transnationales qui impactent leurs économies ainsi que les revenus en provenance de ces pays.

238. Cela dit, l'on peut légitimement s'interroger sur le point de savoir comment faire face aux défis infrastructurels dans un contexte où des ressources financières conséquentes ne sont pas mobilisées à cet effet. Comparé aux enjeux, le budget alloué au développement des infrastructures de lutte contre la fraude et l'évasion fiscale internationale reste insignifiant dans la majorité des cas. Cette situation interroge ensuite la réelle volonté des Etats à s'investir dans ce combat et contribue à accentuer la dépendance des administrations fiscales africaines vis-à-vis des bailleurs de fond

[299] Voir Deuxième partie, Titre 2, Chapitre 1.

bilatéraux et multilatéraux. A ce propos, l'un des constats effectués par le Groupe de haut niveau commis par la Commission économique pour l'Afrique (CEA) est que *« les gouvernements africains n'ont pas les capacités nécessaires dans le domaine juridique et financier pour intervenir efficacement contre ces flux -flux financiers illicites- et certains présentent des déséquilibres institutionnels comparés... »*. Le Groupe de haut niveau a également constaté la difficulté de conserver du personnel qualifié dans l'administration publique en Afrique du fait de l'énorme différence de rémunération entre secteur public et secteur privé[300]. Le cas du Nigéria est mis en exergue pour illustrer le contraste pouvant exister entre la carence structurelle des ressources financières et le niveau d'élaboration institutionnel du pays[301]. Une bonne douzaine d'institutions financières publiques potentiellement en mesure de s'attaquer aux flux financiers illicites existe. Mais en dépit de cette diversité et des efforts déployés, l'ampleur des difficultés rencontrées dépasse de loin leur capacité d'action. Suivant ce rapport, la plupart de ces institutions ont du mal à constituer des capacités matérielles et humaines adéquates et manquent de crédits, ce qui les obligent à dépendre de *« l'imprévisible aide étrangère...*[302] *»*.

239. Au-delà de ce qui précède, il n'est pas superflu de relever que le niveau général de rémunération des cadres de l'administration reste encore très bas[303] et constitue de ce point de vue une faiblesse infrastructurelle supplémentaire de l'administration fiscale du Cameroun et de la majorité des autres pays de l'espace OHADA[304]. L'on peut déduire sur la foi de ces constats qu'inexorablement, le rapport de force entre administrations fiscales africaines et grandes entreprises ne peut que tourner à l'avantage de ces dernières. Le financement souverain des Etats en faveur du contrôle fiscal des contrats d'affaires internationaux est marginal en raison d'une perception lointaine des enjeux par les gouvernements qui induit une allocation insuffisante de crédits aux administrations ayant pour mission de lutter contre les transferts illicites de bénéfices.

240. Nous pouvons à ce stade de notre étude, répondre à cette préoocupation en soutenant l'dée d'un autofinancement conséquent par les Etats du contrôle fiscal des contrats d'affaires internationaux à travers des allocations bugétaires plus significatives en matière d'investissement et de

[300] Le rapport mentionne les tentatives des grandes entreprises de recruter des comptables et des juristes très qualifiés qui travaillent pour le gouvernement sur certaines affaires de flux financiers illicites. CEA, *« Flux financiers illicites »,* Rapport précité, p. 38.

[301] Ce qui est vrai sur ce point pour le Nigéria, première puissance économique africaine, l'est davantage pour le Cameroun et les autres pays de l'espace OHADA.

[302] CEA, *« Flux financiers illicites »,* Rapport précité, p. 38.

[303] Au Cameroun, le salaire mensuel moyen par cadre se situe est de FCFA 230 000 (autour de 350 euros) auquel viennent se greffer diverses autres primes périodiques.

[304] Sur ce sujet, des pays comme le Gabon, la Côte d'Ivoire, le Togo et le Sénégal semblent mieux lotis que les autres Etats de l'espace OHADA.

fonctionnement au profit des administrtaions fiscales. De telles allocations permettraient de soutenir en partie la modernisation des infrastructures administratives tout en réduisant la précarité financière des agents de l'administrtaion fiscale[305].

2. La dépendance structurelle vis-à-vis des ressources financières externes

241. Qualifier la dépendance des administrations fiscales africaines vis-à-vis des ressources financières externes de « structurelle » ne constitue en rien une exagération car la conjoncture économique en Afrique subsaharienne, pour diverses raisons, est habituellement défavorable. Les programmes d'» ajustements structurels [306]» des finances publiques que préconisent souvent le Fonds Monétaire International (FMI) et la Banque Mondiale y sont en effet monnaie courante et rappellent aux analystes qu'ils ne sont adoptés qu'en période de crise économique et ne sont abandonnés qu'au sortir des crises en cause. L'extraversion du financement des options gouvernementales de politique et d'administration fiscales raisonne comme un déni de responsabilité de la part des administrations fiscales africaines qui, pour financer des opérations visant à améliorer les performances budgétaires de leurs Etats recourent systématiquement à l'aide étrangère multilatérale ou bilatérale. Lorsqu'on sait que de telles aides ne sont pas envisageables en sens inverse, c'est-à dire des pays africains vers les pays industrialisés, du fait du retard économique de ceux-là par rapport à ceux-ci, l'on peut aisément comprendre que les Etats africains se complaisent à recourir aux facilités financières bilatérales et multilatérales dans le cadre de la coopération financière internationale.

242. Dans le cadre de la coopération bilatérale, les facilités financières sont naturellement recherchées en premier auprès des anciennes puissances coloniales en raison des liens historiques qui ces dernières aux pays africains. C'est donc logiquement que le Cameroun peut se tourner vers la France, le Grande-Bretagne ou l'Allemagne pour solliciter le financement d'un projet quelconque de lutte contre la fraude fiscale impliquant le renforcement des capacités de l'administration fiscale en matière de contrôle fiscal. La coopération allemande GIZ joue à cet égard un rôle de premier plan étant donné qu'elle intervient dans l'accompagnement de plusieurs

[305] Le caractère évident de cette réponse au problème du déficit de ressources financières internes nous conduit à faire le choix de ne pas revenir sur ce point dans la deuxième partie de notre étude.

[306] Le programme d'ajustement structurel constitue une réponse des institutions de Breton Woods aux difficultés économiques et monétaires de leurs Etats membres. LENAIN (P), le FMI, La Découverte, 4e éd., 2004, cité par ATANGA FONGUE (R.) *in Contrôle fiscal et protection du contribuable dans un contexte d'ajustement structurel : le cas du Cameroun,* th. Université du Maine, 2006, p. 3.

programmes de redressement ou de modernisation des finances publiques[307]. Des pays tels que le Cameroun et la République Démocratique du Congo en Afrique Centrale, ou la Côte d'Ivoire et le Mali en Afrique de l'Ouest offrent des illustrations éloquentes de cette coopération[308]. En deuxième lieu, les puissances industrielles du G7 peuvent également être mises à contribution dans le cadre de cette coopération bilatérale. L'exemple du Canada qui a subventionné le Projet d'Appui à l'Accroissement des Recettes Intérieures du Bénin (PAARIB) symbolise à suffisance l'existence et la vitalité de cette coopération. En troisième lieu, l'aide financière des pays émergents peut également servir à financer le contrôle fiscal des contrats d'affaires internationaux. Sur cet aspect, il n'est pas superflu de relever que le siège de l'*African Tax Administration Forum (ATAF)* est situé à Pretoria en Afrique du Sud et que ce pays tient depuis 2008 le leadership de l'animation de la coopération entre les administrations fiscales africaines en accueillant régulièrement sur son territoire l'organisation de sessions de renforcement de capacités à l'intention des agents des administrations fiscales africaines.

243. Dans le cadre de la coopération multilatérale, les institutions financières internationales tiennent une place indétrônable. Les pays africains ont régulièrement recours aux organismes comme le FMI, la Banque Mondiale, l'Union Européenne ou la Banque Africaine de Développement pour financer des programmes de redressements des finances publiques qui comportent des aspects d'administration fiscale et notamment le financement des formations en matière de contrôle fiscal[309]. Le FMI avec les initiatives AFRITAC Centre[310] et AFRITAC Ouest[311] accompagne plusieurs pays d'Afrique subsaharienne dans le renforcement des capacités de leurs administrations fiscales en matière de contrôle fiscal en permettant aux membres d'obtenir plus d'assistance technique ainsi

---

[307] Le Cameroun est accompagné depuis 2014 par la coopération allemande GIZ dans le cadre du Programme d'appui à la Modernisation des Finances Publiques (PAMFIP). La République Démocratique du Congo et Mali offrent des illustrations similaires dans le cadre notamment du Comité d'Orientation de la Réforme des Finances Publiques (COREF) pour le premier pays, et du Projet d'Appui à la Réforme des Finances Publiques (PARFIP) pour le second.

[308] Le Cameroun a bénéficié par exemple du financement et l'assistance technique dans le cadre du projet FUSION plateforme de partage de données entre la Direction Générale des Douanes et la Direction Générale des Impôts.

[309] La Banque Africaine de Développement a accompagné le Togo dans le financement des séminaires de renforcement des capacités en matière d'élaboration et de suivi des programmes de lutte contre la fraude fiscale.

[310] AFRITAC Centre est une initiative du FMI qui travaille avec neuf pays membres : le Burundi, le Cameroun, le Congo, le Gabon, la Guinée Equatoriale, la République Centrafricaine, la République Démocratique du Congo, Sao Tomé-et-Principe et le Tchad.

[311] AFRITAC Ouest travaille avec dix (10) pays membres : le Bénin, le Burkina Faso, la Côte d'Ivoire, la Guinée, la Guinée-Bissau, le Mali, la Mauritanie, le Niger, le Sénégal et le Togo, et dans cinq institutions régionales de l'Union économique et monétaire ouest-africaine (UEMOA).

qu'une aide au développement des capacités présentes sur place[312]. Il en va de même de l'Union Européenne qui finance et organise l'appui technique des agents de l'administration fiscale dans le cadre des programmes de réformes des finances publiques. Une double illustration de coopération multilatérale observée au Tchad - pour ne citer que cet Etat membre de la CEMAC - en matière de renforcement des capacités des services de contrôle de la Direction Générale des Services des Impôts sont donnés en 2013 d'une part, par l'application du volet fiscal du *« Plan d'Action pour la Modernisation des Finances Publiques (PAMFIP) » adopté* en 2005 en partenatiat avec l'Union Européenne (UE) [313] et, d'autre part, par le volet fiscal de la « Stratégie de Réforme des Finances Publiques (SRFP) » adoptée en 2022 avec l'appui du Fonds Monétaire International dans une triple perspective de modernisation et de digitalisation et de territorialisation de la gestion des finances publiques[314].

[312] Situés respectivement à Libreville au Gabon et à Abidjan en Côte d'Ivoire, AFRITAC Centre et AFRITAC Ouest constituent chacun l'un des cinq centres régionaux d'assistance technique crées en Afrique depuis 2002 à l'initiative du FMI.

[313] Le Tchad a à ce propos fait l'expérience d'un séminaire de renforcement des capacités sur les techniques de vérification de comptabilité des sociétés à l'intention de la Direction Générale des Impôts du Tchad organisé sous l'égide de la Coopération Tchad-Union Européenne en juillet 2013 qui a permis aux vérificateurs de cette administration d'être sensibilisés pour la première fois au contrôle fiscal des contrats d'affaires internationaux. Cette formation est intervenue dans le cadre du *Projet d'Appui au Renforcement des Capacités en matière de Gestion des Finances Publiques* (PARCAFIP), projet financé par la Banque Mondiale et adossé au Projet d'Appui à la Modernisation des Finances Publiques (PAMFIP), lancé en avril 2009 et arrivé à échéance en fin 2014 après son approbation en mai 2007.

[314] Lire en ce sens la « Stratégie de Réforme des Finances Publiques (SRFP) » de la République du Tchad adoptée par Décret N° 2604/PCMT/PMTMFP/2002 Portant adoption de la Stratégie de Réforme des Finances Publiques (SRFP).

CHAPITRE II

LE CONTRÔLE FISCAL, FONCTION VIRTUELLE D'ÉVICTION DES TRANSFERTS INDIRECTS DE BÉNÉFICES

244. Le déferlement des contrats d'affaires internationaux à l'origine de prodigieux et incessants transferts indirects de bénéfices vers l'étranger, trouve en Afrique un contrôle fiscal peu offensif dont l'agressivité n'a aucune commune mesure avec celui pratiqué par les administrations fiscales des pays industrialisés. Le contrôle fiscal en Afrique au sud du Sahara est plutôt lâche. L'explication de cet état de fait réside dans le retard accusé par les administrations fiscales africaines à diriger principalement leurs énergies et leurs investigations vers les contrats d'affaires internationaux. Les administrations fiscales des pays industrialisés n'accusent pas le même retard dans la traque fiscale desdits contrats, elles qui s'investissent de plus en plus dans les vérifications contractuelles au sein des groupes multinationaux, se projetant ainsi au-delà de la simple vérification des comptes sociaux[315].

245. Face au gigantisme quasi insurmontable de la tâche qui leur incombe en matière de contrôle des prix de transfert, les administrations fiscales africaines se bornent à sauver ce qui peut encore l'être, c'est à dire à assurer une sorte de service minimum en traquant les revenus tangibles et visibles servis aux prestataires étrangers pourvoyeurs de divers services au profit des entreprises étrangères ou locales domiciliées en Afrique. Elles assurent ainsi un contrôle minimal desdits revenus soutenu bon gré, mal gré par un dispositif fiscal à tout le moins disparate. Parallèlement, les investigations contractuelles en matière de prix de transfert dans le respect des standards internationaux peinent toujours à trouver leurs marques du fait des déficiences structurelles évoquées plus haut.

246. Cela dit, affirmer qu'en Afrique subsaharienne le contrôle fiscal est une fonction virtuelle d'éviction du transfert indirect de bénéfices peut paraître incommodant en raison de la réception volontariste par les Etats africains des méthodes de contrôle préconisées par les institutions

---

[315] C'est le cas en France où selon Monsieur Roger DUCCINI, « *les autorités fiscales font de plus en plus de vérifications contractuelles au sein des groupes multinationaux. Elles portent leur intérêt et – donc leurs efforts sur la vérification des prix de transfert, ce qui ne signifie pas pour autant qu'elles délaissent la simple vérification des comptes sociaux, mais cette dernière n'est plus l'élément essentiel de leur vérification, comme cela fut le cas pendant de nombreuses années* ». DUCCINI (R.), *op. cit.*, p. 221.

internationales spécialisées. Mais la pratique de ce contrôle tend à réduire l'action des services fiscaux de contrôle à une stigmatisation improductive. De fait, lorsqu'il s'agit d'interroger les prix de transfert fixés par les contrats en vue de remettre en cause fiscalement d'éventuels transferts indirects de bénéfices sous-jacents, le contrôle fiscal est un contrôle sous-optimal en raison de la passivité qui le caractérise **(section I)**. En revanche, le contrôle des prix de transfert contractuels, qui ne prend tout son sens que dans une perspective de groupe d'entreprises, est à dissocier de la surveillance des revenus tangibles servis à l'étranger indépendamment de toute logique de groupe et pour lesquels l'administration fiscale exerce un contrôle minimal **(section II)**.

SECTION I . LE CONTRÔLE SOUS-OPTIMAL DES PRIX DE TRANSFERT CONTRACTUELS

247. Pour contrôler les transferts indirects de bénéfices échafaudés au moyen des contrats d'affaires internationaux, les administrations fiscales ne peuvent éviter de se préoccuper du contrôle fiscal des prix de transferts, c'est-à-dire du contrôle des *« prix auxquels une entreprise transfère des biens corporels, actifs incorporels, ou rend des services à des entreprises associées »*, pour reprendre la définition qu'en donne l'OCDE[316]. Du point de vue économique, le prix exprime le rapport entre deux quantités de marchandises proposés à l'échange ou la quantité d'un bien que l'on doit donner en échange d'une unité d'un autre bien, service ou facteur de production[317]. Le prix est pour ainsi dire, l'expression monétaire de la valeur d'échange d'un bien ou d'un service ; il est le résultat de la rencontre de l'offre et de la demande d'un bien ou d'un service sur un marché.

248. Les juristes se montrent en général moins neutres que les économistes et définissent sans détour le prix de transfert comme un mécanisme d'évasion fiscale des groupes de sociétés, destiné à faire apparaître la plus grande partie des bénéfices du groupe dans un Etat à fiscalité modérée[318]. Dans ce but, soutiennent-ils, les prix des prestations de service et des ventes facturés aux établissements situés dans des Etats à forte pression fiscale sont artificiellement majorés, diminuant leurs bénéfices au profit de ceux de la firme ayant procédé à la facturation qui, elle, se trouve dans un Etat à faible pression fiscale[319]. Messieurs Grosclaude et Marchesson sont à cet égard formels : l'expression « *prix de transfert* » désigne *« la technique de délocalisation de la marge bénéficiaire vers un*

---

316 OCDE, *Principes de l'OCDE applicables en matière de prix de transfert à l'intention des multinationales et des administrations fiscales*, 2010.

317 *Lexique d'économie*, SILEM (A.) et ALBERTINI (J.-M.) (sous la dir. de), Dalloz, 2002.

318 *Lexique des termes juridiques*, GUILLIEN (R.) et VINCENT (J.), Dalloz, 17e éd., 2017, p. 570.

319 *Ibid.*

territoire moins imposé à laquelle procède un groupe multinational, soit en obligeant une filiale de production à vendre à bas prix ses produits à une société sœur installée dans un Etat à imposition plus légère, soit en interposant une filiale implantée dans un paradis fiscal, qui achètera bon marché à la filiale de production et revendra cher, dans un autre Etat, à la filiale de commercialisation [320]*».*

249. Dans son ouvrage intitulé *« Sécurisez vos prix de transfert prix de transfert »*, Olivier Marichal défini le prix de transfert comme *« l'expression monétaire d'un mouvement de bien ou de service entre deux unités d'une entreprise. Il traduit le flux existant entre les pôles d'une même organisation économique »*[321]. Autrement dit, le prix de transfert fait référence au *« montant versé par le segment d'une organisation pour les biens ou les services vendus par un autre segment de cette même organisation »*[322]. Ce que l'on ne met pas assez en exergue en Afrique, c'est que pour une multinationale ou un groupe de sociétés, les prix de transfert sont la résultante d'un modèle ou d'un schéma économique et financier conçu et imposé par les instances dirigeantes du groupe à l'aide des contrats. Ils font ainsi partie intégrante de la politique contractuelle de tout groupe international d'entreprises[323]. A priori, les prix de transfert n'ont rien de licencieux, c'est plutôt leur manipulation abusive par les entreprises liées qui en font une source redoutable d'évasion fiscale internationale et qui donne du fil à retordre aux administrations fiscales africaines.

250. Le contrôle fiscal des prix de transfert relève pour l'heure en Afrique plus du domaine de la stigmatisation que de l'investigation rentable. Deux éléments factuels poussent l'observateur de la scène fiscale internationale à formuler ce constat. D'un côté les administrations fiscales africaines clament haut et fort leur adhésion aux principes et méthodes de contrôle formulés par les organisations internationales pionnières dans la mise en commun des méthodes et moyens de contrôle des transfert indirects

---

320 GROSCLAUDE (J.) et MARCHESSON (P.), *Droit fiscal général*, Dalloz, 10e éd., coll. « Cours Dalloz, série Droit public » , sous la dir. de CHAGNOLLAND de SABOURET (D.), 2015, p. 327.

321 MARICHAL (O.), *op. cit.*, p. 3. Voir également CARASCO (P.Y.), *Prix de transfert et stratégies d'optimisation fiscale de la firme internationale*, *op., cit.* p. 130 : l'auteur y voit tout flux intragroupe et transfrontalier (achat et vente de biens, de services, redevances, intérêts, garantie, honoraires, cession ou concession de bien incorporels tels que les marques, brevets, savoir-faire) ainsi que les refacturations de coûts.

322 HORNGREN (C.), SUNDEM (G.), SCHATZBERG (J.), Introduction to Management Accounting, Prentice Hall, 2012, cité par CARASCO (P.-Y.), *Prix de transfert et stratégies d'optimisation fiscale de la firme internationale*, op., cit., p. 16.

323 Voir en ce sens CARASCO (P.-Y.), *op. cit.*, p. 16 : *« Les prix de transfert peuvent être utilisés pour répartir les profits d'un groupe entre les différentes filiales qui le composent, ils ont donc un impact sur les comptes sociaux. En localisant une part importante du profit d'un groupe dans des pays à la fiscalité faible, il devient possible de réduire la charge mondiale de l'impôt global versé ».*

de bénéfices telles que l' Organisation de Coopération et de Développement Economiques (OCDE) mais aussi, aux approches proposées par des instances continentales plus proches de leurs préoccupations à l'instar de *l'African Tax Administration Forum* (ATAF) porté par l'Afrique du Sud, premier pays émergent du continent et seul pays africain membre du G20[324]. De l'autre, elles ne parviennent pas à formuler des redressements fiscaux juridiquement solides sur le fondement desdites méthodes. Ceux-ci s'écroulent presque toujours face aux justifications apportées par les entreprises. Cela s'explique à notre sens d'une part, par le fait que les administrations fiscales africaines souffrent d'un syndrome d'infériorité face aux arguments des multinationales notamment relativement à l'accès aux banques de données qui hébergent les informations sur les prix des transactions comparables sur le marché libre. D'autre part, la faiblesse du dispositif fiscal anti-abus constitue l'autre facteur explicatif de état de fait. A l'arrivée, les administrations dénoncent, pour ainsi dire, les politiques spoliatrices des prix de transfert pratiquées par les groupes sans pour autant apporter des réponses pertinentes et vigoureuses quant aux méthodes de contrôle à déployer pour valider lesdites politiques.

251. Le contrôle fiscal des prix de transfert apparaît sous ce rapport comme un contrôle sous-optimal tributaire d'un mimétisme rémanent des méthodes de contrôle préconisées par les institutions internationales et notamment celles de l'OCDE dont le leadership en la matière n'est plus à démontrer **(§1)**. Ces méthodes de contrôle qui ont déjà le mérite d'opposer aux entreprises multinationales une sorte de « contre-expertise » des méthodes de prix de transfert[325] qu'elles pratiquent, restent de l'avis des praticiens, difficiles à mettre en œuvre par les administrations fiscales des pays développés. Il en va ainsi des méthodes dites traditionnelles qui font de plus en plus la place à de nouvelles techniques de contrôle, elles-mêmes continuellement remises en cause. L'on est en effet loin dans ces approches de la science exacte[326]. L'on peut dès lors imaginer l'ampleur des difficultés de contrôle auxquelles sont confrontées des administrations fiscales aussi peu préparées et aussi mal armées que les administrations fiscales africaines. Le comble de l'ironie pour elles, c'est qu'elles sont prises au piège du formalisme qui entoure ce contrôle et qui constitue, comme nous le montrerons, le principal ferment de la paralysie de cet important pan du contrôle fiscal des contrats d'affaires internationaux **(§2)**.

---

324 La République d'Afrique du Sud est en effet l'unique pays africain, membre du G20 depuis sa création.

325 La doctrine utilise l'expression « méthodes de prix de transfert » pour désigner la méthodologie de calcul des prix intragroupes

326 GHARBI (N.), *Le contrôle fiscal des prix de transfert*, L'Harmattan, coll. « Finances publiques », 2005, p. 130.

§1. Le mimétisme passif des méthodes de contrôle préconisées par l'OCDE

252. Il n'existe pas de modèle africain reconnu de contrôle fiscal des prix de transfert. Le travail abattu en la matière provient essentiellement de l'OCDE qui s'emploie inlassablement à proposer des solutions de portée universelle. Jusqu'au début des années 2000, les pays africains se sont caractérisés par une absence coupable de vision et de propositions en cette matière. C'est pour cette raison que le contrôle fiscal des prix de transfert en Afrique s'inspire inévitablement des principes directeurs élaborés par l'OCDE qui fournissent aussi bien les lignes directrices pour l'application du principe de pleine concurrence que les notions techniques entourant la mise en œuvre de ce contrôle[327]. De fait, aujourd'hui tous les Etats - à l'exception des paradis fiscaux - considèrent que les prix des transactions effectuées entre entreprises associées, qu'il s'agisse des transactions portant sur des marchandises, des prestations de services, des prêts ou des transferts de technologie, *doivent être redressés* lorsqu'ils ne correspondent pas à ceux qu'on aurait constatés entre les entreprises indépendantes[328].

253. La réception volontariste par les administrations fiscales africaines des méthodes de contrôle que promeuvent les organisations internationales, avec pour tête de proue l'OCDE, est une réalité. Les pays africains ont en effet pris conscience depuis plusieurs décennies de la gravité du phénomène de l'évasion fiscale occasionnée par les multinationales et ont dans un premier élan fait le choix, faute de mieux, de s'aligner sur les solutions proposées par les pays industrialisés dans le cadre de leur bataille face au même phénomène. Le modèle de référence qui s'offre aux Etats africains dans la recherche des solutions de lutte contre la fraude et l'évasion fiscale internationales est celui de l'OCDE. Cette volonté de s'approprier les solutions importées des pays membre de l'OCDE s'est depuis longtemps traduite par la participation des agents et responsables de ces administrations aux nombreuses sessions formations et réflexions organisées par les instances techniques compétentes de cette organisation.

254. Mieux encore, un nombre grandissant de pays africains adhère activement en tant que membres aux différents instruments multilatéraux de contrôle proposés par l'OCDE. Il en va ainsi notamment du Forum mondial sur la transparence et l'échange des renseignements à des fins fiscales[329]. Le Cameroun a adhéré à ce Forum en 2012 et a entrepris depuis lors de devenir

---

327 Les publications périodiques de l'OCDE permettent aux experts de suivre l'évolution de la recherche menée par cette organisation en matière de lutte contre la fraude et l'évasion fiscales internationales.

328 GOUTHIERE (B.), *Les impôts dans les affaires internationales*, *op. cit.*, p. 879.

329 Le Forum Mondial est un organisme international qui compte 120 pays membres mandaté par les pays membres de l'OCDE et le G20 pour assurer la mise en place effective des normes internationales de transparence et d'échange de renseignements entre les administrations fiscales.

partie à la Convention de l'OCDE sur l'assistance administrative. Il en va de même du projet conçu sous l'acronyme anglo-saxon BEPS *(Base Erosion and Profit Shifting)* duquel est issu le cadre inclusif de lutte contre l'érosion de la base d'imposition et le transfert indirect de bénéfices qui fait continuellement l'objet de plusieurs rapports depuis 2015[330]. L'influence de l'OCDE sur les Etats africains trouve son expression la plus importante dans le fait que les législations fiscales africaines, reprennent en chœur le credo du combat contre le transfert indirect de bénéfices en adoptant quasi-systématiquement les dispositifs de répression des manipulations des prix de transfert proposés par l'OCDE. Le leadership technique de l'OCDE en matière de contrôle des prix de transfert ne saurait dès lors être contesté, de même que la dépendance technique des pays africains vis-à-vis des pays membres de l'OCDE[331].

255. Sur cette base, la tendance en Afrique est d'orienter le contrôle fiscal des prix de transfert vers l'analyse de comparabilité entre transactions liées et transactions indépendantes à partir de l'éventail des méthodes préconisées par l'OCDE. Cette analyse s'attache à adopter tantôt, à titre principal, les méthodes traditionnelles fondées sur les transactions **(A)** en comparant les prix des transactions contrôlées aux prix des transactions indépendantes dans le cadre des méthodes dites traditionnelles ; tantôt, à titre subsidiaire, les méthodes transactionnelles sur les bénéfices **(B)** en comparant les profits tirés des transactions contrôlées à ceux issus des transactions indépendantes dans le cadre des méthodes dites nouvelles[332].

A. L'adoption à titre principal des méthodes traditionnelles fondées sur les transactions

256. Théoriquement, les méthodes traditionnelles fondées sur les transactions ont, faute de mieux, la faveur des administrations fiscales africaines. L'administration fiscale camerounaise s'inscrit dans ce sillage, elle qui à l'ouverture de l'exercice budgétaire 2007 s'est clairement montrée ouverte à l'application par ses services de contrôle des principes directeurs posés par l'OCDE.

257. Ainsi, en suivant la marque imprimée par l'OCDE, l'orientation que prend le contrôle fiscal des prix de transfert mené par les administrations

---

[330] Le projet *BEPS* cherche à établir une approche coordonnée au niveau international afin de faciliter et d'améliorer les mesures prise par les différents pays pour protéger leurs bases d'imposition – tout en protégeant les contribuables de la double imposition.

[331] Monsieur CARASCO reconnaît par exemple *« [...] l'influence d'un document phare, intitulé Principes de l'OCDE applicables en matière de prix de transfert ou Principes OCDE, dans les réglementations appliquées par la plupart des gouvernements »*, (Voir à ce propos CARASCO (P.-Y.), *op. cit.*, p. 38.).

[332] Ces deux approches sont recommandées par l'OCDE pour surveiller la fraude en prix de transfert qui peut se manifester tantôt par une manipulation des prix des transactions, tantôt par une manipulation des profits inhérents auxdites transactions.

fiscales africaines est adossée à l'analyse de comparabilité et suppose que les services de contrôle, pour coller aux standards internationaux en cette matière, fassent usage de cette analyse pour valider les prix des transactions intragroupe **(1)** et l'exploitent à travers l'éventail des méthodes de contrôle que préconise l'OCDE **(2)**.

1. La validation administrative des prix des transactions intragroupe au moyen de l'analyse comparabilité

258. La surveillance de l'application du principe de pleine concurrence à l'occasion du contrôle fiscal des entreprises apparentées ou liées effectué par les administrations fiscales africaines est devenue ces dernières années un réel sujet de préoccupation. Le principe de pleine concurrence procède d'une norme internationale initialement convenu entre les pays membre de l'OCDE pour servir de garde-fou à la détermination des prix de transfert à des fins fiscales. Cette norme est exposée à l'article 9 du Modèle de Convention fiscale de l'OCDE en ces termes : *« Lorsque les deux entreprises sont dans leurs relations commerciales ou financières, liées par des conditions convenues ou imposées qui diffèrent de celles qui seraient convenues entre entreprises indépendantes, les bénéfices qui, sans ces conditions, auraient été réalisés par l'une des entreprises mais n'ont pu l'être en fait à cause des conditions, peuvent être inclus dans les bénéfices de cette entreprise et imposés en conséquence».*

259. L'administration fiscale camerounaise s'est approprié cette disposition en posant que les entreprises des groupes multinationaux doivent déterminer le prix de leurs transactions internes selon le principe de pleine concurrence, c'est-à-dire à un niveau auquel auraient traité des entreprises indépendantes pour des marchés identiques[333]. Il appartient à l'Administration d'examiner l'ensemble des relations entre les entités liées pour déterminer si leurs résultats sont conformes à ce principe. Et quoi de plus précieux à ce stade que les contrats d'affaires passés entre entreprises liées pour réaliser un tel croisement analytique[334]. A cet égard, il convient de scruter par le truchement d'une demande de renseignements l'ensemble des éléments ayant concouru à la négociation, à la conclusion et à la réalisation des transactions et opérations en cause et permettant d'apprécier la nature exacte des relations d'affaires entretenues (contrats, engagements, description des opérations, modalités de réalisation, clefs de répartition des charges)[335].

---

[333] Circulaire n° 0004 /MINEFI/DGI/LC/L du 25 janvier 2007 précisant les modalités d'application des dispositions fiscales de la Loi de Finances pour l'exercice 2007

[334] La doctrine administrative camerounaise préconise d'examiner les transactions commerciales, tout versement en rémunération de droits incorporels, les répartitions de frais et charges (frais de siège, accords de répartition des coûts, débours), les relations financières, d'actionnaires, les relations entre siège et établissements stables, etc.

[335] Circulaire n° 0004 /MINEFI/DGI/LC/L du 25 janvier 2007 précité.

260. Les services de contrôle ont ainsi la responsabilité technique de valider les prix des transactions dites « contrôlées » fixés entre entreprises liées sur la base d'une analyse de comparabilité visant à les rapprocher des prix pratiqués entre entreprises indépendantes sur le marché libre. Toute différence entre le prix pratiqué pour une transaction contrôlée et celui pratiqué pour une transaction comparable sur le marché libre peut normalement être imputée directement aux relations commerciales et financières accordées ou imposées entre les entreprises, et les conditions de pleine concurrence peuvent être déterminées en remplaçant directement le prix pratiqué pour la transaction contrôlée par celui pratiqué pour la transaction comparable sur le marché libre[336]. Le but de cette approche est donc de faire échec à toute forme de fraude ou de manipulation des prix de transfert.

261. Précisons que la notion de manipulation des prix de transfert fait référence à *« toute modification de flux entre deux entités d'apparence indépendante qui, en fait, appartiennent à un même groupe, et qui vise la diminution de la charge fiscale globale dudit groupe*[337] ». Cette question a largement été traitée dans le célèbre rapport de l'OCDE du 27 juin 1995 sur les « *Principes applicables en matière de prix de transfert à l'intention des entreprises multinationales et des administrations fiscales* [338]». A la lecture de ce rapport, l'on peut découvrir que cette notion de manipulation se confond quasiment avec celle de fraude en prix de transfert[339]. Selon une partie de la doctrine, la fraude en prix de transfert se manifeste lorsque les dirigeants d'entreprises multinationales manipulent les profits des entités avec l'intention manifeste d'échapper à l'impôt[340]. Il ressort de ces deux définitions que la manipulation des « prix » des transactions et la manipulation des « profits » sont les deux grandes pistes qui s'offrent aux multinationales pour échapper à l'impôt et que les méthodes de contrôle proposées par l'OCDE visent à combattre ces deux formes de manipulation.

262. Dans sa thèse consacrée au *contrôle fiscal des prix de transfert*, Monsieur Najib Gharbi explique clairement que l'approche *«océdéenne»* est essentiellement une approche comparative des prix car c'est en se référant au prix du marché, auquel renvoient notamment les méthodes traditionnelles, qu'une entreprise pourra justifier les prix de transfert qu'elle pratique. L'on peut aisément comprendre avec Monsieur Gharbi que le but des méthodes de

---

336 DELIGNIÈRES (B.), *JC. Fisc. Int.*, Fasc. 305-40, mis à jour au 23 novembre 2105, p. 6.
337 RASSAT (P.) et MONSELATO (G.), *op. cit.*, p. 21.
338 Ce rapport consacre la révision d'un rapport de l'OCDE publié en 1979 sur la question des « prix de transfert et entreprises multinationales » et qui s'est vu complété en 1984 par une étude sur les ajustements corrélatifs.
339 Le rapport de l'OCDE de 1995 fait depuis cette date l'objet de mises à jour régulières sur une base annuelle.
340 CARASCO (P.-Y.), *op. cit.*, p. 29.

détermination du prix de pleine concurrence est de parvenir à une légitimité objective des prix de transfert pratiqués[341].

263. La mise en œuvre du principe de pleine concurrence relève en général d'une comparaison entre les conditions qui prévalent dans une transaction entre entreprises associées et celles qui sont observées entre entreprises indépendantes[342]. L'analyse de comparabilité met aux prises les transactions contrôlées et les transactions sur le marché libre et se trouve au centre de l'application du principe de pleine concurrence. Suivant les principes de l'OCDE en matière de prix de transfert, *« les caractéristiques économiques des situations prises en compte doivent être suffisamment comparables* [343]*»* ; ce qui veut dire qu'il ne doit pas y avoir de différences notables entre les situations comparées pouvant influer sur l'élément examiné du point de vue méthodologique, et que des correctifs fiables peuvent être apportés de manière à éliminer l'incidence de telles différences.

264. Pour effectuer la comparaison et, le cas échéant, déterminer les ajustements et correctifs à apporter, l'OCDE conseille de tenir compte des facteurs suivants :

- des caractéristiques des biens ou services en cause, à savoir : s'il s'agit de biens corporels, leurs caractéristiques physiques, leur qualité, leur fiabilité, les facilités d'approvisionnement et le volume de l'offre ; s'il s'agit de prestations de services, la nature et le volume des services ; dans le cas d'actifs immatériels, la nature juridique de la transaction, la durée et le degré de protection ;
- des fonctions assurées par chaque entreprise, compte tenu des actifs mis en œuvre et des risques assumés. Les principales fonctions qu'il peut y avoir lieu d'analyser sont, selon le document de l'OCDE : la conception, la fabrication, l'assemblage, la recherche-développement, les prestations de services, les achats, la distribution, la commercialisation, la publicité, les transports, les finances, la gestion ;
- des clauses contractuelles de la transaction soumise à comparaison et de la manière dont les parties les font respecter : les clauses contractuelles ne sont pas toujours rigoureusement défendues lorsqu'il n'y a pas divergence d'intérêt entre les parties contractantes. Les clauses contractuelles reflètent les risques et les fonctions assumées par chaque partie. Ainsi une différence dans leur contenu peut

341 GHARBI (N.), *Le contrôle fiscal des prix de transfert*, L'Harmattan, Collection « Finances publiques », 2005, p.129

342 OCDE, *Principes de l'OCDE applicables en matière de prix de transfert à l'intention des entreprises multinationales et des administrations fiscales*, 2010.

343 OCDE, *Principes de l'OCDE applicables en matière de prix de transfert, 2010, paragraphe 1. 33.*

modifier la charge ou l'ampleur d'un risque et en conséquence influer sur le prix pour la transaction[344].

- des marchés sur lesquels opèrent les entreprises entrant dans la comparaison ;
- de la stratégie des entreprises en cause : stratégie de développement, de pénétration des marchés et modalités de cette pénétration ».

265. L'énumération des critères fondamentaux de l'analyse de comparabilité préconisée par l'OCDE n'établit aucune hiérarchie entre eux. Pourtant, le critère des clauses contractuelles devrait à notre sens revêtir une importance méthodologique de premier ordre dans l'analyse de comparabilité. Ce critère apparaît en effet comme le plus déterminant dans la mesure où il constitue le critère révélateur de la pertinence des autres critères. Il convient en effet de reconnaître que c'est en partant de l'examen des clauses contractuelles que les services de contrôle peuvent, avant toute confrontation desdites clauses avec la réalité physique et matérielle des opérations, disposer des informations conventionnelles descriptives des éléments relevant des autres critères à savoir les caractéristiques des biens ou services en cause ; les fonctions assurées par chaque entreprise ; les marchés sur lesquels opèrent les entreprises et même la stratégie des entreprises. De fait, ce sont ces informations conventionnelles révélées par les contrats d'affaires intragroupes qui pourront, à l'occasion des contrôles fiscaux, servir d'éléments d'opposabilité ou d'inopposabilité à l'appui des positions soutenues par l'administration fiscale ou par les entreprises contrôlées.

2. *L'exploitation de l'analyse de comparabilité à travers les méthodes traditionnelles fondée sur les transactions*

266. L'analyse de comparabilité effectuée à partir des méthodes traditionnelles promues par l'OCDE constitue la plus directe qui s'offre aux organes de contrôle de l'administration fiscale pour déterminer si les conditions des relations commerciales et financières entre les entreprises associées sont des conditions de pleine concurrence[345]. Cette piste fait une large place à la comparaison des prix proprement dits des transactions intragroupe aux prix des transactions indépendantes. Le contrôle du transfert indirect de bénéfices qui vise à remettre en cause la manipulation contractuelle des prix de transfert au sein d'une entreprise relevant d'un groupe multinational est d'abord, comme on l'a vu, un contrôle fiscal guidé par la comparaison des prix contrôlés au sein d'un groupe multinational d'entreprises aux prix de pleine concurrence disponibles sur le marché international des biens et des services dans lequel opèrent des entreprises indépendantes.

---

[344] *Ibid.*, paragraphe 2.7.

[345] OCDE (2017), *Principes de l'OCDE applicables en matière de prix de transfert à l'intention des entreprises multinationales et des administrations fiscales*, 2017, p. 106.

267. Pour mettre en œuvre l'analyse de comparabilité à travers les méthodes dites traditionnelles considérées par l'OCDE comme les plus efficaces pour valider la compatibilité des prix contrôlés aux prix de pleine concurrence, les administrations ont le choix entre trois méthodes de contrôle. Elles peuvent faire application soit à la méthode du prix comparable sur le marché libre, soit à la méthode du prix de revente ou encore à la méthode du prix de revient majoré. L'utilisation de ces méthodes comporte des écueils qu'il convient parallèlement de relever.

268. Le contrôle par application de la méthode du prix comparable sur le marché libre. La méthode du prix comparable sur le marché libre consiste à comparer le prix d'un bien ou d'un service y transféré dans le cadre d'une transaction contrôlée à celui d'un bien ou d'un service transféré dans des conditions comparables[346]. Le choix de cette méthode en matière de contrôle des prix de transfert revient à ne valider le prix d'une transaction intragroupe que s'il est conforme au principe de pleine concurrence, c'est-à-dire conforme au prix pratiqué pour des transactions comparables entre entreprises indépendantes. La doctrine est unanime pour reconnaître que l'analyse de comparabilité la plus simple et la plus évidente est la méthode du prix comparable sur le marché libre, méthode qui consiste en une comparaison des prix de deux transactions ayant des caractéristiques identiques, l'une réalisée entre entreprises associées, l'autre réalisée entre entreprises indépendantes[347].

269. Du point de vue juridique, cette méthode consiste à retenir comme « prix de pleine concurrence » entre entreprises liées, le prix qu'auraient pratiqué deux entreprises indépendantes lors d'une transaction identique, et dans des conditions contractuelles similaires. Dans une perspective économique et commerciale, la comparaison des prix des produits est subordonnée à leur commercialisation sur des marchés économiquement comparables c'est-à-dire dans des conditions économiques similaires. Monsieur Gharbi précise à cet égard que des marchés différents du point de vue géographique ne peuvent être comparés d'une manière satisfaisante que si les conditions économiques sont similaires ou si les différences qu'elles comportent peuvent être facilement gommées[348].

270. Il s'agit de loin, de la méthode la plus directe et la plus fiable étant donné qu'elle s'appuie sur des transactions portant sur des produits comparables relevant d'un même secteur d'activités et réalisées dans un intervalle de temps suffisamment proches[349]. Cependant son utilisation et

---

[346] OCDE (2017), *Principes de l'OCDE applicables en matière de prix de transfert à l'intention des entreprises multinationales et des administrations fiscales, op.cit.*, p.109.

[347] CARASCO (P.-Y.), *op. cit.*, p. 50.

[348] GHARBI (N.), *Le contrôle fiscal des prix de transfert, op. cit.*, p. 132.

[349] Selon M. DUCCINI, *« Cette méthode consiste pour les entreprises associées à légitimer leurs prix transactionnels entre elles par une comparaison entre prix de revient de biens ou*

son efficacité sont étroitement subordonnées à la possibilité d'identifier des transactions comparables sur le marché libre. Il peut en effet s'avérer difficile d'identifier une transaction suffisamment comparable sur le marché libre. L'OCDE elle-même explique qu' » *une différence mineure...peut avoir une incidence sensible sur le prix, même si la nature des activités industrielles ou commerciales est suffisamment similaire pour dégager la même marge bénéficiaire globale*[350]». Lorsque c'est le cas, précise l'organisation, il faut apporter des correctifs.

271. Ainsi, la méthode du prix comparable permet d'identifier un prix qui approchera le plus l'idéal de pleine concurrence en recherchant un contrat comparable sur le marché libre. Elle répond le mieux à l'acception traditionnelle du principe de pleine concurrence. L'utilisation de ce principe est conseillée par l'OCDE par priorité à toutes autres pour déterminer le prix d'une transaction liée dans la mesure où elle permet de déterminer le prix de pleine concurrence pour tous types de services ou biens, incorporels ou corporels[351].

Exemple chiffré : Le Producteur du Groupe Ordi vend des ordinateurs au Distributeur du Groupe Ordi. L'application de la méthode du prix comparable va chercher à identifier le prix auquel des sociétés indépendantes vendent un ordinateur similaire dans des situations comparables.

272. Si des sociétés indépendantes appliquent le prix de 500 000 FCFA, alors c'est ce prix qui servira de prix de pleine concurrence.

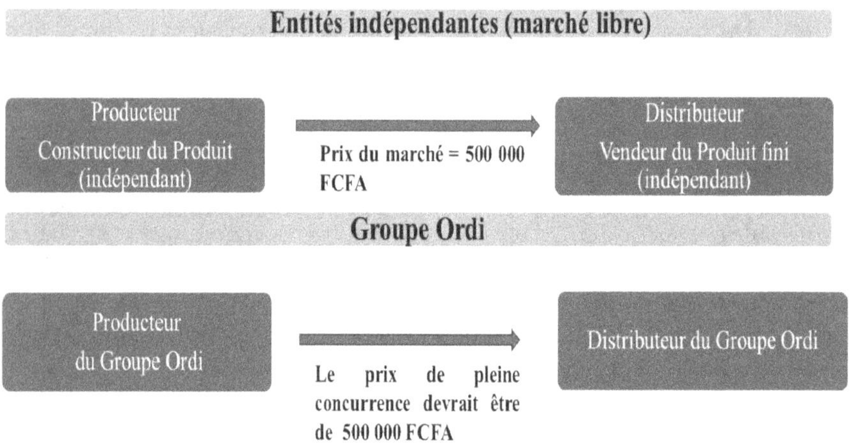

273. En apparence cette méthode est l'une des plus simples à mettre en œuvre. Il suffit pour obtenir le prix de pleine concurrence de comparer une transaction libre à une transaction liée. Malheureusement en Afrique, la

services retenu dans une transaction contrôlée et le prix qui aurait été facturé, dans des conditions comparables, entre sociétés indépendantes ». (DUCCINI (R.), *op.cit.*, p. 215).

350 OCDE, *Principes de l'OCDE applicables en matière de prix de transfert*, 2010.

351 MARICHAL (O.), *Sécurisez vos prix de transfert*, *op cit*, p. 19.

pratique montre qu'il est généralement difficile d'identifier des transactions ou des contrats comparables. Bien souvent, ne seront disponibles pour ce faire que les transactions que l'entreprise a conclu avec les tiers. Ces transactions, rapportées à celles qui sont conclues avec les entreprises du groupe permettent de jauger le niveau d'équitabilité des prix pratiqués et par déduction, de déterminer l'existence ou non d'un transfert indirect de bénéfices. Or, ces contrats dits comparables internes[352], sont envisagés avec défiance par les administrations fiscales[353]. Celles-ci dirigent leur préférence vers les comparables externes qui ont l'avantage d'être plus neutres, et donc forcément plus fiables.

274. Il n'existe que très peu de cas où l'on peut être en mesure de déterminer un prix de pleine concurrence dans un pays à partir des prix en vigueur dans un pays voisin. L'hypothèse la plus courante est celle de l'usage des comparables se rapportant aux produits côtés sur un marché international[354] à l'instar du pétrole ou de certains minerais[355]. Pour les pays africains, les prix des produits de rente ainsi que ceux des produits pétroliers et miniers côtés sur le marché international restent la seule bouée de sauvetage lorsqu'il s'agit de faire usage de la méthode du prix comparable sur le marché libre. En Afrique, les organismes fournisseurs de données sont inexistants ce qui constitue un frein important à l'analyse de comparabilité. Des solutions empiriques sont proposées qui consistent pour l'essentiel à exploiter des prix pratiqués pour des transactions issues de pays au niveau de développement comparable et d'y apporter des ajustements d'ordre économique.

---

352 Monsieur Olivier MARICHAL dénombre trois limites à l'utilisation des comparables internes. *« La première provient de leur existence même. Ces transactions ne pourront être identifiées que si le groupe autorise ses entités intermédiaires à se fournir (ou à s'approvisionner) auprès d'entreprise indépendantes du groupe. Il sera alors nécessaire de laisser à ces entités une certaine indépendance et autonomie de décision. Or ce mode d'organisation n'est pas un modèle universel pour les entreprises multipolaires. La seconde limite provient de la spécificité des transactions liées. Les entités du groupe peuvent en effet conclure des transactions fortement spécifiques que l'on ne retrouverait pas avec des tiers. Dans tous les cas la comparabilité entre les transactions liées et les transactions indépendantes sera âprement discutée entre le contribuable et les administrations fiscales. Enfin, les comparables internes sont examinés avec suspicion par les administrations fiscales. Il est très aisé pour un groupe de manipuler ses transactions avec les tiers dans le seul but de justifier sa politique de prix de transfert »*. MARICHAL (O.), *op. cit.*, p. 30.

353 *Ibid.*, p. 27.

354 CARASCO (P.-Y.), *op. cit.*, p. 93.

355 A titre d'exemple, des comparables peuvent être recherché auprès du London Metal Exchange (LME) qui est la place boursière de Londres spécialisée dans les contrats à terme portant sur les métaux non ferreux ; ou du New York Mercantile Exchange (NYMEX) qui est une bourse spécialisée dans l'énergie et les métaux.

275. Le contrôle par application de la méthode du prix de revente. Cette deuxième méthode proposée par l'OCDE consiste à retenir comme point de départ le prix auquel l'acheteur membre du groupe revend le bien à sa clientèle indépendante, puis à retrancher de ce prix de revente une marge brute de distribution validée comme « normale » pour le type de transaction considérée. Cette marge est déterminée par référence aux marges brutes réalisées dans des transactions comparables sur le marché libre[356]. Ce chemin de calcul permet d'obtenir le prix de pleine concurrence de la transaction intragroupe initiale.

276. Le prix obtenu après soustraction de la marge brute peut être considéré, après correction des autres coûts opérationnels liés à l'achat du produit à l'instar des droits de douane et autres frais d'exploitation comme un prix de pleine concurrence pour le transfert initial de propriété entre entreprises associées. Pour l'application de la méthode du prix de revente, deux conditions sont à réunir pour qu'une transaction sur le marché libre soit comparable à une transaction contrôlée. La première, c'est qu'aucune différence - dans la mesure où il en existe - entre les transactions faisant l'objet de la comparaison ou entre les entreprises effectuant ces transactions, ne doit être susceptible d'avoir une incidence sensible sur la marge de prix de revente du produit sur le marché libre. La seconde, c'est que des correctifs suffisamment précis et fiables doivent pouvoir être apportés pour supprimer les effets tangibles des différences enregistrées. En ce qui concerne les comparaisons destinées à l'application de la méthode du prix de revente, les correctifs nécessaires pour tenir compte des différences entre les produits sont moins nombreux que ce n'est le cas normalement avec la méthode du prix comparable sur le marché libre, parce que les différences mineures entre les produits sont moins susceptibles d'avoir une incidence sensible sur les marges bénéficiaires qu'elles n'en ont sur les prix.

Exemple chiffré : Le Distributeur camerounais du Groupe Ordi vend des ordinateurs au prix de 700 000 F CFA à un consommateur final. Il s'agit d'un prix de pleine concurrence car le client est un tiers indépendant.

277. La recherche de comparables a permis d'établir que le Distributeur camerounais du Groupe Ordi devrait réaliser une marge de 200 000 F CFA par produit.

278. Par conséquent, le prix de pleine concurrence entre le Producteur et le Distributeur du Groupe Ordi devrait être de 500 000 F CFA (700 000 – 200 000) par application de la méthode du prix de revente ainsi que l'illustre le schéma ci-dessous :

[356] CARASCO (P.-Y.), *op. cit.*, p. 94 : La marge brute ainsi déterminée représente, en théorie, *« [...]le montant permettant au revendeur de couvrir ses frais de commercialisation et autres dépenses d'exploitation et de réaliser un bénéfice convenable ».*

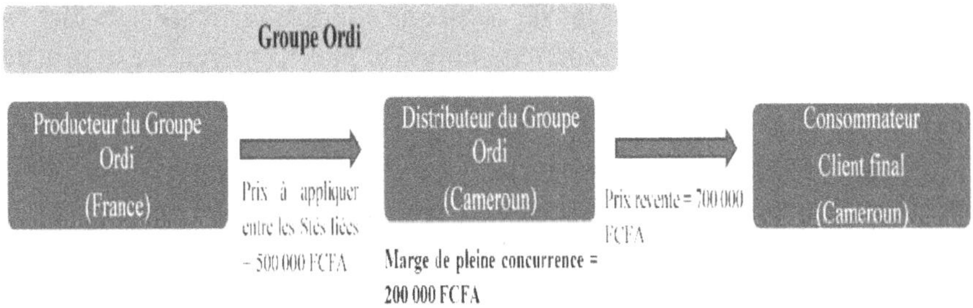

279. La méthode du prix de revente, particulièrement conseillée dans le cadre de l'analyse des activités de commercialisation, se révèle d'application malaisée pour les administrations fiscales africaines en raison des difficultés qu'elles rencontrent dans la recherche et l'obtention des comparables externes[357]. De plus, la majorité des filiales qui opèrent en Afrique dans le domaine de la distribution évoluent sous l'empire de contrats d'exclusivité, ce qui limite la comparabilité des biens et des services qu'elles vendent aux mêmes produits commercialisés entre entreprises indépendantes.

280. Le contrôle par application de la méthode du prix de revient majoré. La troisième méthode transactionnelle suggérée par l'OCDE est la méthode du prix de revient majoré. Dans sa conception, elle se présente un peu comme l'inverse de la méthode du prix de revente. Elle consiste en clair à partir du prix de revient du bien transféré pour l'entreprise vendeuse, puis à ajouter à ce prix de revient une marge bénéficiaire considérée comme normale pour ce type d'exportation.

281. Cette méthode, de l'avis de la doctrine, est plutôt adaptée à des transactions portant sur des produits dont l'essentiel de la valeur est constitué par les coûts de production. Elle consiste tout d'abord à déterminer, pour les produits transférés à un acheteur apparenté, les coûts supportés par le fournisseur dans le cadre d'une transaction entre entreprises associées. Puis, à ajouter une marge sur le prix de revient appropriée à ces coûts, de façon à obtenir un bénéfice approprié compte tenu des fonctions exercées et des conditions du marché. On obtient ainsi un prix pouvant être considéré comme le prix de pleine concurrence pour la transaction initiale entre entreprises associées. Cette méthode convient sans doute le mieux lorsque des produits semi-finis sont vendus entre des entreprises associées, lorsque des entreprises associées ont conclu des accords de mise en commun d'équipements ou d'approvisionnement à long terme, ou lorsque la transaction contrôlée consiste en des prestations de services.

282. Ainsi, la solution idéale est de déterminer la marge sur le prix de revient du fournisseur dans le cadre de la transaction contrôlée par référence

[357] Un comparable externe est une transaction effectuée entre deux entreprises indépendantes et qui est comparée à une transaction analogue sur un bien ou sur un service similaire effectuée entre entreprises d'un même groupe.

à la marge sur le prix de revient de ce même fournisseur dans le cadre de transactions comparables sur le marché libre. De plus, la marge sur le prix de revient qui aurait été obtenue dans des transactions comparables par une entreprise indépendante peut servir d'indicateur.

Exemple chiffré : La maison mère (et producteur) du Groupe Ordi fabrique un ordinateur dont elle a déterminé les coûts à 400 000 FCFA.

283. La recherche de comparables laisse apparaitre que la marge de pleine concurrence sur ce type de transaction est de 25%.

284. Dans ce cas de figure, le prix de pleine concurrence à appliquer entre le producteur et le distributeur du Groupe Ordi sera de 500 000 F CFA (400 000 * 125%).

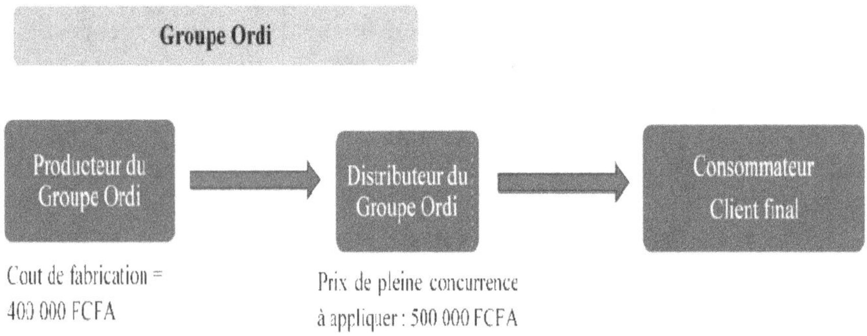

285. Pour qu'une transaction sur le marché libre soit considérée comme comparable à une transaction contrôlée dans le cadre de la méthode du prix de revient majoré, elle doit remplir au moins deux conditions. La première est qu'aucune différence entre les transactions faisant l'objet de la comparaison ou entre les entreprises effectuant ces transactions, ne doit être susceptible d'avoir une incidence sensible sur la marge sur le prix de revient pratiqué sur le marché libre. La seconde a trait à la circonstance que des correctifs suffisamment exacts puissent être apportés pour supprimer les effets matériels de ces éventuelles différences.

286. Les écueils liés à la mise en œuvre des méthodes traditionnelles. La mise en œuvre des méthodes traditionnelles participe d'une approche juridique essentiellement comparative des prix de transfert qui n'autorise la justification des prix de transfert pour une entreprise donnée que par référence au prix du marché. Les administrations fiscales africaines font face dans ce registre à des écueils d'ordre structurel et technique.

287. Le premier niveau d'écueils est en effet d'ordre structurel et interroge la capacité des administrations fiscales africaines à se procurer les comparables nécessaires à la mise en œuvre des méthodes traditionnelles de contrôle[358]. Le principal problème que pose par exemple la méthode du prix

[358] Si les administrations fiscales des pays développés membre de l'OCDE à l'instar de la France, avec les moyens dont elles disposent, rencontrent des difficultés d'application de la

comparable sur le marché libre est celui de l'identification des transactions libres susceptibles de répondre aux exigences de l'analyse de comparabilité. En pratique les transactions conclues entre entreprises indépendantes, qui sont pourtant a priori les plus fiables, ne font pas l'objet de publication parce que couvertes par le secret professionnel. Il est en effet plus courant d'obtenir des comparables internes, c'est-à-dire des transactions que l'entreprise aura conclues avec des tiers, que d'identifier des comparables externes[359]. Seulement, les administrations fiscales nourrissent en général une aversion envers les contrats qui tiennent lieu de comparables internes ; leur préférence va plutôt vers les contrats externes disponibles sur le marché libre en raison de leur neutralité. L'on peut valablement s'interroger à ce stade de l'analyse sur la simple capacité des administrations fiscales africaines à mobiliser cette méthode quand on sait que les administrations fiscales des pays développés membre de l'OCDE à l'instar de la France, avec les moyens dont elles disposent, rencontrent de réelles difficultés d'application de la méthode du prix comparable sur le marché libre. C'est pourquoi en général les administrations fiscales se limitent à inverser la charge de la preuve en faisant peser sur les contribuables transnationaux l'obligation de justifier la politique de prix de transfert adoptée ainsi que la comparabilité des prix des transactions intra-groupe avec des transactions similaires sur le marché libre.

288. En Afrique la question de la disponibilité des données statistiques appelées à servir de comparables pour les administrations fiscales africaines est une véritable gageure. Le retard accusé par ces derniers vis-à-vis des administrations fiscales des pays de l'OCDE dans ce domaine est énorme. Et quand bien même l'accès aux données comparables s'en trouverait facilité, il resterait à régler la question de la confrontation des données qui, rappelons-le, ne pourra trouver de pertinence que dans les hypothèses de similitude des conditions structurelles et conjoncturelles d'exploitation entre les prix de transfert objet de contrôle fiscal et les prix disponibles sur le marché libre reflétés par les comparables utilisés par l'administration fiscale.

289. Il faut en plus relever le faible niveau d'intégration de la coopération technique interafricaine entre administrations fiscales qui obstrue sérieusement le partage d'informations sur les contribuables opérant en Afrique ainsi que le partage d'expérience entre les cadres impliqués en

---

méthode du prix comparable sur le marché libre, l'on peut valablement s'interroger sur la simple capacité des administrations fiscales africaines à mobiliser cette méthode.

[359] MARICHAL (O.), *op. cit.* p. 63 : « *[...] L'entreprise liée tiers à la transaction libre ne pourra bien évidemment pas avoir accès au contenu de leurs stipulations. Au contraire, l'administration y accèdera grâce à son pouvoir de contrôle (ceci est également vrai dans les administrations fiscales africaines qui s'en donnent les moyens). Néanmoins, ces informations seront couvertes par le secret professionnel et elle ne pourra pas les dévoiler au contribuable vérifié. Il y a ici une nouvelle inégalité dans les armes à la disposition de chacune des parties...* »

charge de la gestion et de l'exécution des contrôles fiscaux mettant en cause les prix de transfert[360]. Cette situation peut en partie expliquer des formes d'abus de pouvoir fiscal ou des abus d'autorité exprimés par certains Etats africains à travers leurs législations fiscales ou leurs administrations fiscales[361].

290. Le second niveau d'écueils est plus technique et tient, dans l'hypothèse où une transaction comparable est finalement identifiée sur le marché libre, à la nécessité de corriger toutes les différences matérielles en rapport avec la transaction liée afin de mener une comparaison adéquate. Ces ajustements sont délicats à exécuter comme en convient la doctrine. Pourtant la fiabilité de l'analyse dépendra en grande partie de la justesse de ces corrections. A ce stade se pose le problème du manque de compétences qui se caractérise par un déficit de ressources humaines suffisamment qualifiées et prêtes à relever le défi du contrôle fiscal des prix de transfert en Afrique.

291. Les deux autres méthodes traditionnelles sur la marge brute que sont la méthode du prix de revente minoré et la méthode du prix de revient majoré ont fondamentalement pour objet de vérifier que le prix de la transaction est de pleine concurrence, et non que la marge de l'entreprise est suffisante[362]. Elles requièrent comme la première une comparabilité si stricte qu'il est difficile d'identifier des transactions ou des entreprises comparables à celles étudiées. D'ailleurs les entreprises multinationales le savent, elles qui par le passé n'hésitaient pas à se jouer des agents de l'administration fiscale en leur opposant systématiquement l'usage de méthodes de contrôle ne correspondant pas à celles sélectionnées et utilisées par lesdits agents. Cette difficulté pratique a trouvé une solution dans l'obligation faite aux entreprises de préciser dans le cadre de la documentation prix de transfert la méthode de détermination des prix de transfert utilisée.

292. De plus, la recherche d'une marge brute commande que l'on utilise non seulement les données de transactions comparables mais également des données financières extracontractuelles d'entreprises comparables. Or, le niveau des informations publiques disponibles est si faible qu'il est presque toujours impossible de trouver des entreprises qui seront suffisamment comparables[363].

293. Les administrations fiscales ne sont pas intéressées par le prix d'une transaction comme le souligne Monsieur Olivier Marichal dans l'ouvrage qu'il consacre à la *« sécurisation des prix de transfert*[364] *»*. Il

---

[360] Le chauvinisme des Etats explique en partie la faiblesse de cette coopération technique interafricaine.

[361] Voir art. du 7 CGI camerounais.

[362] OCDE (1995), *Prix de transfert et entreprises multinationales. Principes applicables en matière de prix de transfert à l'attention des entreprises multinationales et des administrations fiscales*, Paris, Editions OCDE§2. 14, § 2. 32.

[363] MARICHAL (O.), *Sécurisez vos prix de transfert,* op. cit., p. 63.

[364] *Ibid.* p. 64.

explique que ce prix ne leur assure aucunement un résultat imposable positif. Le prix de pleine concurrence d'une transaction leur garantit seulement que ce prix est celui du marché et non qu'il permette à l'entreprise de dégager un bénéfice taxable. Or, leur vocation est d'abord de rechercher un bénéfice à imposer[365]. Cet état de fait explique en grande partie pourquoi l'OCDE, après avoir été confrontée aux limites de la référence au marché libre et à celles tenant à la référence aux transactions comparables ou encore aux entreprises comparables, a évolué vers une analyse de comparabilité fondée sur la profitabilité du groupe multinational en recommandant de nouvelles méthodes participant d'une approche plus économique[366]. Ainsi, les méthodes de contrôle des transactions liées sont trop rigides, peu pragmatiques et souvent inefficaces compte tenu des contraintes opérationnelles des groupes ou des objectifs des services vérificateurs. Dès lors, elles sont peu à peu abandonnées au profit de techniques nouvelles plus souples et plus performantes et ce, d'autant plus que l'introduction de règles d'analyse économique objective facilite l'application de ces dernières en s'intéressant, non plus aux conditions de formation du prix des transactions liées, mais aux conditions de constitution du résultat des entreprises liées .

B. L'adoption à titre subsidiaire des méthodes transactionnelles sur les bénéfices

294. Au-delà des méthodes traditionnelles, l'OCDE promeut aussi dans le cadre de l'analyse de comparabilité des méthodes transactionnelles de bénéfices susceptibles d'être utilisées par les multinationales et les entreprises pour se rapprocher des conditions de pleine concurrence. De l'avis de la doctrine administrative camerounaise, ces méthodes sont un palliatif à l'usage des méthodes traditionnelles dans la mesure où la doctrine fiscale privilégie les trois méthodes traditionnelles, plus adaptées selon elle à l'environnement camerounais[367]. Dans le cadre du contrôle fiscal des transactions intragroupe, l'administration fiscale qui fait le choix de l'utilisation d'une méthode transactionnelle, fait en même temps le choix d'axer son analyse de comparabilité, non plus sur la validation des prix, mais

---

[365] *Ibid.* p. 64.

[366] M. MARICHAL écrit à cet égard à juste titre que, « *les méthodes de contrôle des transactions liées sont trop rigides, peu pragmatiques et souvent inefficaces compte tenu des contraintes opérationnelles des groupes ou des objectifs des services vérificateurs. Dès lors, elles sont peu à peu abandonnées au profit de techniques nouvelles plus souples et plus performantes. D'autant que l'introduction de règles d'analyse économique objective facilite l'application de ces dernières en s'intéressant non plus aux conditions de formation du prix des transactions liées mais aux conditions de constitution du résultat des entreprises liées* ». MARICHAL (O.), *op. cit.*, p. 9.

[367] Circulaire LF 2007 précitée. Suivant cette circulaire, « *A côté de la méthode qui s'appuie sur le principe de pleine concurrence, d'autres méthodes relatives à la transaction sur les bénéfices peuvent être appliquées à titre accessoire. Il s'agit notamment de la division du bénéfice, de la méthode transactionnelle de la marge nette, de la méthode unitaire* ».

sur la validation des profits découlant desdites transactions **(1)**. L'exploitation de l'analyse de comparabilité sur cette base s'effectue à travers les méthodes transactionnelles sur les bénéfices qu'il convient de mettre en exergue **(2)**.

1. La validation administrative des profits des transactions intragroupe au moyen de l'analyse de comparabilité

295. L'orientation du contrôle vers l'analyse de comparabilité entre transactions liées et transactions indépendantes peut emprunter le chemin moins direct des méthodes transactionnelles sur les bénéfices ou sur les profits. Il s'agira alors pour les organes de contrôles de s'attacher non plus à la comparaison des prix des transactions liées aux « prix » de pleine concurrence, mais plutôt à la comparaison des « profits » générés par les transactions liées à ceux générés par les transactions de pleine concurrence.

296. L'ensemble des méthodes sur les profits est basé sur le postulat suivant lequel dans une économie de marché, une entreprise doit normalement réaliser un bénéfice. Sans cette perspective de gain, un investisseur ne prendrait pas le risque de s'engager dans une activité. Ainsi, lorsqu'une entreprise facture un bien ou un service, le prix perçu doit non seulement permettre de payer l'ensemble des coûts générés par la transaction mais aussi de dégager une marge convenable.

297. Ainsi le prix d'une transaction se décompose en trois parties : la première est constituée des coûts directs de la transaction qui ne sont rien d'autre que les coûts de production (ou d'achat) du bien ou du service. Ces coûts directs servent à calculer la marge brute dégagée par la transaction. La deuxième partie du prix est constituée des coûts indirects de la transaction qui correspondent aux charges opérationnelles de l'entreprise, à l'instar des dépenses d'administration. La troisième et dernière composante du prix est constituée du bénéfice opérationnel perçu par l'entreprise[368].

298. Les méthodes sur la marge nette se concentrent donc sur l'évaluation du dernier composant du prix que constitue précisément la marge. Elles permettraient de fixer indirectement le prix de pleine concurrence en déterminant la valeur de pleine concurrence de ce dernier composant. Et de fait, dès lors que la profitabilité d'une entreprise liée est suffisante, le prix de ses transactions intra-groupe devrait nécessairement être de pleine concurrence puisqu'une entreprise indépendante n'accepterait pas une transaction sans réaliser ce bénéfice normal[369].

299. Les principes généraux qui guident l'application des méthodes transactionnelles de bénéfices concernent essentiellement la possibilité d'utiliser un intervalle de pleine concurrence[370], l'autorisation encadrée de

---

[368] MARICHAL (O.), *op. cit.*, p. 72.

[369] *Ibid.*, p. 72.

[370] L'OCDE définit l'intervalle de pleine concurrence comme la *« fourchette de prix qui sont acceptables pour définir si les conditions d'une transaction entre entreprises associées sont*

procéder à des ajustements périodiques[371] et le maintien de principe des méthodes traditionnelles comme premier recours[372].

2. L'exploitation malaisée de l 'analyse de comparabilité à travers les méthodes transactionnelles sur les bénéfices

300. Le contrôle fiscal axé sur la comparaison des profits fait appel aux « nouvelles méthodes » formulées par l'OCDE pour pallier les insuffisances inhérentes aux méthodes dites « traditionnelles » qui privilégient la comparaison des prix. Ce contrôle consiste à surveiller, pour la valider ou l'invalider, tantôt la répartition appropriée de la marge nette à travers la méthode transactionnelle de la marge nette, tantôt la répartition appropriée des profits au moyen de la méthode transactionnelle du partage des bénéfices.

301. Le contrôle de fiabilité de la méthode transactionnelle de la marge nette. La méthode transactionnelle de la marge nette consiste à déterminer le bénéfice net -la marge bénéficiaire nette- que réalise un contribuable au titre d'une transaction contrôlée *(ou de transactions qu'il convient de combiner)* à partir d'une base appropriée, pouvant être constituée des coûts, des ventes ou encore des actifs[373]. Cette marge devrait, de la sorte être déterminée par référence à celle dégagée par une entreprise indépendante dans des transactions comparables, cela impliquant de prendre en compte les analyses fonctionnelles de chaque entreprise considérée afin de pouvoir procéder aux ajustements qui s'imposent[374].

302. La doctrine est unanime pour reconnaitre qu'il s'agit de raisonner ici, non plus en termes de prix mais en termes de marge nette par transaction. La base transactionnelle est inchangée, mais il ne s'agit plus de déterminer un prix, une marge brute en sus du coût, ou en soustraction du prix de vente, mais une marge nette attachée à la transaction. La recherche portera donc

---

des conditions de pleine concurrence et qui résultent, soit de l'application de la même méthode de fixation de prix de transfert à des données comparables multiples soit de l'application de différentes méthodes de fixation des prix de transfert ». (OCDE (1995), *Principes applicables en matière de prix de transfert à l'attention des entreprises multinationales et des administrations fiscales op. cit.*, Glossaire V. Intervalle de pleine concurrence, p. G-5).

[371] Le principe de l'ajustement périodique repose sur l'idée selon laquelle le revenu que tire le cédant ou le concédant d'un actif incorporel doit refléter le montant du revenu global effectivement réalisé, à la suite du transfert, dans le cadre de l'exploitation du bien transféré.

[372] Voir en ce sens GHARBI (N.), *Le contrôle fiscal des prix de transfert*, *op. cit.*, p. 225 et s. : Ce principe constitue une pomme de discorde entre l'OCDE et les Etats Unis qui ont pour approche de placer toutes les méthodes sur le même pied d'égalité et de retenir pour chaque cas d'espèce l'utilisation de la « meilleure méthode ».

[373] OCDE (2017), *Principes de l'OCDE applicables en matière de prix de transfert à l'intention des entreprises multinationales et administrations fiscales 2017*, Editions OCDE, Paris.

[374] DUCCINI (R.), *stratégie fiscale des contrats internationaux*, *op. cit.*, p. 218.

soit sur les marges nettes que le contribuable pratique sur le marché libre, soit sur les marges nettes pratiquées par les entreprises similaires pour des transactions comparables[375].

303. Cette méthode s'applique de manière similaire à la méthode du prix de revient majoré et à la méthode du prix de revente. De ce fait, pour aboutir à des résultats fiables, elle doit être appliquée selon des modalités compatibles avec celles de ces méthodes. Cela signifie en particulier que la marge nette obtenue par le contribuable au titre d'une transaction contrôlée - ou de transactions qu'il convient de totaliser- devrait théoriquement être déterminée par référence à la marge nette que le même contribuable réalise au titre de transactions comparables sur le marché libre. À défaut, la marge nette qui aurait été obtenue au titre de transactions comparables par une entreprise indépendante peut donner des indications. Une analyse fonctionnelle de l'entreprise associée et, dans le dernier cas, de l'entreprise indépendante, est nécessaire pour déterminer si les transactions sont comparables et quels ajustements peuvent être nécessaires pour obtenir des résultats fiables. Il faut également appliquer les autres critères de comparabilité[376].

Exemple chiffré : Si une entreprise de distribution d'ordinateurs indépendante réalise une marge d'exploitation de 14% (bénéfice d'exploitation / chiffre d'affaires), le prix de pleine concurrence à appliquer entre le producteur d'ordinateurs du Groupe Ordi et le distributeur du Groupe Ordi peut être déterminé comme suit :

- *Prix de revente du distributeur du Groupe Ordi (prix de pleine concurrence car pratiqué avec un tiers) : 700 000 FCFA*
- *Marge d'exploitation du distributeur du Groupe Ordi issue de l'analyse de comparabilité : 700 000 x 14% = 98 000 FCFA*
- *L'attribution au distributeur du Groupe Ordi d'une marge d'exploitation de 98 000 FCFA suppose que le total de ses charges d'exploitation (y compris le prix d'achat des ordinateurs) soit de : 700 000 – 98 000 = 602 000 FCFA*
- *Dans notre exemple, nous avons considéré que le montant total des charges d'exploitation du distributeur (hors prix d'achat des ordinateurs) s'élève à 102 000 FCFA*
- *Par conséquent, le prix de pleine concurrence pour la vente de l'ordinateur entre le producteur et le distributeur du Groupe Ordi devrait être de : 602 000 – 102 000 = 500 000 FCFA*

---

375 Voir en ce sens RASSAT (P.) et MONSELATO (G), *Les prix de transfert*, *op. cit.*, p. 43.

376 DELIGNIÈRES (B.), JurisClasseur Fiscal international, Fasc. 305-40, mis à jour 2015, Lexis Nevis, p. 8.

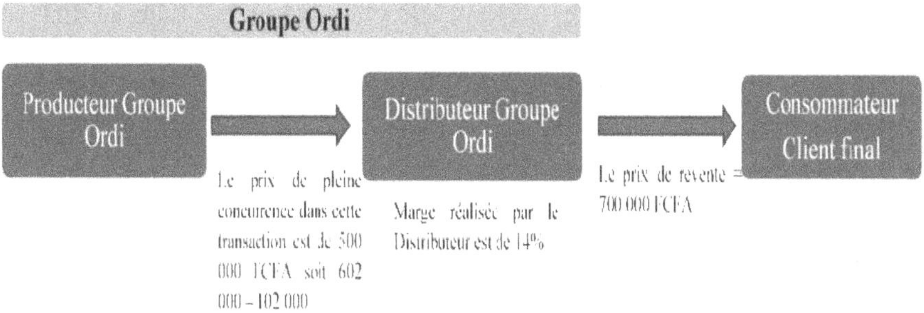

304. Il reste que cette méthode fait comme les autres méthodes l'objet de tiraillements technique entre administration fiscale et contribuables sur le terrain de sa fiabilité. L'administration fiscale voit systématiquement une insuffisance dans l'application de la méthode des prix de transfert[377].

305. Ces méthodes portent en elles-mêmes les germes de leur réfutation. L'administration ne propose aucune erreur ou rectification de cette méthode, mais se limite à contester de manière lapidaire le schéma utilisé par l'entreprise sans proposer de solution rectificative vis-à-vis de ladite méthode

306. Le contrôle par la méthode transactionnelle du partage de bénéfices. La méthode transactionnelle du partage de bénéfices consiste à déterminer une juste formule permettant de procéder au partage de bénéfices combinés entre les entreprises associées378. Cette méthode cherche à éliminer l'incidence, sur les bénéfices, de conditions spéciales convenues ou imposées dans une transaction entre entreprises associées (ou dans des transactions liées qu'il est approprié de traiter conjointement) en déterminant la répartition des bénéfices à laquelle des entreprises indépendantes auraient

---

[377] A titre d'illustration, voici par exemple ce que l'on peut lire dans une notification de redressement de l'administration fiscale en guise de contestation de la méthode transactionnelle utilisée par une entreprise vérifiée : *« ...Dans votre documentation sur les prix de transfert, on peut dire que la pleine concurrence du prix pratiqué a été déterminée par référence à l'indicateur de bénéfices retenu qu'est l'« operating margin ». L'operating margin se détermine de la manière suivante : OM = Bénéfice d'exploitation/chiffre d'affaires net. D'après votre documentation, la fourchette moyenne des marges opérationnelles va de 0,68% à 8, 320%. L'intervalle interquartile de marges opérationnelles du panel d'entreprises comparables d'entreprises comparables va de 1,62% à 3,77% avec une médiane de 2,33 en 2015. Ceci reste non fiable en ce que l'appendice ressortant les prétendus comparables n'a pas été produit, malgré la demande de l'administration ... ».*

[378] Selon M. CARASCO, la notion de bénéfice combiné renvoie, soit au montant global des bénéfices provenant des transactions, soit au montant du bénéfice résiduel représentant le bénéfice qui ne peut pas être attribué à l'une des parties par l'application d'une autre méthode de détermination des prix de transfert (CARASCO (P.-Y.), *Prix de transfert et stratégies d'optimisation fiscale de la firme multinationale*, *op. cit*, p. 100).

normalement procédé, si elles avaient effectué la ou les transactions en question379.

307. Il s'agit donc de déterminer le montant du bénéfice qui, dans des conditions de marché aurait dû être attaché à un groupe de transactions. Selon le rôle respectif de chacune des parties, le profit est réparti forfaitairement entre elles. Ainsi que le montre l'exemple ci-dessous, cette méthode se préoccupe peu du montant des prix de transfert ; elle cherche davantage à reconstituer une base imposable qui aurait été celle d'une entreprise indépendante ayant réalisé les mêmes transactions que la société dépendante[380].

Exemple chiffré : Le producteur et le distributeur du Groupe Ordi produisent et vendent des ordinateurs aux clients indépendants et réalisent ensemble un chiffre d'affaires de 700 000 FCFA, des charges de 502 000 FCFA (253 510 FCFA pour le producteur et 248 490 FCFA pour le distributeur) pour un bénéfice global de 198 000 F CFA.

308. La répartition du résultat/bénéfice consolidé entre les deux entreprises de production et de distribution liées se fera selon une clé de répartition appropriée, par exemple, les charges d'exploitation (charges d'exploitation de chaque entreprise liée / charges d'exploitation de toutes les entreprises liées). Dans notre exemple,

- *La contribution du producteur aux charges d'exploitation est de 502 000 / 253 510 = 50,5 %,*
- *La contribution du distributeur aux charges d'exploitation est de 502 000 / 248 490 = 49,5 %.*

309. Avec cette clé de répartition, le bénéfice revenant à chaque entreprise devrait être le suivant :

- *Pour le producteur : 198 000 FCFA x 50,5 % = 99 990 FCFA*
- *Pour le distributeur : 198 000 FCFA x 49,5 % = 98 010 FCFA*

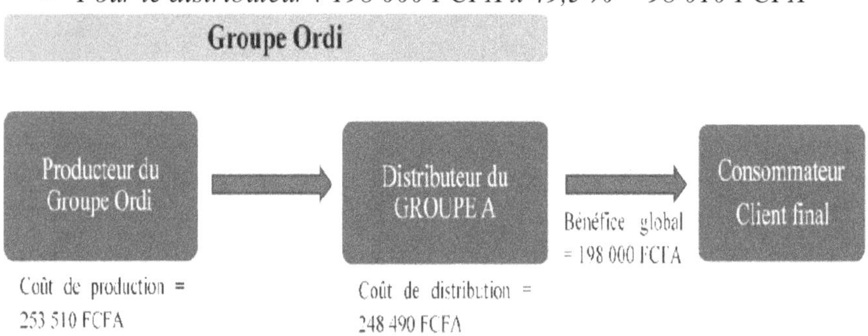

310. De l'avis de la doctrine, il s'agit d'une méthode qui reste très peu utilisée par les contribuables mais qui en revanche, est pratiquée par les administrations pour contrôler et redresser les prix de transfert. Messieurs

379 DELIGNIÈRES (B.), JurisClasseur Fiscal international, Fasc. 305-40, *op. cit.*, p. 8.
380 RASSAT (P.) et MONSELATO (G.), *Les prix de transfert, op. cit.*, p. 43.

Patrick RASSAT et Gianmarco MONSELLATTO expliquent à ce propos que l'administration qui rejette une méthode comparable du contribuable a en effet tendance à appliquer le partage de profit simple parce que cette méthode ne nécessite pas de base de données sophistiquée et rend impossible toute optimisation fiscale[381]. Cela s'explique sans doute par le fait que le critère de répartition retenu doit refléter les contributions respectives des parties à la création de bénéfices d'une et, et que d'autre part ladite répartition doit est conforme à celle à laquelle seraient convenues des entreprises indépendantes[382].

311. Comme nous l'avons montré, l'adoption des méthodes de contrôle préconisées par les institutions internationales en général et l'OCDE en particulier se réduit finalement à une proclamation formelle des diverses législations fiscales susceptible d'être diversement invoquée lors des opérations de contrôle, mais seulement au stade des notifications de redressement. Passé cette phase, les propositions de redressement connaissent invariablement des abandons de la part des services de vérification pour défaut de preuve. Les groupes multinationaux disposent en général en face d'un arsenal d'arguments techniques à même de faire échec aux velléités de redressement de l'administration. En bout d'analyse, le contrôle des prix de transfert conduit par les administrations fiscales africaines, orienté vers une comparaison des prix pratiqués par l'entreprise contrôlée aux prix de pleine concurrence ou vers une comparaison des profits, se vide assez tôt dans la procédure de sa substance. Cet état de fait est exacerbé par le formalisme affligeant qui le caractérise.

312. En bout d'analyse ce qu'il y'a d'incommodant, c'est que les administrations fiscales africaines ne proposent pas autre chose que ce qui a déjà été proposé par l'OCDE. Elles se contentent d'importer dans leurs dispositifs légaux et règlementaires les propositions formulées par les instances de l'OCDE ou des pans de législation déjà formulés dans des pays de l'OCDE. Loin de nous l'idée de faire table rase des méthodes proposées par l'OCDE, mais il faut dans ce registre faire le point des forces et des faiblesses de ces méthodes exotiques afin de trouver l'approche la plus appropriée pour les administrations fiscales africaines.

313. Que l'on se situe dans le cadre des méthodes traditionnelles fondées sur les transactions ou des méthodes transactionnelles fondées sur les bénéfices, les contrats intragroupes constituent à notre sens le passage obligé de la démarche de contrôle. De fait, contrôler les prix de transfert revient à contrôler des contrats d'adhésion intragroupe, c'est-à-dire des contrats qui sont la résultante d'accords de volonté susceptibles d'être biaisés par les entreprises multinationales lorsqu'on les compare avec des

---

[381] *Ibid.*, p. 46. D'après Messieurs RASSAT et MONSELLATO, la méthode du partage de profit constitue une méthode sanction parce que

[382] Voir en ce sens CARASCO (P.-Y.), *op. cit.*, p. 100 et 101.

contrats similaires passés entre entreprises indépendantes. Le biais lorsqu'il existe est en fait généralement introduit dans un contrat d'affaires intragroupe par les dirigeants de l'entreprise la plus influente qui, le cas échéant, transcrivent dans ledit contrat la volonté des détenteurs de l'entreprise multinationale qui les emploient, l'entreprise liée ne faisant qu'adhérer aux stipulations imposées par ses véritables propriétaires.

314. Il ne serait pas exagéré d'intégrer dans la perspective du contrôle fiscal des contrats d'affaires internationaux que, du fait des rapports de force qui structurent la géoéconomie mondiale, ce sont les entreprises des grandes puissances qui fixent les prix et les règles du jeu économique mondial auxquelles se contentent d'adhérer leurs filiales africaines des multinationales qui constituent de facto le prolongement transnational desdites grandes puissances. Cela se vérifie notamment lorsqu'il s'agit de fixer sur le marché international les prix des matières premières ou des produits de rente. Les puissances comme la Chine, les Etats-Unis ou la Grande-Bretagne tiennent dans cette arène économique un rôle éminent. Se mêlent également à ce jeu les organisations et les forums intergouvernementaux. A ce propos les pays de l'OCDE jouent aussi, on le perçoit un rôle de premier plan. A ce groupe de pays, il convient d'adjoindre des organisations intergouvernementales comme l'Union Européenne, l'OPEP[383], L'ALENA[384], l'APEC[385], qui ont toutes en commun la défense des intérêts économiques de leurs membres.

315. Quoiqu'il en soit, au mimétisme incommodant des méthodes préconisées par l'OCDE se greffe un formalisme dont l'effet sur le contrôle fiscal des contrats d'affaires internationaux est source de paralysie et d'immobilisme pour les acteurs du contrôle fiscal au sein des administrations fiscales africaines.

---

[383] L'Organisation des pays exportateurs de pétrole (O.P.E.P.) est une organisation intergouvernementale de pays ayant vocation à négocier avec les compagnies pétrolières les questions liées à la production pétrole, à la fixation de son prix et des droits d'exploitation. Fondée en 1960, elle a fixé son siège social à Vienne en Autriche et regroupe aujourd'hui 13 pays membres à savoir : l'Algérie, l'Angola, l'Arabie Saoudite, les Émirats arabes unis, l'Équateur, l'Indonésie (suspendue en 2009), l'Irak, l'Iran, le Koweït, la Libye, le Nigeria, le Qatar et le Venezuela.

[384] L'Accord de libre-échange nord-américain, ALENA (devenu sous l'Administration Trump USMCA pour « Accord Etats-Unis-Mexique-Canada »), est un traité entré en vigueur le 1er janvier 1994 et qui institue une zone économique de libre-échange entre les Etats-Unis, le Canada et le Mexique ; voir en ce sens www.lemonde.fr/idees/article/2018/10/02/.

[385]La Coopération économique pour l'Asie-Pacifique (en anglais : *Asia-Pacific Economic Cooperation*, APEC) est un forum économique intergouvernemental de 21 pays ayant vu le jour en 1989 à Canberra en Australie et qui vise à faciliter la croissance économique, la coopération, les échanges et l'investissement de la région Asie-Pacifique.

§2. Le formalisme paralysant des méthodes de contrôle préconisées par l'OCDE

316. En recevant les méthodes de contrôle préconisées par l'OCDE dans son dispositif fiscal, L'administration fiscale camerounaise s'est enferrée dans un formalisme que l'on peut qualifier de paralysant à l'égard du contrôle fiscal des prix de transfert. En Afrique francophone, la France fait office de référence en cette matière de sorte que l'on assiste çà et là à une duplication des dispositions de l'article 57 du CGI français. Au Cameroun, c'est l'article 19 du CGI qui reprend ce dispositif français en matière de contrôle des transferts indirects de bénéfices consécutifs à la manipulation intragroupe prix de transfert.

317. Dès lors, l'application des méthodes de contrôle véhiculées par l'OCDE connaît un succès plus que mitigé en Afrique en raison de la circonspection et de l'abstinence observée dans leur utilisation par les acteurs du contrôle fiscal d'une part, et des difficultés techniques rencontrées en cas de mise en mouvement desdites méthodes d'autre part. Il n'y a rien d'étonnant à cela dans la mesure où les administrations fiscales des pays occidentaux éprouvent elles aussi de sérieuses difficultés à contrôler les sociétés appartenant à des entreprises multinationales. De fait, si l'on peut observer que plusieurs Etats africains ont choisi de traduire les options de contrôle des instances de l'OCDE dans leurs législations, l'on peut également déplorer le fait que la pratique quotidienne du contrôle fiscal des prix de transfert à l'aune de l'analyse de comparabilité reposant sur la comparaison des transactions ou des profits intragroupes, le tout sur fond de respect du principe de pleine concurrence, en soit encore à ses balbutiements.

318. A partir de l'expérience camerounaise du contrôle fiscal des prix de transfert, il nous paraît utile de montrer le décalage existant entre la réception volontariste des principes directeurs de l'OCDE par le législateur fiscal et l'application minimaliste de l'analyse de comparabilité par les services de contrôle de l'administration fiscale. L'existence d'un tel décalage peut en partie expliquer le peu de vitalité, voire la paralysie du contrôle fiscal des prix de transfert dans ce pays et ailleurs en Afrique. Au-delà de l'exploitation quasi « incantatoire » par les administrations fiscales africaines des méthodes de contrôle des prix de transfert élaborées par l'OCDE, le formalisme qui caractérise ce contrôle apparaît comme le second facteur bloquant à mettre au passif de sa gestion et de son animation. Ce formalisme est construit au Cameroun autour de deux préalables techniques. Le premier tient à la forme du contrôle qui en l'occurrence se réduit à l'engagement d'une vérification de comptabilité **(A)**. Le second tient au fond et renvoie à la mobilisation d'une présomption de transfert indirect de bénéfices **(B)**.

A. L'exigence d'un préalable de forme : l'engagement d'une vérification de comptabilité

319. En matière de contrôle des prix de transfert l'information est reine. Avant de traiter du contenu proprement dit des informations et documents requis par l'administration fiscale camerounaise dans le cadre du contrôle fiscal des prix de transfert, il importe de noter que l'article 19 du Code général des impôts est resté pendant plus de deux décennies le seul fondement légal du contrôle du transfert indirect de bénéfices occasionné par la manipulation des prix de transfert. De la sorte, contrôler les prix de transfert à l'occasion des contrôles des filiales de multinationales établies au Cameroun revenait au mieux, pour un vérificateur, à brandir comme un épouvantail dans sa notification de redressement la présomption de transfert indirect de bénéfice suggéré par l'article 19 du CGI, pour finalement l'abandonner face aux observations, plus affutées, formulées par les filiales contrôlées à l'encontre des éléments fragiles de preuve fournis par le vérificateur à l'appui de ses chefs de redressement. De fait, le défaut d'organisation de la mise en œuvre de cette disposition dans le Livre des Procédures Fiscales constituait un facteur bloquant pour l'administration fiscale. La solution apportée par le législateur pour surmonter ce blocage interviendra avec la loi de finances pour 2007. Les lignes bougeront en effet avec l'institution de l'article L19 bis du Livre des procédures fiscales dont l'ambition était de compléter le dispositif prévu à l'article 19 du Code général des impôts et de doter les services de contrôle de moyens d'investigation supplémentaires afin de lutter plus efficacement contre les pratiques de transferts illicites de bénéfices à l'étranger dans un contexte économique de largement extraverti et de plus en plus dominé par les entreprises apparentées aux grandes firmes internationales[386]. Le législateur camerounais, certainement inspiré par son homologue français, traite les obligations documentaires incombant aux entreprises à l'occasion des contrôles des prix de transfert en distinguant la production des informations et documents sur réquisition de l'administration fiscale **(1)** de la production automatique des informations et documents par les entreprises liées **(2)**.

1. De la production des informations et documents sur réquisition de l'administration fiscale…

320. Institué historiquement au Cameroun à la faveur de la loi de finances pour 2007, le formalisme particulier attaché au contrôle fiscal des prix de transfert a commencé avec l'exigence de la production des informations et documents sur réquisition des agents en charge des vérifications de comptabilité. Le renforcement des moyens d'investigation, qui donnait la possibilité à l'administration en situation de vérification de comptabilité de demander exclusivement selon la procédure écrite des

[386] Exposé des motifs de la Loi de finances de la République du Cameroun pour 2007.

informations afférentes à la détermination des prix de transfert, était à la fois l'œuvre du législateur fiscal camerounais à travers l'institution de l'article L 19 bis du LPF et de la doctrine administrative.

321. En effet, la demande faite à l'entreprise sur la base de l'article L 19 bis du LPF devait intervenir uniquement dans le cadre d'une vérification de comptabilité, générale ou partielle, visant une entreprise imposable au Cameroun à l'impôt sur le revenu ou à l'impôt sur les sociétés et astreinte à tenir et à présenter des documents comptables . D'après ce texte, ces demandes ne pouvaient être formulées que dans les hypothèses où l'administration avait réuni des éléments faisant présumer que l'entreprise vérifiée a opéré un transfert indirect de bénéfices au sens des dispositions de l'article 19 Code général des impôts. Les informations et documents requis devaient préciser notamment :

- la nature des relations de dépendance ou de contrôle entre l'entreprise vérifiée et une ou plusieurs entités établis hors du Cameroun ;
- la méthode détermination des prix des opérations de nature industrielle, commerciale ou financière qu'elle effectue avec lesdites entités et les éléments qui la justifient ainsi que les contreparties consenties ;
- Les activités exercées par les entreprises étrangères liées aux opérations effectuées par l'entreprise vérifiée ;
- Le traitement fiscal réservé aux opérations réalisées avec les entreprises liées.

322. D'après la doctrine administrative, ces demandes devaient être dûment signées par les inspecteurs en charge de la vérification de la comptabilité de l'entreprise et devaient être adressées au contribuable par lettre recommandée avec accusé de réception, ou remises en main propre à celui-ci, ou à une personne mandatée contre accusé de réception ou décharge . Le législateur camerounais recommandait alors à ses agents de formuler des demandes précises indiquant explicitement, par nature d'activité ou par produit : le pays ou le territoire concerné; l'entreprise, la société ou le groupement visé ainsi que, le cas échéant, les montants en cause. Ces demandes devaient également mentionner les années concernées et faire référence au dispositif et aux conséquences liées à sa mise en œuvre.

323. Précisons toutefois qu'en marge des procédures de vérification de comptabilité, l'administration conservait la facult d'adresser à tout moment une demande de renseignements ou de documents au contribuable. Seulement, une approche de ce type restait non contraignante pour l'entreprise adressataire dans la mesure où elle n'était assortie d'aucune sanction, et ne pouvait du reste revêtir la même autorité que celle retenue par le législateur en matière de contrôle fiscal des prix de transfert.

324. Au-delà de la mise en avant de l'écrit comme forme exclusive de formulation des demandes de production des informations et documents, l'administration était juge de l'opportunité de la demande. Elle faisait à ce propos appel au bon sens des vérificateurs quant à l'appréciation de l'opportunité de la formulation desdites demandes. Le recours à cette procédure n'était donc pas utilisé systématiquement comme instrument de contrôle des opérations internationales.

325. A ce stade, il est assez frappant de visualiser comment l'administration fiscale camerounaise orientait la démarche de contrôle. Tout se passait comme si les agents de l'administration fiscale ne disposaient pas de repères s'agissant de l'activation des demandes écrites d'informations ou de documents. La doctrine administrative s'est faite sur ce point l'obligation de circonscrire la question liée à l'opportunité de la formulation de telles demandes. Selon elle, la formulation d'une telle demande ne pouvait intervenir dans les faits, sauf circonstances exceptionnelles, dès la première intervention sur place. Ce sont les interventions successives du vérificateur qui lui permettraient d'apprécier les circonstances de dépendance au sens de l'article 19 du CGI et les éventuelles anomalies présentées par les opérations intragroupes ou internationales. En effet, la démarche de contrôle des prix de transfert nécessitait des investigations longues et approfondies. Ce n'est qu'en l'absence d'explications suffisantes de la part de l'entreprise, notamment sur les structures, les activités, les choix économiques et fiscaux opérés en la matière, tout ceci au cours d'un débat oral et contradictoire, que l'application des dispositions de l'article L19 bis du LPF pouvait être envisagée.

326. Institué historiquement au Cameroun à la faveur de la loi de finances pour 2007, le formalisme particulier attaché au contrôle fiscal des prix de transfert a commencé avec l'exigence de la production des informations et documents sur réquisition des agents en charge des vérifications de comptabilité. Le renforcement des moyens d'investigation, qui donnait la possibilité à l'administration en situation de vérification de comptabilité de demander exclusivement selon la procédure écrite des informations afférentes à la détermination des prix de transfert, était à la fois l'œuvre du législateur fiscal camerounais à travers l'institution de l'article L 19 bis du LPF et de la doctrine administrative.

327. En effet, la demande faite à l'entreprise sur la base de l'article L 19 bis du LPF devait intervenir uniquement dans le cadre d'une vérification de comptabilité, générale ou partielle, visant une entreprise imposable au Cameroun à l'impôt sur le revenu ou à l'impôt sur les sociétés et astreinte à tenir et à présenter des documents comptables[387]. D'après ce texte, ces demandes ne pouvaient être formulées que dans les hypothèses où l'administration avait réuni des éléments faisant présumer que l'entreprise

[387] Circulaire n° 0004/MINEFI/DGI/LC/L du 25 janvier 2007 précisant les modalités d'application des dispositions de la loi de finance de la République du Cameroun pour l'exercice 2007.

vérifiée a opéré un transfert indirect de bénéfices au sens des dispositions de l'article 19 Code général des impôts. Les informations et documents requis devaient préciser notamment :

- la nature des relations de dépendance ou de contrôle entre l'entreprise vérifiée et une ou plusieurs entités établis hors du Cameroun ;
- la méthode détermination des prix des opérations de nature industrielle, commerciale ou financière qu'elle effectue avec lesdites entités et les éléments qui la justifient ainsi que les contreparties consenties ;
- Les activités exercées par les entreprises étrangères liées aux opérations effectuées par l'entreprise vérifiée ;
- Le traitement fiscal réservé aux opérations réalisées avec les entreprises liées.

328. D'après la doctrine administrative, ces demandes devaient être dûment signées par les inspecteurs en charge de la vérification de la comptabilité de l'entreprise et devaient être adressées au contribuable par lettre recommandée avec accusé de réception, ou remises en main propre à celui-ci, ou à une personne mandatée contre accusé de réception ou décharge[388]. Le législateur camerounais recommandait alors à ses agents de formuler des demandes précises indiquant explicitement, par nature d'activité ou par produit : le pays ou le territoire concerné ; l'entreprise, la société ou le groupement visé ainsi que, le cas échéant, les montants en cause. Ces demandes devaient également mentionner les années concernées et faire référence au dispositif et aux conséquences liées à sa mise en œuvre.

329. Précisons toutefois qu'en marge des procédures de vérification de comptabilité, l'administration conservait la facult d'adresser à tout moment une demande de renseignements ou de documents[389] au contribuable. Seulement, une approche de ce type restait non contraignante pour l'entreprise adressataire dans la mesure où elle n'était assortie d'aucune sanction, et ne pouvait du reste revêtir la même autorité que celle retenue par le législateur en matière de contrôle fiscal des prix de transfert.

330. Au-delà de la mise en avant de l'écrit comme forme exclusive de formulation des demandes de production des informations et documents, l'administration était juge de l'opportunité de la demande. Elle faisait à ce propos appel au bon sens des vérificateurs quant à l'appréciation de l'opportunité de la formulation desdites demandes. Le recours à cette procédure n'était donc pas utilisé systématiquement comme instrument de contrôle des opérations internationales.

---

388 La circulaire d'application de la loi de finance pour l'exercice 2007 indique à ce sujet que les demandes d'informations ou de document doivent revêtir la forme écrite. Dans la pratique, ces demandes sont généralement remises par les agents en charge des vérifications en mains propres au contribuable contre décharge.

389 Cette possibilité est ouverte par la circulaire de 2007 et laisse la possibilité aux agents de l'administration fiscale de pouvoir se faire par exemple transmettre sur demande certains documents tels un rapport annuel ou l'organigramme d'un groupe de sociétés.

331. A ce stade, il est assez frappant de visualiser comment l'administration fiscale camerounaise orientait la démarche de contrôle. Tout se passait comme si les agents de l'administration fiscale ne disposaient pas de repères s'agissant de l'activation des demandes écrites d'informations ou de documents. La doctrine administrative s'est faite sur ce point l'obligation de circonscrire la question liée à l'opportunité de la formulation de telles demandes. Selon elle, la formulation d'une telle demande ne pouvait intervenir dans les faits, sauf circonstances exceptionnelles, dès la première intervention sur place. Ce sont les interventions successives du vérificateur qui lui permettraient d'apprécier les circonstances de dépendance au sens de l'article 19 du CGI et les éventuelles anomalies présentées par les opérations intragroupes ou internationales. En effet, la démarche de contrôle des prix de transfert nécessitait des investigations longues et approfondies. Ce n'est qu'en l'absence d'explications suffisantes de la part de l'entreprise, notamment sur les structures, les activités, les choix économiques et fiscaux opérés en la matière, tout ceci au cours d'un débat oral et contradictoire, que l'application des dispositions de l'article L19 bis du LPF pouvait être envisagée.

2. … A la production automatique des informations et documents par les entreprises liées

332. La production automatique des informations et documents par les entreprises liées, c'est-à-dire par les entreprises domiciliées au Cameroun ayant des liens de dépendance ou de contrôle avec d'autres entreprises établies à l'étranger ou au Cameroun, est une obligation fiscale qui procède d'un attelage logique des deux fonctions fiscales classiques que sont la fonction d'assiette et la fonction de contrôle.

333. Historiquement, c'est d'abord à travers la fonction contrôle que sera instituée, à la charge des « grandes entreprises [390]», l'obligation de production automatique des informations et documents. De fait, le dispositif légal et réglementaire de production des informations et documents sur réquisition de l'administration adopté en 2007 évoluera cinq ans plus tard pour être renforcé par celui de la production automatique par certaines entreprises de documents spécifiques à l'occasion des contrôles fiscaux. Ce renforcement a jusqu'à ce jour connu deux étapes.

334. Dans un premier temps, à la faveur de la loi de finances pour 2012, le législateur fiscal camerounais a fait le choix, pour compter de cet exercice, de faire peser sur les filiales locales ayant le statut de *« grandes entreprises »* une obligation de production automatique de documents différente de l'obligation de production de documents sur demande. D'après la doctrine administrative camerounaise, ces filiales sont désormais tenues

[390] Il s'agit des entreprises inscrites au fichier de la Direction des grandes entreprises (DGE) réalisant au moins un chiffre d'affaires de FCFA trois milliards (3 000 000 000).

de remettre à l'administration, dès le jour du début des opérations sur place d'une vérification générale de comptabilité, une documentation permettant de justifier la politique des prix de transfert pratiquée dans le cadre des transactions de toute nature réalisées avec des entités juridiques établies ou constituées hors du Cameroun, et qui sont sous la dépendance ou qui possèdent le contrôle d'entreprises situées au Cameroun[391]. Il en va de même des transactions réalisées avec des entreprises situées au Cameroun et qui sont sous la dépendance d'une entreprise ou d'un groupe possédant également le contrôle d'entreprises situées hors du Cameroun. Bref, le spectre de la production automatique de documents couvre l'ensemble des transactions de portée transnationales encadrées aussi bien par des contrats d'affaires passés avec des entreprises liées du même groupe que des entreprises liées relevant d'un groupe de sociétés différent. L'on peut toutefois sur ce point déplorer que le législateur ne vise pas expressément lesdits contrats d'affaires dans la formulation de cette exigence documentaire [392].

335. Mais dans un second temps, le législateur de 2020 s'est montré plus rigoureux en contraignant les entreprises dont le chiffre d'affaires annuel hors taxe est égal ou supérieur à FCFA un milliard (1 000 000 000) et qui sont sous la dépendance ou qui contrôlent d'autres entreprises à produire la documentation justificative de la politique des prix de transfert, à la date de commencement de la vérification de comptabilité[393]. De la sorte, le contrôle fiscal des prix de transfert s'applique dorénavant aussi bien entreprises liées relevant du fichier des contribuables de la Direction des grandes entreprises, qu'aux entreprises liées de plus petite taille, tout en focalisant sur l'idée de surveillance des transactions intragroupe.

336. Il convient de préciser que cette obligation supplémentaire, qui ne joue seulement qu'à l'occasion d'une vérification de comptabilité, ne se cumule pas avec l'obligation de production de documents sur demande. De

---

391 Cf. Circulaire N°01 /MINFI/DGI/LC/L du 30 janvier 2012 précisant les modalités d'application des dispositions fiscales de la loi n°2011/020 du 14 décembre 2011 portant loi de finances de la République du Cameroun pour l'exercice 2012.

392 Il convient de noter que l'expression « documentation des prix de transfert » n'inclut pas les documents ou pièces comptables de l'entreprise tels que les factures, les contrats, les communications, etc., qui sont susceptibles d'être utilisés pour appuyer ou étayer le montant du revenu imposable ou des dépenses déductibles. De manière générale toutefois, l'administration fiscale exige des contribuables qu'ils conservent ce type d'informations et qu'ils soumettent des éléments spécifiques lors d'un contrôle, et la législation peut stipuler les pièces que les contribuables doivent tenir à jour, et pendant combien de temps ils doivent les conserver. (Cf. FMI, OCDE, Nations Unies, Groupe de la Banque mondiale (Plateforme de collaboration fiscale) *Guide pratique pour la mise en œuvre réussie des obligations en matière de documentation des prix de transfert dans les pays en développement,* version provisoire, 2020)

393 Cf. art L 19 bis (nouveau) du CGI (Loi N° 2019/023 du 24 décembre 2019 portant loi de finances de la République du Cameroun pour l'exercice 2020).

plus, elle ne joue exclusivement que pour les entreprises relevant de la Direction des Grandes Entreprises (DGE) qui satisfont à la clôture de l'exercice l'une des deux conditions suivantes :

337. Soit l'entreprise vérifiée est une entité juridique domiciliée au Cameroun dont plus de 25% du capital ou des droits de vote est détenue directement ou indirectement, par une entité établie ou constituée hors du Cameroun ;

338. Soit l'entreprise vérifiée est une entité établie ou constituée au Cameroun qui détient directement ou indirectement plus de 25% du capital ou des droits de vote d'une entité juridique domiciliée hors du Cameroun.

339. En clair, les entreprises relevant de la DGE et qui satisfont aux conditions ci-dessus énumérées sont soumises à l'obligation documentaire automatique, tandis que les autres entreprises (relevant de la DGE et des autres services) demeurent soumises uniquement à l'obligation documentaire sur demande expresse de l'administration au cours du contrôle.

340. Ainsi, il faut mettre au crédit de cette évolution de la doctrine administrative camerounaise le fait que les vérificateurs et les entreprises liées établies au Cameroun soient désormais mieux renseignés sur la liste des documents à produire automatiquement par ces dernières. Cette liste est composée de deux catégories d'informations. La première énumère les informations générales sur le groupe d'entreprises associées qui vont de la description générale de l'activité déployée, incluant les changements intervenus au cours de l'exercice vérifié, à la description générale de la politique de prix de transfert du groupe, en passant par la description générale des structures juridiques et opérationnelles du groupe. La seconde catégorie liste quant à elle des informations spécifiques à l'entreprise vérifiée, allant de la description de l'activité spécifique déployée à la description détaillée de la méthode de détermination des prix de transfert retenue par ladite l'entreprise[394].

---

[394] Cf. Annexe 3 de la Circulaire n° 001/MINFI/DGI/LC/L du 30 janvier 2012 précisant les modalités d'application des dispositions fiscales de la loi de finances pour 2012 :
1) des informations générales sur le groupe d'entreprises associées
- une description générale de l'activité déployée, incluant les changements intervenus au cours de l'exercice vérifié ;
- une description générale des structures juridiques et opérationnelles du groupe d'entreprises associées, comportant une identification des entreprises du groupe engagées dans des transactions contrôlées ;
- une description générale des fonctions exercées et des risques assumés par les entreprises associées dès lors qu'ils affectent l'entreprise vérifiée ;
- une liste des principaux actifs incorporels détenus, notamment brevets, marques, noms commerciaux et savoir-faire, en relation avec l'entreprise vérifiée ;
- une description générale de la politique de prix de transfert du groupe.
2) des informations spécifiques concernant l'entreprise vérifiée
- une description de l'activité déployée, incluant les changements intervenus au cours de l'exercice vérifié ;

341. Il convient enfin de noter qu'en cas de défaillance partielle ou totale du contribuable, une mise en demeure de fournir ou de compléter la documentation dans un délai de quinze (15) jours doit lui être servie. D'après l'article 19 bis du LPF, Cette mise en demeure doit indiquer les documents et compléments attendus et rappeler les sanctions applicables en l'absence de réponse ou en cas de réponse partielle[395]. notamment des redressements sur la base d'éléments dont dispose l'Administration. Dans ce cas, la charge de la preuve incombe à l'entreprise. En clair, les entreprises relevant de la DGE et qui satisfont aux conditions ci-dessus énumérées sont soumises à l'obligation documentaire automatique, tandis que les autres entreprises (relevant de la DGE et des autres services) demeurent soumises uniquement à l'obligation documentaire sur demande expresse de l'administration au cours du contrôle. Il serait a notre avis judicieux d'étendre cette obligation de production automatique de la documentation prix de transfert à toutes les entreprises impliquées dans des transactions intragroupe, indépendamment du chiffre d'affaires réalisé.

342. Sous le rapport de la fonction gestion, la production automatique des informations et documents fera en 2014 une avancée avec cette fois l'institution par le législateur de l'obligation pour les entreprises relevant de la DGE de transmettre automatiquement, à l'occasion de la souscription de leur déclaration annuelle des résultats obtenus dans leur exploitation, le relevé des participations qu'elles détiennent dans d'autres sociétés lorsque ces participations excèdent 25 % de leur capital social[396], ainsi qu'un état

---

- une description des opérations réalisées avec d'autres entreprises associées, incluant la nature et le montant des flux, y compris les redevances ;

- une liste des accords de répartition des coûts ainsi que, le cas échéant, une copie des accords préalables en matière des prix de transfert et des rescrits relatifs à la détermination des prix de transfert, affectant les résultats de l'entreprise vérifiée ;

-une présomption de la ou des méthodes de détermination des prix de transfert dans le respect du principe de pleine concurrence, comportant une analyse des fonctions exercées, des actifs utilisés et des risques assumés ainsi qu'une explication concernant la sélection et l'application de la ou des méthodes retenues ;

- lorsque la méthode choisie le requiert, une analyse des éléments de comparaison considérés comme pertinents par l'entreprise ».

[395] Selon l'article L 19 bis, le défaut de réponse ou la réponse partielle à la mise en demeure entraîne l'application, pour chaque exercice vérifié, d'une amende de 5 % du montant des transactions concernées par les documents ou compléments qui n'ont pas été mis à disposition de l'administration après mise en demeure sans que le montant de ladite amende ne puisse être inférieur à FCFA cinquante millions 50 000 000 (soit environ 76 000 euros)

[396]Suivant la circulaire N° 001 /MINFI/DGI/LC/L DU 15 janvier 2014 précisant les modalités d'application des dispositions fiscales de la loi de finances pour l'exercice 2014, le relevé des participations s'accompagne des éléments ci-après :

- une description générale de l'activité déployée, incluant les changements des titres intervenus au cours des deux derniers exercices ;
- une description générale des structures juridiques et opérationnelles du groupe d'entreprises associées, comportant une identification des entreprises associées du groupe, engagées dans des transactions avec l'entreprise qui effectue sa déclaration ;

détaillé des transactions effectuées au cours de la période servant de base à l'imposition avec les entreprises qui les contrôlent ou qui sont sous leur contrôle, qu'elles soient situées au Cameroun ou à l'étranger[397]. Suivant la doctrine administrative, cette exigence incombe également aux sociétés apparentées ou associées appartenant au périmètre de consolidation de la maison mère, tel que défini à l'article 78 de l'Acte uniforme OHADA portant organisation et harmonisation des comptabilités des entreprises[398].

343. Ce qui change avec cette avancée, c'est que l'obligation de produire des informations et documents ne joue plus uniquement dans le seul cadre de la vérification de comptabilité. Elle constitue dorénavant une obligation déclarative annuelle au même titre que la déclaration annuelle des résultats[399]. Cette évolution comme les précédentes en matière de contrôle fiscal des prix de transfert, intervient sur le tard comme pour sortir d'une amnésie ou pour rattraper un malheureux oubli. Car, comment comprendre que les filiales opérant au Cameroun aient été pendant aussi longtemps épargnées de ces obligations fondamentales ? Le législateur ne pouvait logiquement se contenter d'instituer un contrôle axé sur les prix de transfert sans l'assortir de contraintes documentaires précises à la charge des filiales locales susceptibles de faire l'objet de contrôle dans ce domaine. On le voit, le contrôle fiscal des prix de transfert n'avait avant ce rattrapage légal et réglementaire aucune chance réelle de prospérer au Cameroun.

- une description générale des fonctions exercées et des risques assumés par les entreprises associées, dès lors qu'ils affectent l'entreprise qui effectue sa déclaration ;
- une liste des principaux actifs incorporels détenus, notamment brevets, marques, noms commerciaux et savoir-faire, en relation avec l'entreprise qui effectue sa déclaration.

397 Cf. Circulaire N° 001 /MINFI/DGI/LC/L DU 15 janvier 2014 précitée : En ce qui concerne l'état détaillé des transactions intragroupes « *les informations ci-après doivent être obligatoirement transmises au plus tard le 15 mars de chaque exercice :*

- *une description des opérations réalisées avec d'autres entreprises associées, incluant la nature et le montant des flux, y compris les redevances ;*
- *une liste des accords de répartition de coûts ainsi que, le cas échéant, une copie des accords préalables en matière de prix de transfert et des rescrits relatifs à la détermination des prix de transfert, affectant les résultats de l'entreprise déclarante ;*
- *une présentation de la ou des méthodes de détermination des prix de transfert dans le respect du principe de pleine concurrence, comportant une analyse des fonctions exercées, des actifs utilisés et des risques assumés ainsi qu'une explication concernant la sélection et l'application de la ou des méthodes retenues;*

Lorsque la méthode choisie le requiert, une analyse des éléments de comparaison considérés comme pertinents par l'entreprise ».

398 C'est le renvoi du législateur pour l'application de cette disposition à l'article L19 bis qui conduit à cette référence aux dispositions du droit comptable OHADA relatives au périmètre de consolidation.

399 La doctrine administrative précise qu'« *en cas de défaillance partielle ou totale du contribuable, une mise en demeure de fournir ou de compléter la documentation dans un délai de trente (30) jours doit lui être servie. Cette mise en demeure doit rappeler les sanctions applicables en cas de défaut de réponse* ».

344. Rappelons-le, le cadre formel à l'intérieur duquel peut se déployer le contrôle fiscal des prix de transfert se trouve être la vérification de comptabilité. Si l'engagement de cette procédure constitue du point de vue de la forme le préalable incontournable de ce type de contrôle, le déclenchement d'une présomption de transfert illicite de bénéfices constitue le préalable de fond.

B. L'exigence d'un préalable de fond : le déclenchement d'une présomption de transfert illicite de bénéfices

Pour mettre en œuvre son contrôle des prix de transfert, l'Administration doit avoir réuni des éléments faisant présumer qu'une entreprise a opéré un transfert de bénéfices au sens de l'article 19 du CGI. Suivant la doctrine fiscale camerounaise, ces éléments peuvent résulter des circonstances de fait ou de droit propres à chaque vérification. La marge de manœuvre concédé à cet égard à l'Administration est plutôt confortable dans la mesure où elle n'a pas l'obligation de motiver sa demande lorsqu'elle l'adresse à l'entreprise. il ne peut ainsi être exigé de l'Administration qu'elle possède les informations objet de la demande et qu'elle se trouve obligée de démontrer au préalable le caractère anormal des opérations dont elle souhaite apprécier la normalité.

345. En clair, deux conditions cumulatives doivent être réunies pour que joue cette présomption. D'une part, la procédure ne peut être mise en œuvre qu'à l'égard des entreprises susceptibles, soit d'être sous la dépendance ou de posséder le contrôle d'entreprises situées hors du Cameroun, soit d'être sous la dépendance d'une entreprise ou d'un groupe possédant également le contrôle d'entreprises situées hors du Cameroun **(1)**.

346. Examiner la relation d'interdépendance entretenue entre une entreprise locale contrôlée en Afrique subsaharienne et une ou plusieurs sociétés liées basées à l'étranger ne constitue en rien une originalité africaine. Ici également, les législations fiscales reprennent en chœur les exigences formulées par leurs consœurs des pays industrialisés qui veulent que le contrôle fiscal des entreprises liées se fonde tantôt sur la dépendance juridique **(1)**, tantôt sur la dépendance économique **(2)**.

1. Le contrôle des entreprises liées fondé sur la dépendance juridique

347. D'une manière générale, la dépendance juridique *« caractérise un contrôle de droit, c'est à dire l'exercice d'un pouvoir décisionnel sur l'autre*[400] *»*. Il en découle au regard du droit fiscal que deux entreprises sont juridiquement liées lorsque l'une dispose de la majorité des droits de vote dans le capital de l'autre. L'hypothèse la plus courante et la plus aboutie de dépendance juridique est offerte par le lien juridique entre la société-mère et

[400] RASSAT (P.), LAMORLETTE (T.) et CAMELLI (T.), *Stratégies fiscales internationales*, *op. cit.* p. 235.

sa filiale dans le cadre d'un groupe de sociétés. Plus largement la dépendance opère dans le cadre de ce que le droit comptable OHADA appelle le périmètre de consolidation[401]. En clair la notion de dépendance juridique fait référence soit au principe du contrôle de l'entreprise par la détention de la majorité du capital, soit à la détention d'une majorité relative permettant de déterminer la vie de la société[402]. Cette interdépendance peut donc exister si l'une des entreprises a une participation dans le capital de l'autre. Vue sous le rapport des liens découlant d'un contrat d'affaires international, cette dépendance existe si le cocontractant étranger détient des participations dans le capital du cocontractant de droit national ou inversement si ce dernier participe au capital du premier en vertu de la convention qui les lie. Cette seconde hypothèse est, du reste, marginale dans le contexte actuel des relations d'affaires entre entreprises africaines et entreprises étrangères. Ce sont en effet les sociétés étrangères des pays industrialisés ou émergents en quête de débouchés dans les pays africains qui contrôlent en général, directement ou indirectement, les filiales qu'elles établissent dans les pays africains[403].

348. Cela dit, le système fiscal camerounais offre une illustration singulière de la volonté des Etats africains d'adopter la démarche diffusée par l'OCDE en matière de contrôle fiscal des prix de transfert. Inspiré par la loi fiscale française, le législateur camerounais a choisi de surveiller le transfert indirect de bénéfices occasionné par la manipulation des prix de transfert à travers les dispositions de l'article 19 du Code Général des Impôts. La rédaction des dispositions du premier paragraphe de cet article emprunte entièrement à celle utilisée au titre du même paragraphe de l'article 57 du Code général des impôts français[404]. Ce faisant, l'article 19

---

[401] Art. 78 de l'Acte uniforme du 24 mars 2000 portant organisation et harmonisation des comptabilités des entreprises. Suivant cette disposition, une entreprise peut être contrôlée de manière exclusive par une autre entreprise ou de manière conjointe par plusieurs autres entreprises. « *Le contrôle exclusif par une entreprise résulte soit de la détention directe ou indirecte de la majorité des droits de vote dans une autre entreprise ; soit de la désignation pendant deux exercices successifs, de la majorité des membres des organes d'administration, de direction ou de surveillance d'une entreprise...; soit du droit d'exercer une influence dominante sur une entreprise en vertu d'un contrat ou de clause statutaires...*

Le contrôle conjoint est le partage du contrôle d'une entreprise, exploitée en commun par un nombre limité d'associés, de sorte que les décisions résultent de leur accord... »

[402] Voir LAMORLETTE (Th.) et RASSAT (P.), *Stratégie fiscale internationale*, MAXIMA, 3e éd., Paris, 1997, p. 57.

[403] En effet de tous les contrats d'affaires internationaux examinés, aucun n'a permis de déboucher sur un exemple de participation au capital du cocontractant étranger par le cocontractant de droit camerounais ; ce dernier étant en général le rejeton d'une multinationale étrangère détentrice directe ou indirecte de participations dans le capital de sa filiale camerounaise.

[404] Art. 57 du CGI français : « Pour l'établissement de l'impôt sur le revenu dû par les entreprises qui sont sous la dépendance ou qui possèdent le contrôle d'entreprises situées hors de France, les bénéfices indirectement transférés à ces dernières, soit par voie de majoration

constitue la solution de la législation fiscale camerounaise au problème des prix de transfert et de manière plus générale à celui de la localisation à l'étranger de leurs bénéfices par les entreprises camerounaises liées aux sociétés développant leurs activités dans plusieurs pays[405]. Les dispositions de cet article 19 qui apparaît comme le fondement légal du contrôle fiscal des prix de transfert sont ainsi articulées dans ses deux premiers paragraphes :

349. « Pour l'établissement de l'impôt sur les sociétés dû par les entreprises qui sont sous la dépendance ou qui possèdent le contrôle d'entreprises situées hors du Cameroun, les bénéfices indirectement transférés à ces dernières, soit par voie de majoration ou de diminution des prix d'achat ou de vente, soit par tout autre moyen, sont incorporés aux résultats accusés par les comptabilités.

350. Il est procédé de même à l'égard des entreprises qui sont sous la dépendance d'une entreprise ou d'un groupe possédant également le contrôle d'entreprises situées hors du Cameroun ».

351. Cet article ambitionne, à l'instar de son pendant français, de donner à l'Administration la possibilité de redresser les résultats déclarés par les entreprises de droit camerounais qui sont sous la dépendance ou qui possèdent le contrôle d'entreprises situées en dehors du territoire fiscal camerounais, à raison des bénéfices qu'elles leur auraient indirectement transférés en les faisant ainsi échapper à l'impôt camerounais. Suivant la doctrine administrative camerounaise, la dépendance juridique découle soit du pourcentage de participation, soit de l'exercice direct ou par des personnes interposées. Elle se traduit notamment par la part prépondérante du capital, la majorité absolue des suffrages ou les fonctions comportant le pouvoir de décision[406].

352. Pour opérer des redressements lors des contrôles fiscaux effectués auprès des entreprises de groupe établies au Cameroun sur le fondement de ces dispositions, c'est-à-dire sur le fondement de la manipulation des prix de transfert, les services de contrôle doivent non seulement apporter la preuve de l'existence des liens de dépendance avec une ou plusieurs autres entreprises liées mais aussi établir que les opérations d'achat ou de vente incriminées donnent lieu à un transfert indirect de bénéfice à l'étranger. Soulignons-le, les relations contractuelles entretenues par l'entreprise contrôlée et les entreprises étrangères du groupe sont généralement

---

ou de diminution des prix d'achat ou de vente, soit par tout autre moyen, sont incorporés aux résultats accusés par les comptabilités. Il est procédé de même à l'égard des entreprises qui sont sous la dépendance d'une entreprise ou d'un groupe possédant également le contrôle d'entreprises situées hors de France ».

405 L'article 57 du CGI français est de même la réponse du législateur au contrôle du transfert indirect de bénéfices à l'étranger.

406 Voir Circulaire N° 004/MINEFI/DGI/LC/L du 25 janvier 2007 précisant les modalités d'application des dispositions fiscales de la loi de finances pour l'exercice 2007.

formalisées par des contrats ou des documents qui en tiennent lieu. Dès lors, pour appréhender juridiquement le lien de dépendance susceptible de régir les rapports entre l'entreprise camerounaise et l'entreprise étrangère, l'Administration fiscale dirige ses investigations soit vers les statuts de l'entreprise camerounaise, soit vers les contrats commerciaux ou financiers qui lient cette dernière à l'entreprise étrangère, ou encore vers tout autre document susceptible de faire la preuve de l'existence d'un pouvoir décisionnel généralement exercé par le cocontractant étranger sur l'entreprise camerounaise. Soulignons au passage que les états financiers annuels de synthèse la Déclaration Statistique et Fiscale (DSF) du contribuable peuvent auparavant avoir renseigné l'Administration sur l'existence d'un tel lien[407]. Au Cameroun, une telle approche permet par exemple de constater que chez les contribuables concessionnaires de marques étrangères, il n'existe quasiment pas de situation d'indépendance du concessionnaire de marque vis-à-vis du concédant. Il n'en va certainement pas autrement dans les autres pays africains[408].

353. Ces documents qui méritent en principe toute l'attention des services fiscaux en ce qu'ils permettent d'exciper des éléments probants de preuve, sont bien souvent dans certains pays africains, soit totalement ou partiellement ignorés, soit mal analysés[409]. Une telle situation tranche dans la pratique d'avec celle des agents des administrations fiscales des pays industrialisés. En France par exemple, il est de doctrine constante que la détermination du « bon » prix de transfert dépend également des conditions juridiques dans lesquels les transactions sont conclues entre les parties. Ainsi, pour établir le transfert de bénéfices par un contribuable à l'étranger, l'administration s'attachera à démontrer la dépendance juridique des structures résultant de la détention de la majorité des droits de vote[410]. Dans de telles conditions selon M0nsieur Dal Vecchio, apporter la preuve d'une dépendance juridique est facile puisque l'administration peut s'appuyer sur des documents écrits confortant son analyse juridique[411].

354. Au reste, s'il est établi que les dispositions de l'article 19 du CGI camerounais de lutte contre le transfert indirect de bénéfices tirent toute leur

---

[407] D'après le Système comptable OHADA (SYSCOHADA), les états financiers annuels de synthèse se subdivisent en cinq grandes rubriques s'agissant du système normal duquel relève en général les grandes entreprises, filiales de multinationales à savoir : les informations générales, le bilan, le compte de résultat, le tableau des flux de trésorerie et les notes annexes. La rubrique consacrée aux informations générales sur l'entité suffit généralement à renseigner sur les liens de dépendance de l'entreprise contrôlée.

[408] En effet tous les concessionnaires visités dépendent juridiquement ou économiquement d'entreprises étrangères.

[409] Comme nous l'avons déjà relevé, le transfert indirect de revenus prospère en Afrique pour une bonne part sur l'incurie des agents de l'administration fiscale en matière de contrôle des contrats d'affaires et singulièrement en matière de contrôle des prix de transfert.

[410] DAL VECCHIO (F.), *op, cit.*, p. 250.

[411] *Ibid.* p. 250.

inspiration de celles de l'article 57 du CGI français, il apparaît en revanche que les deux textes connaissent des résonnances dissemblables dans la pratique. En effet, depuis son institution dans le corpus législatif, l'article 19 du CGI, au contraire de son pendant français, n'a pas connu au Cameroun le même succès auprès des services de contrôle dans la lutte contre le transfert indirect de bénéfices découlant d'une présomption de manipulation des prix de transfert. La réticence des vérificateurs à mobiliser cette disposition tenait essentiellement à la structuration peu avancée du dispositif légal et réglementaire de recherche de l'information fiscale à l'échelle internationale. Il est d'ailleurs à craindre pour l'avenir que le dispositif actuel de contrôle fiscal des prix de transfert ne serve qu'à la mobilisation par l'administration fiscale de simples présomptions de manipulation des prix sans pour autant déboucher sur l'établissement de réelles certitudes. La situation est d'autant plus préoccupante que sur ce terrain les services de contrôle, dans les notifications de redressements envisagés en matière de contrôle des prix de transfert, n'hésitent pas à inviter au secours des articles 19 du CGI et L 19 du LPF camerounais, les dispositifs respectifs de répression de l'abus de droit, des actes anormaux de gestion et des versements effectués dans les paradis fiscaux. Une telle pratique est révélatrice du désarroi technique dans lequel baignent les administrations fiscales africaines face au contrôle fiscal des prix de transfert.

2. le contrôle fiscal des entreprises liées fondé sur la dépendance économique

355. La dépendance économique ou *« dépendance de fait »* se caractérise par la capacité d'une entreprise à imposer des conditions économiques à une autre entreprise. Le contrôle de la dépendance économique renvoie au contrôle du pouvoir de décision que ferait peser sur l'entité locale une quelconque entreprise étrangère. La dépendance économique peut se manifester à travers une pluralité de cas de figure. Le premier cas de figure renvoie à l'existence d'un lien contractuel entre l'entreprise camerounaise et l'entreprise étrangère. Ce type de dépendance survient par exemple lorsque l'une des entreprises est intégrée au réseau de distribution de l'autre ou lorsque les deux entreprises sont liées entre elles par un contrat de sous-traitance[412]. Elle est établie lorsque l'une dispose directement ou indirectement d'un véritable pouvoir de décision sur l'autre.

356. Suivant la doctrine administrative camerounaise, la dépendance de fait est révélée par les conditions dans lesquelles se déroulent les relations entre les deux entreprises. Elle peut être établie dans le cas d'une dépendance commerciale ou économique manifeste, la société étrangère fixant les prix d'achat et les prix de vente. Elle peut également être établie

---

412 RASSAT (P.) LAMORLETTE (Th.) et CAMELLI (Th.), *Stratégies fiscales internationales*, *op. cit.* p. 235.

dans le cas d'une dépendance financière particulièrement étroite, la société camerounaise ne pouvant fonctionner que grâce aux avances consenties par la société étrangère. Il s'agit, entre autres, de liens de dépendance contractuelle ou découlant des conditions dans lesquelles s'établissent les relations entre deux entreprises[413]. Ajoutons qu'il il peut arriver dans une configuration intragroupe, que les relations contractuelles ne fassent pas l'objet d'une rédaction écrite. Dans une telle hypothèse, le défaut d'acte écrit permet à l'administration fiscale de retrouver une réelle liberté d'action dans la mesure où le flou entretenu plus ou moins volontairement par l'entreprise, et dont elle aurait pu croire tirer profit sur le plan procédural, augmente d'autant les marges de manœuvre de l'administration fiscale[414].

357. En tout état de cause, un transfert de bénéfices peut, être réalisé par des achats d'une filiale camerounaise auprès d'une entreprise étrangère à des prix majorés ou des ventes de cette même entreprise à la société étrangère à des prix minorés. Pour apprécier l'existence d'une falsification des prix de transfert, l'administration indique qu'il faut se référer aux prix auxquels le fabriquant étranger vend généralement les mêmes produits à des sociétés indépendantes. Et c'est à ce stade de l'analyse que les services de contrôle empruntent aux méthodes traditionnelles fondées sur les transactions.

358. Ainsi, la mobilisation du contrôle fiscal en tant que fonction d'éviction du transfert indirect des bénéfices relève davantage de l'ordre du virtuel, que de l'ordre du réel lorsque ce contrôle s'appuie sur la législation dédiée au contrôle des prix de transfert. Le contrôle fiscal des prix de transfert souffre en réalité d'une déficience de gouvernance qui annihile son efficacité dans la mesure où il a du mal à produire des redressements insusceptibles de remise en cause par les entreprises. Néanmoins, les administrations fiscales africaines ont la responsabilité de veiller à ce que les délocalisations de bases imposables consécutives au transfert artificiel intragroupe des profits imposables à l'extérieur des juridictions nationales fassent l'objet de déclarations par les entités de groupe multinationaux et reflètent leur activité économique réelle[415]. De leur côté, les contribuables encourent un risque de double imposition - en l'absence de mécanisme de correction dans les juridictions fiscales étrangères[416] - dans toutes les hypothèses de rejet par l'administration fiscale des prix retenus pour les transactions transnationales intragroupe. Les redressements opérés dans de

[413] Circulaire n° 0004 /MINEFI/DGI/LC/L du 25 janvier 2007 précisant les modalités d'application des dispositions fiscales de la Loi de Finances pour l'exercice 2007.

[414] DOUVIER (P.-J.) *Fiscalité internationale*, Litec, 1996, p.1 cité par DAL VECCHIO (F.), *L'opposabilité des conventions de droit privé en droit fiscal, op. cit.*, p. 251.

[415] RASSAT (P.) LAMORLETTE (T.) et CAMELLI (T.), *Stratégies fiscales internationales*, *op. cit.* p. 133.

[416] *Ibid.*, p. 133.

telles hypothèses se traduisent fatalement par un phénomène de double imposition.

359. Il en va autrement de la surveillance du transfert indirect des bénéfices adossée au contrôle des revenus servis à l'étranger sous diverses formes et à l'issue desquels les administrations fiscales arrivent à effectuer un minimum de redressements viables.

SECTION 2 : LE CONTRÔLE MINIMAL DES REVENUS DE SOURCE CONTRACTUELLE SERVIS À L'ÉTRANGER

360. Le fait que les administrations fiscales africaines n'obtiennent pas de résultats probants en matière de contrôle des prix de transfert par l'application des dispositions légales et règlementaires spécifiquement affectées à ce contrôle n'a pas conduit lesdites administrations à baisser les bras devant les transferts indirects de bénéfices que véhiculent les contrats d'affaires internationaux. Au contraire, elles tentent – non sans mal – de compenser cette carence en se montrant plus incisives dans cette bataille notamment en surveillant les rémunérations servies à l'étranger en contrepartie de prestations de toute nature. L'administration fiscale se tient ainsi à l'affut de toutes les transactions transfrontalières entrainant le versement de sommes d'argent à l'étranger. Sur ce terrain, les résultats du contrôle fiscal sont plus probants, même si les marges de progression restent importantes. Comme on le verra, de nombreux redressements sont en effet enregistrés dans le contrôle de la taxe spéciale sur le revenu qui frappe d'une manière générale les sommes versées à l'étranger en rémunération des prestations de toute nature fournies ou utilisées au Cameroun.

361. Ce qu'il convient de mettre en perspective au sujet du contrôle des rémunérations servies à l'étranger, c'est que ce contrôle procède d'une démarche empirique qui soumet ces revenus à un contrôle différencié de la part des administrations fiscales que ce soit en présence d'une convention fiscale internationale **(§2)** ou en l'absence d'une telle convention **(§1).**

§1. Le contrôle extensif des rémunérations servies à l'étranger en l'absence de convention fiscale internationale

362. Les rémunérations servies par une entreprise quelconque exploitant au Cameroun au profit d'une entreprise -liée ou non- domiciliée à l'étranger sont en général la traduction des engagements contractuels qui lient les entreprises concernées en même temps que le reflet de leur stratégie commerciale et financière. En l'absence de convention fiscale entre le Cameroun et l'Etat de ressort de l'entreprise bénéficiaire des revenus servis à l'étranger, la surveillance des transferts indirects de bénéfices au moyen des contrats d'affaires se veut, à l'observation, une approche ouverte et empirique en ce sens qu'elle procède d'un contrôle différencié par centre d'intérêt suivant l'appréciation des services de contrôle. L'on peut valablement en guise de marqueurs subdiviser cette surveillance en deux segments. Le premier a trait à la surveillance de l'application du principe de territorialité **(A)**, le second a trait à la surveillance des sommes versées à l'étranger en rémunération des prestations de toute nature **(B)**.

A. La surveillance de l'application du principe de territorialité

363. Le principe de territorialité de l'impôt est le levier indispensable de la souveraineté fiscale de l'Etat puisque c'est autour de ce principe que l'Etat tisse la toile de l'imposition souveraine des activités et des personnes. La territorialité commande pour un impôt donné que soient définis le plus précisément possible au regard de la loi fiscale de chaque Etat les règles d'imposition des opérations ou des personnes imposables au sein de cet Etat. La définition des règles de territorialité peut revêtir un caractère plus ou moins élaboré suivant les législations et ainsi ouvrir ou restreindre le champ des possibilités de taxation et de contrôle de l'administration fiscale. Les revenus qui sont, au premier chef, concernés par lesdites règles sont les revenus de source locale servis à l'étranger. En réalité, le principe de territorialité ne se justifie techniquement que par la nécessité pour l'Etat de régir fiscalement les entreprises qui ont une activité internationale. Ce principe joue en effet moins pour les entreprises du ressort territorial d'un Etat exerçant, totalement ou partiellement, une activité à l'étranger que pour les entreprises étrangères exerçant totalement ou partiellement une activité dans cet Etat.

364. Ici encore, la plupart des législations africaines ont tiré leur inspiration du droit conventionnel et notamment du modèle de convention proposé par l'OCDE en essayant de contextualiser au mieux les hypothèses d'imposition des revenus dans les limites du territoire fiscal de l'Etat et ce, sous réserve des conventions fiscales internationales. Ce qui signifie que le droit commun de la territorialité ne peut trouver matière à dérogation qu'en présence d'une convention fiscale internationale. En tout cas pour faire jouer pleinement sa souveraineté fiscale en matière de contrôle fiscal sur les entreprises opérant au Cameroun, le législateur leur confère une personnalité fiscale dès lors qu'elles y disposent soit d'un siège social ou d'une direction effective **(1)**, soit d'un établissement permanent ou d'un représentant dépendant **(2)**. La souveraineté fiscale ne se limite pas seulement à la définition d'une personnalité fiscale fonctionnellement rattachable aux différentes modalités de domiciliation ou de fixation des entreprises sur le territoire camerounais. Elle touche, au-delà de la problématique de la domiciliation, les activités formant un cycle commercial complet **(3)**.

1. Entre siège social et lieu de direction effective

365. Le législateur camerounais prend appui, à l'intérieur des limites territoriales de l'Etat, sur les principaux points de repère ou d'attache des entreprises que sont le siège social ou le lieu de direction effective pour circonscrire le potentiel des entreprises imposables sur son territoire.

366. La notion de siège social renvoie au domicile de l'entreprise exerçant sous la forme sociétaire. En effet, selon le droit OHADA des sociétés commerciales, le siège social est le lieu où la société a logé son principal établissement, autrement dit le lieu où l'adresse indiquée dans les statuts de l'entreprise pour sa localisation[417]. Il est à noter que selon le législateur communautaire OHADA précise que le siège social ne peut pas être constitué uniquement par une domiciliation à une boîte postale. Il doit être localisé par une adresse ou une indication géographique suffisamment précise[418]. La direction effective quant à elle, renvoie au lieu où sont concentrés les organes de direction, d'administration et de contrôle de la société[419]. Dans la pratique, il s'agit du lieu où sont prises ou formalisées les décisions de gestion nécessaires à la conduite des activités de l'entreprise. Il convient ici de faire une distinction entre siège statutaire et siège réel.

367. Dans la pratique, il arrive très souvent que le siège social se confonde avec le lieu de direction effective. En conséquence, sous réserve des conventions fiscales internationales ratifiées par le Cameroun, les entreprises dont le lieu de direction effective est situé au Cameroun sont soumises à l'impôt sur les sociétés pour l'ensemble de leurs opérations réalisées au Cameroun et à l'étranger, même si leur siège social est formellement indiqué hors du Cameroun.

2. Entre établissement permanent et représentant dépendant

368. Le concept d'établissement permanent adopté au Cameroun à la faveur de la loi de finances pour 2015 est proche de celui d'établissement stable définie par les conventions fiscales, sous réserve des spécificités liées à chaque convention fiscale. D'après la doctrine administrative camerounaise, par établissement permanent, il faut entendre, une installation matérielle possédant une certaine fixité et dotée d'un certain degré d'autonomie, au moyen de laquelle l'entreprise étrangère exerce tout ou partie de son activité[420]. Constituent notamment des installations matérielles fixes selon la doctrine administrative camerounaise : une succursale, un magasin, une agence, un bureau de vente ou d'achat, une usine, un atelier, un chantier, une mine, une carrière ou autre lieu d'extraction de ressources

---

[417] Art. 23 de l'Acte uniforme relatif au droit des sociétés commerciales et du groupement d'intérêt économique (AUSCGIE). D'après cette disposition, *« Toute société a un siège qui doit être mentionné dans ses statuts »*.

[418] Art. 25 de l'AUSCGIE.

[419] Art. 24 de l'AUSCGIE.

[420] Cf. Circulaire d'application de la Loi de Finances de la République du Cameroun pour 2015.

naturelles et, de manière générale, toute unité d'exploitation poursuivant un but économique où sont réalisées des opérations génératrices de profits.

369. Les illustrations se rapportant à la notion d'installation matérielle fixe ci-dessus se recoupent largement avec les illustrations généralement proposées au sujet du concept d'établissement stable. En effet le concept d'établissement permanent tout comme celui d'établissement stable, permet de déterminer si une activité industrielle ou commerciale exercée dans un Etat - en l'occurrence au Cameroun - est imposable au lieu d'exercice des activités ou au contraire, seulement au lieu de résidence de l'entreprise[421]. Pendant longtemps en Afrique subsaharienne en général et au Cameroun en particulier, le concept d'établissement stable n'était évoqué que dans le cadre du droit conventionnel des Etats[422]. Cela s'explique peut-être par le fait que le droit interne des Etats traite déjà de la notion d'établissement qui peut prêter à confusion avec celle d'établissement stable. Pourtant, la notion conventionnelle d'établissement stable prévaut sur la notion d'établissement en droit interne ou sur celle d'entreprise exploitée au Cameroun. Ce n'est qu'en l'absence de convention fiscale que le droit interne des Etats régit intégralement l'imposition des bénéfices des entreprises[423].

370. Au Cameroun, il a fallu attendre la loi de finances pour 2015 pour que le législateur s'empare avec plus de profondeur du sujet de la territorialité. En effet avant cette date, la législation se contentait de poser sommairement les règles de territorialité en matière d'impôt sur les sociétés en disposant au moyen de l'article 5 du CGI que *« les bénéfices passibles de l'impôt sur les sociétés sont déterminés en tenant compte uniquement des bénéfices obtenus dans les entreprises exploitées ou sur les opérations réalisées au Cameroun, sous réserve des conventions internationales ».* Aucune autre précision n'était donnée par le législateur camerounais quant aux critères à retenir par l'administration fiscale pour saisir les réalités qui se cachaient derrière la notion d'*» entreprises exploitées au Cameroun »* ou celle d'» *opérations réalisées au Cameroun ».* Cette situation n'était pas sans incidence sur la sécurité juridique des contribuables étrangers effectuant au Cameroun des opérations industrielles et commerciales transfrontalières par l'entremise de leurs démembrements installés au Cameroun[424]. L'administration fiscale, pour résoudre cette préoccupation à l'occasion des contrôles fiscaux, s'en remettait à une doctrine administrative hésitante et

---

421 GOUTHIERE (B.), *Les impôts dans les affaires internationales, op. cit.*, p. 221.

422 Rien d'étonnant à cela puisque les différentes législations des Etats de cette région du monde se construisent à partir des dispositifs normatifs forgés par des pays influents comme la France ou à partir des modèles proposés par l'OCDE.

423 GOUTHIERE (B.), *op. cit.*, p. 221.

424 Les deux principes de territorialité de base en matière de fiscalité internationale sont, rappelons la doctrine, la résidence (le domicile, en droit interne camerounais ou français) pour les personnes physiques, et l'établissement stable pour les personnes morales (Cf. BLANCO (D.), *op. cit.*, p. 152).

imprécise, elle-même partiellement adossée à la doctrine fiscale française et à celle de l'OCDE. Ainsi, dès lors que l'administration fiscale se retrouvait en situation de contrôle devant des entreprises ou des opérations rentrant dans le champ des dispositions l'article 5, elle s'appuyait sur les concepts d'établissement stable ou de cycle complet d'opérations pour motiver ses redressements ; lesquels redressements donnaient lieu à de récurrentes contestations de la part des contribuables.

371. Suivant les récentes dispositions de l'article 5 bis (1) du Code Général des Impôts issues de la Loi de finances pour 2015, sont dorénavant réputés exploitées au Cameroun, les entreprises dont le siège social ou le lieu de direction effective est situé au Cameroun, de même que les entreprises qui disposent au Cameroun d'un établissement permanent ou d'un représentant dépendant[425].

372. D'après la doctrine administrative, les entreprises réalisant des opérations au Cameroun par le canal d'un représentant dépendant sont assujetties à l'impôt sur les sociétés. Il s'agit d'une évolution récente qui tire les leçons des incertitudes passées. La doctrine administrative camerounaise met en avant le lien de subordination devant exister entre l'entreprise étrangère et son représentant comme critère d'assujettissement à l'impôt sur les sociétés tout en précisant que ledit représentant, Ce dernier est dépourvu dans l'exercice de ses activités d'une personnalité juridique distincte de celle de l'entreprise qui l'emploie. Il ne s'agit selon elle, ni plus ni moins, que d'» *un préposé de l'entreprise étrangère à laquelle il demeure attaché par un lien de subordination »*. Tels sont en effet les termes de la circulaire précisant les modalités d'application de la loi de finances pour 2015. Toutefois, cette doctrine dispose expressément que cette condition n'est pas réputée remplie, lorsque l'entreprise étrangère fait appel à des représentants ou professionnels indépendants, courtiers ou commissionnaires intervenant pour le compte de clients multiples[426].

3. Le contrôle de la réalisation d'un cycle commercial complet

373. Au-delà de la question de la fixité des installations ou des personnels relevant de l'entreprise étrangère, le législateur camerounais s'attache également depuis 2015 à sécuriser la taxation des opérations réalisées au Cameroun par les entreprises étrangères en se réfugiant derrière

---

425 Art. 5 bis (1) du CGI en vigueur au Cameroun : D'après cette disposition, *« Sont réputés exploitées au Cameroun :*

- *les entreprises dont le siège social ou le lieu de direction effective est situé au Cameroun ;*
- *les entreprises qui au Cameroun un établissement permanent ;*
- *les entreprises qui disposent au Cameroun d'un représentant dépendant ».*

426 Circulaire n°004/MINFI/DGI/LRI/L du 28 janvier 2015 précisant les modalités d'application des dispositions fiscales de la loi N°2014/026 du 23 décembre 2014 portant loi de finances de la République du Cameroun pour l'exercice 2015

le concept de cycle commercial complet. La loi fiscale camerounaise prévoit de la sorte cette ultime hypothèse en considération des hypothèses où il serait ardu pour l'administration fiscale de déterminer l'existence d'un établissement permanent ou d'un représentant dépendant. [427] Il s'agit là en tout cas, de dispositions qui traduisent un rattrapage légal de la part du législateur qui n'envisageait auparavant que les notions vagues d'» *entreprises exploitées au Cameroun »* ou d' » *opérations réalisées au Cameroun »* pour circonscrire le spectre de la territorialité.

374. Ainsi depuis le début de l'exercice 2015, la loi fiscale camerounaise a comblé cette insuffisance en faisant entrer dans le champ de la territorialité, les bénéfices réalisés par les entreprises ayant leur siège social ou leur lieu de direction effective hors du Cameroun résultant des opérations formant un cycle commercial complet au Cameroun. La doctrine administrative précise à ce propos que le cycle commercial complet se matérialise par la présence d'une série d'opérations commerciales, industrielles ou artisanales dirigées dans un but déterminé et dont l'ensemble forme un tout cohérent[428]. Cette doctrine se montre d'ailleurs plus détaillée en mettant en évidence les contours du concept de cycle commercial complet par secteur d'activités en le modelant sous le triple angle commercial, industriel et financier.

375. Ainsi s'agissant du secteur commercial, le cycle complet d'opérations couvre l'achat suivi de la revente des biens. Il en est ainsi notamment lorsque les ordres de commande et les livraisons sont effectués au Cameroun. Ces opérations sont imposables dès lors qu'elles résultent d'une activité exercée au Cameroun et présentant un caractère habituel. En conséquence, une entreprise étrangère qui revend au Cameroun les marchandises qu'elle y a achetées directement ou par l'intermédiaire de représentants n'ayant pas de personnalité distincte de la sienne est passible de l'impôt sur les sociétés au Cameroun, même si elle n'y possède pas d'établissement. En revanche, ne peuvent être considérées comme formant un cycle commercial complet au Cameroun, les opérations réalisées par une entreprise étrangère qui se limite à conclure des marchés de fournitures lorsque les livraisons s'effectuent sous douane.

376. Pour ce qui est du secteur industriel, constituent un cycle commercial complet, les opérations de transformation, de montage ou d'extraction. Il en est de même des opérations de représentation réalisées au Cameroun par une société étrangère, moyennant une commission sur le montant des ventes, pour le compte d'une entreprise industrielle

---

[427] Article 5 bis (2) : « le bénéfice des entreprises ne remplissant pas les conditions visées à l'alinéa 1 ci-dessus est imposable au Cameroun dès lors qu'elles y réalisent des activités formant un cycle commercial complet ».

[428] Circulaire d'application des dispositions fiscales de la loi de finances de la République du Cameroun pour l'exercice 2015 précitée.

camerounaise. L'entreprise étrangère est soumise à l'impôt sur les sociétés au titre des revenus tirés de l'activité de représentation, même en l'absence d'établissement ou de magasin au Cameroun.

377. La doctrine administrative camerounaise se montre plus laconique s'agissant du secteur financier, puisqu'elle ne focalise dans ce secteur que sur les activités de transfert d'argent vers l'étranger. De telles activités forment d'après elle un cycle selon elle commercial complet.

378. En tout état de cause, les critères de détermination de la territorialité appelés à être activés en situation de contrôle par l'administration fiscale camerounaise sont des critères alternatifs, ce qui signifie que la survenance d'un seul d'entre eux suffit à entrainer l'assujettissement à l'impôt sur les sociétés au Cameroun. Cela dit, au-delà de de l'application du principe de la territorialité, la surveillance des services de contrôle s'étend à l'ensemble des versées à l'étranger en rémunération des prestations de toute nature.

B. La surveillance des sommes versées à l'étranger en rémunération des prestations de toute nature

379. Le contrôle fiscal des rémunérations de source contractuelle, en l'absence de conventions fiscales internationales, ne requiert pas seulement que soit vidée la question de l'application du principe de territorialité, il pose également la question plus concrète de l'appréhension de la matière imposable transfrontalière, en l'occurrence la question de la nature des rémunérations imposables. Il faut dire sur ce point qu'historiquement, le législateur fiscal camerounais, suivi en cela par l'administration fiscale, a évolué d'une conception restrictive du champ d'imposition des rémunérations versées à l'étranger à une conception plus extensive dudit champ en englobant dorénavant les sommes versées aux entreprises non-résidentes par les entreprises établies au Cameroun en rémunération des prestations de toute nature réalisées au Cameroun . Cette évolution qui a connu une maturation d'une bonne trentaine d'années s'est d'abord traduite en matière de contrôle fiscal des rémunérations des prestations des non-résidents par une focalisation des agents de l'administration fiscale sur le contrôle des frais d'assistance technique avant de s'étendre plus largement et progressivement sur les rémunérations de prestations de toute nature **(1)**.

380. Il a fallu, dans cette entreprise de lutte contre l'évasion fiscale internationale initiée par les autorités fiscales camerounaises, imaginer un régime d'imposition qui saisisse aussi bien le chiffre d'affaires réalisé que les revenus gagnés au Cameroun par une catégorie de contribuables constituée de personnes physiques ou morales généralement regroupés sous le vocable de « non-résidents ». Le législateur s'appuiera ainsi respectivement sur la Taxe spéciale sur les revenus (TSR) et la Taxe sur le chiffre d'affaires (TVA) pour bâtir le droit commun de l'imposition des revenus et du chiffre d'affaires des entités non-résidentes qu'il appartient dorénavant à l'administration fiscale de contrôler **(2)**.

1. Du contrôle des frais d'assistance technique au contrôle des rémunérations des prestations de toute nature

381. Pendant longtemps, le contrôle fiscal des rémunérations servis aux personnes morales et physiques domiciliées hors du Cameroun par des personnes ou établissements situées au Cameroun épousait le champ d'imposition établit par le législateur pour ce type de revenus. A l'origine, la taxe spéciale sur les revenus (TSR) visait un champ assez restreint de revenus classé par le législateur en cinq groupes. Il s'agissait essentiellement de certaines redevances ou revenus versées au titre des droits d'auteur, de la vente ou de la location de licences d'exploitation de brevets, marque de fabrique, procédés ou formules secrets ; de la location ou du droit d'utilisation de films cinématographiques ; des rémunérations pour la fourniture d'informations concernant les expériences d'ordre industriel, commercial ou scientifique, ainsi que pour la location d'équipements industriels, commerciaux ou scientifiques ; des rémunérations pour études, assistance technique, financière ou comptable.

382. A la vérité, le débat en matière de contrôle s'est confiné en pratique à la surveillance fiscale des frais d'assistances techniques versés aux entités étrangères par les entreprises camerounaises. Un tel débat se justifiait essentiellement par l'étroitesse de vue des agents de l'administration fiscale en matière industrielle et commerciale. Les opérations de contrôle des années 80 et 90 souffraient en effet du manque de profondeur dans la connaissance des activités transfrontalières génératrices de revenus imposables. Ainsi, l'énumération par le législateur des activités imposables n'avaient de réelle importance pratique que de par la forme et non de par le fond, au point où les investigations de l'administration fiscale en cette matière se dirigeaient systématiquement vers le contrôle des frais d'assistance technique[429] et vers ce que l'administration fiscale qualifiait improprement dans ses notifications de redressement de frais d' » *assistance technique complémentaire »,* expression employée pour désigner des frais accessoires aux frais d'assistance technique très souvent pris en charge par les entreprises camerounaises au profit des prestataires étrangers, notamment les frais de transport, d'hébergement et autres indemnités de séjour. Pour l'administration fiscale, ces frais accessoires entrent sans équivoque dans la reconstitution de la base imposable à la taxe spéciale sur les revenus. Une telle posture a toujours suscité de l'incompréhension de la part des contribuables visés qui objectent que les frais accessoires imposés par

---

[429] L'assistance technique s'entend de toute prestation rendue à une entreprise camerounaise ou un établissement stable en vue de renforcer ses capacités de production ou d'accroître son rendement. (Cf. Circulaire précisant les modalités d'application des dispositions fiscales de la loi N°2015 portant loi de finances de la République du Cameroun pour l'exercice 2016).

l'administration le sont à tort, dans la mesure où ils ne constituent nullement la rémunération d'un quelconque service rendu, mais plutôt de simples frais généraux d'exploitation. En tout état de cause, la position de l'administration fiscale a toujours pris le dessus à l'occasion des contrôles fiscaux sur celle des entreprises contrôlées sans que le débat ne soit porté devant le juge fiscal consécutivement à un quelconque contentieux.

383. A partir des années 2000, cette timidité s'est progressivement amenuisée pour faire place à une meilleure prise de conscience des enjeux techniques de l'imposition de la myriade de prestations de service transfrontalières auxquelles pouvaient être confrontée l'économie camerounaise. Ainsi la question du contrôle de l'assistance technique est certes demeurée au centre des préoccupations de l'administration fiscale en matière de contrôle des rémunérations transfrontalières prestations de service, mais le contrôle des sommes versées aux prestataires non-résidents s'est diversifié avec le temps en saisissant progressivement une panoplie d'autres dépenses engagées en rémunération de prestations de service que le législateur n'est plus en capacité d'énumérer de manière exhaustive.

384. C'est notamment avec la Loi de finances pour 2012 que le champ d'application de la taxe spéciale sur les revenus va connaître une extension fulgurante. Deux innovations majeures vont être apportées par ce texte. La première est relative à la définition du terme droit d'auteur qui renvoi dorénavant à toutes les œuvres du domaine littéraire ou artistique, quels qu'en soient le mode, la valeur, le genre ou la destination. La liste qu'en donne le législateur est étonnante de détails[430] et élargit *de facto* le spectre du contrôle fiscal pour l'administration fiscale camerounaise qui doit surveiller l'imposition systématique à la taxe spéciale sur les revenus, des revenus versés à l'étranger au titre des droits d'auteur, sauf stipulation contraire d'une convention fiscale.

385. La seconde innovation concerne les logiciels. Selon la doctrine administrative par logiciel, il faut entendre toutes les applications et programmes informatiques nécessaires à l'exploitation ou au fonctionnement de l'entreprise[431]. Le concept de logiciel n'est pas à confondre avec celui de

---

[430] Sont notamment visés par l'article 225 du CGI camerounais : *« les œuvres littéraires ; les compositions musicales avec ou sans paroles ; les œuvres dramatiques, dramatico-musicales, chorégraphiques, pantomimiques créées pour la scène ; les œuvres audiovisuelles ; les œuvres de dessin, de peinture, de lithographie, de gravure à l'eau forte ou sur le bois et œuvres du même genre ; les sculptures, bas-reliefs et mosaïques de toutes sortes ; les œuvres d'architecture, aussi bien les dessins et maquettes que la construction elle-même ; les tapisseries et les objets créés par les métiers artistiques et les arts appliqués, aussi bien le croquis ou le modèle que l'œuvre elle-même ; les cartes ainsi que les dessins et reproductions graphiques et plastiques de nature scientifique ou technique ;les œuvres photographiques auxquelles sont assimilées les œuvres exprimées par un procédé analogue à la photographie ».*

[431] Voir en ce sens Circ. d'application de la loi de finances de la République du Cameroun pour l'exercice 2012.

droit d'auteur. Les logiciels n'entrent pas dans la catégorie des œuvres relevant fiscalement du droit d'auteur. Ils sont cependant visés de manière spécifique pour l'imposition à la Taxe spéciale sur les revenus (TSR). Ainsi, toutes les sommes versées à l'étranger en contrepartie des logiciels, quels que soient la nature de ceux-ci et le pays de destination, doivent faire l'objet d'un prélèvement au taux unique de 15%[432].

386. Ainsi, l'administration fiscale se montre plus offensive que par le passé en ce qui concerne le contrôle fiscal des rémunérations versées à l'étranger. Outre les rémunérations pour études, consultations, assistance technique, financière ou comptable, cette offensive est de plus en plus perceptible en ce qui concerne les contrats de fourniture de logiciels ou des contrats générateurs de droits d'auteurs ainsi que des rémunérations versées à l'étranger dans le cadre des contrats de vente ou de la location de licence d'exploitation de brevets, marques de fabrique, procédés et formules secrètes. De nombreux redressements fiscaux sont en effet enregistrés en cette matière notamment à la suite des contrôles fiscaux des entreprises du secteur agro-industriel[433]. Il en va de même en ce qui concerne les rémunérations pour fournitures d'informations concernant les expériences d'ordre industriel commercial ou scientifique ainsi que pour la location d'équipements industriels, commerciaux ou scientifiques.

387. Dans le secteur pétrolier également, l'administration fiscale enregistre également des résultats plus significatifs en matière de contrôle des rémunérations versées aux entreprises effectuant des travaux de forage, de recherche ou d'assistance pour le compte des compagnies pétrolières, et de manière générale les prestations ponctuelles de toutes natures lorsque ces entreprises renoncent à l'imposition d'après la déclaration telle que prévu par les dispositions de l'article 18 du Code général des impôts camerounais[434].

388. En revanche, dans le secteur de l'audiovisuel, cette offensive, quoiqu'amorcée, reste moins perceptible en ce qui concerne le contrôle des rémunérations tirées de la location ou du droit d'utilisation des films cinématographiques, des émissions ou des films de télévision, ou encore des prestations audiovisuelles à contenu numérique.

389. Au demeurant, ce qui est remarquable sur ce point dans le système fiscal camerounais, c'est que ce ne sont plus seulement les sommes versées

---

[432] Cela dit, selon l'administration fiscale, peu importe que les logiciels aient acquitté ou non les droits de douane, les droits de douanes et la TSR étant des impositions de nature différente : droit d'entrée sur le territoire camerounais, donc impôt sur la consommation pour les premiers, prélèvement sur les rémunérations versées à l'étranger, donc impôt sur le revenu pour la seconde.

[433] Les entreprises du secteur brassicole sont de plus en plus sujettes à ce type de redressement au Cameroun.

[434] Celles-ci doivent au préalable obtenir à cet effet une autorisation du Directeur Général des Impôts.

en rémunération d'une poignée de prestations effectuées par les entités non-résidentes au profit des entreprises camerounaises qui sont visées par le contrôle fiscal, mais plutôt de manière plus générale, les sommes versées à l'étranger, en rémunération des prestations de toute nature fournies ou utilisées au Cameroun. L'exercice de ce contrôle, il faut le reconnaître, permet de temps à autre aux agents de l'administration fiscale si ce n'est de lire les contrats à la base des rémunérations des prestations en cause, du moins de survoler les stipulations traitant desdites rémunérations.

2. Le contrôle de l'imposition du revenu et du chiffre d'affaires des entités non-résidentes

390. Le droit commun de l'imposition des sommes versées à l'étranger en rémunération des prestations de toute nature s'articule autour de deux taxes importantes dont l'une, la TVA, s'applique au chiffre d'affaires réalisé au Cameroun par des entités non-résidentes tandis que l'autre, la TSR, frappe forfaitairement les revenus servis aux personnes morales ou physiques domiciliées hors du Cameroun. Le contrôle fiscal des sommes versées à l'étranger en rémunérations des prestations effectuées au profit des entreprises camerounaises par des entités non-résidentes requiert que soit contrôlé le paiement de taxe spéciale sur les revenus d'une part, et le contrôle de l'acquittement de la taxe sur la valeur ajoutée d'autre part.

391. Le contrôle du paiement de la Taxe spéciale sur les revenus. Instituée au Cameroun en 1979, la Taxe spéciale sur le revenu (TSR)[435] a la particularité d'être un impôt forfaitaire qui frappe les rémunérations des personnes physiques ou morales étrangères réalisant des prestations de service de manière ponctuelle ou régulière au profit des entreprises ou établissements situés au Cameroun, de l'Etat ou des collectivités territoriales décentralisées publiques[436]. Elle fait aujourd'hui l'objet des dispositions des articles 225 et suivants du CGI camerounais et est prélevé, sous réserve des conventions fiscales internationales, par application d'un taux forfaitaire aux rémunérations versées aux opérateurs non-résidents. Depuis la loi de finances pour 2019, ce taux forfaitaire qui était naguère de 15% pour toutes les rémunérations rentrant dans le champ d'application de la TSR, se décline dorénavant en « taux général », en « taux moyen », en « taux réduit » et en « taux super réduit »[437].

---

[435] Art. 7 de la Loi de Finances pour 1979/1980 complété par la Loi de Finances pour 1980/1981, complété et refondu par la Loi de Finances pour 1985/1986, refondu par la Loi de Finances pour 1987/1988.

[436] Art. 225 du CGI en vigueur au Cameroun.

[437] Art. 225 ter- (1) du CGI en vigueur au Cameroun : *« Sous des conventions fiscales internationales, les taux de la Taxe spéciale sur les revenus sont fixés ainsi qu'il suit :*

- *taux général : 15%*
- *taux moyen : 10%*
- *taux réduit : 5%*
- *taux super réduit : 2% ».*

- Cas de l'option pour la TSR libératoire au taux moyen de 10%

392. Selon le législateur camerounais, le taux général de 15% qui est le taux primitif de la TSR s'applique à toutes les rémunérations soumises à cet impôt. De création plus récente, le taux moyen de 10% s'applique aux rémunérations des prestations matérielles ponctuelles[438] versées aux entreprises non domiciliées au Cameroun ayant renoncé à l'imposition d'après la déclaration. Ce qui signifie que les entreprises rendant des prestations ponctuelles de toute nature pouvant impliquer un établissement stable peuvent opter pour la TSR libératoire au taux de 10%. Cette option permet ainsi à des entreprises étrangères appelées à exécuter des prestations ponctuelles au Cameroun, de n'avoir à créer aucune structure juridique dans ce pays et de s'acquitter de l'impôt forfaitaire correspondant à 10% du chiffre d'affaires[439].

393. Il n'est pas superflu d'ajouter que l'option pour la TSR libératoire de 10% est subordonnée à l'accord préalable de la Direction générale des impôts car, si cette option n'est pas sollicitée par le contribuable, l'administration fiscale exigera de l'entreprise camerounaise bénéficiaire des prestations la TSR de 10% qui constituera un acompte de l'impôt sur le revenu du prestataire qui est tenu aux obligations fiscales et comptables de droit commun. L'on voit ainsi que la difficulté principale relative à ce régime réside dans la nécessité pour le prestataire étranger de prouver à l'administration fiscale camerounaise que les services fournis ont un caractère ponctuel.

394. Le taux réduit s'applique, quant à lui, à trois catégories de rémunérations : la première englobe les rémunérations versées dans le cadre de la commande publique dont les adjudicataires ne sont pas domiciliées au Cameroun ; la deuxième vise les rémunérations versées à l'étranger pour la fourniture de l'accès aux prestations audiovisuelles à contenu numérique ; la troisième catégorie regroupe les rémunérations des prestations de toutes natures fournies aux compagnies pétrolières lors des phases de recherche et de développement.

- ***Cas des rémunérations servies à l'étranger par les sociétés de transport maritime***

395. Institué avec la loi de finances pour 2019, le taux super réduit dont le champ d'application est confiné au secteur du transport maritime s'applique lui aussi à trois catégories de revenus : il s'agit d'abord des

---

[438] La circulaire d'application de la Loi de finances pour l'exercice 2011 dispose qu'il faut entendre par « prestations ponctuelles toute prestation ou série de prestations considérées comme telles selon les critères inhérents soit à la durée, soit à la nature de l'opération. Elles s'opposent aux prestations permanentes qui s'étalent sur une durée non déterminée ». Cette définition nous paraît revêtir un caractère plutôt obscur, en tout cas, propre à interprétation variable.

[439] Le chiffre d'affaires correspond dans cette hypothèse au coût de la prestation matérielle acquitté par l'entreprise camerounaise.

rémunérations versées par les sociétés de transport maritime de droit camerounais pour la location et l'affrètement des navires. Il s'agit ensuite des rémunérations versées par les mêmes sociétés pour la location d'espaces sur les navires étrangers. Il s'agit enfin des rémunérations versées par ces mêmes sociétés au titre des commissions servies aux agents portuaires à l'étranger.

396. Il faut dire, pour synthétiser, que les rémunérations objet de ladite taxe correspondent dans certains cas au chiffre d'affaires réalisé par lesdits opérateurs notamment lorsqu'il s'agit de prestataires ayant le statut de personnes morales. Dans d'autres cas, elles correspondent à des honoraires et autres rémunérations analogues allouées à des opérateurs personnes physiques ou à des prestataires étrangers relevant des professions libérales.

397. L'autre élément de singularité de la taxe spéciale sur les revenus est assurément la modalité de perception de ladite taxe. Le législateur camerounais dispose à cet égard que le prélèvement les redevances et autres rémunérations doit être retenu par le débiteur des sommes imposables, à charge pour lui d'en verser le produit au Trésor Public[440]. Ainsi, pour l'administration fiscale, contrôler le paiement de la TSR due par les prestataires étrangers auprès des entités camerounaises qui en sont les redevables légales, signifie contrôler la retenue à la source de cette taxe par lesdites entités à partir des informations fournies par les factures et les contrats d'affaires qui lient ces dernières aux prestataires en cause. Ce contrôle passe soit par la vérification du paiement par les entreprises ou les entités situées au Cameroun, soit par la vérification de la comptabilisation comme charges déductibles pour la détermination des résultats de l'entité débitrice des rémunérations[441]. S'agissant de la base d'imposition à la TSR, elle est constituée par le montant brut des redevances et autres rémunérations visées. Par « montant brut », il faut entendre les rémunérations de toute nature, Taxe spéciale sur les revenus incluse.

398. A titre d'illustration, si une entreprise de droit camerounais acquiert auprès de sa société mère établie à l'étranger des logiciels et des licences sans que la Taxe Spéciale sur les Revenus y afférente ait été collectée et reversée au Trésor public, l'administration fiscale, à partir de l'analyse des contrats de vente d'équipement conclu avec la société mère et des factures d'achats révélant l'acquisition des logiciels et licences en cause serait fondée à réclamer le paiement de la TSR correspondante auprès de la

---

[440] Art. 228 du CGI en vigueur au Cameroun.

[441] *Ibid.*, Art 226 du CGI: *«Pour être imposables, les produits ci-dessus doivent avoir été soit payés par les entreprises ou établissements situés au Cameroun, par l'Etat ou des collectivités territoriales décentralisées publiques à des personnes n'ayant ni établissement stable ni une base fixe au Cameroun, soit comptabilisés comme charges déductibles pour la détermination des résultats de la partie versante. Au cas où leur déduction comme charge n'est pas admise, ils sont considérés comme distributions de bénéfice et suivent le sort de celles-ci sur le plan fiscal. »*

filiale contrôlée[442]. Il en irait de même en ce qui concerne le contrôle de la TVA.

- Cas de l'option pour la TSR pétrolière

399. La législation fiscale camerounaise prévoit également la possibilité de renoncer au régime de la déclaration du droit commun en optant plutôt pour une imposition forfaitaire et libératoire du chiffre d'affaires généré au taux de 15% pour les entreprises effectuant des travaux de natures diverses pour le compte de compagnies pétrolières[443]. Cette option ne peut être applicable qu'aux entreprises étrangères exerçant au Cameroun des activités impliquant la notion d'établissement stable et implantées dans ce pays sous forme de succursale. Par ailleurs, elles doivent avoir conclu un contrat de sous-traitance avec une compagnie pétrolière. Pour réaliser l'option à la TSR pétrolière, les sous-traitants pétroliers doivent adresser à leur centre des impôts de rattachement, une correspondance dans laquelle elles renoncent à l'imposition d'après la déclaration conformément aux dispositions de l'article 18 du CGI, et en conséquence optent pour l'imposition de leur revenu à la TSR pétrolière. Ces entreprises sont en fait soumises au régime de l'information sur leur renonciation.

400. La base imposable à la TSR pétrolière est constituée par le montant brut des facturations émises par le sous-traitant sur la compagnie pétrolière, ce montant brut incluant la TSR elle-même[444] et son taux est de 15%. Il appartient à la compagnie pétrolière de retenir à la source le montant de la TSR à charge pour elle d'en reverser le montant à la caisse du Trésor Public du lieu de son siège social le 15 du mois suivant celui au cours duquel s'est réalisé le fait générateur. Il s'en suit logiquement que les entreprises ayant renoncé au régime de la déclaration et opté pour le régime forfaitaire sont dispensées du dépôt d'une liasse fiscale annuelle. Toutefois, elles doivent s'acquitter des impôts et taxes retenus à la source sur les salaires de leurs employés et sur les rémunérations versées à leurs fournisseurs. Les impôts, droits et taxes ainsi retenues doivent être déclarés et reversés auprès du Receveur des impôts compétent, conformément à la législation fiscale en vigueur. Elles doivent notamment s'acquitter de la TSR sur les rémunérations versées à leurs prestataires étrangers ; de l'IRPP, contributions et taxes parafiscales dues sur les salaires ; des acomptes d'impôts sur les rémunérations versées à leurs fournisseurs locaux ; de tous autres droits et taxes dus par les fournisseurs locaux pour lesquels elles ne sont que des redevables légaux. De plus, elles doivent tenir une documentation probante permettant de retracer l'assiette des impôts dus.

---

[442] Ainsi en est-il par exemple des rémunérations versées ponctuellement ou régulièrement par une société de droit camerounais au personnel expatrié non salarié de l'entreprise sans que la TSR et TVA n'aient été collectées et reversées au trésor public. et ceci en violation des dispositions des article 225, 226 et suivants, 126,127,128,129 et suivants du CGI.

[443] Art. 225 du CGI en vigueur au Cameroun.

[444] Art. 227 du CGI en vigueur au Cameroun.

401. Le contrôle de la taxe sur la valeur ajoutée. Parallèlement à la Taxe spéciale sur les revenus, l'administration fiscale surveille également, l'assujettissement à la Taxe sur la valeur ajoutée des sommes versées par des entités établies au Cameroun en rémunération des prestations de services réalisées par des opérateurs étrangers. Ce contrôle se fait sur le fondement du principe de la territorialité édicté par le législateur camerounais de manière à appréhender le plus aisément possible ces opérations. En effet, selon la loi fiscale camerounaise, les opérations réalisées au Cameroun et non expressément exonérées, même lorsque le domicile ou le siège social du redevable réel est situé en dehors des limites territoriales du Cameroun, sont soumises à la Taxe sur la Valeur Ajoutée445. Cette disposition est à la vérité édictée pour appréhender des opérations ayant la nature de prestation de service. Ainsi, suivant le CGI camerounais, les opérations autre que les ventes sont réputées réalisées au Cameroun lorsque le service rendu, le droit cédé ou l'objet loué, sont utilisés ou exploités au Cameroun[446].

402. Le législateur apporte des précisions supplémentaires en prescrivant que la Taxe sur la Valeur Ajoutée est établie au lieu de la prestation ou de l'utilisation du service, de la production ou de la première mise à la consommation[447]. Lorsque ce lieu est différent du siège social ou du principal établissement, le redevable est tenu de désigner à l'Administration fiscale, audit lieu, un représentant solvable accrédité, résidant sur le territoire du Cameroun qui est solidairement responsable, avec lui, du paiement de la Taxe sur la Valeur Ajoutée. En cas de non-désignation d'un représentant, la Taxe sur la Valeur Ajoutée et, le cas échéant, les pénalités y afférentes sont payées par la personne cliente pour le compte de la personne n'ayant pas au Cameroun un établissement stable ou une installation professionnelle permanente.

403. En marge de l'application du principe de la territorialité, l'administration doit s'attacher à contrôler la base d'imposition en application des dispositions de l'article 135 du CGI[448]. Le législateur dispose à propos que la base d'imposition à la Taxe sur la Valeur Ajoutée des prestations de services est constituée par toutes les sommes et tous les avantages reçus et, le cas échéant, par la valeur des biens consomptibles pour l'exécution des services. L'article 136 alinéa 2 du même code précise que les impôts, droits et taxes, à l'exclusion de la Taxe sur la Valeur Ajoutée sont inclus dans la base imposable définie à l'article135. Cette disposition est régulièrement invoquée par l'administration fiscale camerounaise pour procéder au redressement de la TVA due sur les sommes allouées en rémunération des prestations d'assistance technique étrangère. Ces

---

[445] I*bid.* art. 129.
[446] *Ibid.*
[447] *Ibid.*, art. 130 .
[448] *Ibid.*, art. 135 al. 1

redressements vont en général de pair, rappelons-le, avec ceux relatifs à ce que nous avons désigné plus haut sous l'appellation *d'» assistance technique complémentaire* [449]».

§2. Le contrôle des revenus servis à l'étranger en présence des conventions fiscales internationales

404. En présence des conventions fiscales internationales, la souveraineté fiscale de l'Etat fait des concessions au droit fiscal conventionnel édicté par le jeu de la coopération fiscale. Cependant, les engagements pris dans le cadre des conventions fiscales internationales sont en général favorables aux Etats les plus influents. Et les pays africains ne sont malheureusement pas dans cette posture. Ils sont en fait les plus fragiles et font les frais, non seulement de la *« prédation »* des marchés économiques, orchestrée par les Etats forts, mais aussi de la *« prédation fiscale »* qui en est le corollaire.

405. La tendance observée en Afrique ces dernières années est que les administrations fiscales africaines se bornent en général à focaliser en matière de contrôle sur le terrain des avantages fiscaux conventionnels généralement favorables aux pays industrialisés dans la mesure où le rapport d'intérêt économique tourne en général en faveur des puissances économiques. Celles-ci jouissent en effet de nombreux avantages comparatifs en matière de débouchés économiques et commerciaux dans la mesure où ce sont les entreprises ressortissantes de ces puissances qui sont pourvoyeuses d'investissements en Afrique et non l'inverse. Les pays africains sont le plus souvent réduits à ne proposer sur les marchés occidentaux et asiatiques que des produits à très faible valeur ajoutée. Tout se passe en pratique comme si les conventions fiscales conclues par les Etats africains et avec les pays industrialisés le sont exclusivement dans le but d'aménager des conditions économiques favorables au déploiement des affaires conduites par les entreprises qui sont à la base du rayonnement économique international des pays industrialisés.

406. De fait, la doctrine nous apprend que les conventions fiscales vont généralement de pair avec les conventions de protection des investissements[450]. Elles ont donc une importance capitale en ce qu'elles définissent les situations dans lesquelles les investissements à l'étranger seront imposés dans le pays où ils sont réalisés et celles où ils le seront dans leur pays d'origine. Une assistance entre les deux administrations est généralement prévue. Du point de vue doctrinal, ces conventions quoique très nombreuses et d'application constante sont loin de créer un droit fiscal

---

[449] Il s'agit en réalité d'une expression empruntée aux services de contrôle de la Direction Générale des Impôts camerounaise.

[450] GOURION (P.-A.), PEYARD (G.) et SOUBEYARD (N.), *Droit du commerce international*, LGDJ, 4e édition, 2008, p. 87.

mondial quand on sait que *« la fiscalité reste le lieu de l'indépendance étatique, de la complexité voulue, voire de l'hypocrisie officielle »*[451].

407. Quoiqu'il en soit, les administrations fiscales africaines sont dans bien d'occurrences amenées à signer des conventions fiscales internationales, tantôt bilatérales, tantôt multilatérales, afin d'endiguer le phénomène des doubles impositions. Au-delà de la problématique de l'imposition proprement dite des revenus de source contractuelle servis à l'étranger par chaque Etat signataire de ces instruments du droit international, se pose en matière de contrôle fiscal la question de la surveillance des principes qui gouvernent l'imposition des revenus de source étrangère. Deux principes influencent en général à ce stade la démarche de contrôle de l'administration fiscale. Il s'agit du principe jurisprudentiel de subsidiarité d'une part**(A)**, et du principe conventionnel de non-discrimination d'autre part **(B)**.

A. L'application incertaine du principe jurisprudentiel de subsidiarité

408. En fiscalité internationale, le débat sur la territorialité tourne essentiellement autour du concept d'établissement stable. Le droit fiscal est en effet d'application territoriale et il est essentiel, par exemple qu'une succursale d'une entreprise étrangère établie au Cameroun, ne soit pas imposée deux fois pour les mêmes opérations, par chacun des deux Etats. Les conventions fiscales ont pour objet essentiel de répartir les droits d'imposer entre deux Etats afin d'éviter les doubles impositions. Selon la doctrine, elles ne vont pas au-delà de cet objet, c'est-à-dire qu'elles n'ont pas vocation, d'une manière générale, à avoir une quelconque incidence sur les modalités d'imposition des revenus[452]. Théoriquement, le contrôle fiscal des revenus servis à l'étranger par les autorités fiscales des Etats de l'espace OHADA met celles-ci aux prises avec le principe de supériorité des traités internationaux sur les dispositions des lois internes d'un côté, et le principe de subsidiarité des conventions fiscales vis-à-vis du droit fiscal interne, de l'autre. Au Cameroun, l'on observe une fébrilité de l'administration fiscale en matière de contrôle fiscal dans la mise en œuvre du principe de subsidiarité des conventions fiscales **(2)** qui contraste avec la reconnaissance du principe de supériorité desdites conventions sur les lois internes **(1)**.

1. La reconnaissance du principe de supériorité des traités internationaux sur la loi

409. Dans les Etats de l'espace OHADA comme dans beaucoup d'autres Etats à travers le monde, la supériorité des traités et accord

---

[451] GOURION (P. A.), *Eloge de la complexité internationale*, RFP 1992, n° 40, p. 210.

[452] GOUTHIERE (B.), *op. cit.* p. 187.

internationaux est généralement consacrée et reconnue par la Constitution[453]. Au Cameroun, cette reconnaissance est affirmée par l'article 45 de la constitution du 18 janvier 1996 d'après lequel, *« les traités ou accords internationaux régulièrement approuvés ou ratifiés ont, dès leur publication, une autorité supérieure à celle des lois, sous réserve pour chaque accord ou traité, de son application par l'autre partie[454] »*. Cette disposition qui reprend *in extenso* le contenu de l'article 55 de la Constitution française entretient avec le droit fiscal une relation contrastée qui tient d'après la doctrine à l'ambiguïté même de la portée juridique des conventions fiscales. Parce que celles-ci ont la nature de traités internationaux, elles ont une valeur juridique supérieure à celle des lois fiscales internes. Cependant, en raison de ce que l'objectif premier qu'elle poursuivent reste l'élimination de la double imposition, elles sont réduites à un rôle subsidiaire par rapport à celui des dispositifs fiscaux internes. Cette ambiguïté de la portée juridique des conventions fiscales internationales montre bien à quel point le droit fiscal compte parmi les matières les plus intimement liées à l'exercice de la souveraineté nationale. D'après la doctrine française, « le respect du principe de supériorité des prescriptions conventionnelles oblige [...], dès lors qu'il s'agit de stipulations claires, à en faire application alors même qu'elles conduisent à des résultats contraires à ceux qui résulteraient de la loi nationale[455] ». L'expression *« Sous réserve des conventions fiscales internationales[...] »* que l'on retrouve de manière récurrente dans le Code général des impôts signifie bien *« A moins qu'il ne soit disposé autrement par conventions fiscales internationales... »* et traduit implicitement la reconnaissance de la supériorité de principe des conventions fiscales internationales sur les dispositions des lois fiscales internes.

2. La fébribilité des autorités fiscales dans la mise en œuvre du principe de subsidiarité des conventions fiscales

410. En dépit de leur supériorité de principe sur la loi, les conventions fiscales ne sauraient conférer aux administrations le pouvoir d'appliquer un impôt non prévu par le législateur[456]. Le principe de subsidiarité requiert de la part de l'administration fiscale et des contribuables qu'ils reconnaissent dans le cadre du contrôle fiscal la priorité du droit interne par rapport aux

[453] Il en va autrement dans des pays comme les Etats-Unis où le principe de supériorité des normes conventionnelles sur les dispositions des lois internes n'est pas admis. Les conventions internationales et les lois internes y ont la même force juridique (Voir en ce sens CASTAGNEDE (B.), *Précis de fiscalité internationale*, Paris, PUF, 6e éd., *op. cit.* p. 351 et 352, n° 420 à 42.

[454] La Constitution sénégalaise du 22 janvier 2001 (art. 96), de même que la Constitution ivoirienne de 2016 (art.123) reprennent littéralement les mêmes termes pour chacun des Etats dont elles émanent.

[455] CASTAGNEDE (B.), *Précis de fiscalité internationale, PUF, 6e éd., p. 356, n°424.*

[456] Voir en ce sens CASTAGNEDE (B.), *Précis de fiscalité internationale, op. cit.*, p. 256.

prescriptions conventionnelles d'une part, et d'autre part, la primauté de la convention internationale sur la loi interne lorsqu'elles rentrent en conflit dans l'analyse des opérations imposables. Autrement dit, ce principe commande que la légalité d'un acte d'imposition soit d'abord appréciée par rapport à la loi, et ensuite par rapport à une convention internationale. Sous le rapport du contrôle fiscal des contrats d'affaires internationaux au Cameroun par exemple, ce principe requiert qu'il soit examiné si, en application du droit interne, la qualification donnée à une opération mettant par ailleurs en cause une convention fiscale internationale, rend ladite opération imposable au Cameroun. Dans l'affirmative, les dispositions de la convention fiscale prévaudront sur le droit interne en vertu du principe de la primauté des traités internationaux sur la loi interne posé par l'article 45 de la Constitution camerounaise qui est reproduction à l'identique des dispositions de l'article 55 de la Constitution française[457]. D'après le Professeur Bernard Castagnede, *« Pour disposer d'une valeur juridique supérieure à celle des lois [...], les conventions fiscales n'ont pas pour effet de substituer aux dispositifs fiscaux nationaux un quelconque système fiscal supranational. Elles interviennent pour corriger les dispositions des lois fiscales internes, là où leur application aurait pour effet d'engendrer une double imposition [458]».* On le voit, la perception doctrinale de ce principe en France ne remet pas en cause la valeur supra-légale des conventions fiscales internationales sur la loi interne, mais semble plutôt accorder à celle-ci plutôt une sorte de préséance vis-à-vis des conventions lorsqu'il s'agit de qualifier fiscalement les opérations contractuelles transnationales. La jurisprudence du Conseil d'Etat a élaboré sur ce point une position susceptible d'inspirer valablement le droit positif au Cameroun et dans les autres pays de l'espace OHADA. Elle estime que les conventions internationales présentent un caractère subsidiaire et que leur supériorité dans la hiérarchie des normes ne vaut que pour leur fonction de lutte contre la double imposition ; mais qu'en revanche, cette supériorité ne leur permet pas de fonder par elles-mêmes un régime d'imposition[459]. Telle est du reste la position constante du Conseil d'Etat depuis l'arrêt du 28 juin 2002 *Schneider Electric*[460] qui a consacré ce

---

[457] D'après l'article 45 de Constitution du 18 janvier 1996, *« Les traités ou accords internationaux régulièrement approuvés ou ratifiés ont, dès leur publication, une autorité supérieure à celle des lois, sous réserve pour chaque accord ou traité, de son application par l'autre partie ».* Sur ce point lire OUDENOT (Ph.), Fiscalité des sociétés et des restructurations, LexisNexis, 4e éd., coll. « Précis fiscal », 2018, p. 137, n°268.

[458] CASTAGNEDE (B.), *Précis de fiscalité internationale, op. cit.*, p. 256.

[459] CE, 17 mars 1993, n°85894, *Memmi*, RJF 5/1993, p. 612, concl. ARRIGHI de CASANOVA.

[460] CE, 28 juin 2002, *Schneider Electric*, n° 232276, DF, n° 36, comm. 657, concl. AUSTRY, BDCF, 10/02, p. 13 : Le Conseil d'Etat précise dans cet arrêt que, *« lorsqu'il est saisi d'une contestation relative à une convention fiscale, le juge de l'impôt doit d'abord rechercher si l'imposition a été valablement établie et, dans l'affirmative, sur le fondement de quelle qualification ; et qu'il lui appartient ensuite, le cas échéant, en rapprochant cette*

principe[461]. L'application de ce principe est souvent dans la pratique camerounaise une source de fébrilité de la part de l'administration fiscale au regard notamment du contrôle de l'impôt sur les sociétés. Celle -ci a tendance, à l'occasion des contrôle fiscaux, à s'arcbouter sur la priorité du droit fiscal interne vis-à-vis des conventions fiscales en oubliant de faire prévaloir ensuite le principe de la primauté des traités internationaux sur la loi interne en raison sans doute de la formulation particulière de l'article 5 du Code général des impôts camerounais. D'après ce texte, *« les bénéfices passibles de l'impôt sur les sociétés sont déterminés en tenant compte uniquement des bénéfices obtenus dans les entreprises exploitées ou sur les opérations réalisées au Cameroun, sous réserve des conventions internationales »*. Le législateur camerounais fait ici une tournure linguistique dont ne s'embarrasse guère son homologue français. Celui-ci dispose plus clairement à travers l'article 209 du CGI que sont passibles de l'impôt sur les sociétés les bénéfices provenant d'une exploitation en France *« ainsi que ceux dont l'imposition est attribuée à la France par une convention internationale relative aux doubles impositions »*. Ces deux textes, quoique différents dans leurs formulations, ont en réalité la même portée. Ils signifient tous que lorsqu'une opération ou une entité entre dans le champ d'application de l'impôt sur les sociétés en vertu des stipulations d'une convention fiscale, elle ne peut prétendre y échapper en invoquant le principe de subsidiarité puisque c'est le droit interne qui définit le champ d'application soit sous réserve de la convention fiscale pour le cas du Cameroun, soit en référence expresse à la convention fiscale pour ce qui est de la France.

411. Ainsi, ensuivant le raisonnement de Monsieur Philippe OUDENOT élaboré en liaison avec celui du Conseil d'Etat sous les arrêts *Swiss International Airlines*[462] et *Société Overseas TRSF*[463] du 31 juillet

---

qualification des stipulations de la convention, de déterminer en fonction des moyens invoqués devant lui ou même, s'agissant de déterminer le champ d'application de la loi, d'office si cette convention fait ou non obstacle à l'application de la loi fiscale » ;(Lire CASTAGNEDE (B.), *Précis de fiscalité internationale, op. cit.*, p. 256-25).

461 CE, ass., 28 juin 2002, *Schneider Electric*, n° 232276, DF, n° 36, comm. 657, concl. AUSTRY BDCF, 10/02, p. 13 : Le Conseil d'Etat précise dans cet arrêt que, *« lorsqu'il est saisi d'une contestation relative à une convention fiscale, le juge de l'impôt doit d'abord rechercher si l'imposition a été valablement établie et, dans l'affirmative, sur le fondement de quelle qualification ; et qu'il lui appartient ensuite, le cas échéant, en rapprochant cette qualification des stipulations de la convention, de déterminer en fonction des moyens invoqués devant lui ou même, s'agissant de déterminer le champ d'application de la loi, d'office si cette convention fait ou non obstacle à l'application de la loi fiscale » ;*(Lire CASTAGNEDE (B.), *Précis de fiscalité internationale, op. cit.*, p. 256-25). Cf. par ex. plus récemment CE, 20 sept. 2017, n° 392231, *Sté Mécatronic, Dr. fisc. 2017, n° 50,* comm. 554, concl. BOKDAM-TOGNETTI.

462 CE, 31 juill. 2009, n° 297933, *Sté Swiss Overseas Airlines*, *RJF* 11/2009, 580, concl. GLASER (E.)

2009, l'on peut envisager dans le contexte camerounais que l'administration fiscale ou le juge de l'impôt puisse, en présence d'une convention internationale, examiner la soumission d'une opération ou d'une entité à l'impôt sur les sociétés au vu des seules dispositions conventionnelles sans à voir à examiner si l'opération en cause est réalisée au Cameroun ou si l'entreprise en cause est exploitée au Cameroun. En tout état de cause, le Cameroun et les Etats africains de l'Espace OHADA gagneraient à consacrer le principe de subsidiarité dans leurs juridictions fiscales respectives de manière aussi explicite et aussi claire qu'en France de manière à redonner à la coopération fiscale internationale tout son sens en Afrique.

B. L'application contestable du principe conventionnel de non-discrimination

412. Généralement inspiré du modèle de convention fiscale de l'OCDE concernant le revenu et la fortune[464] et énoncé dans les conventions fiscales à travers des clauses dites de non-discrimination, le principe de non-discrimination vise à proscrire les discriminations fiscales fondées sur la nationalité[465]. Mais il y a lieu d'observer que sur le terrain du contrôle fiscal des contrats d'affaires internationaux, cette ambition n'est pas toujours satisfaite dans le contexte africain. En effet , l'application de ce principe s'est récemment heurtée d'une part, à sa neutralisation dans le cadre des conventions fiscales bilatérales **(1)** et, d'autre part, à la transgression du droit international dans le cadre des conventions fiscales multilatérales **(2)**. Telle est du moins la situation observée à partir de l'exemple du Cameroun.

1. La neutralisation du principe de non-discrimination dans le cadre des conventions fiscales bilatérales

413. La convention fiscale France-Cameroun de 1976 consacre en son article 5. 3 la déductibilité intégrale des frais de siège et d'assistance technique en vertu du principe de la non-discrimination entre Etats signataires. Suivant cette disposition, *« ...Les intérêts, redevances et autres dépenses payés par une entreprise d'un État contractant à une personne domiciliée dans l'autre Etat contractant sont déductibles, pour la détermination des bénéfices imposables de cette entreprise, dans les mêmes conditions que s'ils avaient été payés à une personne domiciliée dans le premier État ».* Ce qui signifie que les dépenses effectuées par une entreprise camerounaise au profit d'une personne domiciliée en France sont

---

[463] CE, 31 juill. 2009, n° 296471, *Sté Overseas Thoroughbed Racing Stud Farms Ltd, Dr. fisc.* 2009, n° 50 comm. 580, concl. GLASER (E.)

[464] D'après l'article 24 §1 du modèle de convention fiscale de l'OCDE 2017: *« les nationaux d'un Etat contractant ne sont soumis dans l'autre Etat contractant à aucune imposition ou obligation y relative, qui est autre ou plus lourde que celles auxquelles sont ou pourront être assujettis les nationaux de cet autre Etat qui se trouvent dans la même situation , notamment au regard de la résidence ».*

[465] Voir en ce sens CASTAGNEDE (B.), *op. cit.*, p. 443, n° 554 et s.

déductibles pour la détermination du bénéfice imposable de l'entreprise camerounaise dans les mêmes conditions que si elles avaient été effectuées au profit d'une personne domiciliée au Cameroun, c'est-à-dire *a priori* sans aucune limitation.

414. Cette disposition s'est appliquée au Cameroun sans grande difficulté jusqu'à ce que le législateur camerounais en vienne à estimer que la déductibilité sans limitation des frais de siège et d'assistance technique au profit des filiales d'entreprises françaises constituait une source de déperditions importantes de recettes fiscales. Pour remédier à cette situation, le législateur, à la faveur de la loi de finances pour l'exercice 2013, a subtilement modifié les dispositions de l'article 7A1d du Code général des impôts en logeant à la même enseigne les rémunérations de certains services effectifs (études, assistance technique, financière ou comptable) rendus aux entreprises camerounaises aussi bien par les entités étrangères que par les entités camerounaises. En procédant de la sorte, il a étendu le champ de la limite de déductibilité desdits frais aux entreprises camerounaises de manière à faire tomber le privilège de la déductibilité intégrale dont bénéficiaient auparavant les filiales de multinationales françaises.

415. Les dispositions de l'article 7 A1d du CGI camerounais méritent ici d'être reproduites:

416. «Sous réserve des conventions internationales, sont admis comme charges, à condition qu'ils ne soient pas exagérés:

- *Les frais généraux de siège pour la part incombant aux opérations faites au Cameroun et les rémunérations de certains services effectifs (études, assistance technique, financière ou comptable) rendus aux entreprises camerounaises par les personnes physiques ou morales étrangères ou camerounaise.*
- *En aucun cas, il ne sera accepté à ce titre une somme supérieure à 5% du bénéfice imposable avant déduction des frais en cause.* »

417. Toute la subtilité de cette évolution législative réside dans le reversement des rémunérations des prestations de services effectuées par les entreprises camerounaises au profit desdites filiales dans le champ de la limitation de droit commun. Une telle approche qui était tout simplement inconcevable au lendemain de la signature de la Convention fiscale franco-camerounaise, est apparue soudainement évidente aux autorités fiscales camerounaises avec la montée du phénomène des protestations contre l'évasion fiscale agressive pratiquée par les anciennes métropoles par le biais des conventions fiscales léonines. Ainsi se trouvait neutralisé le principe de non-discrimination établi par la convention fiscale franco-camerounaise, et ouvert un nouveau pan de tension fiscale en matière de contrôle fiscal des contrats d'affaires internationaux.

2. La transgression du droit international dans le cadre des conventions fiscales multilatérales

418. Les pays africains, saisis par une prise de conscience tardive quant à la porosité de leurs frontières fiscales, tentent bon an, mal an de contourner les effets désastreux des conventions fiscales bilatérales mal négociées en empruntant alternativement deux voies. La première voie est la voie diplomatique. Celle-ci leur permet sur la scène internationale d'aller, sinon à la renégociation totale des conventions fiscales, du moins, à leur renégociation partielle en vue de l'adoption d' avenants qui tiennent plus équitablement compte de leurs aspirations. La seconde voie est celle de la souveraineté fiscale qui conduit les Etats à se replier sur leur propre législation pour y instiller des dispositions appelées à rattraper les *« frustrations fiscales »* du passé consécutives à l'application des conventions fiscales naguère mal négociées.

419. La transgression du droit international s'opère lorsque l'administration fiscale sous le prétexte de contourner l'application des dispositions d'une convention bilatérale, fini par contrevenir aux dispositions d'une convention multilatérale. L'illustration en est donnée au Cameroun par la posture du législateur et de l'administration fiscale camerounaise relativement à l'application harmonieuse de la convention fiscale franco-camerounaise et la convention fiscale CEMAC en matière de déductibilité des frais de siège et d'assistance technique.

420. Cette posture du législateur camerounais s'inscrit en porte-à-faux avec le droit fiscal communautaire de la CEMAC, lequel prévoit que seules les rémunérations versées à des personnes domiciliées hors de la Communauté, pourraient être soumises à une éventuelle limite de déductibilité fiscale[466]. Ce qui signifie *a contrario* que les rémunérations versées par une filiale locale camerounaise pour des prestations effectuées par des entreprises de droit camerounais ne sauraient faire l'objet d'une quelconque limitation. En raisonnant à rebours, les rémunérations versées aux entreprises étrangères de droit français ne devraient faire l'objet, en vertu du principe de non-discrimination, d'aucune limitation dans la mesure où une telle limitation n'est pas applicable aux rémunérations versées aux entreprises camerounaises conformément aux dispositions du droit communautaire de la CEMAC.

421. Notre analyse est que cette limitation ne devrait pas s'appliquer aux sommes versées au titre de frais de siège et d'assistance technique, aux sociétés domiciliées fiscalement en France, sur le fondement du principe de non-discrimination posé par les dispositions de l'article 5.3 de la convention fiscale France-Cameroun. En clair, ces dispositions prévoient que les intérêts, redevances et autres dépenses payés par une entreprise d'un État

---

[466] Annexe à la Directive CEMAC n° 02/01/UEAC-0506CM-06 portant révision de l'acte 3/72-153-UDEAC du 22 décembre 1972 instituant l'impôt sur les sociétés

contractant à une personne domiciliée dans l'autre Etat contractant sont déductibles, pour la détermination des bénéfices imposables de cette entreprise, dans les mêmes conditions que s'ils avaient été payés à une personne domiciliée dans le premier État. Par cette disposition, la Convention fiscale Franco-camerounaise pose le principe de la non-discrimination entre les Etats signataires.

422. En effet, le principe de la non-discrimination implique que les ressortissants d'un État signataire bénéficient sur le territoire d'un autre État du même traitement réservé aux nationaux, notamment en ce qui concerne la déduction des charges engagées dans le cadre de leur activité.

423. Toutefois, ce principe se trouverait violé par les dispositions de l'article 7 du CGI qui prévoient que :

424. « Sous réserve des conventions internationales, sont admis comme charges, à condition qu'ils ne soient pas exagérés :

- *Les frais généraux de siège pour la part incombant aux opérations faites au Cameroun et les rémunérations de certains services effectifs (études, assistance technique, financière ou comptable) rendus aux entreprises camerounaises par les personnes physiques ou morales étrangères ou camerounaises.*
- *En aucun cas, il ne sera accepté à ce titre une somme supérieure à 5% du bénéfice imposable avant déduction des frais en cause ».*

425. Rappelons qu'en principe, les limitations prévues par l'article 7A-1-d) du Code général des impôts ne sont pas applicables dans le cadre des relations entre entités établies dans la Communauté économique et monétaire de l'Afrique centrale (CEMAC). En effet, en vertu des dispositions de l'article 18 à l'annexe à la Directive CEMAC relative à l'Impôt sur les sociétés, seules les rémunérations versées à des personnes domiciliées hors de la Communauté, pourraient être soumises à une éventuelle limite de déductibilité fiscale.

426. Dans le même sens, la lettre circulaire N°0091/SG/DF du 21 janvier 1985 émanant du Secrétariat Général de l'UDEAC précise :

427. «...L'esprit de ce texte a été, faute de pouvoir les contrôler strictement, de limiter forfaitairement les sommes versées au titre des frais de siège, d'études et d'assistance technique à des personnes physiques ou morales résidant hors de la CEMAC. Il est bien entendu que la limitation à 10% du bénéfice imposable avant déduction des frais en cause ne s'applique pas lorsque les sociétés, prestataires et bénéficiaires de l'assistance technique sont établies dans la CEMAC, la déduction de ces frais est appréciée par rapport à l'effectivité du service rendu et à l'adéquation de la rémunération perçue...».

428. Pour mémoire, le Secrétariat Général de l'UDEAC devenu aujourd'hui Commission de la CEMAC est la seule autorité capable d'interpréter et veiller à l'application de la loi, conformément aux dispositions de l'article 35 du Traité révisé de la CEMAC du 25 Juin 2008.

429. De ce qui précède, l'on peut retenir que les frais de siège ou d'assistance technique versés à une société camerounaise par une autre société de droit camerounais ne doivent pas être assujettis à la limite de déductibilité de l'article 7-A-1. d) du Code Général des Impôts. Corrélativement, cette la limite de déductibilité ne devrait également pas s'appliquer aux rémunérations de prestations de services versées par une société camerounaise à une entité domiciliée en France, en application du principe de non- discrimination de l'article 5.3 de la convention fiscale franco- camerounaise.

CONCLUSION TITRE I

430. Les développements qui précèdent ont permis de montrer que le contrôle fiscal des contrats d'affaires internationaux fait l'objet d'une maîtrise approximative par les administrations fiscales africaines en raison notamment de la désorientation occasionnée par la *« fugitivité fiscale »* du transfert indirect de bénéfice orchestré par les stratèges internationaux. Le Cameroun et les autres Etats de l'espace OHADA font à cet égard les frais des stratégies d'anticipation des risques fiscaux et de réalisation d'économies fiscales systématiquement mises en œuvre par les opérateurs économiques internationaux. Dans cette entreprise de portée mondiale, la technique contractuelle n'est pas innocente, elle qui se sert des failles des systèmes fiscaux nationaux et des fissures des dispositifs fiscaux internationaux pour rendre les contrats d'affaires internationaux fiscalement insaisissables et confiner les administrations fiscales africaines à une stigmatisation infructueuse desdits contrats. Cet état de fait se traduit tantôt par l'infertilité des redressements fiscaux opérés à partir du contrôle des contrats d'affaires internationaux, tantôt par des entorses à la sécurité fiscale des contribuables pour endiguer comme elles peuvent l'évasion fiscale. Cette passivité des administrations fiscales africaines qui bride l'action du contrôle fiscal vis-à-vis des contrats d'affaires internationaux permet à la pratique des transferts indirects de bénéfices de trouver auprès du continent africain un espace d'épanouissement prolifique. Le moins que l'on puisse dire c'est que le contrôle fiscal des contrats d'affaires internationaux en Afrique est pour les raisons sus évoquées sous performant. Au demeurant, dans les rares hypothèses où ce contrôle atteint l'objectif de taxation recherché, il remet sur la table l'épineuse question de la double imposition des transferts indirects de revenus. En effet, les transferts indirects de bénéfices traqués par l'administration sont à notre sens doublement imposés en cas de redressement en raison de leur taxation de principe dans les pays étrangers où ils échouent.

TITRE II

L'ABUS DE DROIT, LEVIER FURTIF D'ÉVITEMENT DU CONTRÔLE FISCAL DES CONTRATS D'AFFAIRES INTERNATIONAUX

431. Par-delà l'objet d'essence économique que constitue le transfert indirect de bénéfices organisé par les multinationales à travers la manipulation des prix de transfert qui installe les administrations fiscales africaines et les entreprises étrangères dans une relation de course-poursuite sans fin où les dernières ont toujours plus d'une longueur d'avance sur les premières, il existe un levier d'essence juridique dont usent - et abusent ? - les entreprises transnationales qui n'est rien de moins que l'abus de droit. A l'observation, l'abus de droit apparaît dans la relation de contrôle qui lie les administrations fiscales et les entreprises multinationales comme un levier furtif aux mains de ces dernières en raison de *« l'effet de masque*[467] *»* qu'il exerce sur la réalité des opérations juridiques examinées par les agents de l'administration fiscale au point de mettre ceux-ci en déroute.

432. L'abus de droit n'est pas à confondre avec la procédure de l'abus de droit. Selon le Professeur Maurice Cozian, l'abus de droit se résume à l'» *abus des choix juridiques »,* c'est-à-dire à une manipulation des mécanismes juridiques là où la loi laisse place à plusieurs voies pour obtenir un même résultat[468]. D'essence jurisprudentielle, *« la procédure de l'abus de droit permet de parer aux manœuvres consistant, sous le couvert d'actes juridiques apparemment réguliers, à faire échapper à l'impôt des sommes*

---

[467] Les masques sont traditionnellement utilisés pour dissimuler les traits physiques et notamment les visages de ceux qui les arborent ; les multinationales utilisent des masques immatériels, des artifices juridiques à l'occasion des montages juridiques qu'elles mettent en place en vue d'échapper à l'impôt.

[468] COZIAN (M.), *Les grands principes de la fiscalité des entreprises*, *op. cit.*, p. 21.

normalement imposables en vue de faire échec à la loi[469] *»*. La furtivité de l'abus de droit réside précisément dans cette manipulation des mécanismes juridiques dont sont à l'origine les cocontractants.

433. En empruntant au langage militaire, considérer l'abus de droit comme un levier furtif aux mains des stratèges internationaux, revient à reconnaître à ce concept les propriétés d'une arme dont la performance et l'efficacité tiennent précisément à sa « furtivité » c'est-à-dire à sa capacité à se révéler quasiment indétectable par ses adversaires sur le théâtre des opérations. Comment ne pas se placer dans une telle perspective quand on sait que les contrats d'affaires sont bien souvent rédigés suivant une logique d'efficience stratégique permettant à ceux-ci de correspondre à la logique économique des opérations pour lesquelles ils ont été conclus, et à favoriser ainsi l'obtention des effets économiques mis en jeu à travers lesdits contrats[470] ?

434. La théorie de l'abus de droit surfe sur les vagues de plusieurs autres théories ayant en commun l'idée d'un travestissement de la réalité juridique à travers la manipulation des mécanismes contractuels. Elle joue notamment avec les théories de la simulation[471], de l'apparence[472], de l'interposition de personnes[473] ou de la fraude fiscale. Cette théorie permet à l'administration de requalifier les faits contenus dans un acte et fixe ainsi sur le terrain fiscal une limite à la liberté de gestion de l'entreprise[474].

435. Si l'on pose - comme c'est précisément le cas- que les administrations fiscales des pays industrialisés ont déjà maille à partir avec l'abus de droit, l'on peut aisément concevoir que les administrations fiscales africaines soient moins loquaces que leurs consœurs des pays développés face à cette pratique qui a en substance vocation à exploiter les tares et

---

469 Voir en ce sens CE 17 déc. 1956, n°32931, *Lebon* 482, cité par SERLOOTEN (P.) et DEBAT (O.), *Droit fiscal des affaires*, Paris, Dalloz, Précis, 17e éd., 2018, p. 50.

470 KERHUEL (A. J.), *op. cit*., p. 27.

471 Cf. DEBOISSY (F.), *La simulation en droit fiscal*, LGDJ, , coll. « Bibliothèque de droit privé » T. 276, 1997, Préf. de Maurice COZIAN.

472 Cf. DURAND (F.), *L'apparence en droit fiscal*, LGDJ, Préf. de Thierry SCHMITT, av-pr. de Florence DEBOISSY, Lextenso éditions, 2009. L'auteur y présente l'apparence comme une réalité sensible qui correspond toujours à quelque chose de visible, d'ostensible qui ne résulte de ce fait que de l'adjonction d'un ensemble d'éléments eux-mêmes sensibles, perceptibles aux sens d'un observateur donné et donc matériels et relatifs. p. 13.

473 Cf. DUBOIS de LUZY (A.), *L'interposition de personne*, LGDG, Préf. de Bertrand ANCEL, coll. « Thèses » 2010, p. 10 : *« L'interposition de personnes induit une situation originale qui bouleverse l'ordre juridique et qui est susceptible d'interagir sur les intérêts des simulateurs comme sur ceux des tiers. Ainsi, l'équilibre recherché ne peut pas uniquement prendre en compte les parties à la simulation mais doit nécessairement considérer les intérêts des tiers qui pourraient être atteints par la création d'une apparence trompeuse. De plus, l'équilibre ne peut considérer les intérêts simplement individuels, il doit prendre en compte les nécessités de l'intérêt général ou public »*.

474 SERLOOTEN (P.) et DEBAT (O.), *Droit fiscal des affaires*, Dalloz, Précis, 17e édition, 2018.

l'incurie des administrations les moins affutées pour l'endiguer ou la contrecarrer. La pratique de l'abus de droit par les opérateurs économiques consiste en un biais introduit dans le contrat d'affaires en vue de conduire l'administration fiscale sur une fausse piste dans son analyse des effets fiscaux du contrat. De la sorte, l'abus de droit permet aux cocontractants internationaux d'éluder totalement ou partiellement l'impôt dû sur les opérations contractualisées. Il nous appartient dès lors de démontrer en quoi l'abus de droit constitue pour les entreprises internationales un moyen ou un procédé de déséquilibre fiscal des contrats d'affaires internationaux **(Chapitre I),** tout en constituant pour les administrations fiscales africaines un facteur de désarticulation du contrôle fiscal desdits contrats **(Chapitre II)**.

CHAPITRE I.

LE DÉSÉQUILIBRE FISCAL DES CONTRATS D'AFFAIRES INTERNATIONAUX OCCASIONNÉ PAR L'ABUS DE DROIT

436. Parler de déséquilibre fiscal des contrats d'affaires internationaux revient à se placer dans la situation théorique où l'Etat à travers le Trésor public apparaîtrait comme un tiers bénéficiaire potentiel des effets du contrat, et notamment de ses effets fiscaux. Sur le théâtre des opérations, tout se passe comme si les stratèges projettent à la formation du contrat d'élaborer et de rédiger les stipulations contractuelles de manière à confiner l'Etat à la portion fiscale la plus congrue. Cet objectif stratégique, somme toute légitime, est dans bien d'occurrences source de rupture de l'équilibre fiscal virtuel du contrat d'affaires en raison de la forte propension des entreprises contractantes à verser dans des manipulations juridiques constitutives d'abus de droit.

437. Le déséquilibre fiscal du contrat dont il est question dans notre étude s'entend, non pas d'un « déséquilibre interne » qui affecterait les parties contractantes dans leurs rapports d'intérêts réciproques, mais plutôt d'un « déséquilibre externe » qui procède d'une compression volontaire des effets fiscaux du contrat susceptibles de profiter à l'Etat. Sous ce rapport, la notion d'équilibre contractuel qui renvoie à l'équilibre interne du contrat d'affaires, généralement trouvé lorsque les parties sont d'accord non seulement sur la chose et sur le prix, mais également sur leurs obligations et responsabilités réciproques telles que stipulées dans le contrat, n'est pas à confondre avec l'idée d'équilibre fiscal du contrat qui procède quant à elle d'un équilibre extracontractuel réalisé lorsque le contrat d'affaires, de sa conclusion à son extinction, ne lèse pas les intérêts fiscaux de l'Etat. Cette idée s'impose de manière plus évidente lorsqu'on se place dans la configuration virtuelle chère aux spécialistes de la comptabilité des sociétés qui aiment à imaginer l'Etat comme un « actionnaire tacite » ou un « associé invisible » bénéficiaire de la distribution des bénéfices de l'entreprise à hauteur de l'impôt qu'il perçoit sur le revenu de l'entreprise.

438. Au Cameroun et au sein des Etats africains de l'espace OHADA, l'un des facteurs explicatifs du déséquilibre fiscal des contrats d'affaires internationaux réside dans le fait que nombre d'entre eux sont de simples contrats d'adhésion qui expriment en réalité la seule volonté de l'entreprise dominante dans un contexte économique de groupe de sociétés, de monopole ou encore d'oligopole ou le marché est largement dominé par les entreprises étrangères. Dans de telles conditions, les entreprises locales dépendantes ou dominées se contentent de souscrire aux formalités requises pour la conclusion du contrat et à l'exécuter sous la vigilance de la société mère ou la société dominante établie à l'étranger. Les conditions de ce déséquilibre sont, on le comprend, organisées par la société la plus influente du groupe ou du marché qui pour y arriver peuvent avoir recours au stratagème de l'abus de droit. D'après la doctrine française en droit fiscal, l'abus de droit consiste pour un contribuable à *vouloir délibérément échapper à l'impôt en utilisant un artifice juridique, conçu pour égarer l'administration*[475]. Le Professeur Christophe de la Mardière, relève que *« ...ce subterfuge prend [souvent] la forme d'un contrat, en apparence régulier, dont le seul but est en réalité d'éluder ou d'atténuer une imposition* [476]*»*. Il importe à ce stade de rappeler que les contrats d'affaires internationaux sont avant tout des contrats et qu'ils sont, de ce seul fait, exposés aux contingences susceptibles d'être véhiculées par l'abus de droit.

439. Cela dit, le déséquilibre fiscal engendré par les contrats d'affaires internationaux au moyen de l'abus de droit s'explique en Afrique par la conjonction de deux facteurs qu'il nous semble important de mettre en évidence. Le premier a trait au fait que les contrats d'affaires internationaux constituent un espace fertile de manifestation de l'abus de droit **(section I)**, tandis que le second facteur procède du constat parallèle suivant lequel les contrats d'affaires internationaux, pris dans leur ensemble, se révèlent comme un espace aride de contrôle de l'abus de droit **(section II)**.

SECTION I : LES CONTRATS D'AFFAIRES INTERNATIONAUX, ESPACE FERTILE DE MANIFESTATION DE L'ABUS DE DROIT

440. L'hypothèse suivant laquelle les contrats d'affaires internationaux constituent le terreau idéal de manifestation de l'abus de droit pratiqué par les opérateurs économiques de tout bord est élaborée à partir du postulat suivant lequel ces contrats sont le lieu d'expérimentation par excellence de trouvailles contractuelles dont l'originalité n'a d'égale que la fertilité de l'imagination créatrice des juristes praticiens engagés par les entreprises transnationales.

441. Depuis son apparition dans le champ de la recherche, le concept d'abus de droit ne cesse de donner lieu à des développements doctrinaux tant en droit civil qu'en droit fiscal. En droit fiscal, les auteurs convergent tous vers la reconnaissance de la simulation et de la fraude comme principales causes de l'abus de droit. Examiner le phénomène de l'abus de droit sous le prisme du contrôle fiscal des contrats d'affaires internationaux revient à en décrire la manifestation protéiforme **(§1)** d'une part, et à en exposer les effets en termes de prolifération des montages contractuels transnationaux d'autre part **(§2)**.

---

[475] Voir en ce sens MARDIERE (Ch. de la), *Droit fiscal général*, 2e éd., *op. cit.*, p. 250.

[476] *Ibid.*, p. 250.

§1. La manifestation multiforme de l'abus de droit contractuel transnational

442. Sous le rapport du droit fiscal français, l'abus de droit renvoie au fait d'éluder l'application de la loi fiscale sous couvert d'actes juridiques réguliers, lesquels peuvent être considérés comme inopposables à l'administration fiscale après avis du comité consultatif pour la répression des abus de droit[477].

443. Le caractère protéiforme de l'abus de droit orchestré par les contribuables lui confère l'aspect d'un masque susceptible de cacher, de l'avis de la doctrine, deux types de visages. Le premier type recouvre les hypothèses de simulation **(A)** tandis que le second renvoie aux hypothèses de fraude à la loi **(B)**.

A. La manifestation de l'abus de droit à travers la simulation

444. En droit civil, la simulation est le fait pour les parties de dissimuler leur accord réel sous le masque d'un accord officiel différent dans le dessein de tenir secrètes certaines opérations et d'induire les tiers en erreur. L'acte simulé est dit contrat ostensible[478]. L'acte réel dit contre-lettre est destiné à démentir secrètement l'acte ostensible avec lequel il forme un tout cohérent[479]. Ainsi décrite, la simulation est un phénomène qui se situe au confluent de la morale et du droit[480]. Cette compréhension est partagée par le droit fiscal qui, au regard des contrats d'affaires, doit lui aussi faire face à la tentation, parfois irrésistible[481]des rédacteurs à mobiliser la théorie de l'apparence[482] pour faire usage de la simulation afin d'échapper à tout ou partie de l'impôt découlant des stipulations contractuelles. Du fait de leur application ou leur simple existence, les stipulations contractuelles sont en effet susceptibles de générer des incidences fiscales qu'il n'est pas toujours

---

[477] CORNU (G.) (dir), *Vocabulaire juridique*, PUF, 10e éd., 2013, p. 7.

[478] Voir en ce sens DURAND (Frédéric), *op. cit.*, p. 13. Selon l'auteur, *« En tant que reflet trompeur d'une situation de droit, l'apparence présente toujours à sa base un ensemble de circonstances susceptibles d'être perçues par un observateur donné et qui lui confèrent son caractère ostensible. L'apparence ne saurait se concevoir en leur absence. Pour autant, elle ne peut non plus se réduire à un quelconque agrégat de faits visibles. L'apparence constitue un tout cohérent »*.

[479] BENABENT (A.), *Droit des obligations*, LGDJ, 14e éd. Paris, 2014, p. 231.

[480] DEBOISSY (F.), *La simulation en droit fiscal*, LGDJ, Préf. de M. COZIAN, coll. « Bibliothèque de droit privé » T. 276, 1997. Les termes de Mme DEBOISSY à ce propos sont fort expressifs : *« Tiraillée entre l'ombre et la lumière, écartelée entre les exigences contradictoires du secret et de la vérité, de l'opacité et de la transparence, la simulation est un comportement qui intéresse à la fois la morale et le droit »*.

[481] *« Se cacher est un instinct profond de l'être humain….La simulation répond de même à ce « besoin très réel de tenir secrètes certaines opérations »*.

[482] Monsieur Frédéric DURAND explique à ce propos que l'apparence est une illusion juridique, une image fondée sur des faits, une image trompeuse d'une situation de droit ; DURAND (F.), *op. cit.*, p. 13.

aisé de circonscrire. Les hypothèses d'abus de droit au moyen de la simulation sont nombreuses et peuvent procéder suivant la systématisation retenue par la doctrine, tantôt de la rédaction d'un acte fictif **(1)**, tantôt de la production d'un acte déguisé **(2)** ou encore du recours à l'interposition de personnes **(3)**[483].

1. L'abus de droit du fait de la simulation par acte fictif

445. Il y a simulation par acte fictif dès lors qu'un contrat constitue une « coquille vide » destinée à tromper les tiers dans le sens où il régit une ou plusieurs opérations inexistantes[484]. La doctrine est unanime pour reconnaître que l'acte fictif est le produit d'un camouflage de la réalité économique par l'apparence juridique[485]. Sur le terrain du contrôle fiscal au Cameroun et dans les juridictions des Etats de l'espace OHADA, les cas de figures de simulation par acte fictif sont ainsi fournis par des contrats ayant pour seule fonction de décrire des opérations que les parties n'envisagent nullement de réaliser et dont la vocation est de transférer indirectement des revenus à des bénéficiaires non-résidents sans aucune contrepartie. Le législateur camerounais est en effet animé de cette perception, lui qui place dans le collimateur de l'abus de droit *« toute opération conclue sous la forme d'un contrat ou d'un acte juridique quelconque dissimulant une réalisation ou un transfert indirect de bénéfices ou revenus...*[486]*»*. La dissimulation du transfert indirect de bénéfices ou revenus est pour ainsi dire mise en épingle dans la législation fiscale camerounaise comme elle l'est en droit fiscal français avec cependant quelques nuances. Le transfert indirect de bénéfices est envisagé à l'article L 64 (b) du LPF français avec davantage de clarté[487]. Cette disposition vise en effet, entre autres actes, ceux qui *«ont un caractère fictif»*. L'idée de simulation par acte fictif est ainsi plus vivante dans la disposition française de répression des abus de droit.

446. Une illustration de la simulation par acte fictif est donnée en droit fiscal français par le Professeur Maurice Cozian qui, en reconnaissant que les actes fictifs, présentés comme reflétant la réalité à l'administration fiscale, sont loin d'être exceptionnels, fait référence à toute *« une industrie » de fraude alimentée par de fausses factures, déguisant de*

---

483 Cf. COZIAN (M.), *Les grands principes de la fiscalité des entreprises*, *op. cit.*, p. 28.

484 Cf. MARDIERE (Ch. de la), « Abus de droit.- Textes, historique et notion », *Juris-Classeur Procédures fiscales*, fasc. 375 (2015), mis à jour 2019, p. 41, n° 155 : *« L'acte fictif, au sens strict, n'est pas réel, il ne traduit aucune opération ou situation existante ».*

485 Cf. Bofip.impots.gouv.fr., 31/01/2020, BOI-CF-IOR-30-10 ; d'après la Direction générale des finances publiques, *« En pratique, la « fictivité » est constituée par la différence objective existant entre l'apparence juridique créée par l'acte en cause et la réalité, en particulier économique, sous-jacente à cet acte ».*

486 Cf. Art. L33 du LPF en vigueur en République du Cameroun : Dans cet article, l'idée de simulation est contenue dans l'expression *« ...contrat ou acte juridique dissimulant... »*

487 Modifié par Loi 87-502 1987-07-08 art. JORF 9 juillet 1987. Modifié surtout par l'art. 202 de la loi de finances pour 2019 (n° 2018-1319 du 28 décembre 2018).

fausses ventes et de faux paiements [qui] permettent notamment de récupérer la TVA par ceux qu'on appelle « taxis » et n'ayant, bien sûr, jamais été versée au Trésor »[488].

447. Deux illustrations additionnelles, toutes tirées de la pratique camerounaise du contrôle fiscal permettent d'imaginer l'ampleur du phénomène de la simulation par acte fictif en Afrique. La première, qui nous vient du contrôle fiscal dans le secteur des industries extractives, est celle d'un *« contrat de prestations »* conclu entre un opérateur pétrolier domicilié au Cameroun et sa société-mère établie en France, et qui faisait obligation à la filiale camerounaise de verser des frais de commercialisation à la société-mère à la cadence des opérations de vente de brut effectuées par l'opérateur camerounais . De fait, d'après les clauses dudit contrat, la société mère était chargée de *« [...]négocier les ventes de brut pour le compte de sa filiale, de maintenir et développer des relations commerciales avec un large potentiel de clients de brut[...] ».* L'administration fiscale a pu mettre en évidence la fictivité des prestations objet de ce contrat après avoir découvert, en examinant les factures de vente de brut, que celles-ci étaient adressées à une société de trading juridiquement et économiquement hébergée par la société mère et domiciliée aux Bermudes[489]. Cette situation qui conférait *de facto* à la société mère le double statut de client et de commissionnaire, a conduit l'administration fiscale à récuser l'effectivité de la réalisation des prestations contractuelles objet de la facturation des frais de commercialisation en cause dans la mesure où le destinataire final et exclusif du brut, à savoir le trader, était détenu à 100% par la société mère, laquelle détenait aussi à 80% la filiale camerounaise. L'on voit bien sous ce rapport, que le transfert de propriété juridique du brut de la filiale camerounaise vers le trader du groupe hébergé par la société mère, pleinement constaté par les factures de vente de brut, ne nécessitait concrètement aucun service particulier de la part de cette dernière. Bien que l'on soit ici en présence d'un mensonge juridique échafaudé sous l'apparence d'un contrat de prestations visant à transférer des revenus (frais de commercialisation) à l'étranger en leur faisant revêtir la qualification de charges déductibles du résultat imposable à l'impôt sur les sociétés au niveau de la filiale camerounaise. Il convient cependant de relever que l'administration fiscale camerounaise a préféré sur ce point éviter de formuler sa rectification, non sur le terrain de l'abus de droit, mais sur celui de l'acte anormal de gestion en requalifiant sur le fondement de l'article 7 du CGI les frais de commercialisation en cause en charges non justifiées et de soumettre celles-ci à l'impôt sur les sociétés[490].

---

488 Voir en ce sens COZIAN (M.), *Les grands principes de la fiscalité des entreprises*, *op. cit.*, p. 23.

489 La société mère et sa filiale en charge du trading répondaient à la même adresse en France.

490 Cette solution a permis à l'administration , à l'époque des faits, d'invalider l'imposition des frais de commercialisation versés à l'étranger à la taxe spéciale (TSR) sur le revenu de 15% , puis de les soumettre à l'impôt sur les sociétés (IS) au taux de 38,5%. Ce qui signifie

448. La seconde illustration est celle d'un contrat de concession d'exploitation d'un brevet conclu pour masquer une distribution de bénéfices par une filiale établie au Cameroun en faveur d'une société liée domiciliée à l'étranger. Une telle simulation peut se justifier par la volonté pour la société étrangère de bénéficier du régime d'imposition moins onéreux applicable aux redevances au lieu de celui plus contraignant applicable aux revenus de capitaux mobiliers[491]. Théoriquement, la concession de droits de propriété industrielle suppose que la preuve de l'existence des formules concédées puisse être rapportée. A défaut d'une telle preuve, l'administration sera fondée à écarter le contrat qui lui a été opposée afin de requalifier les redevances en revenus distribués passibles de l'impôt sur les revenus de capitaux mobiliers (IRCM).

449. On le voit, l'inexistence de prestations effectives d'assistance technique dans le premier cas et le défaut de concession des formules de production dans le second révèlent deux situations de simulation par acte fictif, normalement constitutives d'abus de droit. Dans les deux cas de figure, le contrat apparent rédigé précise des obligations qui n'ont aucune teneur dans la réalité économique, ce qui en fait à chaque fois un contrat mensonger, et un stratagème pour transférer indirectement des bénéfices à l'étranger en payant moins d'impôt[492]. Mais, comme on le verra, les services de contrôle de l'administration fiscale camerounaise comme ceux de nombre d'administrations fiscales africaines préfèrent formuler des redressements sur le terrain moins glissant des charges non justifiées plutôt que sur celui de l'abus de droit.

2. L'abus de droit du fait de la simulation par acte déguis

450. La simulation prend un relief moins grossier lorsqu'elle a trait aux actes déguisés. Sous le rapport de l'abus de droit, le contrat déguisé a ceci de commun avec le contrat fictif qu'il constitue un subterfuge, en apparence régulier dont le seul but est en réalité d'éluder ou d'atténuer une imposition[493]. Dans un cas comme dans l'autre, il s'agit de vouloir délibérément échapper à l'impôt en utilisant un artifice juridique, un acte apparent, conçu pour égarer l'administration[494]. Dans les deux cas, l'on a

---

que le montant de l'IS définitivement dû par la filiale camerounaise au titre des frais de commercialisation non justifiés est obtenu après défalcation du montant de la TSR préalablement acquitté.

[491] CE, 12 mai 2003, n° 234811, 3e et 8e sous.-sect., Arnaudo, RJF août/septembre 2003, n°969.

[492] Voir en ce sens COZIAN (M.), « La notion d'abus de droit », in *Les grands principes de la fiscalité des entreprises*, op. cit, p. 23, n° 15.

[493] MARDIERE (Ch. de la), *op. cit.* 250.

[494] *Ibid.* p. 250.

affaire à rien d'autre qu'un mensonge[495]. En revanche, l'acte déguisé tranche d'avec l'acte fictif en ce que le contrat présenté à l'administration ne correspond pas au contrat réellement conclu entre les parties[496]. Ce qui signifie que le contrat déguisé est estampillé d'une étiquette juridique différente du contrat réel que les parties confinent au secret[497].

451. Au Cameroun, l'idée de simulation par acte déguisé en matière d'abus de droit est suggérée pas les premiers termes des dispositions de l'article L 33 du LPF qui traitent de « *Toute opération conclue sous la forme d'un contrat ou d'un acte juridique quelconque dissimulant une réalisation ou un transfert indirect de bénéfices ou revenus...* » L'on peut aisément s'imaginer qu'en voulant conclure une opération sous la forme d'un contrat quelconque, les parties peuvent convenir de choisir l'habillage contractuel, le déguisement qui dérouterait le mieux quant au caractère véritable de l'opération et partant, quant aux incidences fiscales qui s'y rapporteraient. Il faut dire sur ce point que le législateur camerounais tire son inspiration de la rédaction de l'article L64 dans sa version d'avant 2004 qui visait de manière plus explicite les actes « *...qui déguisent soit une réalisation, soit un transfert de bénéfices ou de revenus*[498] ».

452. Deux illustrations retiendront notre attention pour rendre compte de la manifestation de l'abus de droit par acte déguisé au Cameroun. La première tirée de la pratique dans le secteur très dynamique de l'industrie brassicole est relative au déguisement d'une chaîne de contrats comprenant théoriquement des opérations de concessions de marque, de transfert de technologie et d'assistance technique en un simple et subtil « *contrat d'embouteilleur* » conclu entre une multinationale américaine et chacune des filiales d'une multinationale française établies dans des juridictions africaines.

453. Le but de la manœuvre pour les cocontractants dans ce cas de figure est de faire transférer indirectement en franchise d'impôt les profits réalisés sur les prestations liées à la concession des marques à la multinationale américaine, en lui évitant notamment le paiement en tant que redevable réel des impôts retenus à la source - TVA et TSR notamment - sur les frais exposés par les filiales africaines du groupe français au titre des

---

[495] M. COZIAN le rappelle sans détour : « *la simulation n'est autre chose qu'un mensonge le contribuable présente au fisc une convention qui ne correspond pas à la réalité* » (COZIAN (M.), *Les grands principes de la fiscalité des entreprises*, op. cit., p. 25).

[496] Voir en ce sens COZIAN (M.), *Les grands principes de la fiscalité des entreprises, op. cit.*, p.25. Voir aussi MADIERE (Ch. de la), « Abus de droit.- Textes, historique et notion », op. cit. p. 43, n° 164.

[497] Voir en ce sens COZIAN (M.), *Les grands principes de la fiscalité des entreprises, op. cit.*, p.25 : l'auteur explique à ce propos qu'« *Il y a bien eu contrat et en cela l'opération n'est pas fictive ; mais ce n'est pas celui qui est annoncé : il y a tromperie sur l'étiquette juridique* ».

[498] Art. L64 du CGI version en vigueur au 1er juin 2004. Notons que depuis son institution en 1982, le texte de l'article L64 a subi plusieurs modifications. C'est nous qui soulignons.

différents services reçus par ces dernières. Ainsi, la multinationale américaine, soucieuse de promouvoir l'expansion de sa marque noue avec des entreprises économiquement dépendantes en Afrique, des contrats subtilement intitulés *« Contrat d'embouteilleur »*[499] synthétisant dans cette terminologie l'ensemble des opérations liées aux différentes concessions de marques opérées à travers ce contrat. Le souci des cocontractants en l'occurrence étant d'éloigner les analystes des préoccupations fiscales liées à l'échafaudage d'un ensemble contractuel qui exposerait plus ouvertement chacun des contrats relevant de l'ensemble contractuel. Pour y parvenir, les rédacteurs précisent que ledit contrat ne confère à la société résidente qu'une « *simple autorisation temporaire* » d'utiliser les marques régies par le contrat. Les termes des rédacteurs sont les suivants :

454. « Il n'est conféré à l'embouteilleur aucun droit sur les Marques de la Compagnie ou sur la clientèle provenant, pour la Compagnie, de l'exploitation des Marques, ni sur les étiquettes, modèles, etc. utilisés en rapport avec les Marques. Il n'est accordé à l'embouteilleur qu'une simple autorisation temporaire, non liée à un droit quelconque, d'utiliser lesdites marques, étiquettes, modèles, etc. relativement au produit embouteillé de la Compagnie étant entendu que cet usage devra être fait de telle manière que la Compagnie apparaisse toujours comme source et/ou origine dudit produit. »

455. La subtilité d'une telle stipulation réside à l'analyse dans le fait pour les cocontractants de dénier toute concession de marque par l'entreprise américaine à l'entreprise camerounaise en traitant d'une simple autorisation temporaire non liée à un droit quelconque, alors que l'entreprise camerounaise ne fait pas autre chose que de jouir du droit d'exploiter lesdites marques dans le cadre de son partenariat avec la multinationale américaine.

456. Au Cameroun, l'Administration fiscale, dans une opération de vérification de comptabilité auprès de la filiale camerounaise du groupe français, ne s'était pas conformée aux dispositions contractuelles et avait, en vertu d'une interprétation qui ne manquait pas d'audace, partiellement restitué à ce contrat d'embouteilleur sa véritable nature puisqu'elle avait été en mesure de requalifier ledit contrat en concession de marques et avait pu obliger la filiale à procéder à la retenue à la source de l'impôt de distribution dont sont passibles les redevances de marques concédées à la société camerounaise par la multinationale américaine[500].

---

[499] Nous analysons dans la deuxième partie de cette étude l'importance de l'analyse de l'intitulé du contrat en matière de contrôle de la qualification donné par les cocontractants au contrat d'affaires.

[500] Dans cette hypothèse, l'administration fiscale aurait pu aller plus loin en élargissant le spectre des rémunérations versées à l'étranger en y associant les redevances et frais versées en contrepartie du transfert de technologie reçu et de l'inévitable assistance technique déployée dans le cadre d'une telle opération.

457. La seconde illustration, qui met aux prises les administrations fiscales africaines et les entreprises du secteur pétrolier aval[501] sur le terrain des cessions massive de droits sociaux masquant des cessions d'actifs, permet de saisir les enjeux de la simulation par acte déguisé. Il est à ce propos saisissant de voir comment les controverses ayant alimenté pendant longtemps la chronique doctrinale dans les pays industrialisés et notamment en France se déportent sur le terrain du contrôle fiscal en Afrique avec un écho dont l'ampleur ne reflète que très faiblement le niveau de développement du phénomène dans la pratique.

458. Le scénario observé au Cameroun est le suivant : En vue d'acquérir la filiale d'un géant de la distribution des produits pétroliers domiciliée dans une juridiction d'Afrique subsaharienne à l'instar du Cameroun, une compagnie pétrolière étrangère se sert de trois de ses filiales pour prendre le contrôle total du distributeur camerounais convoité. Notons au passage que ladite prise de contrôle emporte changement de dénomination sociale, de marque, d'enseigne et transfert du réseau entier des stations-services du distributeur cédé au nouvel acquéreur. Ce faisant, le contrat d'acquisition de la filiale cédée est enregistré par le repreneur au taux de 2% à travers la qualification de « cession d'actions » sous le couvert des dispositions des articles 343 (2) et 543 (d) du CGI camerounais. La compagnie bénéficiaire de la cession évoque un simple changement de dénomination induit par une cession d'actions alors qu'en réalité ce contrat apparent masque une cession de fonds de commerce passible du taux de 15%, objet des dispositions des articles 341 (3) et 543 (a). Telle est heureusement la position de l'administration fiscale camerounaise qui sur ce point, reste constante et consiste en une requalification systématique de telles opérations en cession de fonds de commerce.

459. Il faut dire que les agents de l'administration fiscale camerounaise ont souvent soutenu cette position dans leurs notifications de redressements en prenant d'abord appui sur les dispositions de l'article L33 du CGI relatives à la répression de l'abus de droit avant de viser les dispositions fiscales qui motivent la qualification juridique définitivement retenue par l'administration fiscale après analyse de l'opération incriminée. Une telle approche se comprend dans la mesure où les dispositions qui instituent la répression de l'abus de droit n'ont pas vocation à encourager une manipulation arbitraire des requalifications par l'administration, mais à conduire celle-ci à restituer légalement leur véritable caractère aux opérations examinées en étayant sa position par les dispositions fiscales pertinentes qui, par-delà le pouvoir de requalification qu'elle brandit, entérinent les requalifications qu'elle formule.

---

[501] Dans l'industrie pétrolière, le secteur pétrolier aval, en anglais *downstream*, fait référence aux activités de raffinage et de distribution des produits pétroliers. Il se distingue du secteur amont, *upstream*, qui renvoie aux activités d'exploration et de production de pétrole brut.

3. L'abus de droit du fait de la simulation par interposition de personnes

460. La simulation par interposition de personne est une pratique courante sur le marché international des biens et services que la doctrine juridique et fiscale française dénonce[502]. Il s'agit selon Monsieur Cozian, *« d'une hypothèse d'abus de droit par tromperie sur la personne, le maître de l'affaire restant dans les coulisses, tandis que seul le prête-nom intervient de façon apparente[503] »*. L'administration peut certes, en qualité de tiers, réclamer l'impôt aussi bien au prête-nom qu'au maître de l'affaire[504], mais pour réprimer l'abus de droit, elle est obligée de dénoncer le caractère fictif d'un acte juridique[505]. Selon Madame Anne Dubois de Luzy, *« le procédé de la simulation crée une discordance entre deux situations juridiques, l'une apparente, l'autre cachée[506]. La première situation n'est qu'un trompe-l'œil, une façade dépourvue de toute valeur juridique, la seconde est la situation réellement voulue par les simulateurs [507] »*. Il s'agit là d'un cas de figure dont la prolifération dans le monde des affaires trouve en Afrique un terreau particulièrement fertile d'expression et ce, dans tous les secteurs d'activités des économies de chaque pays. Au Cameroun, les dispositions du Code général des impôts qui prennent en charge la répression de l'abus de droit contractuel n'occultent pas la simulation par interposition. Au contraire, le législateur dans sa description du stratagème que constitue l'abus de droit inclut dans les opérations susceptibles d'être exposées à l'abus de droit *« [...]toute opération conclue sous la forme d'un contrat ou d'un acte juridique quelconque dissimulant une réalisation ou un transfert de bénéfices ou revenus effectués directement ou par personnes interposées [...][508] »*.

461. La pratique camerounaise du contrôle fiscal dans le secteur pétrolier amont nous donne ici une illustration frappante. Une société mère conclut avec une filiale opérant au Cameroun, un contrat d'assistance générale qui fait obligation à celle-ci de verser à celle-là des frais de siège correspondant à un pourcentage précis de ses frais généraux. Parallèlement, les deux entreprises signent un contrat de commercialisation du pétrole brut produit au Cameroun en vertu duquel la filiale verse des frais de commercialisation à sa société mère correspondant à un pourcentage de son

---

[502] MARDIERE (Ch. de la), « Abus de droit.- Textes, historique et notion », *op. cit.* p. 45, n° 170 : *« Si l'acte conclu, une convention de prête-nom, est réel comme sincère, le mensonge porte ici sur la personne , le maître de l'affaire restant dans l'ombre, tandis que le prête-nom fait figure d'exploitant ostensible »*.

[503] COZIAN (M.), *Les grands principes de la fiscalité des entreprises, op. cit.*, p.28.

[504] *Ibid.* p. 45, n° 170

[505] *Ibid.*

[506] DAGOT (M.), th. préc., n°56 : *« la simulation apparaît avant tout comme une technique caractérisée par une dualité de situations, en tout ou en partie contradictoires »*.

[507] Cf. DUBOIS de LUZY (A.), *op. cit.*, p. 24.

[508] Art. L33 du CGI en vigueur en République du Cameroun. C'est nous qui soulignons.

chiffre d'affaires et ce, en rémunération de prestations fictives consistant pour la société mère à prospecter des clients et à négocier des transactions avec ceux-ci sur le marché international au profit de sa filiale. L'abus de droit par interposition de personne peut être établi lorsqu'à la suite du contrôle des ventes de brut, l'administration fiscale découvre – à partir de l'examen des factures de vente de brut - que le pétrole brut est en réalité vendu par la filiale camerounaise à une société fictive théoriquement établie dans un paradis fiscal et disposant d'une adresse de facturation auprès de la société-mère. Seulement, dans cette hypothèse, l'administration fiscale a évité de remettre en cause les opérations de ventes de brut sur le terrain de l'abus de droit en considérant les factures de ventes adressées par la filiale camerounaise à la société fictive juridiquement domiciliée au sein de la maison-mère comme régulières.

462. On le voit, un tel artifice contractuel est mis sur pied dans le seul intérêt de la société mère afin de lui permettre à la fois d'être le producteur du pétrole en Afrique à travers sa filiale et d'en être le client exclusif à travers la société écran. Lorsqu'on sait de plus que cette société mère dispose de plusieurs filiales en Afrique subsaharienne, l'on peut aisément s'imaginer l'ampleur du phénomène de l'abus de droit par interposition de personnes au sein de ce secteur d'activité puisqu'en règle générale, les entreprises multinationales dupliquent de tels schémas contractuels pour l'ensemble des filiales relevant de leur périmètre de consolidation.

B. La manifestation de l'abus de droit à travers la fraude à la loi

463. Outre la simulation, l'abus de droit est susceptible de se manifester par la fraude à la loi. Dans cette hypothèse, les parties au contrat d'affaires n'usent ni de simulation ou de dissimulation, encore moins de mensonge. Le contrat conclu ne constitue ni un acte fictif, ni un acte déguisé. Il est bel et bien réel. Le seul reproche qui peut lui être fait, c'est qu'il est artificiellement monté pour écarter intentionnellement la mise en œuvre d'une disposition fiscale contraignante qui est normalement applicable à l'opération qu'il régit[509]. L'analyse du droit comparé français et africain permet de retenir deux critères de manifestation de l'abus de droit à travers la fraude à la loi. Le premier critère a évolué historiquement de la motivation exclusivement fiscale à la motivation principalement fiscale des parties au contrat **(1)** tandis que le second qui lui est corrélé est relatif à la violation de l'esprit de la loi fiscale par le contrat **(2)**.

---

[509] Voir en ce sens DEDERWAEDER (G.), *Théorie de l'interprétation et droit fiscal*, Dalloz, coll. *« Nouvelles bibliothèques thèse »*, p. 235, n° 236 : *« […] L'idée est bien résumée par l'adage latin : « Fraus per jus ad injuriam pervenire » (« la fraude consiste à parvenir à un résultat illicite par un moyen licite »).*

1. Entre motivation exclusivement fiscale et motivation principalement fiscale des parties au contrat

464. C'est au droit fiscal français que l'on doit l'évolution de la caractérisation de l'abus de droit par fraude à la loi. Avant l'introduction de l'abus de droit par poursuite d'un but principalement fiscal dans le Livre des procédures fiscales, celui-ci ne prévoyait que l'abus de droit par poursuite d'un but exclusivement fiscal.

465. Le critère de la motivation exclusivement fiscale des parties au contrat tire son origine de la jurisprudence française du Conseil d'Etat relative à la fraude à la loi[510]. Selon le juge fiscal français, l'administration fiscale devait, lorsqu'elle invoquait un abus de droit pour écarter comme ne lui étant pas opposables certains actes passés par un contribuable, établir que *« ces actes ont un caractère fictif, ou, que, recherchant le bénéfice d'une application littérale des textes à l'encontre des objectifs poursuivis par leurs auteurs, ils n'ont pu être inspirés par aucun autre motif que celui d'éluder ou d'atténuer les charges fiscales que l'intéressé, s'il n'avait pas passé ces actes, aurait normalement supportées, eu égard à sa situation ou à ses activités réelles* [511]*»*. Le législateur français a entériné dans des termes analogues ce critère en faisant évoluer la rédaction de l'article L64 du LPF à la faveur de la loi de finances rectificative pour 2008[512] à un ou deux termes près[513]. Les termes de cet article partagent une similitude étonnante avec ceux de la jurisprudence du Conseil d'Etat, comme si sur ce point, le législateur se contentait de suivre le juge sans trouver grand-chose à redire:

« Afin d'en restituer le véritable caractère, l'administration est en droit d'écarter comme ne lui étant pas opposables, les actes constitutifs d'un abus de droit, soit que ces actes ont un caractère fictif, soit que , recherchant le bénéfice d'une application littérale des textes ou décisions à l'encontre des objectifs poursuivis par leurs auteurs, <u>ils n'ont pu être inspirés par aucun autre motif que celui d'éluder ou d'atténuer les charges fiscales</u> que l'intéressé, si ces actes n'avaient pas été passés ou réalisés, aurait normalement supportées eu égard à sa situation ou à ses activités réelles [514]».

---

[510] CE 27 septembre 2006 n° 260050, sect., *Sté Janfin*, RJF 12/06 n° 1553.

[511] CE 28 février 2007 n° 284565, 9e et 10e sous-sect., min. c/Persicot : RJF 5/07 n°599.

[512] Cf. Loi n°2008-1443 du 30 décembre 2008.

[513] Voir en ce sens Art. L 64 du CGI français version : *« Afin d'en restituer le véritable caractère, l'administration est en droit d'écarter comme ne lui étant pas opposables, les actes constitutifs d'un abus e droit, soit que ces actes ont un caractère fictif, soit que, recherchant le bénéfice d'une application littérale des textes ou décisions à l'encontre des objectifs poursuivis par leurs auteurs, ils n'ont pu être inspirés par aucun autre motif que celui d'éluder ou d'atténuer les charges fiscales que l'intéressé, si ces actes n'avaient pas été passés ou réalisés, aurait normalement supportées eu égard à sa situation ou à ses activités réelles ».*

[514] C'est nous qui soulignons.

466. Ainsi remaniée[515], la formulation de cette disposition légale est presque mot pour mot identique à celle de la jurisprudence, mis à part la référence aux « *actes... passés ou réalisés* » qui, de l'avis général de la doctrine exprime l'idée suivant laquelle le contribuable n'a pas nécessairement été partie à l'acte. L'opération réalisée quoique réelle, ne répond qu'à des motivations exclusivement fiscales[516], c'est-à-dire à la volonté d'éluder ou d'atténuer la charge fiscale du contribuable.

467. Le critère de la motivation principalement fiscale en matière d'abus de droit est d'introduction plus récente dans le système juridique français, et est prévue à l'article L 64 A du LPF. D'après ce texte, l'administration est en droit d'écarter et ce, sous réserve des dispositions de l'article 205 A du CGI relatives à la lutte contre les montages et séries de montages abusifs , comme ne lui étant pas opposables, « *[...] les actes qui, recherchant le bénéfice d'une application littérale des textes ou de décisions à l'encontre des objectifs poursuivis par leurs auteurs, ont pour motif principal d'éluder ou d'atténuer les charges fiscales que l'intéressé, si ces actes n'avaient pas été passés ou réalisés, aurait normalement supportées eu égard à sa situation ou à ses activités réelles* ». Cette évolution légale, intervenue à la faveur de la loi de finances pour 2019[517], a eu pour effet d'élargir le champ d'application de l'abus de droit en France[518] puisque dorénavant, pour établir l'abus de droit par fraude à la loi, le législateur ne requiert plus seulement le critère de la motivation exclusivement fiscale des parties à l'acte ; il va plus loin en validant le critère de la motivation principalement fiscale desdites parties.

468. Au Cameroun, c'est la doctrine administrative qui a dû suppléer au manque de clarté et de précision du législateur sur le sujet de la fraude à la loi. De fait, la lettre des dispositions de l'article L33 du LPF ne fait pas clairement état de l'abus de droit par fraude à la loi encore moins d'un

---

[515] La version précédente de l'article L64 du LPF français était plus rudimentaire en ce qu'elle focalisait sur certains impôts tout restant silencieuse sur les impôts non visés. « *Ne peuvent être opposés à l'administration des impôts les actes qui dissimulent la portée véritable d'un contrat ou d'une convention à l'aide de clauses :*

a) *qui donnent ouverture à des droits d'enregistrement ou à une taxe de publicité foncière moins élévés;*
b) *ou qui déguisent soit une réalisation, soit un transfert de bénéfices ou de revenus*
c) *ou qui permettent d'éviter, en totalité ou en partie, le paiement des taxes sur le chiffre d'affaires correspondant aux opérations effectuées en exécution d'un contrat ou d'une convention* ».

[516] COZIAN (M.), « La notion d'abus de droit » in *Les grands principes de la fiscalité des entreprises, op. cit.*, document 2, p. 33. L'auteur explique sur ce point que l'abus de droit implique l'acte repose sur des considérations exclusivement fiscales et que des considérations essentiellement fiscales, accompagnant d'autres intérêts légitimes sont à cet égard insuffisantes sauf peut-être si le but extra-fiscal est frauduleux.

[517] Cf. Loi n° 2018-1317 du 28 décembre 2018, art 109, JORF 30 décembre 2018, texte n°1.

[518] Cf. bofip.impots.gouv.fr., 31/01/2020, BOI-CF-IOR-30-20. Voir également SERLOTEN (P.) et DEBAT (O.), *Droit fiscal des affaires*, op. cit., p.65, n° 49.

quelconque critère du but exclusivement fiscal ou principalement fiscal inhérent à l'abus de droit de source contractuelle. Elle est pourtant assez claire sur la simulation dans ses multiples facettes puisqu'elle vise les contrats ou les actes juridiques dissimulant une réalisation ou un transfert de bénéfices ou revenus effectués directement ou par personnes interposées sans expressément faire mention des contrats ou des actes qui « *...n'ont pu être inspirés par aucun autre motif que celui d'éluder ou d'atténuer les charges...* ». En lieu et place de cette formulation, le législateur camerounais ne propose pas de rédaction similaire. C'est au bout du compte la doctrine administrative qui rattrape la prise en compte l'idée de l'abus de droit par fraude à la loi sans mettre l'accent, ni sur le critère du but exclusivement fiscal, encore moins sur celui du but principalement fiscal dans la caractérisation de l'abus de droit. Elle se borne à préciser que pour mettre en œuvre la procédure de répression des abus de droit de manière à contester certains actes passés par le contribuable au motif qu'ils ne lui sont pas opposables, il suffit aux agents de l'administration, « *d'établir que ces actes soit ont un caractère fictif, soit ont été établis ou qualifiés en vue d'éluder ou d'atténuer les charges fiscales que ledit contribuable aurait normalement supportées, eu égard à sa situation et à la nature réelle de l'opération*[519]. En rapport avec la fraude à la loi, ce propos doctrinal vise globalement les actes établis ou qualifiés en vue d'éluder ou d'atténuer les charges fiscales sans autre précision sur le caractère exclusivement fiscal ou principalement fiscale de la motivation de leurs auteurs. L'on peut au moins déjà relever sur ce point que la doctrine administrative retient le caractère fiscal de la motivation des parties pour établir l'abus de droit par fraude à la loi sans accorder un intérêt particulier à la distinction opérée sur ce caractère par le droit fiscal français.

469. Il découle de ce qui précède que les services de contrôle camerounais, en examinant les contrats d'affaires internationaux sur le terrain de l'abus de droit, n'ont pas à établir le caractère « exclusivement » ou « principalement » fiscal de la motivation des parties aux contrats ; il leur suffit d'établir le caractère fiscal de cette motivation. Il est cependant souhaitable que la position actuelle de la doctrine administrative camerounaise sur l'abus de droit par fraude à la loi soit reprise et précisée par le législateur fiscal afin de lui conférer une valeur juridique plus importante et de procurer aux contribuables une meilleure lisibilité du droit sur cet aspect de l'abus de droit.

470. Au contraire de l'abus de droit par simulation, l'abus de droit par fraude à la loi permettrait à l'administration de requalifier des actes exempts de toute *« fictivité »* ou de tout déguisement. Dans cette hypothèse, l'abus de

---

[519] Cf. Instruction N° 535/MINEFI/DI/LC/L du 16 septembre 2002 précisant les modalités d'application de la Loi N° 2002/003 du 19 avril 2002 portant Code Général des Impôts. C'est nous qui soulignons.

droit peut être activé en dehors de toute volonté délibérée du contribuable de tromper l'administration fiscale sur la nature de l'acte. Mais le succès de la démarche de l'administration tient à l'établissement de la preuve selon laquelle le contrat litigieux est inspiré par des considérations d'ordre essentiellement fiscal. L'administration est donc ici dans une posture, de loin plus délicate, dans la mesure où elle devra se livrer à ses risques et périls à une analyse subjective de l'intention ou de la volonté du contribuable auteur de l'acte. Une telle démarche est fortement critiquable et révèle toute la difficulté à mettre d'accord administration et contribuables sur les requalifications fiscales.

471. Cette démarche est d'autant plus délicate que comme le faisait remarquer le commissaire du Gouvernement Fouquet, *« le choix de la solution fiscalement la plus favorable ne constitue pas, par lui-même, un abus de droit* [520]*»*. La notion d'abus de droit par fraude à la loi est sur cette base, une source d'insécurité juridique pour les contribuables. En effet une conception trop large de cette forme d'abus de droit pourrait permettre à l'Administration fiscale de requalifier systématiquement les actes accomplis par un contribuable afin de rechercher une imposition maximum[521]. Dans la pratique en France comme au Cameroun ou ailleurs en Afrique, la question de la frontière entre simulation et fraude à la loi est en bout d'analyse loin d'être d'un grand intérêt. Les deux critères s'imbriquent bien souvent au point de justifier et motiver concomitamment la répression administrative de l'abus de droit[522].

472. Ajoutons que l'abus de droit prévu par le législateur camerounais ne peut être invoqué que pour redresser les bases soit de l'impôt sur les sociétés, soit de l'impôt sur le revenu des personnes physiques[523]. Suivant la doctrine administrative camerounaise, pour rétablir la véritable nature de l'acte objet de l'abus de droit, il revient aux agents de l'administration fiscale de recourir à tous moyens de preuve y compris des présomptions dès lors qu'elles sont suffisamment apparentes, précises, concordantes et graves. L'administration se doit ici de prendre en considération la finalité de l'opération ou de l'ensemble des opérations réalisées entre les parties, même

---

520 CE, 7e et 9e sous-sect°, 21 mars 1986, n° 53002, *Société Auriège* concl. FOUQUET, Rec. Lebon.

521 DOUET (F.), *op. cit.* p. 259 et 260.

522 Selon Monsieur COZIAN, *«...L'expérience démontre qu'il ne faut pas accorder une portée excessive à la distinction entre simulation et fraude à la loi. En effet, contrairement à ce que l'on aurait pu penser, dans la pratique administrative et dans la pratique judiciaire, les deux notions sont souvent confondues ; notamment il n'est pas rare que les juges sanctionnent comme fictifs des agissements exempts de toute simulation, qui constituent en réalité une fraude à la loi. »* (COZIAN (M.), « la notion d'abus de droit » in *Les grands principes de la fiscalité des entreprises, op. cit.*, document 2, p. 32).

523 Art. L33 du CGI en vigueur en République du Cameroun.

si les actes successifs accomplis dans la réalisation de l'opération en cause, considérés individuellement, ne présentent aucun caractère frauduleux[524].

2. *La violation manifeste de l'esprit de la loi fiscale par le contrat*

473. Pour qu'il y'ait abus de droit par fraude à la loi, il ne suffit pas seulement que le contrat ou l'acte poursuive un but exclusivement ou essentiellement fiscal, encore faut-il qu'il viole manifestement l'esprit de la loi fiscale. Toute la question est là. Le mobile exclusivement fiscal qui anime la rédaction du contrat doit se situer aux antipodes des objectifs poursuivis par le législateur et se traduire par un montage dénué de toute substance juridique ou économique[525]. A ce critère dit « objectif » doit se combiner un critère dit « subjectif », celui de la recherche du but exclusivement fiscal. Suivant les explications avisées de la doctrine fiscale française, en dénonçant l'abus de droit, le Conseil d'Etat vise les actes qui, d'une part, recherchent le bénéfice d'une application littérale des textes ou décisions à l'encontre des objectifs poursuivis par leurs auteurs et, d'autre part, n'ont pas d'autre motif que d'éluder ou d'atténuer l'impôt[526]. Notons à ce propos que le fait en France, dans la rédaction actuelle de l'article L64, d'adjoindre aux *« textes »* dont les contribuables rechercheraient le bénéfice, les *« décisions »* administratives qui vont au-delà du simple commentaire ou de la simple interprétation pour ajouter à la norme[527] traduit la volonté du législateur de convier l'administration fiscale et le juge à poser également un regard aiguisé sur toutes les décisions administratives qui s'écarteraient de l'esprit de la loi fiscale[528].

474. Dans la pratique, les hypothèses de manifestation de l'abus de droit par fraude à la loi sans référence à la théorie de la simulation sont rares. Comme le reconnaît volontiers la doctrine, la distinction entre simulation et fraude à la loi est très difficile à opérer[529]. La démarche de l'administration

---

[524] Cf. Instruction N° 535/MINEFI/DI/LC/L du 16 septembre 2002.

[525] Il est en effet de jurisprudence constante en France que pour qu'il y'ait abus de droit, il n'est pas seulement nécessaire que l'opération poursuive un but exclusivement fiscal ; il faut encore que ce mobile exclusivement fiscal soit contraire aux intentions du législateur ou qu'il se soit traduit par un montage dépourvu de substance juridique ou économique. GOUTHIERE (B.), *Les impôts dans les affaires internationales,* éd. Francis Lefèbvre, 2012, p. 940-941 n° 72625 et s.

[526] RASSAT (P.), LAMORLETTE (T.) et CAMELLI (T.), *Stratégies fiscales internationales,* Maxima, 2010, p. 174

[527] GOUTHIERE (B.), *Les impôts dans les affaires internationales*, éd. Francis Lefèbvre, 2012, p. 940, n° 72623.

[528] *Ibid.*, p. 940, n° 72623.

[529] Voir en ce sens COZIAN (M.), « La notion d'abus de droit », in *Les grands principes de la fiscalité des entreprises, op. cit.*, document 2 p. 32, 43 : *« A la vérité l'expérience montre qu'il ne faut pas accorder une portée excessive à la distinction entre simulation et fraude à la loi. En effet, contrairement à ce que l'on aurait pu penser, dans la pratique administrative et dans la pratique judiciaire les deux notions sont souvent confondues ; notamment il n'est pas*

consiste en général à partir de la simulation par acte fictif ou déguisé pour tenter d'établir que ladite simulation débouche sur la fraude à la loi. Une telle démarche vide quelque peu l'intérêt de la distinction entre abus de droit par simulation et abus de droit par fraude à la loi que l'on doit à la vitalité du contentieux fiscal français. Au demeurant, ce qui importe dans ce débat sur l'abus de droit, c'est d'arriver à établir la simulation inhérente à l'acte contrôlée, laquelle simulation est forcément révélatrice de la recherche d'un but exclusivement fiscal et bien souvent d'une violation manifeste de l'esprit de la loi par les cocontractants. Ainsi, pour exciper l'abus de droit à la lecture d'un acte ou d'un contrat, il n'est pas nécessaire de coupler la simulation à la fraude à la loi, celle-ci se trouve bien souvent dans le sillage de la simulation qui en est la cause. Il faut toutefois reconnaître à ce propos que des schémas exclusivement fiscaux peuvent exister qui ne sont pas contraires à l'intention du législateur et partant, ne sont pas constitutifs d'abus de droit. Tout comme un schéma qui produit des effets juridiques et économiques autonomes qui ne sont pas équivalents à ceux que procurerait une autre voie ne caractérise pas un abus de droit.

Quoiqu'il en soit, les contrats d'affaires internationaux sont à l'analyse des instruments juridiques dans lesquels fiction et réalité font aisément bon ménage en fonction de la dextérité des experts-rédacteurs desdits contrats. La simulation par acte fictif y côtoie la simulation par fraude à la loi avec une telle virtuosité qu'elle finit bien souvent par plonger l'Administration fiscale dans une réelle perplexité[530]. Cela n'a rien d'étonnant dans la mesure où l'abus de droit en matière fiscale se révèle être de l'avis de la doctrine une notion essentiellement *« fuyante et évolutive*[531]*»* qui véhicule des « concepts mous » qui sont à chaque fois fonction du contexte et des circonstances[532]. C'est précisément sur ce caractère tangent de la notion d'abus de droit que prospèrent les montages contractuels à finalité fiscale.

§2. La prolifération des montages contractuels à finalité fiscale du fait de l'abus de droit

475. La multiplicité des facettes théoriques de l'abus de droit a pour répercussion dans la pratique des affaires internationales une prolifération

---

rare que les juges sanctionnent comme fictifs des agissements exempts de toute simulation, qui constituent en réalité une fraude à la loi ».

530 Suivant les enquêtes effectuées auprès des agents de la DGI camerounaise, plusieurs requalifications ont en effet été ébauchées sur le terrain de l'bus de droit par l'Administration pour s'estomper par la suite, soit avant l'élaboration de la notification de redressement, soit lors de la réponse aux observations du contribuable. L'une des raisons souvent évoquées étant la difficulté à convaincre les contribuables du bienfondé des redressements envisagés.

531 COZIAN (M.), *Les Grands principes de la fiscalité des entreprises*, *op. cit.* p. 64.

532 *Ibid.* : D'après l'auteur, *« La fraude à la loi fiscale n'a jamais été un îlot de sécurité. ... Elle relève en effet de ce qu'on appelle les concepts mous au même titre que la bonne foi, les bonnes mœurs ou encore l'intérêt social ou l'intérêt de la famille. Tout est question de contexte et de circonstances ; on est en pleine casuistique ».*

prodigieuse des montages contractuels qui génèrent de multiples risques fiscaux contre lesquels l'administration fiscale n'use pas systématiquement de la procédure de répression des abus de droit. La doctrine le reconnaît volontiers, les risques sont d'autant plus grands que les montages, généralement soutenus par une logique d'optimisation fiscale, deviennent de plus en plus complexes et de plus en plus agressifs.

476. Cela se vérifie aussi bien dans les nombreuses situations de montages pluri-contractuels où l'abus de droit découle de l'exploitation conventionnelle de la complexité desdits montages **(A)**, que dans les situations non moins nombreuses des montages intra-contractuels **(B)**.

A. L'abus de droit par exploitation conventionnelle de la complexité dans les montages pluri-contractuels

477. L'expression « montages pluri-contractuels » désigne comme nous l'avons exposé plus haut, toutes les situations où plusieurs actes juridiques concourent à la réalisation d'une même opération économique et poursuivent le même but. Cette perception s'apparente à l'acception doctrinale qui présente le montage comme une opération globale résultant d'une *« série d'actes cohérents et convergents ».* La simulation ou la fraude à la loi peut être la conséquence de la combinaison de plusieurs contrats simultanés ou successifs[533]**(1)**. Dans le monde international des affaires, de tels montages vont de pair avec la réalisation d'une opération économique transfrontalière **(2)**.

1. La combinaison de plusieurs contrats simultanés ou successifs

478. En matière fiscale, l'abus de droit à partir de plusieurs contrats peut provenir tantôt de la rédaction de contrats simultanés en vue de la réalisation d'une ou plusieurs opérations, tantôt de contrats successifs se rapportant soit à la même opération, soit à plusieurs opérations différentes entrant dans le cadre de la même stratégie contractuelle. Dans une démarche de précision des contours de l'abus de droit en matière fiscale, Monsieur Thomas Carbonnier, révèle qu'en France, l'administration fiscale a une conception extensive de l'abus de droit, notamment au regard de certains montages fiscaux. Il n'en va pas autrement dans les pays africains. Parmi les indices le plus souvent invoqués par l'administration pour présumer ou subodorer l'abus de droit figurent en bonne place les montages juridiques trop complexes et les successions rapides d'opérations[534]. De tels montages potentiellement abusifs se rencontrent régulièrement dans les opérations de structuration et de restructuration d'entreprises.

---

533 SERLOOTEN (P.) et DEBAT (O.), *op. cit.*, 17e éd., 2018, p.54.

534 CARBONNIER (T.), *L'abus de droit en matière fiscale : des contours plus précis ?* https://www.village-justice.com/droit-matière-fiscale-contours-precis, 12124. html.

479. En matière de structuration d'entreprise. Les exploitations industrielles et commerciales, grandes ou petites, nécessitent généralement une structuration faisant appel à la combinaison de plusieurs contrats d'affaires. Cela est vrai dans tous les secteurs d'activité et notamment dans les secteurs d'activités considérés comme stratégiques pour les économies des pays africains. Ainsi, quels que soient les secteurs d'activités, la stratégie de structuration des entreprises transnationales fait très souvent appel à conclusion d'un attelage de contrats constitué d'un contrat pivot autour duquel graviteront plusieurs contrats satellites, tous tournés vers la réalisation technique du projet commun des parties, et plus subtilement, vers la satisfaction optimale des projections de profits destinés aux investisseurs transnationaux.

480. Les situations de structuration d'exploitation ou de transactions impliquant plusieurs contrats pullulent dans la sphère internationale des affaires. Dans le secteur minier par exemple, les investisseurs internationaux désireux d'exploiter dans un pays africain donné, chercheront premièrement à implanter une filiale ou une succursale en tant que « véhicule d'investissement[535] » dans le pays en question. Ensuite ils s'engageront dans la signature d'une convention minière, laquelle constituera le contrat pivot duquel dépendra la conclusion des contrats destinés à couvrir les différents segments d'activités clés de l'exploitation minière. Aussi les sociétés minières établies en Afrique seront-elles appelées à conclure avec des sociétés locales ou étrangères des contrats de sous-traitance, d'approvisionnement, d'assistance générale, de commercialisation des minerais, d'assistance technique, de marques, de transfert de technologie, ou de transport.

481. L'observation de la pratique contractuelle des entreprises et des contrôles fiscaux dans certains pays africains révèle que de tels attelages de contrats recèlent de nombreux indices d'abus de droit. Concrètement, en retenant l'hypothèse ci-dessus, il apparaît bien souvent que les frais de siège - prévus dans le contrat d'assistance générale - versés par la filiale africaine à sa société mère non-résidente, fassent double ou triple emploi avec les frais de commercialisation, les frais d'assistance technique et ou encore avec les redevances de marques versées à la même société-mère ou à une société non-résidente du groupe. Evidemment, la remise en cause de tels montages juridiques par les administrations fiscales s'effectue avec plus ou moins de réussite selon les pays, et ne se solde généralement par des rehaussements d'imposition que lorsque les chefs de redressement sont activés sur le terrain

[535] RASSAT (P.), LAMORLETTE (T.) et CAMELLI (T.), *Stratégies fiscales internationales*, Maxima, 2010. p.39. Selon les auteurs, *« Parmi les questions que doivent se poser les entreprises qui se développent, l'une des plus importantes, d'un point de vue juridique, porte sur la nature de l'entité qui va héberger leur activité nouvelle. L'entité en cause est souvent qualifiée de véhicule d'investissement ou d'installation »*.

de l'acte anormal de gestion[536]. Toujours est-il qu'au Cameroun, l'abus de droit demeure « rampant [537]» dans ces montages complexes puisque bien souvent, l'administration fiscale procède à des rectifications sur le fondement de son pouvoir général de redressement posé par l'article L 23 du LPF[538] alors qu'elle sanctionne en réalité un abus de droit.

482. Autant les structurations d'exploitation industrielles et commerciales peuvent exiger des montages pluri-contractuels exposés à des manipulations juridiques et fiscales, autant en est-il des restructurations d'entreprise.

483. En matière de restructuration d'entreprise. Les opérations de modification de restructuration d'entreprises sont en général teintées d'une forte dose de complexité qui les expose à des formes multiples de manipulations juridiques et fiscales. Sur ce point, théoriciens et praticiens sont unanimes pour considérer lesdites opérations de restructuration comme des opérations à risque[539], tant les risques juridiques et fiscaux qu'elles couvent sont nombreux. Nanties elles aussi de cette perception, les administrations fiscales veillent, quoiqu'avec des fortunes diverses, à ce que les opérations de restructuration se réalisent moyennant un coût fiscal normal et qu'elles ne déguisent pas une quelconque évasion fiscale[540].

484. Les opérations de fusion-acquisition donnent un aperçu intéressant des niches d'abus de droit par exploitation conventionnelle des montages pluri-contractuels. A titre d'illustration, nous nous intéresserons aux hypothèses de fusion à l'envers et de fusions rapides.

485. Le cas de la fusion à l'envers. Dans le premier cas de figure - la fusion à l'envers - l'opération consiste en l'absorption par une société déficitaire d'une société bénéficiaire. Dans le cadre d'un groupe de sociétés, procéder à une fusion à l'envers consisterait par exemple pour une filiale

---

536 Comme on le verra, le terrain de l'acte anormal de gestion est préféré à celui de l'abus de droit au Cameroun et dans la plupart des administrations fiscales des Etats de l'espace OHADA parce que moins contraignant sur le plan procédural.

537 La doctrine parle d'abus de droit rampant ou d'abus de droit implicite pour désigner les situations où l'administration écarte les actes juridiques régulièrement passés par le contribuable, sans se place sur le terrain de l'abus de droit (TUROT (J.), « Réalisme fiscal, abus de droit et opposabilité à l'administration des actes juridiques, ou de l'abus de droit rampant », RJF 8-9/1989, p. 458) cité par SERLOOTEN (P.) et DEBAT (O.), Droit fiscal des affaires, *op. cit.*, 17e éd., 2018, p.64, n° 48.

538 D'après ce texte (art. L23 du LPF camerounais) qui reprend largement les termes de l'articles L55 du LPF français qui traite du pouvoir de rectification de l'administration, *« Lorsque l'Administration constate une insuffisance, une inexactitude, ou une omission dans les éléments servant de base au calcul des impôts droits et taxes ou sommes quelconques dues en vertu du Code général des impôts, les redressements correspondants sont effectués suivant la procédure contradictoire. La charge de la preuve incombe à l'Administration ».*

539 COZIAN (M.), *Les grands principes de la fiscalité des entreprises*, *op. cit.* p. 62.

540 *Ibid.* p. 62-63.

déficitaire à absorber sa société mère pourtant bénéficiaire. La fusion à l'envers prend ainsi le contrepied de la fusion classique[541] ou fusion à l'endroit dans la mesure où cette dernière, c'est la société qui affiche les indicateurs de performance économique et financière les plus intéressants, en l'occurrence un résultat bénéficiaire, qui absorbe la société déficitaire[542].

486. La fusion à l'envers peut juridiquement se justifier notamment par une volonté de restructuration interne destinée à rationaliser et à simplifier la structuration du groupe. Fiscalement, l'enjeu se situe au niveau de l'imputation des bénéfices de la société absorbée par les déficits de la société absorbante. Le risque encouru par la filiale déficitaire absorbante dans une telle opération réside dans le fait que l'administration fiscale peut y voir une cessation d'entreprise et requalifier l'opération de fusion comme telle, ce qui entrainerait la perte du droit au report de ses déficits, notamment si la société absorbante en cause change d'objet ou d'activité après l'opération de fusion. Ainsi, l'administration fiscale peut considérer qu'un tel montage est abusif et contester le report des déficits au motif que l'opération de fusion est inspirée par la recherche d'une compensation entre la filiale déficitaire et la maison-mère absorbée.

487. Le cas de la fusion rapide. A côté de l'hypothèse des fusions à l'envers, celle des fusions rapides est également indexée par la doctrine et les praticiens. Dans de ce second cas de figure, l'opération de fusion est réalisée dans un délai tellement expéditif que la société holding disparaît aussitôt après l'acquisition de la société cible[543]. En effet, la fusion rapide consiste, pour une société holding, à acquérir le contrôle d'une société puis de fusionner avec cette société à une date proche de l'acquisition des titres[544]. Ce qui donne à penser que la holding n'a été créée et n'a disparu que dans le but d'adosser les déductions de ses charges financières sur les bénéfices réalisés dans le cadre de l'activité de la société absorbée[545]. Comme dans l'hypothèse des fusions à l'envers, les administrations fiscales

[541] Une fusion de société est une opération par laquelle une ou plusieurs sociétés transmettent leur patrimoine à une société existante ou à une nouvelle société qu'elles constituent. PWC, *Fusions et acquisitions*, n° 7105, p. 319.

[542] La fusion est dite à l'endroit lorsque à l'issue de l'opération, l'associé principal de la société absorbante conserve son pouvoir de contrôle sur celle-ci, bien que sa participation soit diluée. La fusion est dite à l'envers lorsque, à l'issue de ladite opération, l'associé principal de la société absorbée prend le contrôle de la société absorbante (MALGOYRE (A.), *Montages juridiques et habileté fiscale*, Gualino-Lextenso, 2018, p. 158).

[543] Les institutions juridiques ne sont pas des produits jetables dont on peut se débarrasser dès qu'ils ont produit l'effet fiscal recherché.

[544] PWC, *Fusions et acquisitions*, Editions Francis Lefèbvre, coll. « Memento Expert », 2017, n° 73000, p. 339.

[545] MALGOYRE (A.), *Montages juridiques et habileté fiscale*, Gualino-Lextenso, 2018, p.158 ; Voir également OUDENOT (Ph.), *Fiscalités des sociétés et des restructurations*, LexisNexis, n°1248, p.602

voient généralement en ce type de fusion un montage susceptible d'être remis en cause soit sur le terrain de l'abus de droit, soit sur celui de l'acte anormal de gestion[546].

488. La réflexion menée au sujet des fusions acquisitions vaut également pour les multiples autres opérations de transformation de société notamment pour les apports partiels d'actifs[547], les scissions[548] ou encore les dissolutions par confusions de patrimoine. La situation est d'autant plus préoccupante pour les pays africains que les montages pluri-contractuels en cause emportent en général pour chacun, la réalisation d'une opération économique transfrontalière. En France, le juge du Conseil d'Etat a établi que « *l'opération par laquelle des titres de sociétés sont apportés par un contribuable à une société qu'il contrôle, puis sont immédiatement cédés par cette dernière, répond à l'objectif économique poursuivi par le législateur lorsque le produit de cession fait l'objet d'un réinvestissement à bref délai par cette société*[549], celui de faciliter les opérations de restructuration d'entreprises en vue de favoriser la création et le développement de celles-ci. En revanche, en l'absence de réinvestissement, une telle opération doit, en principe être regardée comme poursuivant un but exclusivement fiscal dans la mesure où elle conduit, en différant l'imposition de la plus-value, à minorer l'assiette de l'année au titre de laquelle l'impôt est normalement dû à raison de la situation et des activités réelles du contribuable[550].

2. *La réalisation d'une opération économique transfrontalière*

489. L'abus de droit qui est susceptible de surgir des montages pluri-contractuels s'opérant à l'échelle internationale se justifie le plus souvent par la volonté des entreprises de réaliser des économies fiscales sur les transferts indirects de bénéfices consécutifs aux opérations commerciales et financières transnationales. Les investisseurs internationaux tirent bien souvent profit de tels montages qui peuvent être fiscalement travestis au moyen de manipulations multiformes des prix de transfert de manière à éroder les bases imposables dans les juridictions africaines en déplaçant les profits vers juridictions à faible niveau d'imposition.

490. L'échafaudage de montages pluri-contractuels abusifs en tant que supports juridiques des opérations économiques transfrontalières justifie corrélativement la survenance de nombreux flux financiers dont la licéité

---

546 PWC, *Fusions et acquisitions*, Editions Francis Lefèbvre, *op. cit.*, n°73000, p. 339.

547 Les apports partiels d'actifs s'entendent des apports constituant une branche autonome d'activité, c'est-à-dire un ensemble pouvant fonctionner par ses propres moyens (PWC, *Fusions et acquisitions*, *op. cit* . n°7115 p. 327).

548 Une scission est l'opération par laquelle une société transmet son patrimoine à plusieurs sociétés (Cf. PWC, *Fusions et acquisitions*, *op. cit.* n° 7150 p. 331).

549 CE, 22 sept. 2017, 10e et 9e ch. Réun., n° 412408, *Lebon* 922.

550 *Ibid.*

fiscale n'est pas toujours avérée. Une illustration de montage abusif pluri-contractuel ayant défrayé la chronique au point d'être exposée dans le Rapport du Groupe de haut niveau sur les flux financiers illicites en provenance d'Afrique, nous est donnée par les montages qui empruntent le circuit de la fraude fiscale « Irlande-Pays-Bas-Irlande » plus célèbre sous leur appellation anglo-saxonne de *« Double irish with dutch sandwich »*[551]. De nombreuses entreprises exploitent les failles de la législation fiscale internationale pour déplacer des bénéfices entre les pays de façon à éviter l'impôt[552]. Ces techniques tirent souvent parti du transfert de bénéfices sur les redevances des brevets dans des pays comme l'Irlande où ils sont faiblement imposés[553]. La stratégie fiscale consiste ici à faire voyager les bénéfices issus de la fabrication d'un produit d'un pays à taux élevé d'imposition vers un pays à taux d'imposition quasi nul[554].

491. Si les bénéfices résultant de la vente d'un article restent aux Etats-Unis, ils seront soumis à un impôt fédéral de 35%. Mais si le produit de la vente est versé à une filiale irlandaise, comme redevance sur des brevets que possède l'entreprise, le taux d'imposition est beaucoup moins élevé. En raison d'une lacune de la législation irlandaise, la filiale irlandaise est contrôlée par des directeurs dans un autre pays qui peut se trouver dans les caraïbes de manière à faire échapper les profits à l'impôt à l'échelle mondiale.

492. Quand le même article est vendu à l'étranger, le produit de la vente est acheminé vers une deuxième filiale irlandaise. Et comme les conventions fiscales irlandaises exonèrent certains transferts intra-européens, l'entreprise peut éviter l'impôt en faisant passer les bénéfices par les Pays-Bas. Puis, ils sont renvoyés à la première filiale irlandaise qui achemine alors les bénéfices vers un paradis fiscal outremer[555].

---

551 UA/CEA, *« Flux financiers illicites »*, Rapport du Groupe de haut niveau sur les flux financiers illicites en provenance d'Afrique, CEA, 2015, p. 28.

552 *Ibid.*, p 29.

553 Il s'agit là d'un type de montage que les grandes firmes multinationales du numérique ont été les premières à utiliser.

554 Notons au passage que autrefois, l'activité manufacturière avait lieu surtout en Irlande, mais aujourd'hui, les articles viennent d'usines situées en Chine, au Brésil ou en Inde, et sont directement envoyés aux consommateurs (UA/CEA, *« Flux financiers illicites »*, Rapport précité, p. 28)

555 *Ibid.* p. 28 « Les bénéfices acheminés vers un paradis fiscal peuvent y être conservés, dissimulés aux autorités pendant des années »

Face visible du montage contractuel

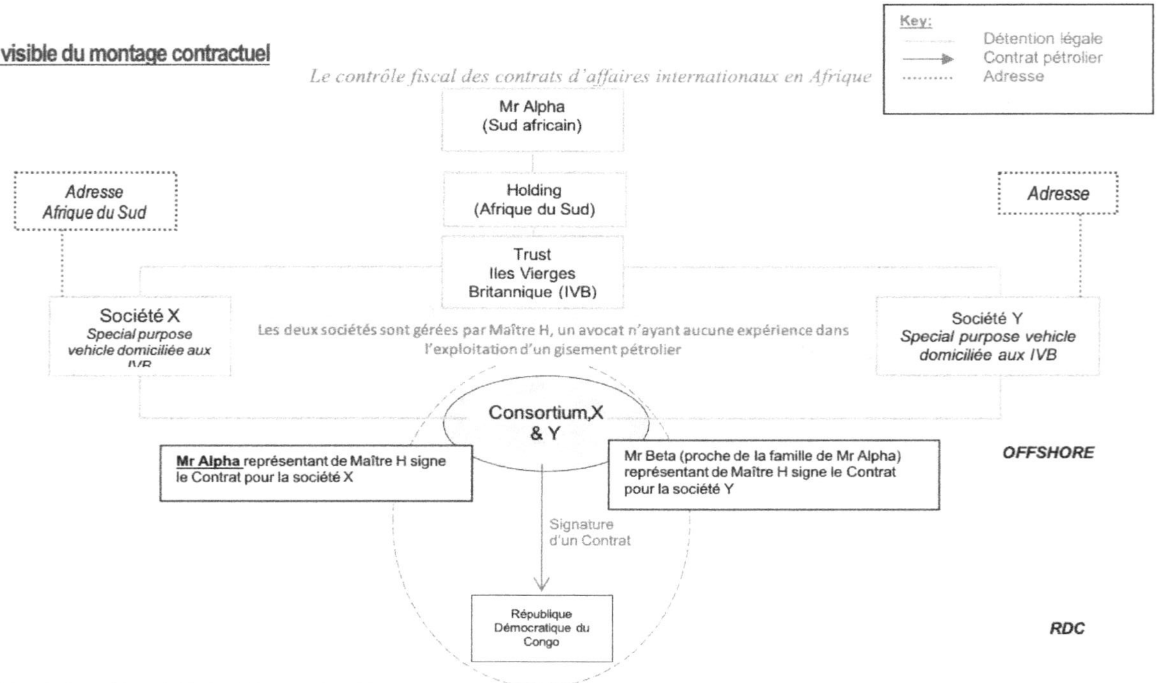

Conséquences du montage :

- L'impôt sur les sociétés sera payé aux IVB et non en Afrique du Sud où est situé le véritable propriétaire des sociétés X et Y
- Le droit des sociétés applicable est celui des IVB. Les biens des sociétés situés aux IVB seront insaisissables par les créanciers de ces sociétés (L'Etat du Congo par exemple, en cas de mauvaise exécution du contrat pétrolier).
- Le montage rend opaque l'identification du bénéficiaire réel du contrat pétrolier qui en réalité n'est pas la Trust détenue par Mr Alpha. **Voir le schéma suivant.**

Face cachée du montage contractuel

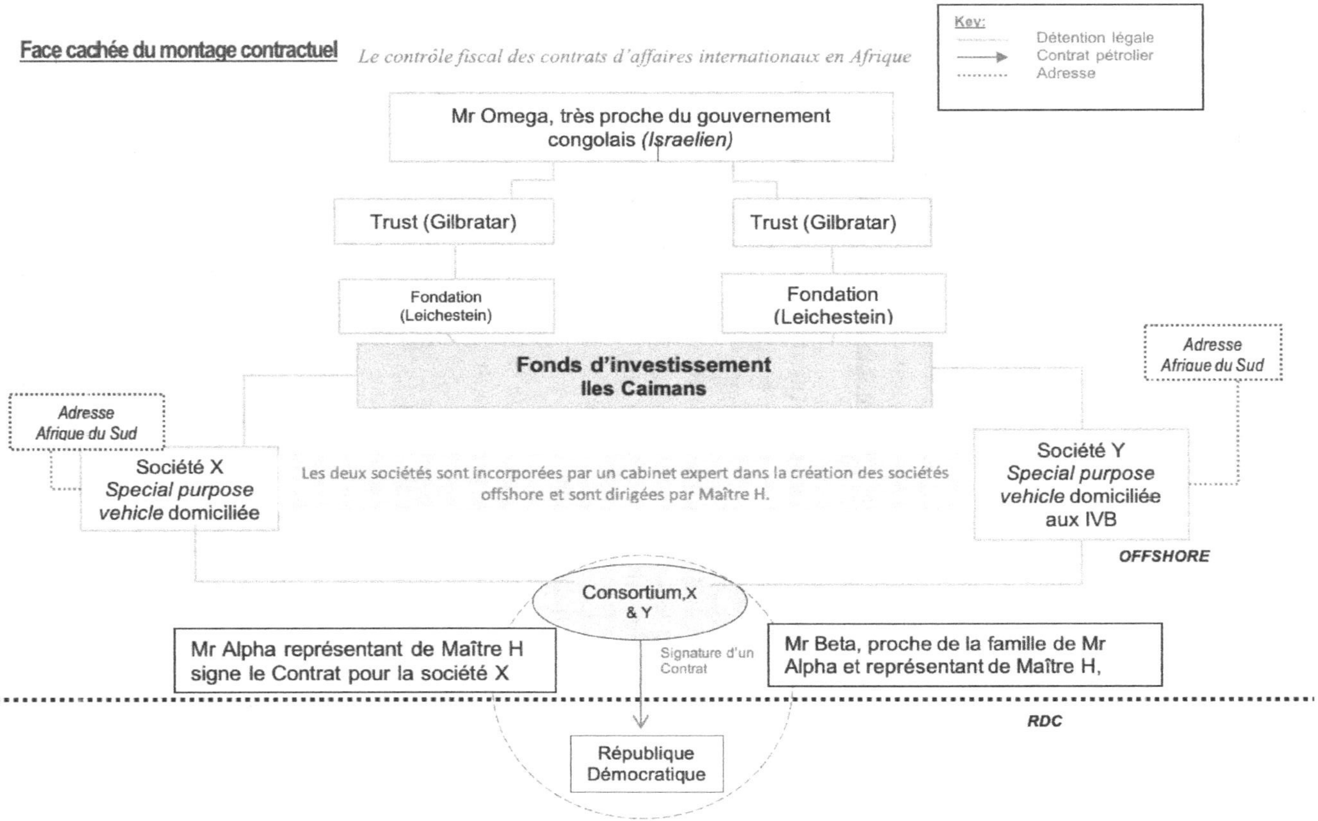

493. Plus généralement, l'abus de droit peut s'appliquer à un montage juridique qui se sert d'une convention fiscale internationale destinée à éviter ou à limiter les doubles impositions. En effet, les Etats parties à la convention fiscale ne sauraient être regardés comme ayant entendu pour répartir le pouvoir d'imposer, appliquer ces stipulations à des situations procédant de montages artificiels dépourvus de toute substance économique[556]. Par ailleurs la caractérisation d'un abus de droit peut aussi dépendre de l'interprétation d'une convention fiscale internationale[557].

494. Ainsi, à l'image du ver qui peut infiltrer la grappe, l'abus de droit peut insidieusement s'inviter à la réalisation d'un montage pluri-contractuel au point de fissurer les dispositifs fiscaux nationaux, et de la sorte, servir de viaduc à diverses formes de transfert indirect de bénéfices sous-fiscalisés. En cette matière, ce qui est vrai pour la grappe peut également l'être pour le fruit. L'abus de droit peut aussi se glisser dans le contrat pris isolément dans le cadre de ce que nous appelons les montages intra-contractuels.

B. L'abus de droit par dénaturation conventionnelle du contrat dans les montages intra-contractuels

495. L'abus de droit dans les montages intra-contractuels participe, à y voir de près, d'une dénaturation conventionnelle du contrat d'affaires. Une telle dénaturation qui prend appui tantôt sur la forme du contrat **(1)**, tantôt sur le fond **(2)** est suivant la doctrine à l'origine de la simulation ou de la fraude à la loi qui est susceptible d'être mise en évidence par l'action de contrôle de l'administration fiscale[558].

1. La dénaturation de la forme du contrat

496. Dans le cadre de la présente étude, l'expression forme du contrat, rappelons-le, renvoie à la présentation du document contractuel tel que construit et rédigé par les parties, à l'*instrumentum* au sens de document écrit sur papier ou support électronique[559]. Les parties peuvent opter sous ce rapport soit pour le contrat *« au kilomètre »* en imprimant toutes les stipulations à la suite des autres sans les mettre en exergue de manière à les distinguer ; soit plutôt pour le contrat *« mis en page »* en organisant le texte contractuel de manière thématique[560]. A ce propos, l'on observe une tendance de plus en plus marquée en faveur du contrat mis en page dans la

---

[556] Cf. CE 25 oct. 2017, 3e, 8e, 9e et 10e ch. réun., n°396954, Juris-Data n°2017-020912 ; Procédures 2017, n° 12, comm. 327, note O. Négrin.

[557] CE 9e et 10e ch., 21 juill. 2017, n°392908, SAS Thermo Electron Holding, *Dr. fisc.* 2017, n°30-35, act. 443

[558] SERLOOTEN (P.) et DEBAT (O.), *op. cit.*, 17e éd., 2018, p.55.

[559] MOUSSERON (J. M.), *Technique contractuelle*, *op. cit.* n°12, p. 21. Elle exclut ainsi le contrat tacite n'ayant aucune expression écrite ou orale, le contrat oral ou verbal, ou encore le contrat gestuel à l'instar du bris de la vignette liant la disquette à sa pochette pour les contrats Microsoft par exemple.

[560] *Ibid.* n°98, p. 49.

pratique internationale des affaires. Cela n'a rien de surprenant dans la mesure où la mise en forme structurée du contrat débouchant sur un contrat *« construit*[561] *» contribue* au confort et à la sécurité juridique des parties dans leurs rapports intrinsèques avant de constituer un facteur de confort pour les tiers.

497. Toutefois, la pratique du contrat construit ne fait pas obstacle à la floraison du contrat dit « sauvage » qui procède de l'expression primaire du principe de la liberté contractuelle et de l'amateurisme des cocontractants. Cette formule prévient la doctrine expose le contrat tantôt à la maigreur parce cette façon de procéder conduira à des lacunes, tantôt à l'obésité parce qu'elle suscitera des redites de forme ou de fond[562].

498. Ainsi, le contenu formel du contrat qui s'articule en général autour de l'intitulé, la désignation des parties, l'exposé préalable, les définitions contractuelles, le corps du contrat, ou les annexes, peut offrir des possibilités de manipulation susceptible d'être analysées en abus de droit. En règle générale, les opérations qui sont susceptibles d'être conclues sous la forme contractuelle peuvent revêtir des « habillages juridiques » qui ne correspondent en rien à la réalité économique desdites opérations. Sous le rapport de l'abus de droit, le tour de force consiste pour les rédacteurs du contrat à le présenter sous un aspect apparemment licite et régulier au plan fiscal en prenant appui sur la théorie de l'apparence pour lui attribuer formellement une qualification juridique qui masque partiellement ou totalement son véritable contenu. En général, les cocontractants jouent principalement sur l'intitulé du contrat pour désorienter les tiers appelés à l'interroger. L'exemple du contrat intitulé *« contrat d'embouteilleur »* pour masquer des opérations de transfert de technologie et de licences de marques est à cet égard édifiant.

499. Les rédacteurs peuvent aussi jouer sur la dimension matérielle du contrat en optant soit pour un contenu détaillé des stipulations, soit pour un contenu plutôt synthétique après avoir stratégiquement pesé les avantages et les inconvénients de l'une ou l'autre option pour les cocontractants. L'on peut à ce propos imaginer par exemple que pour la kyrielle de contrats innomés que propose le marché international, l'option pour un contenu détaillé des stipulations peut procéder d'une volonté de découragement des lecteurs en « douchant » d'avance leur enthousiasme à parcourir le contrat examiné dans le détail. Plus le contrat est court, plus il donne envie d'être parcouru.

500. En revanche, dans les contrats innomés par exemple, plus le contrat est réduit dans sa dimension matérielle, plus les stipulations peuvent être truffées de non-dits susceptibles de désorienter les lecteurs. Ainsi la recherche et la restauration du véritable caractère de l'opération ou de la

---

[561] *Ibid.*, n° 103, p. 51.
[562] *Ibid.*, n° 103, p. 51.

véritable nature du contrat commande absolument que l'administration ou le juge se livre à une lecture et à une interprétation des stipulations contractuelles afin de dégager une qualification qui soit en cohérence avec l'économie réelle du contrat c'est-à-dire en adéquation avec le fond du contrat.

2. La dénaturation du fond du contrat

501. Si la forme du contrat renvoie dans le cadre de la présente recherche à l'*instrumentum*, le fond du contrat s'entend quant à lui du *negotium* c'est-à-dire de l'opération intellectuelle qui le caractérise[563] et qui traduit la volonté des parties. Le Professeur Maurice Cozian considère l'abus de droit comme le péché des « surdoués » de la fiscalité. Le terme n'est pas exagéré et interroge sur la capacité des acteurs africains du contrôle fiscal à rivaliser d'intelligence avec les « surdoués » auxquels fait allusion Monsieur Cozian au point d'exposer au grand jour le péché qui est le leur. Rien n'est moins sûr car c'est davantage sous le rapport du fond du contrat que de sa forme que jouent les rédacteurs pour verser dans l'abus de droit.

502. Ainsi, la dénaturation du fond du contrat passe par nécessairement par le travestissement de ce que les civilistes appellent l'objet[564] et la cause[565] du contrat. C'est bien connu, le contrat est réputé conclu dès lors que les parties se sont mises d'accord sur la chose et sur le prix. Or, les contractants peuvent subtilement jouer sur la notion de chose qui caractérise l'objet au sens large en édulcorant ce qui dans le contrat est constitutif tantôt de la chose, tantôt de la prestation ou encore de l'opération et ainsi dissimuler l'engagement réel des parties[566]. Si nous reconnaissons volontiers avec la doctrine que *« l'abus de droit n'est pas une pratique seulement imputable aux entreprises, car le cas le plus classique est celui d'une donation déguisée en vente*[567] *»*, force est de reconnaître que les entreprises multinationales promeuvent et utilisent des subterfuges juridiques autrement plus sophistiqués.

503. Quoiqu'il en soit, la prolifération des montages contractuels du fait de l'abus de droit prospère allègrement en se nourrissant de la sophistication des montages contractuels ; une sophistication elle-même exacerbée par l'enchevêtrement, pour la réalisation d'une même opération globale, des montages intra-contractuels et des montages pluri-contractuels. Un tel état de fait accentue le caractère protéiforme de l'abus de droit contractuel au point de faire des contrats d'affaires internationaux un « espace aride » de contrôle de cette forme de fraude pour les administrations fiscales africaines.

---

563 Voir en ce sens MOUSSERON (Jean Marc), *op. cit.* n° 12, p. 21.

564 Art. 1129 du Code civil.

565 Art. 1131 à 1133 du Code civil.

566 Les termes de « chose », « prestation » et « opération » ne sont pas synonymes.

567 MARDIERE (Ch. De la), *Droit fiscal général, op. cit.*, p. 250.

SECTION II. LES CONTRATS D'AFFAIRES INTERNATIONAUX, ESPACE ARIDE DE CONTROLE DE L'ABUS DE DROIT

504. Le contrôle fiscal des abus de droit souffre au Cameroun et dans les Etats de l'espace OHADA d'un réel manque de vitalité et n'aboutit finalement qu'en de rares occurrences à des redressements fiscaux. Prétendre que les contrats d'affaires internationaux sont un domaine aride ou infructueux en matière de contrôle de l'abus de droit ne signifie nullement que ces contrats ne sont pas contrôlés, loin de là. Cette assertion nous permet de mettre en lumière la réticence des administrations fiscales à formuler des redressements sur le terrain de l'abus de droit lorsqu'elles ont affaire aux contrats d'affaires internationaux, alors même que ceux-ci constituent le terreau idéal de mobilisation de la théorie de l'abus de droit. En effet, les difficultés pratiques de l'administration sur le terrain de l'abus de droit sont si nombreuses qu' en cette matière elle ne sait vraiment plus sur quel pied danser. Cet état de fait procède à notre sens d'une part, de l'affirmation laconique du pouvoir interprétatif de l'administration fiscale en matière de contrôle des contrats d'affaires **(§1)** et, d'autre part, de l'improvisation méthodologique à laquelle est réduite l'administration fiscale lorsqu'il s'agit d'interpréter lesdits contrats **(§2)**.

§1. L'affirmation laconique du pouvoir interprétatif de l'administration fiscale en matière de contrôle des contrats d'affaires

505. La plupart des législations des pays d'Afrique subsaharienne de l'espace OHADA ont intégré dans leur corpus législatif des dispositions conférant à l'administration fiscale un réel pouvoir interprétatif en matière de surveillance des contrats d'affaires. Le législateur fiscal camerounais n'a pas dérogé à cette tendance en consacrant ce pouvoir aussi bien au regard du contrôle des contrats soumis à la formalité de l'enregistrement que des contrats susceptibles de générer d'autres impôts directs ou indirects. Il faut sur ce point reconnaître que c'est au regard de la procédure de l'abus de droit telle qu'édictée par le Livre des procédures fiscales qu'il convient d'analyser le pouvoir interprétatif de l'administration fiscale pour se rendre compte que celui-ci est exprimé de manière laconique dans le texte de l'article L 33 dudit Livre. Cependant, la consécration légale du pouvoir d'interprétation en matière de répression de l'abus de droit **(A)** se trouve neutralisée en cas de réclamation contentieuse du contribuable du fait du reversement de la charge de la preuve au détriment de l'administration **(B)**.

A. La consécration légale du pouvoir d'interprétation en matière de répression de l'abus de droit

506. Adoptée en France au début de l'an 1941, la procédure de répression des abus de droit a été reçue par la législation fiscale au Cameroun 60 ans plus tard avec la loi de finances pour l'exercice 2000.

Comme on l'a vu, cette procédure est aujourd'hui inscrite dans le Livre des Procédures Fiscales camerounais à l'article L 33 et vient combler en matière d'impôts directs un vide qui n'existait pas en matière d'enregistrement des actes juridiques[568]. Aussi, l'administration fiscale jouit-elle dorénavant d'un pouvoir universel d'interprétation des contrats d'affaires indépendamment des impôts qu'ils couvent **(1)**. Mais là s'arrête l'esprit et la lettre de la loi. Et pour cause, les résultats en matière de répression des abus de droit restent mitigés en dépit de l'ouverture opérée par le législateur sur cette question **(2)**.

1. La reconnaissance légale du pouvoir d'interprétation des contrats d'affaires

507. Sur le fondement des dispositions relatives à la répression de l'abus de droit , les agents de l'administration fiscale tiennent du législateur un réel pouvoir d'interprétation des contrats d'affaires. Mais à l'observation, la marge de manœuvre de l'administration en matière d'interprétation reste imprécise sans doute en raison de la concision du fondement légal du pouvoir de laquelle émane cette marge de manœuvre.

508. La concision du fondement légal du pouvoir d'interprétation des contrats d'affaires. En disposant que l'administration des impôts a le droit de restituer son véritable caractère à toute opération conclue sous la forme d'un contrat ou d'un acte juridique quelconque qui dissimule une réalisation ou un transfert de bénéfices, le législateur camerounais confère à l'administration fiscale à travers les articles L 33 du LPF et 329 du CGI un réel pouvoir d'interprétation des contrats. Cette consécration légale du pouvoir interprétatif de l'administration n'a rien d'original, mis à part le fait qu'elle constitue une reprise des dispositions analogues de l'article L 64 du LPF français[569].

509. Ainsi, tous les contrats regardés par l'administration fiscale camerounaise comme constitutifs d'abus de droit, en ce qu'ils dissimulent une réalisation ou un transfert de bénéfices, doivent en principe être écartés comme ne lui étant pas opposables. Tel est le sens de cette disposition qui a reçu le même écho dans la quasi-totalité des pays d'Afrique subsaharienne d'expression francophone. Au Mali par exemple, le législateur octroie le même pouvoir général d'interprétation à l'administration fiscale qui dispose elle aussi du droit de restituer à l'opération litigieuse son caractère

[568] Dès avant l'absorption du code de l'enregistrement du timbre et de la curatelle par le code général des impôts intervenue à la fin des années 80 au Cameroun, l'abus de droit faisait déjà en effet partie des dispositions de la législation relative à l'enregistrement. L'abus de droit en cette matière fait aujourd'hui l'objet des dispositions de l'article 329 du CGI camerounais.

[569] *« Afin d'en restituer le véritable caractère, l'administration est en droit d'écarter comme ne lui étant pas opposables, les actes constitutifs d'un abus de droit... »*

véritable[570]. Ce qui est intéressant dans le cas malien, c'est que ce pouvoir de requalification n'est pas limité dans ses effets. Il peut emporter des conséquences dans la détermination des bases de tous les impôts susceptibles d'être éludés par l'abus de droit incriminé. Cependant au Cameroun, les redressements induits par le pouvoir de requalification de l'administration fiscale sur le fondement de l'article L33 ne peuvent porter que sur l'impôt sur les sociétés ou sur le revenu des personnes physiques[571].

510. Pour rétablir la véritable nature de l'acte objet de l'abus de droit, l'administration fiscale camerounaise recommande de recourir à tous moyens de preuves, y compris des présomptions, dès lors qu'elles sont suffisamment apparentes, précises, concordantes et graves[572]. Il convient également suivant la doctrine administrative de prendre en considération la finalité de l'opération ou de l'ensemble des opérations réalisées entre les parties, même si les actes successifs accomplis dans la réalisation de l'opération en cause, considérés individuellement, ne présentent aucun caractère frauduleux. Ce qui donne aux agents de l'administration une indication sur la vigilance à exercer vis-à-vis des montages pluri-contractuels à finalité fiscale. Mais un tel pouvoir d'interpréter peut, si l'on n'y prend garde, égratigner la sécurité juridique et fiscale des contribuables. C'est sans doute pourquoi même en matière d'abus de droit, les agents de l'administration restent soumis au respect d'un certain nombre d'obligations au rang desquelles le respect de la procédure contradictoire, la précision au contribuable de la requalification de son acte, et la motivation en fait et en droit des redressements envisagés.

511. Le pouvoir d'interprétation prévu à l'article L33 en matière d'impôt sur les sociétés et en matière d'impôt sur le revenu des personnes physiques est relayé en matière d'enregistrement par les dispositions de l'article 329 du CGI camerounais qui prévoyait dès avant l'institution du dispositif actuel de répression de l'abus de droit que : « *Lorsqu'il est amiablement reconnu ou judiciairement établi que le véritable caractère des stipulations d'un contrat ou d'une convention a été dissimulé, sous l'apparence de stipulations donnant ouverture à des droits moins élevés, il est dû un double droit en sus. Cette pénalité est due solidairement par toutes les parties contractantes* ». Il s'agit là, on le voit, d'une disposition dont le

[570] Art. 616 du LPF malien (LF.2014). Suivant cette disposition, « *Toute opération conclue sous la forme d'un contrat ou d'un acte juridique quelconque et dissimulant une réalisation ou un transfert de bénéfices ou de revenus ou de gains effectuée directement ou par personnes interposées n'est pas opposable à l'Administration des impôts. Cette dernière a le droit de restituer à l'opération litigieuse son caractère véritable et de déterminer en conséquence les bases d'imposition* ».

[571] Selon l'article L 33 du CGI, l'administration des impôts a le droit de restituer à l'opération son véritable caractère et de « *déterminer en conséquence les bases des impôts sur les sociétés ou sur le revenu des personnes physiques* ».

[572] Cf. Instruction n° 535/MINEFI/DI/LC/L du 16 septembre 2002 précisant les modalités d'application de la loi n° 2002/003 du 19 avril 2002 portant code général des impôts.

législateur aurait volontiers pu se passer s'il avait disposé de manière plus générale relativement au spectre des impôts susceptibles d'être impactés par la répression de l'abus de droit.

512. L'imprécision du législateur quant aux modalités d'interprétation. Que l'administration fiscale puisse jouir globalement d'un pouvoir d'interprétation des contrats lors de la mise en mouvement de la procédure de répression de l'abus de droit est une certitude. Ce qui est moins certain, c'est le périmètre de la marge de manœuvre laissée aux agents de l'administration en matière d'interprétation. Se pose ici notamment l'épineuse question de la démarche et des méthodes d'interprétation des contrats auxquelles peut avoir recours l'administration fiscale pour interroger un contrat d'affaires et le requalifier suivant sa lecture des stipulations contractuelles. Le jeu économique veut que ces contrats soient rédigés avec le maximum d'habileté pour profiter à leurs véritables initiateurs c'est-à-dire aux partenaires commerciaux étrangers. L'ingénierie et l'ingéniosité des rédacteurs sont ici mises à contribution dans une perspective d'optimisation fiscale. Le principe directeur de la démarche des entreprises lors de la rédaction des contrats d'affaires internationaux est sur cette base celui du choix de la voie la plus économique dont la traduction en fiscalité est le choix de la voie la moins imposée.

513. Il ne faut donc pas s'étonner comme on le verra plus loin que les contrats d'affaires internationaux, soient émaillés de dispositions malignes du point de vue fiscal capables de prendre à défaut la vigilance des agents des impôts[573]. C'est ici que surgissent généralement les questions les plus complexes qui convergent toutes dans le sens du référentiel objectif utilisé par l'Administration fiscale pour déqualifier ou requalifier les contrats et les opérations qu'ils encadrent. Le débat nourrit par ces préoccupations est d'autant plus intéressant qu'il permet de placer la sécurité juridique des contractants au cœur de l'analyse et surtout des réponses imaginées pour tempérer le caractère expansif du pouvoir interprétatif dont dispose actuellement l'Administration fiscale au Cameroun[574].

514. En tout état de cause, lorsqu'il arrive que ces contrats soient remis en cause par rapport à la question de leur véritable portée fiscale, c'est sur l'Administration que pèse la charge de la preuve de l'abus de droit reproché au contribuable qui s'en défend.

---

[573] Cf. Deuxième Partie, Titre I, Chapitre II.

[574] Le débat sur l'interprétation des contrats, pour crucial qu'il soit, n'a pas encore retenu l'attention des acteurs de la scène fiscale camerounaise au point de déboucher sur des solutions objectives. La présente étude se propose de contribuer à ce débat et d'esquisser quelques solutions en vue de le vider.

2. *Les résultats mitigés de la répression de l'abus de droit contractuel*

515. La pratique de la procédure de répression de l'abus de droit contractuel connaît des résultats mitigés en Afrique subsaharienne en général et au Cameroun en particulier pour de multiples raisons. Il faut dire que la procédure n'est guère particulièrement prisée par l'administration fiscale et donne de ce fait lieu à des résultats isolés en matière d'impôts directs alors que ces résultats sont davantage perceptibles en matière d'impôts indirects.

516. Des résultats isolés en matière d'impôts directs. L'insertion de l'article L 33 du LPF dans le dispositif fiscal camerounais traduit la volonté du législateur de permettre à l'Administration fiscale camerounaise de déjouer les fraudes ou manœuvres ayant pour objet d'éluder l'impôt en utilisant des constructions juridiques qui, bien qu'apparemment régulières, ne révèlent pas le caractère véritable des opérations réalisées. Mais rares sont dans ce chantier, les agents qui prennent le risque d'activer des redressements sur le terrain glissant de l'abus de droit.

517. De fait, le LPF reconnaît à l'administration Fiscale le pouvoir de mettre en œuvre la procédure de répression des abus de droit pour contester certains actes passés par le contribuable au motif qu'ils ne lui sont pas opposables. Il lui suffit à cet effet, d'établir que ces actes soit ont un caractère fictif ou déguisé, soit ont été établis ou qualifiés en vue d'éluder ou d'atténuer les charges fiscales que ledit contribuable aurait normalement supportées, eu égard à sa situation et à la nature réelle de l'opération. Mais, force est de constater que sur le terrain de l'abus de droit, l'administration peine à soutenir ses analyses en raison sans doute de l'insécurité méthodologique qui entoure la problématique de l'interprétation fiscale des clauses contractuelles.

518. Les entreprises étrangères opérant en Afrique ont depuis fort longtemps compris que l'abus de droit orchestré à travers les contrats d'affaires constituerait une véritable gageure pour les administrations fiscales africaines en raison non seulement de la prise de conscience tardive du caractère dévastateur de ce phénomène juridique mais surtout en raison du retard abyssal pris par ces administrations dans la formulation et la mise en œuvre d'une réponse, mieux, d'une riposte appropriée. Une telle riposte passe par l'édification d'un dispositif légal de répression des abus de droit rigoureusement élaboré qui devrait comprendre, comme cela s'est opéré en France, la mise sur pied d'un organe consultatif chargé de connaître des contestations des contribuables à l'encontre des requalifications administratives.

519. Des résultats perceptibles en matière de droits d'enregistrement. Au Cameroun, le contrôle fiscal de l'abus de droit en matière de droits d'enregistrement connaît des résultats plus significatifs. Cela se comprend dans la mesure où historiquement l'institution de la répression des abus de droit bénéficie dans ce domaine d'une réelle antériorité par rapport à la répression de l'abus de droit en matière d'impôts directs. L'administration fiscale camerounaise connaît ainsi dans ce registre de réelles performances tant au niveau des services de gestion que des services de contrôle. Des requalifications sont régulièrement effectuées par les agents de l'administration sur le fondement des dispositions de l'article 329 du CGI lors de la présentation des actes à la formalité de l'enregistrement. Dans cette hypothèse, le contrôle effectué par l'administration fiscale est en général un contrôle sur pièces qui permet aux agents d'assiette de formuler des requalifications après lecture des contrats présentés auprès d'eux à la formalité de l'enregistrement. Il faut dire ici que l'article 329 du CGI ne constitue que le fondement légal de l'abus de droit. Il ne suffit pas de l'activer pour opérer un redressement, encore faut-il redonner aux stipulations du contrat leur véritable caractère. Une telle requalification conduit nécessairement l'administration à requalifier le contrat de manière à le placer en adéquation avec, non plus son régime d'imposition apparent, mais avec son régime d'imposition réel. Sous ce rapport, le contrôle fiscal prend un relief particulier lorsqu'un contrat présenté à la formalité de l'enregistrement est truffé de ce que le législateur appelle les « dispositions indépendantes » objet des dispositions de l'article 268 du CGI camerounais[575].

520. Ainsi en est-il d'un protocole d'accord de compensation de créances entre trois entreprises d'un même groupe qui n'a pas été soumis à la formalité de l'enregistrement découvert lors d'une vérification générale de comptabilité. La lecture de ce contrat montrait que les trois parties au protocole ont décidé d'un commun accord de compenser la créance que la filiale camerounaise détenait sur sa société mère (sa cliente) établie en Italie avec la créance détenue par cette dernière sur une autre filiale italienne du groupe. L'administration fiscale camerounaise a effectué une analyse sur le fondement de l'article 268 du CGI suivant laquelle ce protocole d'accord de compensation dans ses stipulations révélait, non pas une compensation de créance[576], mais d'abord une reconnaissance de dette de la société-mère

[575] Selon l'article 268 du CGI camerounais *« Lorsque dans un acte quelconque soit civil, soit judiciaire ou extra judiciaire, il y a plusieurs dispositions indépendantes ou ne dérivant pas nécessairement les unes des autres, il est dû pour chacune d'elles et selon son espèce un droit particulier d'enregistrement. Il est dû également plusieurs droits lorsqu'une seule disposition concerne plusieurs personnes ayant des intérêts distincts et indépendantes les uns des autres... ».*

[576] La compensation au regard du droit est l'extinction de deux obligations de même nature existant réciproquement entre deux personnes créancières et débitrices l'une de l'autre (article 1289 et suivants du Code Civil). Ce mécanisme d'extinction de l'obligation ne peut en effet fonctionner dans un rapport tripartite, ou si les personnes en cause interviennent à des titres juridiques distincts. Ainsi la compensation est exclue entre une personne et les sociétés d'un même groupe si celles-ci constituent des entités juridiques distinctes ou séparées. Ainsi, si « A » doit 1 000 F à « B » et « B » 1 500 F à « A », une compensation peut s'opérer entre ces

italienne vis-à-vis de la filiale camerounaise en vertu des dispositions des articles 343 et 543 du CGI, et ensuite une délégation de la créance de la société mère détenue sur la filiale italienne au profit de la filiale camerounaise en vertu des mêmes dispositions[577]. Le montant de la reconnaissance de dette de la société-mère vis-à-vis de l'entreprise camerounaise correspondait au montant de la livraison des marchandises par celle-ci à celle-là. La délégation de créance quant à elle était établie dès lors que le déléguant (la société-mère italienne) créancier de sa filiale italienne, demandait à celle-ci en tant que délégué débiteur, de payer en son nom et pour son compte la somme X au profit du délégataire, en l'occurrence la filiale camerounaise.

521. Notons au passage que la notion de dissimulation du véritable caractère d'un contrat prévu à l'article 329 et qui caractérise l'abus de droit n'est pas à confondre avec la simple dissimulation dans le prix d'une transaction telle que prévue à l'article 327 du CGI camerounais[578]. Dans cette seconde hypothèse, la dissimulation se limite au prix et n'emporte aucune méprise de la part des tiers sur le contrat ; Celui-ci conserve en tout point de vue son véritable caractère.

B. Le renversement de la charge de la preuve en matière contentieuse

522. L'usage du pouvoir d'interprétation des contrats conféré par le législateur à l'administration fiscale est rudement éprouvé par la remise en cause systématique des requalifications administratives orchestrée par les contribuables à l'occasion de leurs réclamations contentieuses **(1)**. L'inconfort de l'administration dans l'usage de son pouvoir d'interprétation est accentué par l'usage sibyllin du rescrit fiscal par les entreprises étrangères **(2)**.

---

dettes réciproques. « A » est libéré et « B » reste débiteur de « A » à hauteur de 500 F. La réciprocité des dettes est donc la condition fondamentale de la compensation. La compensation, fût-elle conventionnelle, exclue tout accord tripartite.

[577] L'article 343 (4) soumet au taux réduit « *les prêts sur nantissement et sur hypothèque, les reconnaissances de dettes, les cessions, délégations, subrogation, transfert de créance et d'intérêts et leurs prorogations ainsi que les prises d'hypothèques* ». L'article 543-d) se veut plus précis, lui qui fixe le taux réduit pour les actes et mutations prévus à l'article 343 ci-dessus à 2%.

[578] Art. 327 du CGI camerounais *« Toute dissimulation dans le prix de vente d'un immeuble ou d'une cession de fonds de commerce ou de clientèle et dans la soulte d'un échange ou d'un partage est punie d'une amende égale à la moitié de la somme dissimulée. Cette amende est payée solidairement par les parties, sauf à la répartir entre elles par parts égales. La dissimulation peut être établie par tous les moyens de preuve admis par le droit commun ».*

1. La remise en cause systématique des requalifications administratives

523. En cas de contestation par le contribuable, des chefs de redressement formulés par l'administration fiscale sur le fondement de l'abus de droit, le contribuable est présumé innocent devant la juridiction contentieuse ; ce qui reverse la charge de la preuve du côté de l'administration. Les entreprises d'émanation étrangère le savent, elles qui sont de loin mieux outillées en matière de conseil fiscal que les petites et moyennes entreprises locales. Le deuxième paragraphe de l'article L33 dispose en effet qu'» *En cas de réclamation devant la juridiction contentieuse, l'Administration a la charge de la preuve* ».

524. L'analyse de la lettre de cette disposition permet de situer la mise en mouvement de l'abus de droit comme l'une des expressions les plus abouties de la procédure contradictoire. L'Administration fiscale ne fait pas cavalier seul dans cette procédure ; le contribuable dispose en aval d'un bouclier contre les velléités de requalification des vérificateurs. De fait, en cas de désaccord du contribuable vis-à-vis des redressements notifiés par l'Administration, l'abus de droit querellé peut faire l'objet d'une réclamation contentieuse dans les conditions des articles L115 et suivant du Livre des Procédures Fiscales. Cette faculté laissée au contribuable par le législateur camerounais de contester les requalifications ou les déqualifications de l'Administration conduit lorsqu'elle est activée, au renversement de la charge de la preuve au détriment de l'Administration qui se doit en fait et en droit de démontrer que le contrat querellé ne correspond pas, totalement ou partiellement, au contrat réellement conclu entre les parties.

525. En renversant ainsi la charge de la preuve en matière contentieuse, la relation de contrôle en matière d'abus de droit entre l'Administration et les entreprises s'équilibre en se vidant du caractère exorbitant qu'il lui est généralement attribué. Cela se vérifie fort bien lorsque l'on considère l'attentisme généralement observé par l'Administration fiscale à l'égard de la mise en mouvement de cette procédure. Plusieurs projets de redressement naissent ainsi dans les coulisses des entreprises et s'évanouissent avant la fin de la procédure contradictoire de contrôle en raison des limites affichées par les agents vérificateurs sur le terrain de l'administration de la preuve de l'abus de droit[579].

526. La conception de la procédure de l'abus de droit en tant que procédure exorbitante du droit commun participe d'une élucubration qu'il convient d'écarter au plus vite. Le professeur Cozian relève ironiquement à ce sujet que cette procédure n'a rien d'exorbitant *et que « c'est par*

---

[579] Les vérificateurs de la Division des Grandes Entreprises interrogés sur l'utilisation de la procédure d'abus de droit avouent se décourager en cours de contrôle pour éviter des contentieux nuisibles en bout de chaîne aux impératifs de rendement.

ignorance que l'on s'extasie devant une audace que l'on croit propre au droit fiscal »[580].

527. Le problème pour l'administration fiscale avec la mise en œuvre de la procédure de l'abus de droit, c'est qu'elle requiert de la part de l'agent qui la mobilise une véritable cohérence dans la démarche de requalification. La déqualification d'une opération contractuelle sur le terrain de l'abus de droit n'est pas à confondre avec une déqualification qui découlerait du pouvoir général de redressement inhérent à la procédure de redressement contradictoire objet des dispositions des articles L 23 et suivant du LPF camerounais[581]. Une telle approche constituerait incontestablement source d'insécurité fiscale pour les contribuables puisqu'elle ouvrirait droit à la pratique par l'administration fiscale de l'» abus de droit rampant [582]» que le juge fiscal se fait fort de réprimer en France. Mais cette pratique ne semble pas poser de problème au Cameroun dans la mesure où le juge fiscal camerounais ne s'est jamais prononcé sur ce point, sans doute pour n'avoir à ce propos jamais été saisi. Cet état de fait laisse à l'administration fiscale la liberté de dévoyer la procédure de l'abus de droit en l'utilisant implicitement à travers de la procédure de redressement contradictoire. Ce qui lui permet d'effectuer des redressements sur ce dernier terrain alors qu'elle sanctionne en réalité l'abus de droit. Il convient toutefois de relativiser l'intérêt du débat sur l'abus de droit rampant étant donné qu'en France, le juge ne retient pas l'argument de l'abus de droit rampant lorsque l'administration conteste l'existence d'un acte[583], lorsqu'elle interprète les stipulations d'un contrat[584] ou lorsqu'elle se borne à requalifier une situation de fait au regard de la loi fiscale[585].

---

[580] COZIAN (M.), Les grands principes de la fiscalité des entreprises, LITEC, Paris, 1999, « Les fiscalistes se plaisent à relever le caractère exorbitant de cette procédure dite de l'abus de droit qui permet à l'Administration de déqualifier un acte apparent qui en déguise un autre » p. 22.

[581] Art. L 23 « Lorsque l'Administration constate une insuffisance, une inexactitude, ou une omission dans les éléments servant de base au calcul des impôts, droits et taxes ou sommes quelconques dues en vertu du Code Général des Impôts, les redressements correspondants sont effectués suivant la procédure contradictoire. La charge de la preuve incombe à l'Administration ».

[582] En France, « Pour contester la qualification d'une opération retenue par le contribuable, l'administration dispose soit du pouvoir général de rectification fondée sur l'article 55 du LPF, soit d'un pouvoir spécifique à travers la mise en œuvre de la procédure spéciale de l'abus de droit. Cette procédure est destinée à apporter des garanties au contribuable. De telle sorte que si l'administration procède à une rectification sur le fondement de son pouvoir général lorsqu'elle sanctionne en réalité l'abus de droit, elle commet un abus de droit rampant préjudiciable au contribuable… »

[583] CE, 8e et 9e sous-sect. , 20 avr. 1984, n°20904, RJF, 6/84, comm. 734, concl. Leger.

[584] CE 26 juill. 1982, ass. plén., n° 26.131, *Dr. fisc.* 1982, n° 46/47, comm. 2187, concl. Rivière ; RJF 10/82, 933.

[585] CE 10 nov. 1982, n°25.017, RJF 1/83, n°12.

528. Au total, le débat sur l'abus de droit rampant est relativisé au Cameroun par l'inanité du juge fiscal sur la question. Ce dernier n'a pas encore rendu de décision lui permettant d'asseoir son autorité sur ce terrain à l'instar de son homologue français, ce qui replace cette question au niveau des rapports entre l'administration fiscale et les contribuables. Ces derniers n'hésitent pas à faire usage de tout moyen pour fragiliser les requalifications administratives. Cet état de fait a en général pour effet de paralyser l'administration et de la conduire à trouver une issue de redressement fiscal par la voie de la procédure contradictoire.

529. L'on peut ainsi constater que l'administration fiscale est en général sur la défensive sur le terrain de l'interprétation probatoire de l'abus de droit. Cette posture reste la même face aux multiples demandes de rescrit fiscal dont font subtilement usage les entreprises étrangères afin de sécuriser fiscalement le déploiement de leurs opérations.

2. L'usage sibyllin de la procédure du rescrit fiscal par les entreprises étrangères

530. Instituée au Cameroun seulement depuis 2008[586], la procédure du rescrit fiscal commande que l'administration fiscale donne une réponse écrite à toute demande de consultation d'un contribuable sur une question de droit fiscal concernant l'opération économique que celui-ci prévoit de réaliser. C'est donc en connaissance de cause que l'entreprise s'engagera à réaliser l'opération projetée une fois que l'administration lui aura fait connaître à ce sujet son interprétation fiscale. Les Etats africains ont diversement repris dans leurs législations la procédure du rescrit fiscal. Au Cameroun, ce dispositif a pour objet de prévenir la répression des abus de droit en donnant au contribuable, préalablement à la conclusion d'un contrat, d'un acte juridique ou d'un projet quelconque, la possibilité de solliciter l'avis de l'administration sur le régime fiscal qui lui est applicable. Il fait l'objet des dispositions de l'article L 33 bis du Livre des Procédures Fiscales, lesquelles prévoient que *« Tout contribuable peut, préalablement à la conclusion d'une opération sous la forme d'un contrat, d'un acte juridique ou d'un projet quelconque, solliciter l'avis de l'Administration sur le régime fiscal qui lui est applicable... »*

531. Cette procédure inspirée de l'article L 64 B du LPF français a cependant du mal à trouver ses marques dans la pratique en raison du climat de méfiance qui s'est toute de suite installée après son adoption dans les

---

586 C'est la loi de finances pour l'exercice 2008 qui a formellement consacré dans le dispositif fiscal camerounais la procédure du rescrit fiscal ; Circulaire N°0002 /MINFI/DGI/LC/L du 11 janvier 2008 précisant les modalités d'application des dispositions fiscales de la loi n°2007/005 du 26 décembre 2007 portant loi de finances de la République du Cameroun pour l'exercice 2008.

rapports entre l'administration fiscale et les contribuables transnationaux[587]. Ces derniers y voient en effet, un instrument supplémentaire d'amélioration de leur sécurité juridique intervenant dans un contexte d'» *amélioration du climat des affaires »,*et formulent autant que faire se peut des demandes de rescrit auprès de l'administration qui restent en général malheureusement sans suite. Il faut voir dans cette attitude apathique de l'administration, non pas une volonté de ne pas faire suite aux demandes des contribuables, mais plutôt une réticence à ne pas se trouver *a posteriori* liée par les analyses émises au fil des rescrits. En effet comme le prévoit la loi, « *la position énoncée par l'administration fiscale garantit le contribuable contre tout changement d'interprétation ultérieur*[588] *».* Mais il faut reconnaître que la solidité de cette garantie est largement tributaire de la production par le contribuable dans sa demande de *« l'ensemble des éléments nécessaires à l'appréciation de la portée véritable de l'opération en cause ».* Or, l'administration fiscale reste systématiquement dubitative sur ce dernier point. Elle se montre généralement insatisfaite sur le fait d'être en possession de l'ensemble des éléments nécessaires à la structuration de son interprétation.

532. La méfiance de l'administration fiscale est accentuée par les prouesses procédurales des contribuables en matière de rescrit. Plusieurs approches sont utilisées pour formuler les demandes de rescrit auprès de l'administration fiscale. Le contribuable peut choisir de se découvrir en exposant de manière claire et précise sa situation individuelle en fournissant à l'administration le détail des éléments nécessaires à l'appréciation de la portée fiscale de l'opération. Cette hypothèse est de loin la moins courue par les contribuables. En revanche, la seconde hypothèse a la faveur des contribuables. Elle consiste pour un contribuable donné à s'effacer pour exposer à l'administration une situation impersonnelle qui ne donne aucune indication sur sa propre volonté à se lancer dans l'opération projetée. Dans ce dernier cas de figure, l'entreprise fait en général le choix de recourir à un conseil qui se charge d'exposer de la manière la plus neutre possible son projet à l'administration fiscale[589]. C'est cette seconde approche qui révèle le

---

[587] Pourtant, Cette mesure a été présentée par la doctrine administrative comme intervenant *« dans un contexte où les investisseurs ont pour principale récrimination à l'encontre de l'administration fiscale, l'incertitude du régime fiscal qui leur est applicable. De fait, en dépit de l'existence du Code général des impôts et du livre des procédures fiscales, l'instabilité des interprétations souvent faites des dispositions fiscales, notamment dans le cadre des contrôles, n'était pas de nature à rassurer. Par cette consécration, le législateur a donc voulu renforcer la sécurité juridique au profit des investisseurs et, partant, améliorer le climat des affaires dans notre pays ».*

[588] Art. L 33 bis du LPF en vigueur au Cameroun.

[589] *« …il est peu probable qu'un contribuable sollicite l'administration sans avoir été préalablement été conseillé eu égard à la technicité du droit fiscal ».* DAL VECCHIO (F.), *op. cit.*, p.379.

plus significativement le caractère sibyllin du rescrit formulé par les entreprises multinationales.

533. Dans la pratique, l'administration fiscale oppose régulièrement son silence à la demande de rescrit. Une telle attitude est susceptible d'ouvrir la porte à des abus étant donné que les choix effectués dans de telles conditions par les entreprises peuvent être remis en cause par les agents de l'administration lors des contrôles fiscaux. Une telle posture est souvent source d'attentisme de la part des contribuables qui, en général s'abstiennent de mettre en œuvre l'opération envisagée.

534. Au Mali, cette procédure est quasiment indissociable de la procédure de l'abus de droit puisque c'est en déclinant les modalités d'application de la procédure de répression de l'abus de droit que le législateur envisage virtuellement la procédure du rescrit. Ainsi, dans ce pays d'Afrique de l'Ouest, *« La procédure de répression des abus de droit est applicable même si un contribuable, préalablement à la conclusion d'un contrat ou d'une convention, a consulté par écrit le Directeur Général des Impôts en lui fournissant tous les éléments utiles pour apprécier la portée véritable de cette opération et qu'il n'a pas reçu de réponse dans un délai de 6 mois à compter de sa demande*[590]. La procédure du rescrit est donc suggérée par le législateur malien qui la rend complètement dépendante dans son issue de la procédure de l'abus de droit.

535. Quoiqu'il en soit, au Mali comme au Cameroun la procédure du rescrit reste le privilège des entreprises multinationales étrangères en quête de débouchés ou de développement en Afrique. Les entreprises d'origine camerounaise ou malienne n'y ont guère recours en raison sans doute du préjugé indécrottable qui pèse sur l'administration fiscale puisque celle-ci est perçue ici comme ailleurs comme un une administration inquisitrice susceptible de sanctionner à tour de bras le contribuable à la suite d'un redressement fiscal[591].

§2. L'improvisation méthodologique de l'administration en matière d'interprétation

536. Nulle part dans la loi fiscale le législateur ne donne les clés de l'interprétation des contrats d'affaires à l'administration fiscale, encore moins au juge de l'impôt. En effet, en conférant à l'administration fiscale le pouvoir de restituer son véritable caractère à toute opération conclue sous la

[590] Art. 619 du LPF malien. *Toutefois, en cas de redressement, il n'y a pas lieu d'appliquer des pénalités d'assiette et de recouvrement.*

[591] La situation n'est pas si différente en en croire la doctrine :*« …Il n'est pas dans l'habitude du contribuable français de solliciter l'avis d'une administration chargée par ailleurs de défendre les intérêts du Trésor : pour certains contribuables il est pour le moins insolite de solliciter l'opinion d'une administration également chargé de le redresser, voire de le punir au moyen de sanctions administratives ou encore de le poursuivre au titre de dispositions pénales propre au droit fiscal ».* DAL VECCHIO (F.), *op. cit.*, p. 379

forme d'un contrat ou d'un acte juridique quelconque, le législateur se borne à instituer la procédure de l'abus de droit sans éclairer le principal utilisateur de cette procédure sur son mode d'emploi. Pourtant comme nous l'exposons plus loin dans cette étude, il existe une théorie de l'interprétation appliquée au droit fiscal qui pourrait constituer une source d'inspiration utile à l'encadrement légal des méthodes et techniques d'interprétation des contrats. Face au mutisme du législateur sur les règles et les techniques d'interprétation des actes et contrats **(A)**, l'administration fiscale et le juge de l'impôt s'illustrent par leur diletantisme en matière d'interprétation des clauses contractuelles à l'occasion des contrôles fiscaux **(B)**.

A. Le mutisme du législateur quant aux modalités d'interprétation

537. Le mutisme du législateur quant aux modalités d'interprétation se traduit suivant notre analyse par l'inexistence d'un référentiel fiscal en matière d'interprétation des contrats **(2)**. Cet état de fait est aggravé par l'inexistence d'un organe consultatif spécialisé à même d'émettre des avis éclairés sur le sujet de l'abus de droit fiscal **(1)**.

1. L'inexistence d'un organe consultatif spécialisé

538. La problématique de la prise en charge au niveau de l'administration fiscale des contestations découlant de la procédure de l'abus de droit est diversement traitée en Afrique. Deux approches sont expérimentées par les administrations fiscales. Certains pays disposent au sein de leur administration fiscale d'une structure spécialisée dans le traitement des contestations nées de la mise en mouvement de la procédure de l'abus de droit tandis que d'autres s'en émancipent. La France en tant qu'inspiratrice des pays d'Afrique francophone subsaharienne en matière de répression fiscale de l'abus de droit a eu soin de doter son administration fiscale d'un tel organe. Anciennement connu en France sous la dénomination de Comité consultatif de répression des abus de droit (CCRAD), cet organe s'appelle aujourd'hui le Comité de l'abus de droit fiscal. Au Mali, c'est la Commission Nationale des Impôts qui est chargée de connaître des contestations administratives consécutives à la mise en branle de la procédure de l'abus de droit[592].

539. L'on peut valablement penser que même si cet organe consultatif reste inféodé à l'administration fiscale, il dispose quand même d'un meilleur recul technique lui permettant d'apporter, sous la pression du contribuable, un éclairage plus réfléchi que celui apporté par l'interprétation initiale effectué par les services de contrôle. Cet éclairage peut être d'autant plus réfléchi qu'en vertu des lois fiscales qui instituent un tel Comité ou une telle

---

[592] Cf. art. 616 du LPF malien : « *En cas de désaccord ou de contestation, le contribuable peut saisir la Commission nationale des Impôts (...) La Commission émet un avis* ».

Commission, rien ne fait aujourd'hui obstacle en France comme au Mali à la tenue d'un débat oral et contradictoire entre l'administration et le contribuable. Telle est en tout cas l'état actuel du droit en France qui a fait évoluer l'attitude fort discutable de l'ancien CCRAD qui proscrivait le débat oral en le justifiant par le fait qu'il n'avait pas la nature d'une juridiction[593]. L'actuel Comité de l'abus de droit fiscal apparaît donc comme une institution plus en phase avec l'idéal républicain puisque depuis la Réforme de la loi de finance rectificative pour 2008, le contribuable et l'administration fiscale peuvent dorénavant être « *invités par le président à présenter leurs observations dans le cadre d'un débat oral et contradictoire*[594] ». Au Mali en revanche, il n'est explicitement fait état en droit de la possibilité d'un débat contradictoire devant la Commission nationale des impôts. De fait, ni la législation, ni la doctrine administrative ne clarifie ce point dans la mesure où il est succinctement disposé par le législateur qu'en cas de désaccord ou de contestation, le contribuable peut saisir la Commission nationale des impôts et que celle-ci émet un avis.

540. Au Cameroun, le législateur à l'observation, n'a pas jusqu'ici entendu s'embarrasser d'un tel dispositif sans doute pour éviter de s'empêtrer dans les lourdeurs procédurales qu' entraînerait l'institution d'une structure ayant vocation à connaître des contestations nées de la mise en œuvre de la procédure de l'abus de droit. L'on peut aussi être tenté d'expliquer une telle carence par le souci pour les administrations fiscales africaines d'» *être à la mode* », de s'arrimer à la modernité en se situant, ne serait que formellement, au diapason des évolutions juridiques et fiscales observées en France, sans pour autant être animées par une réelle volonté d'apporter des solutions fonctionnelles à la cohésion de leur système fiscal.

541. Une telle déficience organique ne peut que laisser libre cours à l'improvisation méthodologique dont fait montre l'administration fiscale en matière d'interprétation des stipulations contractuelles sur le fondement de l'abus de droit puisque cette interprétation est gouvernée par la seule appréciation des agents vérificateurs et de leur hiérarchie administrative.

542. Ce qui est vrai sur le plan organique l'est également au plan technique dans la mesure où, au-delà de l'absence d'un organe spécialisé dans la contestation de l'abus de droit, l'improvisation méthodologique est accentuée par l'inexistence dans le dispositif normatif camerounais d'un référentiel juridique et technique pertinent en matière d'interprétation des contrats.

---

593 DAL VECCHIO (F.), *op. cit.*, p. 376.
594 BOFip-Impôts, BOI-CF-CMSS-50, 12 septembre 2012, 460.

2. *L'inexistence d'un référentiel fiscal en matière d'interprétation des contrats*

543. L'interprétation des stipulations contractuelles à l'aune du droit fiscal par l'administration en situation de contrôle commande que celle-ci mette en œuvre sa démarche d'interprétation en recourant à un dispositif légal qui lui offre des outils techniques adéquats. Cette sorte de « boîte à outils » qui présenterait l'avantage de servir de référentiel objectif renforcerait de notre point de vue l'assurance de l'administration fiscale et la sécurité juridique des contribuables. Elle éviterait surtout à l'administration fiscale de sombrer dans la désinvolture technique à l'occasion de la mise en œuvre de la procédure de l'abus de droit.

544. Mieux encore, le juge de l'impôt y trouverait également de véritables balises qui lui permettraient de contrôler l'action de l'administration sur la base du même référentiel méthodologique. Un tel dispositif aurait ainsi le mérite de rendre l'interprétation de l'administration plus lisible aussi bien par le juge fiscal que par le contribuable. A l'arrivée, toutes les parties prenantes au traitement des contestations fiscales se rapportant aux clauses contractuelles en tireraient profit.

545. Au Cameroun la réponse à cette préoccupation peut être provoquée par la hardiesse juridique de l'administration fiscale qui, dans ses récentes notifications de redressement à l'adresse des contribuables sur le sujet des cessions indirectes d'actions à l'étranger, se montre pédagogue sur le sujet de l'interprétation des clauses contractuelles. D'après elle, le désaccord sur le sens à une clause ne peut se solutionner qu'à travers une méthode objective d'interprétation des actes juridiques. Elle fait en cela écho à la doctrine française qui selon laquelle faire usage des méthodes objectives d'interprétation consiste à ne pas se limiter à la seule recherche de l'intention ou de la volonté des auteurs des actes juridiques[595]. A ce sujet, l'on peut observer, non sans surprise, que l'administration stigmatise elle-même l'interprétation isolée et personnelle des clauses, et préconise à la place l'usage de trois groupes de directives d'interprétation des actes juridiques que sont : l'interprétation linguistique, l'interprétation systémique et l'interprétation fonctionnelle.

546. Le premier type d'interprétation, l'interprétation linguistique, commande de tenir rigoureusement compte du sens des termes et expressions qui forment les stipulations contractuelles. Suivant cette méthode, l'adage juridique suivant lequel *interpretatio in claris cessat* (« l'interprétation cesse quand les choses sont claires ») fait foi dans la mesure où la texture des stipulations constitue la source opposable à toutes les parties au contrat.

---

[595] GELOT (B.), Finalités et méthodes d'interprétation des actes juridiques. Aspects juridiques et pratiques,

547. Le deuxième type d'interprétation renvoie quant à lui à la méthode d'interprétation systémique, et repose sur l'idée de cohérence des normes, laquelle implique d'interpréter toute norme en tenant compte de l'ensemble des parties. Ce deuxième type d'interprétation « insiste sur l'aspect de systématisation et de cohérence logique[596] ».

548. Le troisième et dernier type d'interprétation visé par l'administration fiscale camerounaise concerne la méthode d'interprétation fonctionnelle ou finaliste du droit qui donne la signification qui lui permettra de remplir la fonction qu'on lui attribue. Elle va d'ailleurs sur ce point assez loin en mettant en avant l'une des méthodes d'interprétation finaliste parmi les plus objectives et les plus incontestables, celle fondée sur les usages et à laquelle renvoie l'article 1159 du code civil de 1804. D'après ce texte, « ce qui est ambigu s'interprète par ce qui est d'usage dans le pays où le contrat est passé ».

549. Il ne reste à souhaiter sur ce point que le législateur se saisisse des préconisations administratives ci-dessus, en les intégrant dans le corpus normatif camerounais afin d'amorcer l'édification d'un dispositif plus opérant en matière d'interprétation des contrats.

B. Le dilettantisme de l'administration et du juge en matière d'interprétation

550. Il n'est pas excessif d'affirmer qu'au Cameroun comme dans la plupart des pays africains de l'espace OHADA, l'action de l'administration fiscale et du juge en matière de répression de l'abus de droit, et au-delà, reste timide. Privés qu'ils sont de tout repère méthodologique en matière d'interprétation des contrats fourni par la législation fiscale, l'administration fiscale et le juge de l'impôt sombrent dans le désarroi lorsqu'il s'agit de faire face aux contestations liées à la mise en œuvre de la procédure de l'abus de droit. Cette situation conduit ces acteurs du contrôle fiscal à verser dans l'empirisme le plus imprévisible. Au règne de l'empirisme en matière d'interprétation **(1)** vient se greffer l'obsession de la performance financière de l'administration fiscale **(2)**.

1. Le règne de l'empirisme en matière d'interprétation

551. Le terme « empirisme » est évoqué ici pour mettre en évidence l'idée selon laquelle le sujet de l'interprétation est largement tributaire de l'expérience accumulée par chaque agent en charge du contrôle. Sur le terrain de la répression de l'abus de droit, les ressorts de l'empirisme qui caractérise l'action de l'administration fiscale en matière d'interprétation des contrats peuvent principalement être recherchés dans l'absence de neutralité de l'administration fiscale d'une part, et dans l'inconsistance technique des acteurs du contrôle d'autre part.

---

596 Cf. *Dictionnaire encyclopédique de théorie et de sociologie du droit*, *op. cit.*, p. 596.

552. L'absence de neutralité de l'administration fiscale procède de ce que celle-ci est quelque peu juge et partie en matière d'interprétation des contrats lorsqu'elle les examine dans le cadre des contrôles. Il ne s'agit pas là d'une originalité camerounaise ou africaine puisque la préoccupation reste la même dans un pays comme la France qui a pourtant une expérience plus avancée dans la pratique de la répression de l'abus de droit. La doctrine française le reconnaît volontiers, *« ...l'administration est une partie au litige l'opposant au contribuable. Elle n'est pas juge du contrat et son opinion quant à la portée de la convention qui lui est soumise n'est par conséquent pas neutre...*[597]*».* Monsieur Dal Vecchio donne à ce propos une précision importante lorsqu'il explique dans sa thèse que l'administration peut ne pas avoir intérêt à voir appliquer exactement le contrat de droit privé et que lorsqu'elle invoque l'interprétation du contrat, c'est dans le but de faire ressortir une vérité qui correspond à la thèse qu'elle soutient[598]. Ce qui signifie en clair que l'administration fiscale se livre généralement à une interprétation qui sert prioritairement ses intérêts[599] et non ceux du contribuable. Cela est d'autant plus vrai que l'administration fiscale à l'occasion des contrôles fiscaux ne s'embarrase en général guère d'interprétations de stipulations contractuelles qui donneraient lieu à des requalifications fiscales bénéficiant au contribuable. Manifestement, l'on voit mal l'administration fiscale voler au secours du contribuable qui engagerait des charges fiscales injustement plus lourdes du fait d'une analyse maladroite de la portée fiscale du contrat par ce dernier.

553. L'inconsistance technique des acteurs du contrôle fiscal en matière d'interprétation est largement tributaire de l'impréparation et du déficit de formation évoqué plus haut dans cette étude. A ce facteur il convient d'ajouter le peu d'intérêt que manifestent les agents de l'administration en faveur de la procédure de répression de l'abus de droit. L'exemple des incoterms utilisés dans de nombreux contrats constitue à cet égard une illustration frappante[600]. La portée fiscale de ces instruments juridiques du commerce international, est dans bien d'hypothèses mal cernée par les agents des administrations fiscales des pays africains. Plus le droit fiscal est imprécis, plus le contribuable offre des armes à son adversaire.

---

[597] DAL VECCHIO (F.), op. cit., p. 349.

[598] DAL VECCHIO (F.), *op. cit.*, p. 349. L'auteur ajoute que « *...l'administration sera amenée à en ignorer les effets si les parties au contrat l'ont improprement qualifié et que cette dernière situation n'engendre aucune conséquence fiscale, ce qui démontre bien que son rôle n'est pas d'assurer la police des contrats quant aux qualifications retenues par les parties».*

[599] Nous concédons toutefois sur ce point que l'administration fuscale représente tout de même l'Etat et sert par conséquent l'intérêt général.

[600] Sur les Incoterms cf. GOURION (P.-A.), PEYARD (G.), SOUBEYARD (N.), *Droit du commerce international*, Paris, LGDJ, 4e éd., 2008, p. 93 et s.

L'administration fiscale a la possibilité sous couvert d'interprétation[601] du contrat, de reconsidérer les effets du contrat prévus par les parties lorsqu'un enjeu pour les finances publiques le commande.

2. L'obsession de la performance financière de l'administration fiscale

554. On le sait, la plupart des pays d'Afrique francophone au sud du Sahara sont des pays dits « fragiles » en raison précisément de la fragilité de leurs économies[602]. Ces pays se voient régulièrement placés sous différents programmes d'ajustement structurel par les institutions de Bretton Woods censés apporter une réponse aux difficultés économiques et monétaires qu'ils connaissent[603]. A travers ces programmes qui prennent aujourd'hui la dénomination plus avenante de « programme économique et financier » permettent aux Etats assistés de bénéficier sous certaines conditions de facilités de crédits en vue de mettre en œuvre ou de poursuivre les réformes structurelles dans lesquelles ils s'engagent. Ces programmes visent également pour chaque pays concerné à maintenir un certain équilibre budgétaire et à assurer la soutenabilité de sa dette extérieure. Le Cameroun s'affiche de ce point de vue comme un « client » intéressant pour la BIRD et le FMI puisqu'il a dû faire la dure expérience de ces différents programmes au cours de sa récente histoire marquée comme celle des autres pays africains par des crises multiformes [604].

555. Dans un tel contexte, l'administration fiscale reçoit de la part des pouvoirs publics une pression gouvernementale qui la conduit à imprimer à l'adresse de ses agents un management orientée vers le renflouement systématique des caisses du Trésor public. Un tel management place ainsi l'ensemble des agents de l'administration en général, et ceux en charge du contrôle en particulier, sous une pression intense et constante qui les conduits à occulter les préoccupations techniques que recouvrent la répression de l'abus de droit contractuel pour se déporter lors des contrôles fiscaux vers des thèmes techniquement moins générateurs de controverses et de contraintes procédurales. Une telle posture permet à l'administration fiscale de placer son action en matière de contrôle sous le signe de la célérité afin d'être périodiquement au rendez-vous de la performance en matière de recettes fiscales. Ainsi pour de nombreux contrôles fiscaux, l'on assiste à des fluctuations d'approche déconcertantes où un redressement amorcé sur le

---

[601] Une telle stratégie évite d'engager la procédure d'abus de droit dont l'usage est encadré par le législateur sur le plan des garanties procédurales.

[602] Dans le Rapport Doing Business 2017 de la Banque Mondiale, le Cameroun se positionne au 166e rang sur 190. S'agissant de la compétitivité structurelle, le Cameroun est classé 114e sur 140 pays dans le rapport 2015 du Forum économique mondial sur la compétitivité.

[603] LENAIN (P.), *Le FMI*, La Découverte, 4e éd., Paris, 2004, cité par ATANGA FONGUE (R.), *op. cit.*, p. 3.

[604] Le Cameroun s'est récemment engagé (le 26 juin 2017) auprès du FMI dans un programme économique et financier triennal appuyé d'une facilité élargie de crédit.

terrain de l'abus de droit finit par basculer sur le terrain, moins exigeant sur le plan procédural, de l'acte anormal de gestion.

CHAPITRE II

LA DÉSARTICULATION DU CONTRÔLE FISCAL DES CONTRATS D'AFFAIRES INTERNATIONAUX DU FAIT DE L'ABUS DE DROIT

556. En Afrique, le contrôle fiscal a les jambes frêles et n'arrive pas à soutenir la course de fond qui l'oppose aux contrats d'affaires internationaux. Le rapport de perception qui oppose les acteurs en charge du contrôle fiscal à ceux qui promeuvent les contrats d'affaires internationaux tourne à l'avantage de ceux-ci. Ce sont en effet les contrats d'affaires qui donnent du fil à retordre au contrôle fiscal et non l'inverse. La rémanence du déséquilibre fiscal des contrats d'affaires internationaux occasionnée par la pratique de l'abus de droit dont se sont rendus maîtres les stratèges fiscaux internationaux est certainement en grande partie responsable des difficultés des administrations fiscales. Une telle perception qui tend à excuser l'inefficacité des services de contrôle des administrations fiscales africaines reste à notre sens cependant limitée si l'on ne met en cause les techniques d'investigation mises en évidence par ces administrations pour faire face avec aplomb au contrôle fiscal des contrats d'affaires internationaux.

557. Il n'existe pas à proprement parler de techniques de vérification des contrats, a fortiori, des contrats d'affaires internationaux. N'étant pas parées pour relever le défi que leur impose ce pan du contrôle fiscal, elles versent dans l'improvisation et la routine quand elles ne s'en remettent tout simplement pas à la fameuse « intuition[605] » des agents vérificateurs. Dans ces conditions, le contrôle fiscal des contrats d'affaires internationaux n'est pas systématisé, mais procède d'une démarche empirique qui consiste à interroger çà et là des postes comptables considérés comme à risque, avant de juger de l'opportunité de l'analyse des contrats desquels sont censés provenir les écritures comptables. Le contrôle fiscal des contrats est ainsi désarticulé dans son déroulement technique et prend à l'observation la forme d'un contrôle asymétrique des erreurs de gestion à partir de l'examen des comptes sociaux **(section I)**. Cette approche conduit l'administration fiscale à éviter au maximum la gymnastique de remise en cause fiscale des contrats sur le terrain complexe de l'abus de droit qui se dresse devant elle comme un véritable épouvantail. Pour contourner cette difficulté, celle-ci se réfugie derrière le contrôle répressif des actes anormaux de gestion d'origine

605 L'intuition est souvent évoquée dans les services de contrôle pour justifier les prouesses des vérificateurs qui sortent des sentiers battus dans le registre de détection des irrégularités fiscales et de la formulation des redressements.

contractuelle **(section II)** qui lui permet de formuler des redressements plus opérants que sur le terrain de l'abus de droit.

SECTION I. LE CONTROLE ASYMETRIQUE DES ERREURS DE GESTION DE SOURCE CONTRACTUELLE A PARTIR DE L'EXAMEN DES COMPTES SOCIAUX

558. L'expression « contrôle asymétrique » employée dans le cadre de la présente étude est tirée du langage militaire en rapport avec le concept de « guerre asymétrique ». Celui-ci recouvre l'idée d'une relation antagoniste entre des combattants dont les forces sont très déséquilibrées, et dans laquelle les plus faibles tentent de compenser leur infériorité avec des moyens alternatifs[606].

559. Dans le contexte actuel, le contrôle fiscal des contrats d'affaires internationaux par les administrations fiscales africaines, effectué auprès d'une entité donnée dans la perspective de la détection des erreurs de gestion, tire pour une large part son existence et sa substance du contrôle de régularité et de sincérité des comptes sociaux de ladite entité[607]. Le fondement légal de ce contrôle leur est fourni au Cameroun par l'article L 34 du Livre des procédures fiscales d'après lequel *« Les ommissions totales ou partielles constatées dans l'assiette de l'impôt, les insuffisances et inexactitudes ou les erreurs d'imposition, peuvent être réparées par l'Administration jusqu'à la fin de la quatrième année suivant celle au titre de laquelle l'impôt ou la taxe est exigible »*. D'après la doctrine, il y a lieu de qualifier d'erreur toute irrégularité, inexactitude ou omission qui résulte d'une appréciation purement objective de faits matériels - erreurs de fait- ou de l'interprétation erronée de textes fiscaux - erreurs de droit - par un contribuable de bonne foi et ne traduit pas une volonté de ce dernier d'influer sur la gestion de l'entreprise[608].

560. Qu'on se le rappelle, la comptabilité d'après la doctrine en la matière, s'appréhende comme *« l'algèbre du droit*[609]*»*. Les opérations

---

[606] Voir *Le petit Larousse illustré* 2015, p.110.

[607] En droit comptable OHADA la notion d'entité procède du « postulat de l'entité » qui commande que l'entité soit considérée comme étant une personne morale ou un groupe autonome et distinct de ses propriétaires et de ses partenaires économiques. Une entité s'étend à toute organisation exerçant une entité économique et qui contrôle et utilise des ressources économiques. Lorsqu'une entité (personne morale contrôle une ou plusieurs entités, l'ensemble forme un groupe qui doit présenter des états financiers consolidés.

[608] MICHAUD (P.), « Erreurs et décisions de gestion en fiscalité », www.lecercledesfiscalistes.com, mai2011/1, p. 4

[609] Cette expression est de Pierre GARNIER qui publia un ouvrage de comptabilité générale dont le sous-titre était « la comptabilité algèbre du droit et méthode d'observation des faits économiques » in LEDOUBLE (D.) « La comptabilité est-elle encore l'algèbre du droit ? », colloque « Fiscalité-Comptabilité-IAS » organisée le 19 mai 2005 par le DESS 221 « Fiscalité de l'entreprise » de l'Université de Paris 9-Dauphine, sous la présidence de P.F. RACINE, président de la Cour administrative d'appel de Paris.

comptables sont en effet la traduction algébrique des opérations juridiques exprimées dans les contrats par les parties contractantes. Il convient de souligner à ce propos que les enregistrements comptables, manuels ou électroniques, se situent systématiquement dans leur conception et leur matérialisation, bien en aval des stipulations contractuelles desquelles ils tirent leur inspiration et leur concrétisation[610]. Concrètement, dans la gestion d'une entreprise, toute écriture comptable est produite en réponse à la réalisation d'un fait juridique assorti d'un fait économique. Le cadre conceptuel du droit comptable commande que cette conjonction de faits juridiques et économiques soit reçue soit comme un actif ou un passif, soit comme une charge ou un produit. Les choses peuvent rester simples tant que les faits eux-mêmes sont simples et que l'environnement juridique et économique reste simple. Les faits juridiques et économiques se complexifient en fonction de l'environnement dans lequel on se trouve. Dans une configuration transnationale les contrats d'affaires internationaux génèrent en comptabilité des zones de complexité qui se répercutent en fiscalité et qui sont autant de sources d'erreurs pour les praticiens.

561. C'est ici que surgit la problématique des erreurs comptables. Celles-ci, de l'avis de la doctrine peuvent être, tantôt involontaires[611], tantôt volontaires. Dans cette dernière hypothèse, elles prennent la forme de décisions de gestion irrégulières. Monsieur Cozian nous explique à ce propos que les erreurs volontaires ressemblent aux décisions de gestion régulières en ce qu'elles reposent comme lesdites décisions *« sur un acte de volonté du contribuable, lequel a agi en connaissance de cause »,* mais s'en éloignent en ce qu'elles s'exercent en contrariété avec la loi à l'inverse des décisions qui interviennent dans le cadre d'une option prévue par la loi[612]. Les acteurs du contrôle fiscal se doivent ainsi d'exercer des surveillances à l'égard desdites erreurs. Ils le font, suivant leur inspiration, en corrélation avec le contenu contrats ayant permis de produire les écritures comptables. Aujourd'hui, faut-il le reconnaître, le Système comptable OHADA (SYSCOHADA), en consacrant tout un titre à la comptabilisation des

---

[610] Ce n'est en effet que parce qu'une opération aura préalablement fait l'objet d'une transaction impliquant un accord de volontés entre l'entreprise et un ou plusieurs autres opérateurs - dans le cadre d'un ou plusieurs contrats - que le comptable pourra ultérieurement « passer » les écritures correspondant auxdites transactions suivant la lecture qu'il aura des documents qui rendent compte de leur réalisation.

[611] COZIAN (M.), « On ne badine pas avec les écritures comptables : La théorie des erreurs comptables délibérées » in *Les grands principes de la fiscalité des entreprises, op, cit.*, doc 13, p. 184 : *« il y a erreur comptable involontaire dès lors qu'une prescription fiscale obligatoire n'est pas respectée ; le contribuable s'est trompé dans le maniement des règles. L'erreur peut être révélée par l'administration qui propose un redressement ou par le contribuable qui sollicite un dégrèvement ».*

[612] *Ibid,* p. 185 : Les erreurs volontaires comme les décisions de gestion résultent « d'un choix qui, une fois exercé, est opposable tant à l'administration, tenue de le respecter, qu'au contribuable qui ne peut le modifier ».

opérations et problèmes spécifiques exprime toute l'attention du législateur OHADA vis-à-vis de la pratique contractuelle et du droit des contrats[613].

562. On le voit, les erreurs comptables tirent pour une large part leurs origines des contrats d'affaires dans la mesure où la comptabilité de l'entreprise exprime dans un langage codifié les transactions des parties au contrat. Les charges et les produits enregistrés en comptabilité sont la traduction chiffrée des opérations ou des situations générées par les contrats d'affaires qui lient l'entreprise soit à une ou plusieurs autres entités extérieures à l'entreprise, soit à une ou plusieurs personnes employées par ladite entreprise. Sur ce point, il faut garder à l'esprit que suivant le postulat de la comptabilité d'engagement adopté par le Système comptable OHADA, les effets des transactions et autres évènements sont pris en compte dès que ces transactions ou évènements se produisent et non pas au moment des encaissements ou paiements[614]. Ce postulat n'est pas une trouvaille africaine puisqu'il a fondé longtemps auparavant la législation comptable et fiscale en France. La doctrine française rappelle à ce propos qu'*» en matière de bénéfices industriels et commerciaux, la comptabilité commence par enregistrer les engagements, c'est-à-dire les produits d'un côté et les charges de l'autre. Aussi bien le bénéfice est-il déterminé à partir des facturations et non à partir des encaissements ou des décaissements*[615]*»*. Le contrôle fiscal des contrats d'affaires internationaux flirte ainsi avec la théorie des créances acquises à travers le contrôle des comptes de gestion qui permettent d'établir le compte de résultat[616] et le bilan. Comme nous l'explique le Professeur Maurice Cozian, *« ... en vertu de la théorie des créances acquises, la fiscalité suit les errements de la comptabilité qui enregistre les créances dès qu'elles sont acquises et les dettes dès qu'elles sont nées*[617] *»*.

---

613 Voir en ce sens, SYSCOHADA, Titre VIII, p. 537 et s. Le Système comptable OHADA passe en effet en revue, les règles de comptabilisation - entre autres « opérations spécifiques » – des opérations ci-après : frais de recherche et de développement, brevets, licences marques, logiciels, sites internet, frais de prospection et d'exploitation des ressources minérales, coûts de démantèlement, d'enlèvement et de remise en état du site, coûts d'emprunts, contrats de location, contrats de franchise, contrats pluri-exercices, ou encore opérations de fusions et opérations assimilées.

614 Cf. SYSCOHADA, Titre V, Chapitre 3, section 4, p. 75.

615 COZIAN (M), « La méthode de la comptabilité d'engagement » in Les grands principes de la fiscalité des entreprises, *op. cit.*, Doc. 10, p.142.

616 Voir art. 31 de l'AUODCIF : « Le compte de résultat de l'exercice fait apparaître les produits et les charges, distingués selon qu'ils concernent les opérations d'exploitation et les opérations financières attachées aux activités ordinaires et les opérations hors activités ordinaires ...».

617 Voir en ce sens, COZIAN (M.), « La méthode de la comptabilité d'engagement » *in Les grands principes de la fiscalité des entreprises, op. cit.*, doc 10, p. 142 : *« C'est en fonction de la théorie des créances acquises que l'on déterminera à quel moment un bénéfice est considéré comme réalisé et peut être distribué après avoir été soumis à l'impôt »*.

563. Cela dit, sous le rapport de la détection des erreurs de gestion, le contrôle fiscal des contrats d'affaires internationaux, tel qu'il se déploie aujourd'hui au Cameroun et dans les pays africains relevant de l'espace OHADA, apparaît tantôt comme un contrôle sporadique émanant de l'examen des comptes de gestion **(§1)**, tantôt comme un contrôle asymétrique à partir de l'examen des comptes de situation **(§2)**.

§1. Le contrôle sporadique des erreurs de gestion à partir de l'examen des comptes de gestion

564. Les comptes de gestion structurent le compte de résultat de l'entreprise qui fait apparaître les produits et les charges distingués selon qu'ils concernent les opérations d'exploitation et les opérations financières attachées aux activités ordinaires et les opérations hors activités ordinaires[618]. L'expérience du contrôle fiscal dans la plupart des pays africains ayant en commun de faire partie aujourd'hui de l'espace OHADA révèle que c'est par le truchement des opérations de vérification de comptabilité que les agents de l'administration fiscale arrivent quelquefois à se mettre en situation de lecture et d'analyse ciblée de stipulations des contrats d'affaires. Selon l'Acte Uniforme relatif au Droit Comptable et à l'information financière qui institue « *un système comptable unique et commun à tous les Etats parties*[619] », la comptabilité doit satisfaire aux obligations de régularité, de sincérité et de transparence inhérentes à la tenue, au contrôle, à la présentation et à la communication des informations qu'elle a traitées[620]. Certains agents de l'administration fiscale le comprennent, les contrats d'affaires contribuent à éprouver la sincérité et la transparence des comptes chères au législateur OHADA.

565. Il s'agit d'une analyse qui se fait à la suite des interrogations que soulève l'examen des comptes sociaux de l'entreprise. Dans cette démarche, les comptes de gestion ont la faveur des vérificateurs puisqu'ils offrent des perspectives de contrôle qui placent assez vite l'entreprise sur la défensive. En effet, sous la pression occasionnée par les demandes multiformes de productions de documents et pièces justificatives afférentes aux opérations de gestion formulées par les agents de l'administration, l'entité[621] contrôlée

---

[618] Cf. art. 31 de l'AUDCIF.

[619] L'article 5 de l'Acte Uniforme relatif au Droit Comptable et à l'information financière du 26 janvier 2017 institue *« un système comptable unique, commun à tous les Etats parties composé, du Plan Comptable général OHADA et du Dispositif comptable relatif aux comptes consolidés et combinés, dénommé Système comptable OHADA en abrégé SYSCOHADA et annexé audit Acte uniforme »*.

[620] Cf. art. 3 de l'Acte Uniforme relatif au Droit Comptable et à l'information financière du 26 janvier 2017, *« La comptabilité doit satisfaire, dans le respect de la convention de prudence aux obligations de régularité, de sincérité et de transparence inhérentes à la tenue, au contrôle, à la présentation et à la communication des informations qu'elle a traitées »*.

[621] La définition de l'entité donnée par le PCG OHADA est quasi identique à celle de l'entreprise à savoir un *« ensemble organisé d'une ou plusieurs personnes physiques ou*

est astreinte à fournir la preuve du caractère régulier et probant des écritures comptables examinées. Cet exercice conduit ainsi inéluctablement les agents en charge des vérifications à exercer un contrôle de conformité fiscale des charges de source contractuelle d'une part **(A)**, et un contrôle de conformité fiscale des produits de source contractuelle d'autre part **(B)**. Dans les deux hypothèses, c'est sporadiquement que l'administration procèdera à l'examen des contrats produits par le contribuable en tant que documents justificatifs.

A. Le contrôle de conformité fiscale des charges transfrontalières de source contractuelle

566. Les charges constituent la composante négative des comptes de gestion qui servent à la détermination du résultat imposable. D'après le droit des affaires OHADA, les charges s'entendent des emplois définitifs ou consommations de valeurs décaissées ou à décaisser par l'entité soit en contrepartie de marchandises, approvisionnements, travaux et services consommés par l'entreprise ainsi que des avantages qui lui ont été consentis ; soit en vertu d'une obligation légale que l'entité doit remplir ; soit exceptionnellement sans contrepartie directe[622]. Le contrôle fiscal des entités exerçant des activités économiques et financières transfrontalières fait une place centrale à l'examen des comptes de charges dans une perspective de validation de leur conformité vis-à-vis des déclarations fiscales. Pour une charge donnée, la conformité fiscale n'épouse pas toujours les contours de la conformité comptable, loin de là. Lorsque les agents de l'administration passent en revue les comptes de charges, leur contrôle consiste généralement en l'examen de deux paramètres clés. Le premier est relatif au contrôle du respet des limites de déductibilité fiscale des charges inhérentes aux engagements contractuels **(1)**, le second tient au contrôle de l'effectivité des charges de source contractuelle **(2)**.

---

morales et d'éléments corporels ou incorporels permettant l'exercice d'une activité économique qui poursuit un objectif propre ».

[622] Cf. Plan Comptable Général OHADA : D'après ce texte, les charges comprennent également pour la détermination du résultat de l'exercice, les dotations aux amortissements, aux provisions et aux dépréciations ainsi que la valeur comptable des éléments d'actifs cédés, détruits ou disparus. Cette description s'apparente à celle énoncée par le PCG français qui dispose que *« les charges comprennent les sommes ou valeurs versées ou à verser : soit en contrepartie de marchandises, approvisionnements, travaux et services consommés par l'entreprise ainsi que des avantages qui lui ont été consentis ; soit en vertu d'une obligation légale que l'entreprise doit remplir ; soit, exceptionnellement, sans contrepartie* (Cf. BURLAUD (A), EGLEM (J-Y), MYKITA (P), *Dictionnaire de gestion*, Foucher, coll. « La dicothèque Foucher », 1995).

1. *Le contrôle du respect des limites de déductibilité fiscale des charges inhérentes aux engagements contractuels transfrontaliers*

567. Le contrôle de conformité fiscale des charges comptabilisées sous l'angle de la déductibilité fiscale consiste pour l'administration fiscale à se préoccuper – entre autres conditions - du respect des limites de déductibilité fixées par le législateur fiscal. A la lumière du droit fiscal camerounais, le contrôle de la déductibilité fiscale des charges se raportant aux engagements contractuels transfrontaliers vise tantôt les frais généraux, tantôt les charges financières dont les limites de déductibilité sont fixées à l'article 7 A - d) du Code général des impôts.

568. Le contrôle des limites de déductibilité fiscale des frais généraux. A l'observation, le contrôle de la déductibilité des frais généraux, effectué sous le rapport des opérations transnationales, conduit souvent les agents de l'administration fiscale à surveiller le respect des limites légales de déductibilité en cette matière en examinant les contrats d'affaires desquels émanent lesdits frais. Concrètement, il s'agit pour eux de faire respecter la bonne application des différents taux de déductibilité amenagés par le législateur pour lutter contre le transfert de bénéfices à l'étranger en corrigeant les erreurs éventuelles commises par les contribuables en cette matière. Au regard du droit fiscal camerounais cela se vérifie notamment à travers le contrôle des frais généraux de siège, des commissions ou courtages sur achats de marchandise à l'étranger, des sommes versées à l'étranger pour l'utilisation des brevets marques, dessins et modèles en cours de validité. Le législateur camerounais admet ainsi la déductibilité de ces charges sous réserve des dispositions des conventions internationales et à condition qu'elles ne soient pas exagérées. Soulignons à ce propos que le contrôle des erreurs de gestion touchant au respect des limites légales de déductibilité, traité ici sous le prisme de la théorie des erreurs de gestion, est à dissocier du contrôle de l'exagération des charges envisagé, comme nous le verrons plus loin[623], sous le rapport de la théorie des actes anormaux de gestion.

569. S'agissant des frais généraux de siège pour la part des incombant aux opérations faites au Cameroun, l'administration surveille l'application de la limite de déductibilité de 2,5% du bénéfice imposable avant déduction des frais en cause[624]. Elle peut à cette fin examiner si le montant ou la quotité des frais de siège prévus par le contrat de gestion ou de management respecte ou non cette limite et rapporter le montant ou la quotité excédentaire au résultat imposable de l'entité contrôlée. En marge de la problématique de l'effectivité des charges engagées, l'on peut en pratique

---

[623] Voir Section 2 du présent chapitre.

[624] Cf. art. 7 A - d) : Cette limite est fixée à 1% du chiffre d'affaires pour les entreprises de travaux

concevoir que des erreurs soient commises par les contribuables lors du traitement comptable et fiscal des frais de gestion dans le sens de la prise en compte des seules stipulations du contrat de gestion au détriment des dispositions fixant leur limite de déductibilité à 2,5% du bénéfice imposable avant leur déduction.

570. Le raisonnement ci-dessus vaut également pour les commissions ou courtages portant sur les marchandise achetées à l'étranger pour le compte des entreprises situées au Cameroun dont la limite de déductibilité fiscale est fixée à 5% du chiffre des achats, ainsi que pour les sommes versées à l'étranger pour l'utilisation des brevets marques, dessins et modèles en cours de validité dont la limite de déductibilité est identique à celle prévue pour les frais de siège.

571. Le contrôle des limites de déductibilité fiscale des charges financières. Pareillement, le contrôle de la déductibilité fiscale des charges financières peut donner lieu à des méprises de la part des contribuables au sujet du respect des limites légales de déductibiluté desdites charges. Dans ce registre, l'attention des agents de l'administration fiscale portent essetiellemnet sur les intérêts servis aux associés à raison des sommes qu'ils laissent ou mettent à la disposition de l'entreprise en sus de leurs parts de capital. D'après le droit fiscal camerounais, ces intérêts sont admis en déduction dans la limite de ceux calculés au taux de la Banque centrale[625] majorés de deux points et ce, sous réserve de deux conditions précises : la première tient à l'existence d'une convention de prêt écrite et dûment enregistée, tandis que la seconde renvoie à la libération totale du capital social souscrit. Il est intéressant de souligner à ce propos que la convention de prêt à laquelle fait référence le législateur camerounais est regardée par l'administration fiscale comme l'acte juridique qui fonde la déductibilité des intérêts servis aux associés. Le contrôle exercé sur cet acte porte d'abord sur sa forme. A cet égard, il convient de garder à l'esprit que non seulement la convention doit être écrite, mais elle doit en outre être dûment enregistrée ; ce qui signifie que le défaut de l'un quelconque de ces éléments de forme entraîne le rejet de la déductibilité des intérêts en cause. Le contrôle porte ensuite sur le fond, ce qui revient pour l'administration à examiner l'effectivité de la libération du capital par les associés d'une part, et à valider d'autre part, la quotité des intérêts déductibles correspondants en faisant respecter le cas échéant l'application du taux d'intérêt communautaire édicté par la Banque centrale majoré de deux points.

572. Du point de vue fiscal en effet, les agents en charge du contrôle fiscal au Cameroun se doivent de veiller au respect des dispositions de l'article 7 du Code Général des Impôts qui prévoient que pour chaque

---

[625] Il s'agit en l'occurrence du taux d'intérêt édicté par la Banque des Etats de l'Afrique Centrale (BEAC).

exercice fiscal, *« Le bénéfice net imposable est établi sous déduction de toutes charges nécessitées directement par l'exercice de l'activité imposable au Cameroun... »*. Cette disposition est intéressante en ce qu'elle permet de saisir du point de vue fiscal ce que le législateur entend par charge déductible. On y retrouve l'acception comptable du concept de charge - qui vise *a priori* l'ensemble des dépenses affectant l'exploitation de l'entreprise - suivie d'une contraction fiscale de ladite acception exprimée par les multiples restrictions établies par le législateur pour circonscrire le champ de la déductibilité fiscale desdites charges[626]. Ces restrictions fiscales au regard des comptes de charges touchent aussi bien les frais généraux, que les charges financières et les pertes diverses. Si la théorie des créances acquises commande que les dettes soient comptabilisées dès leur naissance, il faut bien admettre que les contrats d'affaires à l'origine desdites dettes constituent de réelles pièces à conviction lorsqu'il s'agit d'interroger la date de naissance de chaque dette en cause à l'occasion d'un contrôle fiscal.

573. Le respect du principe d'indépendance des exercices conduit, en pratique à l'utilisation de comptes de régularisation tels que les comptes de charges à payer, de charges à étaler ou de frais d'établissement. Il convient de noter que l'administration fiscale peut laisser à certains prestataires, notamment au regard des bénéfices non commerciaux, la possibilité de comptabiliser les charges et les produits le jour du mouvement de trésorerie, quel que soit l'exercice auquel ils se rapportent. Cette tolérance revient sur le plan comptable à une dérogation au principe d'indépendance des exercices[627].

2. Le contrôle de l'effectivité des charges transfrontalières de source contractuelle

574. Le contrôle de l'effectivité des achats effectué par l'administration fiscale poursuit au moins deux objectifs : la validation de la réalité des opérations d'achats d'une part, et d'autre part, la validation de la valeur des achats. Il s'agit ainsi pour les agents de l'administration fiscale de contrôler dans un premier temps l'effectivité des transactions et de contrôler ensuite l'effectivité de la valeur desdites transactions. Sous le rapport des contrats d'affaires, contrôler l'effectivité des achats revient à contrôler d'un côté « la chose » ou les opérations d'achat et de l'autre « le prix » ou la valeur des achats. Les premiers documents qui renseignent les agents de l'administration fiscale quant à la régularité des opérations commerciales d'achat, de transport ou des services extérieurs sont en général les factures. Ces documents s'affichent en réalité comme des pièces justificatives

---

[626] Les frais généraux, les charges financières, les pertes diverses.

[627] Voir en ce sens, NJAMPIEP (J.), *Comptabilité générale et comptabilité approfondie OHADA*, vol.1 : Eléments de comptabilité générale, Editions ECC/RFA, t. 1, 2018, p. 67.

importantes pour l'établissement de la comptabilité[628], mais ils ne sont pas les seuls. Ils ne représentent à la vérité que le premier niveau de documents de contrôle pour l'administration fiscale. En effet, en parcourant le chapitre relatif au contenu et au fonctionnement des comptes de charges dans le Plan comptable général OHADA, l'on peut se rendre compte que le législateur OHADA suggère systématiquement en guise d'éléments de contrôle de la conformité comptable des opérations enregistrées dans lesdits comptes, l'examen des factures ou des avoirs d'achats, de transport ou des différents services extérieurs à l'entité. Mais il ne s'arrête pas là puisqu'il fait expressément mention des *« dispositions des contrats »* lorsqu'il indique les éléments de contrôles susceptibles d'éclairer la lanterne des auditeurs ou des vérificateurs appelés à interroger la régularité des comptes et la sincérité des déclarations fiscales qui en sont le reflet.

575. Pour ce qui est par exemple du contrôle des achats, il convient de relever que les éléments de contrôle suggérés par le Plan comptable général OHADA, en l'occurrence les factures, n'ont qu'une valeur indicative et constituent visiblement le premier compartiment des documents de contrôle à examiner. Ce premier compartiment peut valablement être complété par un second essentiellement constitué des contrats dont les stipulations peuvent révéler des informations complémentaires ou supplétives aux informations de premier niveau contenues dans les factures. Il nous paraît essentiel de s'intéresser à ce second compartiment de documents lorsqu'il s'agit de contrôler la conformité fiscale des opérations transnationales parce que la pratique des affaires sur le marché international des biens et services confine à la sécurisation des transactions à travers la conclusion des contrats. Et c'est ici que surgit le contrôle de l'effectivité des charges de source contractuelle. La lecture des contrats peut ainsi permettre à l'administration fiscale de recouper l'information comptable relative à l'effectivité entière ou partielle des transactions d'un côté, et de détecter de manière plus incisive les valeurs desdites transactions.

576. Les opérations d'achat à l'étranger de marchandises ou de matières premières et fournitures liées dans les comptabilités tenues suivant le SYSCOHADA sont enregistrées suivant une classification qui fait une distinction les achats « dans la Région », les achats « hors Région », les achats « aux entités du groupe dans la Région » et les achats « aux entités du groupe hors Région ». Cette classification des opérations transfrontalières d'achats donne aux administrations fiscales des indications suffisantes sur les possibilités contractuelles des entités contrôlées et alerte d'autant sur les possibilités de transferts indirects ou de délocalisation de bénéfices.

---

[628] La comptabilité enregistre les ventes à la date d'émission de la facture qui doit être établie au plus tard le jour de la livraison (ventes franco), de la prise en charge (vente avec enlèvement), ou de la fin d'exécution de la prestation. BURLAUD (A), EGLEM (J-Y), MYKITA (P), *Dictionnaire de gestion*, *op. cit.* p. 193.

577. L'on peut aussi à l'expérience se rendre compte que les opérations d'achats à l'étranger effectuées par les entreprises résidentes sont en général la traduction de l'exécution d'un contrat d'importation de biens qui peut prendre la dénomination tantôt d'un contrat d'approvisionnement, tantôt d'un contrat de franchise, ou encore d'un simple contrat de représentation. Il appartient en tout cas aux agents de l'administration fiscale de pousser leurs investigations jusqu'à l'échelle de tels contrats pour s'ouvrir des perspectives d'analyse plus opérantes en matière de contrôle fiscal.

578. A partir de l'exemple des achats à l'étranger, l'on peut multiplier les analogies relativement au contrôle de la conformité fiscale des autres comptes de charges. A cet égard, force est de reconnaître que les agents des administrations fiscales se familiarisent de plus en plus avec le contrôle fiscal des contrats d'assistance technique lorsqu'ils sont amenés à contrôler la comptabilisation des services extérieurs de l'entreprise reçus des fournisseurs non-résidents qui enregistrent des charges d'entretien, de réparation ou de maintenance.

579. Ainsi en va-t-il également du contrôle des rémunérations d'intermédiaires et conseils qui conduisent souvent les agents de l'administration à l'examen des contrats de commissions et courtages sur achats ; ou du contrôle des rémunérations versées au personnel extérieur à l'entité qui permet de démêler la confusion entre les personnels salariés et les personnels mis à disposition de l'entreprise dans le cadre de l'assistance technique à travers l'examen croisé des contrats de travail qui justifient l'allocation des salaires et des contrats d'assistance technique qui requièrent le versement de frais aux personnels mis à disposition, sous réserve bien entendu de la preuve de l'effectivité de ladite assistance technique.

580. Pareillement, le contrôle de la sous-traitance peut conduire à exiger l'examen d'une large gamme de contrats de fourniture de services ou de location et ce dans tous les secteurs d'activité. Une telle approche se systématise de plus en plus dans la pratique du contrôle fiscal lorsqu'il s'agit de contrôler les redevances versées pour utilisation de brevets, marques de fabrique ou de logiciels. De plus en plus en effet, les agents de l'administration fiscale systématisent, ne serait-ce que pour s'intéresser aux stipulations traitant de la rémunération du contrat, l'examen des contrats de cession ou de concession de droits immatériels ou digitaux en faveur des entreprises opérant en Afrique. Cet intérêt quasi intuitif pour l'examen des contrats se manifeste également lorsqu'il s'agit de contrôler les charges de publicité engagées par des entreprises liées résidentes. Celles-ci proviennent en général, lorsque l'on a affaire a une entité membre d'un groupe multinational, de refacturations intragroupes effectuées par une autre entité du groupe.

B. Le contrôle de la conformité fiscale des produits d'origine contractuelle

581. Suivant le Plan comptable OHADA, les produits s'entendent des « sommes ou valeurs reçues ou à recevoir, soit en contrepartie de la fourniture par l'entreprise de biens, travaux, services, ainsi que des avantages consentis, soit en vertu d'une obligation légale existant à la charge d'un tiers, soit exceptionnellement sans contrepartie[629] ». Cette définition est une réplique à l'identique de la définition consacrée par le PCG français[630]. Au contraire des charges, les produits constituent la composante positive des comptes de gestion qui servent à la détermination du résultat imposable puisqu'ils s'entendent des éléments qui génèrent le résultat de l'entreprise après déduction des charges[631]. Pour l'administration, il n'est pas intéressant que ce résultat soit négatif puisque les recettes fiscales en sont substantiellement tributaires. Tout comme en matière de charges, l'administration fiscale se doit de valider la conformité des produits comptabilisés vis-à-vis des déclarations fiscales. C'est sans doute pourquoi le contrôle des produits de source contractuelle effectué par les agents du fisc s'articule d'abord autour de la question de la réintégration fiscale des produits comptabilisés **(1)**, puis autour de celle de l'exhaustivité des produits comptabilisés **(2)**.

1. Le contrôle de la réintégration fiscale des produits de source contractuelle

582. Le contrôle de la réintégration fiscale des produits imposables suppose que pour un exercice donné les agents de l'administration fiscale valident les écritures de passage du résultat comptable au résultat fiscal en ayant à l'esprit que le bénéfice fiscal se détermine en prenant positivement en compte les produits imposables. Seulement, en posant que *« Le bénéfice net imposable est établi sous déduction de toutes charges nécessitées directement par l'exercice de l'activité imposable au Cameroun »* le législateur camerounais omet d'aborder la question de la détermination du bénéfice fiscal sous le rapport des produits comme il le fait sous celui des charges. Ainsi, les notions comptables de ventes et de prestations de service ne trouvent pas de correspondance en droit fiscal camerounais en matière de détermination de l'impôt sur le résultat en tant que produits imposables. Le Code Général des Impôts n'en fait pas véritablement allusion alors qu'il est plus disert sur les charges fiscalement déductibles exposées par la comptabilité.

583. Le contrôle du rattachement de chaque produit à son exercice de réalisation apparaît à ce stade comme un enjeu incontournable pour les protagonistes au contrôle fiscal. Suivant la logique de la comptabilité

---

629 Voir Plan Comptable Général OHADA.

630 Voir en ce sens PCG français.

631 BURLAUD (A), EGLEM (J-Y), MYKITA (P), *Dictionnaire de gestion*, *op. cit.*, p. 294.

d'engagement, les produits sont principalement à rechercher dans les comptes de gestion qui récapitulent les créances de l'entreprise. C'est à niveau que le rapport du contrôle fiscal au contrat d'affaires prend toute son importance puisque la notion de créance suppose un engagement contractuel qui met en rapport au moins un créancier et un débiteur. A cet égard, Monsieur Cozian nous rappelle que *« Si l'on se réfère au Code civil, la créance est née, donc acquise, dès la commande, dès qu'on est d'accord sur la chose et sur le prix. La solution figure expressément à l'article 1583 du Code civil à propos de la vente : « la vente est parfaite entre les parties et la propriété acquise de droit à l'acheteur à l'égard du vendeur, dès qu'on est convenu de la chose et du prix quoique la chose n'ait pas été livrée ni le prix payé*[632] *»*. Sans que cela ne soit systématisé, il arrive occasionnellement que les services de contrôle s'intéressent aux contrats d'affaires pour rechercher le moment de la réalisation de la vente parfaite, c'est-à-dire le moment de réalisation de l'accord de volonté afin de déterminer, non seulement l'effectivité de la créance, mais aussi et surtout la date de rattachement de ladite créance à un exercice donné. Cette tâche qui peut s'avérer simple dans le cadre du contrôle fiscal d'un contrat de vente peut davantage se compliquer dans le cadre du contrôle d'un contrat de prestation de services.

584. En effet, la question prend toute son importance lorsqu'il s'agit de contrôler les contrats à long terme qui régissent des opérations partiellement exécutées à la clôture de l'exercice[633] et dont le secteur des bâtiments et travaux publics (BTP) et offre une illustration appropriée.. En cette matière, la position du droit fiscal s'aligne sur celle du droit comptable qui propose deux méthodes comptables : la méthode à l'avancement et celle à l'achèvement.

585. La méthode à l'avancement consiste à enregistrer les produits dans le compte de résultat au fur et à mesure de l'exécution des travaux acceptés par le client. C'est la principale méthode de comptabilisation des contrats pluri-exercices retenue par le Système comptable OHADA car elle permet une meilleure application du postulat de spécialisation des exercices édicté par l'article 59 de l'AUDCIF[634]. Cette méthode permet de déterminer le bénéfice au prorata du niveau d'avancement des travaux en appliquant le

---

[632] COZIAN (M.), « la méthode de la comptabilité d'engagement (ou la théorie des créances acquises) » in *Les grands principes de la fiscalité des entreprises*, *op. cit.*, doc 10, p. 143 : L'auteur précise que *« La créance naît du seul accord des volontés, avant même l'exécution ou le paiement. Ce qui est vrai de la vente l'est aussi de n'importe quel contrat par la vertu du consensualisme qui domine le droit français »*.

[633] Voir sur ce point COZIAN (M.), GAUDEL (J.-P.), La comptabilité racontée aux juristes, Paris, LexisNexis, 2e éd., 2016, p. 101 : *« Il s'agit de toute prestation de services (travaux, conseils, [...]) ou toute commande de biens dont l'exécution a commencé avant la clôture de l'exercice et s'achève après. Il peut s'agir aussi de la livraison d'une usine clé en main. »*

[634] « Le résultat de chaque exercice est indépendant de celui qui le précède et de celui qui le suit. Pour sa détermination, il convient de lui rattacher et de lui imputer tous les événements et toutes les opérations qui lui sont propres et ceux-là seulement ».

pourcentage d'avancement[635] au résultat à terminaison. Par conséquent, l'IS dû sur les contrats à long terme comptabilisés suivant cette méthode est acquitté pour chaque exercice sur le bénéfice calculé au prorata de l'avancement des travaux. La méthode à l'achèvement quant à elle, consiste à enregistrer les produits dans le compte de résultat au terme de l'exécution du contrat. Cette méthode permet une meilleure application des règles générales de prudence en matière de rattachement des produits à un exercice comptable. Entre ces deux méthodes, la préférence de l'administration fiscale en matière de contrôle va vers la méthode à l'avancement qui revient à comptabiliser, à la clôture de chaque exercice, le chiffre d'affaires et le bénéfice sur le projet en cours proportionnellement à l'avancement des travaux constatés[636].

586. Pour le droit comptable, le postulat de la spécialisation des exercices posé par l'Acte uniforme relatif au droit comptable et à l'information financière OHADA commande qu'à chaque exercice soient rattachés tous les produits et les charges qui le concernent, et ceux-là seulement[637]. Le droit fiscal qui considère que « *le bénéfice imposable est le bénéfice net déterminé d'après les résultats d'ensemble des opérations de toute nature effectuées par les entreprises au cours de la période servant de base à l'impôt...* ». Cette période correspond bel et bien à l'exercice comptable. Sur ce terrain, la fiscalité, au risque de perdre tout repère en matière de détermination du fait générateur des produits, n'a pas d'autre choix que de rejoindre la comptabilité, de sorte qu'en matière d'impôt sur le revenu comme en matière de TVA, le fait générateur de l'impôt coïncide avec le fait générateur des éléments servant de base à la détermination desdits impôts. La doctrine française est assez instructive sur cette question. Messieurs Cozian et Gaudel nous explique en effet que *« pour mieux cerner le fait générateur du chiffre d'affaires, les analyses du juriste et du comptable sont nécessaires : le premier renseigne sur la date de naissance juridique de la créance, le second veille au respect du principe de prudence et s'assure que la créance correspond bien à un profit réalisé* [638]*»*.

---

[635] SYSCOHADA, Titre VIII, Chapitre 23, Section 1, p. 797 : Il existe deux catégories de méthodes de détermination du pourcentage d'avancement :
D'une part, les méthodes basées sur la valeur des éléments dont le contrôle a été transféré au client (examen des prestations déjà accomplies, appréciation des réalisations, franchissement d'étapes clés, temps écoulé, unités produites ou livrées etc.) ;
D'autre part, les méthodes basées sur les moyens mis en œuvre (ressources consommées, heures de travail, coûts encourus, temps écoulé, heures de machines etc.).

[636] Voir en ce sens, COZIAN (M.), GAUDEL (J.-P.), *op. cit.*, p.102

[637] Art. 59 de l'AUDCIF OHADA : Le résultat de chaque exercice est indépendant de celui qui le précède et de celui qui le suit. Pour sa détermination, il convient de lui rattacher et de lui imputer tous les évènements et toutes les opérations qui lui sont propres et ceux-là seulement.

[638] En ce sens, COZIAN (M.), GAUDEL (J.-P.), *op. cit.*, p.55.

587. Au Cameroun, le fait générateur de la TVA[639] est constitué par la livraison des biens et marchandises s'agissant des ventes, des échanges et des travaux à façon[640] ; par l'exécution des services et travaux ou des tranches de travaux, en ce qui concerne les prestations de services et les travaux immobiliers [641]; par l'encaissement du prix pour les autres opérations imposables[642] et par l'introduction des biens et marchandises sur le territoire en ce qui concerne les importations[643]. Selon la doctrine, *« Dans toute opération, on peut distinguer trois étapes : la commande, l'exécution et le paiement. Il n'y a aucune difficulté lorsque les trois se situent à l'intérieur d'un même exercice [644]»*. Mais si la naissance de la créance est une chose, la réalisation du profit en est une autre et il convient cette fois de se référer au principe de prudence qui domine le droit comptable pour situer l'exigibilité de l'impôt afférent à la réalisation d'un produit. Selon ce principe, il est interdit de dégager en comptabilité un profit qui n'est pas encore réalisé mais qui est simplement espéré[645]. C'est sans doute guidé par ce principe de prudence que le législateur camerounais a voulu que l'exigibilité de la TVA et des droits d'accises intervienne en ce qui concerne la livraison des biens, lors de la réalisation du fait générateur[646], et qu'elle dépende de l'encaissement du prix, des acomptes ou des avances, s'agissant des prestations de services et des travaux immobiliers[647].

2. le contrôle de l'exhaustivité des produits comptabilisés de source contractuelle

588. Pour contrôler la conformité des produits de source contractuelle, il ne suffit pas de surveiller la réintégration fiscale des produits imposables comptabilisés, les services de contrôle avisés s'attachent tant bien que mal à surveiller l'imposition des produits non enregistrés par la comptabilité et pourtant réalisés ou reçus par l'entité contrôlée en vertu de divers contrats susceptibles d'en être à l'origine.

589. Par opposition aux charges, selon le Plan comptable général OHADA, les produits sont généralement pris en compte lorsqu'une augmentation des retombées économiques, liée à une augmentation d'actif

---

[639] Le fait générateur de la taxe sur la valeur ajoutée et du droit d'accises s'entend comme l'événement par lequel sont réalisées les conditions légales nécessaires pour l'exigibilité de l'impôt.

[640] Art. 133 a) du CGI en vigueur au Cameroun .

[641] *Ibid.*, art. 133 b).

[642] *Ibid.* art. 133 c).

[643] *Ibid* art. 133 d).

[644] COZIAN (M.), GAUDEL (J.-P.), *op. cit.*, p.55.

[645] *Ibid:* Pour justifier en cette matière l'adoption du principe de prudence en comptabilité, les auteurs rappellent fort à propos la célèbre de La Fontaine « il ne faut pas vendre la peau de l'ours avant de l'avoir tué ».

[646] Art. 134 a) du CGI en vigueur en République du Cameroun.

[647] Art. 134 a) du CGI en vigueur en République du Cameroun *préc.*

ou à une diminution de passif, s'est produite et qu'elle peut être mesurée de façon fiable. La comptabilisation des produits résultant des contrats avec les clients doit, en vertu de la législation comptable OHADA, traduire le transfert à un client du contrôle d'un bien ou d'un service pour le montant auquel le vendeur s'attend à avoir droit[648]. En général le transfert est opéré à la date de livraison du bien ou de l'achèvement de la prestation.

590. Tout comme en matière de charges, le contrôle de conformité des enregistrements comptables des produits se fait pour les comptables comme pour les fiscalistes à partir de l'examen d'un premier registre de documents composé des factures de ventes et d'avoirs, des avis bancaires et des correspondances échangées. Si les notions de factures[649] et d'avis bancaires sont assez précises, la notion de *« correspondance échangées »* l'est moins. Nous notons que le législateur OHADA ne s'étend pas outre mesure sur la notion de *« correspondances échangées »*, mais l'on peut, sans risque de se tromper, imaginer que nombres de correspondances échangées dans le cadre de transactions commerciales peuvent revêtir la nature d'engagements ou de contrats d'affaires dès lors que le contenu desdites correspondances autorise une telle analyse.

591. Cela dit, la lecture du plan comptable général OHADA ne permet pas d'envisager les contrats en tant que premiers éléments de contrôle des produits enregistrés dans la comptabilité de l'entreprise. A titre d'illustration, le Plan comptable général OHADA suggère que le compte *« 70 ventes »* soit contrôlé à partir des factures de ventes, des factures d'avoirs, ou à partir de la vérification des marges[650]. Une telle approche participe à notre sens davantage d'un contrôle de cohérence que d'un contrôle d'effectivité dans la mesure où la réalité des montants exposés par ces documents peut être complétée ou remise en cause par d'autres documents justificatifs se rapportant aux mêmes opérations, notamment par des contrats. Sous ce rapport, les contrats d'affaires apparaissent, s'agissant des opérations économiques transnationales comme des documents dont la valeur probante est plus marquée que celle des factures. C'est fort de cette perception que les vérificateurs les plus avisés n'hésitent pas à s'émanciper vis-à-vis d'un contrôle basé exclusivement sur les éléments de contrôle prévus par le Plan comptable général OHADA pour aller au-delà des factures afin d'approfondir leurs investigations à travers l'analyse de certains contrats. Une telle approche leur permet de temps à autre de mettre en évidence des produits non comptabilisés ou partiellement comptabilisés c'est-dire, des produits réalisés en vertu des stipulations contractuelles mais non pris en compte dans les livres comptables de l'entité contrôlée.

---

[648] Voir PCG OHADA, Titre VII, Chapitre 3 Contenu et fonctionnement des comptes.

[649] *Ibid.*

[650] *Ibid.*

592. Ainsi, à partir de l'exploitation du compte de résultat du Système comptable OHADA, le contrôle du chiffre d'affaires réalisé avec des clients étrangers, conduit logiquement à examiner d'une part, les comptes de ventes dans la région[651] et hors région[652] de marchandises, de produits fabriqués ou de travaux et services, des ventes aux entités du groupe ou sur internet, et d'autre part, à examiner les comptes de produits accessoires. Dans tous les cas, la lecture des contrats à l'origine des enregistrements comptables afférents auxdits comptes constitue dans bien d'occurrences un point d'ancrage déterminant pour les services de contrôle qui disposent à partir des informations contractuelles d'éléments permettant de valider ou d'invalider l'exhaustivité des ventes ou des produits accessoires comptabilisés.

593. En effet, un tel contrôle peut permettre de détecter des abandons de créances à caractère commercial consentis en faveur de l'entreprise contrôlée.

594. Le contrôle de l'exhaustivité des produits non comptabilisés d'origine contractuelle a souvent permis de détecter des commissions et courtages reçus de l'étranger ou encore des revenus de locations de matériel ou de mise à disposition de personnel. Dans une configuration de groupe de sociétés, ce type de contrôle révèle fréquemment des situations de fraude ou d'évasion fiscale internationale dans tous les secteurs d'activités.

595. Nous l'avons montré, le contrôle fiscal des contrats d'affaires internationaux à partir de l'examen des comptes de gestion qui structurent le compte de résultat est effectué de temps à autre çà et là dans les administrations fiscales africaines. Ce contrôle est donc suivant notre perception, discontinu, sporadique. Cette perception n'est pas si différente lorsqu'il s'agit d'examiner dans les mêmes conditions les comptes de bilan.

§2. Le contrôle asymétrique des erreurs de gestion à partir de l'examen des comptes de situation

596. Les comptes de situation structurent le bilan de l'entité. Le Système comptable OHADA définit le bilan comme un état financier de synthèse faisant partie des comptes annuels qui décrit séparément les éléments actifs et les éléments passifs et fait apparaître de façon distincte les capitaux propres de l'entité[653]. En passant en revue les comptes du bilan à l'occasion des opérations de vérification de comptabilité, les agents de l'administration fiscale se livrent généralement à divers rapprochements entre lesdits comptes et les états financiers dans le dessein de débusquer des discordances intra-comptables ou extracomptables.

---

[651] Les ventes dans la région suivant le SYSCOHADA s'entendent des ventes effectuées à destination des pays de la zone économique et monétaire dont relève l'entité. Il peut s'agir selon les pays de la zone CEMAC ou de la zone UEMOA.

[652] Les ventes hors région renvoient aux ventes à destination pays hors du corridor économique et monétaire dont relève l'entité.

[653] Le bilan suivant l'Acte Uniforme relatif au Droit Comptable et à Information Financière fait apparaître de façon distincte des éléments à l'actif et au passif.

597. Dans cette démarche, certains contrats d'affaires peuvent requérir la vigilance des agents de l'administration fiscale en vue de valider ou invalider certaines écritures comptables, tandis que d'autres échapperont à son contrôle sans que l'on ne puisse rationnellement expliquer les choix et les omissions des agents en charge du contrôle fiscal. Tout au plus, peut-on s'avancer à dire qu'ils sont-ils guidés dans leurs arbitrages par l'importance du montant enregistré dans lesdits comptes[654]. Toujours est-il que comme en matière de contrôle du compte de résultat, les services de contrôle sont astreints à contrôler la conformité fiscale de l'inscription au bilan des éléments de l'actif **(A)** et du passif **(B)** qui servent à déterminer le bénéfice fiscal de l'entité.[655] Celui-ci, vu sous le rapport du bilan est assimilé suivant la législation fiscale camerounaise au bénéfice net constitué par la différence entre les valeurs de l'actif net à la clôture et à l'ouverture de la période dont les résultats doivent servir de base à l'impôt, diminuée des suppléments d'apport et augmentée des prélèvements effectués au cours de cette période par les associés[656]. C'est dans ce cadre qu'ils se livrent généralement au contrôle asymétrique de certains contrats à l'origine des comptes ayant appelé leur attention lors des opérations de contrôle.

A. Le contrôle de la conformité fiscale des éléments de l'actif émanant du contrat

598. Rappelons-le en comptabilité, l'actif est la partie du bilan décrivant à une date donnée l'ensemble des emplois économiques sous contrôle de l'entité. Il s'agit en clair de la partie positive du bilan composé d'éléments appelés « actifs » regroupés en immobilisations, en stocks, en créances et en disponibilités[657]. Un actif selon le droit comptable OHADA est un élément identifiable du patrimoine représentant une ressource économique actuelle contrôlée par l'entité du fait d'évènements passés[658]. Cette définition ne s'éloigne guère de celle donnée par le Plan Comptable Général français[659]

---

[654] Cf. Acte Uniforme OHADA relatif au Droit comptable et à l'information financière, art. 18 : Selon le principe de l'importance relative, les états financiers doivent révéler toutes les opérations dont l'importance peut affecter les évaluations et les décisions ; Voir en ce sens également art. 33 al. 3 de l'AUDCIF : Les notes annexes doivent comporter toutes les informations d'importance significative.

[655] Selon l'article 30 de l'AUDCIF : le bilan de l'exercice fait apparaître de façon distincte à l'actif, l'actif immobilisé, l'actif circulant, la trésorerie-actif et l'écart de conversion actif ; et au passif, les ressources stables, le passif circulant, la trésorerie-passif et l'écart de conversion-passif.

[656] Voir en ce sens art. 6 (2) du CGI camerounais : *« L'actif net s'entend de l'excédent des valeurs d'actif sur le total formé au passif par les créances des tiers, les amortissements et les provisions justifiées ».*

[657] Voir PCG OHADA, Titre VII, chap. 2.

[658] *Ibid.*

[659] Selon l'article 211-1 du PCG français, « Un actif est un élément identifiable du patrimoine ayant une valeur économique positive pour l'entité, c'est-à-dire un élément

même si elle ne rend pas suffisamment compte comme celui-ci de la perspective des avantages économiques futurs escomptée par l'entité du fait de la possession d'un actif dans la mesure où celui-ci a vocation à contribuer à des flux nets de trésorerie au bénéfice de l'entité[660]. Comme en matière de contrôle des comptes de gestion, les services de contrôle des administrations fiscales africaines exercent également à l'égard des contrats d'affaires internationaux, peut-être avec un enthousiasme moins affirmé, un contrôle de conformité des comptes de l'actif. Mais quand il est exercé, celui-ci consiste à surveiller non seulement la traçabilité des éléments d'actif **(1)**, mais aussi la fiabilité de l'évaluation des éléments d'actif d'émanation contractuelle **(2)**.

1. Le contrôle de la traçabilité des éléments d'actif de source contractuelle

599. Le premier mouvement de contrôle fiscal des éléments d'actif consécutivement à la lecture d'un contrat d'affaires consiste pour les agents de l'administration fiscale à suivre le respect de la répercussion des engagements contractuels relatifs aux actifs dans la comptabilité de l'entreprise. Suivre la traçabilité des éléments d'actif à l'occasion des contrôles fiscaux revient, pour les agents de l'administration fiscale, à attester de la réalité de leurs acquisitions ou de leurs cessions. L'importance du contrôle de la traçabilité des actifs se mesure à l'aune du postulat de la prééminence de la réalité économique sur l'apparence juridique posé par le législateur comptable OHADA[661].

600. Selon le Plan comptable général OHADA, une immobilisation corporelle est un actif détenu, soit pour être utilisé dans la production ou la fourniture de biens ou de services, soit pour être loué à des tiers, soit à des fins de gestion interne et dont l'entité attend qu'il soit utilisé sur plus d'un exercice[662] ; le Plan comptable général français la définit simplement comme un actif non monétaire avec une substance physique[663]. Cependant, le droit comptable OHADA et le droit comptable français donnent exactement la même définition de l'immobilisation incorporelle en la décrivant comme un actif non monétaire sans substance physique[664]. Elle est identifiable si elle est séparable des activités de l'entité, c'est-à-dire susceptible d'être séparée

---

générant une ressource que l'entité contrôle du fait d'évènements passés et dont elle attend des avantages économiques futurs ».

660 Voir art. 211-2 du PCG français.

661 Selon ce postulat, pour que l'information représente d'une manière pertinente les transactions et autres évènements qu'elle vise à représenter, il est nécessaire qu'ils soient enregistrés et présentés en accord avec leur substance et la réalité économique et non pas seulement selon leur forme juridique.

662 Voir en ce sens PCG OHADA, Titre VII, Chapitre. 2.

663 Cf. art. 211-1.2 du PCG français.

664 Cf. PCG OHADA, Chapitre 3 Contenu et fonctionnement des comptes et art. 211-1.3 du PCG français.

ou dissociée de l'entité et d'être vendue, transféré ou concédée par licence, louée ou échangée soit de façon individuelle, soit dans le cadre d'un contrat avec un actif ou un passif lié[665]. Les immobilisations financières quant à elles correspondent aux titres et créances financières détenus par une entité.

601. D'un autre côté, les éléments d'actif peuvent prendre la forme de stocks, de créances clients, ou de trésorerie pour former l'actif circulant[666] dans le bilan de l'entité. Les stocks qui correspondent à l'ensemble des biens achetés par l'entreprise en vue d'une transformation ou d'une vente ultérieure ; les créances clients qui correspondent aux sommes dues par les clients à une date donnée ; la trésorerie qui correspond aux disponibilités détenues par l'entreprise.

602. Ces définitions rendent bien compte des possibilités contractuelles qui entourent les acquisitions ou les cessions d'éléments d'actifs corporels ou incorporels et corrélativement des difficultés éventuelles de contrôle fiscal qui peuvent s'y rattacher. Pour les besoins du contrôle fiscal, les contrats d'affaires qui régissent les transactions relatives à ces actifs représentent une source d'informations de premier plan pour les agents de l'administration fiscale.

603. Cela dit, la démarche utilisée pour contrôler les éléments d'actifs de source contractuelle revient pour les acteurs du contrôle fiscal dans la plupart des cas à croiser le contenu des stipulations qui prévoient des actifs avec les enregistrements comptables correspondant ainsi que les pièces justificatives qui établissent les engagements liés à l'acquisition desdits actifs. Autrement dit, il s'agit pour lesdits agents d'établir que les actifs projetés par les contrats d'affaires internationaux sont non seulement bien renseignés dans la comptabilité au niveau du bilan et des notes annexes, mais aussi « traçables » matériellement. De fait, ce contrôle permet de surveiller l'imposition complète tant de l'enrichissement net de l'entreprise, c'est-à-dire l'imposition de son bénéfice net, que l'imposition des cessions d'éléments d'actifs pris isolément. Comme en matière de contrôle des postes du compte de résultat, l'administration fiscale est appelée à faire respecter ici également les dispositions de l'article 6 (1) du CGI suivant lesquelles *« le bénéfice imposable est le bénéfice net déterminé d'après les résultats d'ensemble des opérations de toute nature effectuée par les entreprises au cours de la période servant de base à l'impôt, y compris les cessions d'éléments quelconques de l'actif soit en cours, soit en fin d'exploitation[667] ».* Cette disposition révèle clairement que le législateur camerounais attache un prix particulier au suivi fiscal des opérations de cessions d'immobilisations effectuées par les entités établies au Cameroun. Au sein de l'espace OHADA, le contrôle fiscal des cessions

665 Cf. PCG OHADA, Titre VII, Chapitre 3 *préc.*
666 *Ibid.*
667 C'est nous qui soulignons.

d'immobilisations prend un relief particulier dans les secteurs fortement demandeur en gros équipements à l'instar du secteur agroindustriel, de celui des Bâtiments et travaux publics ou encore du secteur extractif.

604. Dans ce dernier secteur notamment, l'on peut en guise d'illustration évoquer le cas des administrations fiscales des pays exportateurs de minerais de la zone UEMOA qui font régulièrement le constat d'opérations transfrontalières d'acquisition et de cessions, autrement dit d'importations et de réexportations d'immobilisations et de matériel roulant entre les entreprises minières de la sous-région qu'elles ont du mal à « tracer » et à fiscaliser. Ce constat est partagé par les administrations fiscales du Mali, du Burkina-Faso et de la Guinée Conakry[668] qui voient des multinationales minières étendre leurs exploitations dans ces pays à travers des entités qui connaissent à l'échelle sous régionale des échanges de biens et des services.

605. Une autre illustration est donnée par le secteur financier s'agissant de l'acquisition par une entité d'obligations suivi de leurs cessions à d'autres entités sans que celles-ci ne soient inscrites ni au bilan de l'exercice d'acquisition, ni à celui de leur cession, constitue une dissimulation d'éléments d'actifs. Une telle dissimulation est analysée par l'administration fiscale comme un acte de minoration du bénéfice net, et par conséquent, une minoration de la base de l'impôt sur les sociétés.

606. Le contrôle de la traçabilité des éléments d'actifs est mis à plus rude épreuve lorsqu'il s'agit de contrôler les immobilisations incorporelles. Sur le fondement de la description qu'en donne le droit comptable OHADA, celles-ci se déclinent aussi bien en fonds de commerce, droit au bail, brevets, licences, marques, procédés, modèles, dessins et concessions, qu'en frais d'études de recherche et de développement[669]. De l'avis de la doctrine, les actifs immatériels tels les brevets, les marques, le fonds de commerce, sont acquis moyennant le paiement d'une redevance calculée sur le chiffre d'affaires pendant une certaine durée[670]. Selon le Système Comptable OHADA, le prix d'acquisition étant aléatoire au moment de la signature, le montant définitif à retenir pour la comptabilisation à l'actif doit correspondre à la valeur actuelle du bien au moment de la signature de l'acte. Cette valeur actuelle peut être estimée soit par la valeur probable des redevances qui

---

668 Cf. GIZ (2018), « Note diagnostique globale du système de contrôle des industries extractives au Mali », GIZ Bamako, 2018. Le contrôle des engins en immatriculation temporaire et le contrôle des opérations transfrontalières d'achats et de cession de pièces détachées font également partie des préoccupations de ces administrations dans ce secteur.

669 Lire en ce sens NJAMPIEP (J.), *op. cit.* p.323 : *« Il convient de préciser que certaines charges , telles les frais d('établissement ou de constitution, les frais d'augmentation de capital et d'opérations diverses, ainsi que les frais de premier établissement limités aux frais de prospection, de publicité et de lancement qui avant le premier janvier 2018 étaient activées (inscription en compte 20 6 Charges immobilisées) doivent désormais être comprises parmi les charges de l'exercice, à compter des exercices ouverts le 1er janvier 2018... »*

670 Cf. www.OHADA.com, Système Comptable OHADA, « Guide d'application », p. 100

seront versées au cours de la période prévue - sous réserve d'une évaluation fiable des redevances probables - ; soit par la valeur retenue par les parties pour le paiement des droits d'enregistrement[671]. Si les redevances annuelles généralement assises sur le chiffre d'affaires généré par l'acquéreur ne peuvent être évaluées de façon suffisamment fiable, celles-ci seront comptabilisées en charges de période sur chacun des exercices au cours duquel elles sont engagées.

607. Au-delà de l'actif immobilisé, les contrôles fiscaux touchent également aux comptes de l'actif circulant. L'administration fiscale surveille couramment dans ce volet les mouvements de comptes clients, des comptes de stocks et des comptes de trésorerie. Ces mouvements, faut-il le souligner, sont en substance la réplique comptable des engagements contractuels.

608. L'analyse des comptes « clients » renvoie à l'analyse des créances que détient l'entreprise contrôlée sur ses différents clients. Dans le cadre de leurs vérifications de comptabilité, les agents vérificateurs peuvent être amenés à lire des contrats de vente de marchandises ou de vente de produits fabriqués à des clients domiciliées à l'étranger. C'est en général le modèle de contrat de vente internationale de marchandise dans ses multiples adaptations qui fait office de trame de structuration desdits contrats. Les agents avisés peuvent par exemple arriver à travers la lecture desdits contrats à détecter des créances sur ventes non déclarées ou déceler des cessions d'immobilisations camouflées à travers des ventes de produits fabriqués.

2. Le contrôle de la sous-évaluation financière des éléments d'actif d'émanation contractuelle

609. En marge des difficultés liées au suivi individualisé des immobilisations, les acteurs du contrôle fiscal font également face tant bien que mal au contrôle de la fiabilité de l'évaluation des éléments d'actifs tels qu'ils apparaissent dans la comptabilité de l'entité. Autrement dit, les agents de l'administration fiscale savent bien que les valeurs attribuées aux immobilisations dans le bilan peuvent pour certaines être erronées et ne doivent pas dans tous les cas, être prises pour argent comptant. C'est cette présomption de manipulation des valeurs des immobilisations qui conduit souvent certains agents en charge du contrôle à remonter jusqu'au contrats d'affaires ayant permis l'acquisition, la production ou la cession des immobilisations pour mieux déterminer ou reconstituer leur valeur.

610. A ce sujet, la législation OHADA prévoit que le principe d'évaluation des postes d'actif et de passif, sauf dérogation, est celui du coût historique. Les actifs sont enregistrés à leur coût d'entrée, c'est à dire à leur coût d'acquisition pour les actifs achetés, au coût de production pour les actifs produits et à la valeur probable d'échange pour les donations. Les

[671] SYSCOHADA, PCG, Titre VIII, chap. 2 Brevets, licences, marques, logiciels, sites internet, et autres similaires, section 11.

dettes sont enregistrées à leur valeur faciale[672]. Sur la foi de ce postulat, l'entrée d'une immobilisation acquise à titre onéreux est enregistrée au coût d'acquisition du bien qui est constitué de certains éléments. Il s'agit d'abord de son prix d'achat, y compris les droits de douane et taxes non récupérables, après déduction des remises, rabais commerciaux et escomptes de règlement ; il s'agit ensuite de tous les coûts directement attribuables engagés pour mettre l'actif en place et en état de fonctionner selon l'utilisation prévu par la direction ; il s'agit enfin de l'estimation initiale des coûts de démantèlement, d'enlèvement et de restauration du site sur lequel elle est située ; cette augmentation du coût d'entrée de l'immobilisation est enregistrée en contrepartie d'une provision pour coûts de démantèlement, aussi appelée provision pour coûts de remise en état de site [673].

611. Le coût réel de production d'une immobilisation est formé : du coût des matières et fournitures utilisées pour cette production ; des charges directes de production ; des charges indirectes de production dans la mesure où elles peuvent être raisonnablement rattachées à la production du bien ; de l'estimation initiale des coûts relatifs au démantèlement, à l'enlèvement de l'immobilisation et à la remise en état du site sur lequel elle est située, si cette obligation incombe à l'entité[674]. Ces coûts sont comptabilisés comme un composant de l'immobilisation et font l'objet d'un plan d'amortissement propre tant pour la durée que pour le mode.

612. S'agissant des frais de recherche et de développement, une nuance de comptabilisation doit rester présente à l'esprit en matière de contrôle qui permet de distinguer la phase de recherche et de développement. Les frais de recherche sont comptabilisés en charges tandis que les coûts de développement sont enregistrés tantôt en frais généraux, tantôt en immobilisation sous réserve de leur rattachement à des projets nettement individualisés, ayant de sérieuses chances de réussite technique et de rentabilité commerciale[675].

613. Au delà des aspects évoqués ci-dessus, le contrôle de la sous-évaluation des cessions d'immobilisations constitue également un centre d'intérêt non négligeable pour les administrations fiscales africaines. La législation OHADA distingue à cet égard les cessions ponctuelles d'immobilisations des cessions courantes d'immobilisations[676].

---

[672] NJAMPIEP (J.), *Comptabilité générale et comptabilité approfondie OHADA,* vol.1 : Eléments de comptabilité générale, Editions ECC/RFA, t. 1, 2018.

[673] En ce sens, COZIAN (M.), GAUDEL (Jean-Pierre), *op. cit.,* p. 209.

[674] Cette obligation est récurrente dans les contrats miniers, pétroliers ou gaziers.

[675] Voir en ce sens SYSCOHADA ; Voir également PCG français art. 311-3.1 ; COZIAN (Maurice), GAUDEL (Jean-Pierre), *op. cit.,* p. 208.

[676] Voir en ce sens PCG OHADA, Titre VII, chap. 3.

B. Le contrôle de conformité fiscale des éléments du passif découlant du contrat

614. Le référentiel comptable de l'espace OHADA définit le passif comme la partie du bilan qui décrit les ressources de l'entité. Le passif du bilan sur la base de cette définition est composé d'un versant interne, le passif interne, formé des capitaux propres et d'un versant externe, le passif externe, formé pour sa part des dettes financières, des dettes d'exploitation, des dettes hors activités ordinaires et de la trésorerie passive[677]. Au contraire de l'actif, un passif est un élément du patrimoine ayant une valeur économique négative pour l'entité, c'est-à-dire une obligation de l'entité à l'égard d'un tiers dont il est probable ou certain qu'elle provoquera une sortie des ressources au bénéfice de ce tiers, sans contrepartie au moins équivalente attendue de celui-ci[678]. Dans les occurrences où il est exercé sous le prisme des contrats d'affaires internationaux, le contrôle fiscal des contrats d'affaires internationaux en rapport avec les éléments du passif prend l'allure d'un double contrôle, et de la tangibilité des éléments du passif d'une part **(1)**, et de la surévaluation financière desdits éléments d'autre part **(2)**.

1. Le contrôle de la tangibilité des éléments du passif d'émanation contractuelle

615. D'après le Système comptable OHADA, les capitaux propres se composent de plusieurs éléments : le capital social qui représente l'ensemble des apports en espèce ou en nature effectués par les associés au moment de la création de l'entreprise ou au cours de la vie de l'entreprise (augmentation de capital). Au capital social viennent se greffer les primes d'émissions d'actions, de fusions et d'apports assimilables à des apports en capital[679], les réserves[680], le report à nouveau[681], les subventions d'investissements[682] et les provisions réglementées.

616. Les surveillances exercées par l'administration fiscale autour des capitaux propres placent indiscutablement le contrôle de l'évolution du

---

677 *Ibid.*

678 Art. 321-1 du PCG français.

679 Elles représentent le montant versé par les souscripteurs d'une augmentation de capital en sus du nominal pour compenser la perte subie par les anciens associés dans leurs droits aux réserves accumulées.

680 Les réserves correspondent aux bénéfices non distribués conservés dans l'entreprise.

681 En droit comptable OHADA, le report à nouveau a une signification différente selon qu'il est positif ou négatif. Dans le premier cas, il est créditeur et enregistre le bénéfice dont l'affectation est renvoyée par l'organe compétent statuant sur les comptes de l'exercice à une décision ultérieure. Dans le second cas, il est débiteur et enregistre les pertes constatées à la clôture des exercices antérieurs qui n'ont pas été imputées sur les réserves ni résorbées par une réduction du capital social et qui devront être déduite du bénéfice de l'exercice suivant ou rajoutées au déficit dudit exercice ; (Cf. PCG OHADA, Titre VI, Chap. 2).

682 Les subventions d'investissement peuvent être assimilées à des dons effectués généralement par l'Etat et sont destinées à soutenir l'effort d'investissement de l'entreprise.

capital social au premier rang de ses préoccupations. Il convient sur ce point de reconnaître avec la doctrine que la fiscalité ne fait pas partie du champ de compétence *ratione materiae* de l'OHADA et n'est par conséquent pas embrassée par les différents actes uniformes[683]. « En l'état actuel du droit, chacune des sociétés parties à une fusion (scission ou apport partiel d'actif) transfrontalière reste soumise à la législation fiscale de l'Etat de son siège social [684]». Ces surveillances s'inscrivent dans le sillage de la comptabilité qui suit les phases successives de souscription du capital (souscrit, non appelé, appelé, non versé, versé) ou de remboursement (amorti, non amorti). Il faut évidemment garder à l'esprit que sous le rapport des contrats d'affaires internationaux, ces phases de mobilisation du capital que suit la comptabilité sont elles-mêmes fonction des engagements contractuels transfrontaliers entre les entités et les personnes morales ou physiques qui prennent part au financement permanent et durable de celle-ci.

617. Cela dit, la fusion, la scission et l'apport partiel d'actif peuvent concerner des sociétés dont le siège n'est pas situé sur le territoire d'un même Etat partie[685]. Les fusions et opérations assimilées transfrontalières sont donc reconnues par l'Acte uniforme relatif au droit des sociétés qui considère que le critère de rattachement d'une société à un Etat est le siège social comme c'est le cas en droit fiscal[686]. En clair, il uniformise les régimes des fusions, scissions et apports partiels d'actif internes et intracommunautaires.

618. Il reste que néanmoins que le droit des sociétés OHADA est silencieux sur la question de la réalisation de ces opérations entre une société de l'espace OHADA et une société domiciliée hors de l'espace OHADA. Mais rien ne s'oppose à ce qu'une société de l'espace OHADA participe à une opération de cet ordre avec une société étrangère à cet espace.

619. Dans ces conditions, les fusions, scissions et apports partiels d'actif transfrontaliers sont soumis à l'Acte uniforme relatif au droit des sociétés comme ceux se réalisant entre sociétés d'un même Etat partie. L'Acte uniforme vient donc mettre fin aux conflits de lois en matière de droit des sociétés dans l'Espace OHADA (art. 199 AUSCGIE). En effet il uniformise les régimes des fusions, scissions et apports partiels d'actif internes et intracommunautaires. Cependant, la fiscalité de ces opérations reste régie par les dispositions propres à chaque Etat partie[687].

---

683 FENEON (A.), *Droit des sociétés en Afrique*, Paris, LGDJ, Lextenso, coll. « Droits africains », 2015, p. 489.

684 *Ibid.*

685 Art. 199 de l'Acte Uniforme relatif au Droit des Sociétés Commerciales et du Groupement d'Intérêt Economique.

686 Art. 5 de l'Acte Uniforme relatif au Droit des Sociétés Commerciales et du Groupement d'Intérêt Economique.

687 FENEON (A.), *op. cit.* p. 462.

620. A l'occasion de ses contrôles fiscaux, l'administration fiscale camerounaise a déjà été amenée à contester l'incidence fiscale d'une opération de fusion – absorption ayant donné lieu chez la société absorbante, d'une part à la comptabilisation d'une perte occasionnée par la dépréciation des titres qu'elle détenait sur la société absorbée, et d'autre part, à la comptabilisation dans ses capitaux propres d'un actif net négatif dégagé par la même opération de fusion. Dans ce cas de figure, l'administration fiscale croyant démasquer un montage, a entendu réintégrer le différentiel entre le montant de la perte et le montant de l'actif net négatif porté en capitaux propres en le soumettant par la même occasion à l'impôt sur les sociétés et à l'impôt sur les revenus de capitaux mobiliers dans la mesure où elle y voyait une majoration de charges passible de ces deux impositions. Il apparaît pourtant que l'administration fiscale semble faire une confusion entre la comptabilisation de la perte sur fusion à la suite d'une transmission universelle de patrimoine et la comptabilisation de l'actif net transmis dans ce cadre[688]. C'est du reste ce qui ressort de la lecture des échanges de correspondances entre l'administration fiscale et les sociétés absorbantes contrôlées[689]. Or, en comptabilité, la perte sur fusion, autrement appelée « *mali de fusion* », se définit comme l'écart négatif entre l'actif net reçu par la société absorbante à hauteur de sa participation dans la société absorbée et la valeur comptable de cette participation. Le mali de fusion peut prendre la forme soit d'un mali technique, autrement appelé « faux mali » qui correspond à des plus-values ou moins-values latentes sur des éléments d'actif et de passif non évalués ou réévalués chez l'absorbée ; soit d'un mali résiduel, également appelée « vrai mali » qui correspond dans ce cas à une dépréciation des titres de participation de l'entité absorbée au bilan de l'entité absorbante.

621. Dans le cadre des contrôles effectués auprès des entreprises liées établies dans les pays africains, l'examen des comptes fournisseurs permet souvent suite à une question itérative des responsables comptables de l'entreprise d'obtenir des contrats intragroupe conclus entre une société sœur faisant office de centrale d'achat du groupe et la filiale contrôlée. Le contrôle des comptes fournisseurs peut ainsi incidemment conduire les agents de l'administration fiscale en situation de contrôle fiscal à interroger les contrats de fourniture de biens ou de services entre l'entreprise contrôlée et des fournisseurs domiciliés à l'étranger.

622. A côté du contrôle des comptes fournisseurs, le contrôle du compte « clients avances reçues » qui enregistre les paiements par anticipation des

---

[688] Un tel redressement ne donne aucune indication précise sur la capacité des administrations fiscales africaines à cerner les contours de la comptabilisation et de la fiscalisation des opérations de fusion et opérations voisines.

[689] Source : Chronos des pièces de procédures de contrôle de la Direction des Grandes Entrprises du Cameroun

biens ou services à livrer aux clients a souvent permis aux agents vérificateurs de mettre en évidence des opérations de sous-capitalisation lorsqu'ils constatent notamment que les entreprises de groupe se servent de ce compte pour obtenir de leur principal client à l'étranger - par ailleurs principal associé ou actionnaire de l'entité camerounaise - des financements d'exploitation dans les secteurs fortement exigeants en capitaux à l'instar du secteur forestier.

2. Le contrôle de la surévaluation financière des éléments du passif

623. A l'occasion des contrôles fiscaux les administrations fiscales africaines ont à maintes reprises été confrontées au contrôle du compte « Apporteurs, Associés et Groupe » qui enregistre entre autres opérations les fonds laissés ou mis temporairement à la disposition de l'entité par les associés ou par les autres entités du groupe[690]. De fait, la gestion des contingences opérationnelles multiformes intragroupes - pilotée par une entité dominante du groupe - liées à la prise en charge occasionnelle ou permanente de certaines opérations pour le compte des entités étrangères peut conduire l'entité résidente à se retrouver systématiquement dans une situation débitrice au regard de ce compte du fait des avances qu'elle octroie aux autres entités du groupe afin de permettre à celles-ci d'honorer certains engagements ponctuels. L'on peut valablement s'arrêter pour illustrer ce point en se projetant, à partir de la comptabilité d'une entité camerounaise, sur l'examen par l'administration fiscale camerounaise du solde débiteur du compte courant « transactions intragroupe » de ladite entité alimenté par des avances sur salaires octroyées au personnel d'une autre entité du groupe établie en Guinée Equatoriale *« en déplacement au Cameroun »* en même temps que les refacturations des coûts du poste de personnel de l'entité camerounaise en mission d'assistance technique en Guinée équatoriale, et par le *« préfinancement des livraisons de biens et services en transit »* sur le territoire camerounais par l'entité camerounaise pour le compte de l'entité équato-guinéenne.

624. Cette situation qui traduit du point de vue comptable la mise à la disposition aux entités associées du groupe, directement ou indirectement des sommes ou valeurs non prélevées sur les bénéfices de l'exploitation de l'entité camerounaise, est systématiquement analysée par l'administration fiscale camerounaise comme une distribution déguisée de revenus au sens de l'article 36 – 2- a) du Code général des impôts. Sont en effet considérés comme revenus distribués selon cette disposition, *« Tous les bénéfices qui ne demeurent pas investis dans l'entreprise, notamment : ... sauf preuve contraire, les sommes mises à la disposition des associés directement ou par personnes ou sociétés interposées à titre d'avances, de prêts ou*

[690] Voir en ce sens PCG OHADA, Titre VII, chap. 3.

d'acomptes ». Il s'agit clairement là d'un dispositif complémentaire de prévention et de lutte contre les transferts indirects de bénéfices adoptée par le législateur fiscal camerounais qui soumet à l'Impôt sur les revenus de capitaux mobiliers de telles avances. En effet, ce dispositif n'a rien de spécialement répressif puisque le même article prévoit que lorsque ces sommes sont remboursées à la personne morale, elles viennent en déduction des revenus imposables pour la période d'imposition au cours de laquelle le remboursement est effectivement intervenu.

625. L'administration fiscale camerounaise a pu mettre en évidence des situations de surévaluation de passif ou de « majoration de passif[691]» occasionnées par des avances sur contrat indéfiniment reconduites d'un exercice à l'autre comme s'il s'agissait des dettes à long terme. Pourtant, les avances consenties par les clients ne sauraient s'analyser en dettes à long et à moyen terme mais plutôt en paiements par anticipation sur les factures à venir. Ce qui signifie logiquement que, le paiement des factures consécutives aux livraisons ou aux prestations devrait être diminué des montants correspondant à ces avances. Dès lors, il est inconcevable que ces avances subsistent après plusieurs années dans la comptabilité de l'entité qui les reçoit sans cessation des relations commerciales. La pratique commerciale commande en effet que les avances perçues s'imputent systématiquement sur les factures. Bien plus, l'Acte uniforme OHADA portant sur le droit commercial préconise qu'une dette commerciale qui demeure non réclamée au bout de deux (02) ans soit considérée comme abandon de créance du fait de sa prescription[692]. Ainsi, en application de cette disposition supranationale, lorsqu'une administration fiscale d'un pays membre de l'OHADA constate à la lecture des comptes d'une entité contrôlée que les dettes contractées auprès des entités liées ou de ses associées ne sont pas apurées au bout de deux ans, elle les analyse systématiquement comme des abandons de créances au profit de ladite entité. Telle est en tout cas l'approche observée en ce qui concerne les administrations fiscales camerounaise et béninoise.

626. Le Plan comptable général OHADA énonce également les principes de comptabilisation par les opérateurs privés des contrats de concession conclus entre un organisme public et un opérateur privé lorsque l'infrastructure est contrôlée par le concédant[693]. En revanche le législateur

---

[691] Cette expression est généralement utilisée par les agents vérificateurs des structures opérationnelles de contrôle de la Direction Générale des Impôts au Cameroun.

[692] Art. 301 de l'Acte uniforme révisé portant sur le droit commercial : D'après ce texte, *« [...]Le délai de prescription en matière de vente commerciale est de deux ans [...] »*

[693] Les critères d'appréciation de ce contrôle sont les suivants : l'autorité publique fixe la nature du service à la charge de l'opérateur privé, l'autorité publique définit la tarification ainsi que les bénéficiaires des prestations ; au surplus il convient que si l'équipement utilisé a une valeur non nulle en fin de contrat, l'autorité publique conserve l'équipement, soit qu'il lui soit transféré gratuitement ou avec indemnité, soit qu'elle dispose d'une option d'achat.

OHADA se garde de toute forme d'audace quant à la formulation de principes analogues à l'adresse des organismes publics.

627. Ainsi, la vie des contrats d'affaires internationaux déteint en toute logique sur la structuration comptable des entreprises dans la mesure où la comptabilité a pour vocation principale de rendre fidèlement compte des engagements contractuels dans lesquels elles sont parties prenantes. Pourtant dans le quotidien des spécialistes du droit comptable et de la comptabilité, le langage contractuel que traduit la comptabilité semble se dissiper au profit du langage arithmétique qu'elle expose. Il convient dans la foulée de ce raisonnement de marquer un temps d'arrêt pour réaliser que les stipulations contractuelles impactent le langage juridique des comptables avec une banalité déconcertante. Parler en comptabilité d'achat ou de vente, de débit ou de crédit, c'est nécessairement prolonger le discours des contrats d'affaires dans la tenue des comptes personnels des entités. Ajoutons à cela que le Plan comptable général du SYSCOHADA dans plusieurs de ses dispositions n'hésite pas à attirer l'attention sur un bon nombre de contrats et de clauses spécifiques en pourvoyant aux éléments de définition desdits contrats et clauses[694]. Telle n'est pourtant pas sa vocation première. Entre autres exemples l'on peut citer les cas du contrat de concession de service public, du contrat de partenariat public privé[695], de la clause de réméré[696] ou encore de la clause de réserve de propriété[697].

SECTION II . LE CONTRÔLE RÉPRESSIF DES ACTES ANORMAUX DE GESTION D'ORIGINE CONTRACTUELLE

628. A l'image de la théorie de l'abus de droit, la théorie de l'acte anormal de gestion a été reçue par les législations fiscales africaines à partir de l'expérience française de ladite théorie. Si la théorie de l'abus de droit peine jusqu'à présent à s'adjuger les faveurs des services de contrôle des administrations fiscales africaines, celle de l'acte anormal de gestion a depuis longtemps conquis les cœurs et les esprits des agents du fisc au point de constituer le terrain de prédilection des redressements envisagés à

---

694 On apprend ainsi à la lecture du SYSCOHADA que la concession de service public est le contrat par lequel une personne publique, le concédant, confie à un concessionnaire, entité privée, le plus souvent personne morale ou physique, l'exécution d'un service public, à ses risques et périls, pour une durée déterminée généralement longue et moyennant le droit de percevoir des redevances des usagers du service public. La concession de service public se retrouve généralement dans le secteur du transport, de l'énergie, des mines, l'exploitation d'une source d'eau minérale, la production et la distribution d'eau potable, etc. (SYSCOHADA, PCG OHADA, Titre VIII, Chapitre 25, p. 823 et s.).

695 Cf. PCG OHADA, titre VIII, Chapitre 25 *préc.*

696 Selon le Plan comptable général OHADA, *la clause de réméré* est une convention par laquelle le vendeur se réserve de reprendre la chose vendue moyennant restitution du prix et des accessoires, dans un délai prévu par le contrat de vente.

697 Dans un contrat de vente, l'effet de la clause de réserve de propriété est de différer le transfert de la propriété à l'acheteur jusqu'à la date du paiement intégral du prix (principal et intérêt).

l'occasion des contrôles fiscaux. Cette théorie repose sur le principe suivant lequel la recherche du profit est la justification de l'exercice des affaires[698].

629. La théorie de l'acte anormal de gestion étant comme celle de l'abus de droit de construction prétorienne, c'est naturellement au juge qu'est revenu la tâche de définir l'acte anormal de gestion. L'on trouve ainsi dans une jurisprudence française de 1965 une définition fondatrice qui appréhende de l'acte anormal de gestion comme *« celui qui met une dépense ou une perte à la charge de l'entreprise, ou qui prive cette dernière d'une recette, sans que l'acte soit justifié par les intérêts de l'exploitation commerciale*[699]*»*. Cette définition reste d'une brulante actualité lorsqu'on la rapproche de celle, plus synthétique donnée plus d'un demi-siècle plus tard par le juge du Conseil d'Etat suivant laquelle *« constitue un acte anormal de gestion, l'acte par lequel une entreprise décide de s'appauvrir à des fins étrangères à son intérêt*[700] *»*. L'acte anormal de gestion peut à certains égards procéder d'une gestion désinvolte ou fantaisiste de l'entreprise. Les administrations fiscales africaines, sur le fondement d'une théorie adjacente à celle de l'acte anormale de gestion, la théorie du risque excessif, ont du mal à admettre que l'entreprise par désinvolture ou par fantaisie, présente des comptes ou des états financiers n'ayant aucune prise sur la réalité de son exploitation ou de sa gestion. Il est communément admis par les praticiens du contrôle fiscal et par la doctrine que le terrain de l'acte anormal de gestion constitue le réservoir le plus important des risques fiscaux. En effet, la dénonciation des actes anormaux de gestion constitue le dernier bastion derrière lequel se réfugient les services de contrôle pour limiter les transferts illicites de bénéfices à travers les contrats d'affaires internationaux. Cet état de fait n'a rien de surprenant et ne constitue en rien une spécificité africaine dans la mesure où même en France, l'acte anormal de gestion est analysé par la doctrine comme *« le premier risque fiscal pour l'entreprise*[701] *»*. Aussi observe- t- on ici et là dans les pays africains un glissement du contrôle de l'abus de droit vers le contrôle de l'acte anormal de gestion.

630. Du fait des attentes budgétaires qu'ils génèrent auprès des administrations fiscales africaines, les contrats d'affaires internationaux constituent dans leur ensemble le vivier juridique de la manifestation des actes anormaux de gestion. Ceux-ci procèdent alternativement soit d'une logique d'optimisation fiscale, soit d'une logique d'évasion voire de fraude fiscale. Quoiqu'il en soit, dans l'ordre juridique et économique international, l'incidence recherché ou non par l'entité résidente pose de tels actes est

---

[698] SERLOOTEN (P.) et DEBAT (O.), *Droit fiscal des affaires*, op. cit., p. 62-63.

[699] CE, 5 janv. 1965 : *Dr. fisc.* 1970, n° 3 bis, p. 23, concl. POUSSIERE (M.), cité par MARDIERE (Ch. de la) *in La preuve en droit fiscal, op. cit.*, p. 121.

[700] CE, 7e et 2e ch., 6 fév. 2019, N°410248, *SARL Alternance,* concl. HENRARD (O.).

[701] Cf. BUR (C.), *L'acte anormal de gestion ou le premier risque fiscal pour l'entreprise*, EFE, coll. « Audit juridique, comptable et fiscal », 1999. 1ère de couv.

assurément le transfert indirect de bénéfices à une ou plusieurs entités non-résidentes relevant du même groupe.

631. A l'analyse, deux attitudes peuvent conduire les entreprises à poser des actes anormaux de gestion à partir ou par le canal des contrats d'affaires internationaux. La première consiste pour l'entité à opter pour le non-respect des décisions de gestion normale prévues ou suggérées par le contrat. La seconde renvoie à la construction de stipulations contractuelles susceptibles de produire des actes anormaux de gestion. Certes, depuis un arrêt de principe du Conseil d'Etat en date du 7 juillet 1958, la doctrine et la jurisprudence française sont unanimes pour reconnaître que *« le contribuable n'est jamais tenu de tirer des affaires qu'il traite le maximum de profit que les circonstances lui auraient permis de réaliser*[702]*»*. Cependant, force est de reconnaître que toutes les écoles de gestion formatent les managers des entreprises à la recherche effrénée du profit tant et si bien que la gestion normale à tendance à se confondre avec la gestion excédentaire en vertu du postulat suivant lequel la gestion de l'entreprise est nécessairement commandée par la recherche du profit[703]. Il ne s'agit là que d'une vue de l'esprit puisqu'en Afrique comme en France et ailleurs dans le monde, la recherche du bénéfice n'est plus la seule vocation de la société. La doctrine le rappelle, on peut désormais créer une société uniquement *« en vue de profiter de l'économie qui pourra en résulter*[704]*»*. En rappelant cette position du Code civil, Monsieur Cozian explique que *« si la société crée ne présente, à la manière d'un GIE, qu'un caractère auxiliaire au regard des activités des entreprises participantes, il importe peu qu'elle ne dégage pas de bénéfices. L'essentiel est que son intervention permette la réalisation d'économies pour les entreprises qui se sont associées. Le but recherché est alors non d'enrichir la société créée mais d'enrichir les entreprises participantes. L'administration et les tribunaux devront désormais prendre en compte cette modification de la définition du contrat de société*[705] *»*. En tenant pour acquis cette explication parfaitement transposable dans le contexte africain, il reste que le contrôle fiscal des contrats d'affaires internationaux prend une allure plus répressive lorsqu'il s'agit de contrôler les opérations de source contractuelle sous le rapport des actes anormaux de gestion. Les agents de l'administration sont à ce stade animés dans leurs investigations par une double préoccupation : la première a trait à la

---

[702] CE, 8e sous-sect., 7 juillet 1958, n°35977, Dr. fisc. 1958, n° 44. comm. DUPONT, p.938.; Cf. également CE, 7e, 8e, et 9e sous-sect., 27 juil. 1984 n° 35588, *Renfort Services*, concl. RACINE ; Voir en outre CE, 9e et 10e sous-sect., 1er mars 2004 n° 237013, Sté AS représentation, Dr. Fisc., n° 37, p.1267-1269, concl. GOULARD.

[703] SERLOOTEN (P.) et DEBAT (O.), *Droit fiscal des affaires*, op. cit., p. 62.

[704] COZIAN (M.), « La théorie de l'acte anormal de gestion » *in Les grands principes de la fiscalité des entreprises*, *op.cit.*, Doc. 6, p. 90 : l'auteur renvoie à ce propos aux dispositions de l'article 1832 du Code civil.

[705] *Ibid.*

détection des actes anormaux de gestion que peuvent couvrir les opérations transfrontalières et repose sur la présomption d'anormalité inhérente à certaines de ces opérations **(I)**, tandis que la seconde se rapporte à la répression du transfert indirect de bénéfices véhiculé par les actes anormaux de gestion détectés **(II)**.

§1. La présomption d'anormalité inhérente à certaines opérations transfrontalières

632. La théorie de l'acte anormal de gestion s'est forgée en composant avec le principe de la non-immixtion dans la gestion des entreprises qui, paradoxalement, ne fait pas obstacle à ce que l'administration fiscale rectifie les actes de gestion anormaux[706]. Par son but, l'acte anormal de gestion diffère nettement de l'abus de droit. La doctrine française nous édifie amplement sur cette différence en nous révélant que « *l'abus de droit est une perversion essentiellement fiscale* » qui met au premier plan l'intérêt de l'entreprise dans le sens où le contribuable cherche à maximiser le profit de l'entreprise en payant le minimum d'impôt ; alors que « *l'acte anormal de gestion est avant tout une perversion financière* » par laquelle le contribuable abuse de l'entreprise en l'appauvrissant dans le dessein d'avantager indûment une tierce personne[707]. Il faut s'en remettre à la jurisprudence française pour comprendre appréhender les certitudes et les tergiversations qui se dégagent de l'évolution de la théorie de l'acte anormal de gestion. A bien y regarder, le critère qui cristallise le plus de certitudes pour caractériser l'acte anormal de gestion est celui de l'acte pris délibérément dans l'intérêt d'un tiers. La jurisprudence française du conseil d'Etat considère en effet depuis le milieu de vingtième siècle que l'acte anormal de gestion est celui qui met une dépense ou une perte à la charge de l'entreprise ou qui prive cette dernière d'une recette sans être justifié par les intérêts de l'exploitation commerciale[708]. Le critère qui alimente les tergiversations de la haute juridiction française est celui du risque manifestement excessif[709]. Ces critères fondateurs mis en évidence par le

---

[706] CE, 9e et 10e sous-sect., 23 janvier 2015, n.° 369214, SAS Rottapharm, concl. NICOLAZO de BARMON (M.-A) Dans cette affaire, le juge a rappelé à l'administration, à juste titre et conformément à une jurisprudence établie sur ce point, qu'il ne lui appartient pas de se prononcer sur l'opportunité des choix arrêtés par une entreprise pour sa gestion

[707] Voir en ce sens COZIAN (M.), « La théorie de l'acte anormal de gestion » *in Les grands principes de la fiscalité des entreprises, op.cit.*, p. 98. *Certes cet appauvrissement entraîne une diminution de l'impôt à payer ; mais il ne s'agit là que de la conséquence et non de la cause de l'acte qui a été passé.*

[708] CE, 7e, 8e et 9e sous-sect., 27 juill. 1984, n° 34588 *SA Renfort Services,* concl. RACINE (P.-F.) ; CE, 9e et 10e sous-sect., 1er mars 2004 n° 237013, Sté AS Représentation, concl. GOULARD.

[709] CE, 7e et 8e sous-sect., 17 octobre 1990 n° 83310 *Loiseau,* concl. FOUQUET (O) ; CE,3e et 8e sous-sect., 30 mai 2007 n°285575 SA *Peronnet,* concl. SENERS.

juge français ont largement inspiré les administrations fiscales africaines dans leurs opérations de contrôle fiscal tout au long de leur évolution.

633. De fait, lorsqu'elles ont l'occasion de remonter aux contrats d'affaires internationaux dans leurs opérations de contrôle, les administrations fiscales se montrent généralement fébriles dans la caractérisation des actes anormaux de gestion issus des opérations contractuelles transfrontalières. Dans cette dynamique, elles font planer d'un côté la présomption d'anormalité sur les opérations transfrontalières étrangères aux intérêts de l'entreprise **(A)**, tout en agitant de l'autre une présomption d'anormalité des opérations transfrontalières tributaires d'un risque manifestement excessif **(B)**.

A. La présomption d'anormalité des opérations transfrontalières étrangères à l'intérêt de l'entreprise

634. En Afrique subsaharienne, le débat sur la réception de la théorie de l'acte anormal de gestion est davantage un débat de praticiens que de théoriciens. Ce débat met aux prises les agents de l'administration fiscale et les juristes fiscalistes des entreprises dans le cadre des procédures de contrôle fiscal. En raison sans doute d'une production doctrinale et jurisprudentielle africaine limitée, les praticiens du continent recourent en principe aux dispositions légales de contrôle des actes anormaux de gestion, et de manière supplétive, aux solutions techniques proposées par le droit français pour défendre leurs positions respectives en cette matière sur le terrain du contrôle fiscal. Au Cameroun, c'est l'article 7 du Code général des impôts qui sert de rempart à l'administration fiscale lorsqu'il s'agit de remettre en cause les actes de gestion présumés anormaux. C'est en passant par la comptabilité de l'entité contrôlée que les agents de l'administration fiscale s'orientent vers les actes anormaux de gestion dans la mesure où *« les charges non engagées l'intérêt d'une entreprise figurent dans ses écritures comptables. Le résultat est diminué dans ce cas du fait de cet enregistrement*[710]*»*. Comme on le montrera, en situation de contrôle, la présomption d'anormalité qui plane en permanence sur les opérations contractuelles transfrontalières joue à deux niveaux : lors de la détection des charges engagées par l'entreprise au profit des tiers **(1)**, et en cas de détection d'une renonciation à profit au détriment de l'entreprise **(2)**.

1. La détection des charges engagées par l'entreprise au profit des tiers

635. En épousant la perception de Monsieur Christophe de la Mardiere selon qui *« l'acte anormal de gestion est celui par lequel une entreprise méconnaît son propre intérêt au profit de celui d'un tiers*[711]*»*, il importe

[710] BUR (C.), *op.cit.* p. 50.

[711] MARDIERE (Ch. de la), *Droit fiscal général, op. cit.*, p.250.

d'avoir en mémoire que la notion d'intérêt de l'entreprise correspond à celle d'intérêt social pour les entreprises constituées sous forme de sociétés[712], qui peut renvoyer tantôt à l'intérêt des actionnaires, tantôt à celui de la personne morale elle-même[713]. Sur le fondement de cette perception doctrinale, l'on peut aisément concevoir que vis-à-vis de l'entreprise, la notion de tiers renvoie dans ce contexte à toute personne ou entité juridiquement distincte de ladite entreprise et ayant vocation à opérer pour ses intérêts propres[714]. Notons-le au passage, la notion d'intérêt social n'est pas à confondre avec celle d'objet social[715]. Comme c'est le cas avec les dispositions des articles 38 et 39 du CGI en France, les législations fiscales des pays africains reçoivent, chacune en ses termes, la théorie de l'acte anormal de gestion à travers les dispositions d'encadrement des charges déductibles[716]. Au Cameroun, la théorie de l'acte anormal de gestion transparaît à travers les termes introductifs de l'article 7 du CGI qui dispose que *« Le bénéfice net imposable est établi sous déduction de toutes charges nécessitées directement par l'exercice de l'activité imposable au Cameroun... »*.

636. Le contrôle de l'anormalité des dépenses transfrontalières au profit des tiers conduit à l'occasion les agents de l'administration fiscale à s'intéresser à deux cas de figure : le premier est relatif à l'examen des charges exposées par l'entreprise au profit d'une entité juridiquement dépendante, le second concerne les charges exposées au détriment de l'entreprise au profit d'une entité juridiquement indépendante.

637. Les charges exposées par l'entreprise au profit d'une entité juridiquement dépendante. D'entrée de jeu, il faut convenir qu'il ne suffit pas qu'une charge soit engagée par une entité résidente au profit d'une entité étrangère juridiquement dépendante pour qu'elle revête l'estampille d'» acte anormal de gestion » ou pour qu'on y voit un transfert indirect de bénéfice. Une telle manière d'appréhender les relations d'affaires intragroupe

---

712 BUR (C.), *op.cit.* p. 11.

713 *Ibid.*

714 SERLOOTEN (P.) et DEBAT (O.), *Droit fiscal des affaires*, Paris, Dalloz, Précis, 17e éd., 2018, p. 65 : il est a priori tout à fait impensable qu'une entreprise puisse prétendre prendre en charge des frais exposés dans l'intérêt des tiers.

715 Selon la doctrine, « L'administration fiscale a parfois tenté de s'appuyer sur l'objet social d'une entreprise constituée sous forme de société pour prétendre que l'acte relevant d'une activité étrangère à cet objet social constituait un acte anormal de gestion. Cette exigence qui aurait conduit à imposer aux entreprises de se limiter aux activités qu'elles exerçaient déjà ou à les obliger à établir le lien entre ces dernières et leur essai de diversification n'a fort heureusement pas été admise par le conseil d'Etat », (Voir BUR (C.), op.cit. p. 22.)

716 A ce propos, le Sénégal nous semble offrir l'hypothèse de réception la plus directe et la plus frappante de la théorie de l'acte anormal de gestion. Les termes de l'article 8-II du CGI de la République du Sénégal sont les suivant : « le bénéfice est établi sous déduction de toutes charges remplissant les conditions suivantes :
être exposées dans l'intérêt direct de l'entreprise ou se rattacher à la gestion normale de la société... »

relèverait de l'amalgame et conduirait à gripper le déploiement des affaires sur le continent africain. Cependant, l'on est forcé de reconnaître en adhérent aux propos de la doctrine française qu'aujourd'hui, les bénéficiaires les plus fréquents des actes anormaux de gestion sont les sociétés appartenant aux mêmes groupes que les sociétés à l'origine des actes litigieux[717]. Comme on l'a vu, la dépendance juridique se manifeste par l'exercice du contrôle de droit d'une entité sur une autre. Il en découle au regard du droit fiscal que deux entreprises sont liées ou apparentées lorsque l'une dispose de la majorité des droits de vote dans le capital de l'autre ou relèvent du même périmètre de consolidation[718]. En considérant le contexte camerounais, trois catégories de charges engagées au profit des tiers retiennent généralement l'attention des services de contrôle sur ce point. Il s'agit notamment des opérations transfrontalières d'achats, des frais de gestion de toute nature et des charges finacières liées aux opérations de sous-capitalisation.

638. En effet, parmi les cas les plus récurrents rencontrés à l'occasion des contrôles fiscaux figurent en bonne place les achats transfrontaliers à des prix anormalement élevés de biens et de services auprès de la société mère ou d'une entité liée. L'argument - spécieux ? - souvent produit par les filiales de multinationales à l'occasion de certains contrôles fiscaux selon lequel les marchandises sont revendues à prix coûtant trouve sa justification dans la pratique intragroupe qui veut que le prix auquel une entreprise étrangère dominante vend ses produits à une filiale comprenne déjà aussi bien la marge de production que la marge de commercialisation[719]. Dans de telles conditions en effet, l'on comprend aisément que la filiale établie dans un pays africain soit contrainte de revendre lesdits produits à leur coût d'achat, puisque les bénéfices qui en étaient attendus auront déjà été transférés à la société mère lors de leur acquisition.

639. Viennent ensuite les frais généraux de toute nature qui renferment en fonction des législations une gamme variée de dépenses régulièrement engagées par les entreprises dépendantes en rémunération de services reçus d'entreprises liés étrangères. Les deux conditions alternatives à respecter par les charges occasionnées par ces opérations transfrontalières sont la non-

---

[717] Voir en ce sens, BUR (C.), *op. cit.*, p. 47 ; voir également SERLOOTEN (P.) et DEBAT (O.), Droit fiscal des affaires, Paris, Dalloz, Précis, 17e éd., 2018, p. 65-66.

[718] Selon la doctrine administrative camerounaise, les notions de sociétés apparentées ou associées renvoient aux entreprises appartenant au périmètre de consolidation de la maison mère, tel que défini à l'article 78 de l'Acte Uniforme OHADA portant organisation et harmonisation des comptabilités des entreprises.

[719] CE, 8e et 9e sous-sect., 4 mars 1985, n° 41396 et 41399, *RJF* 5/85, n° 683, concl. RIVIERE (P.); *DF* 41/85, comm. n°1675 : En l'espèce, une filiale de commercialisation revendait à prix coûtant des articles qu'elle achetait à sa mère. Cette dernière, en contrepartie, lui remboursait intégralement les frais et charges qu'elle supportait. (Voir en ce sens DESFEUILLET (M.), *Les groupes de sociétés confrontés à la théorie des actes anormaux de gestion,* Mémoire de DEA, sous la dir. De MARCHESSOU (Ph.), Université Robert Schuman Strasbourg III, 2003, p. 33.)

exagération des frais encourus et l'effectivité des services correspondants reçus des entreprises liées étrangères. Sont particulièrement visées par les législations fiscales africaines en rapport avec de telles entreprises, les frais généraux de siège[720] versés aux sociétés étrangères par les filiales pour la part incombant aux opérations faites au Cameroun[721]. Juste après les frais de siège viennent les rémunérations versées pour des services tels les études, l'assistance technique, financière ou comptable rendus par les personnes physiques ou morales étrangères ou camerounaises[722]. Sont également concernés par ces conditions de déductibilité, les commissions et courtages portant sur les marchandises achetées pour le compte d'entreprises situées au Cameroun[723], ainsi que les sommes versées pour l'utilisation des brevets, marques, dessins et modèles en cours de validité.

640. Ainsi, la première condition posée par le législateur pour admettre ces frais comme charges déductibles est qu'ils ne soient pas exagérés[724]. Cette condition de non-exagération fonde en partie, pour ainsi dire, la normalité des actes ou des contrats d'affaires ayant donné lieu à l'engagement de tels frais. Pour toutes les charges ci-dessus mentionnées, le législateur a aménagé des limites de déductibilité fiscale afin de contrôler le risque d'exagération qu'il surveille, ce qui facilite la tâche de l'administration au regard de l'application des sanctions fiscales à l'encontre des contribuables qui feraient montre d'indélicatesse vis-à-vis desdites règles

---

720 Le CGI camerounais ne donne pas de définition des frais de siège comme la majorité des législations parcourues. C'est la doctrine administrative qui s'en est chargée en disposant quec« *les frais généraux, d'administration et de direction générale, engagés par la société mère ou par l'une des filiales d'un groupe de sociétés, pour les besoins de l'ensemble des filiales et/ou des établissements stables. Ils comprennent notamment les services comptables, administratifs, juridiques, financiers et des ressources humaines* ». V. Circ. N°003/MINFI/SG/DGI/LC/L du 08 février 2013 précisant les modalités d'application de la loi de finances pour l'exercice 2013. Il est intéressant de constater que le Mali fait exception en proposant une définition desdits frais : Ainsi pour le législateur malien, les frais de siège *« s'entendent des frais de secrétariat, rémunérations du personnel employé au siège et autres frais engagés par la société mère pour les besoins de l'ensemble de ses filiales et/ou établissements stables ».*

721 Cf. 7-A-1-d) du CGI camerounais. Voir également en ce sens entre autres : art. 11-I-1-f du CGI de la République du Gabon ; art. 26 XXI du CGI de la République du Tchad ou encore art. 51-11 du CGI de la République du Mali.

722 Au Cameroun, le législateur camerounais a de façon quelque peu insolite soumis les entreprises camerounaises aux mêmes règles limitatives de déductibilité des charges d'assistance technique les entreprises étrangères en passant outre les règles conventionnelles communautaire de la CEMAC (Cf. art. 18 de la Convention fiscale CEMAC- Directive n° 02/01/UEAC-050-CM-06 du 13 août 2001 relative à l'impôt sur les sociétés).

723 Cf. art. 7-A-1-d) du CGI camerounais.

724 A ce propos, les termes de l'article 7-A-1-d) du Code général des impôts camerounais sont les suivant : *« Sous réserve des conventions internationales, sont admises comme charges, à condition qu'ils ne soient pas exagérés :*

- *les frais généraux de siège pour la part incombant aux opérations faites au Cameroun... »*

de déductibilité. Ces limites arithmétiques de déductibilité varient suivant la nature des prestations reçues d'une part et selon la souveraineté fiscale de chaque pays. A titre d'illustration, au Cameroun.

641. A cette condition de non-exagération des frais généraux de siège vient se superposer la deuxième, celle de l'effectivité des services pour lesquels des rémunérations sont versées aux entités dépendantes établies à l'étranger[725]. Suivant cette condition si une entreprise contrôlée par l'administration fiscale n'est pas en mesure d'apporter la preuve de l'effectivité des services pour lesquels elle verse des rémunérations à l'étranger, ceux-ci recevront la qualification d'actes anormaux de gestion[726]. Les deux conditions ci-dessus s'appliquent évidemment aux frais de siège, mais davantage et surtout, aux rémunérations de services transfrontaliers courants tels que les études, l'assistance technique, financière ou comptable rendus *« par les personnes physiques ou morales étrangères ou camerounaises »*. L'on peut au passage déplorer à ce stade le fait que ce régime prévu prioritairement pour surveiller l'anormalité des actes de gestion transfrontaliers intra-groupe touche également aux transactions locales réalisées à l'intérieur du territoire camerounais afin de contourner l'application du principe de non-discrimination vis-à-vis des entreprises françaises[727].

642. A côté des frais généraux, l'anormalité des opérations transfrontalières sous le double rapport de l'exagération des sommes versées et de l'effectivité des services correspondant peut en outre être recherchée par les administrations fiscales africaines du côté des charges financières consécutives aux opérations de prêts intragroupe et notamment aux opérations de sous-capitalisation. La sous-capitalisation est une technique de financement qui permet aux sociétés de groupe de transformer les apports en fonds propres qu'ils consentent à leurs filiales ou à leurs « sœurs » en de simples prêts ou avances, et ce, dans le but d'augmenter le montant des

---

725 Notons au passage que le contrôle de l'effectivité des services réalisés par les entreprises bénéficiaires des frais de siège a toujours donné du fil à retordre aux services de contrôle des administrations fiscales africaines qui se résolvent en général à valider théoriquement l'existence de telles prestations au bénéfice des filiales contrôlées.

726 Voir en ce sens GOUTHIERE (B.), *op. cit.*, p. 313 : « *Les prestations administratives « management fees » sont assez rarement visées dans les conventions fiscales. Elles ne sont guère abordées que sous la forme de la déductibilité des « frais de siège » des bénéfices de l'établissement stable. Lorsque la convention ne prévoit pas un tel régime, les prestations de services administratifs doivent être traitées comme des bénéfices d'entreprise. Rien ne permet de les assimiler à des redevances et d'exiger le cas échéant une retenue à la source conventionnelle. La définition des redevances donnée par le modèle OCDE ne saurait s'appliquer à de tels frais, car ils ne sont visés ni explicitement, ni implicitement* ».

727 Au Cameroun, le législateur camerounais a de façon quelque peu insolite soumis les entreprises camerounaises aux mêmes règles limitatives de déductibilité des charges d'assistance technique les entreprises étrangères en passant outre les règles conventionnelles communautaire de la CEMAC (Cf. art. 18 de la Convention fiscale CEMAC- Directive n° 02/01/UEAC-050-CM-06 du 13 août 2001 relative à l'impôt sur les sociétés).

charges financières déductibles des résultats imposables des sociétés bénéficiaires[728]. De l'avis de la doctrine, cette pratique peut être astucieuse sous réserve d'éviter les dispositions anti-abus qui peuvent exister dans les législations nationales[729]. Au Cameroun, la législation fiscale prévoit que *« les intérêts servis aux associées à raison des sommes qu'ils laissent ou mettent à la disposition de la société en sus de leurs parts de capital, quelle que soit la forme de la société, sont admis dans la limite de ceux calculés au taux des avances de la Banque Centrale majorés de deux points [730]».* Il s'agit là du principe général qui a toujours prévalu dans ce pays avant que n'advienne la Loi de finances pour 2014.

643. Depuis cette date en effet, la doctrine administrative camerounaise présente la sous-capitalisation comme un mode de financement par l'endettement, vise les apports financiers, les prêts, avances et suretés diverses ou cautions diverses consentis par les sociétés mères à leurs filiales, par les sociétés sœurs ainsi que par les actionnaires ou associés aux sociétés dans lesquelles ils ont des parts ou un droit de vote au moins égal à 25%[731]. Il s'agit pour elle d'un *« un procédé d'évasion fiscale internationale aux conséquences néfastes sur l'assiette imposable, en particulier celle des pays en développement dont l'essentiel des entreprises est constitué des filiales d'entreprises étrangères, très souvent demanderesses de capitaux [732]».* Elle représente de fait une source considérable de déperdition de recettes fiscales. C'est pourquoi les règles anti-sous-capitalisation visent à éviter la manipulation à des fins fiscales de la frontière dette/fonds propres par les entreprises. Les enjeux financiers y afférents ont en effet conduit beaucoup d'Etats à adopter des politiques législatives et fiscales en la matière. Inspiré par la pratique internationale, le législateur camerounais a prévu des limites de déductibilité des intérêts servis à l'étranger en adoptant des ratios de contrôle de la sous-capitalisation. Ces ratios, rappelle l'administration camerounaise, sont prévus dans les législations de la quasi-totalité des pays membres de l'OCDE à l'instar de la France, de l'Allemagne, des Etats Unis, du Royaume Uni, du Japon et de l'Australie. Les pays émergents tels que la Chine, le Brésil, la Turquie, l'Inde et la Malaisie ne sont pas en reste[733]. Les approches varient selon les pays, mais deux ratios sont le plus souvent retenus :

---

[728] En 1987, l'OCDE a publié un rapport sur la sous-capitalisation mettant en lumière une pratique utilisée couramment par les groupes internationaux (Rapport OCDE T.2 du modèle de convention fiscale, R(4)). Il s'agit d'un système qui consiste à bénéficier de la différence de traitement fiscal entre les deux modes courant de financement des entreprises que sont l'émission de capital et l'emprunt.

[729] Voir en ce sens, GOUTHIERE (B.), *op. cit.* 7e éd., p. 355.

[730] Cf. art. 7-B du CGI en vigueur en République du Cameroun.

[731] Circ. n° 001/MINFI/DGI/LC/L du 15 janv. 2014 précisant les modalités d'application de la Loi de finances de l République du Cameroun pour l'exercice 2014.

[732] Exposé des motifs de la Loi de finances du Cameroun pour l'exercice 2014.

[733] Cf. Exposé des motifs de la Loi de finances du Cameroun pour l'exercice 2014.

- le ratio d'endettement qui permet de plafonner le montant des dettes intragroupes par rapport au montant des capitaux propres ;
- le ratio de couverture des intérêts qui permet de plafonner les intérêts déductibles à un pourcentage du bénéfice de l'exercice concerné.
- En marge des frais généraux et des charges financières, de nombreuses autres dépenses transfrontalières qu'il serait fastidieux d'énumérer ici peuvent cacher des actes anormaux de gestion. Il en va ainsi notamment des dépenses locatives, des dépenses somptuaires ou d'agrément ainsi que des pertes occasionnées par un détournement commis par un associé ou un dirigeant de l'entreprise[734].

644. Les charges exposées par l'entreprise au profit d'une entité juridiquement indépendante. La présomption d'anormalité brandie par les législations et les administrations fiscales envers les opérations transfrontalières entre entreprises indépendantes est moins affirmée que celle brandie entre entités relevant d'un même groupe. Les opérations transfrontalières effectuées par une entité résidente au profit de tiers indépendants bénéficient en général assez vite d'une présomption de normalité de la part des administrations fiscales africaines. En matière de contrôle des prix de transfert, de telles opérations peuvent d'ailleurs servir de « comparables » à l'appui des analyses de comparabilité visant à valider les prix des transactions intragroupes. Sur le terrain de l'acte anormal de gestion, elles sont moins « suspectes » que les opérations effectuées entre entités juridiquement liées.

645. Pour autant, ce n'est pas parce qu'une charge est engagée au profit d'une entité juridiquement indépendante qu'elle est insusceptible de receler un acte anormal de gestion. Un tel raisonnement aurait pour effet de légitimer les transferts indirects de bénéfices que pourraient convoyer nombre d'opérations entre entreprises indépendantes. On l'a vu, dans les relations transfrontalières entre deux entreprises juridiquement indépendantes, l'indépendance juridique affichée peut cacher une dépendance de fait autrement appelée dépendance économique. Selon une doctrine avisée, *« le lien de dépendance peut résulter de liens contractuels ou découler simplement des conditions dans lesquelles s'établissent les relations entre deux entreprises [735]».* Dans ces conditions soulignons-le, la dépendance économique traduit l'existence d'un rapport de domination d'une entreprise sur l'autre. Ainsi en est-il par exemple d'une entreprise domiciliée au Cameroun qui distribue en exclusivité des produits d'une entreprise domiciliée en Turquie ou en France. Les deux entreprises peuvent conclure un contrat de distribution exclusive qui entraîne *de facto* une

---

[734] Sur les pertes occasionnées par un détournement au profit d'un associé ou un dirigeant, voir art. 7-C du CGI de la République du Cameroun.
[735] BUR (C.), *op. cit.*, p. 337.

dépendance économique de l'entreprise camerounaise vis-à-vis de l'entreprise étrangère sans que celle-ci ne contrôle juridiquement celle-là. Dans un tel cas de figure, l'administration fiscale camerounaise surveille l'exagération des commissions ou des redevances versées à l'étranger comme elle le fait pour des entreprises dépendantes. Cette perception est d'ailleurs largement soutenue par la jurisprudence du Conseil d'Etat français[736] à quelques nuances près[737].

646. Au-delà de l'hypothèse générale de distribution internationale des produits, Les opérations transfrontalières de restructuration constituent à plus d'un titre des occasions de manifestation des actes anormaux de gestion. Les opérations de restructuration examinées plus haut, en l'occurrence la fusion à l'envers et la fusion rapide peuvent abriter des actes anormaux de gestion. C'est notamment le cas de la fusion dite rapide qui, comme nous l'avons montré, procède d'un montage pluri-contractuel. La fusion rapide, rappelons-le, est *« l'opération consistant, postérieurement à l'acquisition par une société holding des actions d'une société cible dont le financement est assuré par voie d'emprunt, à l'absorption de la seconde par ma première [738]».*

647. Les charges et rémunérations de toutes natures, comptabilisées par une personne physique ou morale établie au Cameroun relatives aux transactions avec des entités établies dans un territoire ou un Etat considéré comme un paradis fiscal ne sont pas déductibles. Elles sont supposées être engagées dans l'intérêt des tiers et sont de ce fait assimilées à des actes anormaux de gestion[739]. L'administration est au regard de ces dispositions dispensée de la preuve de l'existence d'un quelconque lien de dépendance lorsqu'elle met en évidence un transfert de bénéfices effectué au profit d'un Etat ou d'un territoire étranger considéré comme un paradis fiscal. Est considéré comme un paradis fiscal selon l'article 8 ter-3 du CGI

---

[736] *Ibid.* p. 337 : Pour le commissaire du gouvernement RIVIERE cité par Christian Bur, *« le critère du lien de dépendance est destiné à caractériser des situations particulières dans lesquelles une entreprise a la capacité de dicter à une autre des conditions économiques défavorables à l'entreprise dépendante mais correspondant à l'intérêt de l'entreprise dominante du groupe ».* (concl. sous CE, 8e et 9e sous-sect., 18 mars 1994, n° 68799 et 70814, Svermarco-Europe, *RJF* 5/94, n°532, p. 290. cité par BUR (C.), *op. cit.*, p. 336)

[737] BUR (C.), *op. cit.*, p. 337 : selon la jurisprudence française du Conseil d'Etat rappelée par M. BUR, des critères tels que l'importance du chiffre d'affaires réalisé par une société française lors de la vente des produits concédés par une société étrangère (CE 29 mars 1978, req. n° 5.125 :RJF 5/78, n° 227 ; DF 4/79, comm. n° 85, concl. Rivière.), ou l'étroite communauté d'intérêt unissant deux sociétés à travers une interdépendance économique entre deux sociétés du fait que la première soit tributaire de la seconde tant pour ses approvisionnements …que pour la fixation des prix (CE 18 mars 1994, req. n° 68.799 et 70.814, *préc.*)

[738] BUR (C.), *op. cit.*, p. 252 : L'opération initiale ainsi décrite de *Leverage buy out (LBO)* est rendue possible par une bonne rentabilité financière de la société cible lui permettant de distribuer des sommes supérieures à l'annuité d'emprunt supportée par la holding.

[739] Cf. art. 8 ter du CGI en vigueur en République du Cameroun.

camerounais, *« un Etat ou un territoire dont le taux de l'impôt sur le revenu des personnes physique ou morales est inférieur au tiers de celui pratiqué au Cameroun, ou un Etat ou un territoire considéré comme non coopératif en matière de transparence et d'échanges d'informations à des fins fiscales par les organisations financières internationales »*. Le Sénégal est moins intransigeant sur cette question puisque sa législation dispose que *« les personnes sont considérées comme soumises à un régime fiscal privilégié dans l'Etat ou le territoire considéré si elles n'y sont pas imposables ou si elles y sont assujetties à des impôts sur le bénéfices ou sur les revenus dont le montant est inférieur de plus de la moitié à celui de l'impôt sur les bénéfices ou sur les revenus dont elles auraient été redevables dans les conditions de droit commun au Sénégal, si elles y avaient été domiciliées ou établies* [740]*»*. La solution retenue en cette matière par le Sénégal est également partagée par le Burkina Faso[741] à la différence que les sommes payées ou dues par les entreprises burkinabés à des personnes physiques ou morales domiciliées ou résidentes dans un Etat ou un territoire non coopératif ne sont pas admises en déduction pour l'établissement de l'impôt[742]. Plus clair et plus détaillé est le traitement que réserve le Togo à cette question. Les sommes correspondant à des dépenses déductibles en vertu de la législation fiscale togolaise payées ou dues par les entreprises résidentes à des personnes physiques ou morales domiciliées ou établies dans un Etat ou un territoire étranger et y sont soumises à un régime fiscal privilégié, ou un pays non coopératif[743], ne sont admis comme charges déductibles pour l'établissement de l'impôt que si le débiteur apporte la preuve que les dépenses correspondent à des opérations réelles et qu'elles ne présentent pas un caractère normal ou exagéré[744].

2. *La détection de la renonciation à profit au détriment de l'entreprise*

648. La renonciation à profit, autrement désignée par l'expression *« renonciation à recettes »*, traduit le fait pour une entreprise d'ignorer intentionnellement le titre juridique qui lui confère une créance sur un tiers en omettant de comptabiliser ladite créance à la clôture de l'exercice[745]. Dans le cadre des activités transfrontalières de l'entreprise, ce titre juridique

---

740 Cf. art. 18 du CGI en vigueur en République du Sénégal.

741 Cf. art. 65 -1) du CGI en vigueur en République du Burkina Faso

742 *Ibid.*

743 Selon le législateur togolais, *« sont considérés comme non coopératifs, les Etats et les territoires qui ne se conforment pas aux standards internationaux en matière de transparence et d'échange d'informations dans le domaine fiscal de manière à favoriser l'assistance administrative nécessaire à l'application de la législation fiscale togolaise et qui observe une fin de non-recevoir à une demande de signature de convention en matière d'échange de renseignement formulée par le Togo »*.

744 Cf. art. 99 – s) 1 du CGI en vigueur en République du Togo.

745 Voir en ce sens BUR (C.), *op. cit.* p. 26.

est en général un contrat d'affaires international. Les renonciations à recettes s'entendent des cas dans lesquels une entreprise renonce volontairement à tout ou partie de la recette qu'elle serait en droit d'exiger en contrepartie du bien qu'elle a vendu ou du service quelle a rendu à un tiers.

649. La difficulté de détection de l'anormalité de l'acte de gestion dans une telle situation réside dans le fait qu'elle peut résulter d'une simple erreur comptable. Lorsqu'il est effectué en rapport avec les contrats d'affaires qui encadrent les opérations internationales, le contrôle de la renonciation à profit au détriment de l'entreprise à travers des opérations transfrontalières place les agents de l'administration fiscale devant deux hypothèses: la première renvoie à la renonciation à profit en faveur des entités juridiquement indépendantes, la seconde vise la renonciation à profit en faveur des entités juridiquement dépendantes.

650. La renonciation à profit en faveur des entités juridiquement indépendantes. La renonciation à profit caractéristique d'un acte anormal de gestion n'est pas si évidente à concevoir vis-à-vis de tiers totalement étrangers à l'entreprise*746*, mais elle est possible et requiert pour être détectée, davantage de vigilance de la part de l'administration fiscale. Il ne faut pas s'y tromper, les relations d'affaires entre opérateurs économiques nous enseignent à suffisance que l'indépendance juridique affichée entre deux entités peut cacher une dépendance économique, une dépendance de fait susceptible d'être à la base d'actes anormaux de gestion. C'est le cas notamment lorsqu'une entreprise établie dans un pays africain assure la représentation de la marque ou de l'enseigne d'une firme étrangère ou lorsqu'elle assure comme on l'a vu la distribution exclusive des produits d'une société non-résidente. C'est aussi le cas lorsque deux entreprises sœurs, non juridiquement liées, entretiennent des relations d'affaires.

651. Cela dit, la renonciation à profit en faveur d'entités juridiquement indépendantes, somme toute moins courante, peut revêtir plusieurs formes. Il peut s'agir de la renonciation aux intérêts d'une créance[747]. Dans cette hypothèse, Il s'agit notamment de prêts ou avances qui peuvent être consentis sans intérêts, d'intérêts non réclamés. Le fait de consentir des prêts ou des avances sans intérêt à un tiers constitue en effet selon la jurisprudence française une libéralité étrangère à l'intérêt social[748]. Toutefois, La stipulation d'un intérêt ne suffit pas pour rendre le prêt normal. L'appréciation du caractère normal de la rémunération des avances doit être

[746] SERLOOTEN (P.) et DEBAT (O.), *Droit fiscal des affaires*, Paris, Dalloz, Précis, 17e éd., 2018, p. 68.

[747] CE, 9e et 8e sous-sect., 6 mai 1996, n°148572, *Dr. fisc.* 1996., n°41, comm. 1210, concl. ARRIGHI de CASANOVA (J.).

[748] CE, 8e et 9e sous-sect., 23 nov. 1992, n° 93866, *Lebon*, *Yverneau*, RJF 1/93, n°15 ; DF 15/93, comm. n° 772 , concl. FOUQUET (O.) ; CAA Paris 1er févr. 1994, req. n° 92-965, SARL Ungaro : RJF 5/94 n° 522 ; DF 43 94, comm. 1842.

évaluée par rapport à la rémunération que le prêteur pourrait obtenir d'un établissement financier auprès duquel il placerait dans des conditions analogues des sommes d'un montant équivalent[749]. Il en va de même des engagements de caution pris vis-à-vis d'une entreprise juridiquement ou économiquement étrangère. De tels engagements sont souvent pris par des entreprises résidentes en faveur de clients étrangers en vue de les fidéliser. L'on peut être d'avis avec la doctrine et la jurisprudence françaises, que de tels actes n'ont rien de contraire aux intérêts de l'entreprise, quoique cet altruisme ne soit pas conforme aux usages commerciaux[750]. La seule réserve émise par le juge français est qu'ils ne fassent pas courir à l'entreprise un risque excessif[751]. En France, l'administration s'oppose néanmoins à la déduction de la perte qu'éprouvera l'entreprise si elle est condamnée à se substituer au débiteur défaillant. Au Cameroun et ailleurs en Afrique, il n'est pas sûr que l'administration fiscale suive la position du juge français. De fait, les entreprises qui se lancent dans des engagements de caution en faveur de leur client courent un risque élevé de voir ces opérations analysées en actes anormaux de gestion indépendamment de la problématique d'une éventuelle prise de risque excessif.

652. A côté des cautions accordées de manière « complaisante » il convient de ne pas passer sous silence les opérations de ventes ou de services transfrontaliers non facturées. De telles opérations sont analysées par les administrations fiscales africaines en actes anormaux de gestion. Il peut également s'agir des abandons de créances, même s'il faut reconnaître avec les comptables que les abandons de créances dans leur sens strict ne peuvent être assimilées à des renonciations à recettes[752]. Il s'agit notamment de prêts ou avances consentis sans intérêts, d'intérêts non réclamés et de la non-facturation de ventes ou de services. En raison de l'absence de flux, les renonciations à recettes n'entraînent aucune écriture comptable. Pourtant, les prêts, les avances, les intérêts ou encore les ventes procèdent des relations contractuelles établies entre créanciers et débiteurs à travers des contrats écrits ou tacites dont l'expression des engagements se retrouve dans la comptabilité des entreprises.

653. En somme, la renonciation à un profit au bénéfice d'une entité tierce totalement étrangère à l'entreprise est possible et fait l'objet d'une

---

749 CE, 10e et 9e sous-sect., 31 juill. 2009, n° 301935, *SARL Jean-Marc Brocard, Lebon*, concl. JULIEN (B.).

750 Voir en ce sens COZIAN (M.), *op. cit.*, p. 99.

751 Monsieur COZIAN ironise sur ce point en ces termes: *« c'est donc un problème de mesure ; on peut consentir des sacrifices pour ses clients, il n'est pas question de se ruiner pour eux... »*

752 Selon le PCG OHADA, les abandons de créances sont des *« aides financières consenties par une entité à une autre avec laquelle elle est liée par des relations commerciales, financières ou de participation au capital. Ces opérations à caractère extraordinaire visent à maintenir en activité l'entité débitrice ou à préserver les sources d'approvisionnement afin d'assurer la poursuite des relations avantageuses pour l'entité créancière »*.

surveillance sourcilleuse de la part des administrations fiscales africaines. La dépendance économique suffit en effet largement à les mettre sur leurs gardes et à les inciter à brandir la menace de redressement sur le fondement de l'acte anormal de gestion.

654. La renonciation à profit en faveur d'entités juridiquement dépendantes. On l'a vu, la renonciation à profit fait également l'objet d'une surveillance étroite de la part de l'administration fiscale s'agissant des opérations transfrontalières intragroupe. Elle se conçoit d'ailleurs plus aisément dans un contexte de groupe d'entreprises que dans l'hypothèse d'entreprises indépendantes. Cependant, comme le soutient la jurisprudence française, dans l'hypothèse d'un groupe de sociétés, l'intérêt dudit groupe ne saurait justifier un acte objectivement anormal[753]. A cet égard, l'on ne saurait affirmer avec certitude, comme c'est le cas en France, que les administrations fiscales africaines font preuve de la même souplesse que la jurisprudence et l'administration françaises lorsqu'il s'agit d'appliquer la théorie de l'acte anormal de gestion en présence d'un groupe. Au contraire, elles se montrent plus rugueuses chaque fois qu'elles en ont l'occasion.

655. En effet, pour les services de contrôle des administrations fiscales africaines les aides transfrontalières inter-entreprises sont systématiquement analysées en actes anormaux de gestion, du moins en première intention. Cette réalité se vérifie en effet à travers les différentes « notifications de redressements » qui font suite aux travaux de vérification sur place des entreprises[754]. Ces aides peuvent revêtir plusieurs formes. Il peut s'agir de la renonciation par une entreprise aux intérêts d'une créance[755] détenue sur une entreprise liée domiciliée à l'étranger. Il peut aussi s'agir de la renonciation par une entreprise résidente à la réclamation du solde du prix de vente[756] de

---

753 CE, 8e et 9e sous-sect., 21 juin 1995, n° 132530, *Dr. fisc.* 1995, n°52, comm. 2393, concl. MARTIN (Ph.).

754 L'administration camerounaise analyse systématiquement les renonciations à produits intragroupe comme des actes anormaux de gestion : Le cas - tiré de la pratique- d'une société mère domiciliée au Cameroun qui effectue des prestations pour le compte de ses filiales et sociétés sœurs situées hors du Cameroun est à cet égard expressif : les fonds engagés par la société camerounaise dans le cadre de ces prestations sont refacturés au franc le franc à ses filiales sous forme de note de débit alors que l'accomplissement de ces prestations génère pour elle des charges et des frais indirects qui ne sont pas incorporés dans les notes de débit. Entre autres frais, l'on peut relever des éléments non exhaustifs comme l'utilisation de son personnel, de son matériel d'exploitation ou encore des frais financiers engagés pour le compte des tiers. En agissant de la sorte, la société mère camerounaise renonce à un produit représentant l'ensemble des peines et soins supportés pour le compte de ses filiales. Bien plus, au-delà de la simple neutralisation de charge, elle a effectué un service gratuit et ainsi renoncé à des recettes sans contrepartie en rapport avec l'importance de l'avantage ainsi accordé.

755 CE, 9e et 10e sous-sect., 26 févr. 2003, n° 223092 et 223093, *Dr. fisc.* 2003, n°24, comm. 436, concl. GOULARD.

756 CE, 8e et 7e sous-sect., 12 févr. 1992, n° 67385, *Sté. Sarpa*, *Dr. fisc.* 1992, n°21-22, comm. 1033, concl. ARRIGHI de CASANOVA.

marchandises à une entreprise liée non-résidente. L'on peut également ajouter à cette liste les subventions aux filiales ou aux entreprises liées en difficultés, les cessions à prix coûtant[757] ou les ventes à perte d'une filiale à la société mère[758].

656. L'attitude systématiquement sévère des administrations fiscales africaines tranche d'avec celle de l'administration fiscale et du juge français qui tous, se montrent largement plus souple en présence d'un groupe dans l'application de la théorie de l'acte anormal de gestion[759]. Ainsi l'aide financière sous la forme d'une avance sans intérêt, d'une cession à prix coûtant, d'une subvention à une filiale en difficulté peut être jugée normale sous réserve de ce que la déductibilité de l'aide est conditionnée par l'existence d'un intérêt commercial et non simplement un intérêt financier. Le même constat vaut pour les abandons de créances à caractère commercial consenti dans le cadre d'un plan de sauvegarde[760]. En France, de tels abandons de créances sont déductibles[761] alors que les législations et les administrations fiscales africaines ne font guère preuve d'une telle mansuétude[762]. La rigueur en cette matière est totale. En effet, dans le contexte africain, les administrations fiscales font montre d'une réelle défiance vis-à-vis de telles opérations et font peser sur elles une forte présomption d'anormalité. En effet, parmi les opérations généralement incriminées par les services de contrôle viennent en premier lieu les abandons de créances.

657. D'après la doctrine, l'abandon de créance stricto sensu désigne « l'opération par laquelle une entreprise ou une société créancière enregistre de par l'abandon volontaire de la créance qu'elle détenait sur une tierce entreprise une perte correspondant à la disparition de l'actif de son bilan de la créance qui y figurait avant abandon tandis que, parallèlement le débiteur enregistre un profit d'égal montant correspondant à la disparition au passif de son bilan de la dette qui y figurait[763] ». Le Plan comptable

---

[757] CE, sect., 24 févr. 1978, n°2372, *RJF* 1978. 122, concl. RIVIERE (P.).

[758] CE, 9e et 7e sous-sect., 3 juin 1992, n°85067, *SOVIFERM, Lebon* ; *RJF* 9/92, n°1140 ; *Dr. fisc* 1992, n° 43, comm. 1946, concl. MARTIN (Ph.).

[759] En effet, en présence d'un groupe, la jurisprudence et l'administration françaises font preuve d'une plus grande souplesse dans l'application de la théorie de l'acte anormal de gestion (CE 3 juin 1992, 9e et 7e sous.-sect., n° 85067, concl. MARTIN (Ph.), *Dr. fisc.* 1992, n° 43, comm. 1946 *préc.*). Ainsi l'aide financière sous la forme d'une avance sans intérêt, d'une cession à prix coûtant ou d'une filiale en difficulté peut être jugée normale

[760] CE, 9e et 10e sous-sect., 26 févr. 2003, n° 223092 et 223093, *préc.*

[761] Cf. art. 39-1), 8°) du CGI en vigueur en République Française.

[762] Les abandons de créances à caractère commercial entre entreprises du même groupe sont, à l'observation, systématiquement analysés comme des actes anormaux de gestion par l'administration fiscale camerounaise et ses consœurs africaines de l'espace OHADA. C'est du reste le constat fait auprès des administrations fiscales du Cameroun, du Tchad, du Mali, du Togo et du Bénin.

[763] BUR (C.), *op. cit.*, p.245, n° 449.

général OHADA les appréhende comme des « aides financières consenties par une entité à une autre avec laquelle elle est liée par des relations commerciales, financières ou de participation au capital [764]». Cette définition montre bien que les abandons de créances se conçoivent aussi bien dans une configuration d'indépendance que de dépendance juridique entre des sociétés. Ces opérations à caractère extraordinaire visent à maintenir en activité l'entité débitrice ou à préserver les sources d'approvisionnement afin d'assurer la poursuite des relations avantageuses pour l'entité créancière[765]. Pour une entreprise donnée, la contrepartie d'un abandon de créance est susceptible de s'analyser d'après la doctrine, soit en perte, soit en créancenotamment lorsqu'il est assorti d'une clause de retour à meilleure fortune[766]. Il peut s'agir en effet, tantôt d'une dette financière ou d'une dette fournisseur, tantôt d'une créance liée à des participations ou d'une créance détenue sur un client.

658. La renonciation à profit peut également se manifester à l'occasion des cessions transfrontalières d'éléments d'actifs. L'opportunité a récemment été donnée au Conseil d'Etat français de se prononcer sur cette question en ces termes : *« S'agissant de la cession d'un élément d'actif immobilisé, lorsque l'administration, qui n'a pas à se prononcer sur l'opportunité des choix de gestion opérés par une entreprise, soutient que la cession a été réalisée à un prix significativement inférieur à la valeur vénale qu'elle a retenue et que le contribuable n'apporte aucun élément de nature à remettre en cause cette évaluation, elle doit être regardée comme apportant la preuve du caractère anormal de l'acte de cession si le contribuable ne justifie pas que l'appauvrissement qui en est résulté a été décidé dans l'intérêt de l'entreprise, soit que celle-ci se soit trouvée dans la nécessité de*

---

[764] Voir en ce sens PCG OHADA. Au sens large on désigne par *abandon de créance* toutes les aides inter-entreprises quelle que soit la forme qu'elles prennent : abandon de créances stricto sensu, subvention, avances sans intérêt et autres renonciations à recette, provision pour risque de non-recouvrement.

[765] Précisons que suivant le PCG OHADA, l'abandon de créance est une charge hors activité ordinaire pour l'entité qui le consent et un produit hors activités ordinaires (HAO) pour l'entité bénéficiaire.

[766] BUR (C.), *op. cit.*, p. 240 n° 437 : *« Un abandon de créance assorti d'une telle clause s'analyse en une convention caractérisée par :*

- *l'extinction de l'obligation de l'entreprise débitrice qui entraîne pour elle la constatation d'un profit d'égal montant ; la société créancière constate une perte ;*
- *la naissance d'une obligation nouvelle assortie d'une condition suspensive (le retour à meilleure fortune).*

La constatation ultérieure de gains suffisants rétablit la dette originelle qui constitue symétriquement :

- *une charge déductible pour la société bénéficiaire de l'abandon ;*
- *un profit pour la société bénéficiaire qui n'est imposable qu'à hauteur des sommes initialement déduites. En cas de remboursement partiel, celui-ci est imposable dans le rapport du montant de la déduction initialement pratiquée au montant de la créance abandonnée ».*

procéder à la cession à un tel prix, soit qu'elle en ait tiré une contrepartie [767]*».*

659. La jurisprudence fort prolifique enregistrée sur le terrain de l'acte anormal de gestion en France n'a pas la même résonnance en Afrique. A l'occasion des contrôles fiscaux dans les pays de l'espace OHADA, la présomption d'anormalité des opérations transfrontalières donne régulièrement lieu à de vifs débats entre les agents de l'administration et les opérateurs économiques qui débouchent malheureusement sur des solutions contrastées en raison notamment de la stérilité qui caractérise la jurisprudence des juridictions africaines en cette matière.

660. Ajoutons également qu'à l'observation, le débat sur le contrôle fiscal des contrats d'affaires internationaux sous le prisme de la théorie de l'acte anormal de gestion connaît en pratique une réelle contiguïté avec celui sur le contrôle fiscal des prix de transfert avec pour dénominateur commun le transfert indirect de bénéfices à l'étranger. En effet, les dispositions prévues pour lutter contre le transfert de bénéfice à travers la manipulation des prix de transfert servent également à combattre le transfert indirect de bénéfices opéré à travers *«...tout autre moyen »* par les entités juridiquement dépendantes. Tel est le sens des dispositions de l'article 19 Code général des impôts camerounais et de la plupart des législations fiscales africaines ayant sur ce point suivi la voie empruntée par l'article 57 du Code général des impôts français. C'est notamment le cas de la Côte d'Ivoire[768] ou du Sénégal[769]. A ce propos, c'est la formulation retenue par la législation gabonaise dédiée à la lutte contre les prix de transfert qui nous semble revêtir le plus d'originalité dans l'illustration de notre propos. Le Code général des impôts du Gabon dispose à cet égard que *« Pour les sociétés qui sont sous la dépendance, de droit ou de fait, d'entreprises ou groupes situées hors de la CEMAC, ou pour celles qui possèdent le contrôle d'entreprises situées hors de la Communauté, les paiements ou dépenses effectuées par quelque moyen que ce soit ou toute forme d'avantages ou d'aides accordés à des tiers sans contrepartie équivalente pour l'entreprise, assimilables à des actes anormaux de gestion, constituent des transferts de bénéfices passibles de l'impôt sur les sociétés* [770]*».* On le voit, au Gabon, la même disposition a priori destinée à traiter du contrôle des prix de transfert prend

[767] CE, 7e et 2e ch., 6 fév. 2019, n°410248, *SARL Alternance,* concl. HENRARD (O.) .

[768] Voir en ce sens art. 38 du CGI en vigueur en République de Côte d'Ivoire : *« Pour l'établissement de l'impôt sur les bénéfices industriels et commerciaux dû par les entreprises qui sont sous la dépendance ou qui possèdent le contrôle d'entreprises situées hors de Côte d'Ivoire, les bénéfices indirectement transférés à ces dernières, soit par la majoration ou la diminution des prix d'achat ou de vente, soit par tout autre moyen, seront incorporés aux résultats... » ;* C'est nous qui soulignons.

[769] Cf. art. 17 du CGI en vigueur en République du Sénégal.

[770] Cf. art. 12 du CGI en vigueur en République du Gabon.

mécaniquement en charge la préoccupation sous-jacente des actes anormaux de gestion de portée transfrontalière.

661. Le contrôle de l'intérêt étranger à l'entreprise des opérations transfrontalières et de l'exagération des rémunérations s'y rapportant ne suffit pas à lui seul pour vider la question du contrôle du transfert indirect de bénéfices occasionné par les actes anormaux de gestion. Pour faire le tour de la question, l'administration fiscale doit surveiller, outre la justification sur pièces des opérations en cause, l'effectivité des opérations dans leur contenu ou leur substance ainsi que la non-exagération de leur valorisation.

B. La présomption de l'anormalité des opérations transfrontalières tributaires d'un risque manifestement excessif

662. Le second critère de caractérisation de l'acte anormal de gestion est celui du risque manifestement excessif que peut être amené à prendre l'entreprise dans le cadre de la gestion de ses activités. Il s'agit d'un critère mis en avant par la jurisprudence française La mobilisation de ce critère flirte de trop près avec le principe de la non-immixtion de l'administration dans la gestion de l'entreprise et constitue de ce fait une source de dissension entre les contribuables et l'administration fiscale. L'on peut observer avec un minimum de recul que le critère du risque manifestement excessif a pendant longtemps divisé la doctrine et la jurisprudence françaises avant de connaître un épilogue, en faveur du bon sens pourrait-on dire, puisque le Conseil d'Etat a récemment abandonné ce critère en tant qu'élément de caractérisation des actes anormaux de gestion. Pour autant, il serait prématuré de dire que la mobilisation de ce critère est délaissée par les agents des administrations fiscales africaines. Au contraire, les services de contrôle continuent confusément à utiliser ce critère au préjudice de la sécurité fiscale des contribuables. Aussi convient-il de revenir sur la controverse autour de la présomption de l'acte anormal de gestion fondée sur le critère du risque manifestement excessif **(1)**, avant d'examiner le délaissement de ce critère **(2)**.

1. La controverse autour de la présomption de l'acte anormal de gestion fondé sur le critère du risque manifestement excessif

663. Comme un épouvantail, les services de contrôle des administrations fiscales africaines sont souvent amenés à agiter vis-à-vis de certaines opérations transfrontalières le critère du risque manifestement excessif pour soutenir la présomption d'un acte anormal de gestion. L'on peut aisément imaginer que les services de contrôle qui excipent des chefs de redressement en s'appuyant sur ce critère tiennent vraisemblablement leurs prétentions de l'évolution jurisprudentielle française. Aussi nous paraît-il utile de revenir sur la controverse autour du critère du risque manifestement excessif pour comprendre les prétentions des administrations fiscales africaines sur le fondement de ce critère. Il faut dire que le maniement en France par l'administration fiscale française et par le juge du critère de l'intérêt étranger à l'entreprise parallèlement à celui du risque excessif laissait quelque peu perplexe la doctrine en raison de l'incidence d'une telle posture sur la sécurité juridique et fiscale des contribuables qui s'en trouvait bridée. L'on apprend d'ailleurs à ce sujet par la doctrine que *« ...la jurisprudence pendant un certain temps paraissait ne plus exiger que l'acte de l'entreprise soit étranger à son intérêt, se satisfaisant d'une prise de risque excessive*[771] *».* De fait, pour apprécier l'acte anormal de gestion, le juge de l'impôt français a, dans certains cas admis l'existence d'actes anormaux de gestion en se fondant sur l'existence d'un risque excessif encouru par les entreprises à raison d'un acte qui n'était pourtant pas étranger à leurs intérêts[772]. L'audace en cette matière a été poussée à un point tel qu'il s'est érigé une théorie dite du risque excessif. Le domaine de cette théorie était ainsi *« celui des actes qui comportaient un aléa »* avec pour préoccupation centrale le point de savoir si le risque pris par l'entreprise est dans son principe comme dans son montant normal ou excessif.

664. En guise d'illustration, l'on peut relever au titre opérations transfrontalières susceptibles de tomber sous le coup de cette présomption, l'indemnisation par une société résidente des pertes subies par ses clients en dépit de l'absence d'obligation juridique d'avoir à supporter lesdites pertes.

665. La jurisprudence française a réussi à établir que dans les opérations intragroupe, l'intérêt de la société mère soit ignoré lorsqu'elle *« prend un risque qui, au regard de l'intérêt que présente pour elle l'accès de sa filiale à des facilités de trésorerie, excède manifestement les risques qu'un chef d'entreprise peut eu égard aux informations dont il dispose, être conduit à prendre, dans une situation normale pour améliorer les résultats de son entreprise*[773]*.*

666. En Afrique, le débat sur la présomption de l'acte anormal de gestion fondé sur le critère du risque manifestement excessif reste d'un intérêt limité puisqu'il reste prisonnier des confrontations entre certains agents vérificateurs et certains contribuables de telle sorte que l'on ne saurait dire avec exactitude si ce critère fait l'objet d'une réelle appropriation par les administrations fiscales en cause. L'activation de ce critère est en effet fonction de la culture et du génie de chaque vérificateur et la fortune des

---

[771] La jurisprudence pendant un certain temps paraissait ne plus exiger que l'acte de l'entreprise soit étranger à son intérêt, se satisfaisant d'une prise de risque excessive.

[772] CE, 7e et 8e sous-sect., 14 fév. 1979, n° 10812, concl. LAPRADE (M.) ; CE, 8e et 9e sous-sect., 28 sept. 1983 n°34626, concl. LEGER (Ph.) ; CE, 7e et 8e sous-sect., 17 oct. 1990, n° 83310, *Loiseau,* concl. FOUQUET (O.) ; CE, 3e et 8e sous-sect., 30 mai 2007, n° 285575, *SA Peronnet,* concl. SENERS; CE, 8e et 3e sous-sect., 27 avril 201, n° 327764, Société *Legeps,* concl. OLLEON (L.).

[773] CE, 8e et 3e sous-sect., 27 avril 2011 n° 327764 Société *Legeps, préc.*

redressements en cette matière est tributaire tant de la robustesse des arguments excipés par les contribuables contre ce critère que de la suspicion des services de contrôle vis-à-vis des opérations transfrontalières et leur obstination à opérer des redressements fiscaux sur un tel terrain. Une telle attitude ne peut s'expliquer que par les déficiences structurelles qui caractérisent l'administration de l'impôt dans ces pays. La jurisprudence dans chaque pays rentrant dans le champ de notre étude est en effet complètement atone sur le sujet, ce qui confine le débat à l'étroitesse des coulisses des administrations fiscales.

667. Il demeure cependant difficile d'imaginer un agent vérificateur camerounais ou malien, ayant détecté auprès d'une entreprise une opération transfrontalière de prise en charge volontaire des pertes subies par ses clients réalisée notamment en l'absence d'obligation contractuelle expresse, ne pas formuler de redressement sur le fondement du critère du risque manifestement excessif. Le même raisonnement est à mettre en évidence dans les conditions décrites ci-dessus en matière d'engagements de caution.

668. En France, le critère du risque manifestement excessif a dû faire les frais de son imprécision, laquelle catalysait une immixtion intempestive de l'administration fiscale dans la gestion de l'entreprise[774].

2. *Le délaissement de la présomption de l'acte anormal de gestion fondé sur le critère du risque manifestement excessif*

669. Après avoir retenu à maintes reprises le critère du risque manifestement excessif en tant que critère fondateur de l'acte anormal de gestion, le juge de l'impôt français, certainement influencé par les critiques répétitives de la doctrine sur le sujet, a récemment abandonné ce critère au profit exclusif du critère de l'acte étranger aux intérêts de l'entreprise.

670. En effet, c'est avec l'avènement de l'arrêt *SA Monte Paschi Banque* en date du 13 juillet 2016, que le Conseil d'Etat a abandonné les actes anormaux de gestion fondés sur la théorie du risque manifestement excessif en statuant que *« l'administration n'a pas à se prononcer sur l'opportunité des choix de gestion opérés par l'entreprise et notamment pas sur l'ampleur des risques pris par elle pour améliorer ses résultats* [775]*»*. La question qui se posait dans cette affaire était de savoir si en octroyant des prêts litigieux à une société, et ce malgré le risque élevé d'incidents de remboursement, la banque n'avait pas pris un risque manifestement excessif caractéristique d'un acte anormal de gestion. Pour apprécier la normalité des

---

[774] Voir en ce sens, SERLOOTEN (Patrick) et DEBAT (Olivier), op. cit., p. 74 : « le critère du risque excessif était insuffisamment précisé de telle sorte que pouvait être crainte une immixtion de l'administration dans la gestion de l'entreprise d'autant que son contrôle se fait *a posteriori* pouvant l'amener à prendre en compte des éléments que le chef d'entreprise ne pouvait connaître au moment de l'acte ».

[775] CE 13 juill. 2016, sect. n° 375801, *SA Monte Paschi Banque, Dr. fisc.* 2016, n° 36, comm.

actes posés par la banque, en l'occurrence les prêts litigieux, le juge du Conseil d'Etat s'est tout simplement rappelé que l'administration n'est pas un contrôleur de gestion[776] et qu'elle n'est, de ce fait, pas autorisée à juger de l'opportunité des décisions de gestion prises par les sociétés et ne peut se substituer à celles-ci afin d'apprécier la décision qui leur aurait le mieux convenu. Ce faisant, le juge français a rappelé que c'est au regard du seul intérêt propre de l'entreprise que l'administration doit apprécier si les opérations litigieuses correspondent à des actes relevant d'une gestion normale.

671. L'arrêt *SA Monte Paschi Banque* a été bien accueilli dans le monde des affaires en France et en Europe, dans la mesure où il marque l'abandon de la théorie de l'acte anormal de gestion fondé sur le critère du *« risque manifestement excessif »* dont le maniement par les services vérificateurs constituait une source d'incertitude et d'insécurité juridique pour le contribuable, compte tenu du caractère éminemment subjectif de l'appréciation des risques des opérations réalisées par les entreprises[777]. En effet, en permettant à l'administration d'apprécier l'ampleur des risques pris par le contribuable, cette posture jurisprudentielle autorisait, de manière détournée, l'administration à endosser le rôle de contrôleur de gestion en contradiction avec le principe de sa non-immixtion dans la gestion des affaires des entreprises. Ainsi, la construction prétorienne observée avant le revirement imposé par l'arrêt *SA Monte Paschi Banque* faisait également courir un risque de contestation d'un nombre important d'opérations « à haut risque » réalisées par les entreprises, et contribuait à brider par la même occasion la liberté d'entreprise des contribuables.

672. L'on peut donc se réjouir de ce que le Conseil d'Etat ait clairement redéfini le périmètre de contrôle de l'administration fiscale en laissant aux entreprises le soin de déterminer elles-mêmes les risques qu'elles sont capables de prendre pour améliorer leur résultat, sans leur soumettre au contrôle subjectif, d'une administration faisant parfois preuve d'une vision de la gestion de l'entreprise à la limite de la prudence excessive[778].

673. C'est en définitive au regard du seul intérêt propre de l'entreprise que l'administration doit apprécier si les opérations litigieuses correspondent à des actes relevant d'une gestion commerciale normale[779]. Indépendamment du cas de détournements de fonds rendus possibles par le comportement délibéré ou la carence manifeste des dirigeants, il n'appartient pas à

---

[776] CE 20 décembre 1963, n° 52308, *Dupont*, 1964 p. 175.

[777] Voir en ce sens SERLOTEN (P.), DEBAT (O.), Droit fiscal des affaires, Dalloz, coll. « Précis », 18e éd., 2019, p. 81, n°62.

[778] Voir en ce sens, GROSCLAUDE (J.) et MARCHESSOU (Ph.), *Droit fiscal général,* Paris, Dalloz, 11e éd., coll. « Cours Dalloz », 2017, p. 194 : *« ...le juge a évolué en faveur du contribuable, puisqu'il exclut du champ du concept l'ampleur des risques pris par l'entreprise, estimant que ceux-ci sont inhérents à sa vie même ».*

[779] CE 27 mars 2019, 8e et 3e ch., N° 375801, *SARL Alternance.*

l'administration, dans ce cadre, de se prononcer sur l'opportunité des choix de gestion opérés par l'entreprise et notamment pas sur l'ampleur des risques pris par elle pour améliorer ses résultats[780]. L'on peut objecter sur ce point que le critère de l'intérêt propre de l'entreprise retenu par la jurisprudence française ne semble pas plus précis que le critère du risque manifestement excessif et que l'appréciation par le juge du premier critère l'expose à une certaine immixtion dans la gestion de l'entreprise comme dans l'hypothèse du second critère.

674. Cela dit, en Afrique subsaharienne, l'administration fiscale reste en pratique le principal rempart de la justice et de l'équité fiscale en matière de contrôle fiscale en général dans la mesure où c'est à elle qu'il revient d'apporter l'essentiel des solutions applicables aux multiples recours des contribuables. Il est souhaitable que les administrations fiscales africaines, et dans la foulée les juridictions fiscales, fassent preuve de discernement en adoptant une ligne de conduite similaire à celle du Conseil d'Etat français. La manipulation concomitante du critère de l'intérêt étranger à l'entreprise et du critère du risque excessif conduit inéluctablement à une manifestation abusive de l'autorité de l'administration à l'égard des contribuables. Elle conduit à vider, chaque jour un peu plus, le principe de la non-immixtion dans la gestion de l'entreprise de son contenu.

§2. La répression du transfert indirect de bénéfices véhiculé par les actes anormaux de gestion détectés

675. Dans la démarche de contrôle fiscal des actes anormaux de gestion transfrontaliers, après la phase de détection ou de présomption de l'anormalité des actes de gestion vient celle de la répression du transfert indirect de bénéfices qu'induit la présomption d'anormalité formulée par l'administration fiscale. La notion de répression en tant qu'action punitive des errements des contribuables exercée par l'administration fiscale comporte deux phases. La première renvoie au redressement des bases imposables, la seconde à l'application des sanctions proprement dites. Le champ d'application de la théorie de l'acte anormal de gestion est limité à l'imposition du bénéfice[781]. Il convient de rappeler à ce stade qu'il est plus facile pour l'administration de réprimer le transfert indirect de bénéfice sous le rapport de l'acte anormal de gestion que sous celui de l'abus de droit quand bien même certaines opérations contractuelles seraient représentatives à la fois d'un acte anormal de gestion et d'un abus de droit[782].

---

[780] *Ibid.*

[781] SERLOOTEN (P.) et DEBAT (O.), *Droit fiscal des affaires*, Paris, Dalloz, Précis, 17e éd., 2018, p.62.

[782] Lire en ce sens BUR (C.), *op. cit.*, p. 24. : *« Les concepts d'acte anormal de gestion et d'abus de droit se distinguent clairement ; cela n'empêche pas cependant que certaines situations puissent être représentatives à la fois d'un acte anormal de gestion et d'un abus de*

676. Deux explications doctrinales peuvent être apportées au soutien de ce constat. La première tient à la disparité des champs d'application couverts par chacune des théories. La doctrine reconnaît à ce propos que *« le champ d'application de l'abus de droit est très large puisqu'il couvre les impôts directs, les taxes sur le chiffre d'affaires, les droits d'enregistrement et la taxe de publicité foncière. L'acte anormal de gestion ne couvre, au contraire, que l'impôt sur le revenu et l'impôt sur les sociétés* [783]*»*. La seconde tient à la différence de marge de manœuvre dont dispose l'administration fiscale dans l'application de chacune des théories. Celle-ci semble plus flexible pour l'administration fiscale sur le terrain de l'acte anormal de gestion où il s'agit de vérifier que les décisions de l'entreprise entraînant une répercussion fiscale ont bien été prises dans l'intérêt de celle-ci alors qu'elle l'est moins sur le terrain de l'abus de droit où il s'agit de remettre en cause les constructions juridiques élaborées par les entreprises[784].

677. Au Cameroun la sanction de l'acte anormal de gestion est encadrée par les dispositions de l'art 7 du Code général des impôts qui, en traitant des charges déductibles, fonde en même temps le refus de déduction lorsque la dépense effectuée n'est pas engagée au profit de l'entreprise.

678. Tout bien considéré, le problème de la répression du transfert indirect de bénéfices véhiculés par les actes de gestion présumés anormaux tel qu'il se pose aux administrations fiscales africaines met en débat la question de la dévolution de la charge de la preuve de l'anormalité de l'acte de gestion **(B)** qu'il convient d'examiner après avoir au préalable exposé la question de la rectification fiscale proprement dite des actes anormaux de gestion **(A)**.

A. Le redressement fiscal de l'acte anormal de gestion par l'administration

679. Le redressement fiscal procède d'une procédure généralement prise en charge dans les législations fiscales par le Livre des procédures fiscales (LPF) qui dans la plupart des législations africaines est, comme en France, une composante du Code général des impôts[785]. Cette procédure peut être soit d'une procédure de redressement contradictoire, soit d'une procédure de taxation d'office ou encore d'une procédure d'abus de droit. En droit fiscal camerounais comme dans les pays de l'espace OHADA, la remise en cause de la normalité des actes de gestion s'opère au moyen de la procédure de redressement contradictoire. Cette procédure est mise en branle lorsque

---

droit ». Ce propos doctrinal montre que la distinction n'est pas toujours aisée entre acte anormal de gestion et abus de droit.

783 *Ibid.*

784 SERLOOTEN (P.) et DEBAT (O.), *op. cit.*, p. 62

785 Au Cameroun, le redressement fiscal peut selon le LPF, procéder soit d'une procédure de redressement contradictoire, soit d'une procédure de taxation d'office ou encore d'une procédure d'abus de droit.

l'administration constate une insuffisance, une inexactitude, ou une omission dans les éléments servant de base au calcul des impôts, droits et taxes dus par les contribuables en vertu du CGI camerounais[786]. En matière contrôle de l'acte anormal de gestion, la rectification des bases imposables obéit à des modalités différentes selon qu'il s'agit de charges engagées par l'entreprise au profit des tiers **(1)** ou de renonciations à profit au détriment de l'entreprise **(2)**.

1. La rectification de l'anormalité des charges engagées par l'entreprise au profit des tiers

680. La rectification de l'anormalité des charges engagées par l'entreprise au profit des tiers, à la lumière des législations fiscales africaines relevant de notre champ de recherche, peut s'analyser sous plusieurs rapports notamment en fonction de la nature des charges incriminées. Quelles que soient les charges en cause, le redressement opéré par l'administration se fonde en général soit sur le critère de l'exagération du montant versé en rémunération des prestations reçues, soit sur l'absence de travail effectif rattachable auxdites prestations.

681. La rectification de l'exagération du montant des dépenses. Le rehaussement des impositions fondée sur le critère de l'exagération du montant des dépenses en faveur des tiers équivaut à la sanction du non-respect des conditions de déductibilité des frais généraux, notamment des limites de déductibilité imaginées par le législateur pour endiguer l'évasion fiscale par le biais des dépenses transfrontalières. Aussi, la rectification consistera-t-elle pour l'administration fiscale en la réintégration au bénéfice imposable de l'entreprise contrôlée de la quotité de frais ou de dépenses analysée comme excédentaire par rapport aux limites posées par le législateur par nature de dépenses. La rectification de l'exagération du montant des dépenses peut à titre d'illustration être analysée au regard des frais de siège, des commissions versées à l'étranger et des redevances.

682. Au regard des frais généraux de gestion, nous notons que dans la quasi-totalité des pays de l'espace OHADA, des dispositifs de lutte contre l'évasion fiscale ont été imaginés en liaison avec les charges les plus courantes auxquelles sont exposées les entreprises exerçant des activités transnationales. Les frais de siège font ainsi l'objet d'une surveillance de plus en plus étroite de la part des administrations fiscales africaines[787]. Ici et

[786] Art. L 23 et s. du CGI en vigueur au Cameroun.

[787] Par frais de siège, il faut entendre selon la doctrine administrative camerounaise, les frais généraux, d'administration et de direction générale, engagés par la société mère ou par l'une des filiales d'un groupe de sociétés, pour les besoins de l'ensemble des filiales et/ou établissements stables installés dans des Etats différents ou à l'intérieur d'un même Etat. Ils comprennent principalement les services comptables, administratifs, juridiques, financiers et des ressources humaines (Cf. circ. d'application de la Loi de Finances pour 2013).

là, le législateur national a prévu des limitations qui traduisent la volonté souveraine des pouvoirs publics de chaque pays de ne plus autoriser une déduction intégrale desdits frais.

683. Au Cameroun, on l'a montré, le législateur, naguère plus tolérant en raison sans doute d'une prise de conscience sommaire de la profondeur des enjeux de lutte contre l'évasion fiscale internationale, s'est depuis une dizaine d'années ravisé en instaurant des limites de déductibilité plus serrées des frais de siège. C'est dans cette dynamique que le régime de déductibilité des frais généraux de siège et d'assistance technique[788] a connu une modification importante à compter de l'exercice 2013. La loi de finances pour cet exercice a en effet modifié le champ d'application de la déductibilité des frais généraux de siège et des frais d'études, d'assistance technique, comptable, financière d'une part et, d'autre part, a diminué de moitié la quotité déductible desdits frais[789].

684. L'on peut en cette matière parler d'une originalité camerounaise en raison de l'élargissement démesuré du champ d'application de la limitation de la déductibilité des frais de siège et d'assistance technique. Par le passé, la limitation de la déductibilité de ces frais ne concernait que les entreprises étrangères, et notamment celles des pays n'ayant pas de convention fiscale avec le Cameroun. Avec l'entrée en vigueur de la nouvelle loi, cette limitation concerne désormais aussi bien les entreprises camerounaises que les entreprises étrangères, y compris celles des pays ayant conclu une convention fiscale avec le Cameroun. La limitation est donc appliquée à toutes les entreprises assujetties à l'impôt sur les sociétés au Cameroun[790]. Concrètement, La déduction des frais de siège et d'assistance technique est admise à hauteur de :

- 5% du bénéfice imposable pour les entreprises de droit commun ;
- 2,5% du chiffre d'affaires pour les entreprises de travaux publics[791] ;
- 7,5% du chiffre d'affaires pour les bureaux d'études[792].

---

788 L'assistance technique, est perçue comme une prestation apportée à une filiale et/ou un établissement stable par la société mère ou par son intermédiaire, en vue de renforcer ses capacités de production ou d'accroître son rendement (Cf. circ. d'application de la Loi de Finances pour 2013, *préc.*).

789 Cf. Loi n°2012/014 du 21 décembre 2012 portant loi de finances de la République du Cameroun pour l'exercice 2013.

790 Cette attitude du législateur camerounais, on l'a vu, est une curiosité qui remet malencontreusement en cause les engagements du Cameroun vis à vis des accords internationaux qui le lient à la France et à la CEMAC.

791 Par entreprise des travaux publics, il faut entendre d'après la doctrine administrative camerounaise, toute entreprise spécialisée dans la réalisation des travaux de génie civil, y compris les bâtiments (Cf. circ. d'application de la Loi de Finances pour 2013 *préc.*).

792 Le terme bureau d'études désigne une entreprise qui a pour mission d'assister un maître d'œuvre sur les spécificités techniques relevant de ses compétences (Cf. circ. d'application de la Loi de Finances pour 2013 *préc.*).

685. Pour le cas particulier des entreprises effectuant des activités mixtes, la déduction des frais de siège et d'assistance technique se fait sur la base de la seule quotité déductible de l'activité prépondérante. Pour la détermination de cette prépondérance, la proportion du chiffre d'affaires déclaré lors de l'exercice précédent devra être considérée. La doctrine administrative camerounaise précise qu'en cas de déficit, cette limitation, liée au bénéfice fiscal intermédiaire, s'applique sur le résultat du dernier exercice bénéficiaire non prescrit.

686. Toutefois, les limitations ci-dessus s'appliquent sous réserve des dispositions conventionnelles. Ainsi, il y a lieu de s'en tenir, en présence d'une convention fiscale en vigueur, aux dispositions relatives à la détermination du résultat imposable des non-résidents (établissements stables). En effet, en application des dispositions conventionnelles, le bénéfice des établissements stables est déterminé en tenant compte des frais de siège au prorata de la contribution dudit établissement au chiffre d'affaires du groupe ou de la « société mère » étrangère. Ainsi, la déductibilité des frais de siège dans l'établissement stable situé au Cameroun n'est pas soumise aux limites susmentionnées, mais plutôt au prorata strictement déterminé suivant les règles consacrées par les conventions fiscales.

687. S'agissant des commissions versées à l'étranger, relevons que pour redresser les actes anormaux de gestion susceptibles de couvrir des transferts indirects de bénéfices à travers les commissions et courtages transfrontaliers, les législations fiscales africaines ont fait le choix de fixer des limites de déductibilité des dépenses encourues par les entreprises résidentes. Au Cameroun, ne sont admises comme charges, sous réserve des conventions internationales, que les commissions ou courtages portant sur les marchandises achetées pour le compte des entreprises situées au Cameroun, dans la limite de 5% du chiffre d'affaires des achats. Ces commissions doivent faire l'objet d'une facture régulière jointe à celle des fournisseurs.

688. Cette limite de 5% du montant des achats comme condition de déductibilité des commissions et courtages portant sur les marchandises achetées à l'étranger par une entreprise résidente prévaut dans une frange de pays de l'espace OHADA à l'instar du Burkina Faso[793], du Congo[794], du Gabon[795], ou encore du Tchad[796] et permet de surveiller dans chacun de ces pays l'anormalité découlant de l'exagération des commissions versées.

689. En revanche, une autre frange de pays du même espace embrasse la question du contrôle de l'anormalité des commissions versées au tiers davantage sous le rapport de leur caractère occulte. C'est le cas notamment

[793] Art. 63 du CGI du Burkina Faso en vigueur au 31 décembre 2019.
[794] Art. 111 B du CGI de la République du Congo en vigueur au 31 décembre 2019.
[795] Art. 11-I-1-f.-3) du CGI de la République du Gabon en vigueur au 31 décembre 2019.
[796] Art. 26. XXVI du CGI de la République du Tchad en vigueur au 31 décembre 2019.

du Bénin qui, dans sa législation fiscale, soumet à l'impôt sur le revenu les rémunérations versées directement ou indirectement par les entreprises béninoises à des personnes dont elles ne révèlent pas l'identité[797]. Bien entendu, au rang des rémunérations ainsi versées aux tiers figurent en bonne place les commissions et courtages. C'est aussi le cas à quelques nuances près de la Côte d'Ivoire et du Mali qui font clairement obligation aux entreprises ivoiriennes de déclarer entre autres rémunérations les commissions et courtages versés tant à des personnes physiques ne faisant partie de leur personnel qu'à des personnes morales lorsque ces sommes dépassent le montant plancher de FCFA 50 000[798]. Il en va de même du Sénégal qui porte le seuil de ce montant plancher à FCFA 300 000[799]. L'on peut aisément en déduire que le non-respect des conditions de déclarations de ces commissions et courtages emporte dans chacun de ces pays leur imposition à l'impôt sur les sociétés et à l'impôt de distribution.

690. Enfin, le juge vérifie la proportionnalité de la commission au service rendu, c'est-à-dire qu'il examine si elle n'est pas excessive dans son montant. A titre d'illustration, il a ainsi jugé que le versement de commissions au taux de 5% ne présentait pas le caractère d'un transfert de bénéfice de la part d'une société française au profit d'une société italienne chargée des exportations en Italie de la société française[800].

691. S'agissant enfin des redevances servies à l'étranger, soulignons qu'au sein des pays de l'espace OHADA, le contrôle du transfert indirect de bénéfices à travers les redevances versées à l'étranger sous le rapport de l'acte anormal de gestion s'effectue se fonde d'abord sur le critère de l'exagération. Le mécanisme de sanction varie cependant en fonction des pays. Certains Etats, à l'instar du Cameroun, de la Côte d'Ivoire, du Tchad ou du Burkina Faso prévoient dans leurs législations fiscales des limites de déductibilité desdites redevances tandis que d'autres comme le Sénégal, le Gabon ou le Mali se contentent de fixer sans autre forme de limitation le critère de la non-exagération ou de l'anormalité comme garde-fous pour contrôler leur déductibilité.

692. Au Cameroun, la limite globale de déductibilité des sommes versées pour l'utilisation des brevets, marques, dessins en cours de validité est de 2,5% du bénéfice imposable avant déduction des frais en cause[801].

---

797 Voir en ce sens art. 125 du CGI de la République du Bénin : « *« les sociétés anonymes ou à responsabilité limité et les sociétés en commandite simple qui, directement ou indirectement, versent à des personnes dont elles ne révèlent pas l'identité, des commissions, courtages, ristournes commerciales ou non, gratifications et toutes autres rémunérations, sont assujetties à l'impôt sur le revenu à raison du montant global de ces sommes ».*

798 Art. 108 du CGI de la République de Côte d'Ivoire en vigueur au 31 décembre 2019.

799 Art. 256. 1 du CGI de la République du Sénégal en vigueur au 31 décembre 2019.

800 CE 26 Juin 1985, n° 39049 et 39805, Dr. fisc. 1985, n° 44 , comm. 1856, comm. 1857 et comm. 1860 déc. Non reproduite), RJF 8-9/85, n° 1212, p. 639.

801 Art. 7 A-1-d) du CGI en vigueur au Cameroun.

Cette limitation ne s'applique pas aux sommes versées aux entreprises ne participant pas directement ou indirectement à la gestion ou au capital d'une entreprise camerounaise. Ce qui signifie que cette limitation ne joue que pour les entreprises juridiquement liées et ne s'applique pas aux entreprises juridiquement indépendantes. Concrètement, depuis la Loi de finances pour l'exercice 2004, lorsque les redevances versées profitent à une entreprise située hors de la Communauté économique et monétaire de l'Afrique centrale (CEMAC) et participant directement ou indirectement à la gestion ou au capital d'une entreprise camerounaise[802], elles sont considérées comme distribution des bénéfices. Il importe à ce propos de rappeler qu'avant la loi de finances pour l'exercice 2004, cette disposition n'envisageait pas la requalification des sommes profitant à une entreprise située hors de la CEMAC en distribution des bénéfices sous le rapport de la *« participation directe ou indirecte »* à la gestion ou au capital. Le législateur était en la matière plus vague. Il s'était contenté auparavant de prévoir cette requalification pour des sommes versées à l'étranger aux entreprises situées hors de la zone CEMAC à titre de redevances d'utilisation de brevets, de marques, en raison de leur simple *« participation »* à la gestion ou au capital d'une entreprise camerounaise. Ce qui occultait quelque peu la question de la participation indirecte des entreprises étrangères visées. Avec la loi de finances pour l'exercice 2004, le législateur camerounais innove en se montrant plus précis en posant comme condition de validité que l'entreprise bénéficiaire des sommes ne doit participer ni de façon directe, ni de manière indirecte à la gestion ou au capital de l'entreprise camerounaise[803].

693. L'on observe que certains pays choisissent dans leurs législations comme indicateur financier de déduction des redevances versées à l'étranger, non pas le bénéfice imposable comme au Cameroun, mais le chiffre d'affaires. Tel est le cas de la Côte d'Ivoire où la déduction des *« redevances de cession ou de concession de licence d'exploitation, de brevets d'invention, de marques de fabrication, procédés ou formules de fabrication et autres droits analogues ou de rémunérations de services de toute nature payés ou dus entre entreprises ivoiriennes appartenant au même groupe »* est plafonnée à 5% du chiffre d'affaires dans la limite des frais généraux de l'entreprise débitrice[804]. Il en est de même pour le Togo où ces redevances sont déductibles dans la limite de 5% du chiffre d'affaires

[802] Selon la doctrine administrative camerounaise, la notion de participation indirecte à la gestion ou au capital de l'entreprise camerounaise s'entend de la simple influence dans la prise de décision ou dans la gestion d'une entreprise camerounaise. Que cette influence soit apparente ou sous-jacente, elle suffit à faire échec à la déduction des sommes versées pour l'utilisation des actifs incorporelles en cause (Voir circ. d'application de la Loi de finances pour l'exercice 2004).
[803] Circ. fixant les modalités d'application de la Loi de finances pour l'exercice 2004.
[804] Art. 18-5 du CGI en vigueur en République de Côte d'Ivoire.

hors taxes[805]. Sur ce point, le système camerounais paraît plus contraignant - et peut-être plus efficace - pour les contribuables transnationaux que les dispositifs ivoirien et togolais en ce que la quotité des redevances admise en déduction est plus faible dans l'hypothèse où elle est fonction du bénéfice imposable que dans celle où elle est fonction du chiffre d'affaires.

694. Cela dit, la condition de non-exagération prescrite par la loi comme critère de déductibilité des dépenses pour utilisation de marques exprime l'idée suivant laquelle le législateur présume que certaines charges peuvent être partiellement supportées dans l'intérêt de l'entreprise lorsqu'on considère leur montant en rapport avec leur substance commerciale. L'administration fiscale exerce ici un contrôle de proportionnalité entre le montant de la charge et la réalité économique qu'elle recouvre[806]. Mais il faut convenir qu'en pratique l'administration fiscales a du mal à soutenir dans toute sa substance cette théorie quant à l'appréciation du caractère excessif du prix convenu pour les licences de marques au point de rejeter totalement ou partiellement la déduction des paiements effectués par les concessionnaires en rémunération de l'utilisation desdites marques. En effet, elles ne disposent pas à ce jour de méthode fiable d'évaluation du montant des redevances à verser pour l'utilisation des marques et les propositions de redressement allant dans le sens d'une réintégration au résultat des entreprises licenciées d'une éventuelle quote-part excessive de redevances se heurtent à une farouche opposition de ces dernières qui n'hésitent pas à brandit l'immixtion de l'administration dans leur gestion.

695. La rectification de l'absence de travail effectif. En plus des rectifications fondées sur le critère de l'exagération, les administrations fiscales africaines peuvent également faire appel au critère de l'effectivité pour réprimer les actes anormaux de gestion rattachables aux prestations pour lesquelles des dépenses transfrontalières sont effectuées par les entreprises qu'elles contrôlent.

696. Les frais de siège et autres frais d'assistance technique, financière ou comptable doivent correspondre à des services effectifs effectués par la société mère pour ses filiales. Dans leurs législations fiscales respectives, les pays de l'espace OHADA abordent diversement cette question. L'article 7 du Code général des impôts camerounais met l'accent sur l'effectivité des services rendus en visant les *« frais généraux de siège pour la part incombant aux opérations faites au Cameroun et les rémunérations de certains services effectifs rendus aux entreprises camerounaises par les personnes physiques ou morales étrangères ou camerounaises* [807]*»*. Dans le

[805] Art. 99-K du CGI en vigueur en République du Togo.

[806] Les redevances versées pour l'utilisation des marques étrangères sont exagérées dans leur principe. En effet les concessionnaires étant en règle générale des filiales des concédants étrangers, les redevances que reçoivent ces derniers viennent en fait se superposer aux dividendes distribués à leur profit par les concessionnaires.

[807] C'est nous qui soulignons.

même sillage, la législation fiscale burkinabé, après avoir comme au Cameroun et dans la plupart des pays africains fixé une limite de déductibilité des frais généraux de siège et d'assistance multiformes précise que ces frais doivent en outre *« correspondre à des services précis et effectivement rendus à l'entreprise exploitée au Burkina Faso...*[808] ». Il en va également de même pour des pays comme la Côte d'Ivoire, le Congo et le Tchad. Par contre, les autres pays à l'instar du Togo ou Sénégal restent, pour le moins, évasifs en se contentant soit de s'en tenir à leur limite de déductibilité pour le cas du Sénégal[809], soit en disposant vaguement qu'ils ne doivent pas être excessif ou présenter le caractère de transfert indirect de bénéfices pour le cas[810].

697. Etant donné que le versement de commissions et courtages ne se justifient que par rapport aux marchandises achetées ou aux services rendus par les entreprises étrangères pour le compte des entreprises locales, l'absence de livraison ou la livraison partielle de marchandises est en général sanctionnée par l'administration fiscale qui analyse les commissions versées comme des distributions déguisées de bénéfices au-delà de leur réintégration au bénéfice imposable. Pareillement, l'ineffectivité des services rendus entraînera la réintégration des commissions versées ainsi que leur imposition à l'impôt de distribution.

698. S'agissant des redevances, plusieurs autres de l'espace OHADA traitent la question de l'effectivité des services dans leur législation en conditionnant la déductibilité des redevances à leur correspondance à des opérations réelles. Il en va ainsi de la Côte d'Ivoire, du Congo, du Gabon ou du Togo. Dans ce dernier pays par exemple, les redevances payées *« ...ne sont admises en déduction du bénéfice que si le débiteur apporte la preuve que ces dépenses correspondent à des opérations réelles et qu'elles ne présentent pas de caractère exagéré »*. Il faut cependant reconnaître qu'est difficile pour les administrations fiscales africaines de d'établir un rapport de proportionnalité entre les redevances versées à l'étranger et la contrepartie en services reçus des entités étrangères bénéficiaires desdites redevances.

2. La rectification de l'anormalité de la renonciation à profit au détriment de l'entreprise

699. L'attitude de l'administration fiscale en matière de redressement des renonciations à profit analysées en actes anormaux de gestion peut être analysée à travers la rectification des renonciations à profit découlant des cessions d'immobilisation ou à travers la rectification en matière de sous-capitalisation.

---

[808] Art. 62 du CGI en vigueur en République du Burkina Faso.
[809] Art. 9-5 du Code général des impôts en vigueur en République du Sénégal.
[810] Art 39-m du CGI en vigueur en République du Togo.

700. La rectification de l'anormalité des opérations afférentes à l'actif. Théoriquement, lorsqu'une entité renonce anormalement notamment sans contrepartie suffisante à une recette à l'occasion de la cession d'un élément d'actif, son résultat imposable est redressé par l'administration fiscale à hauteur des sommes du manque à gagner sur renonciation à recette. Ce manque à gagner correspond à l'écart entre le prix stipulé, analysé comme insuffisant, et le prix normal de l'opération considéré comme suffisant[811]. Telle est notamment la position du droit fiscal français[812].

701. Dans les pays de l'espace OHADA, l'analyse devrait être la même. Les notifications de redressements qui traitent ici et là des cessions d'éléments d'actifs à prix minoré se limitent au rehaussement du résultat imposable en motivant leur position à partir des dispositions qui traitent de la détermination du bénéfice imposable en tant que bénéfice net. Au Cameroun, faut-il le rappeler, le bénéfice net est déterminé selon le Code général des impôts *« d'après les résultats d'ensemble des opérations de toute nature effectuées par les entreprises au cours de la période servant de base à l'impôt, y compris les cessions d'éléments quelconque de l'actif soit en cours, soit en fin d'exploitation* [813]*»*. C'est également l'approche qui est utilisée dans des pays comme la en Côte d'Ivoire[814], le Gabon[815], le Burkina Faso[816] ou le Sénégal[817].

702. En revanche, s'agissant de l'acquisition d'un élément d'actif à un prix excessif, le bénéfice imposable n'est pas a priori susceptible d'être impacté par l'opération[818]. Le redressement peut cependant être effectué à un second niveau. En effet, en même temps ou après l'acquisition d'un élément d'actif à un prix excessif, l'administration fiscale analysera comme non

---

[811] En droit fiscal français, la cession à prix minoré, par une entreprise, d'un élément de son actif peut conduire, lorsqu'elle ne relève pas d'une gestion normale pour l'application des articles 38 et 209 du Code général des impôts ou constitue un transfert indirect de bénéfices au sens de l'article 57 du même code, à un rehaussement, à concurrence de l'insuffisance du prix stipulé, du bénéfice de la société cédante, imposable dans les conditions de droit commun prévues par ces dispositions

[812] CE, 7e et 2e ch., 6 fév. 2019, N°410248, *SARL Alternance :* Dans cette affaire, la SARL Alternance avait cédé à une société luxembourgeoise, le 11 février 2008, les parts qu'elle détenait dans deux sociétés à un prix unitaire de deux euros par titre. A la suite d'une vérification de comptabilité, l'administration a considéré que la valeur réelle des titres cédés était en réalité de, respectivement 111 euros par titre pour la première société et 105 euros par titre pour la seconde et a réintégré la différence dans le résultat de la société cédante imposable au taux normal de l'IS sur le fondement de l'acte anormal de gestion.

[813] Cf. art 6 (1) du CGI en vigueur en République du Cameroun.

[814] Art. 14 du CGI en vigueur en République de Côte d'Ivoire.

[815] Art. 5 du CGI en vigueur en République du Gabon.

[816] Art. 4 du CGI en vigueur en République du Burkina Faso.

[817] Art. 8 (1) du CGI en vigueur en République du Sénégal.

[818] Voir en ce sens BUR (C.), op. cit. p. 73 : Selon l'auteur, *« l'écriture comptable retraçant une telle acquisition n'a ni pour effet d'entraîner une variation positive d'actif net..., ni pour objet l'enregistrement d'une charge... »*

déductibles du résultat imposable les charges supportées par l'entreprise en rapport avec cette acquisition. Les charges en cause peuvent s'appréhender en amortissement calculé sur la quote-part surévaluée d'une immobilisation amortissable ; en provision pour dépréciation sur une immobilisation non amortissable ou en frais financiers supportés à raison de l'acquisition de l'élément en cause[819].

703. La rectification fiscale en matière de sous-capitalisation. La sous-capitalisation on l'a vu, réside dans le fait qu'au moins une fraction du prêt obtenu par la filiale de sa maison mère est la conséquence d'une dotation insuffisante en capital[820]. Elle emporte théoriquement comme incidence fiscale la non-déductibilité chez la filiale d'une part, de la fraction des intérêts annuels correspondant à la fraction d'emprunt représentative de l'allocation d'un capital « déguisé » et, d'autre part, la requalification fiscale en dividendes de la fraction correspondante des intérêts versés, lesquelles distributions pourront être le cas échéant assorties de retenues à la source correspondantes par application du droit interne ou conventionnel[821].

704. Au Cameroun, la déductibilité des intérêts rémunérant les prêts et autres avances obtenus auprès des actionnaires, associés ou sociétés apparentées obéit à un traitement fiscal qui varie en fonction de la conformité desdits prêts et avances aux limites fixées par le législateur. Quatre hypothèses de fiscalisation des intérêts versés à l'étranger sont à envisager au terme de l'évolution de la législation fiscale enregistrée au titre de l'exercice fiscal. La première est celle où l'emprunt et les intérêts y relatifs sont conformes aux limites fixées par la loi, l'entreprise n'est pas supposée être en situation de sous-capitalisation[822]. Dès lors, les intérêts sont déductibles dans la limite du taux d'intérêt pratiqué sur les avances de la Banque Centrale (BEAC) majorée de 2 points maximum.

705. La deuxième est celle où l'emprunt est supérieur à 1,5 fois les capitaux propres alors que les intérêts sont inférieurs à 25 % du revenu brut d'exploitation. Dans ce cas, les intérêts afférents à la fraction de l'emprunt excédant 1,5 fois le montant des capitaux propres ne sont pas déductibles. Ils sont réintégrés dans la base imposable à l'impôt sur les sociétés et à l'Impôts sur les revenus des capitaux mobiliers, sans considération de l'exonération des emprunts extérieurs à l'IRCM prévue par les dispositions de l'article 43 du Code général des impôts.

706. Suivant la troisième hypothèse l'emprunt est inférieur à 1,5 fois les capitaux propres mais les intérêts sont supérieurs à 25 % du revenu brut

---

819 BUR (C.), *op. cit.* p. 74.

820 DUCCINI (R.), *Stratégie fiscale des contrats internationaux, op. cit.*, p. 40.

821 *Ibid.*, p. 41.

822 *A titre de rappel, l'emprunt ne doit pas excéder 1,5 les capitaux propres d'une part, et d'autre part, les intérêts servis à la société mère ne doivent pas excéder 25% du revenu brut d'exploitation.*

d'exploitation. Dans ce cas, les intérêts afférents à la fraction excédentaire à 25 % du résultat brut d'exploitation ne sont pas déductibles. Ils sont réintégrés et imposables à l'IS et à l'Impôt sur les revenus des capitaux mobiliers (IRCM), sans considération de l'exonération des emprunts extérieurs à l'IRCM prévue par les dispositions de l'article 43 du CGI.

707. Dans le quatrième cas de figure, l'emprunt est supérieur à 1,5 fois les capitaux propres et les intérêts sont supérieurs à 25 % du revenu brut d'exploitation. C'est l'hypothèse où les deux critères de la sous-capitalisation institués par le législateur sont remplis. Les services de contrôle devront, selon la doctrine administrative camerounaise comparer les conséquences fiscales découlant de l'application des deux critères et retenir la quotité des intérêts non déductibles la plus élevée.

B. La dévolution de la charge de la preuve de l'anormalité de l'acte de gestion

708. Le contrôle fiscal des opérations transfrontalières découlant des contrats d'affaires internationaux sous l'angle de la remise en cause de la normalité des actes de gestion transfrontaliers pose en pratique le problème de la dévolution de la charge de la preuve. Celle-ci est en principe dévolue à l'administration fiscale **(1)**. Cela se comprend aisément dans la mesure où c'est à l'administration en tant qu'organe investigateur de motiver en droit et en fait les chefs de redressement qu'elle excipe vis-à-vis d'une entreprise dont la gestion est en principe considérée comme normale[823]. Mais la charge de la preuve peut à tout moment se renverser au détriment de l'entreprise, notamment lorsqu'elle conteste les velléités de redressement de l'administration **(2)**.

1. La dévolution de principe de la charge de la preuve del'acte anormal de gestion à l'administration fiscale

709. Lorsqu'elle se sert des dispositions qui encadrent la normalité des actes de gestion transfrontaliers, c'est à l'administration fiscale qu'il revient en principe de fournir la preuve de l'anormalité des opérations qu'elle incrimine. La démarche de l'administration épouse en général la nature des opérations incriminées ; ce qui signifie qu'elle change selon que l'administration est en face de charges anormales, de renonciation à recettes, ou d'opérations sur son actif conclues à des conditions anormales.

710. En matière de redressement des charges anormales, la question de la preuve épouse en général la logique des procédures de contrôle qui commande que l'administration qui met en évidence des chefs de redressement sur le terrain de l'acte anormal de gestion motive sa démarche en faits en relevant les éléments qui fondent l'anormalité et notamment la

---

[823] SERLOOTEN (P.) et DEBAT (O.), *op. cit.*, p. 62 : *« Il est de principe que la gestion de l'entreprise est considérée comme normale dès lors que les services qu'elle fournit ou les produits qu'elle livre ont une contrepartie apparente et immédiate ».*

profitabilité des actes en faveur des tiers au détriment de l'entreprise. La jurisprudence française indique à cet égard que dès lors que la réalité de la dépense est justifiée, il appartient à l'administration de démontrer que la charge n'a pas été exposée dans l'intérêt de l'entreprise[824]. Cette position jurisprudentielle est tout à fait louable dans la mesure où elle vient combler un vide enregistré par la plupart des législations fiscales des pays membres de l'espace OHADA. De fait, les dispositions qui traitent de la déductibilité des charges ou des transfert indirects de bénéfices au moyen d'actes anormaux de gestion se limitent à l'exposé des conditions de déductibilité desquelles se déduisent les conditions d'anormalité, sans se prononcer sur la dévolution de la charge de la preuve[825]. Aussi la charge de la preuve découle-t-elle de la procédure de contrôle.

711. En matière de redressement des renonciations à recettes, c'est également à l'administration qu'il revient d'établir l'existence d'une renonciation à un profit ou d'une dépense sans justification ou exagérée.

712. S'agissant des opérations transfrontalières sur l'actif conclues à des conditions anormales, il appartient par exemple à l'administration de prouver la minoration de la valeur d'un actif cédé ou la majoration de la valeur d'un actif acquis. De telles situations sont courantes dans les filiales localisées dans les pays de l'espace OHADA puisqu'en règle générale, dans les relations intragroupes ce sont elles qui sont placées en situation d'acquérir des immobilisations corporelles en provenance de fournisseurs établis dans les pays développés ou émergents. Pour ce qui est des acquisitions d'immobilisation à prix majoré, en raison du principe comptable de l'inscription au bilan des immobilisations à leur prix de revient, il convient de noter que de telles acquisitions ne se traduisent pour l'entreprise par aucune variation de son actif net et donc par aucun profit imposable[826]. Pourtant, les spécialistes le savent, la théorie de l'acte anormal de gestion suppose une écriture qui affecte le bénéfice imposable[827]. Dès lors, ce n'est que par l'intermédiaire des charges ou des pertes que le prix d'acquisition est susceptible de générer par la suite que l'acte anormal de gestion peut être sanctionné.

713. De même, c'est à l'administration fiscale qu'il revient d'apporter la preuve de l'acquisition par une entreprise d'une immobilisation à un prix minoré. A ce propos, il n'est pas superflu de relever que si traditionnellement, les filiales africaines importent l'essentiel de leurs outils de production des pays du nord ou d'Asie, il reste que des cessions

---

[824] CE, 3e et 8e sous-sect., 30 déc. 2002, n°230033, *Dr. fisc.* 2003, n°20, comm. 370.

[825] Au Cameroun, nulle part dans les textes des articles 19 et 7 du Code général des impôts n'est expressément abordée la question de la dévolution de la charge de la preuve. C'est par déduction logique que l'on peut attribuer cette charge dans certaines hypothèses au contribuable.

[826] SERLOOTEN (P.) et DEBAT (O), *op. cit.*, p. 72.

[827] *Ibid.*, p. 72.

intragroupes d'immobilisations sont régulièrement effectuées entre entités liées établies en Afrique pour lesquelles des actes anormaux de gestion peuvent être commis[828]. Les administrations fiscales africaines évoluent dans des environnements administratifs et techniques cloisonnés, ce qui ne facilite pas le contrôle de ces opérations.

2. Le renversement de la charge de la preuve au détriment de l'entreprise

714. La charge de la preuve peut dans certaines hypothèses résulter de la loi notamment lorsqu'il s'agit de justifier certaines écritures comptables en rapport avec les opérations sur lesquelles pèsent une présomption d'anormalité excipée par l'administration fiscale. En effet, les législations fiscales africaines dans nombre de leurs dispositions font peser sur le contribuable l'obligation de prouver qu'une dépense transfrontalière a été exposée dans l'intérêt de l'entreprise. L'entreprise contrôlée est, sur le fondement de telles dispositions, tenue de justifier tantôt de la réalité, tantôt de l'exactitude et de l'intérêt de la dépense.

715. Concrètement, ce n'est que par une déduction logique des insinuations du législateur que l'entreprise est amenée à porter le fardeau de la preuve face aux prétentions de l'administration fiscale. C'est notamment le cas lorsqu'il s'agit d'apporter la preuve de l'effectivité des services. Au Cameroun, le législateur admet la déductibilité « *à condition qu'ils ne soient par exagérés,[...] des frais de siège pour la part incombant aux opérations réalisées au Cameroun et les rémunérations de certains services effectifs (études, assistance technique, financière ou comptable)[...]* [829]». L'on comprend à la lecture de ce texte que si l'administration remet en cause à l'occasion de son contrôle l'effectivité des services rendus par les prestataires étrangers au profit de l'entreprise camerounaise, c'est sur cette dernière que pèsera la charge de la preuve du contraire.

716. Lorsqu'une entreprise entend renverser la présomption d'anormalité, il lui appartient de prouver un intérêt économique et financier en faisant état de circonstances ou de documents appropriés[830]. Si elle parvient à apporter la preuve de cet intérêt, l'administration est automatiquement regardée comme n'apportant pas la preuve de l'acte anormal de gestion. En dehors d'une présomption d'anormalité, la charge de la preuve est également renversée lorsque la loi attribue au contribuable la charge de la preuve. Ainsi il appartient au contribuable d'établir l'exactitude des écritures comptables portant sur des charges portées aux frais généraux[831].

---

[828] Cette situation s'observe, on l'a vu dans les grands groupes industriels du secteur extractif ou de l'agroalimentaire ou de l'énergie.

[829] Art. 7-A-1- d) du CGI en vigueur en République du Cameroun.

[830] CE, 7e et 9e sous-sect., 26 juill. 1982, n° 27823, *Dupont 1982*, n°10, p. 453.

[831] CE 22 juin 1988, n°58968, *RJF n°8-9/88*, n°1021.

CONCLUSION DU TITRE II

717. Au total, la désorientation du contrôle fiscal s'explique aussi en grande partie par l'usage par les opérateurs économiques transnationaux de l'abus de droit en tant que moyen ou astuce d'évitement du contrôle fiscal. Les contrats d'affaires internationaux offrent en fait à l'abus de droit un champ d'expression éminemment fertile qui permet aux opérateurs économiques de réaliser toutes sortes d'édifices contractuels à finalité fiscale. Ces montages juridiques, nous l'avons montré peuvent se réaliser dans les limites d'un seul contrat ou mettre à contribution plusieurs contrats avec à chaque fois l'idée de contourner furtivement des obligations fiscales. Cet état de fait constitue une source de déséquilibre contractuel au détriment des créanciers et notamment de l'Etat, victimes qu'ils sont de l'apparence trompeuse des contrats d'affaires internationaux. Le déséquilibre fiscal en cause est accentué par l'impréparation générale des administrations fiscales africaines face à la montée en puissance de l'ingénierie juridique pourvoyeuse de montages contractuels. En désespoir de cause, les administrations fiscales font un peu avec les moyens du bord en se cramponnant aux irrégularités comptables et à la théorie de l'acte anormal de gestion pour grappiller ce qui peut l'être dans un élan de répression quelque fois contestable dont la contrepartie est à rechercher dans la frustration qui est la leur face à l'apparente complexité des constructions à finalité fiscale des contrats d'affaires internationaux.

CONCLUSION DE LA PREMIÈRE PARTIE

718. Le spectre du marché international des biens et des services plane sur les administrations fiscales africaines comme une véritable nébuleuse qui recouvre en matière de fiscalité des contrats d'affaires de nombreuses zones d'ombre. Ces administrations sont en effet littéralement désorientées, nous l'avons montré, par la vélocité de l'ingénierie fiscale internationale qui, à travers les constructions fiscales qu'elles érigent au sein desdits contrats, arrive à réduire l'action des administrations fiscales africaines à la portion congrue en matière de contrôle fiscal des opérations commerciales et financières transfrontalières. Les contrats d'affaires internationaux apparaissent ainsi comme une forteresse quasi imprenable aux yeux des services de contrôle. Les montages intra-contractuels et pluri-contractuels sont en effet utilisés par les stratèges internationaux dans une logique d'optimisation pour, sinon verrouiller, du moins, brouiller l'accès à l'intelligence fiscale que renferment les contrats d'affaires internationaux. Les administrations fiscales africaines sont, dans cette logique de « montage », entraînées dans leur mission de contrôle sur les « sables mouvants » de l'abus de droit et sur le « terrain glissant » des actes anormaux de gestion. A l'arrivée, le contrôle fiscal connaît des embourbements et des dérapages préjudiciables au Trésor public et à la sécurité juridique et fiscale des contribuables.

719. C'est pourquoi, il nous semble nécessaire de proposer que les Etats africains de l'espace OHADA affrontent sans détour le débat du contrôle fiscal des contrats d'affaires internationaux en réorientant leur démarche de contrôle suivant une logique de déconstruction fiscale des contrats d'affaires internationaux. Une telle démarche aurait le mérite, non seulement de forger une expertise africaine en matière d'analyse fiscale des stipulations contractuelles à même de rivaliser avec l'expertise des stratèges internationaux, mais aussi, de se servir de la science juridique pour pallier les déficiences liées au retard économique et technologique des pays africains en cause.

PARTIE II

LA RÉORIENTATION DU CONTÔLE PAR LA DéCONSTRUCTION FISCALE DES CONTRATS D'AFFAIRES INTERNATIONAUX

720. A la désorientation du contrôle fiscal des contrats d'affaires internationaux occasionnée par les constructions contractuelles à finalité fiscale, il convient de notre point de vue, d'apporter une réponse qui passerait globalement par une systématisation de la « déconstruction fiscale » desdits contrats à l'occasion des contrôles des entreprises transnationales. Une telle approche a pour ambition de fournir aux administrations fiscales africaines des outils méthodologiques appropriés susceptibles de mieux orienter le contrôle fiscal dans ce domaine.

721. L'optimisation fiscale procède, comme nous l'avons montré dans la première partie de notre étude, d'une construction rationnelle des contrats dans le but de minimiser le coût fiscal des opérations économiques engendrées par le contrat[832]. Elle est de ce point de vue systématiquement le produit d'une stratégie qui joue avec l'apparence des actes juridiques à l'effet de dissimuler l'intention véritable des parties[833]. C'est précisément cette idée de « construction rationnelle » des contrats d'affaires internationaux qui commande que le contrôle fiscal desdits contrats repose sur une approche « déconstructionniste » pour ambitionner de retrouver la réalité fiscale qui se cache derrière les apparences contractuelles sous lesquelles les contribuables essaient de la dissimuler. L'approche déconstructionniste du contrôle fiscal des contrats d'affaires internationaux nous semble suffisamment indiquée pour, sinon garantir, du moins améliorer l'efficacité de cet aspect du contrôle fiscal. L'adoption de cette approche permettrait à l'administration fiscale de répondre au moins à deux objectifs : le premier, d'ordre financier, vise la maîtrise des déperditions de recettes fiscales ; le second, d'ordre juridique, vise la maîtrise de l'équilibre fiscal des contrats d'affaires internationaux contrôlés.

722. C'est en effet en s'inspirant de la théorie de la déconstruction du discours[834] exposée par le philosophe français, Jacques Derrida[835] que l'on

[832] Voir en ce MARDIERE (C. De La), *La preuve en droit fiscal, op. cit.*, p. 289 : *« Car, par principe, la sincérité des actes privés est acquise, sauf à démontrer que la construction juridique qu'ils contiennent n'a d'autre fin que d'éluder l'impôt... »*

[833] Voir en ce sens COHET (F.), Le contrat, op. cit, p. 133 : *« On parlera de simulation dans les contrats lorsque les parties auront dissimulé leur intention véritable en créant une fausse apparence »*.

[834] Jacques DERRIDA est le père du déconstructionisme qui n'est rien de moins qu'un courant philosophique participant à la fois de la philosophie et de la littérature et révélant les

peut rechercher en droit les ressorts didactiques d'une approche rationnelle et cohérente du contrôle fiscal des contrats d'affaires internationaux. Parce qu'il concentre en son sein des enjeux économiques et financiers généralement importants, le contrat d'affaires est porteur d'un « discours entendu » dont les parties constituent conjointement les auteurs. Il est sous ce rapport la traduction ouverte ou larvée du serment que se font mutuellement lesdites parties et ne peut dès lors être compris dans ses effets fiscaux qu'après une lecture et une analyse critique des clauses qui le structurent. A ce propos, la doctrine reconnaît d'ailleurs que les actes juridiques ne sont qu'un habillage de l'opération économique poursuivie par les parties[836]. L'approche *« déconstructionniste »* est d'autant plus interpellative qu'elle nous semble être la mieux à même de permettre au droit fiscal en général et au contrôle fiscal en particulier d'interagir avec les normes de « connectivité » qui caractérisent le droit global sous l'empire duquel naissent et évoluent les contrats d'affaires internationaux[837]. La notion de connectivité selon la doctrine renvoie à la mise en relation d'environnements juridiques distincts dans un contexte de pluralité ou de diversité normative.

723. Cette reconfiguration rationnelle du contrôle fiscal des contrats d'affaires internationaux sous le prisme principal de leur déconstruction systématique est d'autant plus utile qu'en Afrique, le contrôle fiscal se caractérise par une absence de repères méthodologiques vis-à-vis de la matière des contrats d'affaires qui a pour effet de le fragiliser et de l'emprisonner dans l'univers intuitif de l'empirisme et de l'improvisation. Le contrôle fiscal des contrats d'affaires internationaux ne saurait se réduire

---

décalages et confusions de sens de la métaphysique, par le moyen d'une lecture se focalisant sur les postulats et les omissions contenues dans le texte lui-même. (https://fr.wiktionary.org). Il élabora une théorie de la déconstruction (du discours, donc, suivant sa conception du monde), qui remet en cause le fixisme de la structure pour proposer une absence de structure, de centre, de sens univoque. La relation directe entre signifiant et signifié ne tient plus et s'opèrent alors des glissements de sens infinis d'un signifiant à un autre, (www.signosemio.com). *« La déconstruction désigne l'ensemble des techniques et stratégies utilisées par Derrida pour déstabiliser, fissurer, déplacer les textes explicitement ou invisiblement idéalistes »* (Gilbert HOTTOIS, 1998 : 399 - 400)

835 D'après le Petit Larousse illustré de 2015, il a poursuivi une démarche de déconstruction des textes et des pensées, allant de la redéfinition des rapports de la littérature et de la philosophie (*L'Ecriture et la différance*, 1967) à la généralisation d'exercices d'interprétation critique (*Marges de la philosophie*, 1972 ; Glas, 1974 ; *La Carte postale, de Socrate à Freud et au-delà*, 1980).

836 Voir à ce propos MOUSSERON (J. M.), *Technique contractuelle*, Francis Lefèbvre, 5e éd. par MOUSSERON (P.), REYNARD (J.), SEUBE (J.-B.), 2017, p. 107.

837 Sur les normes de connectivité lire : KJAER (F.), *L'idée sociologique de « connectivité » et le droit international privé. Vers une architecture constitutionnelle*, Traduit par Louis HILL, Rev. Crit. DIP 2019, p. 929 et s. : *« Dans la mesure où les normes juridiques globales assurent une prestation (« Leistung ») de connectivité, c'est-à-dire qu'elles ont vocation à augmenter la probabilité des actes de transfert, elles constituent, en vertu de ce qui précède, des normes de connectivité ».*

au seul contrôle des opérations internationales au sens retenu par Monsieur Jérôme Nirmal Thomas dans sa thèse précisément intitulée *« Le contrôle fiscal des opérations internationales* [838] *»* ; il devrait aller bien au-delà de manière à s'orienter et à se systématiser à partir de l'audit des clauses contractuelles[839], avec pour ambition de mesurer leur portée fiscale.

724. Le contrôle fiscal des contrats d'affaires internationaux n'est assurément pas une entreprise aisée en raison de la complexité et de l'originalité des montages contractuels. Mais en se servant de la logique qui préside à la rédaction de ces contrats, l'on peut être en mesure de proposer une approche pertinente qui voudrait que la méthode de contrôle à retenir pour chaque contrat ou pour un groupe de contrats épouse symétriquement la méthode de « construction » dudit contrat ou dudit groupe de contrats de manière à faire le lien soit entre les clauses à l'intérieur de chaque contrat, soit entre les clause de plusieurs contrats relevant du même ensemble contractuel.

725. Il est donc de notre point de vue impérieux que les techniques qui président à l'élaboration des contrats d'affaires internationaux soient apprivoisées par les acteurs de la chaîne du contrôle fiscal pour que soit envisagée une approche cohérente à même d'être à la hauteur des enjeux techniques et financiers qu'hébergent ces contrats, tant vis-à-vis des entreprises que des administrations fiscales africaines. Plus les contrats d'affaires seront de la sorte domestiquée par les agents de l'administration fiscale de manière à leur servir de « conducteur » en matière de contrôle, mieux se trouvera restauré l'équilibre des rapports fiscaux entre les entreprises transnationales et les administrations fiscales africaines.

726. Ainsi considéré, le contrôle fiscal des contrats d'affaires internationaux dans les pays africains, pour se situer au-delà de l'empirisme dans lequel il s'est enferré, devrait tirer profit de la technique contractuelle et des outils d'analyse du droit transnational des affaires mobilisés par les institutions et les opérateurs économiques internationaux de manière à placer les administrations fiscales africaines en situation de répondre plus convenablement aux nombreux défis que leur imposent lesdits opérateurs dans la sempiternelle lutte contre la fraude et l'évasion fiscale internationale. A notre sens, une telle réponse trouverait de réels ressorts d'une part dans le

---

838 Lire sur ce point THOMAS (J. N.), *op. cit.*, p. 15 et s. : L'auteur, citant Bruno GHOUTHIERE, entend par opérations internationales, les *« opérations faites par un résident d'un Etat sur le territoire d'un autre Etat ou avec un résident d'un autre Etat » ;* Voir également GOUTHIERE (B.), *Les impôts dans les affaires internationales*, Editions Francis Lefèbvre, 5e édition, 2001, n°1.

839 L'analyse fiscale des clauses s'inscrit dans une démarche d'audit et s'apparente- quoiqu'avec des finalités différentes- à l'audit fiscal des contrats d'affaires internationaux qui fait partie de la grille des services rendus par certaines multinationales spécialisées dans l'audit et le conseil juridique et fiscal.

décryptage des clauses contractuelles en tant qu'outil de détection des risques fiscaux associés aux contrats d'affaires internationaux **(Titre I)** et d'autre part, dans la recherche de l'équilibre fiscal en tant que finalité centrale du contrôle desdits contrats **(Titre II).**

TITRE I

LE DECRYPTAGE FISCAL DES CLAUSES, OUTIL DIDACTIQUE DE DECONSTRUCTION DES CONTRATS D'AFFAIRES INTERNATIONAUX

727. Quelles que soient les options stratégiques retenues par les cocontractants, tout contrat d'affaires international est susceptible de renfermer des clauses « cryptées » ou « codées » qui cacheraient la réelle volonté des parties. Pour détecter les risques fiscaux que véhiculent les contrats d'affaires internationaux, les acteurs du contrôle fiscal gagneraient à s'imposer un véritable exercice de décryptage ou de « décodage [840]» des clauses contractuelles de manière à circonscrire objectivement les incidences fiscales découlant de l'existence ou de l'exécution desdites clauses et ce, en rapport avec les déclarations souscrites par les parties auprès de l'administration fiscale. La question fondamentale qui se pose à ce stade de notre étude est de savoir, en situation de contrôle fiscal dans une juridiction donnée, comment aller au-delà des apparences exposées par les stipulations contractuelles qui gouvernent les opérations internationales pour extraire la substance fiscale qu'elles abritent à la lecture du dispositif légal et réglementaire en vigueur dans ladite juridiction.

728. Cette interrogation de base nous conduit à préférer l'expression *« décryptage fiscal »* à celle d'*» analyse fiscale»* par-delà la synonymie qui peut exister entre elles, afin de mettre l'accent davantage sur l'idée de dévoilement ou de décodage des apparences que suggère le vocable décryptage[841], que sur celle de décomposition des « constituants » du contrat que suggère la notion philosophique d'analyse[842]. Le décryptage fiscal des contrats va dans ce contexte plus loin que l'analyse fiscale dans la mesure où il ne vise pas seulement à remonter vers des éléments plus simples, en l'occurrence les stipulations les plus explicites qui permettraient d'expliquer celles qui sont les plus complexes. L'idée de décryptage en matière fiscale est d'ailleurs de plus en plus revendiquée par la doctrine dans le souci

---

[840] Voir en ce sens, FORRAY (V.) et Sébastien PIMONT(S.), *Décrire le droit... et le transformer*, Dalloz,1ère éd., 2017, p. 28 : les auteurs expliquent à ce propos que *« le texte accomplit un codage par lequel le monde prend forme de droit, ce qui permet au juriste de s'y mouvoir, de texte en texte. (...) Ainsi, l'écriture fixe le droit en une réalité qui se substitue au réel ; un réseau référentiel et intertextuel que parcourent les juges et les juristes »*. Et ils continuent : *« Ceux-ci, dans l'exercice de leur activité, opèrent le nécessaire décodage de cette réalité afin de la mettre en rapport avec la cause qui guide leur action... »*

[841] Dans notre étude le terme décryptage peut prendre le sens d'*analyse critique* en tant qu'outil de la déconstruction.

[842] Ce point acquis, les deux expressions sont utilisées dans nos travaux pour désigner la même réalité didactique.

affiché d'approfondir la compréhension des pratiques d'évitement de l'impôt[843]. Ainsi en faisant usage du décryptage juridico-fiscal des clauses contractuelles, la déconstruction permet de découvrir la signification juridique réelle de chaque clause « construite » par les parties et de valider ensuite sa conformité fiscale. Pour l'heure, le contrôle fiscal des contrats d'affaires internationaux relève en Afrique tout juste du champ des possibles et non de celui des certitudes puisqu'il reste dans son approche actuelle prisonnier de la casuistique. Cet état de fait est dû en partie à l'absence de matériaux didactiques adéquats à même de susciter un réel intérêt technique[844] de la part des acteurs du contrôle fiscal vis-à-vis desdits contrats, mais aussi aux carences institutionnelles et réglementaires susceptibles d'encadrer rigoureusement les approches de contrôle axées sur les contrats d'affaires internationaux[845]. Quelles que soient les solutions retenues à ce propos par les Etats africains, elles requièrent pour chacun d'eux, que le contrôle fiscal compose avec le droit transnational c'est-à-dire avec les normes nationales, internationales et a-nationales qui structurent ce droit[846].

729. Cela dit, traiter du décryptage fiscal des clauses en tant qu'outil de déconstruction des contrats d'affaires internationaux revient à utiliser cet outil en vue de la détection des risques fiscaux associés aux montages contractuels **(chapitre I)** avant d'embrasser celle de la détection des risques spécifiques inhérents à chaque secteur d'activités **(chapitre II).**

---

843 Lire en ce sens VERNIER (E.), *Fraude fiscale et paradis fiscaux – Décrypter les pratiques pour mieux les comprendre-*, Dunod, 2014, 179 p. On peut le voir, le sous-titre de cet ouvrage *« Décrypter les pratiques pour mieux les comprendre »* traduit le souci de l'auteur de s'inscrire dans une démarche analytique révélatrice des réalités qui se cachent derrière les apparences de fraude fiscale transnationale.

844 De tels matériaux didactiques peuvent être fournis par les agents de l'administration fiscale eux-mêmes ou par les autorités dans le cadre de leur appui à la formation des agents du fisc.

845 Suivant notre observation, de telles règles auraient valablement pu faire l'objet d'actes réglementaires - instructions ou circulaires- portant orientation du contrôle fiscal. Mais force est de constater que les instructions qui encadrent le contrôle fiscal se focalisent le plus souvent sur l'organisation de la répartition des compétences entre les différentes structures opérationnelles en charge du contrôle fiscal tant au niveau opérationnel qu'au niveau central. En procédant de la sorte, elles occultent les préoccupations plus techniques liées au contrôle des contrats. Dans leurs analyses des risques, les administrations fiscales évoquent de manière elliptique le risque fiscal lié aux contrats d'affaires, quand il n'est pas purement et simplement passé sous silence.

846 LHUILIER (G.), *Le droit transnational*, *op. cit.*, p. 9 et s. : D'après l'auteur, le droit transnational s'applique aux « espaces de la mondialisation qui excèdent l'ordre juridique ou le système juridique national ou international… Les acteurs des espaces normatifs ne sont en effet plus seulement les Etats et le champ d'application des normes de ces espaces n'est plus seulement territorial ». L'enseignement que nous en tirons est que le contrôle fiscal des contrats d'affaires internationaux en tant que contrôle des entreprises transnationales doit appréhender l'espace normatif transnational issu du syncrétisme des « espaces normatifs » nationaux, internationaux et a-nationaux.

CHAPITRE I

LA DÉTECTION DES RISQUES FISCAUX DISSIMULÉS DANS LES MONTAGES CONTRACTUELS TRANSNATIONAUX

730. Un contrat d'affaire international est en général l'aboutissement d'un projet économico-juridique dont les clauses cachent - ou révèlent - les tensions, y compris fiscales. Le contrôle fiscal en tant qu'il offre la possibilité à ses acteurs d'examiner le dossier juridique de l'entreprise composé, entre autres documents, des contrats d'affaires internationaux, constitue incontestablement une opportunité de premier ordre pour les administrations fiscales en matière de détection des risques fiscaux inhérents aux constructions contractuelles. Ces constructions sont chacune en ce qui la concerne l'expression du génie des rédacteurs détenteurs de la *technique contractuelle* en tant qu'outil de construction des contrats d'affaires internationaux. C'est en effet grâce à la *technique contractuelle* que la construction des contrats devra à chaque fois définir le contenu et l'autorité des obligations que crée la convention[847].

731. Il faut en convenir, lire et décrypter intégralement les contrats d'affaires internationaux du point de vue fiscal à l'occasion d'un contrôle fiscal peut sembler illusoire ou titanesque en raison, aussi bien de la complexité technique des montages contractuels transnationaux que du niveau relevé de compulsion documentaire que peut parfois imposer un tel exercice. Mais l'effort de déconstruction fiscale des clauses contractuelles par les acteurs africains du contrôle fiscal en vaut certainement la peine pour peu que l'on songe aux enjeux heuristiques et financiers qui l'entourent. Monsieur Olivier Marichal préconise à ce propos dans son ouvrage dédié à la sécurisation des prix de transfert[848] une analyse holistique des clauses contractuelles. Selon lui, cette analyse ne doit pas se limiter aux caractéristiques des biens ou des services, mais bien plus, sur les autres clauses relatives notamment aux conditions de paiement, au volume de la transaction, à ses garanties, à la durée du contrat, aux conditions de terminaison et de renégociation et aux transactions collatérales[849]. Il souligne

---

847 MOUSSERON (J. M.), *Technique contractuelle,* Francis Lefèbvre, 5e éd., *op. cit.*, p.180.
848 Voir en ce sens MARICHAL (O.) *Sécurisez vos prix de transfert,* Préf. de Thierry SCHMITT et Pascal LUQUET, Paris, Editions EFE, 2004, spéc. p.143-151.
849 MARICHAL (O.), *op. cit.*, p.14, n° 394.

à ce propos qu'» *il est également nécessaire d'examiner l'ensemble des conditions contractuelles liant les parties »*[850].

732. Pour être suffisamment pertinent sur le terrain des contrats d'affaires, le contrôle fiscal gagnerait, non seulement à se servir de la grille de lecture offerte par le vaste univers de la technique contractuelle, mais aussi, à savoir exploiter le droit des contrats internationaux de sorte à déboucher sur un système de rectification plus rationnel et mieux opposable aux cocontractants.

733. Cela dit, sous le rapport des constructions ou des montages contractuels, le décryptage fiscal des clauses poursuit dans le contexte de notre étude deux objectifs complémentaires : le premier a trait à la détection des risques fiscaux consécutifs aux montages intra-contractuels dans les opérations simples **(section I)**, le second est relatif à la détection des risques fiscaux consécutifs aux montages pluri-contractuels orchestrés dans le cadre des opérations complexes **(section II)**.

SECTION I. LA DÉTECTION DES RISQUES FISCAUX ASSOCIÉS AUX MONTAGES INTRA-CONTRACTUELS INHÉRENTS AUX OPÉRATIONS SIMPLES

734. Le concept de montage intra-contractuel dans le cadre de la présente étude renvoie à toute construction juridique à finalité fiscale opérée dans le cadre des opérations contractuelles dites simples encadrées chacune par un contrat isolé. Selon la doctrine, *« l'opération simple est une opération qui ne peut être décomposée parce que couverte par un consentement unique* [851]». Que les contrats d'affaires internationaux fassent fréquemment l'objet de « constructions [852]» multiformes - quoique de plus en plus standardisées - de la part de leurs rédacteurs n'est plus à démontrer[853]. La

---

[850] *Ibid.*, p. 146, n° 384 : D'après l'auteur cette analyse est cruciale dans la mesure où elle porte sur *« les modalités de répartition des responsabilités, des risques et des bénéfices entre les parties »*.

[851] MOUSSERON (J. M.), *Technique contractuelle*, Francis Lefèbvre, 5e éd. par MOUSSERON (P.), REYNARD (J.), SEUBE (J.-B.), 2017, p.110, n°243.

[852] *Ibid*, p. 20, n° 9 : *« Construire un contrat consiste à répondre à toute une série - et mieux : tout un système – de questions. La tâche première est, donc, de poser le maximum d'interrogations et, à cette fin, d'analyser au mieux l'opération envisagée.*
Les rédacteurs de contrats devront imaginer l'opération pour laquelle ils se rapprochent en envisageant, outre le schéma optimal de la relation souhaitée, tous les cas de figure qui peuvent se présenter en laissant, de temps leur imagination, rose ou noire, vagabonder. Revenant au tracé principal, ils disciplineront leur réflexion en multipliant les constructions selon l'articulation binaire : « A fait ceci – A ne fait pas ceci » et en envisageant ce qui devra se produire dans l'une puis dans l'autre hypothèse ; les constructeurs de contrats retrouvent, alors, la technique de l'arborescence chère aux concepteurs de banques de données informatisées. Ce travail fait essentiellement appel à l'analyse pour la formulation des problèmes et à l'expérience et/ou l'imagination pour la conception des solutions ».

[853] Voir en ce sens JACQUET (J.-M.), DELEBECQUE (Ph.) CORNELOUP (S.), *Droit du commerce international*, Dalloz, 3e éd., *op. cit.*, p. 279, n° 442 : D'après les auteurs, « *Les contrats internationaux se standardisent et finissent par contenir des clauses identiques ou du*

question principale qui surgit à ce stade de notre étude est de savoir du point de vue fiscal comment repérer ou découvrir à l'occasion des contrôles ou des audits fiscaux les anomalies ou les irrégularités qui se cachent derrière les stipulations contractuelles apparentes qui structurent les contrats d'affaires internationaux. Pour arriver à exposer la cohérence du décryptage fiscal susceptible d'être mis en œuvre par les acteurs du contrôle fiscal, il convient de se servir, des outils de technique contractuelle dont les moindres ne sont pas ceux décrits par Dominique Blanco dans l'ouvrage qu'il consacre à la négociation et à la rédaction des contrats internationaux[854] ou ceux exposés dans l'ouvrage de Monsieur Jean Marc Mousseron[855]. A ces éléments de technique contractuelle, il importe d'adjoindre les principes et la pratique du droit transnational des affaires[856] en même temps que le droit fiscal positif dans ses aspérités internes et internationales. Le contrôle fiscal des contrats d'affaires internationaux n'est assurément pas une entreprise facile. En s'adossant sur la logique qui préside à la rédaction de ces contrats, l'on peut être en mesure de proposer une approche pertinente même s'il faut reconnaître avec la doctrine qu'un contrat d'affaires peut être rédigé de mille manières, et qu'il n'y a pas de formule toute prête[857]. Aussi formulons-nous l'hypothèse suivant laquelle la méthode de contrôle à retenir pour chaque contrat devrait épouser symétriquement la méthode de rédaction dudit contrat.

735. Il est donc de notre point de vue nécessaire que les techniques qui président à l'élaboration des contrats d'affaires internationaux soient apprivoisées par les acteurs de la chaîne du contrôle fiscal pour que soit envisagée une approche cohérente à même d'être à la hauteur des enjeux techniques et financiers qu'hébergent ces contrats, tant vis-à-vis des entreprises que des administrations fiscales africaines. En effet, plus les contrats d'affaires seront de la sorte « domestiqués » par les agents de l'administration fiscale, mieux se trouvera restauré l'équilibre des rapports fiscaux entre entreprises transnationales et administrations fiscales africaines.

---

moins analogues. Ils se « construisent » en suivant pratiquement le même schéma : préambule ; définitions ; objet ; prestations ; sites et équipements ; produits ; traitement informatique ; rémunération ; gage ; responsabilité ; assurances ; durée ; résiliation ; gage ; responsabilités ; assurances ; durée ; résiliation ; restitution ; intuitus pesonae ; sous-traitance ; confidentialité ; force majeure ; différends ; interprétation ; élection de domicile ; cession ; annexes ».

[854] Lire à ce propos BLANCO (D.), *Négocier et rédiger un contrat international*, Paris, Dunod, Préf. de Samuel PISAR, 3e édition, 2002.

[855] Voir à ce propos MOUSSERON (J. M.), *Technique contractuelle*, Francis Lefèbvre, 5e éd. *préc.*

[856] Voir en ce sens LHUILIER (G.), *Le droit transnational*, Dalloz, Coll. « Méthodes du droit », 2016.

[857] BESSONNET (A.), LAMY (P. E.), *op. cit.*, p.70

736. Cela dit, le contrôle fiscal exercé sur un contrat d'affaires international pris isolément devrait à notre sens épouser aussi bien les courbes du *« moule contractuel*[858]*»* que du *« balisage contractuel* [859]*»* pour suivre la structure donnée audit contrat par ses rédacteurs[860]. Cette approche présente selon nous l'avantage d'être prudente en ce qu'elle évite de « survoler » le contrat pour embrasser la détection des risques fiscaux qu'il draine à travers une couverture intégrale des stipulations contractuelles[861]. Cette couverture intégrale passe logiquement d'abord par le contrôle des clauses introductives des obligations contractuelles[862] **(§1)**, ensuite par le contrôle des clauses distributives des obligations contractuelles **(§2)** et enfin par le contrôle des clauses conclusives ou terminales du contrat **(§3)**. L'analyse effectuée dans la présente section n'a pas vocation à embrasser l'examen de toutes les clauses susceptibles de faire partie d'un contrat d'affaire international. Elle entend plutôt explorer les axes de contrôle desdites clauses en mettant l'emphase, moins sur le dispositif normatif susceptible d'être mobilisé pour les contrôler que sur les techniques de contrôle à mettre en œuvre pour établir en tant que de besoin leur conformité fiscale.

§1. Le décryptage fiscal des clauses introductives des obligations contractuelles

737. En nous référant à la systématisation doctrinale sur la question, l'expression clauses introductives des obligations contractuelles dans le contexte de notre étude fait référence aux stipulations liminaires annonciatrices de l'opération contractuelle et des liens de droit appelés à se déployer entre les parties. Entrent communément dans ce groupe de dispositions, le titre du contrat, l'objet, la désignation des parties, le préambule, les définitions et le système juridique applicable au contrat. Aussi conviendrait-il, dans un ordre de cohérence qui épouserait cette structure, d'orienter le décryptage fiscal des dispositions liminaires d'une part, vers les clauses concourant à la qualification des prestations **(A)** et, d'autre part, vers celles qui concourent à la justification des obligations contractuelles**(B).**

---

[858] BLANCO (D.), *op. cit.* p. 103 et s.

[859] *Ibid.* p. 124 et s.

[860] Le contrat serait sur cette base une sorte de *check list* ou de « feuille de route » pour le contrôle fiscal.

[861] Une telle approche permet également de se situer au-delà de la distinction opérée entre les clauses tenant à la forme et celle relevant du fond du contrat.

[862]JEULAND (E.), « L'énigme du lien de droit », *Revue juridique de la Sorbonne*, n° 1, juin 2020, p. 155, n°15 : *« […] l'obligation, qui est traditionnellement qualifiée de lien de droit, n'est pas un complexe de droits et de devoirs, c'est un devoir d'une personne vis-à-vis d'une autre d'exécuter une prestation ».*

A. Le contrôle fiscal des clauses concourant à la qualification des prestations

738. D'après la doctrine en droit des contrats, « la qualification consiste à déterminer la catégorie juridique à laquelle appartient un accord afin d'en préciser le régime juridique [863]». La détection des risques fiscaux dans tout contrat d'affaires international est largement tributaire de l'intérêt que suscitent ses clauses auprès des agents de l'administration fiscale. Aucune clause n'est de ce point de vue à négliger. Ainsi, en début de lecture du texte contractuel, ceux-ci devraient d'abord logiquement porter leur attention sur les clauses qui leur permettraient une fois décryptées à travers une méthode d'interprétation, d'octroyer une qualification juridique à chacune des prestations identifiées et d'envisager le cas échéant les rectifications fiscales issues des requalifications administratives desdites prestations. Au rang des clauses concourant à la qualification des prestations appelées à retenir l'attention du contrôle fiscal, figurent en bonne place le titre et l'objet du contrat **(1)** d'un côté, et les définitions du contrat, de l'autre **(2)**.

1. La détection des risques fiscaux entourant le titre et l'objet du contrat

739. La pratique du contrôle fiscal montre que la technique contractuelle peut poser de redoutables difficultés à l'administration fiscale en matière d'analyse des contrats. Ces difficultés se présentent d'entrée de jeu avec la lecture du titre et de l'objet du contrat qui peut donner des indications tantôt claires tantôt floues sur la qualification des prestations contractuelles envisagées par les parties. Sous ce rapport, les investigations des agents de l'administration fiscale doivent logiquement porter sur les risques fiscaux associés au titre et à l'objet du contrat.

740. Les risques fiscaux associés au titre du contrat. Le titre du contrat est le support juridique en ce qu'il révèle le type d'outil que les parties entendent utiliser pour réaliser l'opération économique qu'elles veulent mener à bien[864]. De l'avis d'une frange de la doctrine, « Intituler le contrat participe à sa qualification et, par conséquent, à son rattachement à un régime juridique donné [865]». Si l'on concède que le titre est adopté par les parties de manière à orienter la qualification du contrat suivant leur commune volonté, il faut toutefois garder à l'esprit que cette qualification peut ne pas être fondée[866]. De fait, ni l'administration fiscale, ni le juge ou

---

[863] COHET (F.), *Le contrat*, *op. cit.*, p. 137.

[864] MOUSSERON (J. M.), *Technique contractuelle*, 5e éd., *op. cit.*, p. 67

[865] *Ibid.*, p. 67 ; voir également BESSONET (A.), LAMY (P. E.), *Contrats d'affaires internationaux, op. cit. p. 72.*

[866]Voir en ce sens BESSONET (A.), LAMY (P. E.), *op. cit.*, p. 72 ; voir aussi KERHUEL (A.-J.) *op. cit.*, p. 69 : *« Le caractère propre de certains contrats d'affaires rend hasardeux la qualification juridique à laquelle ils peuvent être rattachés ».*

l'arbitre ne sont liés par la qualification juridique que les parties ont entendu donner à leur contrat[867]. D'ailleurs sur le terrain du contrôle fiscal, de nombreux contrats internationaux examinés par les agents de l'administration se distinguent fréquemment par des titres aux formulations les unes plus évasives que les autres. Ainsi en est-il par exemple des contrats intitulés vaguement « Contrat de vente », « Contrat de services », « Contrat de représentation », ou encore « Contrat de transport ». Il est clair que de tels intitulés ne renseignent pas suffisamment l'administration fiscale sur la substance exacte des opérations contractuelles de manière à permettre à ses agents de les rattacher instantanément à un quelconque régime fiscal. Seule une lecture plus complète du contenu des stipulations contractuelles peut permettre aux agents en charge du contrôle de procéder aux analyses qui leur permettraient de déterminer le régime fiscal applicable aux opérations qu'ils auront pu découvrir. Quoi qu'il en soit, il reste que « le titre procure un premier indice, fort de la volonté des parties de rattacher leur accord à un régime juridique déterminé ou, au contraire, de le détacher de pareil régime [868]».

741. Cela dit, contrôler fiscalement le titre du contrat, c'est d'abord pour l'administration fiscale et les autres acteurs du contrôle fiscal, se faire comme en droit des affaires, une idée précise de l'opération économique envisagée par les parties dans leurs relations contractuelles[869]. La question centrale à ce stade est de savoir si le titre indiqué est en tout point de vue le reflet de l'économie du contrat ou de sa prestation caractéristique, seule décisive dans le choix du régime applicable à l'accord[870]. Le principal risque qu'encourent les parties est donc celui de la requalification du contrat étant donné qu'à chaque régime contractuel correspond un régime fiscal[871]. L'administration fiscale peut en effet, on l'a vu, restituer à l'opération son véritable caractère et déterminer en conséquence les impôts applicables. Elle est de fait, fondée à agir de la sorte, si elle découvre dans le contrat contrôlé une ou plusieurs opérations ne correspondant pas à la qualification donnée

---

867 BESSONET (A.), LAMY (P.E.), *op. cit., p. 72*

868 MOUSSERON (J. M.), 5e éd., *op. cit.*, p. 68.

869 *Ibid.*, p. 67 : L'ouvrage nous fait remarquer à ce propos que *« le binôme « qualification-rattachement » est loin, en effet, d'être propre au droit international privé et la première tâche du juriste confronté à une situation donnée est bien de qualifier celle-là pour la rattacher à un certain nombre de dispositions exceptionnellement impératives en droit commun et fréquemment supplétives ».*

870 Voir en ce sens, ANCEL (M.-E.), *La prestation caractéristique du contrat*, Economica, 2002, *op. cit.*, p.51 et s.

871 Les acteurs du contrôle fiscal doivent également tenir compte dans leurs analyses que *« Le duo « qualification-rattachement » ou, encore, « nature-régime » n'est pas un passe-temps académique pour les universitaires désœuvrés mais le choix dont les juristes pour l'entreprise doivent se soucier dès l'intitulé de la convention »*, (MOUSSERON (J. M.), 5e éd., *op. cit.*, p.67).

par les parties au moyen du contrat. Cette tâche peut devenir un exercice intéressant dès lors que le titre retenu par les parties est vague ou ambigu[872].

742. Au-delà des formulations évasives relevées plus haut, une illustration frappante à cet égard est celle d'un type de contrat international rencontré dans le secteur brassicole intitulé par les parties *« Contrat d'embouteilleur »* pour servir d'enveloppe à la fois à un contrat d'approvisionnement en matières premières et à une concession de marques étrangères, le but de la manœuvre étant dans ce cas précis d'éviter le paiement de l'impôt sur le revenu à retenir à la source par l'administration fiscale du pays hôte de la filiale.

743. Une seconde illustration est donnée par un contrat intitulé « Assistance générale » conclu entre une société-mère étrangère et sa filiale camerounaise peut camoufler une ou plusieurs autres prestations caractéristiques de contrats soit, d'assistance technique, soit de commissions sur ventes ou sur achats à l'étranger, voire de transfert de technologie. L'objectif fiscal poursuivi par une telle approche est manifestement de diminuer le résultat imposable de la filiale à travers au moins une « soupape » comptable additionnelle de transfert indirect de bénéfices. En effet, les prestations relevant d'un contrat d'assistance technique peuvent faire l'objet d'une deuxième facturation dans le cadre d'un contrat d'assistance générale alors qu'elles font double emploi avec les prestations dites d'» assistance générale » relevant de ce dernier contrat. De la sorte, les frais d'assistance technique versés par la filiale à sa société mère feraient également double emploi avec les frais de siège ou d'assistance générale versés dans le cadre du contrat correspondant.

744. En somme comme pour ne pas se laisser dérouter, les acteurs du contrôle fiscal devraient garder à l'esprit le conseil de la doctrine, *« le but des intitulés ne doit être que pratique, il ne faut pas qu'ils constituent la base d'une interprétation. C'est la stipulation contenue dans la clause qui importe, car c'est là que les parties ont concentré leur effort rédactionnel pour délimiter leur promesses respectives* [873] *»*.

745. Les risques fiscaux associés à l'objet du contrat. Dans un contrat, l'objet renvoie à ce sur quoi porte le contrat874c'est à dire à l'obligation de prestation convenue entre les parties. A ce sujet les agents en charge du contrôle des contrats d'affaires internationaux doivent se garder d'avoir un regard « trop synthétique » sur l'objet du contrat en le réduisant à l'obligation la plus explicite du contrat. Ils doivent au contraire chercher à appréhender chacune des obligations exprimées dans le contrat pour bien le

---

[872] « Le caractère propre de certains contrats d'affaires rend hasardeux la qualification juridique à laquelle ils peuvent être rattachés ».

[873] TESTU (F. X.*), op. cit.* p. 134.

[874] *BENABENT (A.), Droit des obligations, 14e éd.*, LGDJ, Paris, 2014.

fiscaliser. En effet d'après la doctrine en droit des affaires, « l'objet du contrat c'est ce qui y est contenu en totalité et non en résumé. C'est l'ensemble des obligations et pas seulement celle qui est caractéristique, (...) toutes ces composantes qui participent de l'équilibre et de l'économie du contrat [875]». Dans son ouvrage consacré à La prestation caractéristique du contrat, Mme Marie-Elodie Ancel, empruntant à la définition qu'en donne dans sa thèse Monsieur Libchaher décrit l'objet comme ce qui, dans le contrat de vente, sera *« le service global offert par le vendeur, centré autour de la chose vendue et dans les contrats ayant pour objet un service, plus que la stricte prestation, l'ensemble du service ainsi rendu ».*

746. En tant qu'il révèle la prestation financièrement évaluée par les cocontractants, l'objet constitue le centre de gravité du contrat. Plus que le titre, l'objet est plus disert sur la volonté apparente ou réelle des parties contractantes relativement à ce que la doctrine appelle la prestation caractéristique du contrat[876] pour désigner l'unité fonctionnelle[877] ou l'économie du contrat[878]. La doctrine fait une distinction entre la notion d'objet du contrat jugée creuse par certains auteurs et celle d'objet de l'obligation plus proche de celle de contenu du contrat[879]. Quoi qu'il en soit, la notion d'objet du contrat reste à notre sens digne d'intérêt pour le droit fiscal en ce sens qu'elle a toujours eu une vocation essentiellement qualificative et qu'elle permet de désigner, comme celle d'objet de l'obligation, l'opération juridique voulue par les parties[880] et la prestation qui en découle.

747. L'intérêt du contrôle fiscal de l'objet du contrat réside dans le fait que la qualification de la prestation contractuelle retenue en droit des affaires permet en droit fiscal de déterminer le régime fiscal de ladite prestation. Le problème pour l'administration est celui de savoir si l'objet décrit est en cohérence, non seulement avec le titre du contrat, mais aussi avec les obligations de prestation détaillées plus loin dans ledit contrat. Autrement

---

[875] MARMAYOU (J.-M.), *L'unité et la pluralité contractuelle entre les mêmes parties (méthode et distinction)*, thèse Aix-en-Provence, 2001, P.U.A.M., 2002, préface, J. MESTRE, n°220, cité par PELLE (S.), *op. cit.*, 237.

[876] Lire sur ce point ANCEL (M.-E.), *La prestation caractéristique du contrat*, Préf. Laurent AYNES, Paris, Economica, coll. « Recherches juridiques », 2002, p. 3 à 10 : D'après l'auteure, *« ...Une prestation est dite [caractéristique] lorsqu'elle contribue à définir une catégorie contractuelle et qu'elle peut être décelée dans un contrat individuel ... La prestation caractéristique d'un contrat individuel se révèle à l'issue d'une opération de qualification. C'est ce qui lui permet d'œuvrer à la prévisibilité des solutions et prendre rang parmi les notions « techniques », « artificielles », « construites » pour reprendre les termes de Gény ».*

[877] *Ibid.* p.13 : *« Le contrat constitue une unité, il est doté d'une autonomie conceptuelle ».*

[878] PELLE (S.), La notion d'interdépendance contractuelle, *op. cit.*, p. 238 : *« [...] grâce à cette idée d'économie, le contrat est mis en perspective par rapport à l'opération que souhaite réaliser les parties. Il est alors permis de penser que l'économie du contrat exprime la complémentarité qui existe entre l'objet et la cause ».*

[879] COHET (F.), *Le contrat, op. cit.* p. 75.

[880] *Ibid.*, p. 75.

dit, il lui revient d'examiner si le principal de l'opération économique ou sociale est en rapport non seulement avec la chose, l'ouvrage ou le service exprimé par le contrat mais aussi avec la chose, l'ouvrage ou le service effectivement livré ou réalisé. L'administration fiscale doit à ce propos se souvenir que les actes juridiques ne sont qu'un habillage de l'opération économique poursuivie par les parties[881]. A partir d'une telle approche, elle peut trouver matière à requalifier le contrat en lui attribuant une ou plusieurs autres qualifications additionnelles, notamment lorsque son objet présente un caractère hybride en tant qu'il révèle une multiplicité de prestations. Une telle requalification peut évidemment induire une reconsidération du régime fiscal initial des opérations contractuelles tel qu'il était envisagé par les parties.

748. Cela dit, l'objet au sens de la chose contractuelle[882], de l'ouvrage ou encore de la prestation concernée par le contrat, peut être soigneusement décrit par les rédacteurs de contrats de manière à renseigner clairement les parties sur leurs obligations respectives. Les autorités fiscales devraient en principe tirer avantage de cette description pour déterminer le régime d'imposition de la prestation contractuelle. Mais, il faut garder à l'esprit que la clarté et la précision ne font pas toujours bon ménage avec la rédaction des clauses. Cela est vrai tant pour l'intitulé du contrat, que pour le reste des autres clauses contractuelles. Ce constat général, qui découle de la lecture de nombreux contrats d'affaires internationaux, devrait servir à aiguiser la vigilance des agents de l'administration fiscale vis-à-vis de l'ensemble des stipulations contractuelles dans la démarche de qualification ou de requalification des opérations contractuelles. L'exemple ci-après tiré d'un « Contrat de management » entre deux sociétés liées suffit à mettre en évidence ce déficit de clarté dans la rédaction des clauses traitant de l'objet du contrat :

- « Le contrat a pour objet de définir les conditions et modalités selon lesquelles le Client bénéficiera des services de management fournis par le Prestataire, ainsi que la justification et la base sur lesquelles le Client paiera ces services et y aura accès ».
- On le voit, en indiquant que le client bénéficiera des services de management fournis par le prestaire, cette clause ne donne aucune indication à l'administration fiscale sur la nature des prestations de management en question. Pour y voir clair de manière à se prononcer sur le régime fiscal desdits services, les agents de l'administration doivent logiquement poursuivre la lecture des autres clauses du contrat.

---

881 MOUSSERON (J. M.), 5e éd., *op. cit.*, p. 107.
882 *Ibid,* p. 127 et s.

2. La détection des risques fiscaux entourant les définitions du contrat

749. En tant qu'acteur de l'interprétation des contrats, l'administration fiscale ne saurait faire l'impasse sur les définitions lorsqu'elle est amenée à examiner les contrats d'affaires internationaux. Si l'on souscrit à la doctrine suivant laquelle les définitions permettent de préciser la compréhension que les parties ont des termes techniques ou ambigus de leur contrat[883], l'on peut comprendre que la lecture des définitions contractuelles par l'administration fiscale lui permet au moins de se situer au même niveau de qualification des prestations que les parties elles-mêmes.

750. Mais des difficultés peuvent surgir dès lors que les parties choisissent de restreindre ou d'élargir le champ d'application d'une définition ou de donner à une notion un sens autre que celui prévu par le législateur dans un souci d'optimisation fiscale. La question se pose en effet de savoir si les parties peuvent délibérément s'émanciper des définitions légales ou réglementaires consacrées par le droit positif sur le plan national ou supranational. Une telle attitude peut conduire l'administration fiscale à envisager une redéfinition des notions analysées comme erronées, de manière à déboucher sur l'élargissement de l'assiette des impôts et taxes issus de l'analyse du contrat.

751. Une première illustration appliquée au contexte camerounais peut être donnée par la définition de la notion d'assistance technique. Celle-ci est définie par la doctrine administrative comme *« une prestation apportée à une filiale et/ou un établissement stable par la société mère ou par son intermédiaire, en vue de renforcer ses capacités de production ou d'accroître son rendement*[884] *»*. Dans leur contrat, les parties peuvent dans la clause réservée aux définitions donner à la notion d'assistance technique une définition plus équivoque en l'entendant comme « *toute fourniture de biens ou de services à la société Z par la société mère X ou par son intermédiaire Y, en vue de renforcer ses capacités de production ou d'accroître son rendement »*. En formulant de la sorte cette définition, les parties amplifient, voire travestissent le sens du terme « prestation » utilisé par le législateur puisqu'elles y voient dorénavant « toute fourniture de biens ou de services » au lieu d'une simple « prestation » de services. Une telle amplification de la définition peut s'avérer pénalisante pour la filiale camerounaise en cas de contrôle fiscal. L'administration fiscale s'attachera à dissocier les biens importés à travers le mécanisme de l'assistance technique défini par les parties, des prestations de services proprement dites apportées par la société

---

[883] MOUSSERON (J. M.), *op. cit.*, 5e éd., p. 75 : Selon les auteurs, *« l'utilité de définir certaines expressions employées dans la suite du contrat apparaît incontestable pour prévenir toutes sortes de méprises et, partant, de conflits »*.

[884] Circulaire N° 003/MINFI/SG/DGI/LC/L du 08 février 2013 précisant les modalités d'application de la loi de finances pour l'exercice 2013 ; c'est nous qui soulignons.

mère à ladite filiale. Une telle approche permettrait à l'administration d'effectuer un « contrôle de destination » pour appréhender à chaque fois l'usage affecté à chaque bien importé. Ainsi, dans l'hypothèse où les biens importés s'analyseraient en immobilisations ou en matériels concourant au prolongement de la durée de vie des immobilisations, ils seraient soumis par l'administration fiscale à des amortissements sur plusieurs exercices suivant leur durée de vie fiscale, au lieu de faire l'objet d'une déduction intégrale au titre de l'exercice de leur importation en tant que composante de l'assistance technique étrangère. La situation fiscale de l'entité locale peut être aggravée du fait de l'application des droits de douanes aux biens importés lors du franchissement du cordon douanier.

752. Une seconde illustration est fournie par la définition du concept de frais de siège. Par cette expression, il faut entendre d'après l'administration fiscale camerounaise, *« les frais généraux, d'administration et de direction générale, engagés par la société mère ou par l'une des filiales d'un groupe de sociétés, pour les besoins de l'ensemble des filiales et/ou des établissements stables. Ils comprennent notamment les services comptables, administratifs, juridiques, financiers et des ressources humaines*[885] *»*. Cette définition qui correspond, soulignons-le au passage, à celle retenue par la doctrine administrative algérienne[886] peut recevoir dans un contrat d'affaires la déclinaison suivante : *« les frais de siège s'entendent des dépenses d'administration et de direction générale, engagés par la société mère ou par l'une des filiales d'un groupe de sociétés, pour les besoins de l'ensemble des filiales et/ou des établissements stables. Ils comprennent notamment les services comptables, administratifs, juridiques, financiers, d'approvisionnement et des ressources humaines*[887] *»*. Une telle formulation, qui inclut les frais d'approvisionnement dans la définition des frais de siège, permettrait, le cas échéant, à la filiale d'éviter la soumission des commissions sur achats - déguisées en frais de siège - à la limite de déductibilité de 5% prévue dans le Code général des impôts[888] afin de bénéficier de la déduction intégrale desdites commissions déguisées en frais de siège de manière à optimiser l'impact du transfert indirect de bénéfices qu'induirait la validation fiscale le définition contractuelle retenue par les parties.

B. Le contrôle fiscal des clauses concourant à la justification des prestations

753. Dans le cadre des clauses introductives du contrat, les clauses concourant à la justification des prestations regroupent en général les

---

[885] *Ibid., c'est nous qui soulignons.*

[886] Cf. Bulletin d'information fiscale n° 04/2010 ; www.mf dgi.gov.dz

[887] *Ibid.*, c'est nous qui soulignons.

[888] Art. 7 du CGI en vigueur en République du Cameroun.

stipulations afférentes à la désignation des parties et au préambule. Parce qu'ils fournissent des informations avérées ou non relativement à l'opération contractuelle envisagée, la détection des risques fiscaux entourant la désignation des parties **(1)** et le préambule **(2)** constitue un axe d'investigation fiscale fort utile.

1. La détection des risques fiscaux entourant la désignation des parties

754. Le contrat doit son existence intrinsèque aux parties qui l'ont conclu puisqu'il est théoriquement et matériellement l'émanation de leur volonté. L'identification des parties au contrat permet de déterminer les personnes qui sont tenues de l'exécuter et qui sont habilitées à en bénéficier. Concrètement, cette clause permet de décliner l'identité de chaque partenaire de manière complète et exacte en indiquant pour chacun son adresse ou siège social, son numéro d'immatriculation au registre du commerce ainsi que le nom, la qualité, le titre ou la fonction, de la ou des personnes autorisées à signer au nom de chacune des parties[889].

755. Mais la vocation de cette clause peut être détournée au moins de deux manières par les parties qui peuvent choisir soit de ne pas révéler l'identité réelle de l'une ou l'autre des parties, soit de faire usage d'une entité dénuée de toute personnalité juridique. Sur ce point, les risques fiscaux à détecter sont liés à l'identité réelle des parties d'une part et à leur personnalité juridique respective d'autre part.

756. Les risques fiscaux liés à l'identité réelle des parties. Dans le premier cas de figure, il suffit à l'administration fiscale d'examiner avec attention si l'une des parties au contrat ne constitue pas un prête-nom ou une société écran. En vertu de la théorie de l'apparence évoquée plus haut dans cette étude, l'administration peut opposer au contribuable la situation juridique dont il s'est prévalu dans ses déclarations « sans que ce dernier puisse utilement soutenir que cette situation juridique n'était qu'apparente[890] ». Dans le sillage de la jurisprudence, la doctrine française atteste que « cette théorie est redoutable pour un contribuable puisqu'elle a pour objet de l'enfermer dans une situation fictive qu'il a lui-même créée »891. En clair, la société-écran ou le prête-nom qui dissimule l'entité bénéficiaire du contrat s'expose, en cas de contrôle des stipulations relatives à l'identité des parties, au paiement des impôts, droits et taxes qui

---

[889] BESSONET (A.), LAMY (P. E.), *op. cit.*, p. 73.

[890] CE, Section, 20 février1974, n° 83270 ; Rec Lebon 126, Revue de droit fiscal, 1974, n° 30. Com. 958. Voir sur cet arrêt DAVID (D.), FOUQUET (O.), PLAGNET (B.) et RACINE (P.F.), *Les grands arrêt de la jurisprudence fiscale*, 2009, 5e éd., spéc. P. 250 à 253.

[891] DUSSART (V.), « Réflexions sur l'apparence en droit fiscal », *in* JACQUINOT (N.) (dir.), *Juge et Apparence(s)*, Actes du colloque des 4 et 5 mai 2009, LGDJ-PUT1Capitole, coll. « IFR Mutations des normes juridiques - Actes de colloques n° 7- », 2010, p. 238.

découleraient de l'exécution dudit contrat. La jurisprudence française a en effet plusieurs fois confirmé cette position. Dans un arrêt de principe, l'arrêt Lemarchand rendu le 20 février 1974, le Conseil d'Etat suivit l'analyse de l'administration fiscale au sujet d'une convention de prête-nom dont elle fit abstraction lorsqu'elle en eu connaissance à l'occasion d'un contrôle fiscal[892].

757. Cette position a encore été confirmée par la Cour de cassation française en 2017 dans un arrêt du 18 mai 2017, en considérant que « [...] l'utilisation d'une société civile immobilière comme prête-nom, destiné à détourner le patrimoine personnel du contribuable, afin qu'il échappe aux poursuites des services fiscaux a causé à ces derniers un préjudice certain et direct. [...] que l'opération par laquelle une personne achète à son nom un immeuble dont le prix d'acquisition est financé par un tiers s'analyse en une convention de prête-nom qui est une forme de simulation [...] [893]». Cette position du juge fiscal interne français est de plus en plus partagée en fiscalité internationale[894]. L'illustration ci-après permet de préciser notre propos en rapport avec le contexte camerounais.

Illustration : Une holding néerlandaise X souhaite acquérir des actions d'une société camerounaise Y. Au regard des contraintes fiscales que présente l'opération, l'acquéreuse étrangère conclu avec une société camerounaise Z une convention de prête-nom qui n'est pas dévoilée à l'administration fiscale dans laquelle la société Z accepte de détenir en son nom personnel les actions appartenant à la société X.

758. En cas de contrôle de la société Z, l'administration fiscale camerounaise peut valablement décider de réintégrer au résultat imposable tous les revenus qu'elle aura perçu du fait de sa participation (fictive) dans la société Y et qu'elle aura transféré, sans raison apparente pour

892 CE, Sect., 20 février 1974, n° 83270, *Lemarchand*, Lebon 126, *Dr. Fisc* 1974.30.958, Concl. MANDELKERN : « *Considérant qu'il n'est pas contesté que la convention de prête-nom dont se prévaut le requérant a été effectivement conclue antérieurement à la période d'imposition litigieuse ; que le sieur Lemarchand n'en ayant pas fait état dans les déclarations qu'il a souscrites et adressées aux services fiscaux, a ainsi entendu conserver à cette convention, même à l'égard de ces services, le caractère occulte que présente en règle générale, à l'égard de ceux qui n'y sont pas parties, une convention de cette nature ; qu'en raison de la position ainsi prise par le contribuable, la convention dont il s'agit n'est pas opposable à l'administration qui était, dès lors, en droit d'établir l'impôt comme elle l'a fait en l'espèce, en faisant abstraction de ladite convention, sans préjudice du droit qui lui appartenait, lorsqu'elle en a eu connaissance, d'en tirer, le cas échéant, les conséquences fiscales* ».

893 Cass. Civ. 3, 18 mai 2017, pourv. n° 16-14750, *non publié au bulletin*.

894 Au Canada où les contrats de prête-nom sont légaux au sens du Code civil du Québec et sont souvent utilisés par les contribuables pour ne pas faire connaitre au grand public qui est le véritable propriétaire d'un bien, le Gouvernement québécois a prévu depuis qu'à compter du 17mai 2019, les contrats de prête nom devront obligatoirement être divulgués à Revenu Québec au moyen d'un formulaire prescrit afin de faciliter l'administration fiscale et de lutter contre les planifications fiscales agressives.

l'administration fiscale, à la société X. Les sommes en cause subiront donc l'impôt sur les sociétés et l'impôt sur le revenu des capitaux mobiliers sans préjudice des pénalités dans la mesure où le versement injustifié de ces revenus à la société X sera considéré comme une distribution de bénéfices.

759. Les risques fiscaux liés à la personnalité juridique des parties. Dans le second cas de figure, l'administration fiscale se doit également de s'intéresser à la personnalité juridique des parties signataires du contrat pour contrôler notamment si elles en sont dotées ou non. Dans l'hypothèse où elles sont dotées de ladite personnalité, aucune difficulté fiscale ne se pose, mis à part l'usage d'une société écran ou d'un prête-nom. Cependant, au cas où l'une des parties n'est pas dotée de personnalité juridique, la nullité qui entacherait le contrat de ce fait, ne ferait pas obstacle à l'imposition de la partie en cause, fusse-t-elle une succursale ou un quelconque établissement stable. Une telle imposition tiendrait compte de la nature de l'opération contractuelle et des obligations contractuelles du cocontractant qui, en l'espèce est civilement irresponsable, mais fiscalement responsable des impositions qui lui incombent du fait de l'opération réalisée.

760. Dans un contrat de concession commerciale entre un concédant situé en Chine et un concessionnaire situé au Cameroun, si les parties prévoient la création par le concédant chinois au Cameroun d'un dépôt ou magasin aux fins de stockage de marchandises en vue de leur distribution au concessionnaire, un tel dépôt ou magasin peut être analysé par l'administration fiscale comme un établissement stable du concédant chinois. Dans ces conditions, les revenus issus de l'exécution du contrat seront passibles de l'impôt sur les sociétés et le concédant étranger devra accomplir toutes les formalités déclaratives légales à la charge de tout résident fiscal camerounais.

2. La détection des risques fiscaux entourant le préambule

761. Dans un contrat d'affaires, le préambule a pour but de rappeler le contexte dans lequel intervient la conclusion du contrat entre les parties[895]. Il s'agit en effet dans cette clause d'exposer les motifs ou les évènements ayant conduit les parties à conclure le contrat[896]. En cela, le préambule constitue en quelque sorte la « raison d'être du contrat ». De l'avis de la doctrine, au-delà de cette dimension politique, le préambule peut aussi dans une dimension contractuelle, fournir des informations additionnelles, fussent-elles sommaires, sur l'opération envisagée de façon à éclairer sur la commune

---

[895]Le préambule est la section du contrat qui décline les « *attendus* » ou les « *considérants* » du contrat.

[896] Voir en ce sens, BLANCO (D.), *op. cit.* p.115 : « *Le préambule constitue en quelque sorte l'exposé des motifs qui conduisent au texte contractuel, dont il constitue le cadrage et l'introduction* ».

intention des parties au moment de la signature du contrat[897]. Le préambule sert en outre à rappeler les fondements économiques, politiques, sociaux et environnementaux du contrat notamment lorsqu'il contient une clause d'intégralité[898].

762. Dans une perspective africaine, l'exemple des préambules dont il est fait usage dans les conventions d'établissement est édifiant dans la mesure où il prend la forme d'une véritable profession de foi des parties. Ces conventions qui gouvernent les rapports économiques entre les investisseurs transnationaux opérant dans les secteurs stratégiques et les gouvernements sont en général émaillées de clauses fiscales incitatives qui trouvent leur justification et leur fondement dans le préambule ainsi que le montrent les stipulations suivantes tirées du contexte camerounais :

« Prenant en compte la vision du développement inscrite dans le Document de Stratégie pour la Croissance et l'Emploi (DSCE) dont l'ambition est de faire du Cameroun un pays émergent à l'horizon 2035 ;

Considérant que l'Agence de Promotion des Investissements (API) assure au nom du Gouvernement, la promotion des investissements privés ;

Prenant en compte les enjeux stratégiques variés et multiformes qui gravitent autour du secteur de l'énergie en général et la filière énergie électrique dont la promotion de la production locale contribuerait au redressement de la balance des paiements ;

Compte tenu du caractère embryonnaire du secteur de l'énergie au Cameroun d'une part et de la volonté du Gouvernement de promouvoir ce secteur d'autre part ;

Considérant que la démarche de la société X ainsi que son programme d'investissement à court, moyen et long terme, sont en harmonie et en cohérence avec les préoccupations du Gouvernement sus évoquées ;

---

[897] *Ibid., op. cit.* p. 115 : Selon M. BLANCO, *« Le préambule revêt une double utilité, contractuelle et politique. Son utilité contractuelle est de constituer le « cadrage » du contrat, c'est-à-dire l'engagement des parties [...] Son utilité politique sera de constituer une déclaration générale d'intention de contracter et de faire ensemble des affaires pour un bénéfice mutuel, notamment pour le développement du pays ».* Ajoutons que le préambule sert généralement à préciser les raisons qui ont poussé les parties à contracter ou à donner les détails sur les spécificités techniques des activités des parties ».

[898] CORNU (G.) (dir.), *Vocabulaire juridique*, PUF, coll. « Quadrige », Paris, 2011, v° « Clause d'intégralité », p. 179 : La clause d'intégralité est une clause incluse dans les contrats d'affaires qui précise que l'accord signé par les parties renferme l'intégralité de leurs obligations, en sorte qu'il ne peut être ajouté au contrat en prenant en compte les documents échangés durant la période de négociation. Elle est très souvent formulée de la manière suivante : *« Le contrat et ses annexes comprennent la totalité des accords des parties : ils annulent et remplacent toutes les lettres, propositions, offres et conventions antérieures »* ou *« Le présent contrat, en ce compris les annexes traduit l'ensemble des engagements pris par les parties contractantes dans le cadre de son objet. Il annule et remplace tous accords écrits et verbaux remis ou échangés entre les parties antérieurement à sa signature ».*

Le Gouvernement, tout en respectant ses engagements régionaux et ses lois et règlements d'une part, et poursuivant ses objectifs de politique industrielle et de développement économique, social et culturel d'autre part, s'engage à créer un environnement propice à l'établissement, à la mise en œuvre des activités et à l'exploitation de la société X ;

En conséquence, le Gouvernement s'engage à accorder à la société X des incitations et lui garantit un accompagnement pour assurer sa pérennité, sa viabilité et sa rentabilité, conformément aux Lois et Règlements en vigueur au Cameroun ;

A ces fins, les parties concluent la présente Convention qui dérive de l'application des principes fondamentaux de la Charte des Investissements et de la Loi n°004/ du 18 avril 2013 fixant les incitations à l'investissement privé en République du Cameroun. »

763. L'on peut voir à partir de cet exemple que le préambule informe à l'avance les parties et les tiers sur « l'esprit du contrat » en révélant les raisons pour lesquelles la convention comportera des incitations fiscales que l'on retrouvera ultérieurement dans « la lettre du contrat ».

764. La doctrine en droit des affaires reconnaît certes que le préambule ne constitue pas une clause indispensable, mais elle atteste en même temps qu'il présente un intérêt réel en cas de conflit ultérieur dans la mesure où il constitue une base d'analyse pour le juge ou pour l'arbitre notamment *« ...si les aléas de l'exécution du contrat ou le comportement des parties ont entraîné des dérives aboutissant à une situation qui n'a plus qu'un rapport assez lointain avec ce qui avait été initialement décidé et, parfois péniblement acquis*[899] *».* L'intérêt que présente le préambule en droit des affaires vaut également en droit fiscal étant donné que celui-ci n'est pas épargné par des manquements ou des dérives occasionnées par les cocontractants.

765. A l'occasion d'un contrôle, le préambule du contrat, par la description qu'il ferait des rapports antérieurs ou ultérieurs entre les parties, peut aussi informer l'administration fiscale sur l'existence d'un ou plusieurs contrats dont elle n'avait auparavant pas connaissance et ainsi, lui offrir à la fois l'opportunité de reconstituer l'ensemble contractuel dans lequel s'inscrit le contrat examiné et de contrôler le respect des obligations fiscales rattachables à cet ensemble contractuel. L'exemple suivant permet d'illustrer ce point :

766. Une société A et une société B signent un contrat d'approvisionnement faisant état dans son préambule d'un contrat de franchise qui aurait été signé des mois plus tôt entre les deux sociétés et qui fait office de convention cadre entre les parties. En cas de contrôle, l'administration fiscale pourrait valablement exiger, à la suite de la lecture

[899] BESSONET (A.), LAMY (P. E.), *op. cit.*, p. 75.

du préambule du contrat d'approvisionnement, que le contrat de franchise évoqué par cette clause lui soit communiqué afin qu'il soit contrôlé à son tour. Dans une telle occurrence, il s'agira pour les autorités fiscales de vérifier notamment si les parties ont rempli leurs obligations fiscales vis-à-vis de ce contrat de franchise en plus de celles qui leur incombent dans le cadre du contrat d'approvisionnement. En cas de contentieux, le juge fiscal pourrait également s'inspirer des stipulations du préambule pour analyser non seulement l'économie du contrat d'approvisionnement mais aussi celle du contrat de franchise.

767. Après avoir fait passer les dispositions introductives du contrat à l'épreuve du décryptage, le contrôle fiscal de tout contrat d'affaires international peut ensuite s'attacher à l'examen critique des dispositions qui répartissent les obligations entre les parties.

§2. Le décryptage fiscal des clauses distributives des obligations contractuelles

768. Au-delà des considérations juridiques propres à la naissance, à la vie et à la fin du contrat, le contrôle fiscal, pour être pertinent doit s'attacher à examiner les clauses qui gouvernent les obligations que se sont imposées les cocontractants. En s'inspirant des dispositions de la Convention des Nations-Unies sur les contrats de vente internationale de marchandises du 11 avril 1980 qui traite des obligations respectives du vendeur et de l'acheteur ainsi que de leurs obligations communes, le contrôle fiscal des obligations contractuelles peut symétriquement s'orienter vers la relation d'affaires vendeur-acheteur ou client-fournisseur pour décrypter les clauses régissant les obligations communes des parties **(A)** avant de décoder les clauses régissant les obligations incombant spécifiquement à chacune des parties **(B)**.

A. Le décryptage des clauses descriptives des obligations contractuelles

769. Les clauses descriptives des obligations communes des parties fixent le cadre général des relations contractuelles entre elles. S'agissant des relations entre le fournisseur et le client dans un contrat d'affaires, ces clauses portent aussi bien sur la détermination de prestation au sens de la chose ou de l'ouvrage du contrat, que sur la fixation du prix de ladite prestation. Le contrat est formé on le sait, dès que les parties sont d'accord sur la chose et sur le prix. Corrélativement, le contrôle fiscal des clauses fixant les obligations communes aux parties devrait examiner minutieusement les règles contractuelles de détermination de la prestation **(1)** d'une part, et celles relatives à la fixation du prix de la prestation d'autre part **(2)**. Dans cette perspective, la validation de l'effectivité de la prestation contractuelle ainsi que de la proportionnalité du prix vis-à-vis de ladite prestation constitueront les axes prioritaires du contrôle fiscal.

1. Le contrôle des clauses de détermination de la prestation axé sur l'effectivité

770. La prestation procède en quelque sorte de l'obligation essentielle du contrat[900]. Les clauses de détermination de la prestation sont l'expression de l'accord des parties sur la chose ou l'ouvrage[901]. L'administration fiscale devrait en permanence garder à l'esprit que la chose ou la prestation objet du contrat qu'elle contrôle ne saurait être fictive ou disproportionnée vis-à-vis du prix stipulé au contrat. De même, l'administration devrait aussi surveiller si la prestation fournie correspond bel et bien à celle prévue par les parties au contrat.

771. En effet, selon la doctrine en droit des contrats, la prestation objet du contrat doit être déterminée ou déterminable[902]. Il s'agit pour les cocontractants d'indiquer avec le maximum de précision les spécifications quantitatives et qualitatives de la prestation de telle sorte que la quantité et la qualité de la prestation livrée par le vendeur soit proportionnelle au prix payé par l'acheteur. Ainsi dans le cadre d'un contrat d'affaire international, si la prestation livrée ne correspond pas aux spécifications décrites dans le contrat, cela peut relever d'une pratique frauduleuse susceptible de « couvrir » un transfert indirect de bénéfices. La description détaillée des spécifications de la prestation est d'une grande utilité pour l'administration fiscale dans la mesure où elle lui permet à travers le contrôle de l'effectivité de chaque prestation décrite dans le contrat de valider à ce sujet la licéité fiscale des déclarations effectuées par le contribuable contrôlé ainsi que des autres pièces comptables.

772. Cela dit, pour rechercher la preuve de la réalisation intégrale des prestations les agents de l'administration doivent aller au-delà des stipulations contractuelles qui décrivent la prestation pour examiner tout document susceptible d'attester logiquement de la réalisation ou de la livraison de la prestation . Il s'agira pour eux de contrôler, en relation avec les stipulations contractuelles, non seulement les éléments de facturation inscrits sur les factures, mais aussi les documents qui permettent avant et après l'établissement d'une quelconque facture de suivre la commande et la livraison de la prestation. Sont à prendre en compte dans cet exercice, les bons de commande (ou tout document en tenant lieu), les bordreaux de livraison ou tout document en tenat lieu, les documents de transport de marchandises ou de matériels (connaissement, lettre de voiture, déclarations en douanes), les documents de transport des personnels en matière

---

[900] Voir en ce sens ANCEL (M.-E.), *op. cit.* p. 104 : « A la réflexion, toutefois, plusieurs raisons militent en faveur de la prestation caractéristique. En ce qu'elle est prestation, tout d'abord et non obligation ».

[901] Voir propos de la chose et de l'ouvrage, MOUSSERON (J. M.), *op. cit.*, 5e éd. p. 127 à 134.

[902] *Ibid.*

d'assistance technique étrangère, les rapports d'études ou de travaux effectués, etc.

2. Le contrôle des clauses de détermination du prix de la prestation axé sur la proportionnalité

773. Les clauses de détermination du prix de la prestation sont assurément celles sur lesquelles les services de contrôle ont tendance à focaliser le plus leur attention lorsqu'ils sont amenés à examiner les contrats d'affaires internationaux. Cela se comprend dans la mesure où en général, c'est la clause de prix qui permet de conférer au contrat un caractère onéreux qu'il n'a pas forcément par nature notamment lorsqu'il est conclu à titre gratuit[903]. En effet, le prix constitue la contrepartie financière de la fourniture d'un produit ou d'une prestation qui, de l'avis de la doctrine en droit des affaires, se doit d'être *« à tout le moins, équilibrée, à défaut d'être juste »*.

774. Du point de vue fiscal, la question pour les autorités chargées du contrôle est de savoir si le prix indiqué dans le contrat est proportionnel à la prestation qu'il rémunère et reflète de la sorte, la réalité de l'ensemble des prestations réciproques des parties. A ce propos, l'attention de l'administration fiscale devrait notamment être retenue par les modalités de fixation du prix d'une part, et par les modalités de révision du prix d'autre part.

775. Le contrôle des modalités de fixation du prix. En droit des contrats, le prix contractuel, tout comme la chose, l'ouvrage ou la prestation, peut être déterminé ou déterminable[904]. Selon la doctrine, le prix est déterminé dès lors que son montant est fixé par le contrat dès la formation de l'accord905. En général, il peut s'agir soit d'un prix unitaire suivant bordereau des prix, soit d'un prix global ou forfaitaire.

776. La clause de prix peut rendre le prix déterminable, c'est-à-dire susceptible de détermination au jour où son règlement devra intervenir en application des indications inscrites au contrat dès sa formation[906]. Dans cette hypothèse, les parties feront appel useront de mécanismes objectifs par lesquels le prix pourra être ultérieurement établi[907]. Elles feront ainsi appel :

777. Soit à un mécanisme chargé de la détermination du prix à l'instar d'un devis, d'une structure tarifaire, d'une redevance ou d'une enchère ;

---

903 Voir en ce sens DROSS (W.), *Clausier, op. cit. 536 et s.*

904 Voir en ce sens, MOUSSERON (J. M.), *op. cit.*, 5e éd., p. 136 à 152.

905 *Ibid.*, p. 136.

906 *Ibid.*

907 Voir en ce sens DROSS (W), *Clausier, op. cit., p. 537.*

778. Soit à une autorité chargée de déterminer le prix ledit prix suivant le mécanisme des clauses de prix à dire de tiers[908] ou celui des clauses à dire d'une partie.

779. Quel que soit le mécanisme retenu, la liberté de fixation du prix dans les contrats d'affaires internationaux est généralement affectée par des interférences politico-économiques[909] , fiscales[910] ou monétaires. Si les deux premiers ordres d'interférences font intervenir des contraintes d'encadrement des prix ou de dumping, les interférences monétaires s'affichent comme étant les plus critiques en ce qu'elles posent un problème de devises tant au niveau de la monnaie de paiement que de la monnaie de compte[911].

780. L'administration fiscale devrait en tout cas systématiquement orienter sa technique de contrôle en fonction de la formule de fixation du prix retenue par les parties pour détecter de possibles dissimulations de prix. Les services de contrôle doivent aussi accorder leur attention au suivi contractuel des remises et ristournes susceptibles de remettre en cause la détermination du prix du contrat dans son ensemble si elles ne sont pas suffisamment précisées en termes de montant, de pourcentage, et que leur règlement à l'acheteur reste aléatoire.

781. Selon la doctrine, le prix doit rémunérer une prestation réelle et les deux parties doivent toujours avoir à l'esprit qu'elles sont susceptibles de devoir démontrer à tout moment la réalité de la prestation[912]. Cette mise en garde, faite aux potentiels cocontractants, prend une tonalité singulière au regard de la mise en œuvre du contrôle fiscal qui, dans sa démarche analytique, se doit de surveiller à chaque fois, non seulement l'effectivité de la prestation dont la rémunération est contractuellement fixée, mais aussi la proportionnalité de cette rémunération par rapport au service rendu. Cela se comprend puisque *« la prestation monétaire est dans la dépendance de la prestation réelle qu'elle rémunère[913] »*. C'est donc ici le lieu pour les services

[908] Entrent dans ce type de clauses, la clause de prix taxé, la clause de prix de marché, la clause de prix à dire de mandataire commun.

[909] La doctrine fait ici allusion au blocage des prix, à l'encadrement du crédit ou aux autres limitations quantitatives contraignantes, de même qu'aux règles relatives au dumping, aux ventes à perte qu'elles soient nationales, communautaires ou de l'OMC. BLANCO (D.), *op. cit.* p. 146.

[910] Il s'agit ici des textes nationaux comme l'article 19 du CGI en vigueur au Cameroun, ou internationaux à l'instar des dispositions des conventions fiscales qui imposent des conditions de prix normales dites *at arm's lenght*, sous peine d'un redressement de comptabilité et d'impôts au motif de transfert déguisé de bénéfices

[911] La monnaie de paiement est la devise utilisée par le débiteur pour payer le prix et exécuter son obligation de paiement de la rémunération due une fois celle-ci devenue exigible tandis que la monnaie de compte est la devise utilisée pour mesurer le quantum de l'obligation contractuelle. Voir en ce sens BLANCO (D.), *op. cit.* p. 148.

[912] Voir en ce sens, BESSONNET (A.), LAMY (P. E.), *Contrats d'affaires internationaux, op. cit.* p. 87.

[913] Voir en ce sens, ANCEL (M.-E.), *La prestation caractéristique du contrat, op. cit.*, p. 107.

de contrôle d'examiner, pour les débusquer, les pratiques frauduleuses touchant directement ou indirectement aux surfacturations, aux factures de complaisance et aux fausses factures[914]. En tout état de cause, l'administration fiscale est fondée à exercer un contrôle de proportionnalité afin de détecter les irrégularités fiscales qui émaneraient du déséquilibre économique décelé dans le rapport entre le prix payé et la prestation livrée.

782. L'exemple de la dissimulation[915] de prix en tant que source de déséquilibre économique peut être mis en évidence en tant qu'enjeu du contrôle de proportionnalité des clauses de détermination du prix. Dans un contrat d'affaires, au moins deux hypothèses de dissimulation contractuelle du prix sont à surveiller par l'administration fiscale : la dissimulation du prix peut s'opérer soit à travers sa dissimulation partielle, soit à travers l'exécution d'une obligation par la partie débitrice en contrepartie d'une obligation par le créancier.

783. Dans le premier cas de figure, les parties conviennent de minorer volontairement dans le contrat le prix exprimé par rapport au montant réellement convenu, ou à passer sous silence dans la clause de prix une stipulation qui constitue par sa nature un des éléments du prix. Pour détecter une dissimulation contractuelle de prix au point de l'opposer au contribuable, l'administration fiscale peut valablement, à travers ses recoupements d'informations, reprendre à son compte les solutions apportées par les juridictions statuant en matière civile. Pour le juge français par exemple, la preuve d'une dissimulation de prix peut être apportée à partir d'un faisceau d'indices suffisamment concordants et crédibles pour faire naître une présomption déterminante de dissimulation[916]. En tout cas, en droit fiscal comme en droit des affaires, la preuve de la dissimulation du prix peut être apportée par tous moyens même s'il faut à ce propos se garder de confondre « vérité juridique » et « vérité fiscale » [917]. Ainsi pour l'administration fiscale comme pour le juge, l'existence d'une dissimulation de prix peut résulter du constat que le vendeur avait admis avoir reçu une somme incluant le supplément de prix, même si l'acte secret n'a pas d'existence matérielle[918].

---

914 DROSS (W.), *Clausier, op. cit. 543.*

915 Le concept de dissimulation de prix renferme à la fois l'idée de diminution ou d'augmentation du prix, mais dans l'un ou l'autre cas, dans un contexte de « tartuferie » orchestrée par les parties.

916 Cass. civ., arrêt du 23 décembre 1953 ; BOED 6759.

917 Voir en ce sens (MARDIERE C. De La), *La preuve en droit fiscal, op. cit.*, p. 3 *« La vérité juridique n'est pas nécessairement et strictement conforme à la réalité. Le procès a pour but de mettre fin au litige ; dans ce dessein, il peut se contenter de faits tenus pour exacts [...] La vérité fiscale n'est pas seulement dominée par le but de mettre fin au litige, elle poursuit une autre finalité qui est de combattre la fraude [...]».*

918 Cass. Civ., arrêt du 5 mars 1997, n° 95-14838. De même, l'existence d'une dissimulation de prix peut être démontrée à partir de déclarations faites par le redevable dans une autre procédure devant un officier de police judiciaire. Ainsi, dès lors qu'un tribunal a constaté que

784. Suivant le deuxième cas de figure, la dissimulation s'opère à travers l'exécution d'une obligation par le client ou le débiteur en contrepartie d'une obligation exécutée par le fournisseur ou le créancier. Dans cette dernière hypothèse, le paiement du prix, contrepartie classique de l'exécution d'une obligation, est effectué par l'exécution d'une autre obligation non pécuniaire. L'administration fiscale, dans une telle situation, peut choisir d'évaluer elle-même l'obligation exécutée, et soumettre la valeur obtenue à l'impôt correspondant à la transaction. Mais il reste qu'une évaluation erronée peut pénaliser l'entreprise[919].

785. Le contrôle fiscal des modalités d'ajustement du prix. Dans leur contrat, les parties peuvent, s'agissant des clauses de détermination du prix, aller au-delà de la seule fixation du prix pour prendre en compte l'évolution probable du prix en cours d'exécution du contrat. Selon la doctrine, la prise en compte contractuelle d'une telle évolution du prix peut se faire dans les contrats de moyenne durée, mais elle devient une question cruciale du point de vue économique et monétaire dans les contrats de longue durée[920]. Les techniques contractuelles les plus couramment utilisées pour ajuster les prix à travers des clauses appropriées - portant quasi systématiquement le nom de la technique utilisée - vont de l'actualisation921 à la révision des prix, en passant par l'indexation ou la majoration du prix[922].

786. De toutes ces techniques, *l'indexation* fait office suivant la doctrine, de technique de base et offre à travers les multiples déclinaisons de

---

les propos tenus par le redevable devant un officier de police judiciaire se rapportaient sans équivoque et de manière formelle à une dissimulation de prix et que cette déclaration, provoquée dans le cadre d'un interrogatoire de police, a été librement consentie, le jugement rendu par ce tribunal n'encourt aucune critique au regard de l'article 1354 du code civil (Cass. Com., arrêt du 15 février 1994, n° 92-10709.)

[919] Une entreprise camerounaise passe avec un cabinet d'audit australien un contrat de prestation de services, portant sur l'audit de ladite entreprise pour l'exercice 2015. En contrepartie de ce service, l'entreprise camerounaise s'engage à fournir au cabinet du matériel de bureau. Si les parties ne déterminent pas la valeur de leur transaction, l'administration se chargera de le faire. Or, il est possible que l'évaluation de l'administration soit erronée et que cette dernière surévalue la transaction, afin d'augmenter le montant de l'imposition

[920] Voir en ce sens BLANCO (D.), *op. cit.* p. 149. Marchés de travaux publics, contrats d'approvisionnement en hydrocarbures, transferts de technologie, construction d'usines clés en main, etc.

[921] Voir en ce sens DROSS (W.), *Clausier, op. cit. 543 : « La clause d'actualisation a ceci de particulier que les parties en fixant les conditions de leur contrat avant sa prise d'effet, prévoient que le prix sera à cette date actualisé selon un indice qu'elles ont choisi ».* Voir également BLANCO (D), *op. cit.* p. 149 : *« L'actualisation vise à recalculer le prix d'origine d'un marché en raison d'un retard dans sa mise en place. »*

[922] Dans les marchés de travaux publics, généralement régis par le code des marchés publics localement applicable, cette prise en compte de l'évolution du prix peut se faire par la technique de l'actualisation qui résulte d'un retard au démarrage des travaux ou par celle de la révision des prix qui s'applique en cours d'exécution du marché.

clause d'indexation des possibilités d'utilisation extrêmement variées[923]. Cette technique d'utilisation récurrente dans les contrats d'affaires internationaux, *« a pour objet d'établir dans des contrats de moyenne et longue durée une relation entre l'évolution des prix contractuels, d'une part, et l'évolution des prix d'une catégorie de marchandises ou de services choisis comme référentiels, d'autre part*[924] *»*.

787. Lorsqu'une telle clause est prévue dans un contrat d'affaires international examinée par l'administration fiscale, celle-ci doit en tenir compte en examinant, en rapport avec les prix contractuels de base, l'exactitude des prix pratiqués par les parties en cours de contrat en application de l'indexation. L'indexation contractuelle combine en général les deux éléments que sont la *valeur indexée*[925] et l'*indice*[926] avec des modalités diverses qui peuvent être d'ordre monétaire ou économique[927]. De ce double point de vue, *« la clause d'indexation a pour but de protéger le créancier de somme d'argent contre les risques d'érosion monétaire [...] mais aussi, si la construction de l'indice est suffisamment fine, contre la perturbation des prix de revient du fournisseur »*.

788. Tout aussi récurrente est la clause de *majoration* des prix ou clause de *gross up* dans la pratique des contrats d'affaires internationaux. La technique de la majoration du prix consiste essentiellement pour les parties à tenir compte tant de la pression fiscale locale des juridictions fiscales appelées à connaître de l'exécution ou des effets du contrat, que des frais annexes du contrat, notamment des frais de cautions ou d'assurance[928]. Dans nombre de contrats d'affaires internationaux examinés nous observons que les parties mettent généralement à la charge des entreprises locales tout ou partie des impôts et taxes découlant de l'exécution du contrat. L'administration fiscale doit ainsi exercer sa vigilance sur ces charges fiscales augmentatives du prix relativement à l'exactitude de leur déclaration auprès de ses services.

---

[923] L'indexation peut être totale et porter sur tout le prix ou partielle et ne concerner que certains éléments du ^prix initial : les éléments non soumis à l'indexation sont appelés fixes, censés couvrir les frais financiers, les frais généraux, l'amortissement, la marge et le solde variable. Plus la partie fixe est importante, moins le prix final sera sensible à l'évolution de l'indice.

[924] MOUSSERON (J. M.), *op. cit.*, 5e éd., p. 152.

[925] *Ibid* p. 153 : *« La valeur indexée peut consister en une valeur de base globale ou en un certain nombre de composantes (matières premières, main d'œuvre, impôts, profits...) »*.

[926] *Ibid* p. 153 *« Par indice, on entend la ou les valeurs de références dont les modifications seront répercutées sur le montant de la valeur initiale »*.

[927] Voir en ce sens BLANCO (D.), *op. cit.* 149 : D'après l'auteur, l'indexation monétaire « a pour objet de compenser les fluctuations de la monnaie ou des monnaies utilisées dans le contrat, soit directement pour le calcul du montant de la rémunération, soit indirectement pour refléter la valeur d'une des composantes essentielles des prix de référence... »

[928] BLANCO (D.), *op. cit.* 152.

789. Une autre illustration peut être donnée par les clauses d'intéressement ou clauses d'earn out[929]. Elles « sont introduites dans les contrats de cession des titres sociaux afin de faire dépendre une partie du prix de cession des performances à venir d'une société cédée »[930]. Techniquement, dans le cadre de ces clauses, une partie du prix de cession est payée au comptant tandis que l'autre est payée à terme. En cela, elles poursuivent d'après la doctrine un double objectif : d'une part celui d'ajuster au mieux le prix de la société cédée à sa valeur réelle de manière à favoriser l'accord des parties et, d'autre part, celui d'assurer au moyen de cette clause la meilleure transition possible dans la direction de la société cédée[931].

790. En droit fiscal, le fait qu'une partie du prix des titres soit payée à terme et puisse varier par rapport au prix payé comptant soulève des difficultés quant à la détermination de l'assiette des droits d'enregistrement et de l'impôt sur les sociétés. Le risque en matière d'enregistrement serait que l'acquéreur omette de régulariser le complément des droits d'enregistrement en cas d'ajustement effectif à la hausse tandis qu'en matière d'impôt sur les sociétés, le risque est celui du non-paiement de l'impôt sur les sociétés qui pourrait être dû sur le complément de plus -value de cession des titres sociaux. A cet égard, l'approche fiscale utilisée en France pour fiscaliser, quand il y a lieu, la clause d'*earn out* est édifiante. S'agissant des droits d'enregistrement, le droit fiscal français prévoit ainsi que l'administration peut calculer les droits sur la base d'une estimation provisoire, l'ajustement étant possible à terme lors de la fixation définitive du prix du solde des titres[932]. En matière d'impôt sur les sociétés, c'est principalement en matière de plus -values réalisées par le cédant des titres sociaux que les difficultés se font jour. Le législateur fiscal français dispose qu'à la date de la cession, la plus-value est calculée sur la base du prix effectivement versé par le cessionnaire, le complément de prix étant imposable au titre de l'année au cours duquel il est reçu[933]. Que ce soit sur le

---

929 C'est une clause qui s'applique généralement dans le cadre de cessions d'entreprise, lorsque le cédant et l'acquéreur attribuent des valeurs totalement différentes à l'entreprise au cœur' de la transaction. D'une manière générale, le cédant tend à surestimer le prix de cession, alors que l'acquéreur tend à le diminuer.

930 DROS (W.), *Clausier*, *op. cit.*, p. 189 : l'auteur explique que ces clauses « … tiennent leur nom de ce que le cédant, tout en ayant quitté la société (out), va néanmoins continuer à profiter de sa croissance en pouvant prétendre à un complément de prix (earn) ».

931 En effet, lors d'une cession, il se peut que le cédant considère que les derniers résultats pris en compte pour établir le prix, ne reflètent pas la valeur réelle de la société. Il peut avoir de bonnes raisons de penser que les prochains résultats seront meilleurs (en raison d'investissements récents, d'une augmentation naissante de la demande, de l'implantation sur des marchés émergents, etc.).

932 Art. 726 II du CGI français : Il convient de noter que cette estimation étant provisoire, et peut être précisée à la hausse comme à la baisse après le règlement effectif de l'*earn out*. L'acquéreur sera ainsi astreint le cas échéant à acquitter un complément de droit d'enregistrement ou à réclamer un remboursement du trop-perçu.

933 Art. 150-0 A I-2 du CGI français.

terrain des droits d'enregistrement ou sur celui de l'impôt sur les sociétés, le Cameroun et les autres pays d'Afrique subsaharienne gagneraient à tirer profit des solutions françaises de fiscalisation des clauses d'intéressement telles qu'exposées ci-dessus.

791. Cela dit, le contrôle fiscal des clauses descriptives des obligations contractuelles ne saurait se limiter à l'analyse des clauses emportant des obligations générales communes à l'une ou l'autre partie au contrat. Ce décryptage doit s'étendre également aux obligations spécifiques au fournisseur et au client.

B. décryptage fiscal des clauses régissant les obligations spécifiques à chaque partie

792. Le contrôle fiscal des clauses régissant les obligations spécifiques à chacune des parties permet de mettre leur exécution en cohérence avec les obligations communes plus générales qu'elles se sont imposées tant du point de vue matériel que financier. C'est pourquoi l'entreprise de décryptage fiscal des clauses régissant les obligations des parties devrait s'affiner pour saisir les obligations matérielles et financières incombant au fournisseur **(1)** d'un côté, et celles incombant au client **(2)**, de l'autre.

1. Le contrôle fiscal des clauses fixant les obligations matérielles et financières incombant au fournisseur

793. Dans le cadre de la présente étude, le fournisseur fait référence au débiteur de la prestation contractuelle en droit des obligations. Le contrôle effectué par l'administration fiscale à la lecture d'un contrat d'affaires international s'agissant des obligations matérielles financières incombant au fournisseur s'articule autour de la réalisation de la prestation d'une part, et de la facturation du prix de la prestation d'autre part.

794. Le contrôle de l'obligation de réalisation de la prestation. Dans son sens générique, le terme prestation renvoie à l'action de fournir et par extension, à l'objet fourni ou dû[934]. La prestation en droit des contrats désigne l'objet de l'obligation en général qui peut, selon le contexte, désigner soit, dans sa matérialité la chose due, soit l'activité attendue du débiteur (en l'occurrence le fournisseur) relativement à cette chose[935]. Dans les contrats d'affaires, c'est au vendeur ou au fournisseur que revient principalement la charge de la réalisation de la prestation appelée à être rémunérée par l'acheteur ou le client. Il convient de noter au passage que la

---

[934] Sens large : ce qui doit être fourni ou accompli en vertu d'une obligation. Plus strictement, il s'agit de l'objet de l'obligation de faire, consistant à fournir une chose, à accomplir un acte juridique ou à exécuter un ouvrage. Dans un sens plus restreint, le terme prestation renvoie à l'expression prestation de service qui elle-même s'entend de l'action de fournir un service contre un paiement.

[935] CORNU (G.), *Vocabulaire Juridique*, *op. cit.*, p. 796.

réalisation de la prestation s'analyse comme étant la fabrication du produit pour une opération à caractère industriel, l'exécution du service dans le cadre d'une prestation de service ou la livraison des biens dans le cadre d'une vente de marchandises.

795. Relativement à la réalisation de la prestation par le fournisseur, deux niveaux de contrôle peuvent retenir l'attention de l'administration fiscale en présence d'un contrat d'affaires international. Il s'agit premièrement de l'examen de l'effectivité de la livraison de la prestation objet du contrat et en second lieu, de la détection de prestations additionnelles à la prestation principale. Sur le premier point, il revient à l'administration d'examiner si l'activité attendue du débiteur au profit du créancier en vertu du contrat a été effectivement réalisée et livrée. Un tel contrôle n'est pas sans intérêt dans la mesure où il permet à l'administration fiscale d'être fixée sur la réalisation du fait générateur des impôts directs ou indirects dont pourrait par exemple être redevable le client contrôlé[936]. Notons s'agissant du contrôle de l'obligation de délivrance, que le fournisseur a la responsabilité de livrer dans un délai déterminé la prestation ou les matériels répondant aux spécifications du contrat ou de la commande.

796. Sur le second point, des difficultés de contrôle peuvent survenir dès lors que la prestation apparente décrite dans le contrat cache des prestations dérivées ou secondaires non décrites dans le contrat. Ces prestations satellites révélées ou non par le contrat peuvent être recoupées à travers la description que donnerait le contrat de l'obligation de prestation ou à travers tout autre document révélateur de la réalisation ou de la livraison de la prestation. En effet, c'est à la lecture de cette clause que les agents en charge du contrôle fiscal peuvent détecter des éléments plus détaillés sur la description de l'opération contractuelle qui ne sauraient l'être plus en amont du texte contractuel notamment dans les clauses touchant au titre ou à l'objet du contrat. Il convient à ce stade de se souvenir du propos doctrinal selon lequel « le contrat a pour objet des obligations qui ont pour objet des prestations qui ont pour objet une chose ou un ouvrage[937] ».

797. Le contrôle de l'obligation de facturation de la prestation. L'obligation de facturation incombant au fournisseur découle de son droit à la rémunération qui, lui-même, constitue le corollaire de l'exécution des obligations des parties. Chez le fournisseur, le contrôle du fait générateur des impôts dus au titre de la prestation réalisée a vocation à s'appuyer sur la clause de facturation qui elle, donne nécessairement des indications sur le fait générateur du droit à la rémunération ainsi que sur sa date d'exigibilité. De toute évidence, la survenance du fait générateur qui fonde le droit à la

---

936 Voir par exemple art. 133 du CGI en vigueur au Cameroun.

937 Voir en ce sens, MOUSSERON (J. M.), *op. cit.*, 5e éd., p. 127.

rémunération ou de l'obligation de facturation ne peut s'appréhender qu'au cas par cas et dépend étroitement de la nature de la prestation*938*.

798. Sur le fondement des stipulations de la clause de prix relatives à la facturation, l'administration fiscale peut procéder à la reconstitution du chiffre d'affaires du fournisseur contrôlé afin de comparer le résultat de cette reconstitution au chiffre d'affaires déclaré. Si elle obtient une différence positive après un tel rapprochement, le fournisseur encourt un redressement à deux volets sans préjudice des sanctions fiscales[939]. Le premier volet s'analyse en une minoration du chiffre d'affaires pouvant éventuellement donner lieu à l'application de la TVA sur la quotité du chiffre d'affaires minoré. Le second volet du redressement renvoie à la dissimulation du bénéfice qui ouvre droit à l'application de l'impôt sur les sociétés et de l'impôt sur le revenu des capitaux mobiliers sur le bénéfice dissimulé.

799. Comme nous l'avons montré plus haut dans cette étude, les entreprises, dans leurs stratégies commerciales, anticipent les incidences fiscales des opérations contractuelles qu'elles projettent de réaliser. Dans cette démarche d'anticipation, le prix contractuel est largement influencé dans sa structuration par les charges fiscales qui, soulignons-le, pèsent pour une large part sur la partie faible, en l'occurrence établie dans les pays d'Afrique subsaharienne. Dans la plupart des contrats internationaux mettant en relation d'affaires des entreprises étrangères et des entreprises locales, ces dernières sont en général les parties les plus faibles, notamment lorsqu'elles doivent leur existence même à l'expansion économique et commerciale des multinationales étrangères. Il n'y a dès lors rien de surprenant à ce que ce soient les entreprises dominantes établies à l'étranger qui influencent la structuration du prix en faisant peser les charges fiscales préalablement évaluées sur les entreprises dominées[940].

---

[938] Selon la doctrine, le fait générateur de l'obligation de facturation peut être :
« la survenance de l'échéance, dans un contrat de prêt, de leasing ou d'affrètement ; la livraison des marchandises dans un contrat de vente, en un point déterminé ;
la fourniture de certains documents et informations techniques (dessins, plans, etc.) dans un contrat de transfert de technologie ou un contrat de construction ;
l'arrivée sur place des ingénieurs et techniciens, dans un contrat d'assistance technique ;
les commandes passées par les clients, et éventuellement confirmées par le vendeur ou fabricant, qui forment la base de calcul de la commission, dans un contrat d'agence ou de représentation commerciale ;
le degré d'achèvement d'un chantier, dans un marché de travaux publics ;
la quantité d'extraction de minerais ou d'hydrocarbures, dans les contrats de concession de mine ou d'approvisionnement ;
le chiffre d'affaires hors taxes pour un contrat d'auteur ou le nombre de consultations journalières pour un site Internet ;
le nombre de passagers transportés, pour un contrat de construction ou d'ingénierie de systèmes de transport ». BLANCO (D.), *op. cit.*, p.145-146.

[939] En droit fiscal camerounais il s'agit généralement des intérêts de retard et majorations pour insuffisance de déclaration (cf. art. 95 du LPF).

[940] Voir en ce sens BLANCO (D), *op. cit.* p. 153

800. Des illustrations tirées de la doctrine éclairent la recherche sur ce point. Dans un contrat de livraison de biens par exemple, l'entreprise dominante étrangère pourra obtenir contractuellement que tous droits, impôts ou taxes portuaires, frappant localement la cargaison ou les navires, soient à la charge du partenaire situé dans ledit pays. De même, dans les contrats de prêt ou de financement, le prêteur en position d'entreprise étrangère dominante, mettra à la charge de l'emprunteur, en position d'entreprise locale dominée, tout impôt ou retenue à la source frappant les intérêts dans les pays de l'emprunteur, pour que le revenu ainsi tiré de l'opération soit perçu net de tout impôt local entre ses mains[941].

2. Le contrôle des clauses fixant les obligations matérielles et financières du client

801. Le client est en général le créancier de la prestation réelle et le débiteur de la prestation monétaire en droit des contrats. Sous le rapport des obligations matérielles financières incombant au client, le contrôle exercé par l'administration fiscale sur un contrat d'affaires international donné devrait s'articuler au moins autour de trois types de clauses : les clauses relatives à la réception de la prestation d'une part, celles relatives au paiement du prix de la prestation d'autre part ensuite, et enfin, celles relatives aux garanties de paiement.

802. Le contrôle de la réception de la prestation par le client. Si l'obligation de réalisation et de livraison de la prestation réelle incombe au vendeur ou au fournisseur, l'acheteur ou le client est quant à lui tenu par l'obligation de réception de ladite prestation. L'administration fiscale a ici l'occasion de surveiller si la prestation reçue répond effectivement aux spécifications quantitatives et qualitatives convenues par les cocontractants.

803. De ce double point de vue quantitatif et qualitatif, l'administration fiscale vérifiera si la prestation reçue correspond à la prestation livrée par le fournisseur. A ce propos, si l'obligation du client s'analyse en une réception de biens, les bordereaux de livraison et autres documents attestant de la livraison de la prestation auprès du client feront l'objet d'un examen attentif de la part des services de contrôle en relation avec l'obligation de prestation convenue par les parties à travers une clause dédiée qui peut faire l'objet d'un complément détaillé d'informations dans une annexe, ou d'un complément de prestation dans le cadre d'un avenant[942].

---

[941] *Ibid.* p. 153 : Dans un marché de travaux publics, le prêteur mettra à la charge du maitre de l'ouvrage (le client) tout impôt et toute taxe applicable localement au marché ; dans un contrat de transfert de technologie, il visera les taxes frappant les redevances ; dans un contrat d'assistance technique, il visera les impôts et les charges sociales frappant les personnels détachés.

[942] Voir *infra* nos développements sur les clauses d'avenant.

804. Si en revanche l'obligation s'analyse en une réception de services, l'administration fiscale s'attachera à vérifier la réalité de la prestation reçue en requérant auprès de l'entreprise contrôlée tous les éléments justificatifs de la réalisation et de la qualité des tâches, de leur fréquence ainsi que les conditions d'intervention du prestataire afin de valider leur conformité aux conditions de la commande du client ainsi qu'à leur description dans la clause de détermination de la prestation.

805. Le contrôle de l'administration fiscale peut déboucher soit sur la détection d'une majoration des achats de biens par le client dans l'hypothèse du contrôle de la réception des biens, soit sur la détection de charges excédentaires s'agissant du contrôle de la réception de services.

806. Le contrôle du paiement du prix de la prestation par le client. De même que l'administration fiscale peut s'attacher à contrôler la facturation chez le fournisseur, de même devrait-elle symétriquement s'attacher à contrôler chez le client le paiement du prix de la prestation stipulée au contrat. Ce premier niveau de contrôle peut être complété par un second niveau, celui du paiement de la prestation en devises.

807. S'agissant du premier niveau de contrôle portant sur le paiement du prix stipulé au contrat, l'administration fiscale peut exercer son contrôle chez le client sous le double rapport de l'effectivité et de la proportionnalité à partir des stipulations afférentes à la détermination du prix. Pour répondre à la question de savoir si le prix payé par le client rémunère une prestation effective réalisée à son profit, les services de contrôle doivent établir que la prestation concernée n'est pas fictive. Autrement dit, le client doit apporter la preuve le prix versé au titre du contrat rémunère une prestation qui a été effectivement réalisée et livrée par le fournisseur. Il convient de rappeler sur ce point que l'administration dispose de plusieurs moyens de contrôle de l'effectivité de la prestation (vérification des bons de commande et d'autres pièces justificatives, présence effective du bien dans les locaux du client vérification des stocks disponibles, constatation du service rendu, etc.). En l'absence de contrepartie du prix payé en exécution des clauses d'un contrat d'affaires international, l'administration fiscale sera fondée à analyser fiscalement ledit paiement du prix en transfert indirect de bénéfice de manière à le réintégrer au résultat fiscal passible aussi bien de l'impôt sur les sociétés en tant que charges non déductibles, que de l'impôt sur les revenus de capitaux mobiliers en tant que revenus distribués.

808. Il peut arriver que l'entité cliente contrôlée inscrive dans sa comptabilité un montant de charges plus élevé que le montant convenu dans le contrat. Une telle écriture comptable peut être la résultante de l'existence d'une contre-lettre qui contredit, annule ou modifie une ou plusieurs disposition (s) contenue(s) dans une convention ostensible, précisément, en l'espèce, la disposition portant sur le prix. Il convient de noter que dans un tel cas l'acte occulte, en principe secrètement opposable aux parties et juridiquement inopposable aux tiers en matière civile[943], peut devenir dès sa découverte, une arme à double tranchant aux mains des agents de l'administration fiscale dans la mesure où ceux-ci l'exploiteront au mieux des intérêts du Trésor en choisissant d'opposer fiscalement au contribuable, entre l'acte apparent et l'acte occulte, celui qui induira au détriment du contribuable la charge fiscale la plus élevée.

809. Le contrôle de proportionnalité entre le prix versé par le client et la prestation réalisée trouve au regard des contrats d'affaires internationaux un champ d'expression intéressant à l'occasion du contrôle des transactions intragroupe en vue de la détection des manipulations abusives ou agressives des prix de transfert. Pour apprécier la proportionnalité du prix par rapport à l'opération rémunérée, l'administration fiscale peut notamment avoir recours aux comparables ou à toute autre méthode de détermination de prix applicable en matière de prix de transfert. Dans le cas où les services de contrôle considèrent que le prix prévu au contrat et qui est versé par le client est exagéré par rapport à la prestation qui y est décrite et qui a été réalisée par le fournisseur, ils peuvent valablement conclure à un transfert indirect de bénéfices et rejeter la déductibilité de l'excédent de prix par rapport au prix normal. Les sommes dont la déductibilité est ainsi rejetée seront soumises à l'impôt sur les sociétés et à l'impôt sur le revenu des capitaux mobiliers en tant que revenus distribués.

810. S'agissant du second niveau de contrôle relatif au paiement en devises procède de ce que dans les contrats d'affaires internationaux, la détermination des modalités de paiement compose souvent avec des contraintes qui conduisent les parties à fixer la clause de prix en devises. Lorsque le prix est fixé en devises, il *« pourrait être interprétée comme renvoyant, non pas à la monnaie de paiement, mais à la monnaie de compte. Autrement dit, il s'agit de considérer que par cette clause, les parties ont simplement voulu indexer le prix sur l'évolution de la devise étrangère, le payement pouvant se faire en monnaie locale*[944] *»*. En situation de contrôle fiscal, cette clause est susceptible d'être à l'origine de rectifications au regard de l'impôt sur le résultat, pour peu que les parties ne respectent pas les règles fiscales de déductibilité fiscale des créances et les dettes libellées en devises en même temps que les principes de comptabilisation prévus par l'Acte Uniforme relatif au droit comptable et à l'information financière ainsi que le Système comptable OHADA[945]. En vertu de l'article 51 de l'Acte Uniforme OHADA relatif au droit comptable et à l'information financière :

---

[943] Article 1321 du Code Civil : « *Les contre-lettres ne peuvent avoir leur effet qu'entre les parties contractantes : elles n'ont point d'effet contre les tiers* ».

[944] DROSS (W.), *Le Clausier*, op. cit, p. 542.

[945] Art. 50 de l'AUDCIF : Selon cette disposition, lorsque la valeur des éléments de l'actif et du passif de l'entité dépend des fluctuations des cours des monnaies étrangères, des règles particulières s'appliquent dans les conditions définies par les articles 51 à 58 de l'Acte Uniforme.

« *les biens acquis en devises sont comptabilisées dans l'unité monétaire ayant cours légal dans l'Etat partie par conversion de leur coût en devises, sur la base du cours de change du jour de l'acquisition. Cette valeur est maintenue au bilan jusqu'à la date de consommation, de cession ou de disparition des biens* ». Pour surveiller l'application de cette disposition, l'administration veillera à ce que les paiements effectués par le client en devises en application de la *clause de paiement en devises* se traduisent par l'inscription dans sa comptabilité du montant correspondant en monnaie locale tel qu'il résulterait de la conversion desdits paiements sur la base du cours de change de chaque jour d'acquisition ou de paiement.

811. De plus et suivant la même logique, l'Acte Uniforme dispose que « les créances et les dettes libellées en monnaies étrangères sont converties dans l'unité monétaire ayant cours légal dans l'Etat partie, sur la base du cours de change à la date de formalisation de l'accord des parties à l'opération, quand il s'agit de transactions commerciales, ou à la date de mise à disposition des devises, quand il s'agit d'opérations financières [946]».

812. D'après la loi fiscale camerounaise, les règles de déductibilité des charges pour la détermination de l'impôt sur les sociétés prévoient que les pertes de change ne peuvent donner lieu à constitution des provisions déductibles[947]. Cette loi dispose également que les écarts de conversion des devises ainsi que les créances et les dettes libellées en monnaies étrangères par rapport aux montants initialement comptabilisés sont évalués à la clôture de chaque exercice en fonction du cours de change et pris en compte pour la détermination du résultat imposable de l'exercice[948].

813. Sur le terrain de la taxe spéciale sur les revenus servis aux entreprises étrangères par des entreprises ou établissements situés au Cameroun, il convient de relever que les dispositions de l'article 225 du Code général des impôts qui instituent cette taxe ont connu à la faveur de la loi de finances pour 2010 une évolution stimulante pour les entreprises en matière de financement du capital. En effet ces dispositions excluent dorénavant du champ de la TSR les revenus imposables à l'IRCM par nature à l'instar des intérêts sur emprunts extérieurs et des dividendes versés à l'étranger. Les intérêts visés par cette disposition sont exclusivement relatifs aux emprunts extérieurs d'une durée au moins égale à sept (07) ans. Cette exclusion des intérêts sur emprunt se comprend dans la mesure où le capital constitué par voie d'emprunt ne saurait constituer un revenu où une rémunération passible d'une telle taxe pour le prêteur étranger. Ainsi en

[946] *Ibid.*, art. 52 .

[947] Art. 7F du CGI en vigueur au Cameroun

[948] *Ibid*: Les écarts de conversion constatés sur les dettes de moins d'un an libellé en devises sont déductibles pour la détermination du résultat imposable du même exercice. En revanche, les écarts de conversion constatés sur les dettes à long terme libellées en devises sont déductibles à la cadence du remboursement effectif. Il en va de même pour les créances à court et long terme.

situation de contrôle, il revient en tout cas à l'administration fiscale, lors de reconstitution de la base taxable à la TSR, de surveiller le respect des conditions d'exonération des intérêts versés aux bailleurs de fonds étrangers en les passant au crible des dispositions combinées des articles 225 et 43 du Code général des impôts avant de valider ou non leur exclusion du champ d'application de ladite TSR.

814. S'agissant des écarts de change résultant de la fluctuation des devises, il appartient à l'administration fiscale d'examiner la devise de paiement de manière à valider les différences de change, notamment les pertes de change déclarées par les entreprises contrôlées. Les services de contrôle doivent garder à l'esprit que les pertes de change déclarées par les entreprises ne constituent pas des rémunérations servies aux prestataires étrangers au sens de l'article 225 du Code général des impôts, puisque là encore il ne s'agit de rémunérations servies à l'étranger auxdits prestataires. Mais pour en avoir la certitude, les agents doivent se livrer au suivi historique des fluctuations des cours des monnaies étrangères de manière à circonscrire avec exactitude le montant des pertes de change échappant à la TSR et par ailleurs déductible de l'impôt sur les sociétés.

815. Le contrôle fiscal des clauses de garantie de paiement. En matière contractuelle, les garanties de paiement recouvrent plusieurs facettes et ne sauraient toutes être revisitées dans le cadre de la présente étude dans la perspective de leur décryptage fiscal. Au rang de ces garanties, il convient d'inscrire aussi bien les suretés réelles à l'instar de l'hypothèque ou du nantissement, que les suretés personnelles comme le cautionnement. Mais en raison notamment de la « difficile saisissabilité » du débiteur, la pratique contractuelle internationale s'est enrichie au fil du temps de mécanismes mieux à même de garantir les résultats financiers des opérateurs économiques[949]. On se servira à ce sujet, en guise d'illustration, de deux types de mécanismes ayant pour source les clauses de garantie de paiement pour mettre en exergue les possibilités de décryptage fiscal susceptibles d'émaner de l'usage des garanties de paiement dans les contrats d'affaires internationaux. Il s'agit d'une part, du crédit documentaire et des lettres de garantie, et d'autre part, de la clause de réserve de propriété.

Illustration 1*. Le contrôle fiscal du crédit documentaire et des lettres de garantie*

816. Sur le marché des transactions internationales, le crédit documentaire est considéré par la doctrine comme la principale et la plus pratique garantie de paiement. Il s'agit d'un mécanisme qui permet à la banque d'assumer en lieu et place de l'acheteur ou du client l'obligation contractuelle de paiement incombant à celui-ci en vertu du contrat qui le lie au fournisseur[950]. Le crédit documentaire apparaît ainsi comme le mode de

[949] Voir en ce sens BLANCO (D.), *op. cit.* p. 158.
[950] BLANCO (D.), *op. cit.*, p. 159.

règlement préféré des opérations commerciales internationales, essentiellement les ventes dans la mesure où il poursuit un objectif de sécurisation des transactions entre les deux parties[951]. D'après le Système Comptable OHADA, il s'agit d'une opération de crédit à court terme ayant pour objet le financement des transactions commerciales internationales. Par cet instrument financier, l'acheteur donne l'ordre à son banquier de verser au banquier du vendeur la valeur des marchandises en cours de route, contre remise de documents prouvant l'expédition et la conformité des marchandises.

817. A côté du crédit documentaire, la lettre de garantie apparaît également dans la pratique internationale des affaires comme un acte destiné à apporter une certaine sécurité au créancier et qui tire sa source d'un contrat distinct conclu entre le vendeur et l'acheteur. Il s'agit en effet d'un document émis en application de la clause de garantie de paiement, soit par une entreprise liée, soit par un établissement financier afin de garantir le paiement d'un fournisseur pour les produits ou services fournis à une entreprise si celle-ci ne peut pas payer.

818. Les crédits documentaires constituent de précieux documents de contrôle pour l'administration fiscale dans la mesure où ils permettent de vérifier auprès de l'acheteur, l'exactitude du montant des importations déclarées. Les lettres de garantie émises dans le cadre des transactions intragroupe permettent également de contrôler le respect des règles de plafonnement de la déductibilité des intérêts versés à l'étranger afin de faire respecter le dispositif fiscal de lutte contre la sous-capitalisation. En tant que garanties mobilières, les lettres de garantie sont passibles de droits d'enregistrement et offre sur ce terrain aux agents en charge de les contrôler un champ d'investigation intéressant [952].

Illustration 2. *Le contrôle fiscal des conditions suspensives à l'aune de la clause de réserve de propriété*

819. En général, la condition suspensive permet aux cocontractants de conclure un contrat tout en suspendant l'existence même des obligations devant naître à la survenance d'un évènement futur et incertain[953]. D'après le code civil, *« l'obligation est conditionnelle lorsqu'on la fait dépendre d'un évènement futur et incertain, soit en la suspendant jusqu'à ce que l'évènement survienne, soit en la résiliant, selon que l'évènement arrivera*

---

[951] *Ibid.*, p. 156 : « D'un côté, il sécurise l'acheteur dans la mesure où ce dernier sait qu'il ne paiera pas avant d'avoir les documents représentatifs de la marchandise. De l'autre côté, le crédit documentaire sécurise le vendeur en lui assurant le paiement bancaire contre remise de documents ».

[952] Art. 344 al 7 et 543 du CGI en vigueur au Cameroun : D'après ces dispositions, *« les cautionnements de sommes et objets mobiliers, les garanties mobilières, les indemnités de même nature, les affectations à titre de nantissement, les actes d'aval et les gages mobiliers quelconques » sont passibles de droits d'enregistrement au taux réduit de 2%.*

[953] Voir en ce sens DROSS (W.), *Clausier*, *op. cit.*, p. 127 et s.

ou n'arrivera pas[954] *»*. Lorsque l'obligation a été contractée sous une condition suspensive, la chose qui fait la matière de la convention demeure au risque du débiteur qui ne s'est obligé de la livrer que dans le cadre de la réalisation de la condition. Un exemple topique de stipulation de condition suspensive est donné en doit des contrats par la clause de réserve de propriété généralement stipulée dans les contrats de vente de marchandises. Stipulée dans l'intérêt du fournisseur, la clause de réserve de propriété a pour objet de retarder le transfert de propriété jusqu'au paiement complet du prix par le client [955]. La vente est parfaite entre les parties, et la propriété est acquise de droit à l'acheteur à l'égard du vendeur, dès qu'on est convenu de la chose et du prix, quoique la chose n'ait pas encore été livrée ni le prix payé[956]. En effet d'après la jurisprudence française, *« La propriété d'un bien peut être retenue en garantie par l'effet d'une clause de réserve de propriété qui suspend l'effet translatif d'un contrat jusqu'au complet paiement de l'obligation qui en constitue la contrepartie* [957]*»*. Il s'agit de sécuriser l'entreprise contre d'éventuels impayés des clients. Introduite dans un contrat de vente de marchandises, la clause de réserve de propriété a pour effet de suspendre le transfert de propriété du vendeur à l'acquéreur jusqu'au paiement intégral du prix stipulé, alors même que la livraison du bien a déjà été effectué au profit du client. Ainsi, le non-paiement intégral du prix ne remet pas en cause le caractère ferme et définitif de la vente intervenue dès lors qu'il y a accord des parties sur la chose et sur le prix; tel est du reste la position de la jurisprudence commerciale française[958] .

820. D'après le Système Comptable OHADA, bien que les ventes assorties de réserve de propriété soient des ventes assorties de condition suspensive, elles sont rattachées, d'après le principe de la prééminence de la réalité économique sur l'apparence juridique, à l'exercice de livraison du bien et non à celui du transfert de propriété[959].

821. Du point de vue fiscal, des difficultés d'ordre général ou spécifique peuvent surgir en matière de détermination des produits imposables. D'après la doctrine fiscale française, *« l'insertion d'une condition suspensive dans un contrat développe ses effets en ce sens que le fait générateur dépend de la*

---

[954] Art 1181 du Code civil.

[955] DROSS (W.), *Clausier, op. cit*, p. 631 : *« Juridiquement, la clause de réserve de propriété n'est qu'une variété de clause retardant le transfert de propriété, la qualification étant généralement utilisée lorsque l'évènement choisi par les parties comme devant déclencher le transfert est spécifiquement le paiement complet du prix. Economiquement, la clause de réserve de propriété n'est pas autre chose qu'une technique de garantie fondée sur la propriété... : le vendeur conserve la propriété de la chose vendue tant que son cocontractant n'a pas exécuté son obligation principale à son égard »*.

[956] C. civ, art. 1583

[957] C. civ., art 2367 (Ord. n° 2006-346, 23 mars 2006)

[958] Cass com., 17 octobre 2018, n°17-14. 986.

[959] Voir en ce sens SYSCOHADA, Titre VIII, Chap. 9.

réalisation de la condition[960]». Ainsi, l'administration fiscale analysera en produits imposables passibles de l'impôt sur le revenu chez le fournisseur, non pas les « ventes juridiquement transférées », mais plutôt les « ventes économiquement livrées » à l'acheteur[961]. Les ventes assorties de réserve de propriété sont de ce point de vue imposables à l'exercice de livraison et non à celui du transfert de propriété. De même, pour une vente d'immobilisation assortie d'une clause de réserve de propriété, le preneur peut passer en charges déductibles les dotations aux amortissements de l'immobilisation dont il peut déjà économiquement faire usage alors même que la propriété ne lui est pas encore juridiquement transférée puisqu'elle ne le sera qu'après paiement intégral du prix d'acquisition de l'immobilisation. En matière de TVA, l'administration fiscale surveillera le fait générateur et l'exigibilité de la TVA de manière à les aligner sur la date de la livraison des biens et non sur celle du transfert de propriété qui peut être retenue à tort par le client contribuable dans sa déclaration. Sur ce point, elle devra être attentive à la nature de l'opération dans la mesure où matière de livraison des biens le fait générateur et l'exibilité de la TVA se confondent, alors qu'en matière de prestation de services, le fait générateur correspond à la livraison, tandis que l'exigibilité intervient au moment du paiement du prix de la prestation.

822. Plus spécifiquement, l'administration fiscale scrutera la variation de valeur du bien vendu entre la date de signature du contrat et la date de levée de la condition suspensive de manière à circonscrire le risque fiscal lié à l'abstraction par les parties de cette variation de valeur lorsque celles-ci décident de conserver le prix convenu à la date de signature du contrat. En effet, il n'est pas rare que la valeur des biens meubles ou immeubles[962] s'apprécie ou se déprécie pendant la période d'incertitude en question. Ainsi, en cas d'augmentation de la valeur desdits biens pendant cette période de latence, l'administration fiscale est en droit de conclure à une minoration du prix d'acquisition par les parties et de dégager des incidences autant chez le vendeur que chez l'acquéreur[963]. En revanche, en cas de dépréciation de la

---

960 DAL VECCHIO, *op. cit.*, p. 156.

961 Dans une vente sous condition suspensive, dans la mesure où la livraison ou la délivrance du bien ne peut pas intervenir avant que cette condition suspensive ait été réalisée, le vendeur conserve le contrôle du bien. En conséquence, la comptabilisation de la vente est suspendue jusqu'à la date à laquelle la condition se trouve réalisée.

962 Il peut s'agir de bien meubles matériel ou immatériels tels du matériel roulant ou des droits sociaux, ou de bien immeubles matériels ou immatériels tels des usines ou des marques de fabrique.

963 Chez le vendeur sur le terrain de l'acte anormal de gestion. Symétriquement chez l'acquéreur, sur le terrain de la libéralité. La différence de prix pourrait être en effet considérée comme une libéralité accordée par le vendeur à l'acquéreur, correspondant, s le vendeur est une entreprise passible de l'impôt sur les sociétés, à un revenu distribué imposable entre les mains de l'acquéreur.

valeur des biens pendant ladite période, l'administration peut conclure à une surévaluation de la valeur des droits sociaux en cause par les parties[964].

§3. Le décryptage fiscal des clauses conclusives du contrat

823. L'expression « clauses conclusives du contrat » est utilisée dans ce paragraphe pour désigner les dispositions terminales ou finales du contrat. Il existe une variété importante de clauses conclusives dans les contrats d'affaires internationaux qui se déclinent de diverses manières suivant la volonté des parties et n'obéissent à aucune logique particulière s'agissant de leur ordre de présentation[965], mis à part les signatures respectives de chacune des parties apposées à la fin du document contractuel. En général ces clauses génèrent des obligations communes aux parties concernant l'adaptation, la révision, les avenants, le règlement des différends susceptibles de naître à propos du contrat, l'interprétation, la preuve, la conservation, la mise en œuvre, la résolution, etc. Il serait fastidieux, voire impossible, de faire le tour de tous les enjeux de contrôle fiscal susceptibles de surgir à l'analyse de chacune desdites clauses. Aussi nous semble-t-il plus approprié d'avoir recours à une approche sélective pour jeter les bases du décryptage fiscal des clauses terminales à partir de quelques-unes des plus récurrentes. Nous retiendrons arbitrairement sur cette base, l'hypothèse du contrôle fiscal des clauses d'interprétation **(A)** et celle du contrôle fiscal des clauses relatives au système juridique applicable au contrat **(B).**

A. Le contrôle fiscal des clauses d'interprétation

824. L'interprétation est une opération qui consiste à dégager le sens et la portée d'une disposition contractuelle, ambiguë, imprécise ou en contradiction avec une autre clause du contrat. D'après la doctrine en droit des contrats, « la clause d'interprétation a pour objet d'aménager les règles que le Code civil consacre à la question aux articles 1156 à 1164[966]. De l'interprétation dépendent, l'identification et l'intensité de l'engagement des contractants, car il est possible que la rédaction d'une ou de plusieurs stipulations apparaisse maladroite, sibylline, voire incomplète, de sorte que la compréhension du contenu des obligations des parties s'en trouve affectée. La clause d'interprétation permet ainsi de limiter les discussions sur le sens à donner aux termes du contrat et de guider le juge fiscal ou l'arbitre dans sa recherche de l'intention des parties comme elle le ferait pour le juge civil. La principale interrogation qui se dégage de la lecture d'une clause

---

[964] Chez le bénéficiaire de la surestimation, c'est-à-dire le vendeur, sur le terrain de la libéralité, en tant que revenu distribué imposable ; Chez l'acquéreur qui pourrait se voir opposer le refus de la déductibilité du montant correspondant à la différence positive entre le prix convenu à la date de signature du contrat et la valeur du bien au moment de la levée de la condition suspensive.

[965] Voir en ce sens, MOUSSERON (J. M.), *op. cit.*, 5e éd., p. 373.

[966] DROSS (W.), *Clausier, op. cit.*, p. 392.

d'interprétation dans tout contrat d'affaire international a trait à l'opposabilité de cette clause vis-à-vis de l'administration fiscale **(1)**. La préoccupation subsidiaire à laquelle l'on pourrait réfléchir en tenant compte du contexte des Etats de l'espace OHADA est celle soulevée par le choix de la langue du contrat par les parties **(2)**.

1. L'opposabilité de la clause d'interprétation vis-à-vis de l'administration fiscale

825. La réflexion sur l'opposabilité de la clause d'interprétation vis-à-vis de l'administration fiscale commande que l'on sache en bout d'analyse si celle-ci, en situation de contrôle fiscal, est liée par le cadre de l'interprétation tel que défini par la clause y relative[967]. La réponse à cette préoccupation mérite d'être nuancée car, si la clause d'interprétation peut constituer une source d'inspiration pour l'administration fiscale en matière de contrôle, elle ne saurait pour autant devenir un « carcan » vis-à-vis duquel l'administration ne saurait se départir. En matière d'interprétation du contrat, ce qui vaut pour les parties ou le juge civil ne vaut pas nécessairement pour l'administration fiscale, encore moins pour le juge fiscal. En effet d'après Madame Frédérique Cohet, *« le juge [civil], confronté à un problème d'interprétation du contrat, doit rechercher la volonté commune des parties sans aller contre les sens d'une clause claire et précise, sous peine de dénaturation du contrat*[968] *».*

826. La démarche d'interprétation est utile au contrôle fiscal en ce qu'elle précède la démarche de qualification et permet par conséquent de déterminer ladite qualification[969]. La clause d'interprétation peut par exemple stipuler, entre autres termes, que « *Les titres du [présent] contrat sont indicatifs et ne doivent pas en affecter l'interprétation... ».* Une telle stipulation suffit à mettre en évidence les subtilités rédactionnelles de la clause d'interprétation. Formulée de la sorte, cette clause ne confère aux titres du contrat qu'une valeur indicative, et les soustrait formellement du cadre de l'interprétation du contrat. Or, il est certain qu'à la lecture d'un contrat d'affaires aucune autorité ne saurait s'affranchir de la signification ou du sens des titres qui le jalonnent au risque de perdre le sens des clauses qu'ils synthétisent. Pareillement, l'administration fiscale ne saurait négliger l'interprétation des titres du contrat sous prétexte que la clause d'interprétation ne leur confère qu'une valeur indicative. Elle devra dans sa

---

[967] Le cadre de l'interprétation défini par la clause d'interprétation renvoie généralement aux autres clauses utilisées en matière la matière ; c'est le cas notamment des clauses de définitions.

[968] COHET (F.), *Le contrat, op. cit.*, p.12 : *« la force obligatoire de la volonté interdit aux parties qui ont librement aménagé le contrat de le modifier ou d'en sortir de manière unilatérale, sauf à encourir une sanction ».*

[969] *Ibid.* p. 137 : *« La qualification ne peut donc intervenir qu'après un travail d'interprétation ».*

démarche interprétative mettre en cohérence les titres en cause avec les stipulations qui s'y rapportent afin de valider ou d'invalider les qualifications données par les parties aux prestations exposées par le contrat.

827. Lorsque la clause d'interprétation ne lui permet pas de saisir la commune intention des parties comme le prévoit l'article 1156 du code civil en vigueur au Cameroun[970], l'administration fiscale peut souverainement choisir sa démarche d'interprétation du contrat. Un tel choix peut la conduire vers une requalification du contrat et un alourdissement de la charge fiscale pour les parties, à charge pour le juge fiscal ou l'arbitre d'apporter une interprétation différente. En tout cas, les autorités fiscales savent bien que la rédaction de la clause d'interprétation doit avoir pour finalité de traduire la réelle volonté des parties et non d'éviter l'application d'un régime juridique ou fiscal spécifique. Les parties qui ne l'auront pas rédigé dans le respect des dispositions légales en vigueur au moment de la conclusion du contrat s'exposent à des requalifications juridiques et fiscales. Un exemple tiré de la pratique du contrôle fiscal permet de vérifier cette hypothèse.

Exemple : Une société de droit camerounais, la société A, conclut avec une société de droit français, la société B, un contrat de concession commerciale. Au titre de ce contrat, la société B (concédant) s'engage envers la société A (concessionnaire) :

-d'une part, à transmettre au concessionnaire un savoir-faire,

-d'autre part, à mettre à la disposition du concessionnaire, lors de la création de l'activité de distribution, des signes distinctifs et une assistance commerciale.

828. En contrepartie des services fournis par le concédant, le concessionnaire s'oblige à s'approvisionner exclusivement auprès de lui.

829. Le contrat de concession contient une clause d'interprétation qui prévoit entre autres que :

« Les clauses et les expressions qui figurent dans le Contrat s'interprètent en fonction de l'ensemble du contrat et ne sauraient être considérées de manière isolée ».

830. En cas de contrôle par les autorités fiscales, ces dernières peuvent valablement s'affranchir de la clause d'interprétation prévue au contrat et attribuer aux opérations passées entre les parties leur véritable nature. La requalification dudit contrat en contrat de franchise s'avèrerait alors inévitable dans la mesure où son économie renvoie précisément à celui d'un contrat de franchise. En effet, le contrat de franchise est celui en vertu duquel une personne nommée « franchiseur », s'engage à communiquer un savoir-faire à une autre personne nommée « franchisé », à lui procurer la jouissance d'une marque et éventuellement à la fournir en marchandises. Le

---

[970] Article 1156 du code civil camerounais « *On doit dans les conventions rechercher quelle a été la commune intention des parties contractantes, plutôt que de s'arrêter au sens littéral des termes* ».

franchisé s'engageant en retour à exploiter le savoir-faire, à utiliser la marque et éventuellement, à s'approvisionner auprès du franchiseur. Cette requalification emportera des obligations à incidence fiscale à la charge notamment en ce qui concerne le paiement d'un droit d'entrée et d'une redevance d'exploitation.

2. Les difficultés d'interprétation fiscale liées à la langue du contrat

831. L'expression « langue du contrat » dans la présente étude fait référence à la langue dans laquelle est rédigé le contrat. Les agents des administrations fiscales du Cameroun et des autres Etats de l'OHADA justifient bien souvent leur réticence à contrôler les contrats d'affaires internationaux par l'obstacle de la langue[971]. La langue généralement mise en cause dans cet espace est l'anglais. Or, l'anglais a précisément la particularité dans le monde actuel d'être la langue par excellence des affaires[972]. Face aux contrats d'affaires internationaux rédigés en anglais, dans une autre langue étrangère ou en plusieurs langues, se pose en général le problème de la traduction. Ce problème ne se pose pas dans les mêmes termes selon qu'il est appréhendé du point de vue du rapport commercial entre les parties au contrat ou du point de vue du rapport fiscal entre l'administration et le contrat. Entre les parties ce problème soulève plusieurs questions mise en évidence par la doctrine, et liées notamment à la prééminence d'une des versions en cas de contrariété d'interprétation entre les différentes versions et à l'utilité des autres versions dans l'interprétation des dispositions ambiguës de la version prévalente.

832. En revanche, entre l'administration fiscale et le contrat le problème de la traduction tient pour l'essentiel à la recherche de l'exactitude de la signification des termes contractuels - indépendamment des versions du contrat - en vue de la qualification pertinente des prestations couvertes par le contrat. Sur le terrain du contrôle fiscal, les agents de vérification sont parfois gagnés par une forme de dépit face aux contrats libellés dans une langue qu'ils ne maîtrisent pas. Cette attitude décourage généralement la poursuite des investigations relatives à la détection du « sens fiscal » des clauses contractuelles. Pourtant, le Cameroun et les autres pays de l'espace OHADA peuvent utilement se servir des dispositions de l'Acte Uniforme relatif au droit comptable et à l'information financière traitant des conditions de régularité et de sécurité à respecter par l'organisation comptable des

---

[971] En effet mis à part le Cameroun, pays officiellement bilingue, tous les autres Etats de l'espace OHADA sont des Etats francophones où la plupart des cadres de l'administration fiscale peinent à se familiariser avec les langues étrangères.

[972] C'est sans doute conscient de cette réalité que Monsieur Roger DUCCINI a prévu en annexe de son ouvrage « *Stratégie fiscale des contrats internationaux* » un double lexique Français-Anglais/Anglais-Français des principaux termes commerciaux, (DUCCINI (R.), *op. cit.* p. 333 à 352.

entreprises au sein de cet espace. L'article 17 de ce texte affiche au premier rang de ces conditions *« la tenue de la comptabilité dans la langue officielle et dans l'unité monétaire ayant cours légal dans l'Etat partie* [973]*»*. Etant donné que la fonction principale des contrats d'affaires internationaux en matière de contrôle fiscal est précisément de servir à justifier nombre d'opérations prises en charge par l'organisation comptable évoquée à l'article 17 ci-dessus, les Etats peuvent pareillement exiger la production desdits contrats dans la langue officielle du pays, à charge pour les contribuables transnationaux de se conformer à cette prescription. Une telle prescription qui peut émaner de la loi fiscale nationale dans chaque Etat se doit en tout point d'être conforme à la Constitution. Au Cameroun par exemple, la Constitution consacre deux langues officielles : le français et l'anglais. Ainsi, les contrats portés à l'attention des autorités fiscales camerounaises pour des nécessités d'assiette[974] ou de contrôle doivent être rédigés ou traduits en français ou en anglais.

833. Sous le rapport du contrôle fiscal, les clauses terminales peuvent indubitablement aider l'administration à affiner l'analyse de la conformité fiscale des contrats d'affaires internationaux, et l'intérêt analytique de ces clauses s'accroît lorsqu'elles sont étudiées en lien avec des secteurs stratégiques d'activités précis, ainsi que nous le montrerons plus en aval dans notre étude, ou en rapport avec la problématique du système juridique applicable.

B. La détection des risques fiscaux entourant les conditions résolutoires et le droit applicable

834. La détection des risques fiscaux à travers le contrôle fiscal des dispositions terminales d'un contrat d'affaires international ne saurait occulter aucune stipulation. Pour les besoins de cette étude, on se limitera à ouvrir le débat du contrôle fiscal des clauses assorties de conditions résolutoires **(1)** et celles relatives au droit applicable **(2)**.

1. Le contrôle fiscal des conditions résolutoires

835. La condition résolutoire permet aux parties de subordonner le maintien de leur contrat à la non-réalisation d'un événement déterminé de telle sorte que si l'événement érigé en condition survient, le contrat sera censé n'avoir jamais existé[975]. D'après le Code civil, cette clause ne suspend pas l'exécution de l'obligation ; elle oblige seulement le créancier à restituer ce qu'il a reçu, dans le cas où l'évènement prévu par la condition arrive. En

---

973 Cf. art. 17 de l'AUDCIF ; c'est nous qui soulignons.

974 La présentation des contrats d'affaires à la formalité de l'enregistrement devant l'administration fiscale obéit à cette nécessité d'assiette.

975 Voir en ce sens DROSS (W.), *Clausier*, *op. cit.*, p. 111 et s. Voir aussi C. civ. art 1183 : « La condition résolutoire est celle qui, lorsqu'elle s'accomplit, opère la révocation de l'obligation, et qui remet les choses au même état que si l'obligation n'avait pas existé… »

cela, la condition résolutoire n'est pas à confondre avec la « clause résolutoire » qui, elle, sanctionne l'inexécution d'un contrat définitivement formé[976]. De même, elle n'est pas à confondre avec la résiliation ; selon la doctrine en droit des contrats, à la différence d'une résiliation[977] ou de l'arrivée d'un terme, le contrat est en principe rétroactivement effacé entre les parties. Il ne disparait pas seulement pour l'avenir mais aussi pour le passé[978].

836. D'après le Système Comptable OHADA, la condition résolutoire ne suspend point l'exécution de l'obligation ; elle oblige seulement le créancier à restituer ce qu'il a reçu dans le cas où l'événement prévu par la condition arrive. La vente n'est pas suspendue par la condition et le produit est pris en compte immédiatement, mais elle est annulée rétroactivement en cas de réalisation de la condition. Une provision est à constater en cours d'exécution du contrat si la probabilité de réalisation de la condition résolutoire se réalise[979].

837. Le décryptage fiscal des clauses assorties d'une condition résolutoire requiert de la part des agents de l'administration fiscale qu'ils vérifient l'application des règles de comptabilisation et de décomptabilisation des éléments des états financiers relatives aux ventes sous condition résolutoire en conformité avec les prescriptions du Système comptable OHADA. Cette approche conduit à soumettre les produits vendus sous condition suspensive à l'impôt sur le résultat et éventuellement à la TVA chez le fournisseur puisque la créance sur lesdits produits lui est immédiatement acquise. En revanche, l'administration est invitée à prendre acte de l'annulation de la comptabilisation des produits chez le fournisseur en cause, et de régulariser symétriquement à la baisse l'impôt sur le résultat correspondant tout en admettant parallèlement en sa faveur la déduction de la TVA préalablement collectée. Ainsi, on le comprend, pour assurer convenablement sa mission de contrôle vis-à-vis des clauses assorties de conditions résolutoires, l'administration fiscale est obligée de lire dans le détail les stipulations contractuelles de manière à faire avec exactitude le constat de la réalisation ou de la non-réalisation de la condition résolutoire. Une telle attitude lui permet de saisir la matière imposable de manière adéquate sans verser dans des redressements arbitraires liés à

---

976 *Ibid.*, p. 111.

977 *Ibid.*, p. -47 et s. : « *Au sens, large, la clause de résiliation peut avoir vocation à organiser la fin d'une relation contractuelle, motif pris de l'inexécution de ses obligations par le cocontractant. Mais elle n'est alors dans cette hypothèse qu'une variété de la clause résolutoire, dont la particularité est de concerner un contrat à exécution successive plutôt qu'immédiate* ».

978 *Ibid.*, p. 111.

979 Voir en ce sens SYSCOHADA, J.O, num. spécial, 15 février 2017, p. 121 ; c'est nous qui soulignons.

l'incompréhension du mécanisme contractuel véhiculé par la stipulation de telles clauses.

2. Le contrôle fiscal des clauses de droit applicable

838. Les clauses de droit applicable ou clause d'*electio juris* sont celles par lesquelles les parties choisissent la loi applicable à leur contrat, c'est-à-dire le système juridique à la compétence duquel est rattaché le contrat notamment en matière d'interprétation des clauses ou de conflit entre les parties pendant l'exécution du contrat. Les contrats d'affaires internationaux sont en général le point de contact de plusieurs systèmes juridiques nationaux[980]. Le contrôle fiscal de la clause du droit applicable soulève à notre sens deux préoccupations. La première est celle de savoir si les parties en disposant, pour un contrat d'affaires international donné, de la liberté de choisir le système juridique applicable, disposent en même temps de la faculté de choisir la loi fiscale applicable aux opérations contractuelles. La seconde est celle de savoir si le système juridique choisi par les parties au contrat peut éclairer les acteurs du contrôle fiscal.

839. La réponse à la première question est d'autant plus préoccupante que pour la doctrine en droit des contrats internationaux, « la loi applicable à la substance d'un contrat international peut aller de l'évidence jusqu'à l'évanescence. Evidente, elle le sera quand les parties auront décidé elles-mêmes de la lex contractus. Evanescente, elle le sera quand les parties n'auront rien prévu et que leur contrat aura des liens de même importance avec plusieurs pays[981]». Comme nous l'avons évoqué en introduction dans la présente étude, quel que soit le système juridique choisi par les parties dans leur contrat d'affaires, celui-ci ne saurait se soustraire au contrôle fiscal dans une juridiction dès lors qu'il entretient avec celle-ci des relations avec son économie. Cela se comprend dans la mesure où le contrôle fiscal, qui procède de l'exercice de la souveraineté fiscale au sein d'une juridiction, entretient avec les contrats d'affaires internationaux une relation de « superposition » en faveur du pouvoir fiscal exercé par les autorités fiscales sur les opérations économiques et commerciales générées par les clauses contractuelles.

840. On le voit, la souveraineté fiscale ne laisse forcément pas libre cours à la volonté des parties s'agissant du choix de la loi fiscale nationale applicable. Au contraire, pour une juridiction donnée, la souveraineté fiscale s'impose aux parties dès qu'elle trouve matière à prévaloir du fait de la conclusion du contrat ou des effets des clauses contractuelles. Cela est vrai, que les parties aient inséré ou non une clause de droit applicable dans leur contrat[982]. De fait, en choisissant d'opérer dans une juridiction donnée, les

---

[980] Voir en ce sens, MOUSSERON (J. M.), *op.cit.*, 5ᵉ éd., p. 84.

[981] ANCEL (M-E), DEUMIER (P.), LAAZOUZI (M.), *op. cit.*, p. 151.

[982] En droit du commerce international, le juge peut être amené à déterminer la loi du contrat à partir de « points de rattachements rigides comme le lieu de conclusion ou le lieu

parties font en quelque sorte le choix de se soumettre au droit fiscal applicable à leur contrat dans ladite juridiction. De toute évidence, elles ne disposent pas de la liberté de choisir par exemple l'application du droit fiscal en vigueur au Sénégal ou au Bénin vis-à-vis d'un contrat d'affaires pour l'exécution duquel des opérations imposables seront plutôt effectuées au Cameroun. En l'occurrence, la loi fiscale applicable aux opérations contractuelles effectuées au Cameroun sera sans équivoque la loi fiscale camerounaise, sous réserve des dispositions des conventions fiscales internationales.

841. S'agissant de la seconde préoccupation, l'on peut y répondre en concevant que le droit fiscal d'une juridiction donnée en Afrique peut être amené à composer avec le système juridique étranger choisi par les parties en ce qui concerne l'application des règles qui gouvernent les relations contractuelles entre les parties. Ce système juridique peut être constitué d'une loi étrangère à laquelle pourraient se greffer la *lex mercatoria* ou encore les principes du commerce international. En droit des affaires, la détermination par les parties de la loi étatique applicable à leur contrat leur garantit une certaine prévisibilité du droit applicable en cas de litige et, par conséquent, du régime juridique qui gouverne leurs relations contractuelles[983].

842. Quoi qu'il en soit, la désignation du système juridique applicable qui, en droit des affaires, trouve son utilité la plus flagrante en cas de litige[984], peut également se révéler d'une grande utilité en matière de contrôle fiscal notamment lorsqu'il s'agit d'établir les responsabilités fiscales des parties au regard de l'exécution de certaines prestations. Ainsi, pour un contrat d'affaires international pour lequel les parties ont choisi comme loi applicable *«la loi française »,* le droit commercial français, la *lex mercatoria* ou les principes du commerce international peuvent en effet éclairer aussi bien l'administration fiscale, le juge fiscal que l'arbitre en matière d'interprétation et de qualification en vue d'un règlement avisé des litiges fiscaux susceptibles de surgir à l'occasion de l'exécution dudit contrat d'affaires.

843. Ajoutons par ailleurs que le lieu de formation du contrat a un intérêt pour déterminer la juridiction de laquelle relèverait un litige éventuel, notamment en matière commerciale où le tribunal compétent peut être celui du lieu où le contrat a été conclu et, dans les contrats dont l'une des parties se trouve à l'étranger, la loi applicable pouvant être une loi étrangère.

---

d'exécution du contrat». Voir en ce sens JACQUET (J.-M.), DELEDECQUE (P.), CORNELOUP (S.), *Droit du commerce international*, Paris, Dalloz, 1ère éd., 2007, p. 205-206.

983 BEGUIN (J.), *Traité de droit du commerce international*, Litec, 2005, n° 2699 – Mousseron (P.), RAYNARD (J.) et SEUBE (J.-B.), *Technique contractuelle*, Éditions Francis Lefebvre, 3e éd. 2005, n° 132 et s.

984 MOUSSERON (J. M.), *op. cit,* 5e éd., *op. cit.*, p. 84.

844. Cela dit, en nous servant à titre indicatif et pédagogique d'un échantillon de clauses suffisamment révélateur des enjeux fiscaux qui pourraient opposer l'administration fiscale et les opérateurs économiques internationaux dans le cadre d'un contrat d'affaires international isolé, nous avons pu montrer que le contrôle fiscal des contrats d'affaires internationaux est un exercice patient de « décodage » fiscal de l'ensemble des clauses qui le composent et qui révèle l'importance systématique de chacune d'elles pour les parties prenantes au contrôle fiscal. Cette entreprise de décryptage fiscal des contrats d'affaires internationaux à laquelle nous convions les autorités fiscales des Etas de l'espace OHADA prend un autre relief et gagne en amplitude lorsqu'il s'agit pour l'administration de détecter les risques fiscaux associés aux montages pluri-contractuels dans le cadre des opérations complexes.

SECTION II. LA DÉTECTION DES RISQUES FISCAUX ASSOCIÉS AUX MONTAGES PLURI-CONTRACTUELS AFFÉRENTS AUX OPÉRATIONS COMPLEXES

845. Le concept de montage pluri-contractuel dans le cadre de la présente étude renvoie à toute construction juridique opérée dans le cadre des opérations contractuelles dites complexes. A la différence des montages intra-contractuels, les montages pluri-contractuels font appel aux relations contractuelles imbriquées propres aux ensembles contractuels. Le marché international des biens et des services donne chaque jour naissance à des opérations économiques et contractuelles complexes qui constituent pour les théoriciens et les praticiens du droit un vivier intarissable d'études et de recherche. Pour les administrations fiscales africaines, ces opérations ne vont évidemment pas sans poser de redoutables problèmes en matière de contrôle fiscal.

846. Selon la doctrine, « l'opération complexe est une opération qui regroupe plusieurs contrats distincts les uns des autres nés, chaque fois, de consentements différents.[985]». Les opérations contractuelles complexes constituent dans la pratique un vaste champ d'expérimentation du phénomène de l'interdépendance contractuelle dont la notion est étudiée par Sébastien Pelle dans ses travaux de thèse[986]. Cette notion n'est pas sans intérêt lorsqu'on la rapporte à la matière du contrôle fiscal dans la mesure où le phénomène des ensembles contractuels duquel elle tire sa substance doit sa prolifération à l'expansion des activités des groupes de sociétés, eux-mêmes à la base des transactions intragroupe que les administrations fiscales africaines s'évertuent tant bien que mal à surveiller.

---

985 MOUSSERON (J. M.), *Technique contractuelle*, Francis Lefèbvre, 5e éd., *op. cit.*, p. 111.

986 Lire sur ce point PELLE (S.), *La notion d'interdépendance contractuelle - Contribution à l'étude des ensembles contractuels -*, Dalloz, Préf. de J. Foyer et M.-L. DEMEESTER, coll. « Nouvelle Bibliothèque de Thèses », 2007.

847. Ainsi que nous l'avons montré, pour un investissement ou pour une opération économique donnée, la réalisation d'un montage contractuel à finalité fiscale trouve sa manifestation la plus aboutie dans les nombreuses occurrences où les montages intra-contractuels se combinent aux montages pluri-contractuels pour donner lieu à des ensembles contractuels construits de telle sorte que les risques fiscaux qu'ils renferment ne puissent être mis en évidence qu'à l'issue d'un véritable décryptage fiscal. Les clés du décryptage des ensembles contractuels par les acteurs du contrôle fiscal peuvent être recherchées de notre point de vue dans la théorie de l'interdépendance contractuelle à partir de deux angles de lecture. En premier lieu, le contrôle fiscal des contrats d'affaires internationaux devrait tenir compte de la sophistication juridique qui sous-tend le phénomène d'imbrication des relations contractuelles inhérent aux ensembles contractuels. En second lieu, le contrôle fiscal ne saurait ignorer l'imbrication des prestations les unes dans les autres au service d'une même opération économique globale[987]. Il apparaît suivant ces hypothèses que la première clé du décryptage fiscal des clauses dans le cadre d'un ensemble de contrats d'affaires internationaux réside dans l'exploitation de l'interdépendance contractuelle **(§1)**, et que la seconde qui tire sa substance de la première, tient à l'exploitation de l'économie générale de l'opération **(§2)**.

§1. Le décryptage fiscal des clauses par exploitation de l'interdépendance contractuelle transnationale

848. En vertu du principe du consensualisme, les entreprises sont fondées à conclure librement des accords ou des contrats d'affaires entre elles. Ceci est un principe général et ne vaut que dans une configuration de rapports entre entités indépendantes. Dans un contexte de rapports transnationaux de dépendance juridique ou économique, l'on assiste à une multiplication de contrats pour lesquels les entités sous dépendance étrangère domiciliées en Afrique subissent la *« dictée »* des clauses par leurs sociétés mères ou par des entités dominantes du groupe[988]. Il s'en suit une superposition de contrats apparemment distincts d'après leurs titres respectifs, mais bien souvent imbriqués du fait de leurs objets qui forment,

---

[987] PELLE (S.), *op. cit.* p. 29 : *« Il s'agit d'une opération économique reposant sur l'imbrication de plusieurs prestations qui sont conçues comme étant totalement indissociables, en tant qu'elle donne naissance au résultat original recherché par le ou les bénéficiaire(s). le qualificatif global exprime une logique du « tout ou rien » en mettant l'accent avant tout sur l'ensemble et non spécialement sur chacun des éléments qui le composent ».*

[988] Voir en ce sens FRANCIS LEFEBVRE, *Groupes de sociétés*, Editions Francis Lefèbvre, coll. « Memento pratique », 2002, p. 15, n°10 : On appelle « groupe de sociétés » l'ensemble constitué par plusieurs sociétés, ayant chacune leur existence juridique propre, mais unies par des liens divers en vertus desquels l'une d'elles, dite société mère, qui tient les autres sous sa dépendance, exerce un contrôle sur l'ensemble et fait prévaloir une unité de décision ».

chacun en ce qui le concerne, les éléments d'un attelage contractuel concourant à la réalisation d'une même opération économique.

849. D'après Sébastien Pelle, dont les travaux sur la notion d'interdépendance contractuelle éclairent la présente étude, le mécanisme général de l'interdépendance se caractérise par le fait que dans un ensemble contractuel *« [...] le tout dépend de chacune de ses parties et que, réciproquement, chacune des parties dépend du tout*[989] *»*. Ce mécanisme peut être observé dans un contexte de transactions intragroupe ou de transactions entre entreprises indépendantes. En matière de contrôle fiscal, la prise en compte du phénomène d'imbrication des relations contractuelles qui est à la base de l'interdépendance contractuelle est d'une importance indéniable en ce qu'elle permet à l'administration fiscale de rechercher les incidences fiscales des transactions en tenant compte de la stratégie fiscale qui sous-tend l'ensemble desdites transactions qui sont du reste, au service d'une même opération globale. A ce propos, même si nous partageons l'avis de la doctrine suivant lequel la stratégie fiscale est généralement annexe à la stratégie opérationnelle et qu'*» elle ne correspond pas nécessairement à l'enjeu stratégique qui détermine la cause impulsive de l'opération*[990] *»*, force est de reconnaître par hypothèse que l'administration ne saurait mener à bien une opération de contrôle fiscal dirigée vers un groupe de contrats sans au préalable interroger la stratégie fiscale en tant que composante de la stratégie juridique et économique et financière ayant générée ledit groupe de contrats. Sous ce rapport, l'exploitation de l'interdépendance contractuelle en vue de détecter les risques fiscaux à l'occasion des contrôles peut s'effectuer en se servant du décryptage, à la fois des opérations de structuration juridique **(A)** et des opérations de structuration financière transnationales **(B)**.

A. La détection des risques fiscaux inhérents aux opérations transnationales de structuration juridique

850. Dans le monde des affaires, les structurations - ou restructuration - juridiques transnationales sont en général l'expression d'une stratégie de développement de chaque groupe de sociétés[991]. D'après l'Acte Uniforme OHADA relatif au droit des sociétés commerciales et du groupement d'intérêt économique (AUSCGIE), *« un groupe de sociétés est l'ensemble formé par des sociétés unies entre elles par des liens divers qui permettent à*

[989] PELLE (S.), *op. cit.* p. 225.

[990] Voir en ce sens KERHUEL (A.-J.), *op. cit*, p.30.

[991] Voir en ce sens FORGET (J.), *Stratégie financière*, Ellipses, 2007, p. 37 et s. : Selon l'auteur, *« L'analyse stratégique n'est pas plus réductible à une étude monographique à visée prospective qu'à l'imposition de schémas de raisonnement préétablis. Elle implique de prendre en considération l'ensemble des spécificités, des contraintes et des opportunités propres à chaque secteur économique, à chaque marché et à chaque entreprise »*.

l'une d'elles de contrôler les autres[992] *».* Selon la doctrine, *« les sociétés transnationales développent des stratégies juridiques indissociables de leurs stratégies économiques et financières*[993]*».* Les stratégies fiscales, qui procèdent elles aussi des stratégies des entreprises multinationales, ne sauraient échapper au décryptage des agents des administrations fiscales africaines dans le cadre des contrôles fiscaux qu'ils exécutent en vue d'endiguer l'évasion fiscale internationale. Suivant une telle cette optique, la démarche de contrôle à mettre en œuvre auprès de toute entité appartenant à un « groupe de sociétés »[994], gagnerait à se servir de l'imbrication des relations contractuelles qui fondent le montage juridique[995] appelé à régir l'espace intégré dudit groupe[996]. Ainsi pour gagner en pertinence, le contrôle fiscal de toute entreprise appartenant à un groupe devrait composer aussi bien avec le décryptage des opérations de structuration de la dépendance juridique de cette entreprise vis-à-vis des autres entités du groupe **(1)**, qu'avec le décryptage des opérations de restructuration affectant cette dépendance au sein du groupe **(2).**

---

[992] Cf. art. 173 de l'AUSCGIE. Voir aussi SYCOHADA révisé, Deuxième Partie, Comptes consolidés, Introduction : *« Cette coexistence de plusieurs entités juridiquement indépendantes, reliées par de multiples liens financiers, commerciaux, techniques ou de personnes, mais qui dépendent d'un centre de décision commun qui en assure le contrôle et la direction donne naissance à une nouvelle entité économique dépourvue de personnalité juridique communément appelée « groupe » ».*

[993] SNOUSSI (M.), *« les stratégies juridiques des sociétés transnationales : l'exemple des prix de transfert », RIDE, 2003/3-4 (t. XVIII), p. 443 à 469.*

[994] EDITIONS FRANCIS LEFEBVRE, *Groupe de sociétés 2001-2002, Juridique - fiscal - social*, Francis Lefèbvre, Coll. « Mémento pratique », 2000, p. 15, n° 10. : *« On appelle « groupe de sociétés » l'ensemble constitué par plusieurs sociétés, ayant chacune leur existence juridique propre, mais unies entre elles par des liens divers en vertu desquels l''une d'elles, dite société mère, qui tient les autres sous sa dépendance, exerce un contrôle sur l'ensemble et fait prévaloir une unité de décision ».*

[995] PELLE (S.), *op. cit.* p. 4 : « On parle de « liaisons entre contrats », de « montages contractuels » ou encore tout simplement de « contrats liés » pour exprimer une relation entre contrats qui semble rester insaisissable ».

[996] MICHALET (Ch.- A.), *Le capitalisme mondial*, PUF, Coll. « Quadrige », 1998, p. 16. : *« L'espace intégré ne peut être dissocié de l'unité économique qui caractérise toute STN. Les deux phénomènes servent à décrire une même réalité. La structure de la STN, fondée sur la dispersion de ses activités sur différents territoires étatiques, s'accompagne d'une organisation ayant pour but d'unifier ses multiples investissements ».*

Schéma 3 : Structuration juridique transnationale

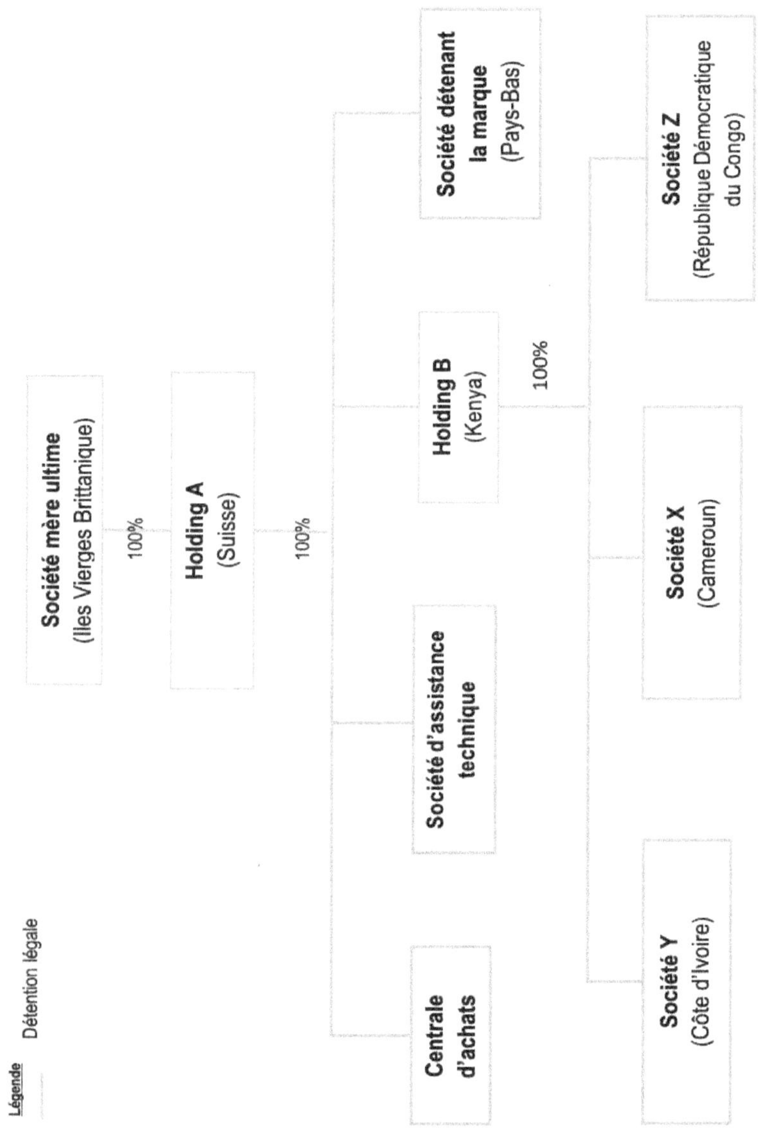

1. Le décryptage fiscal de la dépendance contractuelle de l'entreprise vis-à-vis des autres entités du groupe

851. Le décryptage fiscal des opérations contractuelles qui structurent la dépendance de l'entreprise contrôlée vis-à-vis du groupe doit être mis en œuvre en se saisissant de l'idée doctrinale développée en droit des contrats suivant laquelle, dans une configuration de groupe de sociétés, chaque contrat d'affaires imbriqué dépend de l'ensemble formé par les autres contrats passés au sein du groupe ; et qu'inversement, l'ensemble contractuel dépend de chaque contrat imbriqué, nous pouvons faire l'hypothèse en droit fiscal selon laquelle le contrôle fiscal de chaque contrat d'affaires imbriqué doit invariablement se faire en relation avec le reste de l'ensemble duquel il relève. La vérification de cette hypothèse peut passer par au moins deux axes : le contrôle fiscal de la dépendance contractuelle de l'entreprise vis -à-vis de sa société mère, et le contrôle fiscal de sa dépendance économique vis-à-vis des autres entités du groupe.

852. Le contrôle fiscal de la dépendance contractuelle de l'entreprise vis-à-vis de sa société mère. A l'image des autres administrations fiscales des Etats de l'OHADA, l'administration fiscale camerounaise exécute régulièrement des procédures de contrôle à l'encontre des filiales et succursales de multinationales étrangères. Ces contrôles requièrent de la part des agents de l'administration un examen minutieux de deux types de documents contractuels. C'est le premier type qui regroupe les documents justificatifs de la dépendance juridique des entreprises locales contrôlées vis-à-vis de leurs sociétés-mères qui retiendra ici notre attention. Le second type qui regroupe le reste des documents contractuels justificatifs de la dépendance économique entre société mère et filiale sera, quant à lui, analysé dans le paragraphe suivant dédié au contrôle de la dépendance contractuelle de l'entreprise vis-à-vis des autres entités du groupe en raison de la similitude du raisonnement avec le thème dudit paragraphe.

853. Cela dit, la dépendance contractuelle d'une filiale envers sa société mère se caractérise d'abord et avant tout par sa dépendance juridique, et les agents de l'administration fiscale doivent convenablement cerner cette dépendance en situation de contrôle fiscal. D'après la doctrine en droit des sociétés, cette dépendance est largement tributaire du pourcentage de participation détenu par la seconde sur la première[997]. La notion de société mère s'appréhende différemment selon que l'on se place sur le terrain du droit des sociétés ou sur celui du droit fiscal. D'après la législation communautaire OHADA relative au droit des sociétés, *« une société est société mère d'une autre société quand elle possède dans la seconde plus de*

---

[997] EDITIONS FRANCIS LEFEBVRE, *Groupe de sociétés 2001-2002, Juridique - fiscal – social, op. cit.*, p. 16, n° 18.

la moitié du capital[998]*»*. Le droit fiscal camerounais ne jette pas le même regard sur la notion de société mère ; il en a en réalité une conception plus large. Cela transparaît à travers l'article 13 du CGI camerounais qui traite de la déduction du résultat fiscal des filiales, des dividendes versés aux sociétés mères, défalcation faite d'une quote-part de frais et charges fixée à 10 % du montant desdits dividendes. Cette disposition précise qu'elle ne s'applique - entre autres conditions - qu'à condition *« que les actions ou parts d'intérêts possédés par la société mère représentent au moins 25% du capital de la filiale »*. Le contrôle fiscal tient sur cette base un premier centre d'intérêt utile sur le terrain de la détermination de l'impôt sur les revenus des capitaux mobiliers et sur celui de l'impôt sur les sociétés. Cela dit, c'est principalement la lecture des statuts de l'entreprise locale contrôlée et des différents actes y apportant des modifications qui permet de circonscrire le lien entre la filiale et sa société mère, notamment à partir des indications relevées sur le niveau de participation de celle-ci au capital de celle-là.

854. Un autre centre d'intérêt majeur est fourni par le contrôle fiscal des prix de transfert qui trouve sa justification première dans la lutte contre les transferts indirects de bénéfices intragroupe dont on sait qu'ils procèdent d'abord de la dépendance juridique entre les filiales et leurs sociétés mères. Comme nous l'avons relevé dans la première partie de cette étude au sujet du « contrôle sous-optimal des prix de transfert », un faisceau de dispositions fiscales relevant à la fois du droit substantiel et du droit processuel orientent au Cameroun le contrôle des agents de l'administration vers la prise en compte de la dépendance juridique entre société mère et filiale.

855. S'agissant du droit fiscal substantiel en son état actuel, deux articles (les articles 19 et 19 bis du CGI) fournissent aux agents de l'administration les principaux indicateurs pour le contrôle de cette dépendance juridique. Il s'agit d'abord de l'article 19 du CGI qui voit dans les filiales les entreprises qui sont sous la dépendance ou qui sont contrôlées par des entreprises situées hors du Cameroun[999]. Pour mémoire, cette disposition ancienne avait omis de préciser la notion de dépendance ou de contrôle et s'était limitée à décrire de manière synthétique le mécanisme de transfert indirect de bénéfices aux sociétés mères en expliquant qu'il s'opère soit par voie de majoration ou de diminution du prix d'achat ou de vente, soit par tout autre moyen[1000]. Il s'agit ensuite de l'article 19 bis du CGI,

---

[998] Art 179 de l'AUSCGIE.

[999] Inversement, cette disposition voit dans les sociétés mères transnationales camerounaises, celles qui possèdent le contrôle d'entreprises situées hors du Cameroun.

[1000] Cette lacune fut néanmoins rattrapée en droit processuel en son temps par le législateur fiscal de 2012 à la faveur de l'institution de l'article L 19 bis du LPF qui institua à la charge des *personnes morales établies au Cameroun relevant de la structure en charge des grandes entreprises* une obligation de production d'office de la documentation sur les prix de transfert à l'ouverture de la vérification de comptabilité *lorsque plus de 25% de leur capital ou droits*

institué par la loi de finances pour l'exercice 2020, qui clarifie la pensée du législateur au sujet de cette notion en précisant dorénavant que les liens de dépendance ou de contrôle sont réputés exister entre deux entreprises lorsque l'une détient directement ou par personne interposée 25 % du capital social de l'autre ou y exerce en fait le pouvoir de décision ; ou lorsqu'elles sont placées l'une et l'autre, dans ces mêmes conditions, sous le contrôle d'une même entreprise ou d'une même personne. Ce faisant, cette disposition reste en cohérence avec l'article 13 sur le traitement fiscal des dividendes versés par les filiales camerounaises aux sociétés mères étrangères.

856. Un indicateur additionnel est fourni par l'article 18 du même Code qui traite de l'obligation de déposer une déclaration annuelle sur les prix de transfert incombant aux *« entreprises relevant de la structure en charge de la gestion des grandes entreprises qui sont sous la dépendance ou qui contrôlent d'autres entreprises [...] »*. Ce texte a simplement le mérite de renvoyer à l'article 19 bis déjà évoqué pour tout éclairage sur les notions de dépendance et de contrôle.

857. S'agissant du droit fiscal processuel, c'est principalement l'article L19 bis qui sert de boussole aux agents en charge du contrôle fiscal, même s'il ne donne pas de précisions supplémentaires sur les notions de dépendance ou de contrôle. Cela se comprend d'ailleurs dans la mesure où cette disposition prolonge en matière de contrôle fiscal la pensée du législateur déjà exprimée sur le sujet en matière d'assiette. D'après l'alinéa 1 de cet article, *« les entreprises dont le chiffre d'affaires annuel hors taxe est égal ou supérieur à FCFA un milliard (1 000 000 000) et qui sont sous la dépendance ou qui contrôlent d'autres entreprises[...] sont tenues de présenter aux agents de l'administration fiscale, à la date de commencement de la vérification de comptabilité, une documentation leur permettant de justifier la politique de prix de transfert pratiquée dans le cadre des transactions de toute nature réalisées avec des entreprises liées[...]* [1001] ». Sur le sens des notions de dépendance et de contrôle, le législateur renvoie à la teneur de l'article 19 bis du Code général des impôts qui, dans le fond n'est qu'une reprise des dispositions de l'ancien article L 19 bis du Livre des procédures fiscales. En revanche, sur le contenu de la documentation relative aux prix de transfert, cette disposition renvoie à un texte particulier non encore publié. En attendant ce texte particulier les agents de l'administration fiscale s'en tiennent sur ce point à une doctrine administrative de 2012 [1002].

---

de vote est détenu, directement ou indirectement par une entité établie au Cameroun ou lorsqu'elles détiennent elles-mêmes, directement ou indirectement, plus de 25% d'une entité juridique domiciliée hors du Cameroun.

[1001] C'est nous qui soulignons.

[1002] Il s'agit de la Circulaire d'application de la Loi de finances pour l'exercice 2012 qui précise en son « Annexe 3 » la liste de documents et informations à fournir dans le cadre d'un contrôle portant sur la documentation en matière de prix de transfert. Entre autres éléments énumérés par cette liste à la charge des entreprises vérifiées figure une indication relative à la

858. Au total, l'on peut constater que l'ensemble des dispositions du droit fiscal camerounais convergent vers une définition beaucoup moins restrictive de la dépendance juridique entre filiale et société mère que celle édictée par le droit des affaires OHADA. Cette dépendance juridique induit, comme on le verra, une dépendance économique de l'entreprise non seulement à l'égard de sa société mère, mais aussi vis-à-vis des autres entités du groupe.

859. Le contrôle fiscal de la dépendance contractuelle de l'entreprise vis-à-vis des autres entités du groupe. Logiquement, le contrôle fiscal de la dépendance économique d'une filiale vis-à-vis des autres entités du groupe devrait d'abord commencer par le décryptage de la dépendance envers la société mère avant de s'étendre au décryptage de la dépendance avec le reste des entités du groupe. A ce propos, les agents de l'administration fiscale ont intérêt à passer en revue tous les contrats conclus par l'entreprise avec sa société mère ainsi qu'avec les autres sociétés du groupe.

860. Concrètement, il s'agit pour l'administration fiscale de s'adosser à la structure juridique du groupe de sociétés chaque fois qu'elle se saisit d'un contrat imbriqué à l'occasion de ses contrôles pour détecter les irrégularités fiscales latentes entretenues par le faisceau de relations contractuelles intragroupe. Ces irrégularités procèdent pour l'essentiel du jeu complexe que les contribuables entretiennent avec les apparences. En effet, les différents contrats qui composent la structure des relations intragroupe peuvent revêtir des qualifications distinctes pouvant conduire l'administration fiscale à n'y voir qu'un simple encadrement juridique de prestations distinctes alors qu'à bien y regarder, l'on peut découvrir d'un contrat imbriqué à un autre, un chevauchement de prestations semblables entre entités liées emportant un enchevêtrement de rémunérations appelé à dissimuler le transfert indirect de bénéfices ainsi organisé à l'échelle du groupe de sociétés.

861. Ainsi, l'une des principales difficultés à affronter par les services en charge du contrôle fiscal est de faire face à une chaîne ou une suite de contrats traitant de l'exécution de certaines prestations au bénéfice d'une société de droit national par sa société mère basée à l'étranger ou par toute autre entité relevant du groupe. Comme nous le montrons dans le schéma ci-dessous, cette chaîne de contrats, peut s'établir au sein du groupe après la signature d'une convention d'établissement entre un investisseur étranger et l'Etat[1003].

---

dépendance juridique ; l'Annexe 3 exige à cet égard « *une description générale des structures juridiques et opérationnelles du groupe d'entreprises associées, comportant une identification des entreprises associées du groupe engagées dans des transactions contrôlées* ».

[1003] DUCCINI (R.), *Stratégie fiscale des contrats internationaux*, *op. cit.* p. 32 : « *Les conventions d'établissement, comme leur nom l'indique, constituent un « agrément » particulier passé entre l'investisseur et l'Etat signataire. Ces conventions permettent à l'investisseur de bénéficier sur une certaine durée, en plus des avantages fiscaux, de*

862. La prise en charge de ces prestations dans la comptabilité de l'entreprise contrôlée entraîne en général en contrepartie le reversement de frais à une ou plusieurs sociétés étrangères liées. La filiale camerounaise, objet d'une procédure de contrôle fiscal, peut ainsi être liée à sa société mère par un « contrat d'assistance générale » ou un « contrat de services » auquel viendrait se superposer quatre autres contrats conclus avec trois autres entités du groupe à savoir : un « contrat d'assistance technique », un « contrat d'approvisionnement », un « contrat de licence de marque » et un « contrat de transfert de technologie ». En prenant connaissance des stipulations afférentes à tous ses contrats, l'administration fiscale peut par exemple se rendre compte que l'assistance générale objet du contrat avec la société mère recouvre déjà plusieurs aspects de l'assistance technique objet du contrat ainsi intitulé. Elle peut de même découvrir que le contrat d'approvisionnement comporte des clauses mettant en évidence des prestations analogues à celles décrites aussi bien dans le contrat de licence de marque que dans le contrat de transfert de technologie. La conséquence de l'existence d'un tel dispositif peut faire présumer un transfert indirect de bénéfice à l'échelle du groupe en faveur de la société mère, qui impliquerait la filiale contrôlée par l'administration fiscale, ainsi que les trois autres entités avec lesquelles elle est contractuellement liée.

863. Face à une telle configuration, il appartient aux agents de l'administration fiscale de faire la part des choses de manière à démêler l'enchevêtrement des prestations de même nature communes à tous ces contrats imbriqués, et de formuler le rejet des charges non effectives engagées par la filiale au prétexte de l'exécution desdits contrats. Les incidences fiscales d'un tel rejet concernent globalement aussi bien l'impôt sur le revenu, l'impôt de distribution que la TVA. En décryptant de cette manière l'ensemble contractuel sur la base de la dépendance économique de la filiale vis-à-vis de sa société mère et des autres entités du groupe, l'administration fiscale peut jouer un rôle plus déterminant dans la lutte contre l'évasion fiscale et rétablir un minimum d'équilibre dans la relation qui lie les groupes de société à l'administration fiscale. Si la charge rejetée a préalablement donné lieu à la facturation d'une TVA déductible en application des règles de territorialité qui commandent que la TVA soit due lorsque le service rendu est utilisé ou exploité localement[1004]. Cette illustration permet de réaliser que le transfert indirect de bénéfices intragroupe peut faire usage de plusieurs contrats imbriqués et jouer sur la théorie des apparences qui, en matière de contrôle fiscal, est davantage

---

garanties d'ordre juridique ou financier ; elles précisent également certaines obligations à sa charge ».

[1004] En vertu des dispositions de l'art 129 du CGI camerounais, une opération est réputée réalisée au Cameroun lorsque le service rendu, le droit cédé ou l'objet loué sont utilisés ou exploités au Cameroun.

favorable à l'administration fiscale, d'après la jurisprudence française. En effet, en France, depuis l'arrêt du Conseil d'Etat du 20 février 1974, *« l'administration peut opposer au contribuable la situation juridique dont il s'est lui-même prévalu dans ses déclarations sans que ce dernier puisse utilement soutenir que cette situation n'était qu'apparente*[1005] *»*. La doctrine fiscale française rappelle que *« cette théorie est redoutable pour un contribuable puisqu'elle a pour objet de l'enfermer dans une situation fictive qu'il a lui-même créée. Il s'agit de sanctionner ce contribuable par là où il a, en quelque sorte, « péché ». l'administration a le choix de faire prévaloir la réalité ou l'apparence »*. C'est en effet dans cet esprit que les agents de l'administration fiscale camerounaise appliquent cette théorie. D'ailleurs, en France comme au Cameroun, l'administration fiscale aura toujours tendance à choisir la solution la plus défavorable au contribuable.

[1005] CE, 9 7 8 SSR, 20 février 1974 req. N°83270, *Rec. Lebon* 126, *Revue de droit fiscal*, 1974, n°30. Com. 958. : *« ...Considérant qu'il n'est pas contesté que la convention de prête-nom dont se prévaut le requérant a été effectivement conclue antérieurement à la période d'imposition litigieuse ; que le sieur y..., n'en ayant pas fait état dans les déclarations qu'il a souscrites et adressées aux services fiscaux, a ainsi entendu conserver à cette convention, même a l'égard de ces services, le caractère occulte que présente en règle générale, a l'égard de tous ceux qui n'y sont pas parties, une convention de cette nature ; qu'en raison de la position prise ainsi par le contribuable, la convention dont s'agit n'est pas opposable à l'administration, qui était dès lors en droit d'établir l'impôt, comme elle l'a fait en l'espèce, en faisant abstraction de ladite convention sans préjudice du droit qui lui appartenait, lorsqu'elle en a eu connaissance, d'en tirer le cas échéant, les conséquences fiscales [...] »*

Schéma 4 : Structuration des transactions commerciales intragroupe

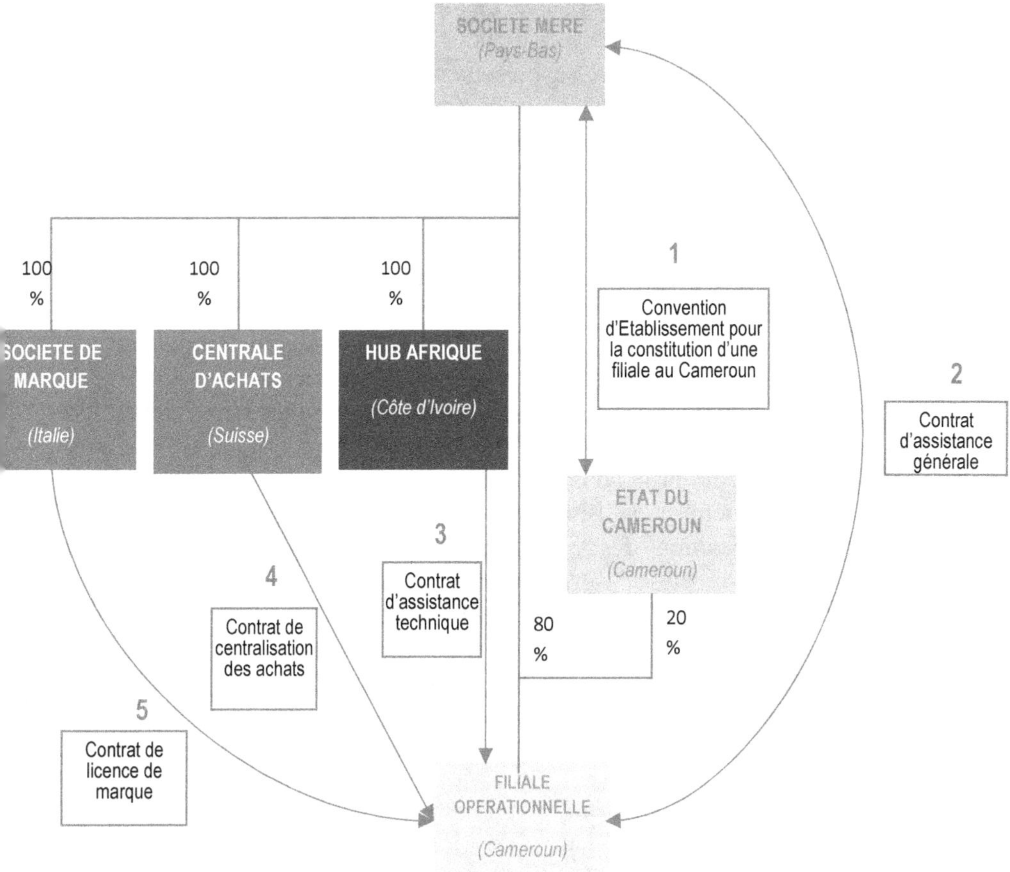

2. Le décryptage fiscal des opérations de restructuration de la dépendance juridique de l'entreprise au sein du groupe : le cas des cessions directes et indirectes de titres sociaux

864. Le contrôle fiscal des contrats d'affaires internationaux dans une configuration de groupe, n'a pas vocation à rester prisonnier des relations intragroupes, il doit également s'intéresser aux relations contractuelles intergroupes ou plus simplement aux relations contractuelles entre entités de groupe et entités indépendantes. Dans une perspective de restructuration juridique, le contrôle fiscal des cessions directes et indirectes de titres sociaux à l'échelle transnationale constitue à cet égard un centre d'intérêt important pour les administrations fiscales africaines.

865. Le contrôle fiscal des cessions transfrontalières directes de titres sociaux. De plus en plus, les administrations fiscales africaines doivent faire face aux opérations de cession à l'étranger des titres sociaux des entreprises domiciliées dans leurs pays respectifs. A ce propos, deux cas de figure peuvent en général se présenter s'agissant des cessions directes d'actions ou de parts sociales au profit de cessionnaires étrangers. Le premier cas concerne la cession de titres détenus par des cédants résidents, le second a trait à la cession directe de titres détenus par des cédants non-résidents. Au Cameroun, l'intérêt de l'imposition des cessions directes de titres détenus par des entités résidentes et des cessions de même nature effectuées par des entités non-résidentes est en effet le même indépendamment du lieu de résidence des cédants étrangers, sous réserve de la présence d'une convention fiscale de non double imposition entre le Cameroun et le pays de résidence des cédants étrangers. Dans les deux cas de figure, les enjeux fiscaux gravitent autour de l'acquittement de l'impôt sur les revenus des capitaux mobiliers (IRCM)1006d'une part, et d'autre part, du paiement des droits d'enregistrement.

866. Sur le terrain de l'impôt sur le revenu, l'administration fiscale surveillera l'imposition des plus-values nettes éventuelles réalisées sur lesdites cessions directes[1007]. A ce propos, la plus-value imposable à l'IRCM s'obtient en établissant la différence entre le prix de cession des titres concernés et leur prix d'achat ou leur valeur d'attribution[1008]. C'est en fait au regard de la détermination du fait générateur de l'IRCM que des difficultés techniques peuvent apparaître puisqu'il s'agit pour les agents de l'administration fiscale à partir d'une lecture minutieuse de l'acte de cession

---

[1006] Le législateur fiscal considère qu'il y a enjeu fiscal pour des plus-values s'élevant au moins à FCFA 500 000 (soit environ 762 euros) puisque l'article 43 du CGI que les plus-values sur cessions d'actions d'un montant inférieur ou égal à cinq cent mille (500 000) F CFA sont exonérées de l'IRCM.

[1007] Art. 42 du CGI en vigueur au Cameroun : Cette disposition, rappelons-le, définit le champ d'application de l'IRCM sur les cessions de titres sociaux ainsi qu'il suit : *« Sont imposables au titre des revenus de capitaux mobiliers, les plus-values nettes globales réalisées au Cameroun ou à l'étranger, à l'occasion des cessions, même indirectes, d'actions, d'obligations et autres parts de capital d'entreprises de droit camerounais, y compris les droits portant sur les ressources naturelles, effectuées par les particuliers et les personnes morales. »*

[1008] Art. 44 du CGI en vigueur au Cameroun. : *« (...) La plus ou moins-value de chaque opération de cession, effectuée au cours de l'exercice, s'obtient par la différence entre le prix de cession des titres concernés et leur prix d'achat ou leur valeur d'acquisition en cas d'acquisition de ces titres lors de la constitution d'une société ou de l'augmentation de son capital ».*

Par ailleurs, la Circulaire d'application de la loi de finances pour l'exercice 2007 précise que, de manière pratique, la plus-value nette est constituée par la différence entre le prix de cession diminué des frais acquittés par le vendeur et le prix effectif d'acquisition majoré des frais induits par l'achat, représenté de manière schématique comme suit : Plus-value nette = (prix de cession - frais de cession) - (prix d'acquisition + frais d'acquisition)

ou de tout document en tenant lieu, de situer le moment à partir duquel le cédant peut se prévaloir d'un droit certain sur la plus-value. En se référant aux dispositions de l'article 67 du CGI camerounais en effet :

« Chaque contribuable est imposable à l'Impôt sur le Revenu des Personnes Physiques à raison de ses revenus personnels acquis. Est considéré comme revenu acquis, le revenu dont le bénéficiaire peut se prévaloir d'un droit certain même si le fait qui le rend disponible ne s'est pas encore produit. »

867. Seulement, ni la législation fiscale camerounaise, ni la doctrine, n'apportent de précisions quant à l'événement à partir duquel le cédant est réputé être en mesure de se prévaloir dudit droit. Le droit fiscal français offre quant à lui à ce sujet une solution concrète. La doctrine administrative[1009] considère que le fait générateur de l'imposition des plus-values sur les cessions de valeurs mobilières est constitué par le transfert de propriété des titres cédés à l'acquéreur. Cette position, qui peut du reste valablement inspirer les pays africains, a été confirmée par la jurisprudence du Conseil d'État[1010], qui précise d'ailleurs que le transfert de propriété est réputé réalisé dès lors qu'il y a entente sur la chose et sur le prix. L'on peut ainsi établir que le fait générateur de l'IRCM sur toute plus-value réalisée à l'occasion d'une cession directe d'action se situe au moment du transfert de propriété des actions à l'acquéreur, constaté par l'accord des parties sur la chose - les actions à céder - et sur le prix. L'accord des parties peut notamment être matérialisé par la signature de l'acte de cession.

868. S'agissant de l'exigibilité, l'administration fiscale surveillera le moment de la mise à disposition des fonds au cédant[1011] en ayant à l'esprit que l'IRCM soit acquitté préalablement à toute formalité d'enregistrement au Cameroun[1012].

869. Sur le terrain des droits d'enregistrement, l'administration fiscale s'attachera à faire respecter l'application des dispositions qui soumettent les cessions de titres sociaux à la formalité de l'enregistrement suivant des modalités propres à chaque pays. Au Cameroun et en zone CEMAC, les cessions d'actions, de parts et d'obligations de sociétés, dont le siège social est dans un pays de la CEMAC entrent explicitement, au taux réduit, dans le champ d'application des droits d'enregistrement[1013].

870. Le point le plus critique du contrôle fiscal des actes de cession s'agissant des droits d'enregistrement concerne les cessions directes effectuées sur les marchés boursiers dans le cadre des offres publiques

---

[1009] Cf. https://bofip.impots.gouv.fr consulté le 30 oct. 2015

[1010] CE, 3e et 8e sous-sect., 20 mars 2015, n° 369167.

[1011] Art. 68. 1 du CGI en vigueur au Cameroun.

[1012] *Ibid.*, art 42

[1013] *Ibid.*, art. 343 (3)

d'achat (OPA)[1014]. Les cessions directes d'actions de sociétés résidentes effectuées dans une telle configuration à l'étranger ne constituent pas de simples actes sous seing privé que les parties peuvent aisément soumettre à la formalité de l'enregistrement. Au Cameroun, les agents de l'administration peuvent être confrontés à deux difficultés techniques en matière de contrôle desdites cessions. La première concerne la détermination de la base d'imposition, c'est-à-dire la valeur servant d'assiette aux droits d'enregistrement. Celle-ci est étroitement dépendante d'une part, du niveau d'information de l'administration fiscale relativement à la date de survenance de la cession consécutive à l'OPA en cause, et d'autre part, de tout document attestant de ladite cession. Soulignons à cet égard que la base d'imposition renvoie en cette matière au prix exprimé dans l'acte de cession en l'occurrence tout document matérialisant le transfert des titres du cédant vers le cessionnaire, majoré des charges et indemnités au profit du cédant[1015].

871. La seconde difficulté concerne le fait générateur des droits d'enregistrement en matière de cession directes d'actions qui lui, n'est pas clairement défini dans le Code général des impôts camerounais. Ce sont les dispositions de l'article du CGI traitant du délai d'enregistrement des actes de cession d'actions qui peuvent permettre aux agents de l'administration de contourner cette difficulté puisqu'elles donnent des indications qui révèlent que le fait générateur des droits d'enregistrement dans le cadre des cessions d'actions est la conclusion de l'acte de cession[1016]. Ainsi, dès lors que l'administration fiscale tient la preuve d'une cession directe d'actions, elle est fondée sur la foi de cet élément de preuve à asseoir les droits d'enregistrement correspondant dans les mêmes conditions que pour tous les actes de cession conclus sous seing privé constatant des conventions

---

[1014] Cf. Lexique des termes juridiques, Dalloz, 17e éd., 2010 : Il s'agit d'une procédure « *...tendant à assurer, dans les sociétés dont les titres sont admis aux négociations sur un marché réglementé, un traitement égal de tous les actionnaires lors de la prise ou du renforcement de contrôle de la société par un tiers (personne morale très généralement). Elle consiste pour ce tiers à faire savoir aux actionnaires qu'il est disposé à acquérir leurs titres à un prix déterminé ...* »

[1015] Art. 295 du CGI en vigueur au Cameroun. « *Pour les ventes ou toutes transmissions à titre onéreux de propriété ou d'usufruit de biens meubles ou immeubles, la valeur servant d'assiette à l'impôt est déterminée par le prix exprimé dans l'acte, augmenté des charges et indemnités, au profit du cédant, ou par l'estimation des parties si la valeur réelle est supérieure en cas de besoin, ou par voie d'expertise dans les cas autorisés par le présent acte* ».

[1016] L'article 276.2 du CGI camerounais dispose à ce propos que les délais pour faire enregistrer les actes sont déterminés comme suit : « *D'un (01) mois à trois (03) mois à compter de leur date pour les actes sous seing privé constatant des conventions synallagmatiques en particulier des baux, sous-locations, leurs cessions, résiliations, subrogations, ventes, échanges, marchés, partages, constitutions, prorogations et dissolutions des sociétés, transmissions et créances, contrats d'assurance.* »

synallagmatiques[1017]. Ces dispositions traitent du délai d'enregistrement des actes et prévoient comme point de départ de computation dudit délai, la date de conclusion des actes concernés. Cette date peut alors valablement être considérée par l'administration comme le fait générateur des droits d'enregistrement. Un tel raisonnement est fondé sur le postulat suivant lequel l'enregistrement d'un acte juridique a, avant tout, vocation à lui conférer une date certaine, et non à attester de son authenticité.

872. Le contrôle des cessions transfrontalières indirectes de titres sociaux. Le contrôle fiscal des cessions indirectes d'actions pose des problèmes plus complexes qu'en matière de cession directes, sans doute en raison de l'inconfort dans lequel se trouvent placés les agents de l'administration lorsqu'il s'agit de lire ou de remonter la chaîne des transactions permettant de conclure à la réalisation d'une cession indirecte de titre. Au Cameroun, la grande question que soulève le contrôle fiscal des cessions transfrontalières indirectes de titres sociaux est celle de la délimitation du périmètre de détention indirecte des titres sociaux, et par ricochet, celle de la délimitation du périmètre des cessions indirectes desdits titres.

873. En l'état actuel du droit camerounais, pour contrôler les droits d'enregistrement dus au titre des cessions indirectes de titres sociaux, l'administration fiscale se sert des nouvelles dispositions de l'article 543 (d) ayant institué à la faveur de la loi de finances pour l'exercice 2015, l'application des droits d'enregistrement au taux réduit de 2% aux *« [...]cessions, mêmes indirectes, au Cameroun ou à l'étranger, d'actions, obligations et autres parts de capital d'entreprises ayant leur siège social au Cameroun ».* Il est frappant de constater qu'avant cette date, les cessions indirectes d'actions ne constituaient guère une préoccupation pour le contrôle fiscal. Cela dit, c'est à la doctrine administrative qu'il est revenu le soin de préciser la notion de cession indirecte à travers la circulaire fixant les modalités d'application de la loi de finances pour l'exercice 2015. Cette doctrine précise que les cessions indirectes d'actions doivent être entendues comme toutes cessions d'actions, de parts ou d'obligations effectuées par des sociétés appartenant au même périmètre de consolidation tel que défini par l'article 78 de l'Acte Uniforme OHADA relatif au droit comptable[1018].

874. Notons en outre sur ce point que depuis 2015, la législation fiscale harmonisée en zone CEMAC soumet aux droits d'enregistrement et ce, au taux réduit, les cessions d'actions, de parts et d'obligations de sociétés commerciales ou civiles n'ayant pas leur siège social dans un pays de la CEMAC dès lors qu'il en est fait usage ou qu'ils emportent des

---

[1017] Art 343 (3) du CGI en vigueur au Cameroun.

[1018] Circulaire N° 004/MINFI/DGI/LRI/L du 28 janvier 2015 précisant les modalités d'application de la loi de finances de la République du Cameroun pour l'exercice 2015.

conséquences dans un pays de la CEMAC[1019]. D'après la doctrine administrative camerounaise les cessions indirectes concernent, toutes les cessions d'actions, de parts et d'obligations de sociétés n'ayant pas leur siège social dans un pays de la CEMAC qui emportent des conséquences juridiques ou économiques dans un pays de la CEMAC. Il en est ainsi notamment du contrôle sur le capital ou les droits sociaux, ainsi que du contrôle sur les activités d'une personne morale ou physique fiscale résidente dans un pays de la CEMAC. De même, les cessions d'actions, de parts et d'obligations de sociétés, dont le siège social est logé dans un pays de la CEMAC sont soumises au droit d'enregistrement[1020]. La législation camerounaise non harmonisée règle de manière synthétique ce point en soumettant aux droits d'enregistrement au taux réduit de 2% les cessions, mêmes indirectes au Cameroun ou à l'étranger, d'actions, de parts et d'obligations dont le siège social est au Cameroun[1021].

875. Si l'on conçoit aisément dans une configuration de groupe de sociétés que les détenteurs indirects d'une filiale camerounaise sont les entités qui détiennent les titres de ses détenteurs directs, il est en revanche plus difficile de circonscrire le champ des cessions indirectes susceptibles de concerner les détenteurs indirects de cette filiale. La difficulté réside ici dans le fait que les cessions indirectes des titres sociaux des détenteurs indirects de la filiale locale peuvent affecter aussi bien les titres détenus directement que ceux détenus indirectement par d'autres entités participant au capital des détenteurs indirects de l'entité locale du groupe. Il nous semble ainsi plus logique et sans doute plus simple d'imposer localement ces cessions indirectes lorsqu'elles modifient l'appartenance de la filiale locale à un groupe. Symétriquement, il nous semble plus discutable de soumettre aux droits d'enregistrement des cessions indirectes à l'étranger qui ne modifient en rien l'appartenance de la filiale à son groupe.

876. Cela dit, en matière de contrôle fiscal des contrats d'affaires internationaux, les risques fiscaux que drainent les montages juridiques côtoient, à s'y méprendre, les risques que drainent les montages financiers. Cet état de fait résulte de ce que la structuration financière des activités du groupe de sociétés s'épanouit en s'appuyant sur sa structuration juridique. En s'appropriant cette perception, les administrations fiscales ne sauraient s'en tenir, dans la mise en œuvre des procédures de contrôle, à la seule détection des « risques de façade » liés à la structuration juridique du groupe. Elles sont invitées à aller plus loin dans leurs efforts de décryptage fiscal en s'attaquant à la détection des risques fiscaux inhérents aux opérations transnationales de structuration financière.

[1019] Art. 343. 2) du CGI en vigueur au Cameroun.

[1020] *Ibid.* art. 343. 3)

[1021] *Ibid.* art. 543. c)

B. La détection des risques fiscaux inhérents aux opérations transnationales de structuration financière

877. La structuration juridique d'un groupe de sociétés est le socle à partir duquel se déploie sa structuration financière. C'est en effet à partir d'un montage juridique approprié que le groupe d'entreprises peut non seulement trouver les capitaux à même de faciliter le bon déploiement des opérations industrielles et commerciales des entités du groupe, mais aussi organiser sa rétribution intrinsèque notamment à travers la remontée des revenus vers ses entités dominantes (cf. schéma ci-dessous). Les administrations fiscales africaines doivent en permanence garder à l'esprit que les montages juridiques transnationaux intragroupe bâtis en vue de la réalisation de grands projets doivent leur solidité aux montages financiers qui les soutiennent. D'après la doctrine, *« la structuration des montages en ingénierie financière est également déterminée par des opportunités d'ordre fiscal... [1022]»*. De fait, en matière de structuration financière, le champ des possibilités de manipulations à finalité fiscale est sans limite ; ce qui complique la tâche du décryptage fiscal des clauses abritant lesdites manipulations. La doctrine en stratégie financière reconnaît à ce propos que le droit fiscal, à côté du droit des affaires, du droit commercial, du droit des valeur mobilières et du droit social, est constamment sollicité pour construire des *« architectures contractuelles complexes [1023]»*.

878. Le contrôle fiscal des contrats d'affaires internationaux se doit d'étendre sa pleine vigilance aux constructions générées par l'ingénierie financière[1024], c'est-à-dire aux *« montages financiers inventés pour créer des structures juridiques contrôlant la propriété des activités productives, commerciales et financières[1025] »*. Ainsi envisagée, la démarche de détection des risques fiscaux dans le cadre des structurations financières internationales n'est guère un exercice aisé[1026] en raison notamment du large spectre que recouvre ce domaine. Mais comme on le verra, cette démarche

---

1022 Voir en ce sens FORGET (J.), *Stratégie financière*, Ellipses, coll. « Gestion », 2007, p. 98 et 99 : *« De fait, dans la très grande majorité de cas, les considérations d'ordre fiscal tendent à prévaloir dans la configuration des montages en ingénierie financière, compte tenu des dispositifs fiscaux inventés pour éviter l'imposition multiple (exonération des dividendes perçus par les filiales, régimes d'intégration fiscale au niveau des groupes).*

1023 FORGET (J.), *op. cit*, p. 7 : L'auteur affirme sans équivoque à ce propos que *« les droits fiscaux nationaux jouent évidemment un rôle primordial dans l'agencement des montages juridiques »*.

1024 FORGET (J.), op. cit., p. 91 : L'ingénierie financière est un *« domaine très vaste [qui] combine stratégie d'entreprise (définition des périmètres des activités rassemblées dans un même groupe), finance d'entreprise (optimisation de la rentabilité dans des entités créées ad hoc) et droit des sociétés (mise ne place des structures permettant de définir des droits de propriété).*

1025 *Ibid.*

1026 En matière de montage financier, l'imagination des praticiens est entière et nécessaire. Le contrôle fiscal doit s'adapter à chaque situation rencontrée.

peut trouver des repères à partir d'une double étude : celle du contrôle fiscal des opérations dites de financements sans recours **(1)**, et celles dites de financement avec recours **(2)**.

Schéma 4 : Structuration financière transnationale

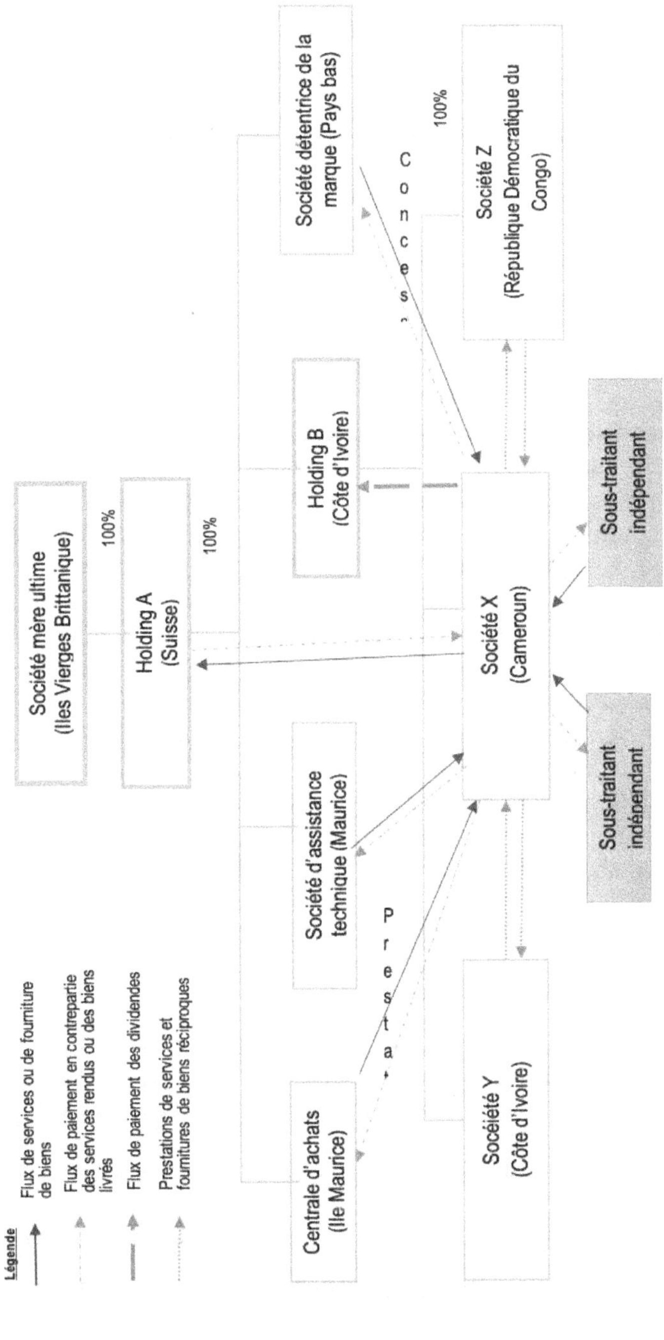

1. *Le décryptage fiscal des opérations de financement sans recours : le cas des opérations d'acquisition à effet de levier*

879. D'après la doctrine en droit financier, le financement sans recours est une opération selon laquelle le remboursement repose entièrement sur le cash-flow de l'entreprise, c'est-à-dire sur sa marge brute d'autofinancement qui renvoie en gestion financière au solde obtenu en soustrayant les sorties de fonds des entrées[1027]. Quoique l'imagination des praticiens en matière de structuration financière soit sans limite, il reste que chaque montage financier transnational est susceptible de faire l'objet d'une lecture appropriée de la part de l'administration fiscale dans une perspective de lutte contre la sous-capitalisation et l'évasion fiscale. Aussi nous semble-t-il indiqué de vérifier cette hypothèse à travers le contrôle fiscal des opérations d'achats à effet de levier.

880. Les montages financiers les plus redoutables pour les administrations fiscales sont ceux dont les flux « escamotent » les contours de la structure juridique du groupe de manière à camoufler les traces susceptibles d'orienter l'imposition desdits flux. Les opérations d'acquisitions transnationales d'entreprises à effet de levier font partie de cette catégorie. Ces opérations participent de la croissance externe[1028] des entreprises et sont concrètement l'expression des leurs stratégies de développement[1029]. Ces opérations sont plus connues sous leur dénomination anglosaxonne *de Leverage Buy Out (LBO)* pour désigner toute *« opération portant sur l'acquisition d'une entreprise avec effet de levier, c'est-à-dire en finançant une part importante du prix d'acquisition par l'endettement bancaire[1030] »*. Il s'agit clairement d'une technique juridico-financière de rachat d'entreprise faisant usage d'un fort endettement[1031].

881. Concrètement, une opération de *LBO* se réalise en deux phases : elle consiste d'abord à créer une société holding[1032] par un apport de

---

[1027] MARTINET (A.-Ch.), SILEM (Ah.) *Lexique de gestion*, Dalloz, 5e éd., 2000, p. 64.

[1028] Voir en ce sens SYSCOHADA 2e Partie Comptes consolidés : Selon le droit comptable OHADA, *« les opérations de regroupement ou de prises de contrôle d'entités cibles, réalisées par l'intermédiaire d'un achat ou d'un échange d'actions constituent aujourd'hui l'une des principales pratiques de la croissance externe. On entend par croissance externe, un mode de développement fondé sur la prise de contrôle des moyens de production déjà organisés et détenus par des acteurs extérieurs à l'entité ».*

[1029] Voir en ce sens PWC, *Fusions et acquisitions*, Paris, Editions Francis Lefebvre, coll. « Mémento Expert », 2017, p.28 et s.

[1030] PWC, *Fusions et acquisitions*, *op. cit.* p.27.

[1031] FORGET (J.), *op. cit.* p.98: *« l'effet de levier se mesure par le rapport entre les fonds investis et la valeur des entreprises effectivement contrôlées (la notion de contrôle devant être entendue dans un sens politique comme la capacité à faire prévaloir sa volonté et non dans un sens strictement juridique, à savoir la possession de la majorité absolue des voix au sein de l'assemblée des actionnaires) ».*

[1032]Voir en ce sens CHARVERAT (A.), GOUTHIERE (B.), BARDET (H.) et TOURNES (Ph.), *Les holdings, Guide juridique et fiscal*, Francis Lefebvre, 3ème édition, Coll. « Dossiers

capitaux propres provenant d'un fonds d'investissement ainsi que de l'équipe de management, en place ou nouvelle. Elle requiert ensuite que cette holding s'endette pour acquérir la majorité du capital de l'entreprise convoitée ou « entreprise cible ». Elle suppose enfin que la holding paie par la suite les intérêts de sa dette et rembourse celle-ci grâce aux dividendes réguliers ou exceptionnels provenant de la société rachetée[1033]. De fait, les opérations de rachat de sociétés nécessitent très souvent un montant de financement important. En faisant l'hypothèse que le double objectif poursuivi par une opération de *LBO* est de permettre aux repreneurs de racheter une société en dépensant un minimum d'argent et de minimiser le coût fiscal de l'opération, il y a tout lieu d'envisager que les opérations d'achat à effet de levier puissent être considérées par l'administration fiscale comme agressives.

882. En Afrique subsaharienne, les législations des Etats se montrent de plus en plus vigilantes, vis-à-vis des transactions financières intragroupe. Au Cameroun, la loi fiscale prévoit des limitations en ce qui concernent les conditions de déductibilité des intérêts sur emprunts versés par une entité de droit camerounais à l'un de ses associés/actionnaires, qui sont plus rigides lorsque l'associé/actionnaire en question détient au moins 25% du capital de la société emprunteuse. On l'a vu, l'une des conditions de déductibilité concerne le montant emprunté, qui ne doit pas excéder une fois et demie le montant des capitaux propres. Car, au cas où les sommes mises à la disposition de la holding camerounaise (par voie d'emprunt) en vue du rachat de l'entreprise convoitée excèderaient ce seuil, le montant des intérêts se rapportant à la quote-part excédentaire du montant emprunté ne serait pas déductible. L'exemple ci-après permet d'illustrer cette hypothèse :

Exemple : Une société holding A de droit camerounais disposant de capitaux propres de 220 000 000 F CFA envisage le rachat d'une société B. La valeur de la transaction est de 640 000 000 F CFA. En l'absence de moyens financiers pour procéder au rachat, cette holding se tourne vers son actionnaire majoritaire (35%) qui met ce montant à sa disposition sous forme de compte courant, rémunéré à un taux de 4%.

883. La holding procède alors à l'acquisition de la majorité du capital social de la société B en utilisant non pas ses fonds propres mais plutôt le montant de l'emprunt préalablement contracté auprès de son actionnaire majoritaire. Cette acquisition entraîne des droits d'enregistrement au taux de 2%[1034].

---

pratiques », 3ème éd., 2002 : *« D'une manière générale, une holding peut être constituée de deux façons en procédant, soit « par le haut » (apport ou cession des actions à une société holding), soit « par le bas » (apport des activités industrielles ou commerciales à une filiale) ».*

[1033] www.vernimmen.net , Définition du glossaire consulté le 6 janv. 2023.

[1034] Art. 543 du CGI.

884. La société B distribue ensuite ses bénéfices sous forme de dividendes à la holding A à hauteur minimale du montant des échéances de remboursement de l'emprunt contracté auprès de l'actionnaire majoritaire. Ces dividendes sont exonérés d'imposition moyennant la réintégration d'une quote-part de frais et charges qui reste imposable de 10% en vertu du régime des sociétés et filiales prévu par le Code Général des Impôts camerounais. En effet, d'après l'article 13 dudit Code, les produits nets des actions de la filiale perçus par la société-mère au cours de l'exercice sont fiscalement retranchés du bénéfice net total de cette dernière, déduction faite d'une quote-part de frais et charges fixée à 10 % du montant desdits produits. On l'a vu, le bénéfice de ce régime est subordonné à certaines conditions cumulatives tenant respectivement à la forme, à la nationalité, au taux de participation et à l'engagement à souscrire de la société mère doivent être remplies[1035].

885. A l'arrivée, les produits reçus de la société B sous forme de dividendes permettront de payer les intérêts ainsi que les échéances de l'emprunt contracté par la holding camerounaise A auprès de son actionnaire majoritaire. L'entité auditée va donc pouvoir acquérir la cible grâce aux ressources même de cette dernière. L'opération exprime ici l'effet de levier financier si le taux de rentabilité interne des capitaux propres[1036] de la société B est supérieur au taux annuel effectif global[1037] de la dette d'emprunt de la holding A.

886. L'effet de levier consiste donc pour l'emprunt de la holding à être intégralement payé par le résultat de la cible[1038]. Cependant, en cas de contrôle fiscal, l'administration fiscale est en droit de remettre en cause la

---

[1035] D'après l'article 13 du CGI, il faut notamment que la société mère et la filiale aient nécessairement le statut, soit de société anonyme, soit de société à responsabilité limitée ; que la société mère et sa filiale aient leur siège social dans un des Etats de la CEMAC ; que le minimum de participation de la société mère dans le capital de la filiale représente au moins 25%. Il faut en outre que les actions que détient la société mère dans le capital de sa filiale restent toujours inscrites au nom de la société mère depuis leur émission ou, dans le cas d'acquisition de titres, que la société mère s'engage à les conserver sous la forme nominative pendant au moins deux années consécutives.

[1036] La rentabilité des capitaux propres (ROE) mesure la rémunération obtenue par les capitaux propres inscrits au bilan comptable. Ce ratio « comptable » mesure donc le rendement des capitaux mobilisés par les actionnaires. Elle s'obtient en rapportant le résultat net qui revient aux actionnaires, après déduction de l'impôt, aux fonds que les actionnaires ont investis.

[1037] Cf. www.economie.gouv.fr, Bercy Infos, publication du 04 fév. 2020: Le taux annuel effectif global (TAEG), anciennement appelé « taux effectif global » (TEG), représente le coût total du crédit pour le consommateur. Il est exprimé en pourcentage annuel du montant total du crédit. Il s'agit du montant à verser en plus de la somme en plus de la somme effectivement empruntée. Il est plus important que le taux nominal.

[1038]Ce qui explique que les sociétés cibles généralement choisies soient des entreprises rentables ou potentiellement rentables. Pourtant, le repreneur n'a utilisé qu'un minimum de fonds propres, c'est-à-dire ceux qui sont nécessaires à la constitution de la holding.

déductibilité des intérêts versés par la holding à son actionnaire majoritaire dans la mesure où la somme prêtée par celui-ci à ladite holding excède une fois et demie le montant de ses capitaux propres. En clair, la fraction excédentaire des intérêts versés par la holding ne sera pas admise en déduction.

2. *Le contrôle fiscal des opérations de financement avec recours : le cas des concessions de services publics.*

887. D'après la doctrine, le financement avec recours ou financement à recours limité renvoie au financement de projet ou d'actifs dont le remboursement est assis à la fois sur les *cash-flows* et sur un engagement des promoteurs de l'opération ou de l'Etat d'accueil du projet[1039]. Le financement de projet avec recours est sur cette base empreint d'un certain interventionnisme des Etats, et d'après la doctrine, c'est cet aspect qui le distingue du financement sans recours qui constitue une opération selon laquelle le remboursement de la dette repose entièrement sur le cash-flow. Les Etats Africains de l'espace OHADA, à l'image des autres Etats du continent, sont familiers des opérations de financement de projet avec recours dans le cadre des contrats publics[1040] internationaux (concession de service public, marchés publics sur financement extérieur, contrats de partenariat, etc.). Cela n'a rien de surprenant dans la mesure où les autorités gouvernementales jouent un rôle central dans la conclusion de « grosses transactions [1041]» en Afrique en raison de l'impact important desdites transactions sur l'économie nationale ou sur les revenus des Etats [1042]. Il donc intéressant pour l'administration fiscale de comprendre que les

---

[1039] Ibid. p.1023 : Dans les deux cas de figure, le financement de projet repose juridiquement sur « *un ensemble de contrats interdépendants, aux clauses multiples et complexes, mêlant des cocontractants ayant des statuts très divers personnes morales de droit privé ou publique, Etat)* ».

[1040] Voir en ce sens COURET (A.), RAPP (L.), *Les 100 mots du droit des affaires*, *op. cit*., p. 90, n° 75 : « *L'expression recouvre un ensemble de conventions passées par les personnes publiques (Etats, collectivités territoriales ou établissements publics)[...]Au sens strict, les contrats publics sont les contrats passés par au moins une personne publique et qui soit ont pour objet la participation même à une mission de service public, soit comportent des clauses exorbitantes du droit commun entendues comme la possibilité pour la personne publique de résilier unilatéralement la convention, la faculté de sanctionner son co-contractant ou encore le pouvoir de s'immiscer dans l'exécution de sa prestation, en exerçant des prérogatives de direction et de contrôle, tout au long de la durée de vie de la convention* ».

[1041] Le financement de projet renvoie au financement de grosses opérations industrielles (non de financement de marchandises) qui s'échelonnent dans le temps (ex., exploitation de mines, le secteur de l'énergie, la métallurgie, les infrastructures en matière de télécommunication, de barrages...)

[1042] Voir en ce sens, PWC, *Fusions et acquisitions*, *op. cit*., p.273, n° 6810 : « *Cette situation s'explique par deux principaux facteurs : la taille relativement modeste de la majorité des économies nationales des pays africains et le caractère stratégique des secteurs ayant fait l'objet des principales transactions dans un passé récent : infrastructures, énergie, télécommunications, banques, etc.* ».

opérations internationales de financement de projet avec recours requièrent la conclusion de plusieurs contrats mettant en évidence un financement privé accompagné d'une intervention de la puissance publique. Sous un tel rapport, le contrôle fiscal des opérations de financement avec recours couvrira aussi bien les aspects relevant du financement privé que ceux relevant de l'intervention de l'Etat. Notons au passage que la mise en œuvre des opérations de financement de projet avec recours suppose en règle générale la création dans le pays d'accueil d'une entité *ad-hoc* généralement appelée à assumer la responsabilité globale de l'opération en termes de mise en œuvre, de gestion et de charge de l'endettement[1043].

888. Cela dit, le contrôle fiscal des concessions de service public offre des opportunités intéressantes de contrôle de financement avec recours. Relevons à ce propos que les concessions de service publics sont juridiquement mises en œuvre par le truchement d'un ensemble contractuel comportant outre le contrat matérialisant la concession, la convention d'établissement entre le concessionnaire et l'Etat, les conventions de financement entre le concessionnaire et les banques domiciliées à l'étranger et divers autres contrats de services conclus entre le concessionnaire et certaines entités appartenant à son groupe. Le contrôle fiscal du financement avec recours dans le cadre d'une concession requiert de la part de l'administration d'orienter sa vigilance au moins autour de deux axes. Le premier axe concerne le contrôle des contrats de financement privé conclus entre le concessionnaire et ses associés étrangers au regard notamment de la déductibilité des intérêts sur emprunts, avec en perspective, le respect des dispositions fiscales de lutte contre la sous-capitalisation. Le second axe de contrôle concerne des dispositions légales relatives au régime fiscal particulier des concessions de services publics. D'après le législateur camerounais, ce régime combine les dispositions du Code général des impôts avec celles des cahiers des charges des concessionnaires[1044]. Les agents de l'administration fiscale s'attacheront sur cette base à faire respecter aussi bien le régime des produits imposables que les règles spécifiques aux charges du concessionnaire.

889. Les produits imposables à surveiller procèdent du financement avec recours dans le cadre d'une concession, et renvoient pour l'essentiel aux subventions allouées par l'Etat au concessionnaire dans le cadre de l'exécution de la concession. A ce propos la loi fiscale camerounaise fait une distinction de régime par rapport à trois types de subvention par ailleurs envisagées par le Système comptable OHADA à savoir : les subventions d'équilibre, les subventions d'exploitation et les subventions d'équipement ou d'investissement. Alors que les deux premiers types de subvention sont

---

[1043] L'entité *ad hoc* généralement appelée en anglais *Special Purpose Vehicule* (SPV) est la société sur laquelle repose la réalisation du projet.

[1044] Voir sur ce point art 249 du CGI en vigueur au Cameroun.

imposables dans les conditions de droit commun[1045], les subventions d'équipement obéissent à un régime fiscal plus nuancé selon qu'elles portent sur des équipements « renouvelables » ou « non renouvelables ». D'après l'article 252 du CGI camerounais, les subventions d'équipement non renouvelables versées au titre d'un bien non renouvelable sont sans effet sur le résultat imposable de l'entreprise concessionnaire[1046]. Les subventions d'équipement non renouvelables versées au titre d'un bien renouvelable, et dont la durée de vie technique nécessite qu'il soit renouvelé au moins une fois pendant la durée de la concession, n'entrent pas dans les produits imposables[1047]. Les subventions d'équipement renouvelables quant à elles sont imposables par fractions égales, sur la durée d'amortissement du bien qu'elles ont financé, et dans les mêmes conditions, pour ce qui concerne le dernier bien renouvelé, sur la durée de concession restant à couvrir[1048].

890. Les charges fiscalement déductibles au titre de la concession renvoient en substance aux charges éligibles définies dans leur nature et leurs libellés d'accord parties par le cahier des charges de la concession et soumises à l'agrément de l'administration des fiscale[1049]. D'après le droit fiscal camerounais, ces charges éligibles peuvent être transférées provisoirement dans un compte de frais immobilisés à concurrence de l'excédent si, au cours des trois (3) premiers exercices, elles excèdent la production vendue. Au-delà du contrôle de l'éligibilité des charges rattachées à la concession l'administration fiscale est invitée par le législateur à contrôler la déductibilité des amortissements pour dépréciation et des amortissements de caducité au titre des biens amortissables renouvelables mis en concession par le concessionnaire et devant revenir gratuitement à l'autorité concédante en fin de concession[1050].

891. On le voit, la combinaison du contrôle des opérations transnationales de structuration juridique et financière des affaires dans une configuration de groupe de sociétés permet à l'administration fiscale d'avoir plus de profondeur dans ses investigations lorsqu'elle se saisit notamment de l'interdépendance qui caractérise les ensembles contractuels qui régissent ces opérations. Ainsi, en décryptant fiscalement les relations contractuelles intragroupe et « extra- groupe » qui sont à la base des montages pluri-

---

[1045] *Ibid.*,art. 252 (1).

[1046] *Ibid.*, art. 252 (2).

[1047] *Ibid.* art. 252 (3). D'après ce texte, les subventions d'équipement non renouvelables versées au titre d'un bien renouvelable sont affectées de façon linéaire sur l'amortissement de caducité.

[1048] *Ibid.*, art. 252 (4) du CGI.

[1049] *Ibid.*, art. 253 du CGI : L'administration des impôts dispose d'un délai d'un (1) mois à compter de la réception de la demande d'aval pour se prononcer. Passé ce délai, l'accord est réputé avoir été donné.

[1050] *Ibid.*, art. 255 (2) du CGI : *« L'amortissement de caducité se calcule sur la valeur d'acquisition ou le prix de revient du premier bien acquis ou construit devant être renouvelé ».*

contractuels de portée juridico-financière, l'administration fiscale se donne les moyens de formuler des redressements qui reflètent le mieux la réalité des risques fiscaux que véhiculent les ensembles contractuels et les chaînes de contrats. Cette approche peut utilement être complétée et soutenue par une autre, celle du décryptage fiscal des clauses par exploitation de l'économie générale de l'opération.

§2. Le décryptage fiscal des clauses par exploitation de l'interdépendance contractuelle

892. Dans le prolongement de l'idée de l'exploitation de la dépendance contractuelle en matière de contrôle fiscal, les autorités fiscales peuvent utilement, s'appuyer sur l'idée de l'exploitation de l'» économie générale de l'opération[1051]». D'après Monsieur Pelle *« l'économie générale de l'opération se présente comme le reflet du projet contractuel des parties et permet ainsi de faire apparaître la structure de l'opération voulue par les parties.[1052] »* Dans sa mise en œuvre, le contrôle fiscal des contrats d'affaires internationaux peut valablement s'approprier cette perception en recherchant les incidences fiscales susceptibles d'émerger à la suite d'une lecture croisée des clauses des différents contrats se rapportant à un même ensemble contractuel de manière à tirer avantage de l'analyse axée sur la structure de l'opération globale voulue par les parties. Une telle approche se justifierait par le fait que dans un ensemble contractuel, l'opération globale dépasse nécessairement le champ d'action propre à chaque contrat[1053]. D'après la doctrine, *« Dans les transactions internationales, il est important de connaître la fiscalité applicable à l'opération, qui, si l'on n'y prend garde, est susceptible de remettre en cause l'équilibre financier de l'opération »[1054]*. Ce propos doctrinal prioritairement adressé par ses auteurs aux négociateurs et rédacteurs des contrats d'affaires internationaux, fait de la fiscalité un paramètre important dans l'équilibre financier de l'opération qui, lui-même, est une composante de l'économie générale de l'opération. Ce point acquis, dans un montage pluri-contractuel, l'économie générale de chaque contrat contribue à la réalisation de l'économie générale de l'opération. Aussi nous semble-t-il logique que le décryptage fiscal des clauses passe aussi bien par la détection des risques fiscaux par exploitation de l'économie générale de chaque contrat imbriqué **(A)** que par exploitation de l'économie générale de l'opération proprement dite **(B)**.

[1051] PELLE (S.), *op. cit.*, p. 238.

[1052] *Ibid.*, p. 248.

[1053] *Ibid.*, p. 238 : *« En présence, non d'un contrat isolé mais de contrats imbriqués, il paraît plus juste de parler d'économie générale de l'opération.*

[1054] BESSONET(A.) et LAMY (P. E.), *op. cit.*, p. 93.

A. La détection des risques fiscaux par exploitation de l'économie générale de chaque contrat imbriqué

893. Dans le cadre d'un ensemble contractuel, l'économie générale d'un contrat d'affaires imbriqué n'est pas à confondre avec l'économie générale de l'opération émanant de l'ensemble contractuel en question. La première notion renvoie peu ou prou à celle de « prestation caractéristique », prise fonctionnellement à la fois comme l'opération économique en vue de laquelle le contrat imbriqué a été conclu[1055], et comme une opération concourant à la réalisation de l'opération globale. La seconde notion quant à elle désigne précisément l'opération économique globale qui tient son existence et sa matérialité de la réalisation de plusieurs opérations dans le cadre d'un ensemble de contrats interdépendants. D'après la doctrine en droit des contrats, *« la notion d'économie générale du contrat est étroitement liée à la notion d'objet du contrat. L'objet du contrat c'est ce qui y est contenu en totalité et non en résumé. C'est l'ensemble des obligations et pas seulement celle qui est caractéristique ... toutes ces composantes qui participent de l'équilibre et de l'économie du contrat »* [1056]. A partir de cette définition, l'on peut valablement penser que pour détecter les risques fiscaux en se servant de l'économie générale de chaque contrat imbriqué, l'administration fiscale a intérêt à assurer aussi bien le contrôle de l'effectivité des prestations de chaque contrat imbriqué **(1)** que le contrôle de leur conformité fiscale **(2)**.

1. Le contrôle de l'effectivité des prestations de chaque contrat imbriqué

894. Dans le cadre du contrôle fiscal d'un ensemble contractuel, exploiter l'économie générale de chaque contrat imbriqué, c'est avant tout contrôler l'effectivité de la réalisation des prestations énoncées par chaque contrat en cause. Le contrôle de l'effectivité des prestations prévues par les parties à un contrat imbriqué requiert de la part des agents de l'administration fiscale qu'ils vérifient non seulement la matérialité de la prestation qui, à la lecture du contrat, leur apparaît comme étant « caractéristique », mais aussi qu'ils s'attachent à vérifier la matérialité des autres prestations que révèle cette lecture. On renverra sur ce point à nos développements sur le décryptage fiscal des obligations communes des

---

[1055] KHERHUEL (A.- J.), *op. cit.* p. 119. A l'image de l'auteure, l'on peut se demander si replacer le contrat dans la perspective globale de l'opération économique en vue de laquelle il a été conclu peut avoir des effets sur son traitement fiscal.

[1056] PELLE (S.), *op. cit.* p. 237-238 : la notion d'économie du contrat présente un double aspect objectif et subjectif. *« La notion est objective en ce sens qu'elle renvoie à l'opération contractuelle qui présente une matérialité indéniable, correspondant aux prestations qui forment le contenu du contrat. La notion est subjective dans la mesure où cette opération contractuelle est voulue par les parties. Les prestations qui constituent la matérialité de l'opération sont organisées par les parties. Elles expriment l'accord de volonté des parties. L'objectivisme et le subjectivisme se mêlent ».*

parties en rappelant que dans cette hypothèse, les agents de l'administration s'attacheront à contrôler les déclarations fiscales des cocontractants en liaison avec chacune des prestations identifiées dans chaque contrat imbriqué. Cette approche permet de rattacher chaque prestation réelle à une prestation monétaire ou à une rémunération de manière à circonscrire avec le plus de précision possible les différentes matières et bases imposables dans chaque contrat imbriqué.

895. Pour éclairer ce point, l'on peut retenir l'idée suivant laquelle dans un ensemble contractuel aménagé par un groupe de sociétés pour structurer une opération complexe, l'économie générale de chaque contrat imbriqué participe à la construction de l'économie générale de l'opération envisagée par le groupe. En se servant de cette idée sur le plan fiscal, l'on peut établir que dans un ensemble contractuel, l'économie générale de chaque contrat imbriqué structure corrélativement sa matière imposable et contribue de ce fait à la structuration de la matière imposable relevant de l'économie générale de l'opération envisagée par le groupe.

896. En pratique, le fait notamment pour les agents de l'administration fiscale de découvrir, que l'exécution de prestations identiques est stipulée par deux ou plusieurs contrats imbriqués en vue de la réalisation de la même opération globale constitue un indice de transfert indirect de revenus. L'examen plus en aval des documents justificatifs de la réalisation des prestations identiques en cause en rapport avec chacun des contrats concernés est susceptible de déboucher sur au moins trois possibilités. La première d'entre elles, sans doute la plus probable, est celle où les documents justificatifs des prestations en cause ne se rapportent qu'à un seul contrat imbriqué ; dans ce cas, les sommes versées en rémunération de ces mêmes prestations au titre de l'exécution des autres contrats imbriqués doivent être considérées comme fictives, et donner lieu aux rectifications fiscales qui s'imposent sur le terrain de l'abus de droit ou des actes anormaux de gestion. La deuxième, la moins probable, est celle où les documents justificatifs des prestations en cause sont rattachables aux stipulations de chaque contrat imbriqué concerné ; dans ce cas, l'administration se bornera à vérifier, non plus l'effectivité des prestations, mais leur conformité fiscale. La troisième, la plus surprenante, est celle où les documents justificatifs des prestations en cause sont inexistants ou ne sont rattachables à aucun contrat imbriqué. Dans ce dernier cas, l'administration sera fondée à remettre en cause l'effectivité des prestations en cause pour chacun des contrats imbriqués et, par suite, à rapporter les sommes versées en rémunération desdites prestations aux résultats des exercices en cause avant de les soumettre à l'impôt sur le revenu et le cas échéant à la taxe sur la valeur ajoutée. Comme pour la première hypothèse, l'administration fondera ses redressements sur le terrain de l'abus de droit ou sur celui des actes anormaux de gestion.

897. On le voit, l'exploitation de l'économie générale d'un contrat imbriqué dans le cadre du contrôle fiscal des ensembles contractuels transnationaux doit se garder de toute forme de raccourci qui le réduirait à la détection d'une seule prestation, fusse-t-elle « caractéristique » ; il doit aller au-delà de manière à couvrir patiemment la détection de toutes les prestations qui participent à la structuration de l'économie générale de chaque contrat afin d'éviter une appréhension partielle des opérations imposables. Après avoir identifié toutes les prestations formant l'économie de chaque contrat, se posera ensuite la question de la conformité fiscale de chacune des prestations.

2. Le contrôle de la conformité fiscale des prestations de chaque contrat imbriqué

898. Exploiter l'économie générale de chaque contrat imbriqué dans le cadre du contrôle fiscal d'un ensemble contractuel, ce n'est pas seulement identifier toutes les prestations à la base de cette « économie générale », c'est en plus contrôler la conformité fiscale de l'ensemble des prestations énoncées par chaque contrat imbriqué. Ainsi, pour une juridiction fiscale donnée, le contrôle de la conformité fiscale de chaque contrat imbriqué par exploitation de « l'économie générale du contrat [1057]», suppose que l'administration fiscale passe chaque prestation réelle et chaque prestation monétaire au crible du dispositif fiscal national et supranational de manière à établir le caractère imposable ou non imposable de chacune des prestations. Cette démarche conduit l'administration à attribuer une qualification juridique à chacune des prestations identifiées et à la confronter avec les dispositions fiscales relatives au champ d'application et au fait générateur des différents impôts et taxes en vigueur au sein de la juridiction fiscale concernée. Une fois la qualification ou la requalification formulée pour chaque prestation en jeu dans chaque contrat imbriqué, il revient ensuite à l'administration d'appliquer les modalités légales d'imposition desdites prestations en déterminant les bases d'imposition et en liquidant les impôts et taxes dus pour chaque prestation en cause.

899. Le contrôle de la conformité fiscale pose un problème de qualification ou de requalification des prestations qui est lui-même lié à l'effectivité des prestations. Pour chaque prestation détectée, deux axes de contrôle peuvent être activés. Le premier axe concerne la déclaration préalable et spontanée de la prestation réelle par le contribuable. Les incidences fiscales déterminées par les agents de l'administration évolueront dans cette hypothèse selon que la prestation aura été préalablement déclarée ou non. Si la prestation a été spontanément déclarée et imposée par l'administration, la démarche de contrôle consistera à vérifier l'imposition

[1057] Voir Cass. Civ. 3e, 3mars 1993, *Bull. civ.* I, n°28.

de l'intégralité de la prestation à travers une reconstitution de base imposable de ladite prestation inspirée des stipulations contractuelles.

900. Le second axe concerne la déclaration spontanée par le contribuable des prestations fictives détectées par l'administration fiscale. Dans un contexte de groupe d'entreprises, le contribuable peut en effet choisir de déclarer des prestations stipulées dans un contrat imbriqué alors qu'elles sont dépourvues de toute réalité dans le seul but d'assurer un transfert indirect de bénéfices à l'étranger. L'administration aura ainsi le choix de remettre en cause les effets fiscaux du contrat soit sur le terrain contraignant de l'abus de droit, soit sur celui de l'acte anormal de gestion, moins protecteur des contribuables[1058].

B. La détection des risques fiscaux par exploitation de l'économie globale de l'opération

901. En toute logique, dans le cadre d'un ensemble contractuel, l'économie globale de l'opération voulue par le groupe résulte de la combinaison des économies générales de chacun des contrats imbriqués. En se fondant sur un postulat édicté par le Code civil selon lequel *« toutes les clauses des conventions s'interprètent les unes par les autres, en donnant à chacune le sens qui résulte de l'acte entier*[1059]*»*, la doctrine en droit des contrats admet selon des formules légèrement variables que *« les contrats d'un même ensemble contractuel doivent s'interpréter les uns par les autres, en donnant à chacun le sens qui résulte de l'opération globale*[1060]*»*. Le droit fiscal peut valablement tirer avantage de ce raisonnement en matière de contrôle fiscal en concevant que les incidences fiscales de l'opération globale contrôlée sont à rechercher tant à l'intérieur d'un contrat imbriqué qu'à l'extérieur de celui-ci, c'est-à-dire dans tous les autres contrats participant à la réalisation de l'opération globale. Selon Monsieur PELLE, la technique d'interprétation globale de l'ensemble contractuel, permet au juge de replacer chaque contrat dans le contexte de la réalisation de l'opération globale[1061]. L'administration fiscale peut légitimement s'inscrire dans cette logique lorsqu'elle contrôle les ensembles contractuels transnationaux de manière à déterminer la qualification et le régime fiscal de chaque contrat à partir de la qualification de l'opération globale. Deux exemples inspirés par

---

[1058] Voir ne ce sens, DAL VECCHIO (F.), *op. cit.*, p. 412.

[1059] Art. 1161, C. civ.

[1060] Voir en ce sens, PELLE (S.), *op. cit.*, p. 460. L'auteur cite dans le même sens : TEYSSIE (B.), *Les groupes de contrats*, LGDJ, 1975, Bibliothèque de droit privé, tome CXXXIX, préface MOUSSERON (J.-M.), n°419 et s., spéc. n° 424 : *« Les contrats en groupe s'interprètent les uns par les autres, le sens de chacun étant donné à travers la considération du groupe entier »* ; MARMAYOU (J.-M.), *op. cit.* n° 632 : *« toutes les clauses de toutes les conventions de l'ensemble s'interprètent les unes par les autres en donnant à chacune le sens qui résulte de l'opération tout entière ».*

[1061] PELLE (S.), *op. cit.*, p. 460.

la doctrine en droit des contrats peuvent permettre de vérifier cette hypothèse. Il s'agit du contrôle fiscal des opérations de crédit-bail **(1)** d'une part, et du contrôle des compensations de dettes **(2)**, d'autre part.

1. Le cas du contrôle fiscal de l'économie globale des opérations de crédit-bail

902. D'après la doctrine en droit des contrats, pour un ensemble contractuel, « l'opération globale repose sur l'imbrication de plusieurs contrats de telle sorte que le sort de cette opération dépend de celui de chaque contrat et que, réciproquement, le sort de chaque contrat dépend de celui de l'opération[1062] ».

903. Le droit comptable donne du crédit-bail une définition laconique qui peut donner à penser, si l'on n'y prend garde, que l'on a affaire à un contrat isolé. Selon le Système comptable OHADA l'opération de crédit-bail s'appréhende comme un *« contrat de location d'un bien meuble ou immeuble, corporel ou incorporel, assorti d'une possibilité de rachat par le locataire à certaines dates et en particulier à la fin du contrat »*. Défini aussi rapidement, le crédit-bail peut en effet apparaître comme un simple contrat de location assorti d'une clause particulière en l'occurrence une clause de rachat. Les choses ne sont pourtant pas aussi simples. C'est la doctrine en droit des contrats qui permet de bien cerner ce type d'opération contractuelle. Pour elle, le crédit-bail est une technique contractuelle moderne de crédit à moyen terme[1063] par laquelle une entreprise dite de crédit-bail acquiert sur la demande d'un client, la propriété de biens d'équipement mobiliers ou immobiliers à usage professionnel, en vue de les donner en location à ce client pour une durée déterminée et en contrepartie de redevances ou loyers[1064]. Les travaux de Monsieur Sébastien PELLE sur l'interdépendance contractuelle nous permettent de bien cerner l'ensemble contractuel que recouvre l'opération de crédit-bail. D'après l'auteur, le crédit-bail *« [...] repose principalement sur l'imbrication d'une vente, d'une location et d'une promesse unilatérale de vente. Ces trois contrats conservent chacun leur identité propre et donc leur qualification. En effet, même dans l'opération de crédit-bail, les obligations essentielles de chaque contrat sont respectées. La vente opère un transfert de propriété à titre onéreux, la location offre la jouissance d'un bien contre paiement d'un loyer et la promesse permet de devenir propriétaire après la levée de*

1062 *Ibid.* p. 254-255.

1063 La doctrine traite aussi le crédit-bail comme une *« convention financière complexe à moyen terme »* (CORNU (G.), *Vocabulaire juridique*, 9e éd., *op. cit.*, p. 283).

1064 GUILLIEN (R.) et VINCENT (J.), *Lexique des termes juridiques*, Dalloz, 17e édition, Paris, 2010, p. 215 : *« [...] A l'issue de la période fixée, le locataire jouit d'une option. Il peut : soit restituer le bien à la société financière, soit demander le renouvellement du contrat, soit acquérir le bien pour un prix qui tient compte, au moins en partie, des versements effectués à titre de loyers »*.

l'option[1065] ». Suivant cette lecture, le crédit-bail n'est ni une vente, ni une location, encore moins une promesse unilatérale de vente. Il ne s'agit pas comme l'explique Monsieur PELLE d'une simple juxtaposition de trois contrats[1066] mais précisément d'un ensemble contractuel constitué de trois contrats imbriqués (une vente, une location et une promesse unilatérale de vente) dont l'opération globale est le crédit-bail. Une telle lecture peut servir de boussole au droit fiscal dans la confection du régime fiscal des opérations de crédit-bail, et donner ainsi au contrôle fiscal desdites opérations, les moyens de s'exercer avec le moins d'ambiguïté possible.

904. Le contexte camerounais du traitement fiscal des opérations de crédit-bail en matière de TVA offre à cet égard une illustration intéressante. En l'examinant, l'on peut en effet se rendre compte de ce que le législateur camerounais a fait montre d'un réel discernement dans l'élaboration du régime fiscal de ces opérations. Le principe général posé par les dispositions relatives au champ d'application de la TVA est que les opérations de leasing et de crédit-bail avec ou sans option d'achat sont imposables à la TVA[1067]. Tel n'est que le principe puis le législateur dans un élan d'accompagnement du secteur agricole exonère de la TVA les opérations de crédit-bail réalisées par les établissements de crédit au profit des crédits-preneurs en vue de l'acquisition des équipements agricoles spécialisés destinés à l'agriculture, à l'élevage et à la pêche[1068]. Les dispositions qui aménagent cette exonération précisent toutefois que ladite exonération ne s'applique pas à l'acquisition des équipements par le crédit-bailleur. Le législateur camerounais opère ainsi une distinction claire à l'intérieur de ces opérations de crédit-bail entre d'une part, les *contrats de vente* (ou d'acquisition) desdits équipements au profit des établissements de crédit agissant en tant que crédit-bailleur qui ne bénéficient d'aucune exonération, et d'autre part, *les contrats de location* assortis de *promesses de vente* au profit des agriculteurs agissant en tant que crédit-preneurs qui seuls sont concernés par cette exonération. Cette distinction faite par la loi fiscale camerounaise entre les différents contrats imbriqués qui forment l'ensemble contractuel que constitue le crédit-bail permet d'éviter toute forme d'amalgame aussi bien dans la fiscalisation que dans le contrôle fiscal de ce type d'opération.

[1065] PELLE (S.), *op. cit.* p. 453.

[1066] *Ibid.* p. 454.

[1067] Cf. art. 126 du CGI en vigueur au Cameroun. D'après le CGI, *l'exigibilité* de la TVA intervient à l'échéance des loyers en ce qui concerne les opérations de crédit-bail réalisées par les établissements financiers (Cf. art 134 (1) e) du CGI). Pour les opérations de leasing ou de crédit-bail avec ou sans option d'achat, *la base d'imposition* est constituée par le montant des loyers facturés par les sociétés de crédit-bail et, en fin de contrat, le prix de cession convenu au contrat lorsque l'option d'achat est levée par le preneur ou par le prix de cession en cas de vente à un tiers (Cf. art 135 (1) e) du CGI).

[1068] Art 128 du CGI en vigueur au Cameroun.

905. L'administration fiscale est ainsi invitée à déterminer les incidences fiscales des « opérations globales » de crédit-bail en se cramponnant à la logique d'interdépendance contractuelle qui les caractérise, de manière à affecter le traitement fiscal qui lui est propre à chaque prestation identifiée. De la sorte, le contrôle fiscal, dans le sillage du législateur, fera dépendre dans son action le sort fiscal de chaque opération globale de crédit-bail de celui de chaque contrat imbriqué identifié et, réciproquement, fera dépendre le sort fiscal de chaque contrat imbriqué de celui de l'opération de crédit-bail.

2. Le cas du contrôle fiscal de l'économie globale des opérations de compensation de dettes connexes intragroupe

906. En se fondant sur les dispositions du Code Napoléon, la doctrine en droit des contrats appréhende la compensation comme « l'extinction simultanée de deux obligations de même nature existant entre deux personnes réciproquement créancières et débitrices l'une de l'autre [1069]». Cette définition s'applique aisément aux clauses de compensation les plus courantes que l'on peut retrouver dans le cadre d'un contrat isolé entre deux contractants endettés réciproquement, l'un vis-à-vis de l'autre. Mais il est plus délicat, voire incertain de faire prévaloir cette définition entre deux ou plusieurs contrats distincts relevant d'un même ensemble contractuel. Selon une frange de la doctrine, l'interdépendance qui caractérise les relations entre contrats au sein d'un ensemble contractuel permet [...] de relever la connexité entre les dettes résultant de contrats distincts, ce qui permet de déclencher le mécanisme de la compensation[1070]. D'après Monsieur PELLE, la connexité est traditionnellement présentée comme l'exigence « d'un lien de droit entre les créances réciproques [1071] » que l'interdépendance contractuelle suffit à prouver. Cette perception est toutefois relativisée par les hésitations de la jurisprudence civile française qui tantôt n'admet pas la compensation entre des contrats distincts en retenant qu'un lien de droit étroit d'interdépendance ne suffit pas à caractériser la connexité entre les

---

[1069] TERRE (F.), SIMLER (Ph.), LEQUETTE (Y.), Droit civil, Les obligations, Dalloz, 9e éd., 2005 ; n° 1390, cité par PELLE (S.), *op. cit.*, p. 455, n° 514. Voir également CORNU (G.), *Vocabulaire juridique*, *op.cit.*, p. 209 : Selon l'auteur, la compensation renvoie à l'« *extinction totale ou partielle de deux obligations réciproques entre les mêmes personnes (C. civ., a. 1289) ayant pour objet une somme d'argent ou une certaine quantité de choses fongibles de même espèce (C. civ., a. 1291).*

[1070] PELLE (S.), *op. cit.* p. 456, n° 515.

[1071] TERRE (F.), SIMLER (Ph.), LEQUETTE (Y.), *op. cit.* n° 1404, cité par PELLE (S.), *op. cit.*, p. 456 : D'après Sébastien PELLE, *« Ce n'est pas parce ce qu'il existe un lien quelconque entre deux contrats que la connexité pourra être caractérisée ».*

obligations réciproques nées de conventions distinctes[1072] ; tantôt admet cette forme de compensation dans le cadre des ensembles contractuels[1073].

907. Cette perception doctrinale et ces hésitations jurisprudentielles requièrent de la part du droit fiscal une grande prudence en matière de contrôle fiscal des compensations transnationales de dettes issues de contrats distincts. Comme en matière de crédit-bail la démarche de contrôle idéale consiste pour l'administration fiscale à distinguer les contrats imbriqués dans l'opération globale de compensation afin de la fiscaliser de manière appropriée. Ce point a en quelque sorte été clarifié en 2015 en France - et plus tard dans l'Union Européenne[1074] - par le Conseil d'Etat en matière de contrôle de la TVA affectant les opérations dites complexes afin de préserver la fonctionnalité du système au regard de cette taxe [1075].

908. En tout état de cause, la démarche ci-dessus proposée permettrait à l'administration de déboucher sur des qualifications fiscales moins ambiguës pour chaque contrat imbriqué de sorte à justifier de manière plus claire l'application des normes qui fondent les impositions dues au titre de telles formes de compensation[1076]. Une illustration tirée de la pratique du contrôle fiscal au Cameroun permet de vérifier cette hypothèse.

[1072] Voir Cass. Com., 9 décembre 1997, *Bull. civ.* IV, n° 324 ; Voir aussi Cass. Com. 17 juillet 2001, *Bull. civ.* IV, n° 148, cité par PELLE (S.), *op. cit.*, p. 457

[1073] Les ensembles contractuels se rencontrent lorsqu'une opération économique suppose, pour sa réalisation, la conclusion de plusieurs contrats.

[1074] Cf. CJUE, 18 Janvier 2018, Stadion Amsterdam

[1075] Cf. CE, 8e et 3e sous-sect., 24 juin 2015, n° 365849, *Sté Center parc Ressort France*, concl. BOHNERT (B.) : *« [...] Considérant qu'il résulte des dispositions de la directive du Conseil du 17 mai 1977, telles qu'interprétées par la Cour de justice de l'Union européenne, que lorsqu'une opération économique soumise à la taxe sur la valeur ajoutée est constituée par un faisceau d'éléments et d'actes, il y a lieu de prendre en compte toutes les circonstances dans lesquelles elle se déroule aux fins de déterminer si l'on se trouve en présence de plusieurs prestations ou livraisons distinctes ou d'une prestation ou livraison complexe unique ; que chaque prestation ou livraison doit en principe être regardée comme distincte et indépendante ; que, toutefois, l'opération constituée d'une seule prestation sur le plan économique ne doit pas être artificiellement décomposée pour ne pas altérer la fonctionnalité du système de la taxe sur la valeur ajoutée ; que, de même, dans certaines circonstances, plusieurs opérations formellement distinctes, qui pourraient être fournies et taxées séparément, doivent être regardées comme une opération unique lorsqu'elles ne sont pas indépendantes ; que tel est le cas lorsque, au sein des éléments caractéristiques de l'opération en cause, certains éléments constituent la prestation principale, tandis que les autres, dès lors qu'ils ne constituent pas pour les clients une fin en soi mais le moyen de bénéficier dans de meilleures conditions de la prestation principale, doivent être regardés comme des prestations accessoires partageant le sort fiscal de celle-ci [...] »*

[1076] Nous concédons à ce stade de notre étude que l'on puisse concevoir qu'il ne faille pas aller aussi loin dans le décryptage fiscal des contrats d'affaires internationaux au motif que le fiscaliste doit s'interroger sur les normes fiscales pouvant être éludées par de tels contrats, pas nécessairement sur la nature exacte des contrats. Une telle conception reviendrait à considérer que le droit fiscal s'attache au résultat et pas à la cause. Mais il faut bien admettre que le résultat est bien souvent influencé par la cause, ce qui confère au décryptage fiscal des contrats toute son utilité.

Illustration : une convention intitulée « Compensation tripartite » est conclue entre d'une part deux sociétés de droit camerounais *Alpha* et *Beta* et d'autre part, *Gamma* une société de droit italien d'après laquelle :

- La société *Alpha* doit à son client *Gamma* la somme de FCFA 3 500 000 000 représentant des avances sur achats de produits semi-finis ;
- La société *Gamma* doit quant à elle à son fournisseur Beta la somme de FCFA 2 500 000 000 représentant la livraison à crédit de produits semi-finis ;

909. Les sociétés *Alpha* et *Beta* ont pour client commun domicilié à étranger, la société Gamma qui est créancière de *Alpha* et débitrice de *Beta*.

910. Il a été convenu que les sociétés *Alpha* et *Beta* procèderont à la compensation de la dette de FCFA 2 500 000 000 de leur client commun *Gamma* vis-à-vis du fournisseur *Beta* par la créance de FCFA 3 500 000 000 détenue par la société Gamma sur la société Alpha ; ce qui induira un solde créditeur de FCFA 1 000 000 000 au titre du client *Gamma* dans la comptabilité de la société Alpha.

911. En situation de contrôle fiscal, l'administration serait fondée, suivant une logique déconstructionniste, à formuler des redressements au moins autour de deux axes, l'un de déqualification, et l'autre, de requalification. Le premier axe de redressement, celui de la déqualification, consisterait à contester le principe même d'une « compensation tripartite » en se cramponnant sur la définition qu'en donne le Code civil de 1804. Il s'agirait pour elle de relever que la compensation est l'extinction de deux obligations de même nature existant réciproquement entre deux personnes créancières et débitrices l'une de l'autre (article 1289 et suivants du code civil). Elle peut en plus faire valoir que ce mécanisme d'extinction de l'obligation de paiement d'une somme d'argent ne peut en effet être appliqué à un rapport tripartite ou dans une configuration où les parties en cause interviennent à des titres juridiques distincts. De fait, elle soutiendra sur le fondement du défaut de réciprocité de créance ou de dette constaté entre les sociétés Alpha et Beta que la compensation n'est pas admise entre deux contrats distincts et qu'ainsi, la créance détenue par la société Gamma sur la société Alpha ne saurait compenser celle détenue par la société Beta sur la société Gamma. Elle soutiendrait qu'en l'absence de tout rapport d'obligations réciproques entre les sociétés *Alpha* et *Beta*, cette opération ne saurait constituer une compensation.

912. Le second axe de rectification, celui de la requalification, conduirait l'administration fiscale à voir dans cette opération globale de compensation trois contrats imbriqués dont deux reconnaissances de dettes d'une part, et une délégation de créance, d'autre part. S'agissant des reconnaissances de dettes, la première de FCFA 3 500 000 000 concernerait les sociétés *Alpha* et *Gamma* tandis que la seconde reconnaissance de dette de FCFA viserait les sociétés *Gamma* et Beta.

913. S'agissant de la délégation de créance, l'administration exploiterait la définition doctrinale de la délégation tirée du Code Napoléon en indiquant qu'il s'agit d'une opération triangulaire dans laquelle, sur ordre d'une personne nommée déléguant, une autre personne, nommée délégué s'engage envers une troisième personne, le délégataire, qui l'accepte comme débiteur[1077]. Dans notre cas, le créancier déléguant *Gamma* demande à son débiteur délégué *Alpha* de payer directement la personne délégataire *Beta* dont il est lui-même débiteur. L'administration rappellerait à ce sujet que la condition *sine qua none* de réalisation de la délégation étant l'échange de consentement entre les trois parties à l'opération. Sous un tel rapport, il lui appartiendra, sur le terrain des droits d'enregistrement, de faire respecter les dispositions de l'article 276 (2) du Code général des impôts relatives à la présentation d'une telle convention à la formalité de l'enregistrement d'un côté[1078] et de faire appliquer dans la foulée celles de l'article 343 (4) qui soumettent auxdits droits les contrats requalifiés à savoir les deux reconnaissances de dettes et la délégation de créance[1079].

914. Les agents en charge du contrôle peuvent également conforter leur position en faisant appel à deux autres dispositions qui touchent à la fiscalisation de l'interdépendance contractuelle. Il s'agit d'abord des dispositions de l'article 268 du CGI qui traitent de la soumission aux droits d'enregistrement des « dispositions indépendantes » que peuvent renfermer les actes juridiques. Selon ce texte, *« lorsque dans un acte quelconque soit civil, soit judiciaire ou extra judiciaire, il y a plusieurs dispositions indépendantes ou ne dérivant pas nécessairement les unes des autres, il est dû pour chacune d'elles et selon son espèce un droit particulier d'enregistrement. Il est dû également plusieurs droits lorsqu'une seule disposition concerne plusieurs personnes ayant des intérêts distincts les uns des autres [...] »*. Il s'agit ensuite des dispositions de l'article 305 (5) qui traitent de la solidarité des parties en matière de paiement des droits d'enregistrement. Selon cet article, *« les droits des actes à enregistrer sont acquittés par les parties et solidairement entre elles pour les actes sous seing privé [...] qu'elles ont à faire enregistrer [...] »*. On le voit, le contrôle fiscal de l'économie globale des compensations de dettes connexes requiert de la part des autorités chargées de le mettre en œuvre un réel effort de décryptage afin de déceler la matière imposable qui git derrière chaque

---

1077 CORNU (G.), *op. cit.*, 10e éd., p. 315.

1078 Cf. art. 276 al. 2 du CGI : « Les délais pour faire enregistrer les actes sont déterminés comme suit : d'un (01) mois à trois (03) mois à compter de leur date pour les actes sous seing privé... ».

1079 Cf. art. 343 al. 4 du CGI : *« Sont soumis au taux réduit : les prêts sur nantissement et sur hypothèque, les reconnaissances de dettes, les cessions, délégations, subrogations, transfert de créance... »*. l'article 543 al. d du même texte précise « sont soumis au taux réduit de 2%, les actes et mutations prévus à l'article 343... ».

contrat imbriqué. C'est en réalité en se livrant à cet exercice qu'il devient possible de reconstituer la matière imposable afférente à l'opération globale de compensation. Cela dit, il importe de rappeler que la démarche de contrôle proposée ci-dessus pour les opérations de crédit-bail et de compensation de dettes connexes vaut également pour tous les ensembles contractuels quel que soit le secteur d'activité concerné.

915. A ce stade de notre étude, il importe de relever que le contrôle fiscal axé, soit sur un contrat d'affaire international isolé en marge de toute logique de groupe, soit sur un contrat d'affaire imbriqué ou plus largement sur un ensemble contractuel dans le cadre d'une opération complexe, requiert de la part des agents de l'administration fiscale qu'ils l'abordent suivant une double perspective correspondant à un double effort de décryptage fiscal : celui de la détection des risques fiscaux afférents aux montages intra-contractuels d'une part, et celui de la détection de ceux afférents aux montages pluri-contractuels, d'autre part. En adoptant et en systématisant une telle approche, les administrations fiscales africaines amélioreront assurément la qualité de leurs contrôles fiscaux, et convergeront vers une meilleure neutralisation des effets fiscaux desdits montages.

916. Mais la rigueur méthodologique d'inspiration déconstructiviste du contrôle fiscal des contrats d'affaires internationaux va plus loin. Ce contrôle requiert également une modulation du décryptage fiscal des clauses contractuelles en fonction des particularismes inhérents à la régulation de chaque secteur d'activités.

CHAPITRE II

LA DÉTECTION DES RISQUES FISCAUX CONTRACTUELS MODULÉE PAR SECTEUR D'ACTIVITÉS

917. Idéalement, le contrôle fiscal des contrats d'affaires internationaux pour être opérant, doit pouvoir constituer, à l'image d'une « sonde » ou d'un « détecteur de métaux », un précieux appareil de détection des montages contractuels à finalité fiscale quels que soient leur niveau de complexité et quel que soit le secteur d'activités économique dans lequel ils sont utilisés. Dans cette optique, la démarche de détection des risques fiscaux commune à tous les montages contractuels exposée dans le chapitre précédent gagnerait, de notre point de vue, à être renforcée et affinée par une approche qui tienne compte des altérités normatives et institutionnelles liées à la gouvernance des secteurs d'activités économiques auxquels les montages en cause peuvent être rattachés[1080]. Sans avoir évidemment vocation à épuiser tous les centres d'intérêts par secteur, notre étude expose les lignes directrices d'une démarche de déconstruction fiscale desdits montages par secteur d'activités stratégiques de manière à susciter, à défaut d'une révision des méthodes de contrôle des contrats d'affaires internationaux jusqu'ici utilisées par les administrations fiscales, du moins un intérêt plus marqué de celles-ci vis-à-vis de ce pan du contrôle fiscal.

918. En Afrique, les contraintes liées au contrôle fiscal des contrats d'affaires internationaux par secteur d'activités sont de plusieurs ordres. Elles tiennent en premier lieu à l'existence de particularismes légaux et réglementaires qui caractérisent la régulation juridique[1081] de chaque secteur stratégique d'activités. Le contrôle fiscal des entreprises du secteur des hydrocarbures composera ainsi avec un arsenal juridique à la fois hétéroclite

[1080]Pour le cadre de la présente étude, nous occultons la classification traditionnelle des secteurs d'activités mise en avant par les économistes en secteur primaire, secondaire et tertiaire. Au Cameroun, le Rapport sur la situation et les perspectives économiques, sociales, et financières de la nation retient cette classification au regard de la production. La classification retenue ici est celle retenue par l'administration fiscale camerounaise en vue d'administrer les secteurs d'activités à travers les unités de gestion spécialisées attelées, chacune en ce qui concerne son portefeuille de contribuables, à une brigade spécialisée de contrôle répondant symétriquement du même portefeuille.

[1081] La régulation renvoie au « cadrage » ou à l'encadrement juridique de l'action économique au sein d'un Etat ou à l'échelle supranationale. La dynamique de régulation des activités économiques stratégiques conduit à doter chaque secteur d'activité d'une législation et d'une réglementation propres dont la mise en œuvre est confiée, pour en garantir l'impartialité à des autorité administratives indépendantes, spécialisée par activité. (Voir en ce sens Lexique des termes juridiques, Dalloz, 17e éd., p. 615-616.)

et distinct des dispositifs juridiques d'encadrement des autres secteurs tels celui de l'énergie, des télécommunications, de la banque, des assurances ou des travaux publics. En second lieu, elles tiennent, à l'adaptation de la souveraineté fiscale aux contraintes juridiques imposées non seulement par la régulation de l'exploitation dans chaque secteur d'activités. Ce second niveau de contraintes conduit bien souvent à la contractualisation de certains aspects de la fiscalité applicable aux opérateurs transnationaux dans le cadre des contrats d'Etat[1082]. A partir de ce constat, nous pouvons montrer en nous inscrivant dans une perspective *relationniste*, que les contraintes du contrôle fiscal gravitent du point de vue juridique autour d'une part, de la prise en compte des interactions entre la souveraineté fiscale de l'Etat et le droit spécifique de régulation du secteur d'activités en cause **(section I)** et, d'autre part, de la prise en compte des interactions entre la souveraineté fiscale et le droit de régulation internationale du commerce électronique **(section II)**. La perception *« interactionniste »* ou *« relationniste »* du droit fiscal que nous suggère le contrôle fiscal des contrats d'affaires internationaux fournit des clés supplémentaires de lecture qui ne sont pas incompatibles avec l'orientation déconstructionniste du contrôle fiscal des contrats d'affaires internationaux proposée dans le cadre de la présente étude.

SECTION I. LA MODULATION DE LA DÉTECTION DES RISQUES ORIENTÉE PAR LES INTERACTIONS ENTRE LA SOUVERAINETÉ FISCALE ET LE DROIT DE RÉGULATION DU SECTEUR D'ACTIVITÉS CONTRÔLÉ

919. Dans une perspective relationniste, la réorientation du contrôle fiscal des contrats d'affaires internationaux devrait pour une large part passer par un décryptage approprié des interactions qui existent et qui jouent entre la souveraineté fiscale et le droit de régulation[1083] du secteur d'activités duquel relève l'entreprise contrôlée. D'après la doctrine, le droit de régulation, se présente comme l'expression d'un « droit post-moderne » marqué par le pragmatisme et la flexibilité dépassant la régulation étatique qui consacre l'Etat comme la source exclusive de la normativité juridique pour composer d'une part, avec les régulations supra-étatique, nés de l'émergence de communautés plus larges, et d'autre part, avec les régulations infra-étatiques fondées sur des solidarités partielles ou locales[1084].

[1082] Voir en ce sens LHUILIER(G.), *Le droit transnational*, *op. cit.*, p. 117 : *« les plus grands contrats internationaux sont désormais des contrats entre Etats et personnes privées internationales – dits « contrats d'Etat » - catégorie nouvelle d'« actes normatifs » ou de « contrats traités » ».*

[1083] CHEVALIER (J.), *« la régulation juridique en question »*, Editions juridiques associées, coll. « Droit et société », 2001/3 n°49, p. 827 à 846.

[1084] *Ibid.*, p 835.

920. Il existe certes une logique contractuelle universelle en matière de contrats d'affaires qui permet en général aux parties contractantes de s'accorder sur la chose et sur le prix relativement à l'objet du contrat. Mais cette logique contractuelle varie en fonction des secteurs d'activités au point de déboucher sur des logiques et pratiques contractuelles propres à chaque secteur d'activités. Ainsi, le contrat de partage de production répandu dans l'industrie pétrolière obéira-t-il à une logique différente du contrat d'assurance ou de réassurance courant dans le secteur de l'assurance, tout comme la licence d'exploitation d'un réseau de télécommunication divergera dans sa gestion d'avec un marché public dans le secteur des travaux publics[1085]. Pour les besoins de la présente étude, la notion de secteur d'activités fait référence aux secteurs stratégiques ou aux secteurs d'activités à forte valeur ajoutée pour les économies africaines appelés *a priori* à constituer pour elles, des secteurs porteurs de croissance et de développement[1086]. Le contrôle fiscal des contrats par secteur d'activités peut ainsi s'appréhender comme un *« contrôle à thèmes »*, chaque secteur obéissant à une dynamique contractuelle qui lui est propre et qui expose les entreprises relevant dudit secteur à des risques fiscaux particuliers.

921. La présente étude nous invite à faire arbitrairement le choix de la mise en exergue des centres d'intérêts propres à certains secteurs d'activités au détriment de secteurs pour lesquels les difficultés généralement rencontrées par les administrations fiscales en matière de contrôle sont moins prégnantes - et donc plus maitrisées- que pour les secteurs identifiés comme fiscalement corrosifs pour les pays africains. Cela dit, pour contrôler les contrats d'affaires internationaux sous le rapport des interactions qu'ils condensent entre la souveraineté fiscale et les normes de régulations du secteur d'activité contrôlé, l'administration fiscale doit faire appel au moins à deux paliers de décryptage : le premier palier conduit à saisir pour chaque contrat contrôlé, les interactions entre la souveraineté fiscale et la régulation juridique nationale du secteur d'activité en cause **(§1)**, le second vise quant à lui à retrouver les interactions entre la souveraineté fiscale et la régulation juridique supranationale dudit secteur d'activité **(§2)**. Il convient cependant de souligner à grand trait que chaque secteur d'activité est susceptible de faire l'objet de ces deux niveaux d'interactions, ce qui induit en matière de contrôle fiscal la combinaison de ces deux niveaux de décryptage.

[1085] A la vérité chaque secteur d'activité retenu dans le cadre de notre étude peut faire l'objet de recherches plus approfondies et plus complètes en rapport avec la problématique du contrôle fiscal des contrats internationaux qui le caractérisent.

[1086] Cette logique peut être très rapidement freinée si les attentes fiscales d'un Etat donné sont déçues du fait du peu d'intérêt accordé par son Administration fiscale aux éléments de contrôle de source contractuelle.

§1. Le décryptage des interactions entre la souveraineté fiscale et le droit national de régulation du secteur d'activité en cause

922. En tant que levier de la souveraineté fiscale, le contrôle fiscal des contrats d'affaires internationaux relevant d'un secteur stratégique donné ne saurait être mené à bien s'il ne compose avec le droit de régulation nationale dudit secteur. Dans le cadre de nos travaux, par régulation nationale, il faut entendre la « régulation étatique » qui procède de la puissance normative de l'Etat et qui donne lieu à la publication de lois et règlements adoptés et publiés pour pourvoir à l'encadrement juridique et institutionnel de chaque secteur stratégique. Pour agir sur la régulation des activités économiques, l'Etat promeut d'une part, un droit de régulation commun à toutes les activités stratégiques à travers l'adoption de lois sur les investissements ou de marchés publics et d'autre part, une régulation par secteur d'activité stratégique à travers des lois spécifiques pour chaque secteur.

923. Le contrôle fiscal des entreprises du secteur extractif **(A)**, de même que celui des entreprises de travaux publics **(B)** permettent de mettre en évidence - comme pourraient le permettre d'autres secteurs - la problématique des interactions pouvant exister entre la souveraineté fiscale et le droit national de régulation de chaque secteur contrôlé[1087] .

A. Le décryptage des interactions entre la souveraineté fiscale et le droit national de régulation du secteur extractif

924. Le secteur extractif regroupe l'ensemble des activités de recherche, de développement, de production et de commercialisation des ressources naturelles tirés du sol et du sous-sol. Les ressources relevant de ce secteur présentent une grande diversité et sont tantôt liquides, tantôt gazeuses, tantôt solides et conduisent à subdiviser le secteur extractif en au moins trois secteurs : le secteur minier, le secteur pétrolier et le secteur gazier ; les deux derniers formant le secteur des hydrocarbures. Mais au-delà des différences d'ordre physique et matériel qui caractérisent la nature des produits exploités qu'ils encadrent, les contrats du secteur extractif ou « contrats extractifs» sont d'après la doctrine des contrats par lesquels *« un Etat accorde à une société, le droit exclusif de l'exploration et/ou de l'exploitation et de la commercialisation des ressources minières, pétrolières ou gazières sur un terrain déterminé en échange d'un prix prenant la forme notamment de royalties, de taxes et éventuellement d'un partage de production ou de profits ou autres obligations de compensations économique ou sociale*[1088] *»*.

[1087] Sur cette question, les deux secteurs retenus ne constituent pas à eux seuls un champ exclusif d'investigation pour les administrations fiscales ; ceux-ci restent ouverts à la problématique des interactions entre la souveraineté fiscale et le droit supranational en matière de contrôle fiscal.

[1088] Voir en ce sens LHUILIER (G.), *Le droit transnational, op. cit.* p. 510

925. Le secteur extractif regroupe des activités qui partagent de réelles similitudes d'exploitation et de gestion sur le plan juridique, économique et financier[1089]. Les contrats d'affaires conclus dans le cadre dudit secteur sont en général des contrats de longue durée qui justifie la négociation et la rédaction de clauses particulières dont les moindres ne sont certainement pas les clauses de partage de la production, de récupération des coûts ou de stabilité fiscale. Quoi qu'il en soit, l'hypothèse de la mise en œuvre du décryptage des interactions entre la souveraineté fiscale et le droit national de régulation du secteur extractif peut valablement être examinée à travers le contrôle fiscal des contrats du secteur minier **(1)**, puis à travers le contrôle des contrats du secteur des hydrocarbures **(2)**.

1. Le contrôle fiscal des contrats du secteur minier

926. Le contrôle fiscal des contrats des entreprises minières est avant tout un contrôle de conformité des opérations minières vis-à-vis de la législation minière et de la législation fiscale appliquée au secteur minier. Il requiert de la part de l'administration fiscale une bonne connaissance des activités du secteur minier en général et de l'industrie minière en particulier. Deux centres d'intérêts particuliers peuvent permettre de mettre en lumière des éléments de décryptage desdits contrats en relation avec le droit de régulation étatique du secteur minier. Le premier centre d'intérêt est celui du contrôle fiscal des cessions à l'étranger des titres miniers, le second est celui du contrôle des clauses de stabilité fiscale des contrats miniers. Les cas respectifs du Burkina Fasso et du Mali permettent d'explorer les solutions de contrôles envisageables relativement à ces deux points.

927. Le contrôle fiscal des plus-values de cessions à l'étranger des titres miniers : le cas du Burkina Fasso. D'après la doctrine, « les opérations minières et pétrolières donnent en principe lieu à l'octroi de trois titres miniers distincts, chacun d'entre eux correspondant aux différentes phases des opérations d'exploitation **1090**». De nombreux titres font en effet l'objet de spéculation sur le marché international et changent ainsi de détenteurs au gré de l'offre et de la demande qu'ils génèrent sur ledit marché. Les transactions qui s'opèrent ainsi sur le marché donnent couramment lieu à la réalisation de plus-values que les administrations fiscales africaines ont en général du mal à contrôler. Pour venir à bout de cette difficulté, certains pays prévoient dans la loi fiscale des dispositions de régulation des transactions portant sur les titres miniers sur le marché

[1089] Il s'agit de secteurs nécessitant une mobilisation conséquente de capitaux en raison des investissements très couteux qu'exigent l'exploration et la production.

[1090] Voir en ce sens LAURIOL T. et RAYNAUD E., *Le droit pétrolier et minier en Afrique*, LGDJ, Lextenso, coll. « Droits africains », p.121 : Selon les auteurs, un titre minier prend généralement plusieurs formes et suit les phases de l'exploitation : *« Il s'agit généralement, selon les dénominations utilisées, des permis ou autorisations de prospection, des permis de recherche ou d'exploration, des permis d'exploitation ou de production et des concessions ».*

international. Le fond du débat ici est de savoir si une cession, directe ou indirecte, des titres sociaux d'une société titulaire de titres miniers, peut être requalifiée en cession de titres miniers.

928. La souveraineté fiscale à pris en charge cette préoccupation au Burkina Fasso en instituant des dispositions de régulation fiscale du secteur minier ; la législation fiscale y prévoit en fait depuis la loi de finances pour 2012 un régime particulier d'imposition des plus-values de cession des titres miniers[1091]. Il s'agit d'un régime à deux vitesses qui s'applique non seulement aux plus-values de cessions directes des titres miniers, mais aussi aux plus-values de cessions indirectes desdits titres. Les cessions directes sont celles qui sont effectuées pour ainsi dire directement par tout titulaire d'un titre minier, personne physique ou morale au profit d'un cessionnaire.

929. En revanche, sont considérés comme cessions indirectes de titres miniers d'après la loi fiscale burkinabè » *[...] les cessions d'actions, de parts sociales et de toute prise de participation, directe ou indirecte, égale ou supérieure à 10% dans une personne morale titulaire d'un titre minier délivré au Burkina Faso, y compris par voie de fusion, scission ou apport partiel d'actif*[1092]*»*. A ce propos, le droit burkinabé précise que toute cession de cette nature doit être notifiée au Directeur Général des Impôts[1093] et que cette notification doit être effectuée par la personne morale titulaire d'un titre minier dans les cinq jours ouvrés qui suivent cette cession d'actions, de parts sociales ou de prise de participation. L'absence de notification dans les délais impartis entraîne le retrait immédiat du titre minier et rouvre le droit de reprise de l'administration fiscale à la date de prise de participation non déclarée[1094].

930. Si le cédant n'est pas résident, ni établi au Burkina Faso, le montant de la taxe est retenu à la source par le cessionnaire et versé au service des impôts du lieu du siège social de la personne morale détentrice du titre minier avant la notification au DGI. Dans ce cas, la notification doit être accompagnée de la preuve de paiement de la taxe, faute de quoi elle est considérée comme nulle et passibles des mêmes sanctions qu'en matière d'absence de notification de cession de titre minier au Directeur Général des Impôts[1095].

931. L'enjeu fiscal principal concerne la taxe sur les plus-values de cession des titres miniers. Cette taxe perçue au profit du budget de l'Etat, est due par les personnes physiques ou morales qui cèdent directement ou

---

[1091] Cf. Loi n° 028-2011/AN du 24 novembre 2011 portant loi de finances pour l'exécution du budget de l'Etat pour l'exercice 2012. Cette loi a institué au Burkina Fasso une taxe spécifique sur les plus-values de cession des titres miniers en vigueur depuis le 1er janvier 2012.

[1092] Art. 169 du CGI en vigueur au Burkina Fasso.

[1093] *Ibid.*, art. 173.

[1094] *Ibid.*

[1095] *Ibid.*, art 174

indirectement des titres miniers délivrés au Burkina-Faso[1096]. La base d'imposition est constituée, par la différence entre le prix de cession ou par la valeur vénale du titre et le prix d'acquisition lorsque la plus-value de cession est déterminable. Elle est constituée par le prix réclamé dans les autres cas[1097]. Le taux de ladite taxe est de 20% du montant de la plus-value de cession[1098] et traduit la volonté de l'Etat burkinabé de peser sur la régulation des transactions sur les titres miniers et sur le secteur minier dans son ensemble puisqu'il est assimilable à un taux sanction[1099]. En effet, ce taux tranche significativement d'avec le taux prévu en matière de cession d'actions qui est en principe de 10% et taux majoré de 20% lorsque le cédant est résident d'un pays non coopératif ou à fiscalité privilégiée[1100].

932. Le dispositif burkinabé qui fait office de modèle en cette matière, contraint dorénavant les sociétés minières à tenir compte en matière de cession de titres sociaux du droit de régulation fiscale des cessions, même indirectes, desdits titres emportant cessions des titres miniers qui se trouve intégré à loi fiscale elle-même[1101]. Cet état de fait a pour effet de faciliter l'exercice du droit de contrôle de l'administration fiscale. Il en va autrement avec la problématique de la stabilité fiscale qui elle, fait l'objet d'une régulation par la loi minière et suggère, comme on le verra à la lumière du système malien, une orientation différente du contrôle fiscal.

933. Le contrôle fiscal des clauses de stabilité fiscale : le cas du Mali. Dans les contrats extractifs, les clauses de stabilité ou de stabilisation fiscale, « ont pour objet de fixer la législation locale en vigueur au moment de leur signature, en la déclarant applicable à la durée totale des engagements1102 ». La clause de stabilité n'est pas l'apanage du seul

---

[1096] *Ibid.*, art. 169

[1097] *Ibid.*, art. 171

[1098] *Ibid.*, art. 172

[1099] Précisons au passage que les revenus ainsi taxés ne sont pas pris en compte dans la détermination du bénéfice imposable à l'impôts sur les sociétés (art 171 (2) du CGI burkinabé).

[1100] De plus, Tout cessionnaire qui n'effectue pas la retenue à la source ou qui opère une retenue à la source insuffisante est personnellement redevable du montant de la retenue non effectuée. Dans tous les cas, la personne morale titulaire du titre minier est solidairement responsable du paiement de la taxe et peut se voir retirer son titre minier en cas de non-paiement de celle-ci dans les délais impartis (art. 174 (3)).

[1101] Le Cameroun qui peine à voir son secteur minier s'industrialiser a adopté en des termes moins audacieux à la faveur de la loi de finances pour 2014 un dispositif similaire en ces termes : *« Sont imposables au titre des revenus de capitaux mobiliers, les plus-values nettes globales réalisées au Cameroun ou à l'étranger, à l'occasion de la cession d'actions, d'obligations et autres parts de capital d'entreprises de droit camerounais, y compris les droits portant sur les ressources naturelles, effectuée par les particuliers et les personnes morales » (art. 42 du CGI)*. Ce dispositif ne crée pas une taxe spécifique et se contente de soumettre à l'Impôt sur les Revenus des Capitaux Mobiliers au taux global de 16,5% les plus-values de cession des droits portant sur les ressources naturelles.

[1102] LAURIOL (T.) et RAYNAUD (E.), *op. cit.* p.270.

secteur extractif, mais c'est dans ce secteur qu'elle manifeste son épanouissement le plus expressif. D'après Monsieur Stéphane Essaga, les clauses de stabilité fiscale sont des « clauses contractuelles visant à neutraliser le pouvoir normatif de l'Etat dans ses rapports contractuels, c'est-à-dire à l'obliger à renoncer à sa posture d'Etat souverain pour voir inopposables les innovations législatives postérieures à la signature du contrat pétrolier1103 ». Les difficultés les plus saillantes rencontrées dans le cadre du contrôle fiscal des contrats extractifs par les administrations fiscales africaines proviennent pour une large part des clauses de stabilité fiscale.

934. Le problème central que pose cette clause aux administrations fiscales est le conflit d'interprétation qui résulte de la volonté des agents de l'administration de faire appliquer les dispositions évolutives du droit commun de la fiscalité au détriment des dispositions sur la stabilité fiscale telle qu'édictées d'un côté par le droit régulateur du secteur minier, en l'occurrence le code minier ou le code pétrolier, et de l'autre par les clauses de stabilité fiscales des contrats extractifs.

935. Au Mali, l'article 118 du Code minier dispose qu': » (…) aucune nouvelle taxe ou imposition de quelque nature que ce soit n'est applicable au titulaire ou bénéficiaire pendant cette période à l'exception des droits, taxes et redevances minières ». Ce qui signifie que toutes les nouvelles taxes ou impositions qui dérogent au droit fiscal commun en ce qu'elles constituent des droits, taxes ou redevances minières ne rentrent pas dans le champ couvert par la stabilité fiscale. Quelle interprétation donner à cette disposition quand on sait que les conventions minières garantissent en général la stabilité de la manière la plus précise possible au moment de la conclusion du contrat minier ?

936. Suivant une interprétation extensive, la stabilité du régime fiscal et douanier s'applique à l'ensemble des impôts et taxes. De manière restrictive, la stabilité s'applique uniquement au régime fiscal et douanier général ou de droit commun, de sorte que les droits, taxes et redevances minières nouvellement définis s'appliquent en dépit de la stabilité applicable au régime fiscal de droit commun.

937. D'essence conventionnelle, les clauses de stabilité revêtent depuis deux décennies dans le contexte africain des propriétés juridiques « mutantes » qui désorientent complètement les acteurs impliqués dans le contrôle fiscal du secteur minier. Les troubles de perception dans la pratique sont occasionnés par le fait que ces clauses qui procèdent des principes usuels en matière de *lex petrolea*, s'inscrivent systématiquement dans les options gouvernementales de politique économique envisagées par les Etats soucieux d'attirer les investisseurs internationaux[1104]. Elles ont ainsi « infiltré » maintes législations minières pour s'afficher dorénavant comme

---

[1103] ESSAGA (S.), *Droit des hydrocarbures en Afrique, op. cit.*, p. 193.

[1104]Voir en ce sens ESSAGA (S.), *op. cit.*, p. 192.

des dispositions légales émanant de la volonté générale. De ce fait, elles prennent une envergure *« supra-contractuel »* en ce que leur influence déborde le simple cadre contractuel pour se hisser dans le bloc de légalité au premier rang des sources formelles du droit, étant donné que *« la loi est la source du droit, et surtout la source formelle, par excellence »* comme nous l'expose la doctrine[1105]. Dans ces conditions, les clauses de stabilité tirent leur force exécutoire, non plus du contrat qui lie deux opérateurs économiques à savoir l'investisseur minier et l'Etat, mais de la loi qui lie l'Etat souverain au citoyen. L'on est ici dans la situation où l'acte juridique, en l'occurrence la convention minière, se pose en source d'inspiration pour le législateur au point de rentrer en osmose avec la loi[1106]. Ainsi la flexibilité et l'intimité que véhiculent les clauses de stabilité dans le cadre contractuel du fait de leur institution par la volonté des cocontractants, s'estompent au profit de la rigidité et de la solennité qui caractérisent les dispositions légales instituées par le pouvoir législatif de l'Etat souverain.

938. A notre avis, l'Etat gagnerait à se prononcer le plus clairement possible sur la stabilité fiscale à l'intérieur des conventions minières et non dans les codes miniers de sorte à gommer toute ambiguïté quant au champ d'application de la stabilité fiscale. A ce sujet les confusions entre institution d'impôts nouveaux, augmentation des taux d'imposition ou aménagement des modalités d'imposition doivent être évitées. Les acteurs du contrôle fiscal doivent de la sorte garder à l'esprit que l'augmentation d'un taux d'imposition n'emporte pas institution d'un impôt nouveau. De même, un acompte d'impôt nouvellement institué constitue une nouvelle modalité de collecte de l'impôt duquel il tire son existence mais ne constitue aucunement un impôt nouveau. Ajoutons que dans le contexte malien, les risques fiscaux auxquels est confronté le contrôle fiscal au sujet des clauses de stabilité fiscale sont amplifiés par les multiples révisions que subit la législation minière. En effet, depuis plus de deux décennies, le Mali fait l'expérience d'une superposition de trois Codes miniers applicables aux opérations minières respectivement entrés en vigueur en 1991, 1999 et 2012, en raison de la stabilité du régime fiscal instituée par chacun des textes au profit des opérateurs miniers investissant au Mali consécutivement à leur adoption[1107].

[1105] GOLTZBERG (S.), *Les sources du droit*, Paris, PUF, coll. « Que sais-je ? », 2016, p.39.

[1106] JESTAZ (Ph.), *Les sources du droit*, Paris, Dalloz, coll. « Connaissance du droit », 2005 ; p. 92.

[1107] Entre 1970 et 2012, le Mali a connu l'adoption et la promulgation de quatre Code miniers promulgués respectivement en 1970, 1991, 1999 et 2012. A l'observation, à chaque opérateur minier correspond une ou plusieurs lois minières suivant le nombre de titres miniers détenus puisqu'à chaque titre minier correspond une loi minière au Mali. Cette sédimentation des législations a jusqu'à nos jours fait le jeu des multinationales du secteur minier dans la mesure où elle a placé l'administration fiscale malienne dans une incapacité pratique à mobiliser la législation la plus récente qui semble la plus équitable. L'inflation et la superposition des textes légaux et réglementaires qui régissent le secteur minier malien ne va pas sans causer de réelles difficultés d'appropriation aux acteurs du contrôle fiscal des

939. De plus, en faisant le choix de confiner la question de la gestion juridique des clauses de stabilité fiscale dans la sphère conventionnelle, les Etats, de concert avec les investisseurs du secteur extractif gagneraient à préserver, à travers des clauses de *hardship* ou clauses de renégociation[1108], des soupapes de réécriture des dispositions fiscales dans l'intérêt bien compris des parties au contrat, notamment en cas de changement imprévu de circonstances pouvant avoir des incidences sur l'économie du contrat[1109]. Pour ce faire, ils peuvent transposer dans le droit minier les avancées enregistrées dans ce domaine dans le secteur pétrolier[1110].

940. Enfin, les Etats gagneraient à négocier les contrats miniers de manière à avoir une visibilité effective sur l'ensemble du cycle d'exploitation. Le fait qu'une partie du cycle de production soit délocalisée à l'étranger réduit drastiquement les possibilités de contrôle de l'administration fiscale malienne qui est ainsi réduite à entériner les données déclarées par les sociétés minières en matière de production d'or et de minéraux connexes.

941. La question du contrôle fiscal des clauses de stabilité fiscale n'est pas étrangère au contrôle des contrats d'affaires du secteur des hydrocarbures. Ce secteur partage des contraintes similaires d'exploitation avec le secteur minier.

---

entreprises minières. Les réformes minières et fiscales se multiplient sans que de réelles avancées ne soient enregistrées dans l'administration fiscale du secteur minier.

[1108]Voir en ce sens, DROSS (W.), Le clausier, op. cit., 293 à 301 : « la clause de *hardship*, variété de clause de renégociation qualifié parfois de clause de sauvegarde, permet à l'une des parties d'exiger de l'autre la renégociation de leur accord à exécution successive lorsque l'équilibre économique qui existait lors de sa conclusion a disparu par suite d'un bouleversement des circonstances ». Ces circonstances peuvent être d'ordre économique ou juridique.

[1109] Cf. clause-type proposée par la CCI en mars 1985 : *« Au cas où des évènements non prévus par les parties modifient fondamentalement l'équilibre du présent contrat, entraînant ainsi une charge excessive pour l'une des parties dans l'exécution de ses obligations contractuelles, cette partie pourra procéder de la façon suivante :*

- *La partie demandera la révision dans un délai raisonnable à compter du moment où elle aura eu connaissance de l'événement et de ses incidences sur l'économie du contrat. La demande indiquera les motifs sur lesquels elle se fonde.*
- *Les parties se consulteront alors en vue de réviser le contrat sur une base équitable, afin d'éviter tout préjudice excessif pour l'une ou l'autre des parties.*
- *La demande de révision ne suspend pas par elle-même l'exécution du contrat ».*

[1110] Voir art. 97 de la Loi n° 99/013 du 22 décembre 1999 portant Code pétrolier du Cameroun : *« le contrat pétrolier peut prévoir des régimes particuliers en matière de force majeure et de stabilité des conditions économiques et fiscales, notamment en cas d'aggravation des conditions de son exécution résultant de l'intervention en République du Cameroun, d'une législation ou d'une réglementation postérieure à sa date d'entrée en vigueur ».*

2. *Le contrôle fiscal des contrats du secteur des hydrocarbures*

942. L'expression « secteur des hydrocarbures » est généralement employée pour regrouper dans un même champ d'étude ou d'analyse le secteur pétrolier et le secteur gazier. Le contrôle fiscal des contrats du secteur des hydrocarbures renvoie pour une large part au contrôle de conformité des opérations d'exploitation des hydrocarbures vis-à-vis du droit pétrolier et du droit gazier et de législation fiscale appliquée à ces deux secteurs. Ce contrôle renvoie pour une autre part, comme en matière minière au contrôle de l'application des clauses fiscales spécifiques audits contrats. Pour des besoins de concision, le secteur pétrolier servira de base d'illustration dans notre étude.

943. Cela dit, deux centres d'intérêts majeurs dominent le décryptage fiscal des clauses s'agissant des contrats pétroliers conclus, pour l'essentiel, sous le régime de la concession ou sur celui désormais plus répandu du contrat de partage de production (CPP). En nous plaçant dans le cadre du contrôle fiscal d'un contrat de partage de production, le premier centre d'intérêt a trait au contrôle des clauses de recouvrement ou de récupération des coûts pétroliers par les contractants, le second concerne le contrôle des clauses de partage de la production entre le contractant et l'Etat. S'agissant des contrats gaziers, nous retiendrons pour les besoin de la présente analyse, l'exemple de la clause dite Take or Pay.

944. Le contrôle fiscal des clauses de récupération des coûts pétroliers par les contractants : l'exemple de la Côte d'Ivoire. Le droit de régulation national du secteur pétrolier encadre non seulement les opérations d'exploration et d'exploitation pétrolières, mais aussi les modalités de détermination et de collecte des impôts, taxes et redevances afférents audites opérations[1111]. Aussi est-il essentiel que le contrôle fiscal des contrats de concession, des contrats de partage de production et des contrats de transport des hydrocarbures s'appuie sur les dispositions du Code Pétrolier et du Code Général des impôts pour vérifier l'exactitude des déclarations des contractants pétroliers.

945. A ce propos, la question de la récupération des coûts pétroliers engagés par le contractant constitue un enjeu majeur du contrôle fiscal quand on sait que « *dans un Contrat de partage de production, le contractant a le droit de se rembourser des coûts pétroliers qu'il a engagés, en disposant chaque année d'une fraction de la production qui ne peut dépasser un certain pourcentage de la production annuelle dans la zone contractuelle.*

[1111] Cependant, certaines matières relevant du « droit négocié », sont directement régies par voie contractuelle et inscrites dans le contrat pétrolier, mais elles ne le sont que parce que le législateur le concède explicitement.

Cette quantité est appelée *cost oil* »[1112]. D'après la doctrine, la limite maximale de la production pouvant être consacrée au recouvrement des coûts pétroliers *(cost stop)* varie selon les pays ou les contrats. De fait, plus le taux de recouvrement est élevé, plus vite le contractant peut récupérer ses coûts et améliorer ainsi la rentabilité de ses investissements. En général, et d'après la plupart des législations minières ainsi que des contrats pétroliers, la valorisation du *cost oil* s'obtient par addition aux coûts opératoires des investissements incorporels, des amortissements, des crédits d'investissements, des charges financières, des coûts non récupérés reportés et des provisions pour coûts d'abandon[1113].

946. Ainsi, l'administration fiscale est en droit de vérifier si la mise en œuvre de la clause de récupération des coûts ne se fait pas au détriment de l'Etat sous un double rapport. D'abord, au regard de l'impôt sur le bénéfice de l'entreprise pétrolière et ensuite au regard de la part de *profit oil* [1114]rétrocédé à l'Etat, tout en vérifiant non seulement l'exactitude des montants des charges engagées et déclarées à ce titre en application des conditions contractuelles, mais aussi et surtout, en vérifiant la conformité de chacun des éléments constitutifs desdits coûts vis-à-vis du droit de régulation du secteur en cause, en l'occurrence le Code pétrolier. Concrètement, cela signifie qu'en cas de contrôle ou d'audit du respect des clauses de récupération des coûts pétroliers, la société pétrolière devrait s'assurer que la part de production affectée à la récupération des coûts pétroliers a été déterminée dans le respect des règles prévues à cet effet et est proportionnelle à sa participation dans le contrat de partage de production et les autorisations qui en découlent.

947. En Côte d'Ivoire par exemple, le fait pour un opérateur pétrolier de débiter le compte des coûts pétroliers de tous les intérêts et autres frais issus du financement des dépenses de développement en prenant soin de ce que le total de ces intérêts et autres frais n'excèdent pas le taux maximal du total des coûts de développement inclus dans les coûts pétroliers, en vertu des seules stipulations du contrat de partage de production traitant de la procédure comptable mérite d'être contesté par l'administration fiscale

---

[1112] Voir en ce sens IFP (2002), Centre Economie et Gestion de l'Ecole du Pétrole et des Moteurs (cord.), *Recherche et production du pétrole et du gaz -Réserves, coûts, contrats-*, Editions Technip, coll. « Publications de l'Institut Français du Pétrole », 2002, p.211 ; c'est nous qui soulignons.

[1113] Voir en ce sens IFP (2002), *Recherche et production du pétrole et du gaz -Réserves, coûts, contrats-*, Editions Technip, *op. cit.*, p.211 : « le solde des coûts pétroliers non encore recouvré est alors recouvrable la ou les années suivantes, selon le même principe. La fraction de la production correspondant au *cost oil* est valorisée en prenant comme référence le prix du marché du pétrole brut afin de la comparer au montant des coûts recouvrables ».

[1114] *Ibid.* p. 212 : La part de production de pétrole partagée entre l'Etat et le cocontractant est appelée *« Profit Oil »*. Elle est déterminée après récupération des coûts pétroliers et partagée entre l'Etat et la société contractante à hauteur de leur participation dans le périmètre contractuel.

ivoirienne. Celle-ci peut à l'appui de sa contestation invoquer les clauses contractuelles qui prévoient, sauf dispositions particulières clairement visées dans le contrat pétrolier, que les emprunts et avances soient obligatoirement soumis à l'agrément préalable de l'administration dans les conditions prévues à l'article 58.8 du Code pétrolier ivoirien.

948. On le voit, ce qui est en cause dans un tel cas de figure, ce n'est pas le plafonnement chiffré du montant récupérable des frais financiers servis à l'étranger, mais la condition formelle d'agrément, qui est clairement un préalable posé par l'article 58.8 du Code pétrolier ivoirien dans la mesure où il s'agit pour l'opérateur de faire connaître, par avance, à l'Etat via son Administration, l'impact financier de l'emprunt en cours de réalisation, et ainsi obtenir, explicitement ou tacitement, le consentement de l'Etat, intéressé au contrôle des coûts pétroliers[1115].

949. De plus, le Code Pétrolier ivoirien en précisant que les emprunts effectués à l'étranger doivent être « préalablement » déclarés à l'Administration, fait du respect de cette condition une condition de récupérabilité des coûts[1116]. Deux raisons expliquent cette approche du législateur ivoirien. La première est que cette condition est cohérente avec les restrictions légales et contractuelles relatives à tous les fonds versés à l'étranger d'une part. La seconde est que cette condition également cohérente avec l'exception constituée par les emprunts faits auprès des actionnaires et sociétés affiliées qui ne sont pas soumis aux conditions d'agrément préalable, même s'ils doivent aussi être déclarés auprès de l'Administration. Il conviendrait donc de maintenir le principe d'une application pleine et entière des conditions d'imputabilité des frais financiers édictées tant par les accords pétroliers que par la législation spécifique ivoirienne relative aux hydrocarbures. L'agrément préalable apparaît ainsi comme le seul moyen formel permettant à l'Etat de vérifier qu'il n'y a pas eu un transfert de bénéfice d'une part, et de prévoir les coûts qui seront imputés dans les comptes conjoints, d'autre part.

950. Il ressort de ce qui précède que la matière fiscale pétrolière peut être régie concomitamment par deux droits – le droit pétrolier et le droit fiscal -, dont l'entrelacement est susceptible de créer des difficultés d'interprétation ou des conflits de lois.

951. Le contrôle fiscal des clauses de partage de la production. Le contrôle fiscal des clauses de partage de production des contrats pétroliers doit avoir pour objectif de faire respecter aussi bien leur conformité vis-à-vis du cadre fixé en cette matière par la législation pétrolière nationale, que la

---

[1115] Il en va de même en matière de récupération des frais financiers versés aux sociétés affiliées. L'enjeu principal du contrôle fiscal desdits frais réside moins dans la justification de leur effectivité par l'opérateur, que dans leur déclaration spécifique à l'Administration ivoirienne. (Art. 58.8 du Code pétrolier). Ce d'autant plus que les CPP le prévoient systématiquement.

[1116] Art. 58.8 du Code pétrolier en vigueur en Côte d'Ivoire.

proportionnalité des composantes de la production déclarée par les opérateurs pétroliers. L'administration doit effectuer ce contrôle en gardant à l'esprit qu'en général le taux de l'impôt sur les sociétés déroge en matière pétrolière au taux du droit commun, dans la mesure où il s'agit d'un taux contractuel négocié entre l'Etat- opérateur et les opérateurs pétroliers. Au Cameroun par exemple, c'est le Code pétrolier qui précise l'intervalle de fixation par le contrat pétrolier du taux de l'impôt sur les sociétés1117. Selon ce texte, le taux plancher contractuel est le taux de droit commun prévu par le Code général des impôts, tandis que le taux plafond est de 50%. Les parties disposent ainsi de la latitude de fixer ledit taux dans cet intervalle.

952. Pour être à même d'auditer le bénéfice imposable d'un opérateur pétrolier, deux précautions techniques doivent être observée par l'administration fiscale : la première concerne l'application du mécanisme général de détermination du bénéfice imposable des opérateurs pétroliers dans les contrats de partage de production ; la seconde tient à l'observation du principe de la rente minière garantie dans les contrats de concession.

953. S'agissant du mécanisme général de détermination du bénéfice imposable, il est important que les agents en charge du contrôle sachent qu'après déduction de la part de production correspondant au recouvrement des coûts, le reste de la production appelé le *profit oil*, est partagé entre l'Etat et le contractant selon des modalités qui évoluent avec le temps et qui varient en fonction des pays et des contrats[1118]. Ils doivent ainsi être attentifs à la formule de partage de production retenue par le contrat pétrolier examiné afin de vérifier l'exactitude de la détermination du bénéfice imposable et partant, de l'impôt sur le résultat déclaré par le contractant pétrolier. Cela dit, soulignons sur ce point que le bénéfice imposable s'obtient en soustrayant des recettes les redevances, le *profit oil* du gouvernement, le *cost oil*, la perte fiscale reportée, les provisions pour abandons et les bonus.

954. Le Code pétrolier camerounais définit les éléments à porter au crédit du compte de production et de résultat[1119]. Il s'agit de la valeur de :

- la quote-part de la production commercialisée par le Titulaire, qui doit être conforme au prix courant du marché établi suivant les stipulations des contrats pétroliers applicables ;

[1117] Art 96 du Code pétrolier en vigueur au Cameroun (Loi n° 99/013 du 22 décembre 1999 portant Code pétrolier).

[1118] Selon les pays ou les contrats les options ci-après se présentent aux opérateurs : un taux unique ; une échelle progressive du partage en fonction de la production journalière ; des mécanismes d'ajustement prenant en compte l'évolution du marché (système du prix plafond ou *price cap*) ; ou encore un taux de rentabilité.

[1119] Art. 93 du Code pétrolier en vigueur au Cameroun.

-La valeur de la quote-part de la production versée en nature à l'Etat au titre de la redevance proportionnelle à la production en ce qui concerne les contrats de Concessions, le cas échéant [...] ;

-Les revenus provenant du stockage, du traitement et du Transport des hydrocarbures, ainsi que la vente de substances connexes, s'il y a lieu ;

-Tous autres revenus ou produits se rapportant aux opérations pétrolières ou connexes à celles-ci.

955. S'agissant du principe de la rente minière garantie, il ne doit pas échapper aux agents de l'administration en charge du contrôle fiscal des entreprises pétrolières que ce principe est en vigueur dans les contrats de concession encore en vigueur au Cameroun. Ce principe permet de comprendre que pour ces contrats, la pression fiscale de l'Etat ne s'exerce que dans les limites aménagées par la loi pétrolière pour garantir une rentabilité minimale au projet pétrolier. D'après la doctrine camerounaise en droit des hydrocarbures, » *[...] la pression fiscale s'arrête devant le seuil garanti par l'Etat à son cocontractant. La liquidation concrète de la redevance intègre alors des paramètres économiques tels que le volume de la production et sa valorisation d'une part, et les coûts associatifs de production, d'autre part. la fiscalité fait alors corps avec la profitabilité du projet, se fond dans la nature et la structure du projet, du « prospect », pour utiliser le jargon consacré, et n'est plus de type « injectif » ou « vertical » qui s'applique ne varietur aux entreprises pétrolières*[1120] ». Ainsi le niveau de pression fiscale est dépendant du niveau de la rente, et s'ajustera pour tenir de l'atteinte du seuil garanti par l'Etat au profit de l'opérateur pétrolier. Monsieur Léonard DIKOUME explique le mécanisme en ces termes : *« la compagnie bénéficie d'une rente minière garantie après paiement de la redevance minière, de l'impôt sur les bénéfices et de tout autre prélèvement. Ceci veut dire qu'on détermine la rente minière par reconstitution. On détermine le montant, qui, ajouté aux prélèvements fiscaux déduits ensemble de la rente minière, assure à la compagnie un gain de 22%, 26% ou 30% selon les bassins. Le taux de la redevance devient ainsi variable et peut même être négatif*[1121] *»*.

956. Dans sa thèse consacrée aux sources du droit des hydrocarbures en Afrique, Monsieur Stéphane Essaga explique que le droit fiscal des hydrocarbures fait usage de *« techniques fiscalo-financières permettant la préservation de l'équilibre économique initialement contractualisé par les parties »*. En clair, l'Etat, en tant que titulaire du pouvoir de législation fiscale, use de celui-ci pour atteindre un objectif économique précis, et son pouvoir normatif revêt une originalité particulière par rapport aux règles classiques en la matière. C'est davantage le cas lorsqu'il consent à une sorte

---

1120 ESSAGA (S), Les sources du droit des hydrocarbures en Afrique, *op. cit.*, p. 178.

1121 Voir en ce sens DIKOUME (A. L.), *op. cit.*, p. 170.

d'abandon de ses prétentions fiscales légitimes[1122] . Cela dit, l'administration fiscale ne peut sereinement contrôler les contrats pétroliers si elle n'intègre pas dans ses analyses cet état de fait.

957. Le contrôle fiscal des clauses des contrats du secteur gazier : l'exemple de la clause take or pay. Ce qui est vrai en matière pétrolière l'est également en matière gazière, quoique sous une forme différente. Les contrats gaziers sont eux aussi conclus suivant une logique d'équilibre économique appelé à gouverner les rapports entre l'opérateur gazier et l'Etat. Cette logique se perçoit à travers la contractualisation de l'impôt sur les sociétés et le souci de ne pas préjudicier, comme en matière pétrolière, les intérêts des actionnaires. Le législateur justifie ce souci par la prise en considération de la taille des investissements nécessaires aux projets gaziers visés par les conventions gazières, et des retombées économiques attendues de ceux-ci1123. Cette posture du législateur se traduit dans la loi gazière par l'édiction d'importantes exemptions fiscales, à côté de taux et délais d'imposition incitatifs. Ainsi, dans le cadre du contrôle fiscal, l'administration fiscale camerounaise surveillera le respect rigoureux des exemptions fiscales octroyées par le Code gazier aux sociétés gazières qui peuvent, selon les contrats, s'étaler sur une période maximale de dix ans. Telle est du reste son rôle à la lecture de l'alinéa 2 de l'article 57 de la loi n°2012/006 du 19 avril 2012 portant Code gazier.

958. On le perçoit, en précisant la période couverte par les exemptions fiscales, la convention gazière joue un rôle tout aussi déterminant que le Code gazier dans l'analyse de la délimitation de ladite période. A la lecture de des dispositions dudit Code, il appartient à chaque convention gazière de fixer la période maximale d'exemption fiscale. Il revient ainsi à l'administration fiscale de valider, dans le cadre du contrôle des contrats des opérateurs gaziers, la conformité de la période conventionnelle d'exemption

---

[1122] ESSAGA (S.), Droit des hydrocarbures en Afrique, *op. cit.*, p. 178.

[1123] Cf. art. 57 al. 2 de la loi n°2012/006 du 19 avril 2012 portant Code gazier : *« [...] les sociétés gazières ayant conclu des conventions gazières peuvent bénéficier, pour une période maximale de dix (10) ans, définie dans leurs conventions gazières, des exemptions au paiement des taxes, impôts, droits et autres charges suivants :*

a) l'impôt sur les sociétés (IS) ;
b) la taxe sur la valeur ajoutée (TVA) ;
c) les droits d'enregistrement et de timbre ;
d) la taxe foncière sur les propriétés bâties ou non ;
e) l'impôt sur les revenus des capitaux mobiliers (IRCM) ;
f) la taxe spéciale sur les revenus (TSR), en phase de développement de projet et de construction ;
g) les droits de douane ;
h) tout impôt, redevance, taxe ou frais de quelque nature que ce soit, calculés sur le chiffre d'affaires réalisé par la société de transformation, ou sur les volumes unitaires de GNL à la production, la vente ou l'exportation ;
i) *tout taxe sur le transfert, l'achat ou la vente de devises, et toute taxe indirecte à la consommation dont la taxe spéciale sur les produits pétroliers ».*

vis-à-vis des dispositions fiscales du Code gazier, et de procéder le cas échéant, à l'imposition au taux conventionnel de la période analysée comme non exemptée. En agissant de la sorte, l'administration veillera à faire respecter les dispositions de l'alinéa 3 de l'article 57 du Code gazier en vigueur au Cameroun d'après lesquelles :» *Au-delà de la période d'exemption visée à l'alinéa 2 [...], les sociétés de transformation de gaz naturel seront passibles d'un impôt sur les sociétés à un taux réduit compris entre 15 et 30%, centimes additionnels inclus, dont les modalités de détermination de l'assiette seront définies par la convention gazière »*. L'option du législateur en faveur d'un taux conventionnel réduit de l'impôt sur les sociétés gazières contraint l'administration fiscale à surveiller l'application adéquate dudit taux au résultat fiscal de l'opérateur gazier.

959. Le secteur gazier aval est lui aussi marqué par le prolongement de cette logique d'équilibre économique entre les opérateurs gaziers et leurs clients, l'une des clauses les plus courantes rencontrés dans les contrats de fourniture d'énergie et notamment des contrats d'approvisionnement en gaz est celle du *take or pay*. Il s'agit d'une clause de paiement obligatoire des marchandises, même à défaut d'enlèvement[1124]. L'objectif généralement poursuivi par cette clause est la répartition entre le producteur-vendeur et l'acheteur des risques liés à la production et à la vente du produit. Concrètement, la clause *take or pay* est insérée dans les contrats à long termes de fourniture d'énergie, et impose au client de payer au fournisseur à l'avance un montant minimum correspondant à la quantité du produit à livrer par ce dernier au premier. Le client paiera de la sorte au même moment le prix du produit livré et celui du produit non encore livré. Ainsi conçu, la clause *take or pay* est susceptible de produire des incidences fiscales précises qu'il appartient à l'administration fiscale de bien appréhender à l'occasion du contrôle des opérateurs du secteur gazier.

960. Du point de vue de l'impôt sur le revenu, la lecture de cette clause permet à l'administration fiscale d'analyser, auprès du fournisseur de gaz, la totalité de la production vendue en application de cette clause, comme un produit imposable à l'impôt sur les sociétés, quand bien même une partie de ladite production n'aurait pas été livrée au client[1125]. Cela se comprend quand on sait qu'en vertu de la clause *take or pay*, le montant total du gaz vendu par le fournisseur correspond aux quantités de gaz vendues dont le produit est formé par la quotepart des quantités vendues et livrées et celle des quantités vendues non livrées. Rappelons que l'impôt sur les sociétés ne sera évidemment réclamé au fournisseur que pour les opérations ne concernant pas la période contractuelle et légale d'exemption.

1124 Voir en ce sens BLANCO (D.), *op. cit.*, p. 224. L'auteur indique dans sa définition la traduction littérale de l'expression take or pay à savoir : *« soit on enlève, soit on paie »*

1125 *Cette position se comprend dans la mesure où la production de gaz vendue enregistrée chez le fournisseur traduit son engagement à livrer son client.*

961. Du point de vue des impôts indirects, il revient principalement à l'administration fiscale à la lecture de la clause *take or pay* de surveiller le reversement de la redevance de 5% sur le chiffre d'affaires afférent à l'activité de distribution prévue à l'article 61 du Code gazier camerounais. D'après l'article 3 du Code gazier camerounais, la distribution renvoie à l'» *activité destinée à transporter le gaz dans un réseau de distribution aux fins de fourniture à des clients ».* En partant de cette définition, la redevance de 5% sur la distribution de gaz s'appliquera, non pas sur l'ensemble des quantités vendues, comme le voudrait les règles de détermination de l'impôt sur les sociétés, mais sur les seules quantités de gaz effectivement distribuées ou livrées.

B. Le décryptage des interactions entre la souveraineté fiscale et le droit national de régulation du secteur des travaux publics : l'exemple du Cameroun

962. Dans la plupart des pays d'Afrique subsaharienne, les contrats du secteur des travaux publics doivent être exécutés dans le respect des règles du droit public des affaires et notamment de la législation et de la réglementation sur la commande publique[1126]. Au Cameroun, les travaux publics sont exécutés dans le cadre de la commande publique et spécifiquement dans le cadre des marchés de travaux[1127] qui constituent un type distinct de marché public[1128]. Précisons-le, la commande publique s'entend de toutes les commandes passées aussi bien par l'Etat, les Collectivités Territoriales Décentralisées (CTD), les Etablissements Publics Administratifs, les entreprises publiques et les sociétés d'économie mixte dans lesquels l'Etat détient une participation majoritaire au capital[1129] . Le droit de régulation de la commande publique est un droit composite dont doit tenir compte l'administration fiscale en matière de contrôle des contrats de travaux publics et qui intègre en son sein plusieurs textes relevant du droit public des affaires dominé notamment par le droit des marchés publics[1130] et

---

[1126] Il s'agit d'une notion très large qui englobe plusieurs formes de contrats tels les marchés publics, les délégations de services publics, les contrats de partenariat public/privé.

[1127] D'après l'art 61du décret n°2018-366 du 20 juin 2018 portant Code des marchés publics : *« les marchés de travaux sont des marchés qui ont pour objet la réalisation des opérations de construction, reconstruction, démolition, réparation, rénovation de tout bâtiment, route ou ouvrage, y compris la préparation du chantier, les travaux de terrassement, l'installation d'équipements ou de matériels, la décoration et la finition ainsi que les services accessoires aux travaux, si la valeur de ces services ne dépasse pas celle des travaux eux-mêmes ».*

[1128] Sur la typologie des marchés publics au Cameroun, voir art. 61 à 71 du Décret N°2018-366 du 20 Juin 2018 portant Code des Marchés Publics.

[1129] Circulaire N°001/MINFI/DGI/LRI/L du 12 janvier 2017 précisant les modalités d'application de la loi de finances pour 2017.

[1130] Décret N°2018-366 du 20 Juin 2018 portant Code des Marchés Publics.

par le droit des contrats de partenariat[1131] tels que régis par les lois et règlements en vigueur.

963. Le contrôle fiscal des contrats d'affaires internationaux du secteur des travaux publics se doit sur cette base d'intégrer dans son approche, les interférences d'ordre fiscal de l'ensemble du droit de régulation de la commande publique. A partir de ce postulat, le contrôle des contrats de travaux publics conclus avec des adjudicataires étrangers requiert une vigilance particulière de l'administration quant à l'application du régime fiscal général des marchés publics sur financement extérieur d'une part **(1)** et, d'autre part, du régime fiscal spécial des contrats de partenariat **(2)**.

1. Le contrôle de l'application du régime fiscal général des marchés publics sur financement extérieur

964. Le contrôle fiscal des marchés publics sur financement extérieur appelle de la part de l'administration fiscale une vigilance générale par rapport à l'ensemble des impôts et taxes dus par les adjudicataires étrangers puisqu'en principe, les marchés publics sont soumis à l'ensemble des droits et taxes en vigueur au Cameroun à la date de leur conclusion, sous réserve des exonérations applicables à certains types de marché. Telle est du moins l'option prise par le législateur camerounais depuis la loi de finance pour 2014 qui a institué un régime fiscal des marchés publics en remplacement du régime fiscal des projets structurants[1132]. Plus spécifiquement, le contrôle fiscal des marchés publics sur financement extérieur peut du point de vue des opérateurs étrangers adjudicataires de marchés de travaux publics au Cameroun poser au moins deux niveaux de difficultés. La première concerne la prise en charge par le maître d'ouvrage des impôts et taxes dus par l'adjudicataire étranger, la seconde a trait à l'imposition des groupements d'entreprises adjudicataires de tels marchés.

965. Le contrôle de la prise en charge par le maître d'ouvrage des impôts et taxes dus par l'adjudicataire étranger. Les marchés publics de travaux sur financement extérieur sont une traduction de la forte dépendance des économies africaines vis-à-vis des capitaux étrangers. Les opérateurs économiques transnationaux en sont conscients et dans ce rapport de force n'hésitent pas à négocier l'octroi de « facilités fiscales » dans le cadre des

---

[1131] Cf. art.2 de la Loi n° 2006/012 du 29 Décembre 2006 fixant le régime général des contrats de partenariat au Cameroun. D'après cette loi, le contrat de partenariat est un contrat par lequel l'Etat ou l'un de ses démembrements confie à un tiers, pour une période déterminée, en fonction de la durée d'amortissement des investissements ou des modalités de financements retenues, la responsabilité de tout ou partie des phases d'un projet d'investissement que sont : la conception des ouvrages ou équipements nécessaires au service public ; le financement ; la transformation des ouvrages ou des équipements ; l'entretien ou la maintenance ; l'exploitation ou la gestion. L'article 2 régit les relations de partenariat entre personnes publiques et entre personnes publiques et personnes privées dans le cadre de projets d'une très grande envergure technique et financière.

[1132] Art. 113 (nouveau) du CGI tel que modifié par la Loi de finances pour 2014.

contrats de travaux publics. Le contrôle de la prise en charge des impôts et taxes constitue ainsi un point d'attention important quand on considère l'évolution de cette question en droit fiscal camerounais ces dernières années au regard notamment de la TVA et de la Taxe spéciale sur les revenus.

966. Au regard de la TVA, le contrôle fiscal s'adapte à la récente évolution du régime d'imposition des marchés publics sur financement extérieur ou conjoints. En moins de cinq ans, ce régime est en effet passé d'un régime attractif à un régime plus ordinaire, l'enjeu central du contrôle fiscal se résumant à la question de la prise en charge par l'Etat ou ses démembrements de la TVA, des droits de douane à l'importation, de l'acompte de l'impôt sur le revenu et de la Taxe spéciale sur le revenu. En effet, avant 2019, tout en disposant que les droits et taxes liés aux marchés à financement extérieur ou conjoint étaient à la charge de l'adjudicataire, le législateur indiquait toutefois que lorsque pour un marché relevant de cette catégorie, la convention de financement[1133] ne prévoyait pas de prise en charge de la TVA, celle-ci était prise en charge par les fonds de contrepartie prévus dans le budget du maître d'ouvrage ou du ministère bénéficiaire[1134].

967. Cette approche, instituée dans le dispositif fiscal camerounais avec la loi de finances pour 2014 est aujourd'hui abandonnée à la faveur de la loi de finances pour 2019. Les nouvelles dispositions prévoient que les conventions de financement y compris pour les marchés publics sur financement extérieur ou conjoint[1135] doivent impérativement être conclues toutes taxes comprises[1136]. La doctrine administrative camerounaise précise d'ailleurs à la suite du législateur que : *« les impôts, à la charge de l'adjudicataire, à l'instar de l'acompte IR et de la TSR, ne peuvent, en application de la législation en vigueur, être prise en charge par l'Etat [1137] ».* En disposant de la sorte, le législateur exprime son désaveu vis-à-vis du mécanisme de la prise en charge de la TVA en le supprimant[1138]. A la suite

---

[1133] Voir en ce sens Circulaire d'application de la loi de finances pour 2019 : Les conventions de financement sont des conventions de crédit entre un ou plusieurs prêteurs (bailleurs de fonds, partenaires au développement) et un emprunteur pour la réalisation d'un projet.

[1134] Cf. art. 115 (2) du CGI en vigueur au Cameroun au 31 décembre 2018.

[1135] Une distinction est à faire entre les marchés sur financement propre (sur fonds étatiques) et les marchés sur financement extérieur ou (sur fonds non étatiques) conjoint (fonds étatiques et fonds non étatiques).

[1136] Il convient également de noter que lorsqu'un marché ou une convention est conclu « hors taxes », cela signifie qu'il est conclu « hors taxe sur la valeur ajoutée », à l'exclusion des autres impôts et taxes qui restent dus. (Art. 116 (3) institué par la loi de finances pour 2018).

[1137] Circulaire précisant les modalités d'application des dispositions fiscales de la loi de finance pour l'exercice 2019

[1138] D'ailleurs en 2017, le législateur se montrait déjà circonspect vis-à-vis de la question de la prise en charge des impôts et taxes dus par les cocontractants étrangers en disposant que les conventions et accords signés par les autorités et prévoyant des exonérations et/ou exemptions fiscales ne sont opposables à l'administration fiscale que sous réserve de l'obtention de l'accord préalable du Ministre en charge des finances (cf. article CINQUIEME de la loi de finances pour l'exercice 2017).

de cette suppression, le législateur camerounais a toutefois précisé, à juste titre, que cette nouvelle règle ne s'appliquerait pas aux projets en cours d'exécution, qui continuent à faire l'objet d'une prise en charge de la TVA conformément aux dispositions applicables au moment de leur conclusion[1139].

968. L'incidence en matière de contrôle fiscal réside dans le fait que l'administration est désormais en droit de vérifier que les acquisitions des biens et services par les adjudicataires des marchés publics à financement extérieur ou conjoint fassent dorénavant l'objet d'une TVA acquittée en amont auprès de leurs fournisseurs[1140]. Un an plus tôt, c'est-à-dire en 2018, le législateur a eu soin à la faveur de la loi de finances de cette année, de rendre exigible la TVA sur les avances de démarrage octroyé dans le cadre de la commande publique[1141] introduisant par la même occasion un point de surveillance supplémentaire en matière de contrôle fiscal à l'article 134 du Code Général des Impôts camerounais. Dorénavant, d'après cet article, l'exigibilité intervient lors de l'encaissement du prix pour les acomptes et avances des prestations de services, y compris les avances de démarrage des travaux ainsi que des tranches de services et travaux effectués par les fournisseurs de l'Etat, des administrations publiques dotées d'un budget annexe, des établissements et entreprises publics et des collectivités territoriales décentralisées.

969. Au regard de l'impôt sur le revenu, les services de contrôle ont intérêt à surveiller les retenues éventuelles de taxe spéciale sur les revenus (TSR) à opérer en relation avec le droit supranational. Dans le cadre de la commande publique sur financement extérieur, la rémunération contractuelle versée par l'Etat à l'adjudicataire étranger est en principe, sous réserve des conventions fiscales internationales passible de la TSR au taux réduit de 5%[1142]. Dans l'hypothèse d'une prestation réalisée par une entreprise française, le taux de la retenue à la source applicable en matière de taxe spéciale sur les revenus due par cette entreprise ne peut excéder 7,5% en vertu de la Convention fiscale France-Cameroun. Ce qui signifie que le taux de 7,5% constitue un taux plafond qui autorise le législateur à retenir un taux inférieur de TSR en application de cette convention. Autrement dit, le taux réduit de 5% fixé par le droit fiscal commun qui frappe les marchés publics sur financement extérieur en général, trouve matière à s'appliquer également

---

[1139] Art. 116 (2) du CGI en vigueur au Cameroun tel que modifié par la loi de finances pour 2019.

[1140] D'après la doctrine administrative camerounaise, les règlements des factures sur le budget de l'Etat donnant lieu à retenue à la source de la TVA, les crédits de TVA résultant des acquisitions en amont par les adjudicataires font l'objet de remboursement dans les conditions de droit commun fixées par le Code général des impôts.

[1141] Art 134 (1) b) du CGI en vigueur au Cameroun tel que modifié par la loi de finances pour 2018.

[1142] Art. 225 du CGI en vigueur au Cameroun.

vis-à-vis des entreprises françaises puisqu'il se situe en deçà du taux plafond conventionnel. Encore faut-il pour cela que l'administration fiscale et les adjudicataires français de marchés publics retiennent la même lecture combinée des dispositions du Code général des impôts et de la Convention fiscale franco-camerounaise.

970. Le contrôle de l'imposition des groupements d'entreprises adjudicataires. L'apparition des groupements d'entreprises en tant qu'adjudicataires des marchés publics dans le pragmatisme qui fonde les relations de partenariat entre certaines entreprises étrangères et des entreprises locales à l'effet de réaliser des marchés publics de travaux. D'après le Code des marchés publics du Cameroun, le groupement d'entreprises est un groupe d'entreprises ayant dans le cadre d'un marché public souscrit un acte d'engagement unique, et représentées par l'une d'entre elles qui assure une fonction de mandataire commun1143. Le problème que pose le contrôle fiscal du groupement d'entreprises est celui de la redevabilité fiscale des entités qui le composent par rapport à l'ensemble des travaux réalisés. La réponse à cette préoccupation est intimement liée au statut juridique du groupement. D'après le droit des marchés publics, le groupement d'entreprises peut être solidaire ou conjoint1144. La loi fiscale camerounaise se sert du droit des marchés publics pour définir un régime d'imposition du groupement d'entreprises qui varie en fonction de ces deux critères.

971. Ainsi, en ce qui concerne le groupement dit solidaire dans lequel « chacune des entreprises membres du groupement est engagée pour la totalité du marché et doit pallier une éventuelle défaillance de ses partenaires »[1145], le régime fiscal applicable au marché dont il est adjudicataire est celui du chef de file du groupement. Ainsi, pour un marché adjugé au profit d'un groupement solidaire, dont le chef de file est établi en France, il sera fait application de la Taxe Spéciale sur les revenus dans le respect du taux prévu par la Convention fiscale entre la France et le Cameroun[1146].

972. Cependant, s'agissant du groupement dit conjoint, l'opération divisée en lots, requiert de chacun des prestataires membres du groupement qu'il exécute le ou les lots qui lui sont attribués dans le marché[1147]. A l'arrivée, chaque membre est soumis au régime dont il relève légalement, ce qui signifie que les membres locaux seront assujettis à l'impôt sur les sociétés tandis que les membres étrangers seront soumis à la Taxe Spéciale

---

[1143] Cf. art. 5 du Décret N°2018-366 du 20 Juin 2018 portant Code des Marchés Publics.

[1144] Cf. *Ibid.*, art. 136 (1)

[1145] Cf. *Ibid.*, art. 136 (2)

[1146]Voir en ce sens art. 116 octies du CGI et Circulaire d'application de la Loi de finances pour 2018.

[1147] Cf. art. 136 (3) du Décret N°2018-366 du 20 Juin 2018 portant Code des Marchés Publics.

sur les Revenus (TSR), à moins qu'ils ne détiennent un établissement stable au Cameroun[1148].

973. Au-delà de la question du partage des responsabilités au sein d'un groupement d'entreprises, il y a lieu de relever à ce stade que la question du contrôle de l'imposition à la TSR des commandes publiques passées auprès des adjudicataires domiciliées à l'étranger a pris de l'importance avec l'introduction en 2015 de la perception de ladite taxe au taux normal 15% à travers le mécanisme de la retenue à la source opérée lors du règlement des factures y afférentes. Cet élargissement du champ de la TSR aux livraisons de biens meubles, matériels ou équipements réalisés dans le cadre des marchés publics quelle que soit l'origine du financement[1149] visait clairement à saisir fiscalement les revenus versés aux adjudicataires étrangers à travers le mécanisme de la commande publique dans la mesure où elle ne touchait pas les sociétés d'économie mixte non soumises au régime des marchés publics, c'est-à-dire celles dans lesquelles l'actionnariat public n'est pas majoritaire. Au demeurant, l'élargissement du champ d'application de la TSR due par les adjudicataires étrangers de la commande publique restait particulièrement restrictif étant donné qu'il se limitait aux livraisons de biens. Mais avec la loi de finances pour 2017, le législateur a dû revoir ses ambitions vis-à-vis de ce régime et ce, d'un double point de vue : d'abord au regard du taux d'imposition en adoptant le taux réduit de 5% et ensuite, au regard du champ d'application en soumettant à la TSR toutes les rémunérations versées dans le cadre de la commande publique[1150] dont les adjudicataires ne sont pas domiciliés au Cameroun[1151].

974. On le voit, l'administration fiscale camerounaise ne peut aujourd'hui exercer efficacement son droit de contrôle sur les activités du secteur des travaux publics en faisant l'économie du droit de régulation dont relève ce secteur que constitue le droit des marchés publics dans ses dispositions juridiques et fiscales. Cette exigence est également requise s'agissant du contrôle de l'application du régime spécial des contrats de partenariat.

[1148] Voir en ce sens art. 116 octies du CGI et Circulaire d'application de la Loi de finances pour 2018.

[1149] Voir en ce sens, Circulaire N°001/MINFI/DGI/LRI/L du 12 janvier 2017 précisant les modalités d'application de la Loi de finances pour 2017. C'est nous qui soulignons.

[1150] D'après la circulaire d'application de la loi de finances pour 2017, *« la commande publique s'entend de toutes les commandes passées aussi bien par l'Etat que les Collectivités territoriales décentralisées, Etablissement Publics Administratifs et les entreprises publiques »*.

[1151] Voir en ce sens loi de finances pour 2017 et Circulaire N°001/MINFI/DGI/LRI/L du 12 janvier 2017 précisant les modalités d'application de la loi de finances pour 2017. Ne font exception à cette nouvelle règle que les rémunérations relatives aux médicaments et consommables médicaux versées aux adjudicataires étrangers dans le cadre de la commande publique.

2. *Le contrôle de l'application du régime fiscal spécial des contrats de partenariat*

975. En tant qu'il « régit les relations de partenariat entre personnes publiques et entre personnes publiques et personnes privées dans le cadre de projets d'une très grande envergure technique et financière[1152] », le contrat de partenariat est largement utilisé dans le secteur des travaux publics. Le contrôle fiscal des contrats du secteur des travaux publics exécutés par des opérateurs étrangers au Cameroun contraint l'administration fiscale à aller au-delà du régime fiscal général exposé par le droit des marchés publics auquel sont soumis les adjudicataires étrangers, pour faire respecter le cas échéant, le régime fiscal spécial des contrats de partenariat applicables aux cocontractants étrangers. Pour bien circonscrire ce régime fiscal spécial, l'administration doit faire appel non seulement au régime fiscal de la commande publique tel qu'établi par le Code Général des impôts, mais aussi aux dispositions de textes législatifs et réglementaires particuliers d'encadrement des contrats de partenariat. Il s'agit notamment de deux textes : la loi n° 2006/012 du 29 décembre 2006 fixant le régime général des contrats de partenariat et la loi N°2008/009 du 16 Juillet 2008 fixant le régime fiscal, financier et comptable applicable aux contrats de partenariat.

976. D'après le premier texte de loi, « les contrats de partenariat et les prestations du cocontractant de la personne publique sont soumis à un régime fiscal, financier et comptable spécifique et stable fixé par la loi [1153]». La stabilité s'entend de la fixité des clauses fiscales, financières et comptable des contrats signés conformément au second texte de loi[1154] alors que la spécificité renvoie, quant à elle, au caractère dérogatoire du régime fiscal, financier et comptable applicable aux contrats de partenariat[1155]. Ainsi, en présence d'un contrat de partenariat dans le secteur des travaux publics, l'administration fiscale doit absolument contrôler le respect par le cocontractant étranger du régime fiscal spécifique et stable afférent audit contrat, lequel régime doit être conforme aux dispositions du second texte de loi. En clair, le régime fiscal des contrats de partenariat tel qu'il est exposé par la législation sur les contrats de partenariat, se présente comme un régime de faveur qui se caractérise par l'octroi d'avantages fiscaux spécifiques aux cocontractants étrangers du secteur des travaux publics. Ce régime est en effet marqué par des mesures de prise en charge des impôts et taxes au budget de la personne publique contractante ainsi que de diverses autres facilités fiscales. Ces mesures s'appliquent suivant une modulation

[1152] Cf. art 2 de la loi n° 2006/012 du 29 décembre 2006 fixant le régime général des contrats de partenariat.
[1153] Art. 14 de la loi n° 2006/012 du 29 décembre 2006 fixant le régime général des contrats de partenariat.
[1154] Art. 2 (2) de la loi N°2008/009 du 16 Juillet 2008 fixant le régime fiscal, financier et comptable applicable aux contrats de partenariat.
[1155] *Ibid.*, art. 2 (3).

qui s'opère en fonction des phases d'exécution du projet objet du contrat de partenariat.

977. A ce sujet, deux niveaux de mesures de faveur sont prévus : le premier niveau concerne la phase de conception et de réalisation du projet objet du contrat de partenariat, le second niveau de mesures est en rapport avec la phase d'exploitation du projet en cause. La première phase bénéficie principalement de deux types d'avantages fiscaux d'après la loi de 2008 en matière de TVA et de droits d'enregistrement. Il s'agit en matière de TVA de la prise en charge par le budget de la personne publique contractante de la taxe sur la valeur ajoutée (TVA) relative aux importations et aux achats locaux de matériels. En matière d'enregistrement, il s'agit de l'enregistrement gratis des conventions et actes passées par le cocontractant de la personne publique dans la phase de la réalisation du projet d'investissement[1156]. S'agissant de la seconde phase, à savoir la phase d'exploitation du projet, trois types d'avantage lui sont concédés par le législateur. Il s'agit de la réduction du taux de l'impôt sur les sociétés de cinq points durant les cinq premières années d'exploitation ; de l'enregistrement gratis des conventions et actes passés par le cocontractant durant les cinq premières années d'exploitation ; et du report du déficit fiscal sur cinq exercices successifs suivant la réalisation dudit déficit[1157].

978. Ainsi, nous l'avons montré, le régime juridique et fiscal des contrats de partenariat, comme celui des marchés publics, fait partie du droit de régulation nationale qu'est appelé à faire jouer l'administration fiscale pour prétendre à une déconstruction fiscale pertinente des contrats du secteur des travaux publics. Il en va des contrats de ce secteur comme de ceux du secteur extractif et des autres secteurs d'activités stratégiques. Cela dit, si l'application du droit de régulation nationale de chaque secteur d'activité en cause constitue un axe d'investigation pour l'administration à l'occasion du contrôle fiscal des contrats d'affaires internationaux, la prise en compte des interactions entre la souveraineté fiscale et le droit supranational de régulation du secteur constitue un autre axe incontournable d'investigation.

§2. Le décryptage des interactions entre la souveraineté fiscale et le droit supranational de régulation du secteur d'activité contrôlé

979. Plusieurs secteurs d'activités stratégiques connaissent une régulation à l'échelle supranationale que les administrations africaines ne sauraient ignorer dans le cadre du contrôle fiscal des contrats d'affaires internationaux. Des interactions existent en effet entre la souveraineté fiscale de chaque Etat et le droit supranational chargé d'encadrer les activités exercées sous l'empire de sa juridiction. Par régulation supranationale, il faut entendre la régulation supra-étatique produite par des communautés plus

---

[1156] *Ibid.*,art. 3 et s.

[1157] Art 10 et s. de la loi N°2008/009 du 16 Juillet 2008 précitée.

larges que le cadre d'un seul Etat à l'échelle internationale. Cette régulation procède de la puissance normative des organisations internationales qui tiennent certes cette puissance des Etats membres mais qui *« disposent bien, dans la sphère de compétence qui leur est reconnue, d'une capacité de régulation autonome dont l'influence se fait sentir, à travers le filtre étatique, sur les acteurs économiques et sociaux*[1158] ». Elle donne lieu à la publication d'accords et de traités internationaux adoptés et publiés pour pourvoir à l'encadrement juridique et institutionnel de chaque secteur stratégique à l'intérieur des espaces normatifs supranationaux façonnés par ces accords et traités.

980. Le secteur bancaire et celui des assurances offrent à ce propos un champ d'investigation intéressant. Le contrôle fiscal de ces deux secteurs d'activités présente la particularité d'avoir systématiquement à composer avec des règles de comptabilisation et de production des états financiers émanant de normes supranationales qui dérogent du droit comptable commun prescrit par la législation OHADA en vigueur dans chaque Etat membre.

981. Pour vérifier l'hypothèse du décryptage des interactions qui existent entre la souveraineté fiscale et le droit supranational de régulation des secteurs d'activités stratégiques, notre analyse portera sur le contrôle fiscal des contrats du secteur bancaire **(A)** et sur celui des contrats du secteur des assurances **(B)** ; ce qui ne dispense aucunement les autres secteurs d'activités d'une approche analogue de la part de l'administration fiscale à l'occasion de ses contrôles.

A. Le décryptage des interactions entre la souveraineté fiscale et le droit de régulation du secteur bancaire

982. Le secteur bancaire tient en Afrique comme ailleurs une place de choix sur le marché international puisqu'il permet de fluidifier les échanges de biens et des services sur ledit marché. La régulation supranationale du secteur bancaire procède concrètement d'une volonté des Etats membres d'une même zone économique et monétaire d'harmoniser leurs politiques relatives à l'exercice de la profession bancaire, au contrôle des établissements financiers ainsi qu'à la distribution et au contrôle du crédit[1159]. Pour illustrer le principe du décryptage des interactions entre la souveraineté fiscale de l'Etat et le droit supranational du secteur bancaire, l'on peut valablement mettre en exergue deux cas de figure. Le premier concerne le contrôle fiscal des clauses relatives au taux effectif global des

---

[1158] CHEVALIER (J.), « La régulation juridique en question », *op. cit.* p.835.

[1159] C'est le cas en Afrique centrale des Etats membres de la BEAC avec la COBAC, et en Afrique de l'ouest des Etats membres de la BCEAO avec la Commission bancaire de l'UMOA.

contrats de financement **(1)**, le second a trait au contrôle fiscal des provisions pour créances et engagements douteux **(2)**.

1. Le contrôle fiscal des clauses relatives au taux effectif global dans les contrats de financement en zone CEMAC

983. Le contrat de financement est un contrat par lequel un établissement de crédit met à la disposition des entreprises ou des particuliers des capitaux sous forme de prêts, d'ouverture de crédit en vue de la réalisation des projets d'investissement. Le contrôle de la conformité fiscale des contrats de financement dans le secteur bancaire requiert de la part de l'administration fiscale qu'elle préoccupe également du respect par lesdits contrats des textes supranationaux de régulation du secteur bancaire. Dans le contexte de la zone CEMAC, l'un des centres d'intérêt du contrôle des contrats de prêts conclus avec les établissements de crédit concerne le respect des règles de la Commission bancaire de l'Afrique centrale (COBAC) s'agissant de la clause relative au taux effectif global. En situation de contrôle fiscal au Cameroun par exemple, les agents de l'administration fiscale doivent garder à l'esprit que d'après le droit de régulation du secteur bancaire, la détermination du taux effectif global est obligatoire pour tous les prêts consentis aux particuliers et aux professionnels (personnes physiques ou morales), y compris l'escompte et l'affacturage[1160].

984. A ce propos, deux textes communautaires sont à mettre en relation. D'abord le Règlement du 02 octobre 2012 portant diverses dispositions relatives au taux effectif global et à la publication des conditions de banque qui précise en son article 4 que *« le Taux Effectif Global (TEG) d'un prêt ou de toute convention établissant un prêt d'argent, de quelque nature que ce soit, est un taux annuel, proportionnel au taux de la période calculée à terme échu […]* [1161]». Ainsi défini, le TEG représente le taux plafond qui ne peut, à peine de sanctions, être dépassé par les parties à un contrat de financement[1162]. Ensuite, le Règlement du 02 octobre 2012 portant définition et répression de l'usure dans les Etats membres de la CEMAC qui définit le prêt usuraire comme *« Tout prêt ou toute convention dissimulant un prêt d'argent consenti, en toute matière et par toute personne, à un taux Effectif Global qui excède au moment où il est consenti, de plus de 33% au TEG moyen pratique au cours du semestre précèdent par les établissements*

[1160] Art 5 du Règlement n° 01 /CEMAC/UMAC/CM du 02 octobre 2012 portant diverses dispositions relatives au taux effectif global et à la publication des conditions de banque.

[1161] *Ibid.*, art. 4

[1162] Le TEG comprend notamment le taux nominal utilisé pour calculer les intérêts du prêt, les frais de dossier, les frais payés ou dus à des intermédiaires intervenus de quelque manière que ce soit dans l'octroi du prêt, les coûts d'assurance et de garanties obligatoires etc.

de crédit pour des opérations de même nature comportant des risques analogues [1163] ».

985. Ainsi se pose la question du traitement fiscal d'un contrat de financement assorti d'un TEG excessif, dès lors qu'à l'examen dudit contrat, le taux effectif global fixé par les parties, excède le plafond légal autorisé au Cameroun par le Conseil National du Crédit au point de recevoir la qualification de taux usuraire en application du Règlement portant définition et répression de l'usure dans les Etats membres de la CEMAC. L'administration fiscale peut, en requalifiant le contrat de financement en cause en *contrat de prêt usuraire* ouvrir au moins deux axes intéressants de rectifications notamment en ce qui concerne le traitement fiscal des intérêts versés au titre d'un contrat ainsi requalifié selon qu'elle contrôle l'emprunteur ou la banque.

- Chez l'emprunteur, le risque est la non-déductibilité de la quote-part des intérêts représentant la portion excédentaire consécutive à l'application du taux d'intérêt prévu au contrat par rapport au taux maximum autorisé.

- Auprès de l'établissement de crédit agissant en tant que prêteur, L'article 12 du Règlement CEMAC relatif à l'usure dispose que » *les perceptions excessives sont imputées de plein droit sur les intérêts échus et, pour le surplus, s'il y'a lieu ; sur le capital de la créance. Si la créance est éteinte en capital et intérêts ; les sommes indûment perçues seront restituées avec intérêts légaux calculés au jour où elles auront été payées* [1164] ». la lecture de cette disposition conduit à considérer que les intérêts « excessifs » perçus par l'établissement bancaire au titre d'un contrat de prêt qualifié d'usuraire, viennent en augmentation des produits comptabilisés et par suite en augmentation du bénéfice imposable de l'établissement de crédit en cause. Cependant, en cas de restitution par l'établissement de crédit des sommes indûment perçues conformément à l'article 12 du règlement CEMAC relatif à l'usure, les sommes restituées viendront en diminution, au titre de l'exercice au cours duquel les sommes ont été restituées, des produits de l'établissement bancaire et donc de son résultat imposable. Dans cette dernière hypothèse, faut-il le souligner, les sommes restituées par la banque n'ont pas vocation à être admises en charges déductibles par l'administration fiscale.

2. *Le contrôle fiscal des provisions pour créances et engagements douteux*

986. Dans la mise œuvre du contrôle fiscal des établissements de crédit, les postes de provisions pour créances et engagements douteux constituent un centre d'intérêt de grande importance pour l'administration dans la mesure où les entreprises du secteur bancaire exposent dans le cadre de leur

[1163] Art. 3 du Règlement N° 02/CEMAC/UMAC/CM du 02 octobre 2012 portant définition et répression de l'usure dans les Etats de la CEMAC.

[1164] Art. 3 du Règlement N° 02/CEMAC/UMAC/CM du 02 octobre 2012 précité.

exploitation, des charges élevées au titre desdites provisions. Ces charges se justifient indubitablement par la nature même de l'exploitation des banques qui est en permanence exposée au risque de crédit qui est le risque bancaire par excellence. En effet, l'une des composantes de l'exploitation bancaire consiste en effet en l'octroi des crédits par les banques à leurs clients à travers autant de contrats d'emprunts. Le risque de crédit s'appréhende comme le risque que le client en tant qu'emprunteur ne rembourse pas tout ou partie de son crédit aux échéances prévues par le contrat signé entre celui-ci et la banque. Dans le cadre du financement du commerce extérieur, ce risque est continuellement pris par les banques en matière de crédits documentaires ou de lettre de crédit et fait aujourd'hui dans les pays africains l'objet d'une vaste réglementation supranationale.

987. Au Cameroun par exemple, l'enjeu du contrôle fiscal de la déductibilité des provisions pour créances et engagements douteux des établissements de crédit réside dans le fait que ce contrôle qui, hier, mettait en avant la seule souveraineté fiscale de l'Etat à travers un régime fiscal spécifique dédié aux provisions pour créances et engagements douteux pratiquées par les établissements de crédit sans référence à un quelconque droit supranational, est aujourd'hui contraint de composer en cette matière avec les textes supranationaux de régulation édictés par la Commission Bancaire de l'Afrique Centrale (COBAC)[1165]. Le législateur fiscal camerounais, à la faveur de la loi de finances pour 2020, a arrimé les seuils de déductibilité des provisions des créances douteuses des établissements de crédit aux dispositions du Règlement COBAC du 16 janvier 2018 relatif à la classification, à la comptabilisation et au provisionnement des créances des établissements de crédit[1166]. Dorénavant, à l'exception des créances douteuses dont la dotation est facultative, la dotation des provisions pour créances et engagements douteux est étalée sur :

988. deux ans lorsqu'il s'agit des créances et engagements douteux dont les risques ne sont couverts ni par des garanties réelles, ni par la garantie de l'Etat. Dans ce cas, la déduction ne peut être supérieure à 50% des créances et engagements douteux par année.

989. Trois ans lorsqu'il s'agit des créances et engagements douteux dont les risques sont couverts par les garanties réelles. Dans ce cas, la

---

[1165] Les Etats membres de la CEMAC, à savoir le Cameroun, le Congo, le Gabon, la Guinée Equatoriale, la République Centrafricaine et le Tchad, ont signé le 16 octobre 1990 la Convention portant création d'une Commission Bancaire de l'Afrique Centrale (COBAC) chargée *" de veiller au respect par les établissements de crédit des dispositions législatives et réglementaires édictées par les Autorités, par la Banque Centrale ou par elle-même et qui leur sont applicables et de sanctionner les manquements constatés"* , (cf. art. 1er de l'annexe de la Convention du 16 octobre 1990 faisant partie intégrante de la Convention de coopération monétaire du 22 novembre 1972).

[1166] Voir en ce sens art 18 du Règlement COBAC R-2018/01 du 16 janvier 2018 relatif à la classification, à la comptabilisation et au provisionnement des créances des établissements de crédit.

déduction ne peut être supérieure à 25% pour la première année, 50%, pour la deuxième année et, 25%, pour la troisième année[1167].

990. A la lecture de cette disposition, l'on comprend que le législateur s'aligne techniquement sur le droit supranational tant en ce qui concerne l'analyse du contenu des créances douteuses qu'en ce qui concerne les conditions de leur déductibilité légales. Deux niveaux de distinction sont posés par la réglementation de la COBAC au sujet des créances douteuses non couvertes par les garanties de l'Etat. Le premier niveau concerne les créances intégralement couvertes par des garanties réelles, tandis que le second renvoie aux créances non couvertes par des garanties réelles. S'agissant des *créances intégralement couvertes par des garanties réelles*, il faut distinguer entre les créances qui, en vertu du droit supranational, ne donnent lieu à aucun provisionnement et les créances devant être intégralement provisionnées en vertu de ce même droit. Les créances qui ne donnent lieu à aucun provisionnement sont celles qui sont couvertes par des garanties réelles expressément spécifiées par le Règlement COBAC à savoir:

- les transferts fiduciaires de sommes d'argent ;
- les nantissements d'espèces[1168] et ;
- le nantissement des titres par l'Etat.

991. Cependant, les créances devant être intégralement provisionnées dans un délai maximum de trois ans sont celles qui sont couvertes par l'une des garanties éligibles prévus aux tirets 3, 4 et 5 de l'article 19 du Règlement COBAC en ces termes :

- les contres-garanties reçues de la part d'un établissement de crédit implanté dans la CEMAC, dans l'UEMOA ou dans les pays de l'OCDE, tels que définis par le Règlement COBAC R-2010/01 du 22 septembre 2010 relatif à la couverture des risques des établissements de crédit ;
- les garanties reçues des banques multilatérales de développement, d'organismes publics de financement ou de garantie implantés dans la CEMAC, dans l'UMOA ou dans les pays de l'OCDE, tels que définis par le Règlement COBAC R-2010/01 du 22 septembre 2010 relatif à la couverture des risques des établissements de crédit ;
- les hypothèques[1169].

992. Ainsi, à ce premier niveau, la tâche de l'administration fiscale s'agissant du contrôle de la déductibilité des provisions pour créances et engagements douteux, consistera à veiller au respect des conditions de fond ci-dessus, c'est-à-dire examiner à partir de la lecture des contrats d'emprunt, la nature et l'effectivité des différentes garanties réelles de manière à valider

---

[1167] Art 7 E du CGI en vigueur au Cameroun tel que modifié par la Loi N° 2019/023 du 24 décembre 2019 portant Loi de finances de la République du Cameroun pour l'exercice 2020.

[1168] Les nantissements d'espèces visés par le Règlement COBAC sont les dépôts de garantie, les comptes à terme ou bons de caisse souscrits auprès de l'établissement assujetti lui-même et les titres de créances négociables.

[1169] Art 19 du Règlement COBAC R-2018/01 précité.

les dotations de provisions dès lors qu'elles respectent les exigences de garanties réelles fixées par la COBAC et de surveiller parallèlement le respect de la durée d'étalement de trois ans. Logiquement, l'administration fiscale est fondée à remettre en cause lesdites dotations de provisions si elle constate à la lecture des contrats d'emprunts bancaire que les créances en cause ne sont pas couvertes par les garanties réelles spécifiées par la COBAC.

993. S'agissant des *créances non couvertes par des garanties éligibles* prévues à l'article 19 du Règlement COBAC, elles doivent être intégralement provisionnées dans un délai maximum de deux ans. La tâche de l'administration fiscale à ce second niveau se réduit à valider l'étalement des dotations de provisions pour créances douteuses sur deux ans dès lors qu'elle constate après lecture des contrats d'emprunt que ceux-ci ne sont effectivement assortis d'aucune garantie réelle telle qu'énoncé par le droit bancaire supranational de la CEMAC.

994. Une telle attitude de contrôle entraînerait un retraitement des dotations de provisions dans l'hypothèse où l'administration découvrirait des garanties réelles dont la qualification invaliderait le provisionnement des créances par la banque contrôlée ; ou *a contrario* induirait le provisionnement dans un délai maximum de trois ans si elle découvrait que les créances classées comme non couvertes par des garanties réelles sont au contraire assorties de garanties réelles éligibles à un tel provisionnement.

995. En mettant en exergue les deux centres d'intérêt du contrôle fiscal des contrats internationaux du secteur bancaire que sont le contrôle du taux effectif global appliqué aux contrats de financement et la déductibilité des provisions pour créances et engagements douteux, nous avons pu explorer un pan des interactions pouvant exister entre la souveraineté fiscale et le droit supranational du secteur bancaire. Plusieurs autres centres d'intérêt peuvent évidemment faire chacun l'objet d'une analyse analogue. Il en va ainsi du transfert international d'argent exploité par des compagnies étrangères spécialisées dans ce type de service ou encore du transfert d'argent exploité par des opérateurs de téléphonie mobile. Le secteur des assurances présente lui aussi un intérêt similaire en matière de contrôle fiscal.

B. Le décryptage des interactions entre la souveraineté fiscale et la régulation supranationale du secteur des assurances

996. Sur le marché international des biens et des services, le secteur des assurances revêt un caractère stratégique étant donné que les activités d'assurance répondent à la nécessité de sécuriser aussi bien les opérations transfrontalières de livraisons de biens et de services que les opérateurs économiques qui les réalisent. Du point de vue juridique, l'assurance est un *« contrat par lequel une partie, l'assuré, se fait remettre moyennant une rémunération (la prime), pour lui ou pour un tiers, en cas de réalisation* *d'un risque, une prestation par une autre partie, l'assureur, qui, prenant en charge un ensemble de risques, les compenses conformément à la loi de la statistique* [1170]». Il s'agit plus simplement d'un contrat par lequel, en contrepartie d'une prime, l'assureur s'engage à octroyer une garantie financière au souscripteur en cas de réalisation d'un risque aléatoire prévu au contrat. Sur le plan technique, l'assurance est l'opération par laquelle un assureur organise en mutualité une multitude d'assurés exposés à la réalisation de certains risques et indemnise ceux d'entre eux qui subissent un sinistre grâce à la masse commune des primes collectées. La doctrine reconnaît volontiers que la matière des assurances génère certains facteurs de complexité qui s'amplifient avec la dimension internationale des opérations d'assurance [1171], toutes choses qui constituent des facteurs bloquants pour les agents des administrations fiscales africaines. Celles-ci doivent en effet composer non seulement avec la multiplicité des protagonistes qui interviennent dans les opérations d'assurances, mais aussi avec l'enchevêtrement des règles chargées de réguler ce secteur d'activités.

997. Comme le secteur bancaire, le secteur des assurances est lui aussi un secteur réglementé à l'échelle supranationale en Afrique subsaharienne. Pas moins de quatorze pays membres de l'espace OHADA ont en effet signé le Traité instituant la Conférence Interafricaine des Marchés d'Assurances (CIMA) du 10 juillet 1992 qui comporte en annexe le Code des Assurances applicable aux Etats membres[1172]. Le contrôle fiscal des contrats du secteur des assurances ne saurait techniquement s'épanouir au sein de ces Etats si leurs administrations fiscales n'exploitent pas les possibilités offertes par les interactions entre la souveraineté fiscale et le droit supranational des assurances. Cette hypothèse peut se vérifier à travers deux centres d'intérêts majeurs : le premier a trait au contrôle des primes d'assurances et de réassurances directes à l'étranger **(1)**, le second renvoie quant à lui au contrôle des engagements réglementés **(2)**.

1. Le contrôle des primes d'assurance et de réassurance directe à l'étranger

998. En Afrique le marché de l'assurance et de la réassurance est un marché prospère exploité par des opérateurs spécialisés dans toutes les branches d'activités qui structurent ce secteur. La plupart des filiales de multinationales d'implantation africaine ont recours à la technique de la

---

[1170] GUILLIEN (R.) et VINCENT (J.), *Lexique des termes juridiques*, 17e éd. *op. cit.* p. 65.

[1171] Voir en ce sens ANCEL (M.-E.), DEUMIER (P.), LAAZOUZI (M.) *Droit des contrats internationaux*, *op. cit.*, p. 483-484 : *« la figure élémentaire du contrat conclu entre deux parties fait place à de multiples protagonistes : l'assureur, le preneur d'assurance, mais aussi l'assuré ou le bénéficiaire ainsi que, le cas échéant, le tiers victime »*.

[1172] D'après l'Annexe au Traité instituant la Conférence Interafricaine des Marchés d'Assurances (CIMA) du 10 juillet 1992, le Code des Assurances de la CIMA est applicable dans les pays suivants : Bénin, Burkina Faso, Cameroun, Centrafrique, Congo, Côte d'Ivoire, Gabon, Niger, Sénégal, Tchad, Togo.

réassurance qui, dans la quasi-intégralité des hypothèses significatives associe les sociétés mères ou plus simplement des entreprises liées. Ce qui sous-tend la réassurance internationale, c'est que lorsque pour la couverture du risque, l'entreprise (l'assureur) ne dispose pas d'une surface financière suffisante, elle se réassure auprès d'une autre compagnie d'assurance (le réassureur). D'après la réglementation de la CIMA, *« Par cession en réassurances à l'étranger, on entend toute cession en réassurance à une société d'assurances ou de réassurance qui n'a pas son siège social dans un Etat membre de la CIMA ou qui n'exerce pas à partir d'une succursale, d'un bureau de souscription, de représentation ou de liaison régulièrement établi sur le territoire d'un Etat membre*[1173] *»*.

999. Dans la zone CIMA, l'assurance directe à l'étranger est frappée d'une interdiction de principe. Cette interdiction, on le comprend, procède d'une démarche protectionniste du marché économique que constitue l'espace CIMA. Concrètement, d'après les dispositions des articles 308 et 326 du Code CIMA, il est interdit de souscrire une assurance directe d'un risque concernant une personne, un bien ou une responsabilité située sur le territoire d'un Etat membre auprès d'une entreprise d'assurance non agréée[1174]dans l'un des Etats membres. Les sociétés et organismes spécialisé dans la fourniture des services d'assurances ne peuvent commencer leurs opérations, suivant ces dispositions, qu'après avoir obtenu une autorisation délivrée par le Ministre en charge des Assurances de l'Etat membre qui en informe la Commission Régionale des Assurances[1175]. Sur la base de ces dispositions, l'administration fiscale est fondée à rejeter auprès des entreprises contrôlées, les primes d'assurance versées aux entreprises étrangères non agréées dans l'un des Etats membres du traité CIMA au motif que l'assurance directe à l'étranger est interdite par la réglementation CIMA.

1000. La cession en réassurance à l'étranger, exception faite de certaines branches IARD, est subordonnée à l'autorisation du Ministre en charge des assurances, en l'occurrence le Ministre des Finances[1176]. Toute cession en réassurance à l'étranger portant sur plus de 50% d'un risque concernant une personne, un bien ou une responsabilité située sur le territoire d'un Etat

---

[1173] Art. 308 du Code CIMA.

[1174] Art 308 (Règlement n° 2016-05) du Code CIMA.

[1175] Voir en ce sens art. 326 du Code CIMA : Cette disposition précise toutefois, qu'en ce qui concerne les opérations d'acceptation en réassurance effectuées en zone CIMA, cet agrément n'est pas exigé.

[1176] Suivant l'article 308 du Code CIMA, « il est interdit, sauf dérogation expresse du Ministre en charge des assurances, de souscrire une assurance directe d'un risque concernant une personne, un bien ou une responsabilité, situé sur le territoire d'un Etat membre auprès d'une entreprise étrangère qui ne se serait pas conformée aux prescriptions de l'article 326 [...] Toute cession en réassurance à l'étranger portant sur plus de 50% d'un risque concernant une personne, un bien ou une responsabilité située sur le territoire d'un Etat membre à l'exception des branches mentionnées aux paragraphes 4,5,6,11,12 de l'article 328, est soumise à l'autorisation du Ministre en charge des assurances ».

membre à l'exception de certaines branches indiquées par le Code CIMA[1177], est soumise à l'autorisation du Ministre en charge des assurances. La réassurance à l'étranger suppose au préalable une assurance dans l'ordre juridique interne d'un Etat membre de la zone CIMA. En ce qui concerne des primes d'assurances, la prime encaissée par l'assureur auprès de l'assuré est enregistrée hors taxe au crédit d'un compte de produits et constitue à priori la rémunération d'un service rendu au Cameroun. Cette prime est passible d'une TVA à collecter et à reverser au trésor public par l'assureur camerounais pour le compte de l'assuré. Au regard de l'impôt sur les sociétés, la prime d'assurance est un produit imposable auprès de l'assureur camerounais. Il convient de relever au passage que le secteur des assurances se caractérise par une inversion du cycle de production qui commande que la prime, c'est-à-dire le prix de vente de la prestation d'assurance fourni par l'assureur, est encaissée immédiatement alors que la prestation proprement dite à savoir, le règlement ou l'indemnisation du sinistre, intervient ultérieurement[1178].

1001. De fait, la réassurance des navires et aéronefs pose un problème aux Etats africains de la zone CIMA parce qu'elle n'est subordonnée à aucune limitation ni en termes de taux de couverture ni en termes d'autorisation préalable du Ministre en charge des assurances. Sur une telle base, la réassurance à l'étranger des navires et aéronefs se fait en général en intégralité. Ce qui signifie pour un Etat comme le Cameroun que l'entreprise cédante, en l'occurrence l'assureur verse auprès du cessionnaire étranger, le réassureur du groupe ou la société mère, 100% de la prime encaissée auprès de l'assuré. La prime de réassurance comme la prime d'assurance est de source camerounaise même si le service de réassurance est un droit cédé à un opérateur étranger. *« Par cession de réassurance à l'étranger, on entend toute cession en réassurance à une société d'assurance ou de réassurance qui n'a pas son siège social dans un Etat membre de la CIMA ou qui n'exerce pas à partir d'une succursale, d'un bureau de souscription, de représentation ou de liaison régulièrement établi sur le territoire d'un Etat membre[1179] ».* Se pose dès lors la question du régime fiscal des primes d'assurance et de réassurance à l'étranger au regard notamment de l'application de la TVA et de l'impôt sur le revenu.

1002. Cependant, s'agissant des primes cédées en réassurance à l'étranger, l'analyse est moins évidente et mérite d'être clarifiée. Les primes de réassurance versées à l'étranger entraînent une diminution du compte de produit chez l'assureur camerounais, lequel est débité à hauteur du montant

---

[1177] Il s'agit des branches mentionnées aux paragraphes 4,5,6,11,12 de l'article 328 du Code CIMA.

[1178] ATANGA FONGUE (R.) et TOCKE (A.), *Eléments de la fiscalité des affaires au Cameroun*, préf. T. KOUSSOK, L' Harmattan, 2011, p. 39.

[1179] Art 7 E du CGI en vigueur au Cameroun dans sa rédaction de 2009.

hors taxe correspondant. L'administration fiscale camerounaise peut être tentée sur cette base de soumettre à la TVA et à l'impôt sur le revenu la prime de réassurance en prétextant qu'il s'agit de revenus de source camerounaise. Une telle analyse serait fondée sur l'application du principe de territorialité en matière d'impôt sur les sociétés et en matière de TVA[1180]. Elle consisterait à expliquer que la prestation de réassurance est exploitée ou utilisée au Cameroun et que la prime de réassurance est un revenu de source camerounaise. Seulement, ce qui est vrai fiscalement en matière d'assurance ne l'est pas forcément en matière de réassurance. En effet, il faut bien reconnaître que si l'opération d'assurance est une opération réalisée au Cameroun, l'opération de réassurance mettant en lien l'assureur camerounais et le réassureur étranger constitue une opération réalisée à l'étranger puisque dans cette hypothèse, c'est l'assureur qui sollicite les services du réassureur domicilié à l'étranger. C'est sans doute ce qui explique pourquoi le législateur camerounais, suivi en cela par la doctrine administrative, a exclu du champ de la taxe spéciale sur le revenu (TSR) les primes de réassurance versées à l'étranger par les entreprises d'assurance établies au Cameroun aux entreprises de réassurance étrangères et déterminées selon les règles et modalités fixées par le Code CIMA[1181]. En adoptant cette position, le législateur fiscal camerounais admet implicitement que le service de réassurance rendu par un réassureur étranger au profit d'un assureur camerounais est un service exploité ou utilisé à l'étranger et non au Cameroun.

2. Le contrôle des engagements réglementés en conformité avec le droit supranational du secteur des assurances

1003. En matière d'assurances, le principe des engagements réglementés impose aux entreprises du secteur la couverture de certains éléments du passif par des éléments d'actif correspondant. C'est ce principe qui justifie notamment que le Code CIMA institue, à l'égard des compagnies d'assurance, l'obligation de constituer des provisions dites « techniques », en garantie des primes versées par les souscripteurs nationaux ou transnationaux. En plus de cette prescription, le Code CIMA fait également obligation aux entreprises du secteur de présenter chaque année des états comptables spécifiques au rang desquels l'état des *« engagements*

[1180] Voir en ce sens art. 5 et 5bis (territorialité de l'impôt sur les sociétés), ainsi que art. 129 (territorialité de la TVA) du CGI en vigueur au Cameroun.

[1181] Voir en ce sens art 225 du CGI en vigueur au Cameroun et Circulaire N°0000001/MINFI/DGI/LC/L DU 15 janvier 2010 précisant les modalités d'application des dispositions fiscales de la loi n°2009/018 du 15 décembre 2009 portant loi de finances de la République du Cameroun pour l'exercice 2010 : Cette circulaire apporte cette ultime clarification en complément des précisions apportées dans la circulaire n°0001/MINFI/DGI/LC/L du 02 janvier 2009 précisant les modalités d'application des dispositions fiscales de la loi de finances pour l'exercice 2009 qui avait omis de le faire.

réglementés et actifs représentant ces engagements[1182] ». Les engagements réglementés sont essentiellement constitués des provisions techniques brutes de recours et de réassurance ainsi que des dettes privilégiées, couvertes par des actifs sûrs, liquides, rentables (ou en accord avec la réglementation), diversifiés. L'hypothèse du contrôle fiscal des engagements réglementés en conformité avec la réglementation CIMA peut se vérifier à travers deux axes d'investigation : le contrôle des provisions techniques d'une part, et le contrôle des créances sur les sociétés de groupe domiciliés à l'étranger d'autre part.

1004. Le contrôle fiscal des provisions techniques dans le respect de la réglementation CIMA. Les entreprises du secteur des assurances ont la particularité d'enregistrer sur le plan comptable des éléments de passifs dont la valorisation reste difficile d'appréhension pour les administrations fiscales africaines. Il s'agit notamment des provisions techniques déterminée suivant un mode de calcul qui combine à la fois le respect des dispositions d'un traité supranational, le code CIMA, et des différents contrats conclus entre les compagnies d'assurance vie[1183] ou d'assurance dommages[1184] et leurs clients assurés. Par provisions techniques des compagnies d'assurances, il faut entendre des sommes qui doivent obligatoirement être inscrites au passif du bilan des sociétés d'assurance, en vue de garantir le règlement des engagements souscrits à l'égard des assurés. Les provisions techniques doivent à toute époque être représentées par des actifs équivalents. Les provisions sont constituées à partir de tout ou partie des primes encaissées pour faire face aux risques futurs dont la probabilité de réalisation n'est pas

---

[1182]Voir en ce sens art. 442 du Code CIMA : En application de cette disposition, les engagements réglementés et actifs représentants ces engagements doivent être présentés chaque année et adressés à la Commission de Contrôle des Assurances et au Ministre en charge des assurances dans l'Etat membre.

[1183] En matière d'assurance vie et de capitalisation, les provisions techniques s'analysent en : *provisions mathématiques* (différence entre les valeurs actuelles des engagements respectivement pris par l'assureur et par l'assuré calculée suivant la table de mortalité et les taux d'intérêts mentionnés à l'article 338 du Code CIMA) ; et en *provisions pour participations aux excédents* (montant de participation aux bénéfices attribué aux bénéficiaires des contrats lorsque ces bénéfices ne sont pas payables immédiatement après la liquidation de l'exercice de leur production).

[1184] En matière d'assurance dommages, les provisions techniques se subdivisent en :

- *provisions pour risques en cours* : provisions destinées à couvrir les risques et les frais généraux afférents, pour chacun des contrats à prime payable d'avance, à la période comprise entre la date d'inventaire et la prochaine échéance de prime, ou à défaut, le terme fixé par le contrat ;
- *provisions pour sinistres à payer* : : valeur estimative des dépenses en principal et en frais nécessaires au règlement de tous les sinistres survenus et non payés ;
- *Provisions pour annulation de primes* : montant destiné à faire face aux annulations probables à intervenir sur les primes émises et non encaissées ;
- *Provisions pour sinistres tardifs* : montant destiné à faire face aux sinistres survenus mais non déclarés à la date de clôture de l'exercice.

évidente à déterminer. C'est néanmoins sur la base du contrat d'assurance que sont constituées les provisions techniques. Ces provisions permettent à toute société d'assurances de régler les sinistres et constituent donc une dette envers les assurés.

1005. Le contrôle fiscal des provisions techniques pose principalement la question du contrôle de leur déductibilité du résultat fiscal et notamment celle de la détermination ou plutôt de l'estimation du montant des dotations annuelles de provisions techniques déductibles. Au Cameroun, le Code Général des Impôts ne prévoit pas de règles spécifiques de déductibilité applicables aux provisions techniques constituées par les entreprises d'assurance. Le législateur s'est toutefois permis à la faveur de la loi de finances pour 2009 de faire référence à ce propos au droit supranational en disposant clairement que *« les provisions techniques des compagnies d'assurance, constituées conformément aux règles et méthodes prescrites par le Code de la Conférence Interafricaine des marchés d'assurance (CIMA) »* sont déductibles. Cette référence au droit supranational, entérinée et amplifiée par la doctrine administrative camerounaise de 2009 a malencontreusement disparu et ne figure plus dans les dispositions de l'article 7 E du Code général des impôts depuis 2011 et ce, sans avoir été formellement abandonnée par le législateur. Cette disposition reste au demeurant applicable dans sa rédaction de 2009 à l'occasion des contrôles fiscaux. Notons en outre sur ce point que la problématique spécifique du contrôle de la déductibilité fiscale des provisions techniques propres aux sociétés d'assurances ne vide pas celle, plus générale, du contrôle de la déductibilité fiscale des provisions en vue de la détermination du résultat fiscal des sociétés, quel que soit le secteur d'activités[1185].

1006. Cela dit, par stratégie, l'assureur pourrait être tenté de diminuer le montant de ces réserves de manière à dégager du résultat, en attendant la survenance effective des sinistres. Une telle stratégie peut mettre en péril la vie de la société et par là même les intérêts des assurés. Dans l'intérêt des assurés, la capacité des sociétés d'assurances à faire face à leurs engagements doit être contrôlée par l'instance supranationale de contrôle compétente, en l'occurrence la Commission Régionale de Contrôle des Assurances et/ou le Ministre en charge des assurances de l'Etat membre.

1007. Ainsi, les administrations fiscales à l'occasion de leurs investigations peuvent se retrouver soit en situation de surévaluation des provisions techniques, soit en situation de sous-évaluation desdites provisions. Le problème se complexifie quand on sait que les entreprises de ce secteur sont parties à un nombre de contrats tellement élevé qu'il rend impossible le contrôle fiscal individualisé desdits contrats. En cas de

---

[1185] Il s'agit des provisions constituées en vue de faire face aux pertes ou charges nettement précisées et que les évènements en cours rendent probables, à condition qu'elles aient été effectivement constatées dans les écritures de l'exercice.

surévaluation des dotations, l'entreprise est réputée vouloir diminuer son résultat imposable à des fins fiscales. En cas de sous-évaluation des provisions techniques, l'assureur est réputé vouloir artificiellement augmenter son résultat imposable au détriment des assurés. Dans les deux cas, la comptabilité de la société d'assurance contrôlée ne donnera pas une image fidèle de l'activité et entraînera des rectifications au regard notamment de l'impôt sur les sociétés.

1008. Le contrôle fiscal des créances sur les sociétés de groupe domiciliés à l'étranger. Les créances détenues par les sociétés d'assurance établies en zone CIMA sur des entreprises d'assurance ou de réassurance domiciliées à l'étranger constituent un centre d'intérêt crucial du contrôle fiscal des contrats d'affaires internationaux du secteur des assurances. Ces créances sont en général matérialisées par des conventions de prêts intragroupe octroyées par les assureurs locaux à leurs sociétés mères établies à l'étranger. Les enjeux fiscaux du contrôle de ces créances concernent aussi bien les impôts directs (impôt, sur les sociétés et impôt sur les revenus de capitaux mobiliers) que les droits d'enregistrement.

1009. En situation de contrôle fiscal de ces créances auprès des sociétés d'assurances, les agents de l'administration ont le devoir de s'assurer que les prêts en cause ne sont pas octroyés en violation de la réglementation CIMA. Ils y sont implicitement contraints par les dispositions de l'article 335 du Code CIMA qui prévoient expressément que *« les engagements réglementés... doivent, à toute époque, être représentés par des actifs équivalents, placés et localisés sur le territoire de l'Etat membre sur lequel les risques ont été souscrits. Toutefois, dans une quotité maximale de 50% des actifs représentatifs des engagements réglementés, les actifs placés et localisés dans d'autres Etats membres de la CIMA sont admis »*. La portée de cet article mérite d'être analysée sur le double plan intérieur et extérieur à la zone CIMA. Du point de vue interne à la zone CIMA, ces dispositions signifient pour un Etat membre de la zone CIMA que les créances détenues par les sociétés d'assurances de cet Etat doivent être justifiées soit par des conventions de prêts conclues avec des entreprises domiciliées au sein de cet Etat, sans limitation aucune ; soit par conventions de prêts conclues avec des entreprises domiciliées dans l'un quelconque des autres Etats membres de la zone CIMA dans la limite de 50% de l'ensemble des actifs représentatifs des engagements réglementés. Du point de vue externe au territoire de la zone CIMA, ce texte veut dire que les créances détenues par les sociétés d'assurances d'un Etat membre sur des entreprises domiciliés à l'étranger, en l'occurrence hors de la zone CIMA, ne sont pas admises comme actifs représentatifs des engagements réglementés.

1010. Dès lors, sur le terrain de l'impôt sur les sociétés, l'administration fiscale est fondée sur la base des dispositions combinées de l'article 335 du Code CIMA et du Code Général des Impôts à réintégrer au résultat imposable à l'impôt sur les sociétés, la quotepart excédentaire desdits actifs représentatifs des engagements réglementés constituée notamment par le montant des prêts octroyés aux partenaires étrangers domiciliés hors de la zone CIMA ainsi que le montant des prêts excédant la limite de 50% des actifs représentatifs des engagements réglementés autorisée par le Code CIMA[1186].

1011. Au regard de l'IRCM, l'administration fiscale est fondée à remettre en cause les sommes mises à disposition par la société camerounaise à l'entité étrangère dans le cadre du prêt irrégulier en l'analysant comme une distribution occulte[1187].

1012. En plus, l'administration fiscale, en investiguant un peu plus, peut tirer profit des dispositions du Code CIMA sur la surveillance complémentaire des opérations d'assurance intragroupe confiée par ledit Code à la Commission Régionale de Contrôle des Assurances de la CIMA dans le souci technique de contrôler la marge de solvabilité des sociétés d'assurances autorisées à exploiter dans chacun des Etats membres de la zone CIMA[1188]. Au rang de ces opérations intragroupe figurent en bonne place les prêts et les opérations de réassurance intragroupe conclus au bénéfice d'entités domiciliées hors de la zone CIMA. Ces sociétés doivent en effet, chacune en ce qui la concerne, de l'existence d'une marge de solvabilité suffisante, relative à l'ensemble de leurs activités[1189]. Pour cela, les agents de l'administration doivent notamment exploiter les rapports de contrôle sur pièces et de contrôle sur place[1190] de la Commission adressés, en tant qu'organe régulateur du marché des assurances en zone CIMA, au Ministre en charge des assurances et à la société d'assurance contrôlée[1191].

1186 Art. 6 du CGI en vigueur au Cameroun : Cet article soumet le bénéfice net des sociétés à l'impôt sur les sociétés. *« [...] Le bénéfice net des sociétés est constitué par la différence entre les valeurs de l'actif net à la clôture et à l'ouverture de la période dont les résultats doivent servir de base à l'impôt, diminuée des suppléments d'apport et augmentée des prélèvements effectués au cours de cette période par les associés. L'actif net s'entend de l'excédent des valeurs d'actif sur le total formé au passif par les créances des tiers, les amortissements et les provisions justifiées »*.

1187 Art. 36 du CGI en vigueur au Cameroun.

1188 Cf. art. 337 du Code CIMA.

1189 Voir en ce sens art. 337-1 du Code CIMA : la marge de solvabilité est constituée, après déduction des pertes des amortissements restants à réaliser sur commissions, des frais d'établissement ou de développement et des autres actifs incorporels explicitement énumérés par cet article.

1190 Lire en ce sens art. 310 du Code CIMA : D'après cette disposition, *« La commission organise le contrôle sur pièces et sur place des sociétés d'assurance opérant sur le territoire des Etats membres ainsi que celui des groupes d'assurances [...] »*

1191 art. 309 du Code CIMA : *« La Commission Régionale de Contrôle des Assurances [...] est l'organe régulateur de la Conférence. Elle est chargée du contrôle des sociétés et de la surveillance complémentaire des sociétés d'assurance faisant partie d'un groupe d'assurance [...] Elle assure la surveillance générale et concourt à l'organisation des marchés d'assurance »*.

1013. En outre, en matière d'enregistrement, il convient de relever que les prêts que se consentent mutuellement les sociétés d'assurance, de même que les opérations de réassurance intragroupe, sont généralement assortis de lettres de garantie et sont passibles des droits d'enregistrement[1192]. Sur ce point, l'administration fiscale doit s'assurer que les garanties couvrant les conventions de prêts ainsi consenties, le sont également dans le respect du droit supranational des assurances. A ce propos, le Code CIMA dispose que la garantie des créances sur les réassureurs est constituée soit par des dépôts en espèces, soit par des lettres de crédits bancaires, soit par le nantissement des valeurs[1193]. Ces lettres de crédit en cause ne peuvent être délivrées que par un établissement de crédit domicilié dans un Etat membre de la CIMA et n'appartenant pas au même groupe que l'assureur ou le réassureur[1194].

SECTION II. LA MODULATION DE LA DÉTECTION DES RISQUES ORIENTÉE PAR LES INTERACTIONS ENTRE LA SOUVERAINETÉ FISCALE ET LE DROIT DE RÉGULATION DES TÉLECOMMUNICATIONS ET DU COMMERCE ÉLECTRONIQUE

1014. L'expansion du commerce électronique observée dès la fin du 20e siècle est largement tributaire du développement des télécommunications ou plutôt des techniques[1195] -sans cesse renouvelées- de l'information et de la communication. La doctrine nous fait observer que cette dynamique n'est pas sans influence sur le droit[1196]. D'après Monsieur Le Tourneau, *« L'électronique et la « toile », en tant que domaines techniques relativement récents, complexes et évolutifs ; influent nécessairement sur les contrats qui les ont pour objet[1197] »*. De tous les secteurs d'activités, les

---

[1192] Art 343-4 et 543 -d du CGI en vigueur au Cameroun : L'article 343 al 4 quant à lui dispose : *« sont soumis au taux réduit : les prêts sur nantissement et sur hypothèque, les reconnaissances de dettes, les cessions, délégations, subrogations, transfert de créance [...] »*. L'article 543- d soumet au taux réduit de 2%, les actes et mutations prévus à l'article 343, y compris les conventions synallagmatiques de prêt sans garantie, lorsque ces dernières ne sont pas appréciées comme actes de commerce de par leur nature.

[1193]Cf. art 335-10 du Code CIMA.

[1194] *Ibid.*

[1195] Voir sur l'emploi du terme technique TOURNEAU (P. Le), *op. cit.* p. 20-21 : *« Dans la langue française, les mots de technique et de technologie ne sont pas synonymes, contrairement à l'anglais : le second a une acception plus large que le premier, puisqu'il signifie l'art d'élaborer, d'utiliser, de transmettre ou d'étudier une technique, de même que méthodologie n'équivaut pas à méthode mais réflexion sur les méthodes ; technologie est souvent employé abusivement- de façon pédante qui se veut savante, alors qu'il s'agit d'un anglicisme inconscient- à la place de technique ».*

[1196] TOURNEAU (P. Le), *op. cit.* p. 21 : *« Le droit est nécessairement influencé par les données qui lui sont extérieures, mais qu'il est appelé à régir. Les faits transforment toujours le droit. Ainsi, l'apparition de nouvelles techniques ou de nouveaux appareils retentit sur le droit... »*

[1197] *Ibid., op. cit.* p. 21.

secteurs des télécommunications et du commerce numérique comptent parmi ceux qui sont à l'avant-garde de l'innovation technologique et apparaissent de ce fait, comme ceux qui posent le plus de difficultés à l'échelle mondiale en matière de régulation juridique et fiscale. Sous le rapport du contrôle fiscal des contrats d'affaires internationaux, deux facteurs clés justifient que soit accordée une attention particulière à ces secteurs. Le premicr, d'ordre structurel, cst relatif au retard technologique qu'accusent les administrations fiscales africaines face au développement fulgurant de l'informatique et de l'internet[1198]. Ces administrations, il faut le reconnaître, ne disposent pas de moyens comparables à celles des pays de l'OCDE notamment en matière de traçabilité des services et des échanges[1199]. Le second facteur, d'ordre juridique, est relatif à la floraison des contrats et documents électroniques qui posent des problèmes aussi bien de valeur probante en droit fiscal que des questions de territoralité à l'occasion des contrôles fiscaux.

1015. Cela dit, le contrôle fiscal des contrats de télécommunications internationales et du commerce électronique requiert de la part des administrations fiscales un investissement dans le double décryptage des interactions entre la souveraineté fiscale et le droit de régulation des télécommunications internationales d'un côté **(§1)**, et le droit de régulation du commerce électronique de l'autre **(§2)** ; ceci en gardant en mémoire que pour chaque secteur, le droit de régulation peut résulter d'une combinaison du droit national et du droit supranational.

§1. le décryptage des interactions entre la souveraineté fiscale et le droit de régulation des télécommunications internationales

1016. En tant qu'il contribue considérablement au déploiement et à l'expansion de tous les secteurs de l'économie à l'échelle mondiale, le secteur des télécommunications constitue le « secteur support » par excellence de tous les autres secteurs d'activités. Concrètement, le terme "télécommunications" désigne l'ensemble des moyens techniques permettant l'acheminement fidèle et fiable d'informations entre deux points quelconques pour un coût raisonnable. Les télécommunications utilisent deux techniques indissociables : la *transmission* et la *commutation*. D'après la loi N° 2010/013 du 21 décembre 2010 régissant les communications électroniques au Cameroun, la transmission assure le transport de l'information à distance pendant que la commutation assure la mise en relation de différents usagers conformément à leurs ordres[1200]. L'on ne saurait de nos jours traiter du

---

[1198] TOURNEAU (P. Le), *op. cit.* p. 21 : *« Il est indéniable que la troisième révolution industrielle, celle du microprocesseur, de ses applications comme de l'internet, provoquèrent et provoqueront ... des modifications du droit ».*

[1199] En effet, les pays africains ont déjà du mal à circonscrire le volume des échanges dans la téléphonie et sont complètement désemparés à ce propos s'agissant d'internet.

[1200] L'article 5 de la Loi N° 2010/013 du 21 décembre 2010 régissant les communications électroniques au Cameroun entend par télécommunication : « toute transmission, émission ou

secteur des télécommunications en Afrique sans l'associer à la problématique des techniques - ou des technologies - de l'information et de la communication (TIC)[1201]. Aujourd'hui, les communications se font essentiellement par voie électronique en raison de la systématisation de l'usage de l'outil informatique dans l'exploitation technique du secteur des télécommunications. L'importance stratégique du secteur des télécommunications dans les économies des pays africains a contraint la plupart d'entre eux à se doter d'instruments juridiques nationaux et transnationaux de régulation dudit secteur.

1017. Ainsi, pour explorer les possibilités d'expression qui s'offrent à la souveraineté fiscale de l'Etat au contact de la régulation des contrats d'affaires internationaux du secteur des télécommunications et des TIC, l'on peut valablement recourir au contrôle fiscal des clauses d'interconnexion et d'itinérance entre opérateurs de téléphonie mobile **(A)** de même qu'au contrôle des clauses de fourniture de logiciels **(B)**.

A. Le contrôle fiscal des clauses d'interconnexion et d'itinérance entre opérateurs tarnsnationaux de téléphonie mobile

1018. Les opérateurs de téléphonie mobile connaissent depuis plus de deux décennies une expansion exponentielle de leurs activités dans les pays africains à travers l'exploitation de multiples réseaux de communications électroniques[1202]. Cette expansion contraste avec les difficultés de contrôle fiscal auxquelles font face les administrations fiscales vis-à-vis des opérations transnationales de téléphonie mobile, notamment des opérations d'interconnexion et d'itinérance. Il convient cependant de relever que le secteur des télécommunications cristallise de plus en plus l'attention des services fiscaux en Afrique subsaharienne ainsi que nous avons pu le noter s'agissant du Niger[1203] ou du Cameroun.

---

réception de signes et signaux, d'écrits, d'images de sons, ou de renseignements de toute natures, par fil, optique, radioélectrique ou autre système électromagnétique »

[1201] Au Cameroun, le décret n° 2012/512 du 12 novembre 2012 portant organisation du Ministère des Postes et Télécommunications rend cet organe responsable de l'élaboration et de la mise en œuvre de la politique du Gouvernement en matière des postes et télécommunications et des technologies de l'information et de la communication. Le Sénégal est allé plus loin en se dotant d'un « Ministère de l'Economie Numérique et des Télécommunications ».

[1202] Par communication électronique, il faut entendre toute « émission, transmission ou réception de signes, signaux, d'écrits, d'images ou de sons par voie électromagnétiques » (Cf. art. 5 de la Loi N° 2010/013 du 21 décembre 2010 *préc.*).

[1203] En 2019, la presse internationale a révélé qu'au Niger, deux opérateurs de télécommunication, Airtel et Orange ont fait l'objet de redressements fiscaux par l'administration fiscale au point de connaître des appositions de scellés avec fermeture de locaux pour non-paiement d'impôts. L'opérateur Celtel (opérateur le plus important au Niger à l'époque des faits) a contesté les réclamations émises à son encontre au motif qu'il s'agissait

1019. Pour surmonter ces difficultés, elles gagneraient à exercer leur vigilance tant sur les stipulations contractuelles y relatives entre opérateurs transnationaux de téléphonie mobile, que sur le droit de régulation national ou supranational des télécommunications. Un tel exercice conduit à délimiter le périmètre des prestations d'interconnexion et d'itinérance **(1)** avant d'envisager leur traitement fiscal **(2)**.

1. La délimitation du périmètre des prestations d'interconnexion et d'itinérance

1020. Ce qui singularise le contrôle fiscal des clauses d'interconnexion et d'itinérance par les administrations fiscales africaines, c'est la double difficulté qu'imposent ces clauses lorsqu'il s'agit de délimiter le périmètre des prestations d'interconnexion et d'itinérance de manière à dégager la quote-part de chiffre d'affaires et de revenus se rapportant aux prestations en cause chez l'opérateur contrôlé.

1021. D'après le droit national camerounais de régulation des télécommunications, l'interconnexion est une »*forme particulière d'accès consistant en la liaison physique et logique des réseaux publics de communications électroniques utilisés par un même opérateur ou un opérateur différent, afin de permettre aux utilisateurs de communiquer entre eux ou bien d'accéder aux services fournis par un autre opérateur* [1204]». Ainsi définie par la loi régissant les communications électroniques au Cameroun, l'interconnexion renvoie, plus simplement, à la faculté donnée aux clients d'un opérateur téléphonique de trafiquer sur le réseau d'un opérateur concurrent dans le cadre d'une gestion intégrée de plusieurs réseaux de téléphonie [1205]. Concrètement, pour deux opérateurs de téléphonie donnés, les clauses d'interconnexion ont vocation à fixer les tarifs des différentes opérations croisées de communication effectuées, à partir de leurs réseaux respectifs, par les clients de l'un en direction du réseau de l'autre, et

---

d'une « demande disproportionnée représentant environ 70% des revenus annuels de la société ».

L'opérateur Orange a lui aussi subi la même année la fermeture de ses bureaux administratifs à la suite d'une réclamation de 22 milliards de FCFA d'arriérés d'impôts. En 2017, l'Etat avait supprimé la taxe sur les appels internationaux en échange d'une amélioration de la couverture réseau pour la rétablir en 2019.

L'objectif de l'administration fiscale nigérienne était de combler le manque à gagner consécutif au niveau insuffisant de revenus enregistré en matière de vente des licences 4G par l'Etat. Cette détermination des autorités nigériennes découlait des discussions avec le FMI pour obtenir de nouvelles facilités de crédit. L'auguste institution internationale reprochait à ce pays fragile son laxisme fiscal et notamment la faiblesse du recouvrement de l'impôt dans le secteur des télécommunications. (Lire sur ce sujet www.jeuneafrique, 02 décembre 2018, 10h 55).

[1204] Cf. art. 5 de la Loi N° 2010/013 du 21 décembre 2010 régissant les communications électroniques au Cameroun.

[1205] Voir en ce sens ATANGA FONGUE (R.) et TOCKE (A.), *Eléments de la fiscalité des affaires au Cameroun, op. cit.*, p.131.

vice versa[1206]. Soulignons à ce propos que dans une logique de gestion de la sédentarité des clients de l'opérateur local, l'interconnexion concerne aussi bien les opérations de communications sur le territoire national entre opérateurs domiciliés sur ledit territoire, que les communications internationales entre opérateurs locaux et opérateurs non-résidents[1207].

1022. A côté des clauses d'interconnexion, les clauses d'itinérance constituent une source supplémentaire de difficulté du contrôle fiscal des contrats internationaux du secteur des télécommunications. Dans le jargon des communications électroniques, l'itinérance, davantage connu sous l'appellation anglosaxonne de *« roaming »*, désigne le *« service qui permet le transfert des communications d'un réseau d'attribution à un autre, tout en gardant le même numéro de téléphone ou permettant aux abonnés d'avoir accès à un ou plusieurs systèmes satellitaires [1208] »*. Il découle de cette définition légale que dans une logique de gestion du « nomadisme » des clients de l'opérateur local, les services de *roaming* permettent à l'abonné d'un réseau téléphonique d'utiliser son téléphone dans une zone géographique différente de la zone d'origine de son opérateur et ce, grâce à des accords préalablement conclus entre opérateurs de télécommunications.

1023. Dans le cadre de ces clauses, l'opérateur local répercute à ses abonnés une fraction du coût de la prestation d'interconnexion ou d'itinérance désignée sous l'appellation de « taxe de perception » tandis que les opérateurs, parties au contrat d'itinérance, conviennent quant à eux sur un prix pour l'utilisation de leurs réseaux respectifs, lequel prix est appelé "taxe de répartition". Sur ce point, il apparaît clairement que ni la taxe de perception, ni la taxe de répartition ne doivent être assimilés aux impôts et taxes relevant du droit fiscal. Ces « pseudo-taxes » ne renvoient à rien d'autre qu'au prix de chacune des prestations définies ci-dessus.

1024. Il convient toutefois de souligner qu'en pratique, les subtilités contractuelles que charrient les définitions ci-dessus ne sont pas toujours aisément manipulées par les agents des administrations fiscales africaines. Ceux-ci peuvent en effet se méprendre sur l'analyse du chiffre d'affaires, notamment dans l'hypothèse où les parties conviennent qu'il n'y aura de facturation entre elles que lorsque le trafic international de télécommunication aura été plus important d'un côté que de l'autre ; ce qui

---

[1206] ATANGA FONGUE (R.) et TOCKE (A.), *op. cit.* p. 131 : *« Ainsi, c'est sur la base d'un cahier d'interconnexion qui fixe les tarifs des différentes opérations entre eux (sous l'autorité d'un organisme de régulation), deux opérateurs de téléphonie organisent l'interpénétration de leur réseau respectif pour la terminaison chez l'un des appels émis par les clients de l'autre »*.

[1207] L'interconnexion est dite « sortante » lorsqu'un abonné de l'opérateur d'origine (situé sur le territoire national) appelle à l'international un abonné de l'opérateur de destination situé à l'étranger. A l'inverse, elle est dite « entrante » lorsque l'abonné de l'opérateur étranger appelle son correspondant basé sur le territoire national.

[1208] Cf. art. 5 de la Loi N° 2010/013 du 21 décembre 2010 précité.

signifie que l'opérateur local ne versera des montants à l'opérateur étranger que si le premier a acheminé un volume de minutes téléphoniques plus important que le second. Les frais d'interconnexion ou d'itinérance facturés à l'opérateur-partenaire ne correspondront dans ce cas, qu'à une fraction du chiffre d'affaires effectivement réalisé auprès dudit partenaire. Le montant versé dans ce cadre est connu sous le vocable de "quote-part de répartition" et est liquidé sur la base du prix établi entre opérateurs.

2. Le traitement fiscal des clauses d'interconnexion et d'itinérance

1025. Pour bien imposer les prestations d'interconnexion et d'itinérance, l'administration fiscale doit prendre deux précautions qui tiennent compte de la régulation nationale et supranationale du secteur des télécommunications : d'une part, elle doit faire une distinction entre les sommes versées à l'opérateur-fournisseur étranger au titre de la quote-part des frais de répartition et celles perçues des abonnés par l'opérateur local au titre des frais de perception. Elle peut pour cela s'appuyer sur les contrôles techniques de l'Agence de Régulation des Télécommunications dont l'une des missions est précisément de contrôler le volume du trafic réalisé par chaque opérateur. D'autre part, elle doit tenir compte des dispositions du droit transnational des télécommunications que promeut, à travers divers instruments, l'Union Internationale des Télécommunications (UIT) afin, entre autres objectifs, d'éviter toute forme de double imposition[1209]. En partant de l'exemple du Cameroun, deux niveaux d'imposition desdites prestations peuvent être envisagés par le contrôle fiscal. Le premier niveau concerne la TVA tandis que le second a trait à l'impôt sur le revenu.

1026. Ainsi au regard du contrôle de la TVA, les services de contrôle doivent garder à l'esprit que la base imposable à la TVA est constituée de l'ensemble des facturations faites à l'opérateur concurrent en rémunération des prestations d'interconnexion réalisées à son profit. Cette position leur permet d'éviter de considérer comme base imposable la soulte qui résulterait de la différence entre le montant des prestations de communication à

1209 Les dispositions de l'article 4.1 et 3 de la Constitution de l'UIT prévoient que le Règlement des Télécommunications Internationales adopté le 9 décembre 1988 à Melbourne lie les Etats Membres de l'UIT du fait de leur consentement à ce dernier:

Selon le paragraphe 1, les instruments de l'Union sont :

- La Constitution de l'Union Internationale des Télécommunications,
- La Convention de l'Union Internationale des Télécommunications, et
- Les Règlements administratifs.

D'après le paragraphe 3, *« Les dispositions de la Constitution et de la Convention de l'UIT sont de plus complétées par celles de Règlements administratifs énumérés [...], qui réglementent l'utilisation des télécommunications et lient tous les États Membres ». Le Règlement des Télécommunications Internationales a été adopté en application de cette disposition.*

destination de l'opérateur concurrent et le montant des prestations en provenance dudit opérateur.

1027. Cela dit, dans le cadre de l'interconnexion entre un opérateur résident et un partenaire étranger, les facturations de l'entreprise résidente seront considérées comme des exportations de services. A l'inverse, c'est-à-dire en cas de facturations reçues d'un opérateur étranger, les dispositions de la loi fiscale relatives à la TVA sur les prestations rendues aux assujettis par des opérateurs non-résidents n'ayant pas désigné de représentant solvable accrédité auprès de l'administration fiscale trouvent ici matière à s'appliquer. Dans ce cas de figure, la TVA sera retenue et reversée au Trésor par l'opérateur local comme cela est notamment prévu par la législation fiscale camerounaise [1210].

1028. S'agissant du contrôle de l'impôt sur le revenu, le Règlement des Télécommunications Internationales adopté par la Conférence Administrative Mondiale Télégraphique et Téléphonique (CAMTT) à Melbourne en 1988 et le Règlement de Dubaï apparaissent comme des textes de référence[1211]. En partant du postulat suivant lequel les impôts et taxes applicables aux prestations d'interconnexion et d'itinérance au sein d'une juridiction fiscale s'appliquent uniquement aux services internationaux[1212] facturés aux clients de ladite juridiction par l'opérateur y ayant son domicile[1213], l'on comprend qu'aucun impôt ne doit frapper les sommes versées à l'opérateur étranger, notamment la quote-part de répartition que l'opérateur local verse à son fournisseur étranger. En effet, étant donné que l'impôt sur les sociétés s'applique déjà sur les frais de perception[1214] qui sont facturés par l'opérateur local aux abonnés, l'impôt sur le revenu (en l'occurrence, la taxe spéciale sur les revenus) ne devrait plus être retenue à la

---

[1210] Cf. art. 130 du CGI en vigueur au Cameroun.

[1211] Ces deux textes qui complètent la Convention Internationale des Télécommunications ont été adoptés et publiés par l'Union Internationale des Télécommunications. L'objectif des articles 6.1.3 du Règlement de Melbourne et 8.3 du Règlement de Dubai est d'éviter une double imposition des revenus de la quote-part versée dans la mesure où cette quote-part est naturellement soumise à l'IS dans le pays du fournisseur étranger.

[1212] Le Règlement de Melbourne entend par service international de télécommunication toute *« prestation de télécommunication entre bureaux ou stations de télécommunication de toute nature, situés dans des pays différents ou appartenant à des pays différents » (art. 2).*

[1213] De fait, pour un pays comme le Cameroun ou le Sénégal, l'opérateur de téléphonie local conclut des accords avec des opérateurs étrangers en vertu desquels il utilise le réseau de ces opérateurs lorsque ses abonnés appellent à l'international ou s'ils voyagent et utilisent leurs téléphones à l'étranger en itinérance. En outre, l'opérateur local loue son réseau téléphonique national aux opérateurs étrangers lorsque leurs abonnés émettent des appels à destination du Cameroun ou du Sénégal.

[1214] Les « frais de perception » sont la taxe de perception (définie plus haut) établis et perçus par un opérateur auprès de ses clients pour l'utilisation d'un service international de télécommunications. La taxe fiscale mentionnée dans ce texte vise celles frappant donc les sommes facturées à un abonné.

source sur la quote-part des frais de perception versés à l'étranger sur le fondement du Règlement de Melbourne et du Règlement de Dubai.

1029. Pourtant, il est à craindre que l'administration fiscale de la juridiction locale soit encline à soumettre ladite quote-part à une TSR au Cameroun, ce qui aboutirait à la taxer doublement : c'est-à-dire d'une part à la TSR au Cameroun et d'autre part à l'IS dans le pays du fournisseur étranger. Les dispositions de l'article 6.1.3 du Règlement de Melbourne prévoient en effet que *« Quand la législation nationale d'un pays prévoit l'application d'une taxe fiscale sur la taxe de perception pour les services internationaux de télécommunication, cette taxe fiscale n'est normalement perçue que pour les services internationaux facturés aux clients de ce pays, à moins que d'autres arrangements soient conclus pour faire face à des circonstances spéciales ».* Le législateur supranational veut en effet par cette disposition prévenir toute forme de double imposition susceptible de frapper la taxe de perception. L'article 1.6 de l'Appendix 1 dudit Règlement dispose que :*» Lorsqu'une administration [ou exploitation(s) privée reconnue] est assujettie à un impôt ou à une taxe fiscale sur les quotes-parts de répartition ou autres rémunérations qui lui reviennent, elle ne doit pas prélever à son tour un impôt ou une taxe fiscale sur les autres administrations [ou exploitation(s) privée reconnue]* [1215]*».* A ce propos, le document de travail de l'OCDE sur l'économie numérique intitulé *"International Traffic Termination*" explique ces deux dispositions en ces termes : « *L'intention des deux dispositions est d'exclure un pays de taxer des opérateurs ou les consommateurs d'un autre pays. De plus, l'imposition par les gouvernements d'une part déterminée d'un paiement, entraîne la taxation des consommateurs dans de nombreux pays étrangers (c'est-à-dire la double imposition). La double imposition peut être définie comme une taxation du même revenu, du même actif ou de la même opération par deux ou plusieurs pays. On peut noter que l'article 6.1.3 interdisant la double imposition a été retenu dans le Règlement des Télécommunications Internationales de 2012. »*

1030. La gestion économique et gouvernementale des télécommunications en Afrique, nous l'avons relevé, est aujourd'hui associée à celle des techniques de l'information et des télécommunications de sorte que les deux secteurs ne font désormais plus qu'un. Ainsi le secteur des télécommunications et des TIC qui, faut-il le souligner, prospère avec le développement et la prolifération des logiciels sur le marché international, commande que les autorités fiscales prennent en charge le décryptage des

[1215] Le Règlement de Dubaï contient en son article 8.3.1 une disposition fiscale quasiment identique à celle du Règlement de Melbourne : *« Quand la législation nationale d'un pays prévoit l'application d'une taxe fiscale sur les frais de perception pour les services internationaux de télécommunication, cette taxe n'est normalement perçue que pour les services internationaux facturés aux clients dans ce pays, à moins que d'autres arrangements soient conclus pour faire face à des circonstances spéciales »*

contrats d'acquisitions et de fournitures desdits logiciels dans le cadre des contrôles fiscaux.

B. Le contrôle fiscal des clauses de fourniture de logiciels

1031. Les transactions sur les logiciels, reflets patents du développement des techniques de l'information et de la communication posent aux administrations fiscales africaines des difficultés considérables en matière de contrôle. Ici également, les agents de l'administration qui ont pendant longtemps fait les frais de leur « inculture » vis-à-vis du domaine de l'informatique peuvent aujourd'hui s'appuyer, non pas sur un droit supranational spécifique à ce domaine, mais sur les éclairages donnés par le droit comptable OHADA[1216]. Le droit comptable OHADA dans sa version révisée du 26 janvier 2017, offre en effet des éléments de délimitation des contours de la notion de logiciel **(1)** ainsi que des éléments de traitement comptable des transactions sur les logiciels, tous utiles aux administrations fiscales africaines en matière de traitement fiscal des transactions sur les logiciels **(2)**.

1. La délimitation des contours de la notion de logiciel

1032. D'après le Plan comptable général OHADA, « un logiciel est un ensemble d'instructions interprétables par une machine et d'un jeu de données nécessaires à ces opérations »[1217]. Cette définition est semblable à celle donnée par la doctrine française suivant laquelle « un logiciel est une suite de commandes écrites comprises par les ordinateurs, après diverses transformations »[1218]. Le logiciel est donc sur la base de ces définitions un bien immatériel très particulier, fruit d'une création intellectuelle (comme une œuvre littéraire ou… un contrat), constitué de plusieurs éléments incluant notamment les programmes, les sous-programmes, la documentation et le matériel de conception[1219]. Ces définitions sont toutes proches de celle retenue par l'administration fiscale française depuis plus d'une trentaine d'années[1220]. D'après celle-ci, un logiciel est caractérisé par « des éléments incorporels incluant des programmes nécessaires au

[1216] L'Acte Uniforme relatif au Droit comptable et à l'information financière réserve dans

[1217] Voir en ce sens AUDCIF-OHADA, Titre VIII, Chap. 2, sect. 2, p. 555 : « …Le logiciel détermine donc les tâches qui peuvent être effectuées par la machine, ordonne son fonctionnement et lui procure ainsi une utilité fonctionnelle. les séquences d'instructions appelées programmes ainsi que les données du logiciel sont ordinairement structurées en fichiers. La mise en œuvre des instructions du logiciel est appelée exécution, et la machine est appelée ordinateur ou calculateur.

[1218] TOURNEAU (P. Le), *op. cit.* p. 198.

[1219] *Ibid.*, *op. cit.* p. 198 et s.

[1220] Cf. Instr. Adm. 12 oct. 1984, § 12 s. citée par PIERRE (J. L.), Fiscalité de la Recherche, de la Propriété industrielle, et des logiciels, EFE, 2005, p. 177 : Pour elle, « un logiciel est un ensemble d'instructions, de programmes, procédés et règles ainsi que de la documentation qui leur est éventuellement associée, relatifs au fonctionnement d'une matériel de traitement de l'information ».

traitement de l'information [et] des éléments corporels servant de supports aux éléments incorporels (disques ou bandes magnétiques, documentation écrite) ». Le législateur fiscal camerounais voit quant à lui depuis dans le logiciel, et ce seulement depuis la loi de finances pour 2012, une application ou un programme informatique relatif à l'exploitation ou au fonctionnement de l'entreprise[1221].

1033. La typologie des logiciels qui prolifèrent sur le marché international permet d'opérer plusieurs classifications. Selon les critères retenus, l'on distingue tantôt les logiciels standards (ou progiciels) des logiciels spécifiques[1222], tantôt les logiciels d'exploitation des logiciels d'application[1223]. Quoi qu'il en soit, le Plan comptable général OHADA donne une typologie fort intéressante en ce qu'elle permet d'orienter techniquement la démarche du contrôle fiscal des transactions sur les logiciels. Une classification en trois catégories de logiciels est ainsi proposée par le droit des affaires OHADA qui distingue :

1034. D'abord, *les logiciels indissociables du matériel* qui font partie intégrante du matériel informatique. Il s'agit notamment des systèmes d'exploitation et des logiciels intégrés. Parce qu'ils sont indissociables des ordinateurs ou des machines, ils sont comme ceux-ci comptabilisés en immobilisations corporelles.

1035. Ensuite, *les logiciels faisant partie d'un projet de développement* qui sont acquis ou fabriqués en vue d'être utilisés dans le cadre d'un projet de développement plus global. Ceux-ci suivent le traitement comptable des projets auxquels ils se rapportent : les coûts engagés durant la phase de recherche sont obligatoirement constatés en charge ; les coûts engagés pendant la phase de développement sont activés dès lors que les critères d'activation sont réunis.

1036. Enfin, *les logiciels autonomes ou dissociés* se subdivisent quant à eux en deux catégories : les logiciels acquis ou créés par l'entité et les logiciels destinés à un usage commercial.

1037. De toute évidence, la classification ci-dessus proposée par le législateur OHADA s'inspire des standards internationaux en matière comptable et se révèle fort utile sous le rapport du contrôle fiscal des contrats d'affaires internationaux affectant les entreprises exerçant leurs

---

[1221] Cf. art 225 du CGI en vigueur au Cameroun.

[1222] TOURNEAU (P. Le), *op. cit.* p. 199 : Les logiciels standard se définissent comme un ensemble cohérent de programmes et de matériels d'appui (comportant souvent des services d'installation ou de formation et/ou de maintenance) fabriqués en série et utilisables par tout détenteur pour la réalisation des mêmes applications ou fonctions. Les logiciels spécifiques sont ceux qui ne répondent pas à la définition précédente, c'est-à-dire qui ne sont pas utilisables comme tels et nécessitent des adaptations particulières.

[1223] *Ibid., op. cit.* p. 199 : l'auteur dissocie les logiciels d'exploitation, indispensables au fonctionnement d'un système informatique, des logiciels d'application, destinés à faire produire un certain résultat ou un certain nombre de tâches à un système d'exploitation

activités dans l'un quelconque des Etats membres de l'OHADA. Ainsi, chaque fois qu'ils sont en présence d'un contrat de logiciel en se référant au droit comptable OHADA, les agents de l'administration fiscale devraient être en mesure de comprendre de quelle catégorie de logiciel traite ledit contrat de manière à lui affecter le traitement fiscal correspondant.

2. Le traitement fiscal des transactions internationales sur les logiciels

1038. Le contrôle fiscal des contrats d'acquisition de logiciels fait en général l'objet de controverses tenant pour l'essentiel aux différences de perception de cette matière entre contribuables et administrations fiscales. Pourtant, en partant de la classification tripartite des opérations sur les logiciels, adoptée par le droit comptable OHADA, l'administration fiscale peut, sur le fondement des clauses contractuelles, contrôler de manière pertinente l'enregistrement comptable adéquat desdites opérations ainsi que le traitement fiscal correspondant effectué par les entités. Celles-ci disposent également sur le même fondement des moyens juridiques de contradiction des positions de l'administration qu'elles pourraient juger erronées.

1039. Ainsi pour les contrats d'importation de *logiciels indissociables du matériel* dans le contexte camerounais, l'administration fiscale est fondée à surveiller la perception de la TVA sur l'ensemble des biens composés du matériel et des logiciels, tout comme le ferait l'administration des douanes pour les droits de douanes à acquitter sur les mêmes biens lors du franchissement du cordon douanier. Mais ce sujet tourne à la controverse en matière d'impôt sur le revenu dès lors que les agents de l'administration envisagent de dissocier les logiciels importés par les entreprises du secteur des télécommunications et des TIC des équipements dans lesquels ils sont intégrés, pour les soumettre à la Taxe spéciale sur les revenus (TSR) due par le fournisseur étranger. L'idée pour elle est de se conformer aux dispositions du CGI camerounais qui soumettent les rémunérations pour l'usage ou la concession de l'usage des logiciels à la TSR[1224]. Une telle position nous semble excessive dans la mesure où elle occulte la réalité économique suivant laquelle le prix d'un équipement fourni avec un logiciel intégré est bel et bien composé du coût du matériel et de celui du logiciel en sorte que la facture du fournisseur ne devrait s'attacher qu'à indiquer le prix de l'équipement dans son ensemble sans être assortie d'une redevance pour utilisation du logiciel. De plus, elle conduit en situation de contrôle à faire peser la charge de la TSR, non sur le fournisseur étranger en tant que redevable réel, mais sur l'entreprise locale qui se retrouve *de facto* en situation de double imposition puisqu'elle ne peut retenir à la source la TSR afférente à une quelconque quote-part du prix de l'équipement lié au logiciel lors du règlement à son fournisseur du montant de la facture dudit équipement.

[1224] Cf. art. 225 du CGI en vigueur au Cameroun.

1040. La position appropriée en cette matière pour l'administration fiscale serait de s'attacher à valider la valeur globale d'acquisition de l'équipement (matériel et logiciel intégré) de manière à la traiter fiscalement comme une importation de matériel. Une telle approche reste compatible avec le droit OHADA qui considère les logiciels indissociables des équipements comme des immobilisations corporelles à amortir sur leur durée probable d'utilisation ou de vie.

1041. S'agissant du traitement fiscal des contrats de logiciels *importés dans le cadre d'un projet de développement*, il convient comme le suggère le traitement comptable établit par le Plan comptable général OHADA, de faire une distinction de régime fiscal selon qu'ils sont acquis en phase de recherche ou en phase de développement. Etant donné qu'en phase de recherche le droit comptable supranational nous apprend que les coûts engagés pour acquérir des logiciels sont à enregistrer en charges, il appartient à l'administration fiscale de valider l'effectivité desdits coûts et, par ricochet, leur déductibilité fiscale en tant que charges par nature du projet.

1042. En revanche, en phase de développement du projet, en posant, comme le recommande le droit comptable OHADA, que les coûts engagés en vue d'acquérir les logiciels sont activés dès lors que les conditions d'activation sont réunies, l'administration fiscale devrait logiquement analyser les logiciels en immobilisations corporelles en se fondant sur les indications apportées par les stipulations contractuelles. Pour cela, il faut que ces indications permettent de classer les dépenses engagées en « frais de développement » assimilables pour être amorties en tant qu'immobilisations incorporelles sur la durée réelle d'utilisation du logiciel. A défaut de pouvoir être ainsi qualifiées, ces dépenses seront immédiatement déductibles du résultat au cours duquel elles auront été exposées[1225].

1043. En ce qui concerne enfin les *logiciels autonomes ou dissociés*, nous nous intéresserons exclusivement à l'hypothèse du traitement fiscal des logiciels importés par les entités locales du secteur des TIC. Il revient sur ce point à chacun des Etats membres d'apporter les précisions nécessaires dans sa législation fiscale en tenant au moins compte de leur valeur d'acquisition. Ainsi, si les logiciels sont acquis au profit de l'entité importatrice pour son usage propre, ils devraient être analysés en charges déductibles dans la mesure où ils sont de faible valeur. En revanche, si leur valeur d'acquisition est élevée, ils devraient être analysés en immobilisations incorporelles et être amortis d'après leur durée probable de vie. La législation fiscale devrait en tout état de cause fixer la valeur en dessous de laquelle un logiciel doit être considéré comme une charge, et au-dessus de laquelle il doit être analysé en immobilisation incorporelle.

[1225] Voir en ce sens NJAMPIEM (J.), *op. cit.*, p. 105 à 106.

1044. Au Cameroun, le législateur fiscal prend quelque peu le contrepied du droit comptable OHADA en matière de contrôle de l'impôt sur le revenu. Depuis la loi de finances pour 2012, l'on assiste en effet sur ce point à la systématisation du contrôle spécifique de la Taxe spéciale sur les revenus (TSR) par l'administration fiscale sur toutes « *les « rémunérations versées [à l'étranger] pour l'usage ou la concession de l'usage des logiciels [...]* [1226] ». L'exploitation de cette disposition est très intéressante en matière de décryptage fiscal des clauses contractuelles relatives aux acquisitions de logiciels puisque sur son fondement, toutes les sommes versées à l'étranger en contrepartie des logiciels, quels que soient la nature de ceux-ci et le pays de destination, doivent faire l'objet d'un prélèvement au taux unique de 15% au titre de la TSR. La doctrine fiscale camerounaise précise en plus que pour l'application de ladite disposition, *« il est indifférent que les querellés aient acquitté ou non les droits de douanes, les droits et la TSR étant des impositions de nature différente : droit d'entrée sur le territoire camerounais, donc impôt sur la consommation pour les premiers, prélèvement sur les rémunérations versées à l'étranger, donc impôt sur le revenu pour la seconde*[1227] *»*.

1045. Nous l'avons montré, le contrôle fiscal des contrats d'acquisitions de logiciels ne peut s'opérer de manière pertinente que s'il intègre les éléments de décryptage fournis aussi bien par les clauses contractuelles que par le droit supranational, en l'occurrence le droit comptable OHADA. Ce faisant cette démarche doit respecter les lignes de la souveraineté fiscale tracées par chaque législation nationale. Cet exercice se complexifie davantage lorsqu'on touche au contrôle fiscal des contrats du commerce électronique.

§2. Le décryptage des interactions entre la souveraineté fiscale et le droit de régulation du commerce électronique

1046. De l'avis de la doctrine, traiter du commerce électronique au sens d'activités de commerce et d'échange exercés sur le marché électronique[1228]en tant que secteur d'activité est un abus de langage[1229]. Le commerce électronique, faut-il le reconnaître, procède simplement de la

---

[1226] La loi de finances pour 2012 a modifié le champ d'application de la Taxe spéciale sur les revenus versés à l'étranger, objet de l'article 225 du CGI camerounais, en y incluant *« les rémunérations versées pour l'usage ou la concession de l'usage des logiciels entendus comme applications et programmes informatiques relatifs à l'exploitation ou au fonctionnement de l'entreprise »*. C'est nous qui soulignons.

[1227] Voir en ce sens Circulaire N001/MINFI/DGI/LC/L du 30 janvier 2012 précisant les modalités d'application de la Loi de finances pour 2012.

[1228] Voir en ce sens CACHERD (O.), *La régulation internationale du marché électronique*, thèse, LGDJ, 2002, p. 5.

[1229] Le commerce électronique s'entend « du fait pour une entreprise d'utiliser l'informatique associée aux réseaux de télécommunication pour interagir avec son environnement », Voir en ce sens CACHERD (O.), op. cit. p. 6.

numérisation de la vie économique et ne saurait constituer en soi un secteur d'activité puisqu'il recouvre toutes les activités marchandes rencontrées dans tous les secteurs de la vie économique[1230]. Qu'à cela ne tienne, appréhender artificiellement le commerce électronique pour des besoins d'analyse en droit fiscal comme un secteur d'activité revêt un réel intérêt ne serait-ce qu'en raison des problèmes que pose cette *modalité d'exercice du commerce* en matière de contrôle fiscal. En effet, s'il est un domaine vis-à-vis duquel la souveraineté fiscale des Etats peine à trouver de réelles marques, c'est bien celui de l'économie numérique ou plus exactement du marché électronique international[1231]. Ce domaine a certes permis la réalisation de progrès technologiques sans précédent, mais il a révélé de manière frappante l'inadaptation du cadre fiscal international et national actuel, qui repose sur des règles aujourd'hui inopérantes parce que conçues au siècle dernier en s'appuyant sur un certain degré de présence physique.

1047. D'après le législateur camerounais de 2010, relève du commerce électronique toute « activité économique par laquelle une personne effectue ou assure par voie électronique la fourniture de biens ou de services[1232] ». Cette définition est peu ou prou proche de celle donnée par le législateur français quelques années plutôt. Ce dernier y voit depuis l'adoption de la loi du 21 juin 2004 sur « l'activité économique par laquelle une personne propose ou assure à distance et par voie électronique, la fourniture de biens et de services[1233] ». Le commerce électronique prospère grâce au procédé du courrier électronique[1234] grâce auquel se nouent et se dénouent les contrats informatiques et électroniques qui se caractérisent par certaines spécificités d'ordre technique qui les distinguent nettement des contrats classiques et qui tiennent principalement à l'absence de localisation géographique et à l'incorporalité de l'Internet[1235]. L'économie numérique répond à plusieurs

---

[1230] Il s'agit davantage d'une modalité d'exercice des activités commerciales que d'un secteur d'activité économique.

[1231] CACHARD (O.), La régulation internationale du marché électronique, thèse, LGDJ, cité par TOURNEAU (P. Le), *op. cit.* p. 397.

[1232]Cf. art. 2 de la Loi N° 2010/021 du 21 décembre 2010 régissant le commerce électronique au Cameroun.

[1233]Art. 14 de la Loi n° 2004-575 du 21 juin 2004 « pour la confiance dans l'économie numérique » : Cette loi précise en outre qu'entre également dans le champ du commerce électronique les services tels que ceux qui consistent à fournir des informations en ligne, des communications commerciales et des outils de recherche, d'accès et de récupération de données, d'accès à un réseau de communication ou d'hébergement d'informations. Voir en ce sens TOURNEAU (P. Le), *Contrats informatiques et électroniques*, *op. cit.*, p. 397.

[1234] Cf. art. 2 de la Loi N° 2010/021 du 21 décembre 2010 précitée : le courrier électronique s'appréhende comme *« tout message, sous forme de texte, de voix, de son ou d'image, envoyé à travers un réseau de communication, stocké sur un serveur du réseau ou dans l'équipement terminal du destinataire, jusqu'à ce que ce dernier le récupère »*.

[1235] Voir en ce sens JACQUET (J.-M.), DELEDECQUE (P.), CORNELOUP (S.), *op. cit.* 1ère éd. p. 291.

caractéristiques qui expliquent, eu égard au cadre normatif supranational actuel, la fiscalisation malaisée par les États des bénéfices qu'elle génère[1236].

1048. Ce point acquis, les grandes lignes du décryptage fiscal des contrats internationaux du commerce électronique en rapport avec le droit de régulation de cette forme de commerce peuvent être ébauchées d'une part, à travers l'étude du contrôle fiscal des contrats relatifs à l'internet **(A)**, et d'autre part, en interrogeant le lien de territorialité attachée auxdits contrats **(B)**.

A. Le contrôle fiscal des contrats relatifs à l'internet

1049. L'expression *« contrats relatifs à l'internet »* est utilisée par la doctrine pour désigner l'ensemble des contrats qui connaissent une extension ou sont suscités avec l'apparition de l'Internet[1237]. Au nombre de ces contrats figure incontestablement en bonne place la vente en ligne, excroissance numérique du contrat de vente classique, mais se distinguant fondamentalement de celui-ci davantage par son mode de conclusion que par son exécution[1238]. En marge de la vente en ligne qui peut être entièrement ou partiellement dématérialisée, les principaux contrats qui émergent sont les contrats de fourniture d'accès et d'hébergement, les contrats de référencement, de création de site et les contrats de publicité en ligne. Tous ces contrats forment la substance de ce qu'il convient d'appeler le commerce électronique[1239].

1050. En Afrique plus qu'ailleurs, le commerce électronique international fait obstruction à bien des égards à la sécurité juridique et

---

[1236] L'économie numérique se caractérise par les principaux traits suivants :

- une très grande mobilité, notamment s'agissant des actifs incorporels ;
- la place stratégique des données des utilisateurs et de leur exploitation ;
- l'effet de réseau, qui conditionne le succès d'une activité ou d'un modèle économique au nombre d'utilisateurs et à la participation de ces derniers ;
- des modèles d'affaires à plusieurs faces (modèles bifaces ou multifaces), les entreprises du numérique jouant le rôle d'intermédiaire entre des acteurs présents sur les différentes faces du modèle.

[1237] Voir en ce sens CACHERD (O.), *op. cit.*, 4e de couv. : *« Les activités économiques mises en réseau sur l'internet ne sont pas localisées dans un espace autonome. L'internet n'est pas un lieu, mais un réseau de communications qui réunit des opérateurs et des consommateurs nouant des relations privées internationales depuis les Etats où ils sont établis. Un marché mondial d'échanges de bien ets des services est ainsi constitué sur lequel la distinction traditionnelle entre situations internes et situations internationales s'estompe »*.

[1238] Voir en ce sens TOURNEAU (P. Le), *op. cit*, p.394.

[1239] Voir en ce sens JACQUET (J.-M.), DELEDECQUE (P.), CORNELOUP (S.), *op. cit.* 1ère éd. p. 271 et s. : *« La loi n°2004/575 pour la confiance dans l'économie numérique du 21 juin 2004, dans son art 14 en donne une définition extrêmement large qui comprend non seulement le commerce entièrement dématérialisé ou la totalité de l'opération se réalise en ligne (...) mais aussi le commerce partiellement dématérialisé où l'opération porte sur des biens matériels, qui sont commercialisés en ligne, mais dont la livraison sera assurée hors réseaux (par exemple en cas de vente de biens via Internet nécessitant une livraison par voie traditionnelle) »*.

fiscale de l'administration. L'inconfort juridique de l'administration fiscale vis-à-vis des transactions électroniques internationales tire lui-même sa source de la menace d'insécurité juridique qui plane sur tous les acteurs du commerce électronique. D'après la doctrine, cette menace s'explique par le fait que *« le contrat de commerce électronique est pris entre deux feux : celui du monde numérique, libéral et privilégiant l'efficacité économique, et celui du contrat qui repose sur un fragile équilibre entre sécurité juridique et justice contractuelle*[1240] *»*. A cet égard, les administrations fiscales africaines soucieuses de contrôler les contrats du commerce électronique devraient en permanence garder à l'esprit que *« l'exécution d'un contrat peut être électronique, comme le téléchargement de la musique, mais [que] cela ne modifie en rien les obligations contractuelles, le lien de droit dont elles découlent, et qui est une abstraction*[1241] *»*. Cela dit, en matière de contrôle fiscal, les administrations gagneraient à prendre en compte la régulation juridique et fiscale nationale **(1)** et supranationale **(2)** dont fait l'objet le commerce électronique afin de saisir avec le plus d'exactitude et de justesse possible les bases d'imposition des opérations relevant de cette modalité d'exercice du commerce.

1. La prise en compte du droit national de régulation du commerce électronique

1051. Comme en matière de téléphonie mobile le dispositif juridique et fiscal camerounais offre un exemple de régulation du commerce électronique qui fournit des informations et des outils de contrôle intéressants à l'administration fiscale. La loi de 2010 régissant le commerce électronique pose expressément le principe suivant lequel l'exercice du commerce électronique est soumis au respect des dispositions du Code général des impôts[1242]. Sur cette base, il revient au législateur fiscal camerounais de s'adapter aux différentes modalités d'exercice du commerce électronique afin de saisir de manière pertinente la matière imposable qu'il véhicule. A ce propos, la loi camerounaise de 2010 sur le commerce électronique traite de deux catégories d'opérations : la publicité par voie électronique[1243] et les contrats souscrits par voie électronique[1244]. Ainsi, à côté de la publicité commerciale en ligne, ce texte autorise la conclusion de contrats par voie électronique sous réserve des prescriptions fixées par les

---

1240 Voir en ce sens MEKKI (M.), « Le formalisme électronique : la neutralité technique n'emporte pas neutralité dans l'axiologique », Revue des contrats, LGDJ, Paris, Juillet 2007/3, p. 681, cité par DIFFO TCHUNKAM (J.), « Le contrat selon la loi camerounaise du 21 décembre 2010 sur le commerce électronique », Juridis Périodique n°87, juillet-Août-Septembre 2011, p.76.

1241 Voir en ce sens TOURNEAU (P. Le), *Contrats informatiques et électroniques, op. cit.*, p.17.

1242 Art. 3 de la Loi N° 2010/021 du 21 décembre 2010 régissant le commerce électronique au Cameroun.

1243 Toute publicité sous quelque forme que ce soit, accessible par un service en ligne.

1244 Art 9 de la Loi N° 2010/021 du 21 décembre 2010 précitée.

textes législatifs et réglementaires en vigueur. A quelques exceptions près, le régime des contrats écrits classiques, d'après le législateur national, s'applique aux contrats électroniques quant à l'expression de la volonté, à leur effet légal, à leur validité et à leur exécution, exception faite de certains types de contrats limitativement énumérés par ladite loi[1245]. En disposant de la sorte, le droit national de régulation du commerce électronique fournit des indications au contrôle fiscal quant à la conduite à tenir vis-à-vis des contrats du commerce électronique. Le principal enseignement qui s'en dégage est que les contrats du commerce électronique doivent être contrôlés suivant les mêmes méthodes de décryptage utilisées pour les contrats classiques ainsi que nous les avons exposés plus haut dans notre étude. Sur ce point, il est certain que la nature des clauses d'un contrat classique de distribution ou d'assistance technique ne saurait connaître de « mutation soudaine » du fait de sa conclusion par voie électronique au point de dérouter ses lecteurs, puisque les termes de leur rédaction restent les mêmes dans ces deux modalités.

1052. Seulement, ce n'est qu'une décennie plus tard que la législation fiscale camerounaise connaîtra un début d'évolution avec l'institution de la taxation à la TVA du commerce en ligne. Ce n'est qu'avec la loi de finances pour l'exercice 2020 que le législateur camerounais, relayé en cela par la doctrine administrative, a apporté des précisions relativement au régime de TVA sur les opérations de commerce en ligne[1246]. L'article 127 (15) fait dorénavant rentrer dans le champ d'application de la TVA sur le commerce électronique deux catégories d'opérations. La première catégorie vise les ventes de biens et les prestations de service de toutes natures effectués sur le territoire camerounais à travers des plateformes de commerce électronique étrangères ou locales[1247]. La seconde vise les commissions perçues par les opérateurs de plateformes de commerce en ligne à l'occasion de la vente de biens et de services sur le territoire camerounais, la substance de ces commissions renvoyant aux sommes versées par le vendeur et/ou l'acquéreur en rémunération de l'utilisation de la plateforme.

1053. Certes, ce nouveau dispositif a le mérite de donner aux services de contrôle des indications tant sur le champ d'application (le montant de la vente des biens et des services en ligne, ou le montant des commissions perçues par les opérateurs de plateforme de commerce électronique), que sur

---

[1245] *Ibid.*, art. 10

[1246] Voir en ce sens art. 127 (15) et 149 du CGI modifiés par la Loi N° 2019/023 du 24 décembre 2019 portant loi de finances de la République du Cameroun.

[1247] Au sens de la circulaire d'application de la loi de finances pour 2020, une plateforme numérique désigne un outil digital mettant en relation à distance, par voie électronique, des personnes en vue de la vente d'un bien ou de la fourniture d'un service. La plateforme de commerce en ligne peut être exploitée suivant les modalités ci-après :

- Par un opérateur qui met en relation les fournisseurs et les clients ;
- Par un fournisseur pour la distribution de ses propres produits.

la territorialité fiscale des opérations de commerce électronique. Mais il reste circonspect sur le fait générateur et l'exigibilité de cette TVA spécifique, traduisant de ce fait l'embarras du législateur camerounais relativement à ce double aspect. Or, une appréhension complète des éléments d'imposition est importante en matière de contrôle fiscal puisque l'administration ne peut valablement imposer des opérations que lorsqu'elle a connaissance du fait générateur et de l'exigibilité de l'impôt dû par le contribuable. Les modalités de liquidation de collecte et de reversement de la TVA sur les opérations de commerce en ligne diffèrent selon que l'opérateur de la plateforme est ou non établi au Cameroun. La TVA sur les ventes en ligne effectuées à travers les plateformes de commerce électronique établies au Cameroun ainsi que les commissions y relatives, est liquidée, collectée et reversée suivant les conditions de droit commun. Cependant, lorsque l'opérateur de la plateforme n'est pas établi au Cameroun, il lui incombe après de liquider, collecter et reverser la TVA sur la transaction y relative[1248]. Encore faut-il distinguer entre deux hypothèses tenant à la matérialité des biens.

1054. A ce sujet, *lorsque la transaction porte sur un bien matériel*, la TVA n'est pas collectée par l'opérateur de la plateforme mais plutôt par les services de la douane lors du franchissement du cordon douanier[1249]. En revanche, *lorsque les biens sont acquis en ligne* par les particuliers ou les entreprises, l'opérateur de la plateforme collecte et reverse la taxe. Dans ce cas, les services fiscaux procèdent aux contrôles d'usages sans préjudice des contrôles effectués par les services douaniers. Dans tous les cas, précise la doctrine administrative, la TVA due sur la quote-part des commissions reçues par un opérateur pour les biens et services consommés au Cameroun, est collectée et reversée au Cameroun par l'opérateur concerné.

1055. En matière d'impôt sur le revenu, les administrations fiscales africaines ne disposent pas encore de solutions suffisamment appropriées susceptibles de venir à la rescousse de l'approche classique d'imposition des revenus des sociétés. Au Cameroun, le contrôle fiscal du commerce électronique international ne se sert que des dispositions de l'article 225 du Code général des impôts qui font entrer dans le champ d'application de la Taxe spéciale sur le revenu les prestations audiovisuelles à contenu numérique et d'une manière générale, *les sommes versées à l'étranger en rémunération des prestations de toute nature fournies ou utilisées au Cameroun*. Cet état de fait est suffisamment révélateur de l'impasse dans laquelle se trouvent les pays africains face à l'évolution du régime

[1248] La doctrine administrative précise que pour ce faire, il est préalablement tenu de s'immatriculer (Cf. Circulaire N° 006/ MINFI/ DGI/ LRI/ L du 21 février 2020 précisant les modalités d'application de la loi de finances pour 2020 *préc.*).

[1249] Tel est le sens des dispositions de l'article deuxième alinéa 9 de la loi N° 2016/018 du 14 décembre 2016 portant loi de finances de la République du Cameroun pour l'exercice 2017 et aux termes de la circulaire N°371/MINFI/DGD du 23 décembre 2016 précisant les modalités d'application des dispositions douanières de ladite loi.

d'imposition des opérations du commerce électronique et des moyens de contrôle desdites opérations.

1056. Mais les évolutions récemment enregistrées en cette matière dans certains pays de l'OCDE, et notamment en France, constituent une source d'inspiration pour les Etats africains. A cet égard, en adoptant en 2019 une loi portant création d'une *taxe sur les services numériques et modification de la trajectoire de l'impôt sur les sociétés*, le législateur français a entendu fournir au contrôle fiscal un *« régime spécifique d'imposition des grandes entreprises du secteur numérique »*[1250] étant donné que pour ces entreprises, la trajectoire de baisse de l'impôt sur les sociétés initiée un an plus tôt par la loi de finances 2018 a été modifiée à travers ce régime spécial pour tenter de contrer le phénomène de l'évasion fiscale imputable à l'expansion du commerce électronique [1251]. Cette taxe, dont le fait générateur est constituée par l'achèvement de l'année civile au cours de laquelle l'entreprise a encaissé des sommes en contrepartie de la fourniture en France de services taxables, est déterminée en appliquant un taux de 3% sur le montant hors TVA des sommes encaissées par les entreprises du secteur numérique[1252]. L'adaptation des règles fiscales et l'exigence d'équité et de justice fiscales pourraient pareillement se traduire dans les pays africains par la création d'une taxe sur les recettes tirées de certains services numériques[1253]. Au-delà de la taxation de certains services numériques, émerge plus globalement la réflexion initiée par l'OCDE et portée par le G7 sur l'imposition des bénéfices des sociétés à un taux minimal international qui, d'après le Directeur du Centre de politique et d'administration fiscal de l'OCDE ne devrait pas se situer en dessous de 15%[1254]. L'aboutissement de cette réflexion qui passera par l'implication des pays du G20 et des pays membres du cadre inclusif de l'OCDE, composé de 139 pays membres, pourrait permettre, en Afrique comme ailleurs dans le monde, de faire évoluer le contrôle fiscal des contrats d'affaires internationaux dont les revenus profitent principalement aux grandes multinationales du secteur du

---

[1250]Cf. loi française n° 2019-759 du 24 juillet 2019 portant création d'une taxe sur les services numériques et modification de la trajectoire de baisse de l'impôt sur les sociétés

[1251] En France, la loi de finances pour 2018 a prévu une baisse du taux normal de l'IS pour toutes les sociétés. De 33,1/3% en 2017, il devrait se situer à 25% en 2022.

[1252] Art. 299 ter de la loi n° 2019-759 du 24 juillet 2019 *préc.*

[1253] L'Ouganda a annoncé le 4 juillet 2018 sur sa page Facebook, son intention de taxer les messageries en ligne de manière imposer les géants d'Internet conformément à leurs revenus. En Afrique du Sud, les autorités ont décidé de créer, dès le mois d'octobre 2018, une taxe sur les biens et services achetés en ligne, censée rapporter 4,4 milliards de rounds par an. Une première étape avant l'élargissement du champ de l'impôt classique aux bénéfices des sociétés (Magazine *Jeune Afrique* n°3005-3006 du 12 au 25 août 2018).

[1254] Lire à ce sujet interview de Pascal SAINT-AMANS in *Libération* n° 12432 du 7 juin 2021, « Impôt minimum mondial : « En dessous de 15%, c'est plus la peine d'essayer » », recueilli par Franck BOUAZIZ.

commerce électronique communément désignées sous l'acronyme de GAFAM[1255].

1057. Cela dit, l'enjeu pour les administrations fiscales en matière de contrôle des contrats électroniques est un enjeu d'information, celui notamment de la reconstitution des transactions effectuées par voie électronique. En effet, pour une entité donnée soumise au contrôle fiscal, Les Etats doivent se doter d'organes techniques compétents leur permettant de saisir ladite information pour tous les contribuables. Tel est notamment au Cameroun le rôle de l'Agence de Régulation des Télécommunications qui peut se révéler d'une grande utilité au contrôle fiscal à travers les rapports de contrôle techniques effectués auprès des fournisseurs d'accès à internet et des opérateurs de télécommunications qui peuvent logiquement être communiqués sur simple demande à l'administration fiscale.

1058. Toutefois, le droit national de régulation ne saurait constituer le seul pourvoyeur de solutions en faveur du contrôle fiscal, loin de là. Le fait pour un Etat de se doter d'une législation nationale spécifique au commerce électronique a en réalité quelque chose de réducteur vis-à-vis d'un outil comme Internet qui, par définition, ne se limite pas aux territoires nationaux[1256]. C'est pourquoi il revient au contrôle fiscal de s'intéresser davantage au droit supranational de régulation du commerce électronique, même si celui-ci reste limité dans les solutions qu'il offre aux administrations fiscales.

2. L'exploitation du droit supranational de régulation du commerce électronique

1059. La réponse optimale au défi fiscal posé aux administrations fiscales par la numérisation de l'économie relève davantage d'une action sur le plan supranational. Parce que les contrats du commerce électronique ne requièrent pas de supports écrits ou papier, ils sont plus que les contrats écrits susceptibles d'échapper à la vigilance de la plupart des administrations fiscales africaines. Le décryptage fiscal de ces contrats est en effet obstrué par le fait que les opérations du commerce électronique ne laissent généralement que très peu de « traces » en comptabilité. Cette situation peut trouver une explication dans le fait qu'une frange de la doctrine et d'opérateurs considère que ces contrats font l'objet d'une « autorégulation[1257] » par le réseau Internet, véritable espace international

---

[1255] Les plus grandes entreprises du commerce électronique Google, Amazone, Facebook, Apple, Microsoft (GAFAM) semblent également converger vers ce taux d'imposition des bénéfices à 15% proposé par les Etats-Unis et considéré le G7 comme un taux d'équilibre.

[1256] La distinction contrats internes contrats internationaux a moins de pertinence en cette matière.

[1257] D'après les tenants de la thèse de l'autorégulation, le réseau internet est un réseau transnational entièrement dématérialisé. On doit y voir un nouvel espace, le cyberespace, qui serait un véritable espace international, soustrait aux souverainetés étatiques. (Lire à ce propos JACQUET (J.-M.), DELEDECQUE (P.), CORNELOUP (S.), *op. cit.* 3e éd. p. 328.)

autrement appelé « cyberespace [1258]» échappant aux souverainetés étatiques. Une telle conception a pour effet de vider le contrôle fiscal des contrats électroniques au sein des Etats de sa substance au point de le paralyser dans la mesure où ce contrôle est lui-même l'expression de leurs souverainetés fiscales respectives.

1060. Or, l'apport du droit supranational en matière de contrôle fiscal des contrats d'affaires internationaux est d'autant plus important que les contrats du commerce électronique relèvent substantiellement du droit du commerce international, à un point tel qu'en cette matière, la distinction entre contrat interne et contrat international n'est pas toujours essentielle[1259]. A la fois construit par le *soft law* et par des règles internationales plus contraignantes le droit international du commerce électronique est fondamentalement l'œuvre de la Commission des Nations-Unies pour le droit commercial international (CNUDCI).

1061. En matière de *soft law*, deux lois-type ont été élaborées par la CNUDCI afin de proposer aux Etats des règles juridiques transnationales en matière de commerce électronique[1260]. Il s'agit d'abord de la loi-type de la CNUDCI de 1996 sur le commerce électronique adoptée pour faciliter l'utilisation des messages électroniques. Cette loi-type énoncent deux principes de base susceptibles d'orienter la démarche des administrations fiscales en matière de contrôle des contrats électroniques. Il s'agit d'une part du *« principe de non-discrimination »* qui veut que les utilisateurs de message de données ne doivent pas voir la valeur des stipulations contenues dans ces messages dédiés du seul fait qu'il s'agit de messages de données et non d'un support papier. Le second principe est celui de *« l'équivalent fonctionnel »* qui signifie que l'on doit identifier les objectifs et fonctions des règles traditionnelles, puis rechercher comment les mêmes objectifs et fonctions peuvent être garantis dans le cadre du commerce électronique. Cette approche est adoptée par la loi-type notamment sur le terrain de la forme écrite[1261], de la signature et de la notion de document original. Sous le

---

[1258] Selon la thèse de l'autorégulation du commerce électronique, *« on pourrait comparer le cyberespace avec d'autres espaces où la souveraineté étatique est absente, comme la haute mer, les corps célestes, etc. Il s'agirait d'un espace sans loi, un espace qui connaît un vide juridique »* (Cf. JACQUET (J.-M.), DELEDECQUE (P.), CORNELOUP (S.), *op. cit.* 3e éd. p. 329.)

[1259] Voir en ce sens JACQUET (J.-M.), DELEDECQUE (P.), CORNELOUP (S.), *op. cit.* 1ère éd. p. 273.

[1260] *Ibid.*, p. 273: Les auteurs expliquent qu'« il est parfois soutenu que l'ensemble de ces activités a donné naissance à une *lex electronica,* expression employée par analogie avec la *lex mercatoria,* c'est-à-dire un droit transnational du marché électronique ». Ce droit est généré par la pratique des opérateurs du commerce électronique ainsi que l'activité normative de certains organismes privés comme la Chambre de Commerce et d'Industrie (CCI) qui ont contribué à développer des usages et pratiques standardisées.

[1261] Selon les textes de la CNUDCI, pour qu'un message de données puisse être qualifié d'écrit électronique et équivaloir à un écrit papier, l'information contenue dans le message

rapport de la fiscalité, ces deux principes posés par la loi-type sur le commerce électronique, en ce qu'ils établissent une analogie de fond entre les contrats établis sur support papier et ceux établis par voie de messagerie électronique ou d'échanges de données informatiques, permettent aux acteurs du contrôle fiscal de détecter plus aisément les contrats électroniques.

1062. Ensuite, la loi-type de la CNUDCI de 2001 sur les signatures électroniques ayant pour objet d'assurer la fiabilité de la méthode utilisée pour identifier le signataire d'un message électronique en adoptant une approche de neutralité technologique ne privilégiant l'utilisation d'aucune méthode particulière de création de signature[1262]. Suivant cette loi-type, les signatures électroniques qui satisfont à certaines exigences de fiabilité technique sont considérées comme équivalentes à des signatures manuscrites[1263]. Le contrôle fiscal des contrats électroniques peut utilement se servir de ces dispositions pour reconnaître des contrats d'affaires électroniques dument signés par les parties.

1063. S'agissant des règles contraignantes, elles sont produites par la convention du 23 novembre 2005 sur l'utilisation de communications électroniques dans les contrats internationaux traite des questions relatives à l'utilisation des communications électroniques lors de la formation et de l'exécution du contrat. Elle a globalement pour objet de permettre l'application des règles générales de droit civil et commercial, qu'elles soient de source internationale ou nationale lorsque les parties ont eu recours à des communications électroniques[1264]. A bien y regarder, les dispositions de cette convention facilitent le contrôle fiscal des communications électroniques puisqu'elles permettent de décrypter fiscalement leur contenu dans les mêmes conditions que les contrats internationaux rédigés sur des supports papier.

1064. Les différents textes ci-dessus ne traitent évidemment pas seulement des aspects permettant d'établir une analogie entre contrats écrits et contrats électroniques de laquelle il ressort que *« le régime substantiel des contrats du commerce électronique reste soumis aux règles de droit commun* [1265]». Les textes de la CNUDCI traitent aussi des spécificités liées à

---

doit être accessible pour être consulté ultérieurement (Cf ; art 6§1er de la Loi-type de 1996 et art. 9§2 de la convention de 2005.

1262 Art. 3 de la loi-type de la CNUDCI de 2001 sur le commerce électronique.

1263 *Ibid.*, art. 6 al 3: Une signature électronique est considérée comme fiable si les données afférentes à sa création sont liées exclusivement au signataire et sont sous son contrôle exclusif.

1264Cf art. 4 b) et c) de convention du 23 novembre 2005 sur l'utilisation de communications électroniques dans les contrats internationaux. D'après ces dispositions, la notion de *« communications électroniques »* comprend non seulement les messages de données informatisées, mais aussi les télécopies et les télégrammes.

1265 Voir en ce sens JACQUET (J.-M.), DELEDECQUE (P.), CORNELOUP (S.), *op. cit.* 1ère éd. p. 299.

la formation du contrat électronique notamment à travers des dispositions permettant de déterminer le moment et le lieu de la formation du contrat électronique. Comme nous l'avons montré, l'ensemble de ces dispositions peuvent pertinemment éclairer les acteurs du contrôle fiscal quant à la perception du fait contractuel en matière de commerce électronique. D'autres textes supranationaux existent qui fournissent également des dispositions de régulation du commerce électronique susceptibles d'être exploitées à l'occasion des contrôles fiscaux des contrats électroniques. Mais comme on peut s'y attendre, il reste que l'essentiel des difficultés en matière de contrôle fiscal des contrats électroniques se condense sur le terrain de la territorialité.

B. Les difficultés de contrôle de la territorialité fiscale des contrats électroniques

1065. Le commerce électronique repose sur des modèles d'affaires indissociables des évolutions technologiques qui répondent à des traits distinctifs propres, et dont les caractéristiques rendent obsolètes, au moins en partie, les règles fiscales traditionnelles. Sous le rapport du concept d'établissement stable ces règles, rappelons-le, ont été pour l'essentiel élaborées au siècle dernier et reposent fondamentalement sur un certain degré de présence physique matérialisée par des bâtiments, du personnel ou des activités réalisées sur un territoire donné. En raison de ses traits particuliers et de la place centrale qu'y occupent les données de ses utilisateurs, le commerce électronique permet la fourniture de biens ou de services sans présence physique tangible et conduit à ce que d'importants profits soient dégagés d'un territoire en l'absence de toute implantation.

1066. Les pratiques d'évitement de l'impôt ne sont bien sûr pas propres au seul phénomène de numérisation de la vie économique. Ce phénomène les a néanmoins accentuées en facilitant la délocalisation des bases taxables au point de faire de la territorialité fiscale des contrats électroniques une donnée évanescente. Pourtant, c'est sur le fondement d'une territorialité fiscale bien circonscrite que chaque Etat peut être en mesure de fixer un régime fiscal approprié aux transactions du commerce électronique de manière à permettre au contrôle fiscal de s'exercer pour faire respecter ledit régime. Le problème de fond qui se pose à la plupart des Etats est celui d'arriver à imposer les activités des entreprises du numérique en l'absence de toute présence physique dans les pays concernés. Ce problème qui se pose à l'échelle planétaire, se pose avec une acuité particulière aux Etats africains de l'espace OHADA.

1067. De fait, certains modèles économiques construits notamment par les grandes entreprises du secteur numérique, et reposant sur la participation des utilisateurs et la valeur que ces derniers créent, renforcent la dissociation entre le lieu où la valeur est créée et celui où elle est imposée et peuvent conduire à ce que des multinationales dégageant des profits substantiels, se voient appliquer un taux d'imposition très faible de leurs bénéfices, voire négatif[1266]. Le point central des préoccupations des administrations fiscales est de savoir comment faire jouer la territorialité fiscale de leur juridiction vis-à-vis des contrats conclus en ligne en méconnaissance du lieu où est établi l'opérateur du commerce électronique. La réflexion sur cette importante question reste « dilettante » mais elle enregistre des avancées qu'il convient de relever.

1068. Au Cameroun, l'imposition des bénéfices des entreprises à travers l'impôt sur les sociétés obéit en droit commun, comme nous l'avons montré, au principe de territorialité, consacré à l'article 5 bis du Code général des impôts. En vertu de ce principe, les bénéfices tirés de l'exploitation d'une entreprise au Cameroun ou des opérations réalisées au Cameroun, sont passibles de l'impôt sur sociétés sous réserve des dispositions des conventions internationales. Cependant les critères retenus pour définir la territorialité que sont le siège social, l'établissement permanent ou le représentant dépendant, ne permettent toujours pas d'appréhender convenablement les profits émanant des activités numériques effectuées sans présence tangible sur le territoire national[1267]. Ces critères supposent au minimum une installation matérielle possédant une certaine fixité et dotée d'un certain degré d'autonomie, au moyen de laquelle l'entreprise étrangère exerce tout ou partie de son activité (une succursale, un magasin, une agence, un bureau de vente ou d'achat, une usine, etc.).

1069. Ainsi, l'on peut valablement se demander si une entreprise de commerce électronique basée au Cameroun, mais dont le site web est hébergé par un serveur situé à l'étranger peut considérer ledit serveur comme un établissement stable. Autrement dit, le serveur peut-il être considéré comme une « installation d'affaires » possédant un « certain degré de permanence et d'autonomie » indispensable à l'entreprise pour l'exercice de son activité de commerce électronique ? A ce jour, le législateur et l'administration fiscale camerounaise ne se sont pas prononcés sur le sujet en matière d'impôt sur les sociétés.

1070. En matière de TVA, pour résoudre le problème de la territorialité, le législateur fiscal, à travers la loi de finances pour l'exercice 2020, en disposant que les ventes de biens et les prestations de services effectuées sur

---

[1266] Le caractère multiface des modèles économiques numériques accentue ce décalage à travers « la possibilité de localiser les différents versants d'un même modèle dans des pays différents. À titre d'exemple, les utilisateurs d'une application (première face) sont dans des États A et B et l'entreprise qui conclut avec les annonceurs les contrats de mise à disposition d'espaces publicitaires (seconde face) est dans un État C, où les bénéfices tirés des contrats sont déclarés – et imposés. C'est concrètement le modèle d'organisation d'une entreprise comme Google.

[1267] Il suffit en effet à chaque entreprise du commerce électronique de déployer ses opérations à partir d'un serveur pour interagir avec des clients ou des fournisseurs pour être à même d'encaisser des revenus taxables.

le territoire camerounais ou à travers les plateformes de commerce électronique étrangères ou locales sont imposables à la TVA[1268], a évoqué la question sans être plus explicite puisqu'il n'a pas expliqué ce qu'il entendait par *« plateformes de commerce électronique étrangères ou locales »*. C'est la doctrine administrative qui a apporté à ce sujet un début d'éclairage en spécifiant sans autre forme de précision que *les plateformes de commerce en ligne sont considérées comme des plateformes étrangères lorsqu'elles sont exploitées par des opérateurs non-résidents*[1269]. Pour l'heure, les agents de l'administration fiscale doivent composer avec ces dispositions concises du droit national de régulation du commerce électronique. Mais ils seraient bien inspirés de capitaliser également les quelques avancées du droit supranational sur la question.

1071. D'après la convention de la CNUDCI du 23 novembre 2005 sur l'utilisation de communications électroniques dans les contrats internationaux, l'établissement est entendu comme une installation non transitoire[1270] qui ne résulte pas de la seule présence du matériel sur lequel s'appuie le système d'information utilisé[1271]. La convention précise à ce propos qu'une partie est présumée avoir son établissement au lieu qu'elle a indiqué.

1072. A ce sujet, le Comité des affaires fiscales de l'OCDE fait une distinction entre un site web et le serveur sur lequel ce site est hébergé. En effet, l'entreprise qui exploite le serveur peut être différente de celle qui exerce son activité par l'intermédiaire du site web hébergé par le serveur. Le comité n'applique pas de façon stricte la notion d'établissement stable aux sites web. Selon lui, du fait de leur caractère immatériel, les sites web appellent un traitement spécifique. Le Comité estime que la notion d'établissement stable peut être appliqué à l'emplacement où se trouve le serveur (hébergeant le site web), à condition qu'il soit à la disposition de l'entreprise et que des fonctions essentielles de cette entreprise soient réalisées par son intermédiaire[1272]. En revanche, le serveur sur lequel le site web est hébergé et par l'intermédiaire duquel il est accessible est un élément

---

[1268] Cf. Loi N° 2019/023 du 24 décembre 2019 portant loi de finances de la République du Cameroun *préc.*

[1269] Cf. Circulaire d'application de la loi de finances pour 2020 *préc.* : En revanche, d'après cette même doctrine administrative, les prestations de service fournies à partir des plateformes électroniques dès lors que le preneur y est établi ou y a son domicile ou sa résidence habituelle, quel que soit le lieu d'établissement du prestataire, sont réputées réalisées au Cameroun et donc taxable à la TVA au Cameroun.

[1270] Art. 4 h)

[1271] Art. 6 al 4 de la convention de la CNUDCI du 23 novembre 2005 *préc.*

[1272] À titre d'exemple, un site web, qui est une combinaison de logiciels et de données électroniques, n'implique en soi aucun bien corporel. Il n'a donc pas d'emplacement qui puisse constituer une « installation d'affaires » car il n'existe pas « une installation telle que des locaux ou, dans certains cas, des machines ou de l'outillage » en ce qui concerne le logiciel et les données constituant ce site web.

d'équipement ayant une localisation physique susceptible de constituer une « installation fixe d'affaires » pour l'entreprise qui exploite ledit serveur.

1073. Ainsi que nous l'avons montré, le droit de régulation national ou supranational appelé à encadrer chaque secteur d'activité fourni aux administrations fiscales des clés d'analyse qui leur permettent en situation de contrôle de « décrypter » fiscalement, aussi bien les contrats isolés que les ensembles contractuels.

CONCLUSION DU TITRE I

1074. Au terme des développements qui précèdent, nous convenons avec la doctrine que « quelle que puisse être la rédaction des clauses d'un contrat, les autorités fiscales qui ont à en connaître ne s'attachent pas tant aux déclarations des parties qu'à la réalité des faits qui traduisent ses modalités d'exécution, et donc la portée effective des engagements entre les parties [1273]».

1075. En suggérant le décryptage fiscal des clauses contractuelles en tant qu'outil de la déconstruction fiscale des contrats d'affaires internationaux, nous avons montré que les « traces » ou les « codes » du texte contractuel sont autant de pistes d'investigation en matière de contrôle fiscal. En transposant en matière de contrôle fiscal des contrats d'affaires internationaux le raisonnement de Maurice Blanchot au sujet de « L'accompagnement de Jacques Derrida », la présente étude conduit à dépasser les balises artificielles du soi-disant juridique posées par les juristes positivistes[1274] afin de rechercher et de mettre en exergue les « traces fiscales » enfouies dans le texte contractuel *« en procédant de trace en trace, en suivant la trace à la trace[1275] »* au point d'établir la pertinence et l'objectivité juridique des rectifications fiscales de source contractuelle. S'il permet une exploration profonde des incidences fiscales des contrats d'affaires internationaux bénéfique au contrôle fiscal, le décryptage fiscal des clauses en tant qu'outil de déconstruction juridique et fiscale desdits contrats, ne doit pas aller jusqu'à altérer leur équilibre fiscal. Au contraire, il a précisément intérêt à se donner pour vocation de rechercher constamment cet équilibre.

[1273] DUCCINI (R.), *Stratégie fiscale des contrats internationaux, op. cit.*, p. 233.
[1274] Voir en ce sens BLANCHOT (M.), « L'accompagnement de Jacques Derrida » i*n* LEGRAND (P.), *Pour la relevance des droits étrangers, op. cit.*p. 112 et s.
[1275] *Ibid.* p. 113.

TITRE II

L'ÉQUILIBRE FISCAL DES CLAUSES, FINALITÉ DE LA DÉCONSTRUCTION DES CONTRATS D'AFFAIRES INTERNATIONAUX

1076. Utilisé aussi bien dans les sciences exactes qu'en science sociales, le concept d'équilibre est polysémique. D'une manière générale, l'équilibre désigne l'état de repos résultant de l'action de forces qui s'annulent ; la position stable d'un système obtenu par l'égalité de deux forces, de deux poids qui s'opposent.[1276] En droit, il renvoie à un idéal de justice et d'équité symbolisé par la balance grecque et recherché par les juristes de tous bords dans l'organisation des rapports entre les hommes ou entre des institutions[1277]. Se pose la question de savoir si les rapports entre les contrats d'affaires et les Etats peuvent être équilibrés.

1077. Le concept d'» équilibre fiscal du contrat » que nous mettons en perspective dans le cadre de la présente étude n'est pas à confondre avec celui d'équilibre contractuel, objet des travaux de Madame Fin-Langer[1278] ou d'équilibre financier du contrat tel que traité notamment par Monsieur Laurent Vidal [1279]. Alors que l'équilibre contractuel procède de la justice contractuelle[1280] appelée à gouverner les rapports *inter partes*, l'équilibre fiscal du contrat procède, quant à lui, de la justice fiscale appelée à gouverner les rapports entre l'Etat duquel relève le Trésor public, et le contribuable duquel émane le contrat d'affaires. Ainsi envisagée, la notion d'équilibre fiscal est de prime abord de conception malaisée dans la mesure où le terrain de la justice fiscale est lui aussi délicat à explorer. En effet, l'équilibre fiscal se présente à l'observation comme un équilibre tangent qui comporte, comme l'équilibre physique, un versant statique se traduisant par le rapport harmonieux trouvé entre le contrat conclu entre les parties et la loi fiscale émanant de l'Etat tant que les obligations des parties au contrat restent stables, et un versant dynamique se traduisant par le rapport harmonieux conservé ou retrouvé entre le contrat et la loi fiscale à la suite d'une modification des obligations contractuelles desdites parties durant la vie du contrat. Sur l'un des plateaux de la balance est placé le contrat dans son ensemble, sur l'autre repose le trésor public de l'Etat.

1276 Le Petit LAROUSSE illustré, 2015. Voir également Grand LAROUSSE en 5 volumes, 1994.

1277 Voir en ce sens FIN-LANGER (L.), *L'équilibre contractuel,* Préf. de C. THIBIERGE, LGDJ, Coll. « Bibliothèque de droit privé », 200*2,* p. 3 et 4.

1278 FIN-LANGER (L.), *L'équilibre contractuel*, *op. cit.*, p. 131 et s.

1279 Lire à ce propos VIDAL (L), *L'équilibre financier du contrat dans la jurisprudence administrative*, th. Bruylant, 2005.

1280 Voir en ce sens FIN-LANGER (L.), *L'équilibre contractuel*, *op. cit*, p.V.

1078. L'équilibre fiscal du contrat ne saurait se concevoir du seul point de vue des rapports entre les cocontractants, car il ne s'agit pas de l'appréhender sous le simple prisme de la dévolution de la charge fiscale que véhicule les obligations du contrat vis-à-vis des parties[1281]. Il s'agit plutôt d'y voir, l'équilibre trouvé entre le contrat d'affaires international ou l'ensemble contractuel, pris l'un et l'autre comme procédant d'une ou plusieurs entité(s) juridique(s), et l'Etat pris comme une entité tierce liée au contrat ou à l'ensemble contractuel par ses intérêts fiscaux[1282]. En clair, il existe une relation d'obligation fiscale entre le contrat d'affaires et l'Etat c'est à dire un lien de droit, dans le sens où l'entend Monsieur Emmanuel Jeuland dans un article intitulé « L'énigme du lien de droit »[1283]. Cette perception procède de l'équilibre relationnel susceptible d'exister entre deux entités ou deux systèmes, en l'occurrence, le système contractuel et le système fiscal de l'Etat[1284]. Elle permet de saisir l'équilibre fiscal dans le contexte de notre étude, non pas comme une donnée interne au contrat, mais comme un paramètre qui gravite autour du contrat et qui génère une sorte de « tension fiscale » entre celui-ci et l'administration fiscale[1285]. A l'évidence, cette tension fiscale prend un relief particulier lorsque l'Etat est lui-même partie au contrat d'affaires international contrôlé, étant donné que dans une telle hypothèse, l'Etat est alors économiquement lié au contrat par un double ordre d'intérêts : d'un côté, il veillera en tant que cocontractant à la préservation de ses intérêts commerciaux ; et de l'autre, il veillera en tant que tiers à la préservation de ses intérêts fiscaux[1286]. Une telle hypothèse est

---

1281 Certes en vertu du principe de l'effet relatif, *« le contrat ne crée d'obligations qu'entre les parties [1281]», « les contrats étant formés par la volonté et dans la mesure voulue par les parties contractantes, ils ne peuvent avoir d'effets obligatoires envers les tiers si ces tiers ne les ont pas acceptés. Ce principe n'implique cependant pas que les tiers- au rang desquels s'invite l'Etat- puissent ignorer le contrat. Le contrat existe, c'est un fait dont ils doivent tenir compte et qu'ils peuvent invoquer [1281]»* (art. 1200 et 1201 du C. civ.).

1282 Voir en ce sens COHET (F.), *Le contrat*, p. 167 *« La compréhension du principe de l'effet relatif du contrat impose que l'on distingue entre les parties contractantes et les tiers absolus, dits penitus extranei. Entre ces deux catégories extrêmes, on découvre des tiers qui ne sont pas neutres en raison de l'existence de situations juridiques dans lesquelles les parties sont engagées »*.

1283 Sur la notion de lien de droit, lire JEULAND (E.), « L'énigme du lien de droit », RTD Civ, 2003, p. 455 : « La notion de lien de droit est employée pour définir de nombreuses autres notions juridiques telles que l'obligation, la filiation ou l'instance. Mais elle n'est pas elle-même définie ou bien lorsqu'elle l'est, un synonyme tel que rapport ou union est utilisé, si bien que l'énigme reste entière ».

1284 La mise en perspective d'une telle perception procède d'une approche relationniste du droit fiscal qui reste compatible avec l'approche déconstructiviste utilisée dans notre étude.

1285 Idéalement, l'équilibre fiscal est trouvé lorsque la conclusion et l'exécution du contrat par les parties s'accomplissent dans le respect de la loi fiscale telle qu'elle s'applique spécifiquement à chaque clause contractuelle, à chaque opération contractuelle, et plus largement à l'économie générale de l'opération dans le cadre des ensembles contractuels.

1286 Voir en ce sens COHET (F.), *op. cit.*, p. 167 : *« Si les tiers ne peuvent demander l'exécution du contrat ni se voir contraints de l'exécuter (art. 1199, al. 2 du Code civil), ils*

susceptible de générer une sorte de confusion entre l'équilibre financier et l'équilibre fiscal du contrat notamment lorsque l'Etat, agissant en tant que cocontractant, concède contractuellement des avantages fiscaux à l'opérateur privé transnational.

1079. Cela dit, l'équilibre fiscal en tant que finalité du contrôle fiscal des contrats d'affaires internationaux peut être appréhendé comme l'harmonie trouvée dans la relation entre le contrat et la justice fiscale de l'Etat exprimée en termes de légalité fiscale d'une part et, d'autre part, en termes d'équité fiscale avec pour double enjeu la nécessaire préservation de l'intérêt fiscal de l'Etat **(Chapitre I)** et de la sécurité fiscale des cocontractants **(Chapitre II)**.

---

doivent respecter la situation juridique créée, tout en pouvant s'en prévaloir afin d'apporter la preuve d'un fait (art. 1200 Code civil) ».

CHAPITRE I

LA NÉCESSAIRE PRÉSERVATION DES INTERÊTS FISCAUX DE L'ÉTAT

1080. En tant qu'il contribue pour une large part à atrophier les ressources fiscales des Etats africains et à freiner considérablement leur développement économique, le transfert indirect de bénéfices à l'étranger est généralement stigmatisé par la plupart des Etats africains sans que l'accent ne soit pour autant mis sur les contrats d'affaires qui le véhiculent. Pourtant, comme nous l'avons montré, la fraude et l'évasion fiscale internationales occasionnées par les contrats d'affaires internationaux constituent des phénomènes redoutables qui impactent négativement les finances publiques du fait des relations fiscales déséquilibrées qu'ils entretiennent avec les Etats. Se pose dès lors la question des nouvelles orientations à imaginer et à mettre en œuvre par les pays africains pour disposer de moyens adéquats et suffisants pour contrôler les contrats d'affaires internationaux de manière à réduire à leur portion congrue les transferts illicites de revenus à l'étranger assurer ainsi une plus grande sécurité fiscale à ces Etats.

1081. En tirant les leçons de la désorientation du contrôle fiscal occasionnée, comme nous l'avons montré, par la *« fugitivité des transferts indirects de bénéfices »* et la *« furtivité de l'abus de droit »* de source contractuelle, la réorientation souhaitée pour chaque Etat peut valablement s'articuler autour de deux axes de gouvernance des finances publiques, à savoir : la gouvernance fiscale[1287] nationale d'une part, et la gouvernance fiscale internationale, d'autre part. Relativement au premier axe, l'adaptation du dispositif institutionnel national aux contraintes du contrôle fiscal des contrats d'affaires internationaux **(section I)** apparaît à la réflexion comme une impérieuse nécessité. Pour être efficace, ce premier niveau d'adaptation devrait en toute logique être relayé par un second niveau d'adaptation aux mêmes contraintes, celui du dispositif institutionnel supranational **(section II)**.

[1287] ALAKA ALAKA (P.), *La gouvernance fiscale*, Editions Edilivre, 2009, p.14 : d'après l'auteur, *« La politique fiscale s'intègre aussi dans la gouvernance fiscale, expression plus englobante qui va au-delà des choix relatifs au dispositif d'imposition pour atteindre les conditions d'élaboration de ces choix, leur qualité formelle, les conditions de fonctionnement du système fiscal, l'efficience de l'action des administrations fiscales et enfin, les règles et pratiques conduisant à l'application de l'impôt à chaque contribuable ».*

SECTION I. L'ADAPTATION DU DISPOSITIF INSTITUTIONNEL NATIONAL AUX CONTRAINTES DU CONTRÔLE FISCAL DES CONTRATS D'AFFAIRES INTERNATIONAUX

1082. Les constructions à finalité fiscale que l'on peut observer en décryptant les contrats d'affaires internationaux sont le résultat d'une ingénierie développée par les rédacteurs desdits contrats. En face, les Etats appelés à connaître du fond de ces contrats à des fins fiscales doivent se mettre au diapason de cette ingénierie de manière à corriger autant que faire se peut le déséquilibre engendré par l'inconsistance institutionnelle desdits Etats. Rappelons que le terme institution est couramment employé pour désigner des réalités assez variées ayant toutes en commun d'être caractérisées par l'idée d'une manifestation créatrice, et organisatrice, de la volonté humaine. En droit, la doctrine fait habituellement une distinction entre deux acceptions du terme institution. La première acception est celle des « institutions-organes », qui sont des organismes dont le statut et le fonctionnement sont régis par le droit, tandis que la seconde renvoie aux « institutions-mécanismes » qui sont des faisceaux de règles régissant une certaine institution-organe ou une situation juridique donnée[1288]. En nous fondant sur cette compréhension de la notion d'institution, l'adaptation du dispositif institutionnel national en tant que moyen de préservation de la sécurité fiscale de l'Etat devrait emprunter deux directions : la première est celle de l'adaptation fonctionnelle des « institutions-mécanismes » que sont les normes fiscales à la prolifération des contrats d'affaires internationaux **(§1)**, la seconde n'est rien de moins que l'adaptation structurelle des administrations fiscales africaines en tant que « institutions-organes » au contrôle fiscal desdits contrats **(§2)**[1289].

§1. L'adaptation fonctionnelle des normes fiscales à la prolifération des contrats d'affaires internationaux

1083. Les mutations économiques et commerciales génèrent au fil du temps, ainsi que nous l'avons relevé, une production incessante de contrats d'affaires internationaux qui requiert de la part des Etats que soit systématisée la production de normes fiscales susceptibles de répondre au phénomène d'érosion des bases d'imposition et de transfert indirect de

---

[1288] Voir en ce sens *Lexique des termes juridiques*, Dalloz, 17 éd., *op. cit.* p.395.

[1289] En marge de la problématique de la double adaptation des normes fiscales à la prolifération des contrats d'affaires internationaux, il convient de garder à l'esprit que les règles fiscales générales qui structurent l'essentiel de la législation fiscale se subdivisent traditionnellement en deux sous-ensembles. Le premier sous-ensemble est constitué des règles de politique fiscale et le second des règles d'administration fiscale. Les règles de politique fiscale décrivent les options d'imposition des personnes physiques ou morales et activités retenues par le législateur. Les règles d'administration fiscale décrivent quant à elles les options organisationnelles et procédurales retenues par le législateur en vue d'assurer la couverture de la matière et des personnes imposables.

bénéfices occasionné par la prolifération desdits contrats. Une telle réponse devrait de notre point de vue passer par une double adaptation fonctionnelle du « bloc de légalité fiscale » à l'expansion des contrats d'affaires internationaux. Le premier niveau d'adaptation concerne le droit fiscal substantiel **(A)**, tandis que le second a trait au droit fiscal processuel **(B)**.

A. L'Adaptation du droit fiscal subsatantiel

1084. L'expression droit fiscal substantiel est employée ici désigner l'ensemble des dispositions fiscales qui traitent de la matière et des personnes imposables et que nous pourrions autrement appeler par souci de simplification « droit fiscal matériel » par opposition au « droit procédural »[1290]. Pour le cas du Cameroun, l'état actuel des principales dispositions du droit substantiel spécifiquement dédiées au contrôle fiscal des contrats d'affaires internationaux est synthétisé à l'Annexe 1 de la présente étude.

1085. A défaut d'anticiper sur le produit de l'imagination de l'ingénierie fiscale des contrats d'affaires internationaux, les Etats africains gagneraient au moins à inscrire leur action dans une rationalité nouvelle consistant à mettre en place *un dispositif de veille*[1291] permettant d'adapter de manière suivie leurs législations à la problématique du contrôle fiscal desdits contrats. Une telle adaptation passe d'abord par l'arrimage du dispositif général anti-évasion aux enjeux du contrôle fiscal des contrats d'affaires internationaux **(1)**. Cette adaptation requiert parallèlement une formulation de règles fiscales particulières par secteur d'activités **(2)**.

1. L'arrimage du dispositif général anti-évasion aux enjeux du contrôle fiscal des contrats d'affaires internationaux

1086. Le retard accusé par les Etats africains en matière de contrôle fiscal des contrats d'affaires internationaux est aussi largement tributaire du retard enregistré par la plupart de ces Etats dans la production normative dédiée à l'encadrement fiscal des opérations internationales. C'est pourquoi dans chacun de ces pays, le législateur gagnerait à aller bien au-delà des efforts fournis jusqu'à présent pour mieux se saisir des enjeux du contrôle fiscal des contrats d'affaires internationaux dans le cadre de sa production normative. L'on peut déjà certes noter qu'en Afrique subsaharienne, chaque législation fiscale nationale s'attaque à son rythme à la lutte contre la délocalisation des bases imposables par les entreprises locales ayant des liens de dépendance

---

[1290] Voir *Lexique des termes juridiques*, *op. cit.*, 17ème éd., 2010, p. 281 et 335 ; voir également *Vocabulaire juridique*, CORNU (G.), *op. cit.*, 10ème éd., 2014.

[1291] EVINA OBAM (R.), *La politique fiscale au Cameroun depuis les années 80*, op. cit., p. 326 : *« Une politique fiscale de posture défensive suppose dans ses aspects internationaux la mise en place d'un dispositif de veille à l'effet d'évaluer de manière permanente les risques encourus et de suggérer les pistes de rationalisation ».*

juridique ou économique avec des entreprises établis à l'étranger. Cette délocalisation des bases imposables s'opère au quotidien à travers la manipulation de valeurs économiques dont les contrats d'achat, de vente, de redevance, de coûts de structure et de prêts sont les vecteurs[1292].

1087. Au Cameroun, l'adaptation des règles fiscales aux enjeux du contrôle fiscal des contrats d'affaires internationaux connaît depuis plus d'une décennie un début de concrétisation qui se traduit essentiellement par l'adoption systématique de mesures de lutte contre la fraude et l'évasion fiscales internationales au fil des lois de finances[1293]. Cette adaptation est perceptible et gagnerait à se consolider d'une part, à travers le nécessaire renforcement du dispositif général anti-abus et la maîtrise de l'imposition des rémunérations servies à l'étranger, aussi bien en matière d'impôt directs , qu'en matière d'impôts indirects et, d'autre part, à travers la maîtrise du régime de la territorialité desdits impôts.

1088. Le nécessaire renforcement du dispositif général anti-abus. Au Cameroun comme dans les autres Etats membres de l'espace OHADA le dispositif anti-abus se limite pour l'essentiel aux dispositions légales de lutte contre l'abus de droit par simulation auxquelles l'on peut ajouter des énoncés de doctrine administrative en matière d'abus de droit par fraude à la loi. En s'inscrivant en matière de contrôle fiscal dans une logique de déconstruction fiscale des contrats d'affaires internationaux, il revient au législateur dans chacun de ces pays de faire évoluer en urgence le droit fiscal substantiel en cette matière. Une telle évolution passe par l'adoption d'un dispositif spécifique de lutte contre les montages contractuels à finalité fiscale à l'image de celui qui prévaut en France depuis 2019. Rappelons que d'après l'article 205 A du Code général des impôts qui le consacre, il n'est plus tenu compte, pour l'établissement de l'impôt sur les sociétés, d'un montage ou d'une série de montages qui, ayant été mis en place pour obtenir, à titre d'objectif principal ou au titre d'un des objectifs principaux1294, un avantage fiscal allant à l'encontre de l'objet ou de la finalité du droit fiscal applicable, ne sont pas authentiques compte tenu de l'ensemble des faits et circonstances pertinents. Outre le fait de s'attaquer sans détour aux montages et séries de montages contractuels à finalité fiscale dans une perspective

---

[1292] Voir en ce sens DAL VECCHIO (F.), *op. cit.*, p. 306.

[1293] Au Cameroun, toutes les lois de finances des dix dernières années comportent des dispositions de lutte contre la fraude et l'évasion fiscale internationales.

[1294] S'agissant de l'appréciation du but principal, la doctrine administrative française considère qu'elle résultera d'une appréciation de fait, tenant notamment compte de l'évaluation de l'avantage fiscal. Un rapport de proportionnalité entre les différents avantages obtenus à la suite du montage ou de la série de montage devra être réalisé lorsque cela sera possible (Cf. bofip.impôts.gouv.fr, 03/07/2019 : IS – RPPM – Clause générale anti-abus applicable en matière d(impôt sur les sociétés (Loi n° 2018-1317 du 28 décembre 2018 de finances pour 2019, art. 108).

déconstructionniste, cette évolution permettrait à l'administration fiscale de disposer d'un fondement légal plus élaboré et moins contraignant que celui de la procédure classique de l'abus de droit qui, faut-il le déplorer, reste peu ou mal utilisée par les administrations fiscales africaines ainsi que nous l'avons relevé dans la première partie de notre étude.

1089. La maîtrise de l'imposition des rémunérations servies à l'étranger en matière d'impôts directs. Dans le registre de l'impôt sur les sociétés et de l'impôt sur le revenu des capitaux mobiliers, les évolutions les plus frappantes enregistrées au Cameroun et dans la plupart des Etats de l'espace OHADA concernent d'abord l'encadrement des conditions de déduction des frais généraux et des rémunérations de certains services effectifs (études, assistance technique, financière ou comptable) rendus aux entreprises locales par des entreprises étrangères. Rappelons au passage que ces charges procèdent de contrats qui, en raison de la nature immatérielle des prestations servies, facilitent l'évasion et la fraude fiscales1295à travers les actes anormaux de gestion transnationaux ou la manipulation des prix de transfert. Ces frais et rémunérations fixés sont en effet comme le soutient sans détour la doctrine administrative camerounaise, un vecteur de transfert de bénéfices à l'étranger1296.

1090. Les mesures anti-évasion relatives à la déductibilité des charges vont en général dans le sens de l'élargissement de l'assiette fiscale inhérente aux contrats internationaux et se traduisent tantôt par la modification du champ d'application de la déductibilité des dépenses versées aux entreprises étrangères, tantôt par la diminution de la quotité déductible desdites dépenses[1297]. Mais de plus en plus, ces innovations reflètent explicitement un souci de protectionnisme économique, notamment en ce qui concerne les frais versés au profit de l'assistance technique étrangère. Celle-ci est clairement stigmatisée par les Etats africains au motif qu'elle ne favorise ni le développement de l'expertise locale, ni le transfert de technologie. Ainsi en est-il du Cameroun où le législateur de 2020, dans le souci de répondre aux préoccupations relatives à la maitrise de l'assiette fiscale et à la promotion de l'expertise locale, a une fois de plus revu à la baisse le plafonnement de la déductibilité des frais de siège ainsi que des frais d'études, d'assistance technique, comptable et financière[1298].

[1295] Voir en ce sens DAL VECCHIO (F.), *op. cit.*, p. 307.

[1296] Exposé des motifs du projet de loi de finances de la République du Cameroun pour l'exercice 2020.

[1297] Tel a notamment été au Cameroun, le sens des dispositions de la loi de finances pour 2013 visant à atténuer le risque d'évasion fiscale consécutif au versement des frais généraux aux entreprises étrangères.

[1298] Voir en ce sens art. 7 du CGI modifié par la loi de finances pour 2020 : Depuis cette date, le plafond de déductibilité de ces frais passe de :

- 5% à 2,5% du bénéfice imposable avant déduction des frais en cause pour les entreprises de droit commun ;

1091. Cela dit, la réflexion reste en cours, non seulement sur le sujet de la déductibilité des frais généraux ci-dessus, mais aussi au sujet de la déductibilité de diverses autres rémunérations versées à l'étranger, à l'instar des redevances de brevets ou de marques dues au profit des sociétés mères ou des sociétés du groupe, dont le bien-fondé est aujourd'hui çà et là remis en cause. L'on comprend en effet de plus en plus mal pourquoi une filiale devrait reverser à sa société mère ou à une quelconque société du groupe des redevances pour l'utilisation d'une marque ou d'une technique de fabrication alors que ladite filiale ne doit son existence même qu'à l'ambition de sa société mère de tirer profit de l'exploitation d'une marque ou d'une technique de fabrication lui appartenant tout autant que la filiale chargée de l'exploiter. L'on peut ainsi valablement faire observer que les redevances ainsi « remontées » à la société mère font double emploi, soit avec les frais généraux d'administration débités par celle-ci à sa filiale, soit avec les dividendes distribués par ladite filiale à sa maison mère. Quoi qu'il en soit, le débat conserve toute sa pertinence dans la mesure où la filiale constitue sur son territoire d'implantation, le prolongement économique et commercial de sa société mère.

1092. A côté du régime de déduction des frais généraux, vient ensuite le dispositif de lutte contre la manipulation des prix de transfert qui, lui aussi, connaît un renforcement indéniable ayant pour fondement la « reformulation » du principe de pleine concurrence. Rappelons que la formulation initiale de ce principe commande simplement que les conditions des transactions entre les entreprises associées soient conformes à celles observées dans des transactions comparables entre parties indépendantes. La reformulation de ce principe va dorénavant au-delà de la comparabilité des transactions intragroupe vis-à-vis des transactions entre entreprises indépendantes, et s'est récemment opérée au Cameroun en deux étapes. La première étape est relative à l'extension du principe de pleine concurrence aux entreprises qui réalisent des transactions avec des entités situées dans les paradis fiscaux[1299]. La seconde étape est allée plus loin. Elle a consisté à faire évoluer l'application de ce principe aux entreprises camerounaises qui réalisent des opérations avec des entités soumises à un régime fiscal privilégié. Sont considérées au Cameroun comme soumises à un régime fiscal privilégié les entreprises qui ne paient aucun impôt sur le revenu ou dont le montant de l'impôt sur le revenu payé est inférieur de moitié à celui des entreprises de droit commun dans leur pays de résidence[1300]. La solution

- de 2,5% à 1% du chiffre d'affaires pour les entreprises de travaux publics ;
- 7,5% à 5% du chiffre d'affaires pour les bureaux d'études.

[1299] (au sens de l'article 8 ter du CGI, tout Etat ou territoire dont le taux de l'impôt sur le revenu est inférieur au tiers de celui pratiqué au Cameroun, ou considéré comme non coopératif en matière de transparence et d'échanges d'informations).

[1300] Circulaire d'application de la loi de finances pour 2020 : D'après la doctrine administrative camerounaise, le critère du taux d'imposition nominal présente des limites en

camerounaise peut valablement inspirer des évolutions en cette matière dans les autres pays africains de l'espace OHADA.

1093. S'agissant du régime fiscal de la taxe spéciale sur les revenus (TSR), les évolutions gagneraient à être empreintes de plus de cohérence notamment en ce qui concerne la distinction entre les achats de biens et les prestations de services émanant des contrats d'affaires internationaux. Au Cameroun, la retenue à la source de la TSR par les opérateurs locaux sur les importations de services devrait de notre point de vue frapper les prestations de services proprement dites dont le caractère immatériel a contribué à l'institution de ladite TSR, à côté du critère de la localisation des prestations génératrices des revenus passibles de cette taxe. Cependant, le législateur camerounais est allé jusqu'à soumettre également à la TSR, les achats de biens livrés dans le cadre des prestations d'assistance technique par les opérateurs étrangers, instituant ainsi une confusion de régime imposable entre les achats de biens et les prestations de services en matière d'assistance technique étrangère.

1094. La maîtrise du régime de la territorialité des impôts indirects. L'orientation normative du législateur fiscal en matière de TVA et de droits d'accises, devrait s'articuler autour de la maîtrise de la territorialité de ces impôts et du suivi des opérations des entreprises étrangères. Pour chaque Etat dans l'espace OHADA, la maitrise du régime de la territorialité suppose que toute opération entrant dans le champ de la TVA soit soumise à cette taxe dès lors qu'elle peut être considérée comme réalisée sur le territoire de cet Etat indépendamment de la domiciliation du redevable réel. Le législateur interne de chaque Etat doit ainsi déterminer avec précision et clarté les modalités d'imposition des biens et des services d'après le critère du lieu de réalisation de l'opération. Sur cette base, les ventes ou les importations de biens seront systématiquement passibles de TVA et des droits d'accises dans un Etat comme le Cameroun ou le Sénégal, si elles sont réalisées dans les conditions de livraison des marchandises dans chacun de ces Etats. Dans cette hypothèse, on le comprend, le lieu de livraison desdites marchandises doit être localisé au Cameroun ou au Sénégal.

1095. S'agissant des autres opérations, telles que les importations de services, les cessions de droits ou les locations d'objet, le principe d'imposition à retenir par le législateur dans chaque Etat doit systématiquement être l'utilisation ou l'exploitation desdits services dans le territoire de l'Etat. Ainsi, une prestation sera localisable dans un Etat comme le Cameroun ou le Sénégal, lorsqu'elle y sera réalisée directement ou par l'intermédiaire d'un représentant, par un prestataire domicilié à l'étranger.

---

ce sens que les entreprises peuvent être résidentes des territoires non considérés comme paradis fiscal au regard du taux nominal affiché, tout en bénéficiant en fait d'une imposition très faible en raison des avantages et incitations fiscales.

Dans cette hypothèse, il suffit que le principal de l'opération, c'est-à-dire, la commande et l'exécution de l'opération, soit réalisé au Cameroun ou au Sénégal.

1096. Dans chaque Etat, il appartient au législateur de soumettre les entreprises étrangères qui exercent sur le territoire national une activité taxable à la TVA aux mêmes obligations et formalités que les entreprises de cet Etat. De la sorte, si les entreprises étrangères ne disposent pas d'établissement fixe ou de base d'affaires dans ledit Etat, elles devraient systématiquement être tenues de désigner un représentant solvable et accrédité, résidant dans l'Etat qui accomplirait pour leur compte toutes les obligations fiscales. Ce représentant serait solidairement responsable du paiement de la TVA et ainsi que des pénalités éventuelles y afférentes. En cas de non-désignation de ce représentant ou au cas où le représentant désigné ferait défaut, le redevable réel serait solidairement responsable du paiement de la TVA et des pénalités dues par la société étrangère. Dans ce cas de figure, la TVA s'établira au lieu de la prestation ou de l'utilisation du service, de la production ou de la première consommation.

1097. En matière de droits d'enregistrement, les législations nationales gagneraient à affiner le régime des cessions directes et indirectes des titres sociaux à l'étranger de manière à le faire cohabiter harmonieusement avec le régime des plus-values de cessions de titres sociaux adopté en matière d'impôts directs. Le législateur camerounais peut en cette matière s'inspirer par exemple du modèle burkinabé. L'on a en effet du mal à comprendre pourquoi au Cameroun le législateur a fait le choix d'appliquer un droit proportionnel de 2% à ces cessions alors que les gains réalisés sur les cessions indirectes de titres sociaux réalisés au Cameroun ou à l'étranger sont imposables à l'IRCM au taux de 16,5%. Une telle option nous semble contre-productive sur le plan économique pour les opérateurs internationaux dans la mesure où elle accroit le coût fiscal des opérations de capitalisation ou de recapitalisation des entreprises de droit camerounais. En revanche au Burkina Fasso, la cohabitation entre les droits d'enregistrements et l'imposition des plus-values de cessions indirectes nous semble économiquement plus cohérent.

1098. Dans le sillage de l'arrimage du dispositif général anti-évasion aux préoccupations du contrôle fiscal des contrats d'affaires internationaux, se pose également le problème de l'émergence de dispositifs particuliers anti-évasion utiles au contrôle fiscal des contrats d'affaires dans les secteurs stratégiques d'activités.

2. L'adoption de dispositifs particuliers anti-évasion

1099. Les législations fiscales nationales des Etats africains gagneraient également à adopter des dispositifs particuliers anti-évasion pour faire face au défi que représente le contrôle fiscal des entreprises de certains secteurs stratégiques d'activités. Il s'agit de s'engager résolument dans un travail de mise en cohérence des dispositions fiscales du Code général des impôts non seulement avec les dispositions des textes nationaux ou supranationaux d'encadrement desdits secteurs d'activités, mais aussi avec les textes régissant le commerce électronique. Le Code général des impôts devrait à ce propos servir de passerelle juridique au contrôle fiscal en affirmant à travers ses dispositions la prise en charge de l'encadrement des secteurs stratégiques d'activités ne serait-ce qu'en faisant référence aux législations spécifiques nationales ou supranationales d'encadrement desdits secteurs. Certaines législations africaines à l'instar de celle du Cameroun[1301] et du Bénin[1302], présentent d'ores et déjà des signes précurseurs d'une telle évolution. Une réflexion plus élaborée mérite d'être menée pour évoluer vers la prise en compte par le législateur des spécificités fiscales propres à certains secteurs d'activités considérés comme stratégiques pour l'économie nationale, de manière à faire apparaître distinctement les régimes fiscaux des entreprises relevant de ces secteurs.

1100. Cela dit, il ne serait pas superflu, s'agissant du secteur extractif, de faire référence dans le Code général des impôts, à l'application des dispositions juridiques et fiscales du Code minier, du Code pétrolier, ou encore du Code gazier. Cette approche aurait pour effet de décloisonner les principaux textes d'encadrement fiscal du secteur extractif et de générer davantage de sécurité juridique pour aussi bien pour les autorités fiscales que pour les opérateurs.

1101. De même, en ce qui concerne le secteur bancaire, le Code général des impôts peut être revu de manière à faire référence en totalité ou en partie à la réglementation bancaire supranationale[1303]. Ainsi dans les Etats de la zone CEMAC, le Code général des impôts peut viser dans le cadre de la fiscalité du secteur bancaire l'ensemble de la réglementation de la COBAC

[1301]Au Cameroun par exemple le Titre V du Code Général des Impôts est réservé aux « Fiscalités spécifiques » et condense cinq chapitres qui traitent tour à tour de la taxe spéciale sur les produits pétroliers, de la fiscalité minière, de la fiscalité forestière, du régime fiscal des concessions de services publics et du régime fiscal applicable aux investissements.

[1302] Au Bénin, la prise en compte des principales activités qui structurent l'économie transparaît à travers les dispositions des chapitres du Code général des impôts en vigueur au 1er janvier 2021 réservés aux taxes spécifiques en matière d'impôts indirects (Cf. Première Partie, Titre II du CGI). Ces dispositions traitent entre autres de : la Taxe spécifique unique sur les produits pétroliers ; la Taxe sur les tabacs et cigarettes, la Taxe sur les boissons ; la Taxe sur la farine de blé ; la Taxe sur les produits de parfumerie et cosmétiques ; la Taxe sur les huiles et corps gras alimentaires ; la Taxe sur le café ; la Taxe sur les lingots d'or, la Taxe sur les pierres précieuses ; la taxe sur les activités financières ; la taxe unique sur les contrats d'assurance, etc.

[1303] Règlement COBAC R-2019/02 relatif aux normes prudentielles applicables aux établissements de paiement. Règlement COBAC R-2016/04 relatif au contrôle interne dans les établissements de crédit et les holdings financiers.

ou des textes spécifiques tels que le Règlement COBAC R-2019/02 relatif aux normes prudentielles applicables aux établissements de paiement[1304].

1102. Pareillement, le secteur des assurances peut également faire l'objet de dispositions spécifiques dans le Code général des impôts qui renvoient pour leur application pertinente aux entreprises et aux activités de ce secteur à l'application du Code CIMA. Ce texte dont l'utilité en matière de contrôle fiscal des contrats internationaux des entreprises du secteur des assurances n'est plus à démontrer, constitue un relai technique important pour le législateur fiscal national. Ce texte, outre les précisions qu'il apporte s'agissant des activités relevant de ce secteur ainsi que des engagements réglementés, prend également en charge la notion de groupes d'entreprises dans le secteur des assurances en y apportant des détails que le législateur fiscal national n'a pas vocation à traiter. Relativement à la notion de groupe d'entreprises par exemple, le Code CIMA passe respectivement en revue à l'article 301-1 les notions d'entreprise mère, d'entreprise filiale, de participation, d'entreprise participante, d'entreprise affiliée, d'entreprise apparentée, de groupe d'assurance, de société de groupe d'assurance et de société de groupe mixte d'assurance ; autant de définitions qui sont toutes utiles aux investigations du contrôle fiscal notamment en ce qui concerne l'identification des transactions intragroupe impliquant les entreprises du secteur des assurances.

1103. En tout état de cause, ce qui est envisageable par le législateur fiscal national pour les secteurs d'activités ci-dessus évoqués, l'est également pour tous les autres secteurs d'activités stratégiques. Il appartient de ce point de vue à chaque Etat de se livrer à un travail de légistique suffisamment pragmatique de manière à orienter sa législation fiscale en fonction des exigences propres à son économie tout en évitant de verser dans une quelconque inflation normative[1305]. Il ne s'agit donc pas d'importer matériellement des règles non fiscales dans le CGI, mais de valider la référence aux textes régissant des activités stratégiques pour baliser l'action du contrôle fiscal en matière d'interprétation des clauses contractuelles conclues par les opérateurs économiques dans le cadre desdites activités. D'ailleurs, l'on peut aisément concevoir que le fait de s'approprier

---

[1304] Ce Règlement pris en application du règlement n° 04/18/CEMAC/COBAC fixe, pour les établissements de paiement les règles relatives aux exigences de capital minimum ; aux normes de gestion que ces établissements sont tenus de respecter en vue de garantir leur liquidité, leur solvabilité, l'équilibre de leur situation financière et la pérennité de leurs activités ; aux normes de protection des fonds de la clientèle ; aux normes de supervision, de contrôle interne et de gestion des risques ; au plan comptable, à la consolidation des comptes et à la publicité des documents comptables ; à la liste, la teneur, les modèles, la périodicité, les modalités et les délais de transmission des documents que ces établissements sont tenus d'adresser à la Commission Bancaire. (Cf. art. 1 du Règlement COBAC R-2019/02 relatif aux normes prudentielles applicables aux établissements de paiement).

[1305] Sur cette notion, voir BERGEAL (C.), *Savoir rédiger un texte normatif*, Berger-Levrault, 4e éd., coll. « Gestion publique », 2001, p. 23 et s.

globalement ou partiellement les textes d'encadrement des secteurs d'activités stratégiques participe de l'essence même du droit fiscal qui ne peut véritablement s'épanouir qu'en se servant et en nourrissant des autres branches du droit.

1104. S'agissant du commerce électronique dont la spécificité réside dans le double fait de concerner tous les secteurs d'activités et de se déployer à travers un réseau de communication couvrant le marché mondial des biens et des services, il est tout aussi utile que le législateur fiscal national use du Code général des impôts pour faciliter le contrôle fiscal des contrats du commerce électronique en faisant émerger des dispositions fiscales spécifiques aux opérations dudit commerce. Ces dispositions pourraient d'une part appréhender des points critiques de taxation en matière de territorialité des impôts directs et indirects (lieu d'imposition, établissement stable) et, d'autre part, viser des textes nationaux et supranationaux de référence susceptibles de fournir les éléments techniques de description des activités et des relations commerciales entre opérateurs.

1105. Le fait pour chaque législateur national de pendre la mesure de l'expansion des contrats d'affaires internationaux en mettant le droit fiscal substantiel au diapason des enjeux du contrôle fiscal desdits contrats, requiert également une adaptation du droit fiscal processuel susceptible de permettre au contrôle fiscal de répondre aux impératifs de sauvegarde de la sécurité fiscale de l'Etat.

B. L'adaptation du droit fiscal processuel

1106. Parallèlement à l'adaptation du droit substantiel à la problématique du contrôle fiscal des contrats d'affaires internationaux, il est important que les législations fiscales nationales au Cameroun et dans chaque Etat de l'espace OHADA s'adaptent également au regard du droit fiscal processuel. Au Cameroun, l'état actuel des principales dispositions du Livre des procédures fiscales spécifiquement dédiées au contrôle fiscal des contrats d'affaires internationaux est rappelé à l' Annexe 2 de notre étude.

1107. Dans la mesure où il régit à la fois le contrôle fiscal en tant que procédure administrative et le contentieux fiscal consécutif à l'exercice du droit de contrôle par l'administration fiscale, le droit fiscal processuel devrait s'adapter en s'ouvrant davantage à la prise en charge des contrats d'affaires internationaux par le contrôle fiscal et à la résolution des litiges fiscaux impliquant ces contrats. Une telle adaptation passe par l'extension explicite du pouvoir de contrôle de l'administration fiscale auxdits contrats d'affaires d'une part **(1)** et, d'autre part, par l'expression pratique du pouvoir de sanction du juge de l'impôt **(2)**.

1. L'extension explicite du pouvoir de contrôle de l'administration fiscale vis-à-vis des contrats d'affaires internationaux

1108. La nécessité d'étendre le pouvoir de contrôle de l'administration fiscale vis-à-vis des contrats d'affaires internationaux devrait se traduire concrètement en droit fiscal au moins par la référence aux actes juridiques dans la définition par le législateur du champ de compétence matérielle du contrôle fiscal. Elle pourrait en plus se traduire par la flexibilité des contraintes procédurales en faveur de l'administration fiscale.

1109. La référence aux actes juridiques dans la définition du champ d'application matériel du contrôle fiscal. L'idée de faire référence aux actes juridiques dans la rédaction des dispositions qui définissent le champ d'application matériel du contrôle fiscal vient du droit fiscal français et mérite d'être reprise par les législations fiscale nationales en Afrique1306. Nous l'avons montré, dans la plupart de ces législations, ce sont les dispositions relatives à l'abus de droit qui confèrent techniquement un pouvoir de contrôle à l'administration fiscale sur les actes juridiques et partant, sur les contrats d'affaires dans leur ensemble. En l'état actuel de ces législations, ce pouvoir n'est clairement pas affirmé lorsqu'il s'agit de définir le champ d'application général du contrôle fiscal. Au Cameroun, l'article L9 du LPF confère « aux agents des impôts assermentés ayant au moins le grade d'inspecteur des impôts le pouvoir d'assurer le contrôle de l'assiette de tous les impôts et taxes dus par les contribuables qu'ils vérifient ». En visant le contrôle de l'assiette des impôts et taxes, cette disposition reste singulièrement vague, même si elle conduit à concevoir que ladite assiette prend sa source aussi bien dans les déclarations fiscales que dans les actes juridiques. Il faut à ce propos reconnaître que le contrôle fiscal des contrats d'affaires serait incontestablement mieux encadré si le législateur venait à faire évoluer cette disposition dans le sens de la prise en charge explicite des actes juridiques par le contrôle fiscal. Le droit fiscal français constitue à ce propos un modèle à suivre.

1110. En France en effet, l'article L.10 alinéa 1 du LPF dispose que « l'Administration des impôts contrôle les déclarations ainsi que les actes utilisés pour l'établissement des impôts, droits, taxes et redevances ». Ce qui signifie que le pouvoir de contrôle de l'Administration fiscale française couvre aussi bien les déclarations que les actes utilisés pour l'établissement des impôts. A l'évidence, les contrats d'affaires en tant que actes juridiques

---

[1306] Les systèmes fiscaux des Etats africains de l'espace OHADA, à l'image du système fiscal français sont des systèmes de type déclaratif. Sur ce fondement, les contribuables sont en général présumés de bonne foi, ce qui leur permet de souscrire des déclarations réputées exactes et sincères avant toute forme de contrôle. Le corollaire de cette présomption est évidemment la reconnaissance à l'Administration du droit de contrôler les déclarations émanant des contribuables.

entrent indiscutablement dans le champ de compétence de l'Administration fiscale française en matière de contrôle. Une telle prise en charge des actes juridiques par le droit fiscal processuel français dénote de la part du législateur une meilleure préparation à maitriser les risques de fraude et d'évasion fiscales inhérents aux contrats d'affaires relevant tant de l'ordre interne que de l'ordre international. Cette prise de position du législateur a pour effet d'alerter l'administration fiscale française sur l'importance des actes juridiques en général et des contrats d'affaires en particulier en matière de contrôle fiscal. Si le législateur camerounais venait à faire le choix de reprendre à son compte l'approche adoptée il y a longtemps par son homologue français, il susciterait certainement un intérêt plus marqué de l'administration fiscale camerounaise en faveur du contrôle fiscal des actes juridiques et notamment des contrats d'affaires internationaux. Plus explicitement, le législateur pourrait évoluer en adoptant une règle suivant laquelle tout dispositif contractuel se traduisant directement ou indirectement par une érosion des bases d'imposition à l'impôt sur les sociétés ou à la TVA doit être dénoncé par l'administration, à charge pour les contribuables en cause de démontrer que les bases imposables ne sont sujettes à aucune érosion. Le fait pour le législateur camerounais de n'avoir pas fait évoluer la rédaction du Livre des procédures fiscales dans ce sens jusqu'à présent peut en grande partie expliquer le peu d'engouement observé jusque-là par l'administration fiscale en faveur du contrôle fiscal desdits contrats.

1111. La flexibilité des contraintes procédurales en faveur de l'administration fiscale. Pour répondre le plus efficacement possible aux exigences techniques du contrôle fiscal des contrats d'affaires internationaux, chaque Etat est appelé à se doter de règles de procédure adéquates. Ces règles gagneraient à s'assouplir en faveur de chaque administration fiscale afin de lui permettre d'examiner avec une attention suffisante lesdits contrats à l'occasion des contrôles fiscaux. Cela est vrai au moins en ce qui concerne les contraintes de délais, les contraintes documentaires à la charge des contribuables transnationaux, ainsi qu'en matière de recherche des informations fiscales.

1112. S'agissant de l'assouplissement des contraintes de délais en faveur de l'administration fiscale, l'on peut aisément trouver sa justification dans la nécessité d'aller en profondeur dans le contrôle fiscal des contrats d'affaires internationaux. L'heure n'est plus au survol desdits contrats à l'occasion des contrôles fiscaux, mais à l'adoption d'une véritable démarche d'audit qui permettrait de passer systématiquement les clauses contractuelles au crible de la légalité et de l'équité fiscales. Deux aspects au moins devraient retenir l'attention du législateur dans chaque Etat : les délais de gestion de la procédure de redressement contradictoire d'une part, et les délais d'encadrement du droit de reprise, d'autre part.

1113. En matière de délais d'encadrement de la procédure contradictoire, deux points peuvent valablement être examinés. Le premier point concerne le délai des opérations de contrôle sur place imparti à l'administration dans le cadre d'une vérification de comptabilité effectuée auprès d'une entreprise transnationale. Ce délai ne saurait correspondre au délai de droit commun prévu par le législateur en matière de vérification générale de comptabilité des entreprises. Il doit nécessairement être allongé pour être en adéquation avec la charge de travail qu'impose le contrôle fiscal des transactions internationales. Le Cameroun a récemment emprunté cette voie en matière de contrôle fiscal des prix de transfert. A la faveur de la loi de finances pour l'exercice 2020, le délai de droit commun fixé à un maximum de trois (03) mois peut connaître une prorogation de neuf (09) mois en cas de contrôle des prix de transfert ou en cas de mise en œuvre de la procédure d'échange de renseignement prévu par les conventions fiscales[1307]. Cette prorogation de délai pourrait utilement être généralisée à l'ensemble du contrôle fiscal des opérations internationales pour tenir compte des exigences du contrôle des contrats d'affaires internationaux.

1114. Le second point a trait à l'encadrement du délai de reprise imparti à l'administration fiscale. Il nous paraît souhaitable de suggérer l'extension de ce délai dans le Livre des procédures fiscales en ce qui concerne le contrôle fiscal des opérations internationales et notamment les opérations du commerce électronique. Une telle option rejoindrait les avancées enregistrées dans ce domaine par le droit fiscal français. Au Cameroun et dans la plupart des Etats africains, le droit de reprise n'excède pas la période de quatre ans[1308]. Pourtant, le droit de reprise en matière de contrôle fiscal devrait être adapté à la gravité du phénomène de fraude et d'évasion fiscale internationales. Ainsi, au lieu de quatre ans comme il est traditionnellement disposé dans les législations fiscales des pays d'Afrique subsaharienne, il devrait s'étendre pour couvrir une période plus importante pouvant aller jusqu'à sept ou dix ans afin de donner à ces pays des chances de résorber, ne serait-ce que partiellement le manque à gagner que connaissent ces pays s'agissant des recettes fiscales émanant des opérations économiques transnationales. En France, pour le contrôle de la Taxe sur les services numériques (TSN), le droit de reprise est de six ou dix ans (en cas d'activités occultes) en application de l'art L177 du Livre des Procédures Fiscales, alors que le délai de reprise de droit commun est de trois ans.

1115. S'agissant du resserrement des contraintes documentaires à la charge des opérateurs transnationaux. Nous l'avons relevé, le resserrement

---

[1307] Art L 40 du LPF en vigueur au Cameroun : D'après la doctrine administrative, cet ajustement du délai de contrôle des prix de transfert a été opéré afin de permettre aux vérificateurs de mener à bien leurs missions. il permet ainsi de faire passer le délai maximum de contrôle de prix de transfert de 9 mois à 12 mois conformément aux standards en la matière (Circ. d'application de la loi de finances pour 2020).

[1308] *Ibid.*, art. L 34

des contraintes documentaires au détriment des contribuables transnationaux fait partie des solutions mises en avant depuis peu par le législateur fiscal camerounais en matière de contrôle fiscal des prix de transfert. Le point central de cette évolution réside dans le fait que la documentation relative aux prix de transfert est dorénavant exigée avant le début des contrôles fiscaux à toutes les entreprises dont le chiffre d'affaires annuel hors taxes est égal ou supérieur à FCFA 1 milliard[1309]. Ainsi, l'exigence préalable d'établir la présomption de transfert indirect des bénéfices est supprimée. Le contenu de cette documentation, arrimé aux nouveaux standards internationaux, est précisé par voie réglementaire[1310]. La logique amorcée en matière de contrôle fiscal des prix de transfert devrait s'amplifier et gagner en profondeur pour embrasser les contrats d'affaires internationaux[1311]. A ce propos, il est important que le législateur fasse peser en matière de contrôle fiscal des opérateurs transnationaux, des contraintes documentaires qui viseraient obligatoirement les contrats à l'origine des structurations juridique et financière impliquant directement ou indirectement ces opérateurs. L'on peut ainsi envisager dans chaque juridiction fiscale africaine que les contrats d'affaires affectant directement l'exploitation des opérateurs transnationaux résidents fassent systématiquement l'objet de déclarations auprès des services d'assiette de l'administration fiscale[1312]. Cela permettrait à ces services de disposer de documents de première importance à examiner dans le cadre des contrôles sur pièces, sous réserve de la production des contrats justificatifs complémentaires à l'occasion des contrôles fiscaux.

1116. Le resserrement des contraintes documentaires au détriment des contribuables peut également se traduire en matière de contrôle fiscal des contrats d'affaires internationaux par l'adoption du principe de la traduction du contrat dans les langues officielles de son lieu d'exécution. Ainsi, si le contrat est exécuté au Cameroun, le contrat devra être traduit en français ou en anglais. Les parties devraient à cet égard se mettre en cohérence avec l'Acte Uniforme relatif au Droit Comptable et à Information Financière qui pose comme condition de régularité et de sécurité de l'organisation comptable, *« la tenue de la comptabilité dans la langue officielle et dans*

[1309] Soit environ 657 000 euros.

[1310] Circulaire d'application de la loi de finances pour 2020.

[1311] Le législateur camerounais a prévu d'autres aménagements relatifs aux modalités de relance en cas de communication incomplète ou défaut de communication de la documentation de prix de transfert. Ainsi, il est proposé un délai de mise en demeure de 15 jours au lieu de 30 jours afin d'assurer plus de célérité, ainsi que le renforcement du régime de sanctions à travers l'application d'une amende de 5% du montant des transactions non documentées, avec un minimum de FCFA 50 millions. Ces aménagements pourraient également s'étendre aux cas de communication incomplète ou défaut de communication par un opérateur des contrats d'affaires à la base d'une structuration juridique ou financière dans laquelle il est impliqué.

[1312] Dans le dossier fiscal des entités résidentes, ces contrats viendraient systématiquement renseigner le sous-dossier juridique

l'unité monétaire ayant cours légal dans l'Etat partie[1313] ». Le premier risque en matière de choix de la langue du contrat est le risque d'interprétation. Lorsque la langue du contrat ne fait pas partie des langues officielles dans l'Etat d'exécution du contrat, il faut en effet passer par une traduction pour interpréter la volonté des parties. La traduction du contrat peut s'avérer délicate et entraîner des difficultés d'interprétation en ce qui concerne le sens ou la portée d'une clause, et, par conséquent, avoir des incidences fiscales dommageables pour les parties. A ce propos, l'Administration fiscale camerounaise se trouve dans une position relativement avantageuse par rapport à ses consœurs africaines dans la mesure où conformément à la Constitution de la République du Cameroun, les langues officielles en vigueur sont le français et l'anglais. La consécration de ce bilinguisme constitutionnel ne suffit pas à elle seule pour résoudre le problème, encore faut-il que les acteurs du contrôle se mettent résolument à la pratique des deux langues pour en tirer le meilleur parti dans l'accomplissement de leurs missions. Les administrations fiscales ont donc intérêt à renforcer le potentiel linguistique de leurs agents afin de surmonter l'obstacle de la langue vis-à-vis d'une matière qui ne s'accommode que très peu de l'enferment linguistique.

2. *L'expression pratique du pouvoir du juge en matière de contentieux fiscal des contrats d'affaires internationaux*

1117. Ce qui singularise le contentieux fiscal dans la plupart des Etats africains de l'espace OHADA, c'est qu'il se caractérise par une grande vitalité dans sa phase administrative qui tranche avec une réelle léthargie dans sa phase juridictionnelle. Les multiples opportunités d'expression offertes au juge fiscal dans ces pays sont inexploitées et ne permettent pas la construction d'une véritable jurisprudence fiscale susceptible de faire référence en droit fiscal. Cette situation déplorable est certes due en grande partie au déficit de formation du juge en matière fiscale comme nous l'avons relevé, mais elle semble dans un pays comme le Cameroun entretenue par l'action combinée du législateur et de l'administration fiscale. Sur le terrain du contentieux touchant aux contrats d'affaires internationaux, l'on se serait logiquement attendu à ce que le législateur et l'administration fiscale soit relayés dans leur action par le juge fiscal qui se chargerait alors d'apporter des solutions plus précises en cas de litige sur le terrain des prix de transfert, de l'abus de droit, des actes anormaux de gestion ou encore des cessions indirectes d'actions. Mais force est de constater que les nombreux litiges qui touchent à ces différents aspects se soldent par des « compromis » devant l'administration fiscale, privant ainsi les juridictions administratives d'une

[1313] Art 17 de l'Acte Uniforme relatif au Droit Comptable et à l'Information Financière (AUDCIF).

panoplie de possibilités de faire évoluer le contrôle fiscal, et de manière générale, le droit fiscal en cette matière.

1118. Cette hypothèse peut se vérifier à partir de l'observation du déploiement juridique du contentieux fiscal au Cameroun. Le contentieux de l'impôt dans ce pays est légalement régi par deux formes de procédures : la juridiction contentieuse et la juridiction gracieuse. La juridiction contentieuse connaît des réclamations relatives aux impôts, taxes et pénalités établis par la DGI lorsqu'elles tendent à obtenir soit la réparation d'erreurs commises dans l'assiette ou le calcul des impositions, soit le bénéfice d'un droit résultant d'une disposition législative ou réglementaire[1314]. La juridiction gracieuse quant à elle couvre l'ensemble des procédures administratives qui permettent de résoudre les litiges opposant l'administration fiscale aux contribuables, en dehors de toute intervention du juge[1315]. De ces deux formes de procédures, celle qui est en cause est la juridiction contentieuse, car c'est par son truchement que peut se développer le contentieux fiscal portant sur les contrats d'affaires internationaux. Le constat dans la pratique est que ce contentieux connaît une grande effervescence s'agissant des recours devant l'administration fiscale et s'estompe lorsque la procédure est portée devant la juridiction administrative. En clair, les nombreux litiges fiscaux impliquant des contrats d'affaires internationaux ne connaissent malheureusement pas de dénouement devant le juge administratif, « court-circuités » qu'ils sont par des solutions à l'amiable ou par la procédure de la transaction. L'institution de la transaction dans le Livre des procédures fiscales est un véritable instrument d'atrophie du contentieux fiscal devant les juridictions administratives aux mains de l'administration fiscale puisque suivant cette procédure, le ministre chargé des finances peut autoriser, sur proposition du Directeur Général des Impôts, une modération totale ou partielle des impositions soit avant la mise en recouvrement suivant une procédure de contrôle, soit durant toute la procédure contentieuse. Cette disposition, combinée aux dispositions financières de saisine de la juridiction administrative qui exigent que le contribuable fournisse les références du paiement de 35% de la partie contestée des impositions mises à sa charge[1316], confère *de facto* à l'administration fiscale le statut d'» instance exclusive » de résolution des litiges fiscaux. Ainsi, en raison du caractère financièrement contraignant de la saisine du juge administratif, les opérateurs économiques se résignent à négocier auprès du Directeur Général des Impôts les montants

---

[1314] Art L115 du LPF en vigueur au Cameroun.

[1315] ATECK A DJAM (F.), *Droit du contentieux fiscal camerounais*, L'Harmattan, Coll. « Finances publiques », 2017, p.21.

[1316] Art. L 121(c) du LPF en vigueur au Cameroun. Soulignons que le paiement de la quotité de 35% de la partie non contestée lors de la saisine du juge administratif intervient après paiement d'une quotité de 15% de la partie non contestée lors de la saisine du ministre en charge des finances (art. L121 (b) du LPF *préc.*).

à payer au Trésor public dans le cadre de la procédure de la transaction, étant donnée par ailleurs que cette procédure n'autorise pas de discussion sur le fond des redressements en cause dans le cadre des contentieux opposant les contribuables à l'administration fiscale. De fait, le législateur fiscal camerounais dispose à ce propos qu'en cas d'acceptation de la proposition de transaction du Directeur Général des Impôts par le contribuable, celui-ci s'engage expressément à ne pas introduire une réclamation ultérieure, à se désister des réclamations ou des requêtes par lui introduites et à acquitter immédiatement les droits et pénalités restant à sa charge[1317]. Une telle approche ne peut être que source d'affaiblissement du contentieux fiscal au Cameroun. L'orientation en cette matière devrait consister à revoir l'ensemble des dispositions sur la transaction ainsi que celles portant sur les contraintes financières de saisine du juge administratif de manière à favoriser l'expression pratique du pouvoir fiscal du juge administratif pour plus de justice fiscale.

1119. Cela dit, l'adaptation du droit fiscal substantiel et processuel à travers des dispositifs normatifs anti-évasion plus en adéquation d'une part, avec la dynamique exogène d'expansion des contrats d'affaires internationaux et d'autre part, avec la volonté endogène de construction d'une meilleure justice fiscale constitue un axe primordial de préservation de la sécurité fiscale de l'Etat. A cette adaptation fonctionnelle des normes, il conviendrait d'évoluer vers une mise en cohérence des organes de gestion avec les enjeux économiques et techniques du contrôle fiscal des contrats d'affaires internationaux.

§2. L'adaptation structurelle de l'administration fiscale aux enjeux du contrôle fiscal des contrats d'affaires internationaux

1120. En tant que bras séculier de l'Etat en matière de lutte contre la fraude et l'évasion fiscale internationales l'administration fiscale doit au fil du temps s'adapter aux mutations structurelles et conjoncturelles de l'économie mondiale. C'est incontestablement à elle que revient la charge de mettre en œuvre les procédures de contrôle fiscal instituées par le législateur dans le but de débusquer la matière imposable que charrient les contrats d'affaires internationaux. Ainsi, pour se mettre au diapason du défi technique que représente le contrôle fiscal desdits contrats, chaque Etat africain devrait adopter au moins deux niveaux de réponses : l'affermissement de la modernisation des services de contrôle de l'administration fiscale d'une part **(A)**, et le renforcement de la collaboration entre ladite administration fiscale et les autres autorités de contrôle **(B)** d'autre part.

[1317] Art. L125 du LPF en vigueur au Cameroun.

A. L'affermissement de la modernisation infrastructurelle des services de contrôle de l'administration fiscale

1121. Pour relever le défi du contrôle fiscal des contrats d'affaires internationaux, les administrations fiscales africaines doivent se moderniser, ce qui veut dire qu'elles doivent se transformer pour s'adapter aux usages commerciaux de leur époque et aux techniques contractuelles contemporaines des opérateurs économiques transnationaux. La modernisation des services de contrôle de l'administration fiscale passe de notre point de vue par deux axes : le premier est celui de la modernisation des structures centrales de coordination du contrôle fiscal **(1)** ; le second renvoie à la modernisation des structures opérationnelles d'exécution du contrôle fiscal **(2)**.

1. La modernisation des structures centrales de coordination du contrôle fiscal

1122. Dans la plupart des administrations fiscales africaines, la coordination des activités du contrôle fiscal au niveau central est assurée par une Direction ou une Division. Décret n° 2016/066 du 28 février 2013 portant organisation du Ministère des Finances. A défaut de mettre sur pied des services de contrôle exclusivement dédiés au contrôle fiscal des opérations internationales, chaque administration fiscale devrait au moins disposer en son sein d'une Direction centrale en charge de la coordination du contrôle fiscal dans son ensemble. Au Cameroun cette responsabilité au sein de la DGI rentre dans les attributions de la Division des Enquêtes, de la Programmation et du Suivi du Contrôle Fiscal[1318]. A la lecture du texte portant organisation du Ministère des Finances, cette structure est chargée de la programmation des contrôles et des vérifications ; de la consolidation et de l'évaluation des données relatives au contrôle fiscal ; des enquêtes en vue de la recherche et de la collecte des renseignements à but fiscal ; du suivi de l'exploitation de ces informations et renseignements ; de l'élaboration des monographies à but fiscal[1319].

1123. Dans la pratique cependant, cette Division peine à assumer pleinement ses missions stratégiques d'orientation et de coordination du contrôle fiscal, réduite qu'elle est à assurer aussi bien les renseignements à la centralisation des programmes de contrôle fiscal élaborés par les structures opérationnelles. Elle joue ainsi un rôle technique passif dans l'orientation du contrôle fiscal. Elle œuvre certes à l'élaboration des textes d'orientation et de cadrage des activités du contrôle fiscal, mais reste circonspecte lorsqu'il s'agit de produire des travaux d'analyse susceptibles de bonifier le niveau de couverture des risques fiscaux ainsi que le niveau d'élaboration des

---

[1318] Cf. Décret n°2005/119 du 15 avril 2005 portant organisation du Ministère de l'Economie et des Finances.

[1319] Art. 140 (1) du décret n° 2016/066 du 28 février 2013 *préc.*

opérations de contrôle fiscal exécutées par les services en chargés du contrôle fiscal[1320]. C'est pourtant à cette structure que revient la responsabilité d'explorer et de proposer des solutions innovantes en matière de contrôle fiscal. C'est par exemple à elle que reviendrait la charge d'explorer les marges de progression de l'administration fiscale s'agissant du contrôle fiscal des contrats internationaux ou des opérations internationales.

1124. Plus actif est le rôle de la Division en charge du contrôle en matière de gestion du renseignement à but fiscal. En faisant usage des procédures de soutien au contrôle fiscal que sont le droit de communication et le droit d'enquête, les agents de cette structure ont le droit d'obtenir sous forme matérielle et/ou immatérielle, communication des documents détenus par les entreprises, personnes physiques et morales, ainsi que par les organismes publics ou privés, afin d'effectuer le contrôle des déclarations souscrites par les contribuables ou d'obtenir les renseignements pour le compte d'une administration fiscale étrangère[1321]. Seulement, cette structure ne profite pas assez de ses prérogatives pour approvisionner les structures opérationnelles en informations tirées de l'exploitation des contrats d'affaires internationaux. Cela s'explique par le fait que ces contrats n'ont jamais été formellement identifiés comme un centre d'intérêt majeur pour les différentes administrations fiscales, les structures centrales en charge des enquêtes et du contrôle s'étant enfermés dans un travail stéréotypé de collecte des informations tirées des livres comptables des entreprises commerciales et industrielles et des banques notamment.

1125. Cela dit, le rôle de la Direction en charge de la coordination du contrôle fiscal serait davantage profitable à chaque administration fiscale africaine si elle assumait pleinement sa charge en matière de production de monographies à but fiscal. Cette production reste marginale dans la plupart des administrations fiscales africaines. Dans le registre du contrôle fiscal des opérations internationales, ces monographies prendraient la forme de « guides généraux » et traiteraient dans un premier temps des problématiques liées au contrôle fiscal des prix de transfert, au contrôle fiscal des contrats internationaux ou encore au contrôle fiscal des opérations du commerce électronique.

1126. Dans un second temps, ces monographies prendraient la forme de « guides spécifiques » du contrôle fiscal des entreprises par secteur d'activités stratégiques. Ainsi, l'on peut aisément imaginer que chaque administration fiscale soit par exemple dotée au profit de ses services de

---

[1320] Ces textes, pris par le Directeur Général des Impôts en début d'exercice budgétaire, prennent généralement la forme de note de service ou d'instruction portant orientation du contrôle fiscal.

[1321] Sur le droit de communication, voir art. L 42 et s. du LPF en vigueur au Cameroun. Sur le droit d'enquête, voir art. L49 et s. du LPF en vigueur au Cameroun.

contrôle d'une panoplie de guides, régulièrement mis à jour, pour le contrôle des entreprises du secteur extractif (hydrocarbures, mines solides, eau, énergie), du secteur bancaire, des assurances, des transports, des bâtiments et travaux publics (BTP), des télécommunications (téléphonie mobile), ou du commerce électronique. Une telle approche permettrait à chaque administration fiscale de disposer d'outils didactiques à même de mutualiser les savoirs et les expériences en matière de contrôle fiscal et ainsi de faciliter au quotidien le travail des agents en charge de ce pan d'activités.

1127. Plus spécifiquement, la prise en charge des questions d'échange de renseignement est depuis peu une préoccupation des administrations fiscales africaines et est ici et là assurée au niveau central par une Unité d'Echange International de Renseignement. Cette structure généralement instituée sous la pression des organismes internationaux et des bailleurs de fonds multilatéraux peine à donner la mesure de son potentiel en raison de « l'effet de mode » qui accompagne son institution et du peu d'envergure qu'elle renvoie au sein des autres composantes de la DGI.

2. La modernisation des structures opérationnelles d'exécution du contrôle fiscal

1128. Dans la majorité des administrations fiscales africaines de l'espace OHADA, les innovations en matière de contrôle fiscal sont davantage impulsées par les services opérationnels de gestion du contrôle fiscal que par les services centraux. Au sein de chaque administration fiscale, c'est généralement la Direction des Grandes Entreprises (DGE) qui fait office de tête de proue en ce qui concerne le contrôle fiscal des contrats d'affaires internationaux. Au Cameroun, d'après le décret de 2013 portant organisation du Ministère des Finances, la DGE est chargée pour les entreprises relevant de sa compétence, de la gestion de l'assiette et de la liquidation des droits, du contrôle, du contentieux et de l'encaissement de tous les droits et taxes dus par les grandes entreprises[1322]. Cette structure concentre ainsi en son sein la gestion de l'essentiel des fonctions fiscales de toute l'administration des impôts.

1129. Il est souhaitable d'instituer au sein de chaque administration fiscale, une Direction en charge des vérifications des opérations internationales qui prendrait en charge, entre autres aspects, le contrôle fiscal des contrats d'affaires internationaux. A cet égard, la DVNI française constitue un modèle à suivre par les administrations fiscales africaines. Il s'agit d'une structure à compétence nationale de la Direction Générale des Finances Publiques (DGFiP) chargée du contrôle fiscal des grandes entreprises et de leurs filiales ainsi que des relations internationales du fisc français. Rappelons-le, le contrôle fiscal des prix de transfert, précurseur du contrôle fiscal des contrats d'affaires internationaux, requiert en raison de sa

[1322] Art 169 du décret n° 2016/066 du 23 février 2016 *préc.*

complexité, dorénavant plus de temps dans sa mise en œuvre que les autres formes de contrôle fiscal. Il serait sur cette base plus judicieux de confier le contrôle fiscal des opérations internationales à une structure dédiée, distincte des structures opérationnelles ordinaires de manière à favoriser une prise en charge plus pertinente des enjeux fiscaux que drainent les contrats d'affaires internationaux.

1130. On le voit, l'affermissement de la modernisation des services de contrôle de l'administration fiscale a pour finalité, de mettre en cohérence l'action de ladite administration avec les pratiques commerciales transnationales. Mais une telle option produira des résultats mitigés sur le terrain du contrôle fiscal des contrats d'affaires internationaux si d'un autre côté la collaboration entre l'administration fiscale et les autres autorités nationales de contrôle n'est pas renforcée.

B. Le renforcement de la collaboration entre l'administration fiscale et les autres organismes nationaux de contrôle

1131. Mettre en avant l'idée d'une intensification du décloisonnement technique entre l'administration fiscale et les autres organismes publics nationaux de contrôle signifie que les formes de collaboration jusqu'à présent expérimentées au service du contrôle fiscal restent inconsistantes s'agissant du contrôle des contrats d'affaires internationaux. A ce propos, les organismes publics avec lesquelles l'administration fiscale gagnerait à renforcer sa collaboration sont d'abord les autres régies financières **(1)**. Ensuite viennent les agences nationales de contrôle et de régulation **(2)**.

1. Le renforcement du décloisonnement vis-à-vis des autres régies financières

1132. Le fait pour l'administration fiscale de placer le contrôle fiscal des contrats d'affaires internationaux au centre de ses priorités requiert dans le contexte camerounais qu'elle intensifie sa collaboration avec au moins deux autres régies financières : l'administration des Douanes et celle du Trésor. La DGI camerounaise peut en effet tirer profit de sa collaboration avec les services compétents en matière de contrôle de la Direction Générale des Douanes. Il s'agit notamment de La Division du Contrôle des Opérations Financières du Commerce Extérieur et Des changes, de la Division des Enquêtes et de la Surveillance et de la Division de la Coopération Internationale et des bases d'impositions. La première structure a entre autres pour missions :

- l'élaboration et la mise en œuvre de la réglementation douanière relative au commerce extérieur et au change ;
- la répression aux frontières, des infractions à la réglementation relatives aux transferts et aux changes ;

- la délivrance et le suivi des déclarations d'importation et d'exportation.

1133. La seconde structure est pour sa part, chargée des contrôles a posteriori et de la répression de la fraude douanière ; de l'organisation de la Surveillance et de la mise en œuvre du plan contre la contrebande, les grands trafics et autres crimes économiques ; de la recherche et de l'exploitation du renseignement économique[1323]. Il n'est pas superflu de rappeler à ce stade de notre étude que les opérations d'importations et d'exportations de biens et de services surveillées par la DGD, ne sont rien d'autre que la traduction de l'exécution des clauses des contrats internationaux. L'intensification de la collaboration entre les administrations des impôts et des douanes signifie que les deux administrations se regardent, non pas comme des administrations concurrentes en matière de collecte de revenus, mais comme des administrations complémentaires au service du même Etat. Elles peuvent ainsi déployer une infrastructure informatique commune sous forme de plateforme de partage d'informations à but fiscal et mettre en œuvre des contrôles mixtes impôts-douanes qui leur permettraient de profiter conjointement des informations traitées par lesdites plateformes.

1134. La DGI peut aussi tirer avantage de sa collaboration avec la Direction Générale du Trésor de la Coopération Financière et Monétaire (DGTCFM). Deux composantes au sein de la DGTCFM peuvent contribuer à aider l'action du contrôle fiscal des contrats d'affaires internationaux : La Direction de la Coopération Monétaire et Financière[1324] et la Direction des assurances[1325]. La première structure compte parmi ses missions la lutte contre la criminalité économique et le blanchiment d'argent ainsi que l'exécution des enquêtes auprès des établissements de crédit et des intermédiaires financiers.

1135. La Direction des assurances est chargée de la surveillance du marché des assurances et de la réassurance ; de la tenue du fichier et de la carte nationale des compagnies d'assurances. Elle comporte en son sein une Inspection des Assurances et des Professions Connexes qui assure entre autres missions, le contrôle et la surveillance des compagnies et des intermédiaires d'assurances. Le rapprochement administratif et technique des services d'assiette et de contrôle de la Direction Générale des Impôts vis-à-vis de ces structures de la DGTCFM peut permettre de systématiser la communication des informations et renseignements utiles en matière de contrôle fiscal des contrats d'affaires internationaux. En tout état de cause il

---

[1323] Art. 105 (1) du Décret n°2013/066 du 28 février 2013 portant organisation du Ministère des Finances.

[1324] *Ibid.*, art. 238 (1) : La Direction de la Coopération Monétaire et Financière est chargée *« du suivi de la coopération monétaire et financière internationale, notamment avec le Fonds Monétaire International (FMI), la Banque des Etats de l'Afrique Centrale (BEAC), la Zone Franc, le Commonwealth, les autres unions et zones monétaires... »*

[1325] Art. 203 du Décret n°2013/066 *préc.*

revient à l'administration fiscale de travailler à faire connaître ses préoccupations aux régies financières qui constituent, chacune en ce qui la concerne, des gisements d'informations à but fiscal de source contractuelle.

1136. La collaboration entre l'administration fiscale et les autres régies financières gagnerait peut-être à évoluer pour ressembler à celle observée dans les systèmes fiscaux anglo-saxons administrés par les *revenues authorities* qui participent d'un modèle de gouvernance des finances publiques dans lequel le ministère en charge des finances est dessaisi de ses prérogatives de collecte des revenus fiscaux au profit d'une agence jouissant d'une certaine autonomie vis-à-vis du système de l'administration publique tant du point de vue politique que managérial[1326]. En cela, elles sont en effet plus autonomes que les régies financières des pays d'Afrique francophone et qui subissent au quotidien dans l'exécution de leurs missions l'impérium politique et managérial du ministère en charge des finances[1327]. Sur cette base, il n'y a rien de surprenant à ce que les *Revenues authorities* des Etats d'Afrique subsaharienne soient plus performantes en matière de contrôle fiscal des opérations internationales puisqu'en plus de cette autonomie, elles concentrent en leur sein toutes les compétences techniques dévolues à la chaîne administrative de collecte des revenus fiscaux. Une telle configuration débouche manifestement sur une gestion plus efficace - parce que plus souple et plus intégrée - de l'information fiscale bénéficiant du décloisonnement effectif des services fiscaux, douaniers et du trésor au sein d'une seule et même agence [1328].

1137. Mais au-delà de l'intensification du décloisonnement technique vis-à-vis des autres régies financières, l'administration fiscale devrait également se préoccuper de renforcer la collaboration avec les agences de contrôle et de régulation.

2. Le renforcement du décloisonnement vis-à-vis des agences nationales de contrôle et de régulation

1138. Pour chaque Etat, envisager le contrôle fiscal des contrats d'affaires internationaux comme une priorité, requiert aussi que l'administration fiscale s'engage activement dans une collaboration technique avec deux types d'agences nationales : les agences nationales de

---

1326 Voir en ce sens ODD-HEDGE FJELDSTAD (2007), *Revenue Authorities: Experiences from sub-Saharan Africa*, Chr. Michelsen Institute (CMI), Conference on Poverty Policies and Budgetary Processes, Windhoek, 5-6 July 2007.

1327 La politique budgétaire dans les *revenues authorities* est plus souple et la politique des ressources humaines y est plus exaltante notamment en matière de promotion et de rémunération du personnel ; ce qui accentue l'écart de performance potentielle entre ces agences et les régies financières des administrations fiscales des pays francophone (Cf. ODD-HEDGE FJELDSTAD (2007), *Revenue Authorities: Experiences from sub-Saharan Africa*, *op. cit.*).

1328 Les *revenues authorities* concentrent généralement en leur sein à la fois les services des impôts, des douanes et du Trésor.

lutte contre les flux financiers illicites d'une part, et avec les agences de régulation des secteurs d'activités stratégiques d'autre part.

1139. Sur le premier point, la mise à contribution des agences nationales de lutte contre les flux financiers illicites au service du contrôle fiscal des contrats internationaux peut se traduire concrètement au Cameroun et dans chacun des autres Etats de la CEMAC, par la mise sur pied d'une passerelle de collaboration technique avec l'Agence Nationale d'Investigation Financière (ANIF) est un service public de renseignement financier d'inspiration supranationale instituée par le Règlement n°01/CEMAC/UMAC/CM du 11 avril 2016[1329], portant Prévention et Répression du Blanchiment des Capitaux et du Financement du Terrorisme et de la Prolifération en Afrique Centrale. Au Cameroun, en vertu de son texte organique[1330], l'ANIF a notamment pour mission *« de recevoir, de traiter et, le cas échéant de transmettre aux autorités judiciaires compétentes tous renseignements propres à établir l'origine des sommes ou la nature des opérations faisant l'objet de la Déclaration de Soupçon (DS) au titre de la Lutte contre le Blanchiment des Capitaux et le Financement du Terrorisme [1331] ».*

1140. Ainsi, l'ANIF jouit d'une position stratégique en matière de renseignement financier que devrait exploiter l'administration dans le cadre de ses missions de contrôle fiscal des opérations internationales. Cette agence constitue un gisement d'informations pour le contrôle fiscal puisqu'en application du Règlement et du décret portant organisation et fonctionnement de l'ANIF, celle-ci dispose d'une banque de données alimentée non seulement par des déclarations de soupçon, mais aussi par de multiples autres sources d'informations[1332]. L'institution d'une plateforme de partage d'informations avec l'ANIF est d'autant plus utile que cette structure coopère également avec le Groupe d'action contre le blanchiment d'argent en Afrique centrale (GABAC)[1333] et toutes les autres institutions régionales

---

1329 Ce texte abroge et remplace toutes les dispositions antérieures contraires du Règlement n°01/03/CEMAC/UMAC/CM du 04 avril 2003 portant Prévention et Répression du Blanchiment des Capitaux et du Financement du Terrorisme et de la Prolifération en Afrique centrale.

1330 Cf. Décret n°2005/187 du 31 mai 2005 portant organisation et fonctionnement de l'Agence Nationale des Investigations Financières.

1331 Art. 3 du Décret n°2005/187 du 31 mai 2005 : Selon ce texte, l'ANIF a également pour missions :

- *« D'obtenir des informations utiles à sa mission des autorités judiciaires et de contrôle des Assujettis ;*
- *De constituer une Banque de Données contenant toutes informations utiles concernant les Déclarations de Soupçon prévues par le Règlement, les opérations effectuées ainsi que les personnes ayant effectué l'opération directement ou par personnes interposées ».*

1332 Lire en ce sens Cf. Décret n°2005/187 du 31 mai 2005 *précité.*

1333 Cf. Acte Additionnel n°09/00/CEMAC-086/CCE 02 Portant création du Groupe d'Action contre le Blanchiment d'Argent en Afrique centrale.

et internationales, en fonction des opportunités. Elle coopère en plus pleinement non seulement avec toutes les autres Cellules de Renseignement Fiscales, mais aussi avec les Agences Nationales d'Investigation Financières dans le cadre de « la Conférence des ANIF de la CEMAC » (CAC). La collaboration souhaitée entre l'administration fiscale et l'ANIF peut d'ailleurs faire l'objet d'une consécration par le législateur fiscal de manière à mieux définir le cadre de la collaboration entre ces deux administrations notamment en ce qui concerne les procédures de transmission des informations à but fiscal par la seconde à la première.

1141. Ainsi, à l'image de ce que l'on observe en France s'agissant de la collaboration entre l'administration fiscale et le service du Traitement du renseignement et actions contre les circuits financiers clandestins (TRACFIN), les informations transmises par l'ANIF à l'administration fiscale peuvent permettre de déclencher des procédures de contrôle fiscal ou être exploitées dans le cadre de contrôles fiscaux en cours[1334].

1142. Sur le second point, l'administration fiscale devrait systématiser l'exploitation des renseignements en provenance des agences de régulation des secteurs d'activité stratégiques ainsi que nous l'avons relevé dans le chapitre dédié à la détection des risques fiscaux modulée par secteur d'activité[1335]. Dans chaque secteur d'activité disposant d'une agence de régulation, celle-ci est dotée de prérogatives de régulation, de contrôle et de suivi des activités des opérateurs du secteur qui lui permettent d'avoir plus de profondeur que l'administration fiscale en ce qui concerne la maîtrise des opérations et des revenus effectivement réalisés par opérateurs du secteur. La posture inquisitrice du régulateur peut être exploitée par l'administration fiscale dans le cadre d'une plateforme technique de partage des informations, ainsi que nous l'avons suggéré plus haut s'agissant de la collaboration avec l'ANIF.

1143. Dans le secteur des télécommunications par exemple, la loi n° 2010 du 21 décembre 2010 régissant les communications électroniques au Cameroun a institué une Agence de Régulation des Télécommunications (ART) qui *« [...] assure pour le compte de l'Etat, la régulation, le contrôle, et le suivi des activités des opérateurs et exploitants du secteur des Télécommunications et des Technologies de l'Information et de la Communication[1336] ».* Il est intéressant de noter que le déficit d'information susceptible d'être accusé par les services de contrôle de l'administration fiscale à l'occasion du contrôle d'un opérateur de ce secteur peut aisément être résorbé par les rapports de contrôle communiqués sur simple demande

---

[1334] Voir en ce sens DJOUHRI (M.), *L'évolution du contrôle fiscal depuis 1945 : Aspects juridiques et organisationnels, op. cit.*, p. 330 et s.

[1335] Voir Chapitre 2 du titre 2 de la deuxième partie de la présente étude.

[1336] Art. 36 de la loi n° 2010 du 21 décembre 2010 régissant les communications électroniques au Cameroun.

écrite par l'ART à l'administration fiscale. Cette collaboration peut d'ailleurs s'étendre à la mise à disposition des experts du régulateur en faveur de l'administration fiscale dans le cadre de la préparation des contrôles fiscaux des opérateurs du secteur des télécommunications. Il suffit pour cela que l'administration fiscale se rapproche de l'ART afin de définir par voie réglementaire les modalités d'une collaboration qui serait utile au contrôle fiscal des opérations transnationales effectuées par les opérateurs du secteur des télécommunications.

1144. La démarche ci-dessus exposée dans une perspective de décloisonnement entre l'administration fiscale et l'ART peut logiquement être dupliquée s'agissant du décloisonnement avec les agences de régulation des autres secteurs d'activités. Un raisonnement semblable peut aussi valablement être mené dans chaque Etat africain pour ce qui est de la collaboration entre l'administration fiscale et l'agence en charge de la promotion des investissements en matière notamment de suivi des avantages fiscaux conventionnellement octroyés aux investisseurs étrangers par cette agence.

1145. Les développements ci-dessus montrent bien que la préservation de la sécurité fiscale de l'Etat dans le cadre du contrôle fiscal des contrats d'affaires internationaux passe nécessairement dans chaque Etat par l'adaptation constante du droit fiscal interne et des structures administratives nationales aux exigences de ce contrôle. Mais pour s'affirmer avec plus d'efficacité, le contrôle fiscal des contrats internationaux requiert également que le dispositif institutionnel supranational auquel adhèrent les pays africains s'adapte lui aussi à ses contraintes.

SECTION II. L'ADAPTATION DU DISPOSITIF INSTITUTIONNEL SUPRANATIONAL AUX CONTRAINTES DU CONTRÔLE FISCAL DES CONTRATS D'AFFAIRES INTERNATIONAUX

1146. L'effort d'adaptation des institutions requis dans l'ordre interne au niveau de chaque Etat africain pour préserver sa sécurité fiscale en matière de contrôle des contrats d'affaires internationaux mérite incontestablement d'être dupliqué dans l'ordre international. En partant de cette idée, et en reprenant la distinction entre *institutions mécanismes* et *institutions-organes* exposée plus haut, l'adaptation des institutions supranationales aux enjeux du contrôle fiscal desdits contrats passe à notre sens nécessairement par la double émergence d'une production normative supranationale à la hauteur des enjeux de ce contrôle et d'une coopération fiscale internationale plus active tant à l'échelle bilatérale que multilatérale. L'observation du jeu des relations fiscales internationales nous force à reconnaître que la dynamique d'expansion et de structuration des instruments de coopération fiscale internationale, qui a récemment culminé avec la signature de la *Convention multilatérale pour la mise en œuvre des mesures relatives aux conventions fiscales pour prévenir l'érosion de la base d'imposition et le transfert de* *bénéfices*[1337], est essentiellement impulsée par les pays de l'OCDE et les dirigeants du G20. Les Etats africains de l'espace OHADA se sont à cet égard illustrés par une posture passive et ce, au détriment de leurs intérêts fiscaux. Cet état de fait, qui révèle un déséquilibre chronique dans les rapports conventionnels entre les pays développés et les pays en développement, appelle de la part de ces derniers une implication plus active et plus vigilante dans la protection de leurs souverainetés fiscales respectives. Sous le rapport du contrôle fiscal des contrats d'affaires internationaux, cette implication requiert au préalable pour chacun des pays africains, un réaménagement du droit d'imposer qui lui est imparti dans le cadre conventionnel bilatéral **(§1)**. Elle requiert ensuite l'émergence d'une coopération fiscale plus active en matière d'assistance administrative mutuelle **(§2)**.

§1. Le réaménagement du droit d'imposer dans le cadre conventionnel bilatéral entre pays africains et pays développés

1147. Généralement inspiré par le modèle de convention fiscale de l'OCDE, le cadre conventionnel bilatéral entre pays développés et pays en développement fait systématiquement la part belle à l'imposition basée sur la résidence qui présente un avantage comparatif indéniable en faveur des pays développés. En effet, dans la majorité des conventions fiscales bilatérales conclues entre les Etats de l'Espace OHADA et les pays développés, le droit d'imposer dévolu aux premiers connaît en général des limitations inhérentes au faible poids économique et diplomatique qui est le leur par rapport aux seconds. Cela dit, pour assurer au contrôle fiscal des contrats d'affaires internationaux un minimum d'efficacité dans la sauvegarde des intérêts fiscaux de l'Etat, les Etats africains gagneraient à se montrer plus offensifs sur le plan juridico-diplomatique en gardant à l'esprit l'assertion doctrinale suivant laquelle *« le système fiscal conventionnel se contente de répartir les compétences fiscales, tandis que l'appréhension effective des revenus par les autorités fiscales relève de l'exercice de la souveraineté fiscale* [1338]*»*. à travers l'option d'une répartition conventionnelle plus équitable du droit d'imposer orientée par l'appréhension effective des revenus et de la valeur ajoutée **(A)**. En s'appuyant sur une telle base conventionnelle, le contrôle fiscal desdits contrats pourrait aussi profiter de l'émergence d'une coopération internationale plus active en matière d'assistance administrative mutuelle **(B)**.

[1337] Cette convention signée en juin 2017 par plus de soixante-dix Etats et entrée en vigueur le 1er juillet 2018 couvre aujourd'hui plus d'une centaine de juridictions fiscales.

[1338] VERGNET (N.), *La création et la répartition de la valeur en droit fiscal international*, Préface de B. Delaunay, LGDJ, coll. « Bibliothèque finances publiques et fiscalité », T. 71, 2020, p. 237.

A. L'option d'une répartition plus équitable du droit d'imposer orientée par l'appréhension effective des revenus et de la valeur ajoutée

1148. La mise en avant par les pays développés du principe de *l'imposition des revenus basé sur la résidence*, au détriment du principe de *l'imposition selon la source* est à l'origine de nombreuses situations de non-double imposition qui impactent négativement les économies des pays en développement. Etant donné que les conventions fiscales tirent leur inspiration des Modèles de convention proposés par l'OCDE et par les Nations-Unies, il revient aux Etats en développement de tirer le meilleur parti de ces instruments du « droit supranational suggéré » pour rechercher une répartition plus équitable du droit d'imposer privilégiant l'imposition des revenus selon la source **(1)** d'une part et l'imposition de la valeur ajoutée selon la destination d'autre part **(2)** . Une telle approche ouvrirait incontestablement la voie à l'affirmation du contrôle fiscal de la non-double imposition des revenus générés par les contrats d'affaires internationaux **(2)**.

1. La recherche d'une répartition plus équitable du droit d'imposer privilégiant l'imposition des revenus selon la source

1149. La question de la recherche d'une répartition plus équitable du droit d'imposer entre les juridictions fiscales qui privilégie le lieu de réalisation des profits peine à constituer une préoccupation prépondérante au sein de la communauté internationale. Cet état de fait, tient pour l'essentiel à la stérilité du débat sur le droit conventionnel d'imposer en Afrique et à l'infertilité du débat sur les opportunités offertes par l'Instrument multilatéral.

1150. La stérilité du débat sur le droit conventionnel d'imposer en Afrique. Les conventions fiscales internationales aménagent les règles de répartition entre plusieurs juridictions fiscales du droit d'imposer les bénéfices souffrent en général des mêmes lacunes et font bien souvent obstacle à l'imposition dans une juridiction fiscale donnée des bénéfices qui proviennent pourtant d'une activité réalisée au sein de ladite juridiction. Relevons à ce propos que pour un pays en développement comme le Cameroun, privilégier l'imposition des revenus et des capitaux selon la source dans le cadre d'un traité fiscal le liant à un pays industrialisé ne signifie pas qu'il rejette le principe de l'imposition selon la résidence. Cela signifie plutôt que dans le compromis à trouver entre le principe de source et celui de résidence, les modalités d'imposition desdits revenus doivent permettre à chaque Etat de capter au mieux les revenus ayant leur source dans sa juridiction. La question ici n'est pas de savoir quel principe d'imposition adopter entre l'imposition à la source et l'imposition selon la résidence, mais plutôt de savoir comment réaliser un compromis efficace qui intègre ces deux modalités d'imposition.

1151. D'après l'article 4 du Modèle de convention fiscale de l'OCDE, l'expression « résident d'un Etat contractant » désigne toute personne qui, en vertu de la législation de cet Etat, est assujettie à l'impôt dans cet Etat en raison de son domicile, de sa résidence, de son siège de direction ou de tout autre critère de nature analogue et s'applique aussi à cet Etat et à toute autre subdivision politique ou collectivité locale de celui-ci ainsi qu'à un fonds de pension reconnu de cet Etat. Toutefois, cette expression [résident] ne comprend pas les personnes qui ne sont assujetties à l'impôt dans cet Etat que pour les revenus de sources situées dans cet Etat ou pour la fortune qui y est située[1339]. Cette formulation est également celle qui prévaut à l'article 4 du Modèle de convention fiscale des Nations-Unies qui tire toute son inspiration du Modèle de l'OCDE.

1152. Les commentaires du Modèle de convention fiscale de l'ONU révèlent cependant que : « le Modèle de convention des Nations Unies représente un compromis entre le principe de source et le principe de résidence, bien qu'il donne [...] davantage de poids au principe de source que ne le fait le Modèle de convention de l'OCDE [1340]». D'après le Manuel de négociation des conventions bilatérales entre pays développés et pays en développement, « [...] L'expérience montre que la règle de la résidence, bien que fondée sur la capacité globale de paiement de l'intéressé, ne revêt qu'un intérêt limité pour les recettes d'un pays dont les résidents n'effectuent pas d'investissements substantiels dans d'autres pays et dont l'administration fiscale n'est pas équipée pour assurer la bonne application de cette règle [1341]».

1153. Il convient de reconnaître comme le fait Monsieur Brian J. ARNOLD dans son article intitulé Introduction aux conventions fiscales, que « Le modèle de convention de l'OCDE favorise les pays exportateurs de capitaux par rapport aux pays importateurs de capitaux. Souvent, il supprime ou allège la double imposition en imposant au pays de la source de renoncer à une partie ou à la totalité de l'impôt sur certains types de revenus tirés par les résidents de l'autre pays contractant [...] [1342]». Cette affirmation montre en des termes à peine voilés que les pays en développement subissent la

---

[1339] C'est nous qui soulignons.

[1340] Nations -Unies (2015), Modèle de convention des Nations-Unies, Révision de 2011, Nations-Unies, New York, 2015, p. vii.

[1341] Nations-Unies (1980), *Manuel de Négociation des conventions fiscales bilatérales entre pays développés et pays en développement*, *op. cit.*, p.

[1342]Lire sur ce point ARNOLD (B. J.), « Introduction aux conventions fiscales », https://www.un.org/esa/ffd/wp-content/uploads/2015/10/TT_Introduction_Fr.pdf, p. 5 : D'après l'auteur, « *[...] ce modèle de convention convient si les flux d'échanges commerciaux et d'investissements entre les deux pays sont raisonnablement comparables et que tous les revenus exonérés par le pays de la source sont imposés par le pays de résidence. En revanche, il n'est pas forcément adapté pour les pays importateurs nets de capitaux* ».

puissance économique et diplomatique des pays développés dans le cadre du réseau des conventions fiscales qui les lient à ces derniers. On le comprend aisément, les expressions pays exportateurs de capitaux et pays importateurs de capitaux ne désignent respectivement rien d'autre que les pays développés pourvoyeurs de capitaux d'un côté, et les pays en développement demandeurs de capitaux, de l'autre.

1154. Il est donc sur cette base préférable pour les pays en développement de l'espace OHADA de négocier leurs conventions fiscales respectives sur la base minimale proposée par le Modèle de convention onusien qui a l'avantage d'imposer moins de restrictions sur les droits d'impositions à source. Cette approche moins restrictive du Modèle de convention de l'ONU se perçoit, non pas à travers l'article 4 qui traite de la résidence, mais plutôt à travers les dispositions de l'article 12 sur les redevances [1343]qui, en se refusant d'empêcher le pays de la source d'imposer lesdites redevances, confère davantage de droits d'imposition à l'Etat de la source que dans le cadre du modèle de convention de l'OCDE. Il en va d'ailleurs de l'étendu du droit d'imposer à la source les redevances comme de celui du droit d'imposer à la source les revenus d'entreprises de non-résidentes. Dans le Modèle de convention de l'ONU, ce droit est également moins restrictif que dans le modèle de l'OCDE. A titre d'exemple, la doctrine nous révèle que *« la durée nécessaire pour qu'un projet de construction représente un établissement stable n'est que de six mois dans le modèle de l'ONU alors qu'il est de 12 mois dans le modèle de l'OCDE.* De même, selon le modèle de l'ONU, une entreprise dispose d'un établissement permanent si elle fournit des services pendant une période d'au moins 183 jours, tandis que, d'après le modèle de l'OCDE, une entreprise possède un établissement permanent uniquement si elle fournit des services par l'intermédiaire d'une installation fixe d'affaires qui, selon le commentaire des dispositions correspondantes, doit normalement exister depuis plus de six mois[1344] .

1155. L'infertilité du débat sur les opportunités offertes par l'Instrument multilatéral. En marge du débat sur la comparaison des avantages et des inconvénients des modèles de convention ci-dessus, les

---

[1343] Le terme « redevance » employé dans cet article désigne « les rémunérations de toute nature payées pour l'usage ou la concession de l'usage d'un droit d'auteur sur une œuvre littéraire, artistique ou scientifique, y compris les films cinématographiques, ou les films ou bandes utilisés pour les émissions radiophoniques ou télévisées, d'un brevet , d'une marque de fabrique ou de commerce, d'un dessin ou d'un modèle, d'un plan, d'une formule ou d'un procédé secrets, ainsi que pour l'usage ou la concession de l'usage d'un équipement industriel, commercial ou scientifique et pour des informations ayant trait à une expérience acquise dans le domaine industriel, commercial ou scientifique »

[1344] Lire sur ce point ARNOLD (B. J.), « Introduction aux conventions fiscales », *op. cit.*, p. 5.

pays africains ont récemment été invités par l'OCDE à rentrer dans un processus juridique de « modification à la carte » de leurs conventions fiscales bilatérales à travers la signature et la ratification de la Convention multilatérale pour la mise en œuvre des mesures relatives aux conventions fiscales pour prévenir l'érosion de la base d'imposition et le transfert de bénéfices généralement désignée par le vocable « Instrument multilatéral ». Le cadre juridique fixé par cette Convention multilatérale est aménagé de tel sorte que pour un Etat considéré, le bénéfice de l'application obligatoire de certaines de ses dispositions correspondant au « standard minimum [1345]» du plan Base Erosion and Profit Shifting (BEPS), est subordonné à la signature et à la ratification de ladite Convention en tant que « juridiction contractante[1346] ». Celle-ci entre en vigueur pour cette juridiction trois mois environ après notification de la ratification à l'OCDE.

1156. La convention multilatérale est présentée comme un instrument qui offre des solutions concrètes aux gouvernements pour fermer les brèches dans les règles internationales actuelles en transposant par le mécanisme de la « couverture » les mesures développées dans le cadre du Projet BEPS de l'OCDE et du G20 dans les conventions fiscales bilatérales. Ce mécanisme permet aux Etats d'insérer des dispositions de cette Convention multilatérale dans les conventions fiscales bilatérales existantes sans avoir à modifier formellement celles-ci. De plus, les Etats signataires ne sont pas obligés de faire jouer ce mécanisme pour toutes leurs conventions bilatérales ; seules les conventions bilatérales « couvertes » sont concernées, c'est-à-dire celles figurant dans une liste obligatoirement notifiée à l'OCDE par l'Etat signataire pour lesquelles il accepte clairement qu'elles soient modifiées par la Convention multilatérale. Précisons à ce sujet que le Cameroun a procédé depuis le 11 juillet 2017 à la signature de cette Convention en sa qualité de membre associé du Cadre inclusif [1347].

[1345] L'Instrument multilatéral met également en œuvre les standards minimums adoptés afin de prévenir l'utilisation abusive des conventions fiscales et d'améliorer le règlement des différends tout en garantissant un degré suffisant de souplesse pour ainsi prendre en compte les politiques fiscales spécifiques relatives aux conventions fiscales.

[1346] OUDENOT (P.), *op. cit.*, p. 19 « Chaque fois qu'un autre Etat signataire (appelé juridiction contractante) ratifie à son tour la convention multilatérale, celle-ci entre en vigueur pour cet Etat un peu plus de trois mois après la notification de la ratification à l'OCDE.

[1347] Le Cadre inclusif de l'OCDE/G20 dont le Cameroun est membre associé depuis juin 2015 est constitué d'un ensemble de 137 juridictions qui se sont engagées à mettre en œuvre de façon cohérente les mesures issues du projet BEPS. Parmi ces mesures, on dénombre quatre (04) standards minimum que ces pays doivent mettre en œuvre de façon obligatoire. Il s'agit de :

- la lutte contre les pratiques fiscales dommageables (action 5) ;
- la lutte contre l'utilisation abusive des conventions fiscales (action 6) ;
- la révision de la documentation prix de transfert et la déclaration pays par pays (action 13) ;
- l'accroissement de l'efficacité des mécanismes de règlement des différends (action 14).

1157. Ainsi élaboré, la Convention multilatérale offre aux Etats de nombreuses opportunités de modification de leurs conventions bilatérales. Mais sur ce terrain encore une fois, ce sont les pays développés qui tirent pour l'instant le maximum de profit de ce nouveau dispositif présenté par ailleurs comme une véritable révolution par les pays de l'OCDE et du G20. Notons à ce sujet que pour qu'un Etat donné puisse saisir les opportunités qu'offre l'Instrument multilatéral, il faut déjà qu'il dispose d'un réseau important de conventions fiscales bilatérales, ce qui n'est pas le cas du Cameroun et de la plupart des pays africains de l'espace OHADA.

1158. Au-delà de l'épineuse question de l'imposition des revenus à la source, se pose vis-à-vis des pays africains, la préoccupation tout aussi critique du contrôle fiscal de la non-double imposition des revenus générés par les contrats d'affaires internationaux.

2. La recherche plus équitable du droit d'imposer privilégiant l'impostion de la valeur ajoutée selon la destination.

1159. En prenant le parti de privilégier l'imposition de la valeur ajoutée selon le principe de la destination, les Etats africains de l'espace OHADA ont intérêt à se montrer plus « offensifs » sur le terrain du contrôle fiscal de la non-double imposition des revenus générés par les contrats d'affaires internationaux. Une telle attitude serait plus protectrice des intérêts fiscaux de ces Etats et rejoindrait la vision déjà exprimééе par les pays de l'OCDE en cette matière[1348]. D'après le principe de la destination, l'impôt est en définitive perçu sur la consommation finale qui a lieu dans la juridiction d'imposition[1349]. A l'heure du développement tous azimuts de l'économie numérique et des contrats qui luis sont propres, ce principe s'affirme comme le meilleur moyen de saisir fiscalement les échanges internationaux de services et de biens incorporels précisément là où lesdits biens et services sont consommés. Il tranche d'avec le principe d'origine selon lequel l'impôt est perçu dans les différentes juridictions où la valeur ajoutée est créée[1350]. Les pays africains doivent garder à l'esprit que *« Le but des conventions en matière de double imposition entre les pays est d'éviter la double imposition, pas de justifier la double non-imposition* [1351] *».*

1160. Relevons cependant que le principe de l'imposition de la valeur ajoutée selon la destination ne peut être porteur d'efficacité pour les pays africains que s'ils révisent leur approche diplomatique au regard d'au moins trois aspects que sont : les exonérations fiscales, l'imposition des gains sur le

---

[1348] Cf. www.oecd.org

[1349] *Ibid.*

[1350] *Ibid.*

[1351] Propos de Margrethe VESTAGER cité par le Rapport ACTIONAID INTERNATIONAL (2016), *Conventions fiscales, conventions inégales – Les conventions fiscales qui privent les pays les plus pauvres du monde de revenus vitaux-* Action Aid, Paris, 2016, p. 13.

capital et l'imposition des services réalisés par les non- résidents. En effet, comme l'a récemment soutenu la doctrine en France, *« […] la manière dont une convention devrait traiter d'une opération, ou d'un revenu dépend très largement de la manière dont la perçoit le droit national*[1352] *»*.

1161. S'agissant du premier aspect, il faut reconnaître qu'en se faisant prisonniers d'une politique axée sur l'attractivité des investissements portés par les multinationales étrangères, les Etats africains ont systématiquement ouvert la porte à l'octroi d'avantages fiscaux en faveur des pays industrialisés et des pays émergents. Les pays africains ont ainsi tendance à s'enfermer dans le jeu d'une *concurrence fiscale dommageable* à travers l'octroi dans le cadre conventionnel de *« stimulants fiscaux*[1353] *»* qui s'analysent tantôt en réduction d'impôt[1354], tantôt en exonérations totales ou partielles d'impôts, droits et taxes. Pour maîtriser cette situation, il conviendrait pour chaque pays africain de donner au contrôle fiscal des contrats internationaux un champ d'expression plus large en revoyant sa politique d'octroi d'avantages fiscaux vis-à-vis des pays industrialisés dans le cadre conventionnel.

1162. En ce qui concerne le deuxième aspect relatif à l'imposition des gains sur le capital, il apparaît à la lecture des conventions fiscales conclues par les pays développés avec les pays africains que ceux-ci disposent d'importantes marge de progression en matière d'imposition des gains sur le capital. En effet les gains réalisés par les entreprises étrangères sur les capitaux qu'elles détiennent dans les juridictions fiscales africaines restent très faiblement imposés. Pourtant en pratique, de nombreuses opérations de cessions de capitaux étrangers dans les juridictions locales dégageant des gains, constituent pour chacun des pays en développement autant d'opportunités de taxation des plus-values sur lesdites cessions réalisées par les opérateurs transnationaux. De plus en plus, les pays africains de l'espace OHADA prennent la mesure des enjeux et revoient dans leurs législations,

---

[1352] VERGNET (N.), *La création et la répartition de la valeur en droit fiscal international, op. cit.* p. 236.

[1353] Cf. Nations-Unies (1980), *Manuel de Négociation des conventions fiscales bilatérales entre pays développés et pays en développement, op. cit.*, p. 2 : D'après le Manuel, *« Bien que les conventions conclues entre pays développés et pays en développement soient assez peu nombreuses, plusieurs pays en développement allègent la charge fiscale effective qui pèse sur l'investisseur étranger en accordant unilatéralement d'importants « stimulants fiscaux » tels qu'exonérations d'impôts, sur le revenu ou taux réduit d'imposition sur la totalité ou sur une partie des bénéfices des sociétés ; déductions exceptionnelles des frais professionnels destinés à faciliter les ventes à l'exportation, ou encore exonération directe d'impôts sur les bénéfices des exportations ; réductions d'impôts retenus à la source sur les dividendes et les intérêts ; réduction de l'impôts sur les revenus du personnel étranger ; exemption de droits d'importation et amortissement accéléré ou fort pourcentage de provisions pour épuisement des ressources minières »*.

[1354] Un exemple est donné par la convention-fiscale entre la France et le Cameroun qui soumet les services rendus localement par les entreprises étrangères à la Taxe spéciale sur les revenus au taux de 7, 5% au lieu de 15% comme prévu en droit commun.

sous réserve des conventions fiscales internationales, le régime fiscal des cessions mêmes indirectes d'actions dans le sens de l'imposition des plus-values réalisées sur lesdites cessions par les filiales locales de multinationales étrangères. A l'observation, les conventions fiscales entre pays développés et pays en développement limitent en général la faculté de ces derniers à se reposer sur cette potentielle source de revenus fiscaux. Cette situation dommageable pour les pays africains ne s'observe pas dans les juridictions fiscales des pays développés qui, en fonction de leurs intérêts n'hésitent pas à imposer les plus-values sur des cessions similaires de capitaux réalisées dans leurs pays[1355].

1163. Le troisième aspect relatif à la taxation des services réalisés par les non-résidents constitue un vaste champ d'opportunités fiscales pour les juridictions fiscales africaines. Tel est notamment le sens de la récente évolution des dispositions de l'article 130 du Code Général des Impôts camerounais selon lesquelles *« les prestations matériellement localisables au Cameroun sont taxables au Cameroun au taux général prévu par l'article 142 du Code Général des Impôts, quel que soit le lieu d'établissement du preneur »*.

1164. Ainsi, la vocation première des conventions fiscales bilatérales est certes d'œuvrer à l'élimination des doubles impositions juridiques au moyen d'un partage de compétence entre les juridictions fiscales concernées[1356], mais ces conventions doivent pareillement œuvrer à l'élimination de la non-double imposition pour mieux lutter contre l'évasion fiscale internationale et offrir aux pays en développement des perspectives plus concrètes en matière de contrôle fiscal des contrats d'affaires internationaux.

B. La formulation d'un modèle de convention plus compatible avec les intérêts fiscaux des Etats africains

1165. Les modèles de convention fiscale des Nations Unies et de l'OCDE, de même que les commentaires dont ils font l'objet sont certes des sources utiles à l'interprétation des conventions fiscales, mais ils ne revêtent aucun caractère coercitif dans la mesure où ils n'ont pas le même statut juridique en droit international que les conventions fiscales proprement dites[1357]. Ces dernières ont le statut de traités internationaux au sens où l'entend la Convention de Vienne sur le droit des traités[1358].

1355 D'après le Rapport d'Actionaid International précité, *« les pays développés s'appuient [...] fortement sur les recettes issues de l'impôt sur les plus-values »*. p. 27.

1356 Voir en ce sens CASTAGNEDE (B.), *Précis de fiscalité internationale*, *op. cit.* p. 233.

1357 D'après le paragraphe 29 de l'introduction au Modèle de Convention de l'OCDE, les commentaires « peuvent être très utiles dans l'application et l'interprétation des conventions et en particulier dans le règlement des différends éventuels ».

1358 Cf. art. 2. a) de la Convention de Vienne sur le droit des traités faite à Vienne le 23 mai 1969 et entrée en vigueur le 27 janvier 1980. D'après cette disposition, *« L'expression « traité » s'entend d'un accord international conclu par écrit entre Etats et régi par le droit*

1166. Soulignons-le, les pays africains n'ont véritablement pas contribué à l'élaboration du modèle de convention des Nations Unies, encore moins à celui de l'OCDE. La prise en compte de leurs intérêts dans lesdits modèles n'est que très peu tangible dans le premier modèle et quasiment occultée dans le second. Comme le reconnaît la doctrine camerounaise, s'adapter dans le contexte actuel de mondialisation requiert une présence et une contribution active des Etats africains auprès des instances internationales qui travaillent à assurer une meilleure répartition du droit d'imposer [1359]. Monsieur Richard EVINA OBAM relève à ce propos dans ses travaux de thèse consacrés à « *la politique fiscale au Cameroun depuis les années 80* » que ce pays se caractérise par une participation par voie d'adhésion à divers forums de coopération et d'échange sur la scène internationale qui contraste avec une absence de contribution significative aux instances de fiscalité internationale[1360]. La situation ainsi observée au Cameroun, faut-il le souligner, est caractéristique de celle de l'ensemble des pays africains et notamment des pays de l'espace OHADA.

1167. Pour l'heure, force est de reconnaître que dans la pratique, le modèle de convention de l'OCDE est le modèle le plus utilisé comme standard pour fixer les normes dans le cadre des conventions fiscales internationales entre les pays industrialisés et les pays en développement. Le modèle de convention de l'ONU qui prône une répartition plus équitable du droit d'imposer entre les Etats parties peine quant à lui à s'imposer comme source d'inspiration des conventions fiscales entre pays développés et pays en développement. Comme nous l'avons montré, lorsque le modèle de l'OCDE est utilisé comme base pour les conventions entre des pays développés et des pays en développement, cela entraîne une limitation des prérogatives fiscales de ces derniers.

1168. Pourtant, l'OCDE, le Parlement européen et la Commission européenne ont clairement admis récemment que l'équilibre des droits d'imposition dans les conventions fiscales représente un problème pour les pays en développement[1361]. Un tel constat devrait conduire les pays africains

---

international, qu'il soit consigné dans un instrument unique ou dans deux ou plusieurs instruments connexes, et quelle que soit sa dénomination particulière ».

1359 Voir en ce sens EVINA OBAM (R.), *op. cit.*, p. 342.

1360 *Ibid.*

1361 Cf. Rapport ActionAid (2016), Conventions fiscales, Conventions inégales, *op. cit.*, p. 6 : Ce rapport rappelle que le 2 juillet 2015, lors d'une conférence organisée par le ministère des affaires étrangères des Pays-Bas, M. Saint-Amans, Directeur du Centre de la politique et de l'administration fiscale de l'OCDE, a déclaré*: « La question résidence source est un débat extrêmement important qui devrait être ouvert et les pays en développement devraient probablement avoir davantage d'impôts à la source, je n'en doute pas. » ;* Commission des affaires économiques et monétaires du Parlement européen, 2015. Rapport contenant des recommandations à la Commission en vue de favoriser la transparence, la coordination et la convergence des politiques en matière d'impôt sur les sociétés au sein de l'Union, A8-0000/2015, p.19; Commission européenne, Communication de la Commission au Parlement

à repenser les modèles des conventions fiscales existants de manière à mieux faire écho aux aspirations de leurs économies. Un tel modèle de convention pourrait être élaboré au niveau continental sous les auspices de l'Union Africaine (UA) qui pourrait à ce sujet travailler en étroite collaboration avec la Commission Economique des Nations-Unies pour l'Afrique (CEA). L'on peut en effet s'interroger sur le retard diplomatique de l'Union Africaine relativement à une préoccupation aussi importante. Les différences culturelles et structurelles qui singularisent chacun des ensembles économiques sous régionaux, du Maghreb en Afrique australe, expliquent sans doute en partie ce retard.

1169. Quoi qu'il en soit, dans la perspective des négociations ou renégociations de leurs conventions fiscales respectives avec les pays développés, il est plus que jamais temps que les pays africains de l'espace OHADA prennent conscience de la nécessité de disposer d'un modèle de convention plus compatible avec leurs intérêts. Ce modèle pourrait tirer avantage des critiques formulées à l'encontre des modèles de conventions de l'OCDE et de l'ONU de manière à mettre en avant plus vigoureusement le principe de l'imposition à la source et la lutte contre la non-double imposition des revenus[1362]. Au-delà de cette importante préoccupation, les dispositions proposées par ce modèle africain de convention fiscale devraient également tenir compte du contexte économique mondial actuel marqué par des activités transnationales dématérialisées qui ne sont par définition rattachées à aucun territoire mais dont les revenus proviennent des pays africains. De la sorte, le « manque à gagner fiscal » de chaque pays en développement en rapport avec les contrats d'affaires internationaux entrant dans le champ d'application desdites conventions pourrait être progressivement maitrisé à la baisse.

§2- L'émergence d'un « pôle fiscal africain » en matière d'assistance administrative mutuelle

1170. En ayant systématiquement fait le choix de faire usage de leur droit fiscal interne pour attirer les capitaux étrangers, les pays africains de

---

européen et au Conseil à propos d'une Communication de la Commission au Parlement européen et au Conseil sur une stratégie extérieure pour une imposition effective, COM (2016), 24, p 9.

1362 Avant d'engager le processus de négociation des conventions fiscales, les gouvernements devraient étudier avec attention les données probantes concernant leurs impacts sur les pays à faible revenu et à revenu moyen inférieur. Si le modèle de convention fiscale établi par l'ONU autorise ces pays à maintenir de manière significative plus de droits fiscaux que le modèle de l'OCDE, cela ne devrait pas pour autant être considéré comme « le Saint-Graal ». Adopter une approche favorable au développement dans la négociation de conventions fiscales impliquerait de considérer les taux et dispositions suggérés par l'ONU comme des standards minimums, et non des limites maximales. Les pays à faible revenu et à revenu moyen inférieur devraient aller au-delà du modèle de l'ONU et formuler leur propre modèle de convention, comme ils le jugent approprié.

l'espace OHADA font partie des pays en développement qui se sont le moins engagés dans la coopération fiscale internationale pour protéger leurs ressources fiscales. Rien n'interdit pourtant à ces pays de se constituer en un véritable « pôle fiscal » intégrant les autres pays africains afin de peser dans les négociations fiscales internationales. Cela dit, la gestion des informations au service du contrôle fiscal des contrats d'affaires à l'échelle internationale requiert de la part de chaque Etat africain une extension de son réseau de conventions fiscales internationales grâce auxquelles, les services fiscaux étrangers peuvent devenir le prolongement des services nationaux dans le reste du monde[1363]. Les pays africains accusent sur ce terrain un retard considérable qu'il convient de rattraper. Ce rattrapage peut valablement passer par la densification de la coopération administrative en matière d'échange de renseignements d'une part **(A)**, et par la promotion de l'assistance technique internationale dans le cadre des contrôles conjoints des contrats d'affaires internationaux d'autre part **(B)**.

A. La densification de la coopération administrative en matière d'échange de renseignements

1171. Promouvoir la coopération administrative en matière d'échange de renseignements requiert de la part des Etats africains, une implication plus accrue dans la coordination des efforts déployés à l'échelle internationale tant sur le plan bilatéral que multilatéral pour lutter contre la fraude et l'évasion fiscales. Certes sur ce sujet les pays africains sont réduits à « prendre le train en marche » comme dans plusieurs autres domaines[1364]. Cependant, au lieu de rester en marge des évolutions internationales impulsés en cette matière par les pays de l'OCDE, les pays de l'espace OHADA gagneraient à s'investir dans la densification en quantité et en qualité de leurs réseaux conventionnels respectifs, de manière à mieux saisir les opportunités offertes par l'adoption de mécanismes d'échange de renseignement efficaces avec les pays développés **(1)** d'une part, et avec les autres pays africains **(2)** d'autre part.

1. L'adoption de mécanismes d'échange de renseignements avec les pays développés

1172. Dans le cadre de leurs relations fiscales internationales avec les pays développés en matière d'échange de renseignements aux fins de contrôle fiscal, les pays africains de l'espace OHADA ont la latitude, comme les autres pays, soit d'exploiter les clauses d'échange de renseignements

---

[1363] DJOUHRI (M.), *op. cit.*, p. 349.

[1364] Le débat sur la régulation de l'échange de renseignement a précédé l'existence même de l'ensemble des Etats africains de l'espace OHADA puisqu'il a vu le jour avec la formulation en 1928 par la SDN d'un modèle spécifique de « Convention bilatérale sur l'assistance administrative en matière d'impôts ».

prévues par les conventions fiscales bilatérales, soit d'exploiter celles relevant du cadre conventionnel multilatéral élaboré par l'OCDE.

1173. L'exploitation des clauses d'échange de renseignements relevant du cadre conventionnel bilatéral. La situation imposée par l'état actuel du droit fiscal international révèle le peu d'engouement observé par les pays africains en matière de conclusion de conventions fiscales bilatérales1365. Cette situation s'explique en partie par le déséquilibre économique qui caractérise en général les rapports conventionnels entre les pays développés et les pays en développement. De fait, dans le cadre d'une convention fiscale entre un pays développé et un pays en développement, le jeu de la comparaison des avantages qu'ils peuvent en tirer tourne systématiquement à l'avantage du pays développé en raison de la présence en général plus marquée des entreprises des pays développés dans les pays en développement. Sous ce rapport, la marge de manœuvre de ces derniers est très réduite, lorsqu'il s'agit d'exploiter les clauses d'échange de renseignements prévues par les conventions fiscales bilatérales étant donné que chacun de ces pays n'est que très peu connecté aux pays développés à travers ce mécanisme.

1174. Cela dit, chaque pays africain de l'espace OHADA dispose néanmoins d'un « micro-réseau conventionnel » à partir duquel il peut se projeter en matière d'échange de renseignements vis-à-vis des pays développés. A cet égard, il convient de se souvenir qu'à l'origine, l'échange d'informations fiscales ne constituait pas une problématique autonome de celle de la double-imposition[1366]. A titre d'illustration, l'on peut relever que le Cameroun n'est partie qu'à deux conventions fiscales en vigueur avec les pays développés : l'une avec la France, et l'autre avec le Canada, tous membres de l'OCDE. Dans la convention fiscale entre la France et le Cameroun par exemple, c'est l'article 37 qui règle la question des modalités d'échange de renseignements en retenant à ce propos deux d'entre elles, à savoir : l'échange de renseignement d'office et l'échange de renseignement à la demande. En raison du silence observé par cette convention au sujet des définitions de ces deux modalités d'échange de renseignements, c'est vers l'article 26 du modèle de convention de l'OCDE qu'il convient de se tourner. Selon cette clause qui fait office de norme admise au niveau international[1367], l'échange de renseignement à la demande a lieu d'un Etat envers un autre Etat ou territoire en requérant de ce dernier à son profit des renseignements relatifs à un contribuable dans un cas précis[1368]. En pratique,

---

1365 Au 1er janvier 2021, le Cameroun n'est partie qu'à deux conventions fiscales bilatérales en vigueur : l'une conclue avec la France, l'autre avec le Canada.

1366 VERGNET (N.), *op. cit.*, p. 109.

1367 Voir en ce sens LAUMONIER (A.), *op. cit.*, p.117.

1368 L'article 37 de la convention fiscale entre la France et le Cameroun parle laconiquement d'échange de renseignement sur demande visant des « cas concrets ».

les relations entre les administrations fiscales française et camerounaise font état d'une transmission réciproque d'informations par les autorités compétentes des deux Etats en application de ces deux modalités d'échange de renseignements et ce, sur une base régulière.

1175. La convention fiscale entre le Cameroun et le Canada, quant à elle, traite en son article 23.1 de l'échange de renseignements entre les deux Etats tout en restant muette sur ses modalités[1369]. A la lecture de cette disposition, l'on peut constater que le principe de l'échange de renseignements entre les autorités compétentes des deux Etats est posé sans qu'il ne soit toutefois possible de savoir si lesdites autorités privilégieront l'échange d'office, à la demande ou spontané. Cette omission se traduit dans la pratique par un véritable immobilisme en matière de transmission d'informations à but fiscal entre les administrations fiscales des deux Etats.

1176. Sous le rapport du contrôle fiscal des contrats d'affaires internationaux, il est important de circonscrire les aspects sur lesquels les pays africains disposent d'une marge de manœuvre suffisante pour interagir avec les pays développés, eux – les pays africains - dont l'empreinte technique ne transparaît ni dans l'écriture des clauses d'échange d'informations contenues dans le modèle de convention de l'OCDE, ni dans les conventions fiscales bilatérales conclues avec les pays développés.

1177. L'exploitation des clauses relevant du cadre conventionnel multilatéral. A l'origine, l'idée de réguler l'échange de renseignements dans un cadre conventionnel multilatéral ne concernait que les pays développés. Les pays africains de l'espace OHADA, totalement étrangers aux évolutions observées au départ dans ce domaine, n'ont que très récemment été associés à cet ambitieux projet impulsé par le Conseil de l'Europe et les pays de l'OCDE. C'est en effet à travers les possibilités ouvertes par la Convention multilatérale concernant l'assistance administrative mutuelle en matière fiscale élaborée en 1988, puis amendée en 2010 par les Etats membres du Conseil de l'Europe et de l'OCDE1370 , que les Etats africains peuvent aujourd'hui interagir avec les pays développés en matière d'échange de renseignements et de lutte contre les pratiques fiscales dommageables.

[1369] Voir 23. 1) de la Convention entre le Canada et la République du Cameroun tendant à éviter les doubles impositions et à prévenir l'évasion fiscale en matière d'impôts sur le revenu, 26 mai 1982 : *« Les autorités compétentes des Etats contractants échangent les renseignements nécessaires pour appliquer les dispositions de la (…) Convention ou celle de la législation interne des Etats contractants relatives aux impôts visés par la Convention dans la mesure où l'imposition qu'elle prévoit n'est pas contraire à la Convention… »*

[1370] Cette Convention a été élaborée au sein du Conseil de l'Europe par un comité d'experts placé sous l'autorité du Comité européen de coopération juridique (CDCJ), sur la base d'un premier projet établi par le Comité des affaires fiscales de l'OCDE. Des pays membres de l'OCDE non-membres du Conseil de l'Europe ont pris part aux travaux en qualité d'observateurs.

1178. Il convient de souligner qu'avant le Protocole d'amendement de la Convention multilatérale de 2010, l'OCDE avait élaboré et diffusé en 2002 un modèle type d'accord spécifiquement dédié à l'échange de renseignement en matière fiscale. Cet accord s'affichait comme une convention indépendante des conventions de double imposition et se présentait sous deux formes : un instrument multilatéral[1371] et un modèle d'accord bilatéral[1372]. Mais l'évolution du droit fiscal international a pendant longtemps révélé le succès très relatif de ce modèle d'accord en raison notamment du défaut de traduction juridique réelle qu'il a connu en matière de lutte contre la fraude et l'évasion fiscales internationales[1373].

1179. Aujourd'hui, la gouvernance mondiale de l'échange de renseignements est animée et dominée par le Forum mondial de l'OCDE créée en 2000 et réactivé en 2009 sous la dénomination « Forum mondial sur la transparence et l'échange de renseignements à des fins fiscales » (ci-après, « le Forum mondial »). Le Forum mondial est devenu après sa restructuration de 2009 le principal organisme international de travail sur la mise en œuvre des normes internationales en matière de transparence fiscale. Dans ses travaux de thèse, Monsieur LAUMONIER montre clairement que la « transparence fiscale » que promeut l'OCDE, en ce qu'elle permet aux Etats de pouvoir appliquer leurs règles internes propres en bénéficiant d'un niveau d'information suffisant à cette fin, est un outil -et non une fin- conçu pour lutter contre les insuffisances du « civisme fiscal [1374]» des contribuables. Pour mener à bien ses missions, le Forum Mondial s'appuie principalement sur le Modèle d'accord de l'OCDE sur l'échange de renseignements en matière fiscale de 2002 et ses commentaires, ainsi que sur l'article 26 du Modèle de convention fiscale de l'OCDE concernant le revenu et la fortune et ses commentaires. Ces deux textes forment la base de toutes les formes d'échange de renseignements[1375]. Il n'y a là rien de surprenant puisque, comme le reconnaît la doctrine, le Forum mondial est lui-même une émanation du G20 et de l'OCDE et exerce son autorité sous la

---

[1371] OCDE 2002, « Modèle d'accord sur l'échange de renseignement en matière fiscale », Editions OCDE, avril 2002 : *« L'instrument multilatéral n'est pas un accord "multilatéral" au sens classique. Il constitue l'élément de base sur lequel viendra se greffer un faisceau intégré d'accords bilatéraux. Une partie à l'accord multilatéral ne sera liée par celui-ci que vis-à-vis des parties avec lesquelles elle décidera d'être liée. Par conséquent, une partie souhaitant être liée par l'accord multilatéral devra préciser dans son instrument de ratification, d'acceptation ou d'approbation la ou les parties à l'égard desquelles elle souhaite être liée ».*

[1372] *Ibid* : *« La version bilatérale est conçue comme modèle d'accord bilatéral d'échange de renseignements. Dès lors, des modifications du texte peuvent être convenues dans les accords bilatéraux pour la mise en œuvre de la norme fixée dans le modèle OCDE ».*

[1373] Voir en ce sens LAUMONIER (A.), *op. cit.*, p.113.

[1374] LAUMONIER (A), *op. cit.*, p. 218.

[1375] OCDE (2017), Norme d'échange automatique de renseignements relatifs aux comptes financiers en matière fiscale, Seconde édition, Editions OCDE, Paris, p.9.

houlette de cette organisation[1376]. Sous un tel rapport, l'on peut aisément réaliser que la gouvernance de l'échange de renseignements se déploie au détriment de l'ensemble de la communauté internationale représenté à l'ONU et notamment des Etats africains de l'espace OHADA. Cela est d'autant plus préoccupant que l'une des missions confiées au Forum mondial est précisément de *« veiller à ce que les pays en développement tirent avantage de l'avènement d'un nouvel environnement plus propice à la transparence*[1377] ». A ce propos, il convient de relever que le Cameroun s'est engagé en 2017 avec l'appui de l'OCDE à la faveur de la 10ème Réunion plénière du Forum mondial dans un programme d'appui à ce pays pour la mise en oeuvre du paquet BEPS et notamment des quatre normes minimales ainsi que de la norme sur l'échange automatique de renseignements sur les comptes financiers[1378]. Soulignons à ce sujet, pour le déplorer, qu'à ce jour, les statistiques de la Direction générale des impôts du Cameroun révèlent, pour la période de 2013 à 2022, l'effectivité d'une activité d'échange de renseignements sur demande à très faible impact dans la mesure où elle n'a donné lieu au terme de cette période qu'à un rendement cumulé d'un peu plus de deux milliards de francs CFA[1379], soit un peu plus de trois millions d'euros. En matière d'échange de renseignements automatique en revanche, le Cameroun n'enregistre pour l'heure aucun résultat concret. Tout reste en réalité encore à faire dans ce registre ainsi que l'a reconnu le Forum mondial lors de sa 10ème Réunion plénière[1380].

1180. Cela dit, sur le terrain du contrôle fiscal des contrats d'affaires internationaux, l'échange de renseignements pose aux pays africains des problèmes d'une complexité autrement plus importante que celle à laquelle doivent faire face les pays développés. Ceux-ci doivent déjà relever de nombreux défis dont les moindres ne sont certainement pas ceux relatifs à la

---

1376 LAUMONIER (A), *op. cit.*, p. 222 : D'après l'auteur, *« [...] financé et hébergé par l'OCDE et ne rendant donc, de ce fait, compte qu'à ses membres, le Forum mondial constitue une entité hybride située à mi-chemin entre le concert des nations (ONU) d'une part et l'organisation des pays les plus riches d'autre part ».*

1377 OCDE 2010, *Mise en œuvre des standards de la transparence fiscale : Manuel pour les évaluateurs et les juridictions*, Editions OCDE, p.11.

1378 Cf. www.oecd.org: Une rencontre entre une délégation de l'OCDE et le Ministre des Finances du Cameroun, en marge de la 10ème réunion plénière du Forum mondial qui s'est tenu du 15 au 17 novembre 2017 à Yaoundé, a permis de lancer le programme d'appui au Cameroun pour la mise en oeuvre du paquet BEPS.

1379 Cf. Annexe 3 de la présente thèse. C'est nous qui soulignons

1380 L'on en est encore sur ce point aux bonnes intentions étant donné que le Rapport de la 10ème Réunion Plénière du Forum mondial indique l'adoption par les réprésentants d'un Plan d'action pour la participation des pays en développement à l'échange automatique de renseignements destiné à aider lesdits pays à identifier un délai approprié pour mettre en œuvre et tirer parti de l'échange automatique de renseignements. Le Forum mondial, en reconnaissant les ressources requises, a appelé les agences internationales de développement, les gouvernements et les autres donnateurs potentiels à appuyer cet ordre du jour capital (Cf. www.oecd.org).

coopération informationnelle avec les paradis fiscaux[1381], au secret fiscal[1382], au secret des affaires[1383], ou encore à la pratique des sociétés -écran et des prête-noms[1384]. Les pays africains composent eux aussi avec ces multiples défis qui se posent à leur niveau avec une acuité particulière. En effet, si les pays développés ont déjà maille à partir avec les paradis fiscaux - pour ne prendre que ce cas de figure - qui jouent aujourd'hui avec les failles du droit fiscal international pour se soustraire à l'obligation de fourniture des informations fiscales, l'on peut aisément imaginer l'ampleur des difficultés en matière d'échange de renseignements entre les pays africains et les paradis fiscaux. Il en en va de même s'agissant des limites conventionnelles relatives au secret des affaires qui constituent « une limite restrictivement conçue par l'OCDE » et que les pays africains gagneraient à remettre en cause dans le cadre de leurs réseaux conventionnels respectifs de manière à élargir le champ des possibilités de contrôle des contrats d'affaires couverts par ce fameux secret des affaires.

1181. Au-delà des préoccupations ci-dessus, les Etats africains désireux de bénéficier du cadre mis en place par le forum mondial en matière de transparence fiscale doivent chacun en ce qui le concerne subir un processus d'examen par les pairs[1385] visant à évaluer le niveau de conformité des

---

[1381] A ce propos, nous partageons la préoccupation de la doctrine française qui se demande *« [...] à quoi pourrait servir d'établir une transparence fiscale internationale si le but poursuivi, ou au moins l'effet attendu n'est pas de contrarier les structures de l'économie offshore, structures pourtant amplement connues et décrites par les organismes internationaux ? »* (Cf. LAUMONIER (A), *op. cit*, p. 230).

[1382] Voir. art 22 de La Convention multilatérale OCDE concernant l'assistance administrative mutuelle en matière fiscale amendée par le protocole de 2010. D'après ce texte sur le secret fiscal : *« Les renseignements obtenus par une Partie en application de la présente Convention sont tenus secrets et protégés dans les mêmes conditions que celles prévues pour les renseignements obtenus en application de la législation de cette Partie et, en tant que de besoin pour assurer le niveau nécessaire de protection des données à caractère personnel, conformément aux garanties qui peuvent être spécifiées par la Partie fournissant les renseignements comme étant requises au titre de sa législation ».*

[1383] Voir. art 26. 3 c du modèle de convention de l'OCDE ; art 7 du modèle d'accord sur l'échange de renseignements.

[1384] LAUMONIER (A), *op. cit*, p. 230 : l'auteur constate que la pratique des sociétés-écrans et des prête-noms n'est nullement interdite ni considérée en tant que telle par le Forum mondial ...alors même que ces techniques juridiques permettent non seulement la dissimulation du produit des activités criminelles mais également la réalisation de montages fiscaux totalement opaques.

[1385] Un examen par les pairs du cadre juridique et réglementaire d'une juridiction et de sa mise en œuvre dans la pratique se solde par l'une des quatre notations suivantes (qui est attribuée à une juridiction lorsqu'elle a fait l'objet d'un examen complet par les pairs) :
- Conforme : L'échange de renseignements sur demande est effectivement mis en œuvre. Cette note peut être attribuée même si des recommandations ont été formulées, mais aucun manquement significatif ne doit avoir été identifié.
- Conforme pour l'essentiel : La norme est mise en œuvre dans une large mesure mais des améliorations sont nécessaires. Les manquements sont significatifs mais ont un impact limité sur l'échange de renseignements sur demande.

juridictions avec la norme internationale de transparence et d'échange d'informations sur demande[1386]. De même, ces Etats ont structurellement du mal à se mettre au diapason des pays développés en ce qui concerne la conformité à la Norme d'échange automatique de renseignements relatifs aux comptes financiers élaborée, elle aussi par l'OCDE.

2. L'adoption de mécanismes d'échange de renseignements avec les autres pays africains

1182. L'adoption de mécanismes d'échange de renseignements entre pays africains requiert de la part de chaque pays une réelle implication en matière de coopération fiscale interafricaine. L'on peut noter à l'observation que si le principe de l'échange de renseignements entre Etats africains de l'espace OHADA est acquis à l'échelle multilatérale, sa concrétisation reste une préoccupation qu'il convient de résoudre à l'échelle bilatérale.

1183. Le principe de l'échange de renseignements à l'échelle communautaire. Au sein des Etats membres de l'OHADA, la coopération fiscale multilatérale est essentiellement prise en charge par deux organisations internationales sous-régionales que sont : la Communauté Economique des Etats de l'Afrique Centrale (CEMAC) et la Communauté Economique des Etats de l'Afrique de l'Ouest (CEDEAO). Ces deux organisations sont dotées chacune en ce qui la concerne d'une Convention multilatérale visant à éviter les doubles impositions qui traitent toutes de l'échange de renseignements entre Etats membres.

1184. Au niveau de la CEMAC, institution dont relève le Cameroun entre autres Etats membres, l'article 27 de la Convention fiscale multilatérale visant à éviter la double imposition et l'évasion fiscale en matière d'impôt sur le revenu en zone CEMAC[1387] traite avec précision de l'échange des renseignements entre les autorités compétentes des Etats membres en mettant en évidence, définitions à l'appui, les trois modalités d'échange de renseignements que sont l'échange automatique, l'échange spontané et l'échange sur demande. En effet d'après cette disposition conventionnelle, « l'échange automatique de renseignements consiste en la communication systématique, à intervalles réguliers, d'une masse de renseignements particuliers de même nature, particulièrement relatifs aux changements de résidence et aux paiements de l'Etat qui fournit les

- Partiellement conforme : La norme est mise en œuvre en partie seulement. Au moins un manquement significatif qui a eu ou qui pourrait avoir un effet important sur l'échange de renseignements sur demande a été identifié.
- Non conforme : Des lacunes fondamentales dans la mise en œuvre de la norme ont été mises au jour.

[1386] OCDE (2014), *Transparence fiscale,* Editions OCDE, p.25.

[1387] Voir Règlement n° 07/19-UEAC-010-CM-33 Portant révision de l'Acte n°5/66-UDEAC-49 du 13 décembre 1966 relatif à la Convention sur la non double imposition à l'IRPP.

renseignements tels que les intérêts, dividendes, redevances, revenus immobiliers, gains en capital, salaires, pensions et aux impôts retenus à la source dans cet Etat[1388] ». Cette forme d'échange de renseignements nécessite cependant un accord préliminaire entre les autorités compétentes sur la procédure à adopter et sur le type de renseignements échangés[1389]. L'échange de renseignements sur demande correspond au cas dans lequel l'autorité compétente d'un Etat membre demande à l'autorité compétente d'un autre Etat membre d'échanger des renseignements sur un cas précis[1390]. L'échange spontané consiste quant à lui en la communication de renseignements à un Etat membre, sans demande préalable de celui-ci, lorsque l'autre Etat membre présume que les renseignements qu'il détient sont susceptibles d'aider le premier Etat dans l'établissement ou le recouvrement de son impôt[1391].

1185. Dans l'espace UEMOA, la Convention fiscale visant à éviter la double imposition entre les Etats membres et à établir entre lesdits Etats une assistance en matière fiscale[1392] prévoit deux modalités d'échange de renseignements entre les Etats membres. Au sein de cette Union, *« l'échange des renseignements a lieu soit d'office, soit sur demande visant des cas concrets[1393] »*. Cette convention n'a pas eu soin de définir ces deux modalités d'échange de renseignements renvoyant de fait les parties à une interprétation

1186. Il est intéressant de relever que les deux textes communautaires ci-dessus se sont alignés au modèle de convention fiscale de l'OCDE s'agissant de la gestion du secret bancaire. Selon l'art 27. 8) de la Convention fiscale CEMAC, les dispositions relatives à l'échange de renseignements ne peuvent en aucun cas être interprétées comme permettant à un Etat membre de refuser de communiquer des renseignements uniquement parce que ceux-ci sont détenus par une banque, un autre établissement financier, un mandataire ou une personne agissant en tant qu'agent ou fiduciaire ou parce que ces renseignements se rattachent au droit de propriété d'une personne. Cette disposition est littéralement la même que celle édicté à l'article 33. 4) de la Convention fiscale UEMOA et constitue une avancée qui ouvre de meilleures perspectives s'agissant de l'accès aux informations bancaires. Soulignons toutefois ici encore que les deux textes doivent leur existence

---

1388 Art. 27. 2) de la Convention fiscale CEMAC : l'échange automatique n'est pas précédé d'une demande préalable

1389 Voir commentaires de l'article 6 de la Convention multilatérale concernant l'assistance administrative mutuelle.

1390 Art. 27. 3) de la Convention fiscale CEMAC.

1391 Art. 27. 4) de la Convention fiscale CEMAC.

1392 V. Convention fiscale UEMOA (Règlement n° 08/2008/CM/UEMOA portant adoption des règles visant à éviter la double imposition au sein de l'UEMOA et des règles d'assistance en matière fiscale).

1393 Art 33. 5) de la Convention fiscale UEMOA.

aux récentes évolutions des articles 26. 5) du modèle de convention de l'OCDE et 21. 4) de la Convention multilatérale concernant l'assistance administrative mutuelle en matière fiscale dont ils reprennent *in extenso* les termes.

1187. On le voit, si le principe de l'échange de renseignements est acquis au sein des espaces économiques sous-régionaux en Afrique, il faut cependant reconnaître que pour l'heure, l'impulsion en cette matière vient d'ailleurs c'est-à-dire de l'OCDE et des institutions qui en dépendent. Le volontarisme des Etats africains en cette matière reste circonspect, y compris au niveau de l'Union Africaine (UA) qui pourrait pourtant sur ce terrain proposer des termes plus compatibles avec les préoccupations de ses membres et pourquoi pas, permettre à la coopération fiscale internationale de constituer un véritable levier de développement pour les pays africains qui sont autant touchés par l'épineuse problématique d'érosion des bases d'imposition. Notons sur cette question que le Forum Africain sur l'Administration fiscale (ATAF), organisme panafricain de création récente, essaie à travers son Comité technique sur la fiscalité transfrontalière (Cross Border Taxation Technical Committee (CBT)) créé en 2015, de contribuer et d'influencer l'agenda fiscal mondial afin de garantir que les modifications apportées aux règles fiscales mondiales sont adaptées à l'objectif en Afrique[1394].

1188. La concrétisation de l'échange de renseignements à l'échelle bilatérale. La concrétisation de l'échange de renseignements à l'échelle bilatérale requiert non seulement la signature d'accords en cette matière par les Etats africains, mais aussi une intense activité en matière de coopération internationale de la part des autorités fiscales des Etats désireux d'échanger des renseignements. Si l'on peut observer au sein de l'espace OHADA que les organisations sous-régionales ont jeté les bases juridiques de l'échange de renseignements en Afrique Centrale et en Afrique de l'Ouest, il reste que dans la pratique les autorités fiscales des Etats membres de la CEMAC et de l'UEMOA peinent à concrétiser les différentes formes d'échange de renseignement dans le cadre de la coopération bilatérale à laquelle chacun des Etats est appelé.

1189. Le cas du Cameroun illustre à suffisance ce constat. Au 1er janvier 2021, le Cameroun n'était partie qu'à deux conventions fiscales bilatérales en vigueur avec deux pays africains[1395]. La première convention conclue

---

[1394] Au cours de la 9ème réunion plénière du Forum mondial tenue à Tbilisi en Géorgie du 02 au 04 novembre 2016, le Forum Africain sur l'Administration Fiscale (ATAF) a relevé que la participation des pays africains à l'échange de renseignements à des fins fiscales reste marginale du fait d'un manque de volonté et d'accompagnement politique.

[1395] Ces deux conventions forment du reste le total des conventions fiscales en vigueur avec l'ensemble des pays en développement.

avec la Tunisie entrée en vigueur en 2008[1396], la deuxième conclue avec l'Afrique du Sud entrée en vigueur en 2017[1397]. Dans la convention conclue avec la Tunisie, l'article 25 se limite à poser le principe de l'échange de renseignements entre les autorités fiscales des deux Etats sans précision aucune sur les modalités de cet échange comme on a pu l'observer dans le cadre de la convention avec le Canada. L'absence d'une telle précision laisse imaginer que l'échange de renseignements entre les parties pourrait se faire au moins à la demande.

1190. Il en va de même avec la convention fiscale entre le Cameroun et l'Afrique du Sud qui, en posant en son article 27 le principe de l'échange de renseignements, laisse entrevoir l'échange à la demande en tant que modalité retenue par les parties. C'est en effet à la lecture du paragraphe 4 de cet article que l'on peut s'en rendre compte. D'après ce paragraphe, *« Si des renseignements sont demandés par un Etat_contractant conformément à cet article, l'autre Etat contractant utilise les pouvoirs dont il dispose pour obtenir les renseignements demandés, même s'il n'en a pas besoin à ses propres fins »*.

1191. Relativement au contrôle fiscal des contrats d'affaires internationaux, il ne pèse sur les Etats, en vertu de ces deux conventions fiscales bilatérales, aucune obligation *« de fournir des renseignements qui révèleraient un secret commercial, industriel, professionnel ou un procédé commercial ou des renseignements dont la communication serait contraire à l'ordre public »*. Cette disposition relative au secret des affaires dans le cadre conventionnel bilatéral, que l'on retrouve par ailleurs dans les conventions fiscales multilatérales, est quelque peu stupéfiante quand on sait qu'une bonne partie du secret des affaires dont font état lesdites conventions est logée dans les contrats d'affaires et que les Etats contractants sont conventionnellement contraints de tenir secret les renseignements échangés[1398]. C'est dire que la transmission par l'un des Etats contractants à l'autre Etat des contrats d'affaires qui sont à l'origine des exploitations commerciales ou industrielles présentes sur le territoire de ce dernier n'est toujours pas envisageable. A l'arrivée, *le secret fiscal* auquel se soumettent les Etats n'est pas au fond d'une grande utilité puisqu'il ne permet pas d'obtenir des renseignements conventionnellement placés par les Etats

---

[1396] Le 26 mars 1999, le Cameroun et la Tunisie ont signé une convention fiscale qui est entrée en vigueur le 1er janvier 2008.

[1397] Signée le 19 avril 2015 la Convention fiscale entre le Cameroun et l'Afrique du Sud est entrée en vigueur le 13 juillet 2017

[1398] D'après l'article 25. 1) de la Convention fiscale entre le Cameroun et la Tunisie, *« Tout renseignement ainsi échangé sera tenu secret et ne pourra être communiqué qu'aux personnes ou autorités chargées de l'établissement ou du recouvrement des impôts visées par la [...] convention » ;* de même, d'après l'article 27. 2) de la Convention fiscale entre le Cameroun et l'Afrique du Sud, *« les renseignements reçus [...] par un Etat sont tenus secrets de la même manière que les renseignements obtenus en application de la législation interne de cet Etat [...] »*

contractants sous le sceau *du secret des affaires*. Pourtant, les Etats africains peuvent enregistrer de réelles avancées sur ce terrain en faisant tomber le verrou du secret des affaires au sujet des contrats d'affaires de manière à les faire rentrer clairement dans le champ d'application de l'échange de renseignements entre les Etats qui y consentent.

1192. Certes, la réflexion et la pratique relatives à l'échange de renseignements entre Etats africains sont moins avancées que celles entre pays africains et pays développés, mais avec une volonté politique appropriée, celles-ci peuvent gagner en ampleur. A l'image de ce qui se fait au sein des pôles fiscaux européen, américain ou asiatique, les Etats africains gagneraient eux aussi à densifier leur coopération informationnelle sous-régionale en matière fiscale en faisant usage à cet égard de mécanismes conventionnels plus compatibles avec leurs intérêts fiscaux et sur lesquels ils pourraient avoir une meilleure emprise ; toutes choses qui devraient nécessairement passer par la promotion d'une véritable expertise africaine à même de répondre aux contraintes qu'impose la coopération fiscale interafricaine dans la mise en œuvre des contrôles fiscaux internationaux.

B. La promotion de la coopération interafricaine au service des contrôles fiscaux internationaux

1193. A la différence des contrôles fiscaux internes qui sont l'expression la plus marquée de la souveraineté fiscale de l'Etat, les contrôles fiscaux de type international constituent la manifestation patente de la volonté des Etats qui y recourent à lutter contre la fraude et l'évasion fiscale internationales[1399]. Plus qu'un objectif à court ou moyen terme, la promotion de la coopération fiscale interafricaine en faveur des contrôles fiscaux internationaux devrait à notre sens s'inscrire dans l'agenda diplomatique des Etats de l'espace OHADA, et plus largement dans celui des Etats de l'Union Africaine, comme une tâche permanente. Cette coopération devrait, non seulement exploiter le dispositif conventionnel supranational dédié aux contrôles fiscaux internationaux **(1)**, mais aussi tirer profit de la souplesse de l'assistance technique interafricaine **(2)**.

1. L'exploitation du dispositif conventionnel supranational dédié aux contrôles fiscaux internationaux

1194. Le dispositif conventionnel supranational d'ordre bilatéral ou multilatéral auquel peuvent recourir les Etats africains en matière de contrôles fiscaux internationaux est principalement dominé dans son contenu

---

[1399] LAUMONIER (A.), *op. cit.*, p. 82 : « Les vérifications internationales constituent en quelque sorte, un type de « procédure amiable », antérieure à tout redressement fiscal, et dont le but n'est pas de remédier à une double imposition mais de lutter contre la fraude et l'évasion fiscale internationales ».

par deux types de mécanismes inspirés par l'OCDE. Il s'agit des contrôles fiscaux simultanés et des contrôles fiscaux à l'étranger que le Cameroun et les autres pays de l'espace OHADA gagneraient à mobiliser au profit de la lutte contre la fraude et l'évasion fiscales internationales opérées à travers les contrats d'affaires internationaux.

1195. La mobilisation des contrôles fiscaux simultanés des contrats d'affaires internationaux. Le contrôle fiscal des contrats d'affaires internationaux dans les Etats de l'espace OHADA peut sans nul doute tirer avantage du dispositif des contrôles fiscaux simultanés exposé par les conventions fiscales CEMAC et UEMOA si ce mécanisme venait à être mis en œuvre par les Etats membres de ces organisations sous-régionales. Ce mécanisme, faut-il le rappeler, tire son inspiration du Modèle de convention fiscale de l'OCDE et de la Convention multilatérale concernant l'assistance administrative mutuelle. D'après ce dernier texte, « [...] on entend par contrôle fiscal simultané un contrôle entrepris en vertu d'un accord par lequel deux ou plusieurs parties conviennent de vérifier simultanément, chacune sur son territoire, la situation fiscale d'une ou de plusieurs personnes qui présente pour elles un intérêt commun ou complémentaire, en vue d'échanger les renseignements ainsi obtenus [1400]». Les termes utilisés par les conventions fiscales sous-régionales de l'espace CEMAC et de l'espace UEMOA, diffèrent d'un texte à l'autre s'agissant de la mise en œuvre des contrôles fiscaux simultanés. La Convention fiscale CEMAC reprend à ce sujet les termes généraux utilisés par les textes de l'OCDE et prévoit qu'à la demande de l'autorité compétente de l'un des Etats membres, deux ou plusieurs autorités compétentes des Etats peuvent après concertation déterminer les cas et les procédures de contrôles fiscaux simultanés[1401]. L'expression « contrôles fiscaux simultanés » n'est pas employée par la Convention fiscale UEMOA ; à la place cette convention emploie en son article 33.6) l'expression « procédure de vérification conjointe ». En faisant usage de ces termes, ce texte se veut plus clair et plus précis dans la mesure où il spécifie clairement la procédure applicable et projette parallèlement les contours du champ d'application de ladite procédure. En effet d'après ce texte, « Les administrations fiscales des Etats membres peuvent également s'entendre pour instituer une procédure de vérification conjointe, entre deux ou plusieurs Etats membres, lorsque certains contribuables installés dans chacun des Etats intéressés présentent dans leurs opérations des comptes de liaison entre succursale ou filiales[1402] ». La convention UEMOA procède donc par détermination directe de la procédure applicable en matière de contrôle fiscal simultané alors que cette préoccupation est abordée de

[1400] Art 8. 2) de la Convention multilatérale

[1401] Art 27. 12) de la Convention fiscale CEMAC.

[1402] C'est nous qui soulignons.

manière plus indirecte, dans le dispositif fiscal conventionnel de la CEMAC. La convention fiscale CEMAC s'en remet à ses Etats membres pour la détermination précise de ladite procédure de contrôle ainsi que pour la sélection des affaires à contrôler sans aucune autre précision sur les caractéristiques desdites affaires. Ce constat nous permet de penser que la Convention fiscale UEMOA, en adoptant une approche plus directe dans l'expression de ses dispositions facilite davantage la coopération en matière de contrôles internationaux que celle de la CEMAC.

1196. Quoi qu'il en soit, les contrôles fiscaux simultanés, comme nous le disent les commentaires de la Convention multilatérale constituent une forme de coopération qui peut s'avérer fructueuse notamment pour le traitement des transactions intragroupes entre entreprises apparentées tout en facilitant l'élimination de la double imposition économique et la détection d'accords d'optimisation fiscale agressive[1403]. Il reste cependant qu'à ce jour, les Etats membres de la CEMAC et de l'UEMOA ne manifestent pas un enthousiasme particulier à recourir à ce mécanisme conventionnel de contrôle, ce qui retarde considérablement les progrès de leurs administrations fiscales en matière de contrôle fiscal des contrats d'affaires internationaux. Le fait pour ces institutions internationales de se doter, l'une comme l'autre, d'un tel mécanisme conventionnel sans en faire usage, rend en fait l'ensemble des Etats membres responsable de l'inertie observée dans le cadre de la coopération sous-régionale africaine en matière de contrôle fiscal des contrats d'affaires internationaux.

1197. La mobilisation des contrôles fiscaux à l'étranger des contrats d'affaires internationaux. A l'image des contrôles fiscaux simultanés, le mécanisme des contrôles fiscaux à l'étranger reste latent dans les conventions fiscales des pays de la CEMAC et de l'UEMOA et fait les frais de la léthargie des autorités fiscales des Etats membres quant à son utilisation. Dans la convention fiscale CEMAC, les Etats signataires reprennent quasiment mot pour mot la description qui est faite des contrôles fiscaux à l'étranger par la Convention multilatérale concernant l'assistance administrative mutuelle. Il est à ce propos prévu à l'article 27. 10) de la Convention fiscale CEMAC qu'» à la demande de l'autorité compétente de l'Etat requérant, l'autorité compétente de l'Etat requis peut autoriser des représentants de l'autorité compétente de l'Etat requérant à assister à la partie appropriée d'un contrôle fiscal dans l'Etat membre requis [1404]».

1198. Concrètement, en se projetant à partir du contexte camerounais, cette disposition donne clairement la possibilité aux représentants des autorités fiscales du Cameroun d'être physiquement présentes lors de

---

[1403] Voir Commentaires de l'article 8 de la Convention multilatérale concernant l'assistance administrative mutuelle dans sa version de 2011.

[1404] *Ibid.*

contrôles fiscaux effectués dans l'un des autres pays de la CEMAC qui présentent un intérêt pour un contrôle fiscal effectué au Cameroun. La convention fiscale de l'UEMOA se garde de reprendre les termes de la Convention multilatérale tout en laissant une ouverture quant à l'usage par ses Etats membres de ce type de contrôle. D'après l'article 36 de la Convention fiscale UEMOA exclusivement consacré au contrôle des opérations commerciales, « Lorsque deux ou plusieurs Etats membres éprouvent la nécessité de suivre et de contrôler des opérations commerciales entre eux, ils conviennent des modalités d'un tel dispositif ». Cette formulation permet en effet, aux Etats de l'UEMOA, entre autres modalités, de mobiliser le mécanisme des contrôles fiscaux à l'étranger dans les conditions décrites par la Convention fiscale CEMAC et la Convention multilatérale concernant l'assistance administrative mutuelle. Dans le cas de l'espace CEMAC comme dans celui de l'UEMOA, il est important qu'en matière de contrôles fiscaux à l'étranger comme en matière de contrôles fiscaux simultanés, l'attentisme actuellement observé par les autorités fiscales des Etats membres, fasse place à l'action. Cela est d'autant plus urgent que ces espaces économiques abritent des faisceaux multiformes d'opérations industrielles et commerciales effectuées par des filiales et établissements stables de multinationales étrangères que les autorités fiscales des Etats de ces sous-régions gagneraient à contrôler dans le cadre d'une coopération plus active dans le registre des contrôles internationaux.

1199. Cette coopération interafricaine, pour être fructueuse, ne devrait pas se réduire exclusivement à chacun des espaces communautaires ci-dessus, elle devrait au contraire déborder le cadre intracommunautaire pour s'ouvrir plus largement aux autres pays africains à travers, non seulement des mécanismes conventionnels bilatéraux multiformes que les Etats souverains peuvent activer dans le cadre de leurs relations, mais aussi à travers des accords fiscaux multilatéraux plus larges impulsés par l'Union Africaine.

1200. Au total, si l'on peut aisément observer la réalité des échanges de renseignements à des fins fiscales entre les pays de l'OCDE et les pays africains, il est en revanche difficile d'observer la réalisation des contrôles fiscaux simultanés impliquant les administrations fiscales des pays africains et celles des pays de l'OCDE. De tels contrôles se réalisent pourtant sans grande difficulté entre les pays de l'OCDE sans que la pratique ne s'étende aux pays en développement. Le fait est que ces contrôles requièrent une organisation structurelle et logistique dont ne disposent pas toujours les pays en développement. Cette carence peut de notre point de vue être résorbée à travers une systématisation du recours à l'assistance technique supranationale en matière de contrôle fiscal des contrats d'affaires internationaux.

2. *Le recours à l'assistance technique supranationale en matière de contrôle fiscal des contrats d'affaires internationaux*

1201. Le contrôle fiscal des contrats d'affaires internationaux est assurément en Afrique, l'un des aspects du droit fiscal dont la complexité est pour les Etats le principal prétexte du recours à l'assistance technique supranationale. Les pays de l'espace OHADA ont ainsi le choix entre l'assistance technique actuelle en provenance des pays développés et des organisations internationales et l'assistance technique potentielle disponible au sein des Etats africains.

1202. L'assistance technique actuelle des pays développés et des organisations internationales. L'observation de la situation actuelle du déploiement de l'assistance internationale technique en faveur du Cameroun et des autres pays africains de l'espace OHADA en matière de contrôle fiscal des contrats d'affaires internationaux permet de constater que cette assistance est apportée principalement par les pays développés aux pays africains, moins par le canal de la coopération bilatérale que par celui de la coopération multilatérale. Dans son contenu, cette assistance s'inscrit en général pour chaque pays dans le cadre de programmes de renforcement des capacités de l'administration fiscale. Elle est sur cette base activée par les autorités fiscales de chaque pays intéressé qui en exprime le besoin soit auprès d'un partenaire bilatéral, soit auprès de partenaires multilatéraux.

1203. En matière de coopération fiscale bilatérale, il peut s'agir d'une *assistance technique directe* d'autorité fiscale à autorité fiscale ; c'est notamment le cas lorsqu'un séminaire de formation touchant au contrôle fiscal des opérations internationales est animé au profit des cadres de la Direction Générale des Impôts du Cameroun par des responsables de la DGFIP française. Il peut aussi s'agir d'une *assistance technique indirecte* apportée par un organisme de coopération ou une « agence de développement [1405]» relevant d'un pays développé en faveur d'un pays africain. Il en va ainsi lorsque l'administration fiscale du Mali bénéficie des services de la Coopération allemande (GIZ) dans le cadre d'un *Projet de renforcement des capacités pour le contrôle fiscal des industries extractives*[1406]. Dans la pratique, l'assistance technique des agences de

---

[1405] Ces agences revêtent tantôt le statut d'agence publique (Ex : Agence Française de Développement (AFD) tantôt celui d'agence indépendante (Ex : *Overseas Developement Institute (ODI) ;* toujours est-il qu'elles constituent toutes le prolongement sur la scène internationale de la souveraineté et de l'autorité des pays dont elles émanent.

[1406] L'administration fiscale malienne a en effet bénéficié en novembre 2018 dans le cadre de ce projet, d'un atelier de formation comportant, entre autres modules, un module sur « *La vérification de comptabilité des entreprises minières* » et un autre sur « *Le contrôle fiscal des contrats des entreprises minières*". Plusieurs autres Etats africains ont bénéficié de projets analogues en faveur de leurs administrations fiscales.

développement fait bien souvent appel à un réseau international de « consultants indépendants » pour l'exécution technique des missions de renforcement de capacités en matière de contrôle fiscal. Il est intéressant de noter que ces consultants se recrutent aussi bien auprès d'organismes publics ou privés étrangers qu'auprès des administrations fiscales africaines dotées en leur sein de « profils[1407] » à même de répondre aux contraintes des besoins exprimés par les administrations fiscales bénéficiaires de ladite assistance technique.

1204. En ce qui concerne la coopération multilatérale, les pays développés apportent leur appui technique en matière de contrôle fiscal aux administrations fiscales africaines essentiellement à travers les organisations internationales qui déploient auprès de ces administrations des missions d'assistance technique effectuées par des experts recrutés aussi bien au sein des effectifs desdites organisations qu'auprès des administrations fiscales tant des pays développés que des pays africains. Il en va ainsi de l'Organisation des Nations Unies (ONU) qui intervient dans ce domaine à travers le Comité d'experts de la coopération internationale rattaché à son Conseil Economique et Social. Cette instance œuvre d'une certaine manière au renforcement des capacités des administrations des pays en développement en matière de contrôle fiscal des contrats d'affaires internationaux en diffusant à leur profit divers cours sur la négociation des conventions fiscales, l'érosion de la base d'imposition et la lutte contre l'évasion fiscale, l'érosion de la base d'imposition et les instruments multilatéraux, etc.

1205. A côté de l'ONU, les institutions financières internationales que sont le Groupe de la Banque Mondiale (GBM) et le Fonds Monétaire International (FMI) apportent aux administrations fiscales africaines une assistance technique plus concrète dans le cadre des multiples programmes de réformes des finances publiques dans lesquels s'engagent ces administrations. L'on constate également que pour l'accomplissement des missions de renforcement des capacités des administrations fiscales africaines en matière de contrôle fiscal, le GBM et le FMI recourent de plus en plus aux experts recrutés auprès des administrations fiscales africaines. A ce propos, le FMI expérimente depuis quelques années en Afrique de l'Ouest des missions de « tutorat de vérifications de comptabilité » qui permettent à certaines administrations fiscales africaines de se faire assister dans la conduite des opérations de vérification de comptabilité des grandes entreprises[1408].

[1407] Il s'agit en général d'Inspecteurs des Impôts dotés d'une certaine expérience en matière d'administration fiscale en général et de contrôle fiscal en particulier.

[1408] Dans le cadre de ces missions, des Inspecteurs des Impôts ayant une expérience éprouvée dans le contrôle fiscal des exploitations relevant des secteurs d'activités stratégiques en Afrique sont commis en tant qu'experts par le FMI auprès des administrations fiscales africaines afin d'accompagner leurs services en charge du contrôle fiscal dans l'exécution des

1206. Nous ne saurions évidemment passer sous silence l'initiative conjointe de l'Organisation de coopération et de développement économiques (OCDE) et du Programme des Nations Unies pour le développement (PNUD) dénommée « Inspecteur des Impôts sans Frontières (IISF) », qui a pour but d'aider les pays en développement à renforcer leurs capacités en matière de vérification fiscale. Il s'agit en pratique d'après le propos du Directeur du centre de politique et d'administration fiscale de l'OCDE, *« d'adjoindre un inspecteur des impôts aguerri à l'équipe locale d'un pays en développement qui en fait la demande pour participer au contrôle fiscal en temps réel d'une multinationale, sur des problématiques de fiscalité internationale (prix de transfert, valorisation des actifs incorporels, traités fiscaux [...] et des problématiques complexes propres à certains secteurs d'activité (pétrole ; diamants ; services financiers ; [...]* [1409]». Ce projet adopté depuis 2015 à l'occasion du sommet d'Addis Abeba sur le financement du développement, est présenté comme un outil innovant, simple et efficace par ses promoteurs et constitue, pour l'heure, l'une des modalités d'assistance technique qui s'adapte le plus aux besoins des administrations fiscales africaines en matière de contrôle fiscal des contrats d'affaires internationaux[1410].

1207. Nous l'avons montré, aujourd'hui l'assistance technique déployée dans le cadre de la coopération entre pays développés et pays africains en matière de contrôle fiscal des opérations internationales compose fréquemment avec l'expertise africaine. Une telle approche est révélatrice du potentiel disponible dans les pays africains.

1208. L'assistance technique potentielle des pays en développement. Pour les Etats de l'espace OHADA, le recours à l'assistance technique interafricaine en matière de contrôle fiscal des contrats d'affaires internationaux suppose au préalable que dans chaque Etat, les autorités fiscales prennent la mesure du retard et des carences de l'administration dans ce domaine, et qu'elles identifient ensuite auprès des administrations fiscales des autres Etats les meilleures aptitudes à conduire des opérations de

---

missions de vérification de comptabilité. Les experts ainsi déployés auprès d'une administration fiscale servent de « tuteurs » aux agents locaux en charge tout au long de l'exécution du programme des contrôles préalablement validés par l'administration fiscale de l'Etat hôte de la mission d'assistance technique du FMI.

1409 Voir site officiel du PNUD : www.undp.org, 10 novembre 2018.

1410 Sur le site du PNUD, www.undp.org, une publication du Directeur du centre de politique et d'administration fiscale de l'OCDE datée du 10 novembre 2018 révélait qu'après 44 déploiements, *« [...] plus de 400 millions d'euros (244 millions rien que pour l'Afrique) ont été effectivement redressés et collectés par les pays ayant eu recours à un inspecteur des impôts sans frontières. Au total, depuis le lancement de l'initiative, y compris la phase de conception et de test, le coût n'a pas excédé 4 millions d'euros, soit un retour de 100 euros pour un euro dépensé ! Mais au-delà des sommes collectées, c'est à un vrai changement de comportement des contribuables qu'on assiste.*

contrôle fiscal des transactions internationales[1411]. L'assistance technique interafricaine requiert donc le développement d'une expertise africaine susceptible de prendre en charge les préoccupations des administrations fiscales africaines en matière de contrôle fiscal des contrats d'affaires internationaux. Une telle expertise peut être mobilisée à travers la coopération bilatérale ou multilatérale.

1209. Sur le plan de la coopération bilatérale interafricaine, il faut se projeter à partir du postulat suivant lequel certains pays africains ont une expérience plus avancée que d'autres en matière de contrôle fiscal des contrats d'affaires internationaux. Au lieu de s'enfermer dans un chauvinisme contreproductif, les Etats africains de l'espace OHADA gagneraient à profiter des meilleures pratiques expérimentées dans chacun des Etats en matière de contrôle fiscal des contrats internationaux. Cette forme de coopération peut en effet se révéler d'une grande efficacité pour deux Etats donnés, pour peu que les autorités fiscales de ces deux Etats s'engagent à intensifier leur collaboration en matière d'assistance technique. Il suffit pour cela de formuler une demande d'assistance technique d'administration fiscale à administration fiscale. D'ailleurs, le fait que les pays développés et les organisations internationales fassent appel aux « experts africains » dans le cadre des missions d'assistance technique effectuées en faveur des administrations fiscales africaines devrait rassurer et encourager lesdites administrations à se montrer solidaires entre elles en matière de contrôle fiscal.

1210. Sous l'angle de la coopération multilatérale interafricaine, l'assistance technique en matière de contrôle fiscal des transactions internationales peut valablement être assurée à partir de deux niveaux d'impulsion institutionnelle : l'un politique, l'autre technique. L'impulsion politique et diplomatique est d'abord celle de l'Union Africaine et de la Commission Economique des Nations Unies pour l'Afrique (CEA). Les deux organismes travaillent en effet conjointement dans le cadre de la lutte contre les flux financiers illicites sous le leadership de la CEA. A l'observation, c'est davantage la Commission Economique des Nations Unies pour l'Afrique qui constitue l'acteur prépondérant dans la mobilisation interafricaine autour de la problématique de la lutte contre l'évasion fiscale internationale. Le rôle de cette instance gagnerait en consistance s'il était relayé par une implication plus importante de l'Union Africaine.

1211. Dans une étude sur l'érosion de la base imposable et le transfert des bénéfices en Afrique publiée en 2018, la CEA dégage un certain nombre

[1411] Les meilleures aptitudes peuvent être identifiées à partir des statistiques des meilleures performances et des meilleures pratiques dans ce domaine sur le continent.

de mesures pour réduire ces phénomènes[1412]. Parmi les mesures proposées figurent en bonne place l'amélioration des connaissances des questions fiscales internationales [1413] et le renforcement de la capacité administrative. Cette impulsion peut être relayée à l'échelle de l'UEMOA et de la CEMAC à travers une coopération qui permette de décloisonner ces deux espaces économiques de manière à promouvoir l'assistance technique en matière de contrôle fiscal entre les Etats de ces sous-régions indépendamment du cadre multilatéral sous-régional dont ils relèvent.

1212. L'impulsion technique quant à elle peut provenir des autres institutions africaines disposant de riches connaissances en matière de fiscalité internationale. Il s'agit notamment du Forum sur l'administration fiscale en Afrique, de l'Institut fiscal africain, du Réseau africain de recherche fiscale, et du Centre international pour la fiscalité et le développement, pour ne citer que ces exemples. Les autorités fiscales des Etats de l'espace OHADA peuvent en effet directement recourir à l'assistance technique de ces institutions africaines afin d'améliorer leurs performances dans le domaine du contrôle fiscal des contrats d'affaires internationaux. Une telle assistance comporte certainement l'avantage d'être apportée par des experts ayant une meilleure prise sur la réalité des atouts et des faiblesses des administrations fiscales africaines en matière de contrôle fiscal des transactions internationales. En effet d'après la CEA, *« Si les pays africains envoient souvent leurs fonctionnaires fiscaux en dehors du continent pour recevoir une formation fiscale, les bilans effectués indiquent souvent que cette formation traite de l'application de la législation fiscale dans des circonstances propres à des pays développés dotés d'une capacité administrative et d'un développement technologique efficaces, ce qui fait que cette formation n'est pas toujours adaptée à la réalité des pays africains [1414] ».*

1213. Cela dit, les développements qui précèdent ont permis d'explorer les ressorts d'un équilibre fiscal des clauses à travers les possibilités d'adaptation institutionnelle qui s'offrent au Cameroun et aux autres Etats de l'espace OHADA, tant du point de vue national que supranational, pour faire face à l'impérieuse nécessité de préserver les intérêts fiscaux de l'Etat en matière de contrôle fiscal des contrats d'affaires internationaux. Mais cette préservation des intérêts fiscaux de l'Etat ne saurait assurer toute seule l'équilibre fiscal des clauses que nous appelons de nos vœux ; encore faut-il, pour y arriver, que le contrôle fiscal dans sa logique *« déconstructionniste »*, intègre la nécessité de préserver la sécurité fiscale des cocontractants.

[1412] Voir en ce sens CEA (2018), *Erosion de la base d'imposition et transfert de bénéfices en Afrique : réformes de l'imposition des multinationales*, CEA. p. 55 et s.

[1413] *Ibid.* p. 55.

[1414] *Ibid.*

CHAPITRE II

LA NÉCESSAIRE PRÉSERVATION DE LA SÉCURITE FISCALE DES CONTRIBUABLES TRANSNATIONAUX

1214. La sécurité fiscale renvoie à la sécurité juridique des contribuables en matière fiscale. La doctrine la définit comme *« toute garantie, tout système juridique de protection tendant à assurer, sans surprise, la bonne exécution des obligations, à exclure ou au moins à réduire l'incertitude dans la réalisation du droit*[1415] *»*. La recherche de l'équilibre fiscal en tant que finalité spécifique du contrôle fiscal des contrats d'affaires internationaux participe de la recherche, plus générale, du juste équilibre appelé à gouverner la relation entre l'intérêt général et la sécurité juridique des contribuables. De la même manière qu'il œuvre à protéger les intérêts fiscaux de l'Etat, le contrôle fiscal a vocation à préserver la sécurité fiscale des cocontractants qui apparaît comme le second plateau de la balance de l'équilibre fiscal des clauses des contrats d'affaires internationaux[1416]. La sécurité juridique implique que la norme présente au moins deux caractères. La norme juridique doit être *accessible*, ce qui signifie que *« les destinataires potentiels de la norme soient à même de l'appréhender afin d'envisager toutes les conséquences de leurs actes*[1417]*»*. La norme juridique doit être *prévisible*, ce qui veut dire que *« la structure et la formulation de la norme doivent tendre à permettre une interprétation et une qualification des faits univoques*[1418]*»*.

1215. En dépit des progrès enregistrés çà et là dans les pays de l'espace OHADA grâce aux dispositions introduites dans les lois fiscales pour améliorer le climat des affaires ainsi que les relations entre l'administration fiscale et le contribuable, force est de reconnaître avec la doctrine que la question de la sécurité fiscale des contribuables est appréhendée dans chaque pays avec un certain cynisme par le législateur dans la mesure où *« [...] la promotion de l'amélioration des relations entre les contribuables et l'administration fiscale procède moins du souci d'assurer les droits de la défense que de conforter le consentement à l'impôt dont dépendent les finances publiques. Il faudrait être d'une grande naïveté pour croire que l'objectif des autorités se limiterait uniquement à faciliter l'impôt des*

[1415] CORNU (G.), *Vocabulaire juridique*, Association Henri Capitant, 2e éd., PUF, 1990.

[1416] Le premier plateau de cette balance est celui des intérêts fiscaux de l'Etat comme nous l'avons montré dans le chapitre précédent.

[1417] DOUET (F.), *Contribution à l'étude de la sécurité juridique en droit fiscal interne français, op. cit.*, p. 2.

[1418] *Ibid.*, p. 3.

contribuables que ce soit en matière de procédure ou d'assiette[1419] ». Qu'à cela ne tienne, il reste que sur le terrain du contrôle fiscal des contrats d'affaires internationaux, la question de la sécurité juridique des investisseurs transnationaux en matière fiscale se pose dans chaque Etat avec une gravité que les autorités essayent d'atténuer tant bien que mal au fil du temps. Elles peuvent pourtant jouer sur les deux leviers de préservation de la sécurité fiscale des cocontractants que sont la prévisibilité des qualifications fiscales et l'interprétation fiscale des clauses. Il s'agirait ainsi pour elles de passer par l'aménagement des conditions légales favorables à la prévisibilité objective des qualifications fiscales par les cocontractants d'une part **(section I)** et d'autre part, à l'interprétation objective des clauses contractuelles par les autorités fiscales **(section II)**.

SECTION I. LA PRÉVISIBILITE OBJECTIVE DES QUALIFICATIONS FISCALES PAR LES CONTRIBUABLES TRANSNATIONAUX

1216. L'une des préoccupations essentielles du contrôle fiscal des contrats d'affaires internationaux concerne la possibilité pour les cocontractants de prévoir en tant que contribuables les qualifications fiscales susceptibles d'être retenues par l'administration fiscale vis-à-vis des clauses que renferment lesdits contrats. En effet, pour que leur sécurité fiscale soit préservée, il est primordial que la conclusion des clauses contractuelles se fasse en connaissance préalable des incidences fiscales qui découleront de l'entrée en vigueur et de l'exécution desdites clauses. Les parties contractantes doivent ainsi pouvoir objectivement prévoir à la lecture de la loi fiscale, les qualifications fiscales qui s'appliqueront à chaque prestation contractuelle.

1217. Seulement, dans le contexte des systèmes fiscaux des pays de l'espace OHADA, une telle quiétude est difficilement envisageable du fait, de la déstabilisation de la sécurité fiscale des cocontractants par la théorie de l'autonomie et du réalisme du droit fiscal **(§1)**. Aussi nous semble-t-il urgent de suggérer aux autorités fiscales africaines de s'inscrire dans une logique de stabilisation de la sécurité fiscale des cocontractants à travers le respect du principe de la légalité de l'impôt **(§2)**.

§1- La déstabilisation de la sécurité fiscale des cocontractants par les théories de l'autonomie et du réalisme du droit fiscal

1218. D'après la doctrine, la théorie de l'autonomie du droit fiscal part du postulat suivant lequel *« les concepts du droit fiscal peuvent recevoir une acception différente de celle pouvant résulter de l'application des autres branches du droit »*. L'application de cette théorie qui a pour corollaire, le

[1419] DAL VECCHIO (F.), *L'opposabilité des conventions de droit privé en droit fiscal*, l'Harmattan, coll. « Finances publiques », p. 221.

réalisme du droit fiscal, est au cœur du contrôle fiscal des contrats d'affaires internationaux en Afrique. Ces contrats ne sauraient en effet se soustraire à cette théorie liée à la problématique de la qualification fiscale des actes et des faits juridiques. Dans ses travaux de thèse, Monsieur Frédéric Douet emprunte deux axes pour cerner cette problématique[1420]. Premièrement, il retient qu' » *il peut exister une identité de nature entre le droit fiscal et les autres branches du droit* [1421]». Dans ce cas, la qualification fiscale d'un acte juridique ou d'une opération juridique sera identique à celle résultant de l'application de ces dernières.

1219. En second lieu, Monsieur Douet observe qu' » il est possible d'envisager que l'emprunt du droit fiscal aux autres branches du droit ne dépasse pas le stade de la terminologie [1422]». Dans cette hypothèse, un acte juridique ou une opération juridique peut recevoir une qualification différente de celle adoptée au regard des autres branches du droit. Une telle solution serait fondée sur l'autonomie et le réalisme du droit fiscal, deux principes manifestement « en indélicatesse » avec la sécurité juridique des contribuables dans la mesure où la prévisibilité de la qualification fiscale des clauses contractuelles est obstruée par le premier **(A)** alors que l'insécurité fiscale des cocontractants est occasionnée par l'application du second **(B)** sur le terrain du contrôle fiscal.

A. La prévisibilité des qualifications fiscales des clauses obstruée par l'autonomie du droit fiscal

1220. Parler de la prévisibilité des qualifications fiscales des clauses contractuelles revient à ouvrir le débat sur l'interprétation en droit fiscal qui prospère au fil du temps avec la multiplication des contrôles fiscaux et des contentieux qui en découlent. Ce débat est depuis longtemps influencé par les théories de l'autonomie et du réalisme du droit fiscal. L'autonomie du droit fiscal est un principe dont la paternité doctrinale est attribuée en France au doyen Trotabas qui, dès 1926, s'est prononcé en sa faveur. D'après lui parler de l'autonomie du droit fiscal, *« c'est dire que la loi fiscale, comme la loi administrative, a le pouvoir de régler à sa manière des situations juridiques, et que, lorsqu'elle est muette, si l'on doit apprécier en matière fiscale une situation juridique, ce n'est pas nécessairement la loi civile qui doit s'appliquer*[1423] *».* Ce principe, depuis cette époque alimente la controverse doctrinale, et permet au droit fiscal d'adopter des qualifications différentes de celles retenues par les autres branches du droit. Ainsi, les actes et les faits juridiques seront appréhendés en fonction d'objectifs

---

[1420] DOUET (F.), *op. cit.*, p. 235 et s.
[1421] *Ibid.* p. 235.
[1422] *Ibid.*
[1423] TROTABAS (L.), « Essai sur le droit fiscal », R.S.L.F. 1928 p.201 et s., spéc. p. 216, cité par DOUET (F.), *op. cit.*, p. 237.

exclusivement fiscaux. Cette théorie a connu un réel succès auprès de la doctrine française et a été réceptionné auprès des administrations fiscales africaines avec beaucoup d'enthousiasme, non sans porter un sérieux coup à la sécurité juridique des contribuables. L'on sait certes aujourd'hui en France comme au Cameroun et ailleurs en Afrique que la thèse de l'» autonomie », et celle de son variant le « réalisme », ont les atours d'une « tarte à la crème [1424]» dans la mesure où elles constituent pour leurs tenants *« une réponse facile , permettant de justifier toutes les difficultés et toutes les subtilités de la matière, sans vraiment faire l'effort de la comprendre[1425] ».* C'est donc sur un « débat sans fin » sur la prétendue autonomie du droit fiscal et sur le prétendu réalisme de cette branche du droit que se fondent - et prospèrent - de nombreux chefs de redressements émis par l'administration fiscale camerounaise sur le terrain des contrats d'affaires internationaux, bien souvent au mépris de la sécurité fiscale des contribuables. La mise en œuvre du réalisme du droit fiscal dans ce pays confère à celui-ci les allures d'un « réalisme tendancieux » - pour reprendre l'expression de Gilles Deuderwaerder[1426] -, plus générateur de désordre dans la lutte contre la fraude et l'évasion fiscales, que pourvoyeur de véritables solutions en matière d'interprétation des actes juridiques.

1221. Parmi les nombreuses conséquences de ce principe, certaines intéressent au plus haut point la sécurité juridique des contribuables. D'une part, pour résoudre les questions d'assiette, les situations juridiques établies contractuellement seraient inopposables à l'Administration fiscale. Ce qui signifie qu'un contrat d'affaires, conclu entre un opérateur étranger et un opérateur camerounais ne devrait pas être opposable à l'Administration fiscale camerounaise. D'autre part, les situations juridiques établies par la loi civile ne sauraient de même être opposables à l'Administration fiscale.

1222. Avec l'avènement de la théorie de l'autonomie du droit fiscal, l'on est passé d'après la doctrine d'une « conception statique » du droit fiscal à une « conception active »[1427]. Suivant la *conception statique*, les décisions prises par les contribuables, en l'occurrence entre les parties à un contrat d'affaires international, ne devaient pas être dictées par des considérations d'ordre fiscal. Théoriquement, les différents régimes fiscaux susceptibles de s'appliquer à une opération déterminée étaient réputés équivalents et ce, quelle que soit sa qualification au regard des autres branches du droit. Cette

---

1424 COZIAN (M.), « Propos désobligeants sur « une tarte à la crème » : L'autonomie et le réalisme du droit fiscal » in *Les grands principes de la fiscalité des entreprises*, Document 1, p. 3. : Sur le sens de cette expression, l'auteur nous renvoie au *Petit Robert* d'après lequel une « tarte à la crème » est *« une formule vide et prétentieuse par laquelle on prétend avoir réponse à tout ».*

1425 COLLET (M.), *Droit fiscal, op. cit.*, p. 115.

1426 Voir en ce sens DEUDERWAERDER (G.), *Théorie de l'interprétation et droit fiscal*, Dalloz, Coll. « Nouvelles Bibliothèques de Thèses », p. 201 et s.

1427 Voir en ce sens DOUET (F.), *op. cit.*, p. 249.

approche était plus protectrice de la sécurité juridique des contribuables dans la mesure où la qualification fiscale apparaissait comme secondaire par rapport à celle résultant de l'application du droit privé.

1223. Suivant la conception active, la qualification fiscale d'une opération est devenue prépondérante par rapport à celle effectuée au regard des autres branches du droit. Bien que constitué par un ensemble de règles spécifiques contenues dans le code général des impôts, le droit fiscal présente d'après la doctrine la particularité d'être « *un droit de superposition* [1428]» ainsi que nous l'avons évoqué dans l'introduction de la présente étude. Cela veut dire qu'il a vocation à s'appliquer sur des actes et des faits juridiques ayant préalablement reçu une qualification juridique. A titre d'exemple, le fait pour l'Administration fiscale, à l'occasion du contrôle d'une filiale de multinationale dans le secteur brassicole, de requalifier un *« contrat d'embouteilleur »* à la fois en contrat d'approvisionnement en matières premières et en licence de marques étrangères, procèderait de l'application de la théorie de l'autonomie du droit fiscal. En l'espèce l'Administration peut se refuser à retenir la qualification juridique arrêtée contractuellement entre les parties au profit d'une ou plusieurs autres qualifications. Elle ne peut toutefois y parvenir qu'après une démarche d'interprétation des cocontractants que sont la filiale locale et sa maison-mère domiciliée à l'étranger.

1224. On le perçoit, la conception active de la théorie de l'autonomie est plus restrictive de la sécurité juridique des contribuables dans la mesure où elle rend les prévisions fiscales de ces derniers totalement aléatoires. Afin de pouvoir bénéficier du régime fiscal attaché à un acte ou à un fait déterminé, la sécurité juridique des contribuables implique que sa qualification au regard des autres branches du droit soit identique à celle résultant de l'application du droit fiscal, ce qui n'est pas garanti lorsqu'on se réfère à la conception active de l'autonomie.

B. L'insécurité fiscale des cocontractants occasionnée par l'application du réalisme du droit fiscal

1225. Le réalisme du droit fiscal se présente théoriquement comme étant le corollaire du principe de l'autonomie et véhicule les mêmes dangers que celui-ci à l'égard de la sécurité juridique des concessionnaires. La sécurité fiscale des contribuables est en général compromise par les agents des administrations fiscales africaines à travers les positions parfois insolites, subjectives et arbitraires découlant de l'application de ce principe. La doctrine fiscale nous apprend que le réalisme est le complément direct de l'autonomie du droit fiscal. D'après Monsieur Marchessou, le réalisme apparaît comme la conséquence de la liberté qui consiste pour le droit fiscal

---

[1428] Voir Introduction où nous faisons allusion à DOUET (F.), *Contribution à l'étude de la sécurité juridique en droit fiscal inter français, op. cit.*, p. 235.

à être indépendant des autres branches du système juridique, c'est-à-dire la faculté, pour la norme fiscale, de ne pas tenir compte des autres normes existantes, et de ne tenir compte, étymologiquement, que des choses, afin de les soumettre à imposition[1429].

1226. Etymologiquement en effet, le mot réel signifie exister effectivement. Le réalisme est donc une attitude qui consiste à tenir compte de la réalité telle qu'elle existe effectivement. Sur cette base, le réalisme du droit fiscal signifierait que la qualification des contrats et des opérations juridiques doit s'effectuer en fonction de l'objet dévolu à la règle fiscale. Ainsi, la qualification strictement fiscale des contrats ou des opérations juridiques serait indépendante de la qualification retenue par les autres branches du droit. Une frange de la doctrine contemporaine soutient à ce propos que le droit fiscal est libre de définir ses propres concepts ou de dégager une signification propre d'un concept préexistant dans une autre branche du droit et que fort de cette liberté le législateur a voulu que cette matière privilégie l'essence des choses sans s'arrêter aux définitions et aux constructions juridiques édifiées par d'autres branches du droit[1430]. Mais le problème de la sécurité fiscale des contribuables vient certainement de la reconnaissance d'une telle liberté au droit fiscal.

1227. Suivant cette conception, l'Administration fiscale dispose de la faculté de requalifier les actes et les faits juridiques afin de soumettre les contribuables à des rehaussements d'impositions. C'est notamment sous ce rapport qu'un contrat d'affaires international ayant conventionnellement reçu la vague qualification de « contrat de représentation » pourra être requalifié de « licence de marque » ou de « concession de marque » par l'Administration dès lors qu'elle détecte des stipulations contractuelles dont le contenu renvoie à la concession de l'utilisation d'une ou de plusieurs marques. Cette situation est aggravée par le fait que les arguments avancés par les agents de l'administration fiscale ayant pour motivation l'autonomie et le réalisme du droit fiscal, sont le plus souvent formulés oralement à l'occasion des multiples séances de travail qui émaillent les procédures de contrôle fiscal notamment après l'émission des notifications de redressements. Ainsi, en faisant œuvre d'interprétation à la lecture des contrats d'affaires internationaux, ces agents se réfugient systématiquement derrière la théorie de l'autonomie et du réalisme du droit fiscal pour justifier leurs prétentions de redressements. Ils n'ont pourtant pas besoin d'un tel abri puisqu'ils disposent d'un pouvoir de requalification qui leur est reconnu par le législateur dans le cadre des objectifs poursuivis par le droit fiscal. Tel est

---

[1429] MARCHESSOU (P.), *L'interprétation des textes fiscaux*, Economica, 1980, n. 79, p. 224. cité par DOUET (F.), *op. cit*, p.241.

[1430] GROSCLAUDE (J.), MARCHESSOU (P.), *Droit fiscal général*, Dalloz, 11e éd., Coll. « Cours Dalloz », 2017, p. 49-50.

notamment le cas comme nous l'avons montré des requalifications opérées à l'occasion de la mise en œuvre de la procédure de l'abus de droit.

1228. Cela dit, la faculté dont dispose l'administration fiscale de remettre en cause la qualification initialement retenue par le contribuable camerounais en accord avec son partenaire étranger aura pour effet de bouleverser les prévisions juridiques effectuées par ces derniers. Cette situation conduit bien souvent par les contribuables transnationaux à une réécriture systématique de leurs contrats d'affaires, chaque fois que ceux-ci sont sanctionnés par le pouvoir d'interprétation ou de requalification de l'Administration fiscale. Les avenants qui modifient ou complètent ces contrats participent sur cette base d'une volonté d'endiguer ou de prévenir les velléités de requalification de l'Administration. Le réalisme du droit fiscal peut au regard de ce qui précède être considéré comme une cause d'insécurité juridique des contribuables en général et des contribuables transnationaux en particulier.

1229. En somme, l'autonomie et son corollaire le réalisme constituent deux leviers de prédation de la sécurité juridique des concessionnaires de marques étrangères en matière de contrôle fiscal en raison de leurs effets déstabilisants sur la prévisibilité de la qualification fiscale des clauses contractuelles. Les contribuables transnationaux sont en effet à la merci des requalifications de l'Administration fiscale si les opérations contractuelles auxquelles se rapportent leurs prestations ne trouvent pas de qualification à travers le dispositif légal existant, soit directement à lecture dudit dispositif, soit après consultation préalable de l'administration dans le respect de la procédure du rescrit fiscal. Dans ces conditions, la stabilisation de la sécurité fiscale des cocontractants requiert indubitablement que l'application du principe de la légalité fiscale guide l'action de l'administration fiscale dans le cadre du contrôle fiscal des contrats d'affaires internationaux.

§2- La stabilisation de la sécurité fiscale des cocontractants par le respect du principe de légalité de l'impôt

1230. Il serait illusoire de concevoir un monde où la sécurité juridique des contribuables serait intégralement et systématiquement garantie dans le cadre du contrôle fiscal des contrats d'affaires internationaux. Tout au plus peut-on envisager de stabiliser cette sécurité, c'est-à-dire, de la renforcer ou de l'améliorer en assurant le respect du principe de la légalité de l'impôt en matière de contrôle fiscal. De fait, l'impôt est d'essence légale et doit le rester ; il ne saurait être le produit de l'imagination isolée d'un agent de l'administration fiscale, fût-il en situation de contrôle. Sur le terrain du contrôle fiscal des contrats d'affaires internationaux, la stabilisation de la sécurité fiscale des cocontractants dans leurs rapports avec les administrations fiscales africaines devrait à notre sens reposer sur deux exigences : la première est celle de la promotion du respect du principe de la légalité dans le cadre des requalifications fiscales administratives **(A)**, la seconde renvoie à la promotion du rescrit au service de la prévisibilité objectives des qualifications fiscales **(B)**.

A. La promotion du respect de la légalité fiscale dans le cadre des requalifications administratives

1231. Les requalifications fiscales opérées par les agents de l'administration fiscale et par le juge doivent s'effectuer dans le strict respect du principe de la légalité fiscale. D'après la doctrine, lorsque les juristes parlent du principe de légalité du droit fiscal, ils envisagent l'idée selon laquelle *« la Constitution impose que l'essentiel des règles qui forment le droit fiscal soit posé par la loi*[1431] *»*. Le pouvoir de requalification de l'administration fiscale qui se déploie à l'occasion des contrôles fiscaux doit être entièrement orienté vers le respect des normes posées par le législateur fiscal au sens large[1432]. Cela est d'autant plus important que l'ensemble des rapports entre l'administration et les contribuables repose sur le principe de la légalité de l'impôt. Comme l'exprime la doctrine française, en vertu de ce principe, l'Administration fiscale n'est censée disposer d'aucun pouvoir discrétionnaire dans la mise en œuvre des règles de droit fiscal. En contrepartie, les contribuables sont réputés se trouver dans une situation générale et impersonnelle garantissant leur sécurité juridique. Pour reprendre les termes de Monsieur Frédéric Douet, *« en matière fiscale, la sécurité juridique consiste donc à garantir aux contribuables le montant des impositions mises à leur charge de telle manière que chacun d'entre eux puisse prévoir et compter sur ce résultat* [1433]*»*.

1232. A ce sujet l'on peut formuler à l'encontre des systèmes fiscaux des pays africains les mêmes reproches que ceux que l'on ferait au système fiscal français. Ces systèmes sont dominés par une prégnance du pouvoir exécutif qui déteint sur la production normative en matière fiscale. Le pouvoir législatif sert en général de simple passerelle aux textes gouvernementaux de telle sorte que la loi fiscale est trop générale et donc imprécise alors que les règlements pris pour préciser la loi ont tendance à tronquer l'interprétation de la loi pour des raisons de « performance budgétaire ». La situation observée en France par le professeur Christophe De La Mardière se vérifie avec une acuité autrement plus amplifiée dans les pays africains de l'espace OHADA. D'après lui, *« De nos jours encore,*

1431 COLLET (M.), *Droit fiscal*, *op.cit.*, p. 41.

1432 En droit fiscal, la notion de qualification ou de la requalification n'est pas à confondre avec celle d'interprétation. Alors que l'interprétation consiste à donner une signification à un énoncé, c'est-à-dire à préciser ce que veut dire telle disposition ou telle texte, la qualification désigne l'opération qui conduit l'administration ou lr juge à nommer juridiquement un fait, à caractériser une situation concrète au regard des textes- en somme, à faire entrer dans les mots du droit certains évènements, afin de déterminer la règle qu'il convient d'appliquer (*Ibid.* p.109-110).

1433 DOUET (F.), *op. cit.* p., 11.

députés et sénateurs ont trop tendance à se décharger des questions fiscales sur l'exécutif. Ils adoptent rapidement des textes qui sont presque toujours d'origine gouvernementale et qui souffrent d'une trop grande généralité. L'imprécision de la loi a pour conséquence que les normes effectivement applicables se trouvent dans le règlement [1434]*»*. L'auteur ajoute que « le même reproche peut être fait au pouvoir réglementaire, qui profite de l'imprécision de la loi pour l'interpréter abusivement, et plus souvent afin d'alourdir le poids de l'impôt [1435]».

1233. Il faut en effet reconnaître à ce sujet qu'au Cameroun, l'exécutif reste le véritable maître du jeu en matière fiscale. Sur le terrain du contrôle fiscal des contrats d'affaires internationaux, la loi de finances pour l'exercice 2020 s'est récemment enrichie, nous l'avons relevé, d'un dispositif additionnel de lutte contre les transferts indirects de bénéfices[1436]occasionnés par la manipulation des prix de transfert. Ce dispositif additionnel institue dans la foulée un nouvel article 19 ter dont le contenu indique péremptoirement que *« des textes d'application précisent en tant que de besoin les modalités d'application »* dudit dispositif[1437]. De toute évidence une telle précaution légale, prise manifestement par le gouvernement par le truchement de la loi de finances, fait de l'administration fiscale camerounaise le seul juge de l'opportunité de l'édiction des textes d'application en cause. Cette administration n'aurait certainement pas bénéficié d'une telle latitude et se serait retrouvée dans l'obligation quasi immédiate de préciser le contenu de ce dispositif à travers la circulaire d'application de la loi de finances pour l'exercice 2020, si cet étrange article 19 ter n'avait pas été adopté. Cette circulaire se contente, pour ainsi dire, de reprendre les termes de l'exposé des motifs de ladite loi de finances qui invite le législateur à renforcer le dispositif de lutte contre les transferts indirects de bénéfices à travers la mise en œuvre des standards minimum relatifs au plan d'action pour la lutte contre l'érosion des bases d'imposition et le transfert de bénéfices[1438], avant de conclure à son tour qu'un texte particulier en précisera les modalités d'application[1439].

1234. Ainsi, en attendant des textes d'application qu'elle n'a pas envisagé de prendre dans l'immédiat, il est à craindre que l'administration fiscale camerounaise, à l'occasion de ses contrôles, ne soit encline à faire

---

[1434] MARDIERE (C. De La), *Droit fiscal général*, op. cit., p. 197.
[1435] *Ibid.*, p. 198.
[1436] Ce dispositif concerne les articles 18 ter, 19, 19 bis et 19 ter du CGI ainsi que les articles L19 et L40 du LPF en vigueur au Cameroun.
[1437] Art. 19 ter du CGI en vigueur au Cameroun : *« Des textes d'applications précisent en tant que de besoin les modalités d'application des articles 18 ter, 19 et 19 bis susvisés »*.
[1438] Cf. Circulaire n° 006/MINFI/DGI/LRI/L du 21 février 2020 précisant les modalités d'application des dispositions de la Loi n° 2019/023 du 24 décembre 2019 portant loi de finances de la République du Cameroun pour l'exercice 2020.
[1439] L'on peut imaginer que soit l'administration n'a pas prévu de prendre de tels textes, soit qu'elle attend d'éventuels contentieux fiscaux pour en adopter.

valoir au sujet des matières visées par ce nouveau dispositif des positions plus sévères que celles adoptées par le législateur, et partant, plus spoliatrices des droits des contribuables transnationaux. Une telle sévérité peut notamment concerner l'application des notions d'entreprises soumises à un *« régime fiscal privilégié »*, à *« régime fiscal dérogatoire »* ou présentant des *« liens de dépendance ou de contrôle »* respectivement visées par l'article 18 ter pour les deux premières, et l'article 19 bis pour la troisième. Aussi nous semble-t-il judicieux d'en appeler à une véritable promotion du rescrit fiscal par les autorités fiscales camerounaises et des autres pays de l'espace OHADA afin d'éviter les multiples dérapages liés au non-respect de la légalité fiscale. C'est également ici le lieu pour le juge fiscal de prendre toute la place qui devrait être la sienne dans le traitement du contentieux de l'interprétation qui émanerait desdits contrôles.

B. La promotion du rescrit au service de la prévisibilité objective des qualifications fiscales

1235. En matière de contrôle des contrats en général, le rescrit est un moyen de garantie de la sécurité fiscale des contribuables au regard notamment de la mise en œuvre de la procédure de l'abus de droit. Les cocontractants transnationaux peuvent en effet utilement se servir de la procédure du rescrit pour anticiper sur les qualifications fiscales des opérations contractuelles qu'elles envisagent de conclure. Cette procédure est énoncée aussi bien en droit fiscal camerounais que dans les dispositifs des autres Etats de l'espace OHADA.

1236. Comme nous l'avons exposé dans la première partie de cette étude, le législateur a formellement consacré en droit fiscal camerounais la procédure du rescrit fiscal à travers l'institution de l'article L33 Bis du Livre des Procédures Fiscales. Il s'agit, rappelons-le, d'une procédure qui a pour objet de prévenir la répression en octroyant au contribuable, préalablement à la conclusion d'un contrat, la faculté de solliciter l'avis de l'Administration relativement au régime fiscal qui lui est applicable. Mais l'usage de la procédure du rescrit peine à s'épanouir. Si la consécration légale du rescrit en faveur de la sécurité juridique des investisseurs transnationaux **(1)** est une avancée, cette procédure reste aux mains desdits investisseurs un gage insuffisant de l'opposabilité des qualifications fiscales administratives **(2)**.

1. La consécration légale du rescrit en faveur de la sécurité juridique des invrstisseurs transnationaux

1237. Consacrée au Cameroun à la faveur de la loi de finances pour l'exercice 2008, la procédure de rescrit est intervenue dans le dispositif légal camerounais, de l'aveu de la doctrine administrative, pour *« renforcer la sécurité juridique au profit des investisseurs et, partant, améliorer le climat* *des affaires dans [le] pays* [1440]». L'adoption de ce dispositif a donné lieu à l'aménagement de conditions de forme et de fond du rescrit fiscal qui sont davantage l'œuvre de la doctrine administrative que de la loi fiscale.

1238. L'aménagement légal et règlementaire des conditions de forme du rescrit fiscal. Sur les conditions de forme du rescrit, le législateur camerounais a certes eu soin de prévoir que « tout contribuable peut préalablement à la conclusion d'une opération sous la forme d'un contrat, d'un acte juridique ou d'un projet quelconque solliciter l'avis de l'Administration sur le régime fiscal qui lui est applicable ». Mais c'est à la doctrine administrative qu'il est revenu d'apporter des précisions relatives au délai de saisine de l'administration, à la forme de la demande du contribuable et à l'autorité destinataire de ladite demande.

1239. S'agissant du délai et de la forme de la demande, les parties au contrat doivent consulter l'administration fiscale préalablement à la conclusion de l'acte et ce, par écrit. Cela signifie qu'une demande formulée par les parties postérieurement à la conclusion du contrat ne produira donc aucun effet sur le fondement de l'article L33 Bis du LPF. Il n'est toutefois pas nécessaire que la demande de rescrit soit signée par les différentes parties au contrat ou à la convention ; un mandataire dûment habilité peut également présenter ladite demande auprès de l'administration fiscale. Précisons au passage que la demande de rescrit se distingue d'une simple demande d'éclaircissements ou de renseignements[1441]. En effet, techniquement, le rescrit ne peut intervenir que préalablement à un projet à réaliser ou, à un contrat à conclure, et a vocation à solliciter de l'Administration une position formelle qui engage cette dernière à l'égard du seul demandeur alors que la demande d'éclaircissement ou de renseignements peut intervenir à tout moment et est sous-tendue par la simple volonté de s'assurer une bonne compréhension d'une disposition fiscale donnée.

1240. En cas de litige ultérieur sur la portée de l'opération, le caractère écrit de la consultation permet à l'Administration fiscale de prouver le contenu de la demande du contribuable. A l'égard de celui-ci, aucune autre formalité n'est exigée. Cependant, afin de déterminer le point de départ du délai imparti à l'Administration pour répondre, il est préférable que le contribuable adresse à l'Administration une lettre recommandée avec demande d'accusé de réception. Le caractère obligatoirement écrit de la demande permet donc également au contribuable de se ménager un moyen de preuve.

[1440] Circulaire N° 0002/MINFI/DGI/LC/L du 11 janvier 2008 précisant les modalités d'application des dispositions fiscales de la loi n° 2007/005 du 26 décembre 2007 portant loi de finances de la République du Cameroun.

[1441] Voir Circulaire N° 0002/MINFI/DGI/LC/L du 11 janvier 2008 *précitée*.

1241. S'agissant de l'autorité adressataire de la demande, le législateur de 2008 désigne l'Administration centrale en tant que *« destinataire de la consultation »*. La Circulaire n°0002/MINFI/DGI/LC/L du 11 janvier 2008 précisant les modalités d'application des dispositions fiscales de la loi de finances pour l'exercice 2008 désigne concurremment deux autorités en tant que destinataires du rescrit. Il s'agit du Directeur général des impôts ou du Ministre en charge des finances. Cette disposition de la doctrine administrative camerounaise est fort critiquable dans la mesure où elle n'établit pas clairement de hiérarche fonctionnelle entre le Ministre en charge des finances et le Directeur Général des Impôts en matière de recrit. La doctrine fiscale camerounaise explique d'ailleurs à ce sujet que *« le fait que la demande de rescrit puisse être adressée concurremment au Ministre des Finances ou au Directeur Général des impôts est susceptible d'accélérer le silence de l'administration*[1442] ». Le législateur serait à cet égard bien inspiré de revoir cette disposition en prévoyant au moins la possibilité d'un recours hiérarchique auprès du Ministre en cas de contestation du contribuable ou de silence du Directeur général des Impôts vis-à-vis de la demande de rescrit.

1242. L'aménagement légal et réglementaire des conditions de fond du rescrit fiscal. La lecture du dispositif légal et réglementaire de mise en œuvre du rescrit permet de relever deux conditions de fond. Il s'agit des conditions liées à l'objet de la consultation et de celle liées au contenu de la demande. Sur l'objet, il faut dire qu'une demande, avec indication précise de l'objet, doit être adressée par écrit au Directeur Général des Impôts ou au Ministre des Finances. L'objet en question renvoie en matière de rescrit au régime fiscal applicable au requérant au regard du contrat, de l'acte juridique ou du projet à réaliser. En clair, la question du contribuable doit porter sur sa situation au regard d'une imposition incluse dans le champ d'application de la procédure de répression des abus de droit d'une part. D'autre part, cette question doit se rapporter soit à un contrat soit à un acte juridique ou encore à un projet quelconque suivant l'article L33 Bis du CGI camerounais [1443].

1243. Il convient de préciser que le législateur camerounais s'est singularisé en faisant référence aux notions d'acte juridique et de projet. Un acte juridique peut de fait s'analyser soit en convention, soit en acte juridique unilatéral. Etant donné que la procédure du rescrit vise à éviter le piège des abus de droit, tout porte à croire que cette procédure ne trouvera pas de terrain fertile en matière d'actes juridiques unilatéraux. La notion de projet renvoie en principe à celle d'opération à réaliser suivant la volonté des

---

[1442] ALAKA ALAKA (P.), La gouvernance fiscale, op. cit., p. 202.

[1443] En France l'article L 64-B du LPF fait clairement référence aux contrats et aux conventions.

parties au contrat ou à un investissement potentiellement réalisable par un opérateur économique.

1244. La demande doit comporter tous les éléments utiles à l'appréciation de la portée véritable de l'opération projetée. Le demandeur doit à cet égard fournir un exposé clair, complet et sincère de l'opération envisagée. Il doit également désigner très exactement toutes les parties au contrat ainsi que les liens existants entre elles. Le requérant doit en outre produire une copie de tous les projets de documents utiles à l'appréciation de la portée de l'opération (actes, contrats, conventions, protocoles d'accord, statuts…).

1245. Il faut enfin souligner sur le contenu du rescrit que le requérant dispose de la latitude de donner dans sa requête l'interprétation que lui-même fait de l'opération projetée sans que l'Administration ne soit liée par les prises de positions fiscales du contribuable. En pratique, le contribuable, en même temps qu'il sollicite la position de l'administration fiscale par rapport à l'opération envisagée, peut également exposer son analyse fiscale vis-à-vis de cette opération de manière à amener l'administration, soit à entériner sa position, soit à énoncer une analyse et une qualification différente de celle du contribuable, mais opposable à celui-ci.

2. Le rescrit fiscal, gage insuffisant de l'opposabilité des qualifications fiscales administratives

1246. A l'époque de sa consécration au Cameroun, les investisseurs avaient pour principale récrimination à l'encontre de l'administration fiscale, l'incertitude du régime fiscal qui leur était applicable. C'est du reste ce que révélait la doctrine fiscale camerounaise de 2008 qui reconnaissait à ce propos l'instabilité des interprétations de l'administration fiscale en dépit de l'existence du Code Général des Impôts et du Livre des Procédures fiscales. Plus d'une décennie plus tard, l'institution du rescrit ne semble pas avoir répondu aux attentes desdits investisseurs.

1247. Le législateur s'est abstenu de traiter de deux questions importantes, celle du délai de réponse de l'administration fiscale d'une part, et celle concernant le silence de l'administration d'autre part. En effet, s'agissant de la première question, le texte de l'article L33 bis du Livre des Procédures Fiscales camerounais est resté muet quant au délai de réponse imparti à l'administration fiscale consécutivement à la réception d'une demande de rescrit. Une telle omission de la part du législateur ne peut que fragiliser la sécurité fiscale des contribuables transnationaux et avoir des effets pervers du point de vue économique relativement à leurs décisions d'investir. Cette omission est toutefois rattrapée par l'administration fiscale à travers une mesure a priori d'ordre interne, en l'occurrence la circulaire d'application de la loi de finances pour l'exercice 2008, qui prescrit à la Division de la législation de la DGI de traiter les demandes de rescrit dans un délai d'un (01) mois à compter de leur réception[1444]. Face à la carence du législateur vis-à-vis de cette importante préoccupation, les investisseurs transnationaux tentent, tant bien que mal, de conférer à cette disposition un caractère réglementaire en opposant à l'administration le délai qu'elle a fixé à ses propres agents pour traiter les demandes de rescrit. Cependant, adopter une telle approche revient pour ces investisseurs à prendre un risque élevé de redressement dans la mesure où, passé ce délai de traitement d'un (01) mois, la doctrine administrative de 2008 ne garantit pas aux contribuables la validation des qualifications formulées dans leurs demandes de rescrit. Ici encore, l'insuffisante saisine du juge fiscal accentue l'insécurité des contribuables transnationaux.

1248. S'agissant de la seconde question, le silence de l'administration fiscale traduit en général l'embarras technique dans lequel peut baigner l'administration fiscale face à des demandes de rescrit formulées par certains investisseurs désireux de s'installer au Cameroun ou d'y étendre leurs activités. La difficulté à ce sujet est de savoir si le silence de l'administration fiscale vaut acceptation de l'analyse fiscale opérée par le contribuable dans sa demande de rescrit, ou *a contrario,* si ledit silence vaut rejet des qualifications fiscales envisagées par le contribuable. A l'observation, cette préoccupation demeure une source de frictions juridiques entre l'administration fiscale et les contribuables étant donné qu'à l'occasion de leurs contrôles fiscaux, les agents de l'administration fiscale n'hésitent pas à remettre en cause les analyses retenues par les contribuables à la suite des demandes de rescrit sanctionnées par le silence de l'administration fiscale.

1249. Il y a donc lieu ici de militer en faveur d'un renforcement du dispositif légal en cette matière dans le sens du traitement de la question de la fixation d'un délai impératif de traitement des demandes de rescrit, d'une formulation claire de la position du législateur quant au traitement du silence de l'administration et de la désignation du seul Directeur Général des Impôts en tant qu'autorité adressataire des demandes de rescrit. En renforçant de la sorte le dispositif légal du rescrit, le législateur contribuerait sans aucun doute à améliorer la prévisibilité des qualifications fiscales par les cocontractants transnationaux. Mais au-delà de cette préoccupation, se pose le problème de l'interprétation objective des clauses contractuelles dans une perspective fiscale.

SECTION II. L'INTERPRÉTATION OBJECTIVE DES CLAUSES CONTRACTUELLES PAR LES AUTORITES FISCALES

1250. Le terme interprétation revêt une acception plurielle. L'interprétation peut prendre tantôt la forme d'une technique, tantôt la forme d'une méthode d'interprétation ou constituer le résultat de la mise en œuvre d'une technique ou d'une méthode d'interprétation. En tant que technique,

[1444] Circulaire N° 0002/MINFI/DGI/LC/L du 11 janvier 2008 *précitée*.

l'interprétation est d'après la doctrine *« l'opération qui consiste à discerner le véritable sens d'un texte obscur*[1445] ». Sous ce rapport, il est intéressant de réaliser que l'interprétation est synonyme de décryptage et poursuit de ce fait une finalité *« déconstructionniste »*. En tant que méthode, l'interprétation renvoie à l'approche qui inspire la recherche. L'interprétation peut ainsi être littérale en s'attachant à la lettre du texte ; exégétique en s'efforçant de dégager l'intention de l'auteur du texte ; ou téléologique en se réglant sur la finalité de la norme. Notre propos a vocation à traiter, non pas de l'interprétation du droit exposé par la loi fiscale, mais plutôt de l'interprétation - à des fins fiscales - des faits exposés dans les clauses contractuelles, même si l'interprète des faits fait conjointement œuvre d'interprète du droit fiscal appelé à s'appliquer auxdits faits[1446]. Il s'agit concrètement de rechercher le support méthodologique de l'interprétation des faits de source contractuelle en vue d'une application adéquate de la loi fiscale non seulement par l'administration fiscale en situation de contrôle des contrats d'affaires internationaux, mais aussi et surtout, par le juge de l'impôt.

1251. Face à *« l'improvisation méthodologique »* qui caractérise l'action des autorités fiscales en matière d'interprétation des clauses contractuelles[1447], l'on peut en effet envisager, en s'inspirant des travaux de Monsieur Bertrand GELOT, de jeter les bases d'une *« interprétation objective »* desdites clauses dans le cadre du contrôle fiscal des contrats d'affaires internationaux[1448]. Une telle approche, qui consisterait pour le droit fiscal à promouvoir des méthodes d'interprétation d'inspiration civiliste ayant en commun de ne pas se limiter, ou de ne pas correspondre à la seule recherche d'intention ou de volonté des cocontractants[1449], pourrait valablement être expérimentée par les Etats africains de l'espace OHADA et renforcerait certainement la complémentarité existante entre le droit fiscal et le droit civil. Il s'agirait ainsi pour ces Etats d'opter pour le recours aux méthodes objectives d'interprétation des contrats d'affaires dans l'ordre interne **(§1)**, sans négliger le secours des modes alternatifs de règlements des litiges fiscaux dans l'ordre transnational **(§2)**.

[1445] CORNU (G.) (sous la dir. de), *Vocabulaire juridique*, Henri Capitant, 9é édition, p. 565.

[1446] Voir en ce sens, COLLET (M.), op. cit., p. 121 : *« Quelle que soit la matière, il revient au juge de « donner ou restituer leur exacte qualification aux faits et actes litigieux sans s'arrêter à la dénomination que les parties en auraient proposées », et ce afin de trancher le litige conformément aux règles de droit qui lui sont normalement applicables [...] »*

[1447] Cf. Première partie, Titre II, Chap. 1, Sect. 2.

[1448] Voir en ce sens GELOT (B.), op. cit., p. 6.

[1449] *Ibid.*, p. 6-7. D'après l'auteur, *« [...] à l'inverse, la recherche de la volonté individuelle ou de la commune intention des parties demeure la finalité exclusive de « l'interprétation subjective »*.

§1- Le recours aux méthodes objectives d'interprétation des contrats d'affaires devant le juge fiscal dans l'ordre interne

1252. Dans l'ordre juridique interne, le contrôle fiscal des contrats d'affaires internationaux a vocation à poser - et pose- aux autorités fiscales, en l'occurrence à l'administration et au juge fiscal statuant en matière administrative ou judiciaire, des problèmes d'interprétation aussi complexes que variés, notamment lorsqu'il s'agit pour elles, comme on l'a vu, de se prononcer sur les abus de droit et les actes anormaux de gestion. Relevons s'agissant spécifiquement de la procédure de répression de l'abus de droit, qu'en donnant à l'administration fiscale *le droit de restituer son véritable caractère à toute opération conclue sous la forme d'un contrat ou d'un acte juridique quelconque dissimulant une réalisation ou un transfert de bénéfices effectués directement ou par personnes interposées*, le droit fiscal camerounais comme celui en vigueur dans chacun des autres Etats de l'espace OHADA, ne donne aucune orientation méthodologique relativement à l'action de restitution de leur *« véritable caractère »* aux opérations contractuelles. L'administration fiscale et le juge fiscal sont ainsi laissés sans repères méthodologiques par le législateur en matière d'interprétation des clauses contractuelles fiscalement litigieuses. Pourtant, des méthodes légales d'interprétation existent en droit civil, qui peuvent servir de référence non seulement au juge fiscal ou à l'arbitre, mais aussi à l'agent des impôts. Il suffit pour cela que la loi fiscale y renvoie[1450]. Ainsi, au lieu d'utiliser la théorie de l'autonomie et du réalisme du droit fiscal comme une panacée pour justifier leurs méthodes d'interprétation, les autorités fiscales camerounaises et africaines gagneraient à permettre sur ce point au droit fiscal de se nourrir du droit civil et commercial en recourant à celles des méthodes d'interprétation diffusées qui seraient compatibles avec la régulation fiscale des contrats d'affaires internationaux. A ce sujet, les méthodes dites objectives d'interprétation inspirées du Code civil napoléonien[1451], et mises en évidence par la doctrine, offrent au droit fiscal, pour peu qu'il s'y intéresse, un éventail de solutions appropriées. Ces

---

[1450] Une double réserve mérite toutefois d'être formulée sur ce point. La première consiste à observer qu'il n'existe pas de solution méthodologique absolue ; le législateur ne peut en cette matière que formuler des orientations, à charge pour l'administration et le juge d'en faire usage ou non. La seconde consiste à reconnaître que l'agent des impôts-interprète ne jouit pas de la même neutralité que le juge à qui, ni de près, ni de loin, l'acte interprété ne saurait profiter. L'agent des impôts est, lui, dans une posture plus ambiguë, dans la mesure où son interprétation ne vise pas à faire triompher les intérêts du contribuable-cocontractant, mais plutôt à sécuriser les intérêts du trésor public.

[1451] Le Code civil français du 21 mars 1804, encore appelé Code Napoléon ou Code napoléonien a été promulgué au Sénégal par arrêté du gouverneur du 5 novembre 1830, le code civil de 1804 a été étendu à toute l'Afrique occidentale française par le décret du 6 août 1901 portant réorganisation du service de la justice en Guinée, au Dahomey, en Côte d'Ivoire ainsi qu'à toute l'Afrique équatoriale française de laquelle relevait le Cameroun. Il est toujours en vigueur dans l'ensembles des Etats francophones de l'espace OHADA.

méthodes vont au-delà du principe de l'interprétation subjective dominée par la recherche de la volonté des parties au contrat[1452] pour embrasser des règles d'interprétations particulières, davantage orientées vers la recherche de l'efficacité ou de l'utilité économique ou collective du contrat. Cela se comprend si l'on adhère au propos doctrinal suivant lequel *« en matière contractuelle, si le principe de l'effet obligatoire du contrat est issu du droit naturel, les interventions de l'Etat s'inspirent de l'intérêt général et de l'utilité publique dont on peut espérer qu'ils reflètent aussi un idéal de justice[1453] »*.

1253. Comme le montre Monsieur Gelot, la mise en œuvre des méthodes objectives d'interprétation des contrats se caractérise, par la poursuite de deux types de finalités[1454]que sont : les finalités pragmatiques qui conduisent à la recherche de l'efficacité et l'utilité de l'acte, et les finalités morales et sociales qui commandent le respect de l'équité. Ainsi, dans une perspective fiscale qui viserait à interpréter davantage le contenu des contrats que la volonté des parties, l'œuvre d'amélioration de la sécurité juridique des contribuables peut au moins passer par la double référence légale aux méthodes pragmatiques d'interprétation fondées sur l'utilité fiscale des contrats **(A)** d'une part, et aux méthodes d'inspiration morale fondées sur le respect de l'équité fiscale **(B)** d'autre part.

A. La référence légale aux méthodes pragmatiques fondées sur l'utilité fiscale du contrat

1254. En s'appuyant sur la théorie des finalités de l'interprétation élaborée par la doctrine française, et notamment sur les travaux de Bertrand GELOT et de Gilles Deuderwaerder, la référence légale aux méthodes d'interprétation fondées sur l'utilité fiscale du contrat traduit l'idée pour le droit fiscal de prévoir dans son dispositif des normes qui suggèrent expressément la faculté pour l'administration fiscale et pour le juge fiscal, d'interpréter les actes juridiques et notamment les contrats en faisant usage des méthodes d'interprétation pragmatiques inspirées notamment par le Code civil de 1804 et ayant en commun la recherche de l'utilité juridique, économique ou sociale du contrat. La vérification de cette première hypothèse en droit fiscal requiert que l'on mette en évidence l'intérêt du concept d'» utilité fiscale » en matière d'interprétation des contrats d'affaires

---

[1452] Ce n'est pas parce que le contrat est l'expression de la commune volonté des parties que l'interprétation ne doit avoir pour finalité que la recherche de l'intention réelle, probable ou supposée des parties.

[1453] BERGEL (J.-L.), *Théorie général du droit*, Dalloz, 5éd. 2012, Coll. « Méthodes du droit », p. 35.

[1454] GELOT (B.), *op. cit.* p. 82 : « La finalité de l'acte juridique est bien souvent décrite comme la création d'un effet concret sur un bien » ; or, selon René SAVATIER, cité par l'auteur « un bien n'existe que par son utilité économique » SAVATIER (R.), La théorie des obligations, vision juridique et économique, Dalloz, 3e éd., n° 1.

internationaux **(1)**, avant d'exposer la substance des méthodes pragmatiques d'interprétation des clauses contractuelles **(2)**.

1. L'intérêt de l'utilité fiscale en matière d'interprétation des contrats d'affaires internationaux

1255. Le droit fiscal camerounais, à l'instar de celui des autres Etats de l'espace OHADA, pourrait utilement s'enrichir du recours aux méthodes d'interprétation fondées sur l'utilité du contrat aussi bien en amont, lorsque l'administration fiscale exerce son droit de contrôle sur les contrats d'affaires internationaux[1455], qu'en aval, lorsqu'il revient au juge de trancher des litiges fiscaux mettant en cause les requalifications administratives des clauses contractuelles. Au-delà de la protection des intérêts fiscaux de l'Etat, l'intérêt d'une telle approche est celui de la protection juridique des contribuables.

1256. La doctrine contemporaine donne de l'utilité une définition plurielle. D'après elle, « l'acte juridique n'est pas seulement porteur d'une efficacité intrinsèque ; il doit fournir également la satisfaction de différents besoins : l'utilité concrète du résultat pour les parties, l'efficacité économique, la sécurité juridique pouvant en résulter, mais aussi l'utilité sociale, qui rejoint l'intérêt général[1456] ». La combinaison de toutes ces facettes de la notion d'utilité a une résonnance particulière en droit fiscal dans la mesure où la recherche des ressorts du résultat économique d'une clause, d'un contrat ou d'une opération contribue à valider sur une base moins controversée l'approche interprétative revendiquée par les tenants du réalisme du droit fiscal. En effet d'après Monsieur Deuderwaerder, « la théorie des finalités de l'interprétation appliquée au droit fiscal aborde avec un regard neuf, pour la régler définitivement, la vielle mais néanmoins indéfectible querelle sur le réalisme et l'autonomie du droit fiscal, laquelle se ramène à une controverse sur l'interprétation envisagée dans la perspective restreinte des rapports entre le droit fiscal et les autres disciplines juridiques[1457] ». Il ne saurait en être autrement puisqu'en droit civil les méthodes d'interprétation à des fins utiles sont elles aussi qualifiées de

---

[1455] L'une des tâches de l'agent des impôts lorsqu'il analyse les contrats en situation de contrôle est de lever, à la manière du juge, les ambiguïtés relatives aux incidences fiscales de certaines dispositions contractuelles en faisant acte d'interprète. De fait, bien avant l'intervention du juge de l'impôt, le vérificateur peut lui aussi recourir à plus d'une méthode d'interprétation pragmatique des contrats d'affaires.

[1456] Sur les contours juridiques de la notion d'utilité, lire GELOT(B.), *op.cit.*,p. 24-29 : *«L'utilité concrète des parties, ou l'utilité particulière, peut se définir comme le résultat, économique le plus souvent, ou la potentialité de résultat découlant d'un acte, d'une opération ou d'une situation juridique [...] L'utilité concrète recherchée par les parties au moyen de l'acte juridique correspond souvent à l'utilité économique qu'est censé procurer objectivement ce dernier [...] L'utilité générale, publique ou sociale, vise à satisfaire certains besoins légitimes et protégés de l'ensemble de la société... ».*

[1457] DEUDERWAERDER (G.), *op. cit.*, p. 196.

« pragmatiques ». De plus, l'on peut également observer qu'en agissant en tant qu'interprètes des contrats d'affaires internationaux, les autorités fiscales poursuivent a priori l'intérêt général puisqu'elles sont censées agir soit dans l'intérêt du trésor public, en ce qui concerne l'administration fiscale, soit au nom de l'ensemble du peuple en tant qu'ultime dépositaire de la souveraineté de l'Etat, pour ce qui est du juge fiscal. Sous ce rapport, l'utilité recherchée dans leur démarche interprétative peut prendre la forme d'une « utilité fiscale », elle-même analysée comme une composante de l'utilité sociale que l'on assimile à l'intérêt général.

1257. L'interprétation des contrats d'affaires internationaux par les autorités fiscales fondée sur l'utilité fiscale desdits contrats nous semble satisfaire à l'exigence de protection de la sécurité juridique des contribuables puisqu'elle a au moins le mérite de réduire le spectre de la subjectivité inhérente à la recherche de la seule volonté des parties au contrat et à la seule appréciation de l'interprète. Une telle exigence peut se vérifier au moins d'un double point de vue : le premier est celui de l'administration fiscale agissant en tant qu'interprète des contrats d'affaires. Dans cette posture, l'agent de l'administration-interprète en charge du contrôle des contrats d'affaires internationaux est invité à se munir de ce prérequis méthodologique en vue de procéder à une application adéquate des dispositions de l'article L33 du CGI qui autorisent la requalification des contrats ou des opérations dans le souci de fiscaliser les dispositions contractuelles qui le méritent en déterminant les bases d'imposition à l'IS et à l'IRPP. Il en irait de même de l'application des dispositions de l'article 19 du CGI et L19 bis du LPF camerounais relatives au transfert indirect de bénéfices orchestré à travers les contrats d'affaires internationaux.

1258. Le second point est celui du juge fiscal chargé de statuer sur le bien-fondé fiscal des positions émises aussi bien par l'administration fiscale que par les contribuables dans le cadre du contentieux fiscal portant sur l'interprétation des contrats ou des opérations contractuelles. L'analyse fiscale des clauses contractuelles qui permet au juge de l'impôt de conclure selon les cas, soit à un transfert indirect de bénéfices induisant une diminution du résultat fiscal, soit à un abus de droit ou à un acte anormal de gestion emportant des incidences fiscales analogues, peut lui permettre, si elle est guidée par la recherche de l'utilité fiscale des clauses, de réduire les abus liés à l'application lors des contrôles fiscaux, du dispositif des présomptions légales instituées par le législateur en vue de lutter contre la fraude et l'évasion fiscale internationales d'origine contractuelle. En clair, le juge de l'impôt sollicité au sujet de l'interprétation des clauses contractuelles statuerait davantage à bon droit et enrichirait la jurisprudence fiscale de décisions plus objectives s'il venait à se muer en « juge de l'utilité fiscale » desdites clauses.

1259. Ainsi, suivant une logique *« déconstructionniste »*, l'interprétation des contrats d'affaires internationaux fondée sur la recherche de l'utilité fiscale des clauses ou des opérations peut ainsi se révéler d'une grande importance dans le décryptage des montages contractuels transnationaux intra-contractuels et pluri-contractuels à l'occasion des contrôles fiscaux, en ce qu'elle confèrerait plus d'objectivité à la démarche analytique de l'administration et du juge fiscal.

2. Le contenu des méthodes d'interprétation des clauses contractuelles ayant en commun la recherche de l'utilité

1260. En partant de l'hypothèse suivant laquelle les méthodes pragmatiques d'interprétation fondées sur l'utilité établies *a priori* pour éclairer l'action de l'interprète en droit civil, peuvent également servir aux mêmes fins en droit fiscal sur le fondement de l'utilité fiscale des clauses, il nous semble important de revisiter le contenu desdites méthodes telles qu'énoncées par le Code civil de 1804 afin de projeter leur application en matière de contrôle fiscal des contrats d'affaires internationaux[1458]. Trois d'entre elles suggérées - entre autres méthodes - par la doctrine et inspirées du Code civil de 1804 en vigueur au Cameroun et retenues à titre d'exemples méritent d'être mises en évidence. Il s'agit de l'interprétation selon l'effet utile, de l'interprétation conciliatrice et de l'interprétation finaliste.

1261. Le recours à l'interprétation selon l'effet utile de l'article 1157 du Code Civil. Les développements qui précèdent ont permis de noter que les contrats d'affaires internationaux recèlent en leur sein des dispositions ambiguës qui peuvent avoir un effet perturbateur ou paralysant, aussi bien pour les défenseurs des intérêts financiers de l'Etat que sont les agents de l'administration fiscale que pour le juge fiscal. Afin de prévenir ou d'endiguer cette paralysie, le recours aux méthodes d'interprétation proposées par le Code Napoléon nous paraît à terme inévitable. Ces outils techniques d'interprétation trouvent une forte expression à travers la règle d'interprétation des clauses ambiguës selon l'effet utile. Cette méthode est exprimée par l'article 1157 du Code civil de 1804 qui dispose que « lorsqu'une clause est susceptible de deux sens, on doit plutôt l'entendre dans celui avec lequel elle peut avoir quelque effet, que dans le sens avec lequel elle n'en pourrait produire aucun ».

1262. Dans les contrats d'affaires internationaux, les clauses ambiguës sont légion et constituent un foyer de discussions sans fin entre administration fiscale et contribuables transnationaux, pour autant que cette dernière s'en préoccupe.

[1458] En fonction du type de finalité poursuivi, l'interprète du contrat peut faire appel à une panoplie de méthodes d'interprétation d'origine civiliste et régies par les dispositions des articles 1156 à 1164 du Code Civil pour ce qui est des conventions autres que les contrats de vente et par l'article 1602 pour ce qui concerne spécifiquement les contrats de ventes.

1263. A titre d'illustration, l'on peut revenir sur l'exemple du contrat - évoqué plus haut dans cette étude - intitulé *« contrat d'embouteilleur »* conclu entre une société locale X et une multinationale étrangère Y. Dans le souci d'éloigner les analystes des préoccupations fiscales liées à la conclusion d'une licence de marque, les cocontractants ont stipulé dans l'une des clauses de ladite convention que ce contrat ne confère à la société locale qu'une *« simple autorisation temporaire »* d'utiliser les marques régies par le contrat. Les termes des employés par cocontractants sont les suivants : *« Il n'est conféré à l'embouteilleur aucun droit sur les Marques de la Compagnie ou sur la clientèle provenant, pour la Compagnie, de l'exploitation des Marques, ni sur les étiquettes, modèles, etc. utilisés en rapport avec les Marques. Il n'est accordé à l'embouteilleur qu'une simple autorisation temporaire, non liée à un droit quelconque, d'utiliser lesdites Marques, étiquettes, modèles, etc. relativement au produit embouteillé de la Compagnie étant entendu que cet usage devra être fait de telle manière que la Compagnie apparaisse toujours comme source et/ou origine dudit produit.»*

1264. A l'issue d'une opération de vérification de comptabilité de l'entreprise camerounaise, l'administration fiscale, et plus loin en matière contentieuse le juge fiscal, peuvent valablement éviter de se conformer à la lettre de cette stipulation contractuelle et conférer à ce « contrat d'embouteilleur » la nature de licence de marques en vertu d'une interprétation selon l'effet utile de la clause traitant d' » *une simple autorisation temporaire, non liée à un droit quelconque, d'utiliser les marques, étiquettes et modèles, etc. [...] »*.

1265. L'interprétation selon l'effet utile revient donc pour l'interprète à se situer au-delà de la recherche de la volonté des parties pour satisfaire un besoin d'efficacité juridique ou économique. C'est dans cette même perspective que l'on peut appréhender la méthode de l'interprétation conciliatrice.

1266. Le recours à l'interprétation « conciliatrice » de l'article 1161 du Code civil. La méthode de l'interprétation conciliatrice consiste en principe à donner au contrat une efficacité optimale par la prise en considération de chacune de ses dispositions. L'interprète peut se livrer soit à une interprétation des clauses à l'intérieur du contrat dans le cadre d'un contrat isolé, soit à une interprétation qui tient compte du contexte dans lequel le contrat a été conclu. L'article 1161 du Code civil de 1804 dispose que « *Toutes les clauses des conventions s'interprètent les unes par les autres en donnant à chacune le sens qui résulte de l'acte entier* [1459]». Cette disposition de l'avis de la doctrine, laisse place à une vision plus objective du travail de l'interprète dans la mesure où en s'efforçant de concilier les

---

[1459] C'est nous qui soulignons.

clauses de l'acte, ce dernier leur rend leur cohérence, leur portée propre, leur efficacité.

1267. Dans le cadre de l'une de ses multiples opérations de vérification de comptabilité mettant aux prises l'administration fiscale et la société S, concessionnaire de la marque M, l'on a pu observer que l'administration fiscale s'est livrée à un exercice de conciliation interne des dispositions du contrat de licence et d'assistance technique conclu entre la compagnie étrangère M et la Société S pour conclure que cette convention couvait une licence de marque qui justifiait l'imposition à la TSR des redevances versées au concédant pour l'utilisation de sa marque . La motivation du redressement par l'Administration a de fait consisté à mettre en exergue les dispositions contractuelles qui ouvraient droit à une interprétation. L'on peut ainsi lire dans la « notification des redressements des vérificateurs » que l'article 1 de ce contrat relatif à la *« concession de procédés par P »* stipule que : *« P concède à A une licence non exclusive ne comportant pas le droit de concéder de sous licences pour utiliser et mettre en pratique dans le territoire du Cameroun tous les procédés brevetés ou non, dont P peut disposer librement dans les domaines suivants : [...] ».* L'article 2 quant à lui précise que *« P fournira à A, pendant la durée du contrat diminuée de deux ans, son assistance technique à long terme concernant limitativement les procédés visés à l'article 1 ».*

1268. Les arguments de l'entreprise visant à défendre la thèse d'un contrat d'assistance technique exclusif de toute licence de marque, alors même que la société A s'était vu conférée un droit non exclusif d'utilisation de la marque M sur le territoire camerounais au moyen des dispositions du même contrat de licence et d'assistance technique, ne réussirent pas à démonter l'Administration qui en l'espèce s'était livrée à une interprétation conciliatrice inconsciente.

1269. Le recours à l'interprétation « finaliste » tirée de l'article 1158 du Code civil. La méthode finaliste de l'interprétation est édictée par l'article 1158 du Code civil de 1804 ainsi qu'il suit : « Les termes susceptibles de deux sens doivent être pris dans le sens qui convient le plus à la matière du contrat ». L'analyse doctrinale de cette disposition nous enseigne qu'elle met en exergue deux idées-forces : d'abord l'interprète doit privilégier le sens normal de l'acte, tel qu'il est objectivement admis par le droit positif. Ensuite, ce sens normal est fondé sur l'intention présumée des parties, elles-mêmes étant censées s'être référées au droit commun. Or, pour la doctrine comme pour la jurisprudence, la conjugaison de ces deux idées permet d'attribuer au texte une portée bien plus large : l'interprétation privilégie les objectifs de la convention, son économie générale ; elle est réaliste et finaliste.

1270. Cette règle finaliste de l'interprétation nous semble plus en phase avec ce qu'il convient d'appeler, la théorie du réalisme du droit fiscal. En effet, suivant cette théorie, le droit fiscal qui appréhende des réalités, ne saurait se voir opposer les actes juridiques qui les dissimulent. L'article L 64 du LPF français souligne formellement à cet égard que : *« Ne peuvent être opposés à l'Administration des impôts les actes qui dissimulent la portée véritable d'un contrat ou d'une convention [...] »*. C'est cette disposition qui a été reprise par l'article L 33 du LPF camerounais.

1271. Le Professeur Maurice Cozian nous dévoile sans détour, à propos d'une méprise doctrinale sur le réalisme du droit civil, qu'une frange de la doctrine prétend que le juge fiscal, au nom du réalisme, n'est pas lié, à la différence du juge judiciaire, par les qualifications juridiques retenues par les contribuables ; le juge fiscal aurait la faculté, et même l'obligation, de débusquer la réalité concrète par-delà les fausses dénominations juridiques utilisées par les parties. Ces auteurs, ajoute l'auteur, oublient simplement la teneur que voici de l'article 12 du Nouveau Code de procédure civile français : *« le juge doit restituer leur exacte qualification aux faits et actes litigieux sans s'arrêter à la dénomination que les parties en auraient proposée »*.

1272. Ainsi, force est de constater que le réalisme du droit fiscal tant scandé par les spécialistes de la chose fiscale tire toute source du réalisme même du droit civil qui a eu soin de le consacrer avant même que le droit fiscal ne trouve ses propres marques dans le vaste champ des disciplines juridiques.

1273. Fort de cette réflexion, il ne devrait plus subsister le moindre obstacle à ce que le législateur fiscal s'inspire en matière d'interprétation des contrats des méthodes déjà élaborées par son homologue en matière civile. Préconiser une sorte de jonction ou de fusion sur le terrain de l'interprétation des contrats entre droit fiscal et droit civil enrichirait à coup sûr la fiscalité et confèrerait au droit civil une plus-value en tant que source du droit fiscal.

1274. Cela dit, la simple référence fiscale aux méthodes pragmatiques fondées sur l'utilité, c'est-à-dire sur des considérations économiques et matérielles, ne suffirait pas seule à satisfaire l'impératif de justice qui doit guider l'œuvre d'interprétation du juge. Ce premier champ de méthodes devrait être associé à un second, plus orienté vers les considérations d'ordre éthique, celui des méthodes tenant au respect de l'équité.

B. La référence légale aux méthodes d'inspiration morale tenant au respect de l'équité

1275. La référence légale aux méthodes d'interprétation fondées sur l'équité fiscale des clauses contractuelles traduit l'idée pour le droit fiscal de prévoir dans son dispositif des normes qui suggèrent expressément à l'administration fiscale et au juge fiscal, d'interpréter les contrats d'affaires en se servant des méthodes d'interprétation d'inspiration morale élaborées par le droit civil et commercial ayant pour finalité commune la recherche de l'équité. La vérification de cette hypothèse en droit fiscal requiert que l'on présente l'intérêt de l'équité fiscale en matière d'interprétation des contrats d'affaires internationaux **(1)**, avant d'exposer le contenu des méthodes d'interprétation des clauses contractuelles d'inspiration morale **(2)**.

1. L'intérêt de l'équité fiscale en matière d'interprétation des contrats d'affaires internationaux

1276. L'interprétation en droit fiscal se veut certes pragmatique, mais elle ne saurait se soustraire aux influences morales et sociales qui justifie le recours à l'équité. L'équité, d'après la définition qu'en donne la doctrine française, est *« [...] la réalisation suprême de la justice, allant parfois au - delà de ce qui est prescrit par la loi [...]* [1460]*»*. En cela, « l'équité contient bien la substance même du pouvoir interprétatif du juge [1461]». Le Cameroun et les autres Etats de l'espace OHADA, peuvent également faire le choix du recours aux méthodes d'interprétation civilistes d'inspiration morales tenant au respect de l'équité aussi bien en amont, lorsque l'administration fiscale exerce son droit de contrôle sur les contrats d'affaires internationaux, qu'en aval, lorsqu'il revient au juge de trancher des litiges fiscaux mettant en cause les requalifications administratives des clauses contractuelles. L'article 1135 du Code civil de 1804 d'après lequel « *Les conventions obligent non seulement à ce qui y est exprimé, mais encore à toutes les suites que l'équité, l'usage ou la loi donnent à l'obligation d'après sa nature »*, offre clairement l'opportunité de l'exercice d'un tel choix. L'intérêt du recours à l'équité fiscale pour le juge-interprète, est non seulement de rechercher la solution la plus juste possible entre la protection des intérêts fiscaux de l'Etat et la protection juridique des contribuables, mais aussi de répondre à un impératif d'efficacité économique. En effet d'après la doctrine, *« la régulation opérée par l'interprète au moyen implicite de l'équité serait [...] favorable à la bonne marche des affaires, probablement par l'effet de la confiance que l'équité peut susciter chez les contractants, dès lors qu'elle exprime un sentiment juste, raisonnable et, conforme au besoin, au désir de l'efficacité*[1462] *»*.

1277. Il est vrai que la recherche de l'équité a quelque chose de fondamentalement subjectif dans la mesure où elle est l'œuvre discrétionnaire de la seule appréciation du juge[1463]. Néanmoins, l'interprétation des contrats d'affaires internationaux par les autorités fiscales fondée sur l'équité fiscale nous semble satisfaire à la double

---

[1460] GUILLIEN (R.), VINCENT (J.), *Lexique des termes juridiques*, Dalloz, 17e éd., 2010, p. 306.

[1461] SALAS D. « L'équité ou la part maudite du jugement », in Justices, 1998, n°1, p.113, cité par GELOT (B.), *op. cit.*, p. 194.

[1462] FITOUSSI (J-P.), « Le libéralisme : système économique du juste et de l'injuste », in *De l'injuste au juste,* Actes du colloque organisé les 27 et 28 janvier 1995 publié sous la direction de FRISON-ROCHE (M.A.) et BARNES (W.), Dalloz, 1997, p. 52.

[1463] GELOT (B.), *op. cit.*, p. 180 : *« Au même titre qu'il y a autant d'actes juridiques que de volontés individuelles, il y'aurait autant d'équités que de magistrats [...] ».*

exigence de protection de la sécurité juridique des contribuables et des intérêts fiscaux de l'Etat, dans la mesure où guidée par la recherche de la justice, elle a aussi le mérite de réduire le spectre de la subjectivité inhérente à la recherche de la seule volonté des parties au contrat. En cela, nous explique Monsieur Gelot, *« l'interprétation inspirée par l'équité poursuit un but utile, éventuellement pour l'ensemble des justiciables et non pour le cocontractant sanctionné ; ainsi perçue, l'équité « appréciée objectivement » permet une interprétation conforme « à l'utilité que doit remplir » l'acte juridique*[1464] *»*. L'utilisation des méthodes d'interprétation fondées sur l'équité commande que l'on internalise le postulat juridique suivant lequel le trésor public apparaît systématiquement - quoiqu'implicitement - comme le tiers bénéficiaire potentiel des contrats d'affaires qui lient explicitement les cocontractants transnationaux. En se plaçant dans cette perspective, le juge peut aisément trouver les ressorts d'une application objective de la justice appelée à régir les rapports entre les contribuables transnationaux et l'administration fiscale. Il appartient donc au juge fiscal de se prévaloir desdites méthodes, mais les opportunités de mise en œuvre de ces méthodes au Cameroun, lorsqu'elles se présentent, ne sont pas exploitées probablement en raison de la réticence du juge à statuer quant au fond du contentieux fiscal mettant en cause les contrats d'affaires internationaux. Quoi qu'il en soit, l'équité constitue en même temps une finalité, un outil à la disposition du juge pour lui permettre d'équilibrer, a posteriori, les clauses contractuelles au moment de leur interprétation.

1278. Dès lors, la logique interprétative qui prévaut pour le juge en tant qu'ultime recours en matière de recherche d'utilité fiscale est parfaitement transposable en matière de recherche d'équité fiscale. Ainsi, comme nous l'avons relevé plus haut en ce qui concerne l'utilité, l'application du dispositif de répression de l'abus de droit de l'article L33 du CGI ou de celui relatif à la répression des transferts indirects de bénéfice des articles 19 du CGI et L19 bis du LPF camerounais, peut valablement s'effectuer par l'administration dans le souci de requalifier des contrats ou des opérations sur le fondement de l'équité fiscale.

1279. Par suite, L'analyse fiscale des clauses contractuelles qui permet au juge de l'impôt de conclure selon les cas, soit à un transfert indirect de bénéfices induisant une diminution du résultat fiscal, soit à un abus de droit ou encore à un acte anormal de gestion emportant des incidences fiscales analogues, peut lui permettre, si elle est guidée par la recherche de l'équité fiscale des clauses, d'améliorer la réduction des abus liés à l'application lors des contrôles fiscaux, du dispositif des présomptions légales instituées par le législateur en vue de lutter contre la fraude et l'évasion fiscale internationales d'origine contractuelle. A l'arrivée, le juge de l'impôt dans

---

[1464] Voir en ce sens LARROUMET (C.), *Droit des obligations*, Economica, 2e éd. n°141, p.135, cité par GELOT (B.), *op. cit.* p. 183.

son œuvre d'interprétation des clauses contractuelles contribuerait à l'éclosion et à l'affermissement d'une jurisprudence fiscale plus objective s'il venait à s'arborer, par-dessus le costume de « juge de l'utilité fiscale », la casquette de « juge de l'équité fiscale » des clauses en cause.

1280. Ainsi, en rapport avec la perspective *« déconstructionniste »* de la présente étude , l'interprétation des contrats d'affaires internationaux fondée sur la recherche de l'équité fiscale des clauses ou des opérations peut également se révéler d'une réelle importance dans le décryptage des montages contractuels transnationaux intra-contractuels et pluri-contractuels à l'occasion des contrôles fiscaux, en ce qu'elle confèrerait plus d'objectivité à la démarche analytique de l'administration et du juge fiscal.

2. Le contenu des méthodes d'interprétation des clauses contractuelles ayant en commun la recherche de l'équité

1281. Sur ce point, l'on peut encore s'appuyer sur les travaux de Monsieur GELOT qui, à partir du Code civil de 1804, a mis en évidence des méthodes d'interprétation des actes juridiques inspirées par l'équité dont l'appropriation en droit fiscal peut permettre d'assurer une meilleure sécurité juridique des cocontractants tout en préservant les intérêts fiscaux de l'Etat. Le juge peut ainsi, en fonction des cas soumis à son appréciation, activer l'interprétation correctrice ou s'en remettre à l'interprétation complétive des clauses contractuelles pour mettre en œuvre l'équité fiscale à l'occasion des contentieux liés à l'exécution des procédures de contrôle fiscal des contrats d'affaires internationaux.

1282. Le recours à l'interprétation « correctrice » inspirée par l'équité fiscale. D'après la doctrine, l'interprétation exerce une fonction corrective ou correctrice lorsqu'elle corrige le sens des termes ou des clauses ambiguës utilisés par les parties[1465]. On peut à la suite de Bertrand Gelot définir l'interprétation corrective comme « l'opération d'interprétation ayant pour effet de corriger la défectuosité d'un terme ou d'une clause en lui attribuant un sens et une portée particulière qui ne résultaient pas clairement de la rédaction initiale[1466] ». En matière d'abus de droit, le juge fiscal peut, dans sa démarche d'appréciation des qualifications affectées aux opérations contractuelles par les contribuables ou par l'administration fiscale, émettre des jugements en équité dans le dessein de restituer auxdites opérations leur véritable caractère. L'idée de la recherche du véritable caractère d'un acte juridique ou d'une opération dans un contrat d'affaires que renferme le

---

[1465] GELOT (B.), *op. cit.*, p. 189 : D'après l'auteur, *« Lorsqu'elle est inspirée par l'équité, cette même interprétation assure une certaine régulation du contrat en le rééquilibrant a posteriori, au moyen d'une lecture particulière du sens ou de la portée de ses clauses telles qu'elles sont exprimées ».*

[1466] *Ibid.*, p. 191.

dispositif légal de répression de l'abus de droit ne saurait être dissociée de la recherche de l'équité. En effet, l'hypothèse d'une restitution du véritable caractère de l'acte suppose au moins que le juge s'éloigne du « sentiment de l'injuste », occasionné par l'interprétation défectueuse ou inexacte des termes contractuels opérée par les parties au litige fiscal, pour se rapprocher de l'idée du juste, restaurée avec le retour à la véritable nature de l'opération par application de l'interprétation corrective en équité.

1283. Cette méthode d'interprétation s'inscrit elle aussi dans une perspective *« déconstructionniste »* puisqu'elle permet au juge d'aller au-delà des apparences et de la lettre des clauses pour en détecter l'esprit. L'article 1163 du Code civil en vigueur en France offre à ce propos au juge - et à l'administration fiscale- un champ intéressant de possibilités. Les termes de cette disposition sont les suivants : « *L'obligation a pour objet une prestation présente ou future. Celle-ci doit être possible et déterminée ou déterminable. La prestation est déterminable lorsqu'elle peut être déduite du contrat ou par référence aux usages ou aux relations antérieures des parties, sans qu'un nouvel accord des parties soit nécessaire* [1467]». Ainsi rédigée, cette disposition autorise implicitement le juge fiscal interprète, appelé à statuer sur les litiges nés des redressements fiscaux consécutifs à l'analyse des clauses contractuelles, à s'émanciper du sens littéral d'une clause pour déduire du contrat une caractérisation de la prestation guidée par l'équité et de déterminer, par suite, les bases d'impositions légales de ladite prestation[1468]. Fiscalement, la démarche d'interprétation corrective en équité conduirait le juge à s'immiscer dans le contrat en croisant la recherche objective de la juste qualification des prestations avec la recherche subjective de la volonté des parties. Ceci n'a rien de surprenant car une frange de la doctrine reconnaît à ce propos que *« de manière générale, l'interprétation du contrat est l'occasion pour le juge de s'immiscer dans les contrats et de faire prévaloir l'équité tout en disant officiellement qu'il n'a fait que rechercher la commune intention des parties*[1469] *»*.

1284. Cela dit, la recherche de l'équité fiscale à travers la méthode de l'interprétation correctrice ne peut aller sans une part de subjectivité consubstantielle au pouvoir interprétatif du juge. Cependant, force est de reconnaître que la recherche de l'équité est indispensable dans la recherche de l'équilibre fiscal que le contrôle fiscal des contrats d'affaires

---

[1467] Lire sur ce point le Code civil en vigueur en France au 1er Janvier 2021.

[1468] GELOT (B.), *op. cit.*, p. 194 : *« l'appréciation qu'impose le jugement en équité semble [...] rejoindre la philosophie de l'article 1156 du Code civil entendu largement : dans les deux cas l'esprit doit surpasser la lettre. Autrement dit, le sens littéral doit céder le pas à une autre acception qui est fournie, dans l'interprétation, par* l'équité, par le sens moral extérieurement exposé, et dans l'interprétation volontariste, par le sens subjectivement attribué au déclarant ».

[1469] JEULAND (E.), *Droit des obligations*, Montchrestien, 1999, p. 98, cité par GELOT (B.), *op. cit.*, p. 195.

internationaux a vocation à rétablir. Le juge fiscal- interprète camerounais gagnerait à s'exercer au maniement de l'équité de manière à en faire le correctif utile permettant à l'interprète de remplir correctement sa mission. L'agent de l'Administration fiscale en situation d'interprète du contrat peut lui aussi, à notre avis valablement recourir à l'équité en vue de requalifier une disposition contractuelle ou, l'acte juridique dans son ensemble, étant donné qu'il est amené dans son action en contrôle à se faire, comme le juge, un jugement équitable des opérations contractuelles contrôlées.

1285. Le recours à l'interprétation « complétive » fondée sur l'équité. Un autre levier en matière d'interprétation des faits et actes au moyen de l'équité est offert par l'interprétation complétive en équité. L'équité guide l'interprète, non seulement pour corriger les stipulations défectueuses, mais aussi pour compléter les lacunes et les silences de l'acte juridique. Selon la doctrine, cette mission résulte de l'article 1135 du Code Civil qui dispose que « les conventions obligent non seulement à ce qui y est exprimé, mais encore à toutes les suites que l'équité, l'usage ou la loi donnent à l'obligation d'après sa nature ». Cette méthode d'interprétation remplit du point de vue doctrinal deux fonctions une fonction régulatrice et une fonction protectrice.

1286. La première fonction relève de la conjonction de deux facteurs essentiels tenant pour l'un, au caractère objectif de l'interprétation résultant du texte même de l'article 1135, à savoir l'application de celui-ci en fonction, non de la situation ou de la personnalité des parties, mais de la nature de l'obligation ; et pour l'autre, au rôle régulateur que doit assurer la juridiction de cassation dans son contrôle de l'application par les juges du fond des suites de la convention. Sous le rapport du contrôle fiscal des contrats d'affaires internationaux, l'on peut valablement estimer à partir de la lecture donnée par Bertrand Gelot, que la formulation de ce texte doit pouvoir pousser les interprètes à rechercher l'harmonisation objective des obligations particulières des conventions tant à l'échelle intra-contractuelle qu'à l'échelle pluri-contractuelle à travers une opération logique de qualification ou de requalification des obligations et non une appréciation discrétionnaire desdits interprètes. Ainsi, face à un litige d'interprétation découlant du contrôle fiscal d'une concession de marque prévoyant une obligation d'assistance technique du concédant vis-à-vis du concessionnaire : l'interprète doit pouvoir rechercher et circonscrire en toute logique la nature et les caractéristiques de cette assistance technique ainsi que son mode de rémunération, de manière à dissocier les obligations et les prestations afférentes à la concession de la marque de celles relevant des travaux d'assistance technique.

1287. La seconde fonction -la fonction protectrice peut s'exercer elle aussi dans deux directions à savoir : la protection du profane vis-à-vis du professionnel et, plus généralement, la protection de la partie faible vis-à-vis du cocontractant dominant. Dans le cadre contractuel, la protection du profane vis-à-vis du professionnel suppose qu'il y ait une inégalité de rapport de force technique entre les cocontractants. Le rôle de l'interprète est ici de procéder à une interprétation qui soustrait le cocontractant techniquement défavorisé aux conséquences d'une convention manifestement injuste et léonine. S'agissant des contrats d'affaires internationaux, un tel rapport de force existe généralement, entre le cocontractant domicilié à l'étranger agissant en tant que société mère et le cocontractant résident agissant en tant que filiale[1470]. Mais ce déséquilibre contractuel est en général un déséquilibre voulu ou « entendu » entre les parties au contrat et peut en partie expliquer le déséquilibre péri-contractuel susceptible d'affecter la relation du contrat avec le tiers que constitue l'Etat.

1288. A la réflexion, le résonnement qui vaut pour « la partie faible », peut également valoir par extension pour les tiers. On le sait, quoique n'ayant pas part à sa conclusion, l'Etat, à travers le trésor public, est en quelque sorte, un tiers incontournable du contrat d'affaires qui jouit contractuellement d'une position de faiblesse en ce qu'il est exposé sur le plan fiscal aux abus des cocontractants et, à ce titre, mérite protection de la part du juge fiscal interprète des stipulations contractuelles. Ainsi, le juge fiscal en cas de contentieux, peut en effet objectivement recourir à l'interprétation complétive fondée sur l'équité dans une optique de protection du tiers non professionnel, considéré comme faible, que constitue l'Etat. Dans ces conditions, le juge fiscal peut être amené à user de son pouvoir de requalification afin, soit de valider l'interprétation opérée par l'administration fiscale au détriment du contribuable, soit à l'inverse, de valider l'interprétation du contribuable au détriment de l'administration, soit enfin, de se livrer à une interprétation plus neutre répondant à la finalité d'équité proposée par le législateur civiliste.

1289. Au bout du compte, l'heure nous semble venue pour le législateur fiscal d'effectuer un « saut qualitatif » en matière de contrôle des contrats d'affaires internationaux en s'abreuvant à la source des autres branches du droit et notamment du droit civil tant pour capitaliser les règles d'interprétation fondées sur l'utilité que celles fondées sur l'équité. En dépit du caractère particulièrement peu contraignant des textes légaux propres à l'interprétation[1471], une telle option aurait pour avantage de soustraire le contrôle fiscal de l'improvisation méthodologique dans lequel il baigne en matière d'interprétation des contrats d'affaires pour le hisser à un niveau

---

[1470] Nous l'avons déjà relevé, contractuellement, c'est en effet le second qui adhère aux termes conçus et élaborés par le premier.

[1471] Voir en ce sens DEUDERWAERDER (G.), *op. cit.*, p. 22 : D'après l'auteur, *« Ni les techniques d'interprétation-qui répertorient les résultats de l'interprétation et formalisent le cheminement déployé pour y parvenir-, ni même les méthodes d'interprétation proprement dites-érigées en fondement ultime des solutions jurisprudentielles-, ne s'imposent au juge de manière absolue ».*

d'aménagement plus rationnel et plus objectif[1472]. Une telle évolution conférerait à coup sûr une plus-value technique aux autorités fiscales et notamment au juge fiscal interprète et décomplexerait ces derniers vis-à-vis de ces actes juridiques, vecteurs privilégiés d'évasion fiscale internationale. L'on peut certes objecter à ce sujet que les méthodes civilistes d'interprétation auxquelles pourraient faire référence le législateur fiscal n'auraient qu'une valeur indicative comme c'est précisément le cas en droit civil, il reste néanmoins vrai qu'elles contribueraient, dans l'hypothèse de leur « connexion légale » au droit fiscal, à faire évoluer considérablement le droit substantiel et processuel d'encadrement du contrôle fiscal des contrats d'affaires internationaux.

1290. Cela dit, le recours dans les différents ordres internes des juridictions fiscales africaines de l'espace OHADA aux méthodes objectives d'interprétation des contrats d'affaires internationaux ne suffit pas à lui seul à résoudre le problème de la recherche à des fins fiscales de la signification des clauses[1473]. Pour être porteuse de complémentarité et d'harmonie entre ordre public interne et ordre publique international, il est important que cette démarche bénéficie du secours des méthodes objectives d'interprétation des contrats d'affaires internationaux devant les autorités de justice fiscale alternative de manière à permettre à ces instances de contribuer pour leur part au soutien de l'équilibre fiscal des clauses contractuelles.

§2- Le secours des méthodes objectives d'interprétation des contrats d'affaires devant les autorités de justice fiscale alternative dans l'ordre international

1291. Parallèlement au règlement judiciaire des litiges fiscaux engendrés par le contrôle fiscal des contrats d'affaires internationaux, le Cameroun, de concert avec les autres Etats de l'espace OHADA, peut valablement s'appuyer sur les modes alternatifs de règlement desdits litiges dans l'ordre international pour améliorer la sécurité fiscale des investisseurs transnationaux tout en protégeant les intérêts fiscaux de chaque Etat. Dans la pratique transnationale des affaires, les modes alternatifs de règlement des différends sont des mécanismes processuels fortement marqués par le contractualisme[1474], et ont précisément vocation à servir d'alternatives aux procédures judiciaires pour régler de manière extrajudiciaire les litiges commerciaux, tout en s'inscrivant avec ces dernières dans un même système

---

[1472] Cette évolution souhaitée pour les licences de marques étrangères l'est en réalité pour les actes juridiques en général.

[1473] DEUDERWAERDER (G.), *op. cit.*, p. 21 : l'auteur souligne à ce propos que *« La doctrine moderne a majoritairement renoncé à l'illusoire recherche d'une méthode qui permettrait de découvrir la signification, la seule exacte, la « signification secrète » d'un texte juridique ».*

[1474] Voir en ce sens, CADIET (L.), « Panorama des modes alternatifs de règlements des conflits en droit français »,i *Ritsumeikan Law Review* , No. 28, 2011, p. 147

de justice plurielle[1475]. Ces mécanismes revêtent un intérêt important pour le contrôle fiscal des contrats d'affaires internationaux en ce qu'ils portent en eux les ferments d'une impartialité susceptible de mieux protéger les justiciables transnationaux. Seront exclusivement abordés dans le cadre de la présente étude, les modes alternatifs formellement régis par le droit OHADA, à savoir l'arbitrage et la médiation.

1292. En matière fiscale, le fait pour la justice étatique de trouver des « alternatives » dans l'ordre international en matière de règlement de litiges fiscaux ne va pas sans poser des difficultés liées, pour l'essentiel, à l'articulation des interactions entre la souveraineté fiscale et la volonté contractuelle transnationale exprimée dans les contrats d'affaires internationaux. Cela dit, dans l'ordre international, le secours des méthodes objectives d'interprétation des contrats d'affaires en matière de justice fiscale alternative repose d'une part, sur la neutralité qui caractérise les institutions dans l'interprétation des contrats d'affaires internationaux **(A)** et, d'autre part, à l'équité qui gouverne l'interprétation des contrats d'affaires dans le cadre des institutions de justice **(B)**.

A. La neutralité des institutions transnationales de justice fiscale alternative dans l'interprétation des contrats

1293. La référence aux modes alternatifs de règlement des litiges en droit fiscal interne s'impose à notre étude comme une voie supplémentaire à suivre afin de promouvoir et soutenir l'impartialité du contrôle fiscal des contrats d'affaires internationaux. En posant un regard sur les possibilités qu'offrent les mécanismes qui semblent le mieux s'affirmer de ce point de vue dans l'espace OHADA, l'on peut valablement concevoir que les contrôles fiscaux litigieux fassent désormais l'objet d'un règlement par la voie arbitrale ou par le truchement de la médiation. De la sorte, le contrôle fiscal des contrats d'affaires internationaux peut utilement bénéficier de la double neutralité caractéristique de l'arbitrage **(1)** et de la médiation **(2)** des litiges fiscaux en matière d'interprétation des contrats d'affaires internationaux.

1. La neutralité de l'arbitrage des litiges fiscaux en matière d'interprétation des contrats d'affaires internationaux

1294. En droit des affaires en général et en droit des affaires OHADA en particulier, l'arbitrage international[1476] est considéré comme un mode de règlement des litiges suffisamment neutre, du moins en comparaison avec les institutions juridictionnelles étatiques. En effet, en vertu de ce

---

[1475] Voir en ce sens, CADIET (L.), *op. cit.*, p. 147.

[1476] GUILLIEN (R.) et VINCENT (J.), *Lexique des termes juridiques*, Dalloz, 17e éd., p. 55 : D'après les auteurs, *« est international, l'arbitrage qui met en cause des intérêts du commerce international »*.

mécanisme, *« d'un commun accord, les parties choisissent leur juge, la loi de procédure et la loi applicable au fond. Un tel choix implique que l'on accepte par avance de se soumettre à la sentence arbitrale*[1477] *»*. A priori, l'arbitrage se veut aussi neutre en droit fiscal qu'en droit des affaires. Mais la mise en œuvre de la neutralité de l'arbitrage en droit fiscal doit composer avec les subtilités liées à l'arbitrabilité des litiges opposant l'administration fiscale et les contribuables transnationaux.

1295. Cela dit, traiter de la neutralité de l'arbitrage des litiges fiscaux en matière d'interprétation des contrats d'affaires internationaux revient à mettre en exergue deux aspects de cette question pour éviter de les confondre : le premier aspect est celui de la neutralité de l'interprétation déterminée par l'arbitrabilité des litiges entre l'administration fiscale et les contribuables transnationaux, tandis que le second a trait à la neutralité de l'interprétation déterminée par l'arbitrabilité des litiges consécutifs au contrôle fiscal des contrats d'Etat.

1296. La neutralité virtuelle de l'interprétation déterminée par l'arbitrabilité des litiges entre l'administration fiscale et les contribuables transnationaux. Le sujet de la neutralité de l'arbitrage en matière fiscale ne trouve sa véritable raison d'être qu'à partir de la résolution de la question de l'arbitrabilité des litiges fiscaux. L'arbitrabilité est définie par la doctrine comme l'ensemble des matières pouvant être portées à la connaissance des arbitres[1478]. D'après une frange de la doctrine, l'arbitrabilité objective est l'un des critères essentiels pour apprécier la bienveillance du législateur envers la justice arbitrale. D'origine légale et contractuelle, l'arbitrabilité permet de circonscrire le champ d'action des tribunaux arbitraux. Le litige fiscal opposant une administration fiscale agissant en tant qu'autorité publique et un contribuable, agissant en tant qu'opérateur économique, n'a pas la nature d'un litige commercial, ou plutôt, ne met pas en cause une quelconque relation d'affaires entre le contribuable et l'administration fiscale. Il s'agit en réalité d'un « litige purement fiscal » mettant en cause l'aspect fiscal de la relation administrative qui lie cette dernière au contribuable.

1297. Les litiges purement fiscaux entre l'administration et les opérateurs privés transnationaux font référence aux contestations portées d'un commun accord devant l'arbitre d'abord par l'administration et le contribuable. La principale interrogation qui surgit ici est celle de savoir si de tels litiges, qui sont par essence des litiges administratifs peuvent, en l'état actuel du droit camerounais et des législations internes aux autres Etats de l'espace OHADA, faire l'objet d'un examen par un tribunal arbitral. A cette

---

[1477] GOURION (P.-A.), PEYARD (G.), SOUBEYARD (N.), *op. cit.*, p. 281.

[1478] LEVEL (P.), "L'arbitrabilité", *Rev. arb.* 1992-2, p213, cité par AKAKPO (M. K.), *La protection de la partie faible dans l'arbitrage OHADA*, L'Harmattan, p. 33.

préoccupation de base, l'on est tenté d'apporter une réponse négative dans la mesure où ces contestations ont vocation à être tranchés en premier et en dernier ressort par les instances juridictionnelles de l'ordre judiciaire interne, sans autre forme de recours dans l'ordre international[1479]. Le fait pour la souveraineté fiscale des Etats de s'imposer sans concession dans cette hypothèse n'a en soi rien d'étonnant dans la mesure où dans cette hypothèse les litiges n'ont pas la nature de litiges contractuels. En effet, dans cette configuration, l'administration fiscale et l'opérateur privé transnational ne sont nullement engagés dans un rapport d'ordre contractuel, mais plutôt dans une relation d'essence administrative qui consiste pour la première à exercer son autorité et son pouvoir de contrôle sur le second. Comme le souligne ladoctrine, la procédure de l'arbitrage ne peut être mise en mouvement qu'en raison de la violation du contrat par l'une des parties. D'après Monsieur Gildemeister, auteur d'une thèse sur l'arbitrage des différends fiscaux en droit des investissements, *« Tant qu'il s'agit de constater la violation d'un contrat, et d'en tirer les conséquences, sur le plan contractuel, l'arbitre a le pouvoir de trancher [1480]»*. A ce sujet, il faut garder à l'esprit que le préalable à l'arbitrage reste la conclusion d'une convention d'arbitrage entre les parties au litige. D'après le droit OHADA, cette convention d'arbitrage prend la forme d'une clause compromissoire[1481] ou d'un compromis[1482]. Ainsi, le caractère essentiel de l'arbitrage réside dans le fait qu'il constitue une institution d'essence conventionnelle et que les arbitres sont saisis par la volonté des parties. L'on peut aisément comprendre sur cette base que les juridictions arbitrales ne soient pas aménagées pour connaître des litiges portant sur des domaines relevant de l'exercice ordinaire de la souveraineté étatique. Il en est notamment ainsi lorsque le litige est « purement fiscal » en ce qu'il porte, non sur les clauses fiscales contractuelles, mais sur l'application de la loi fiscale nationale.

1479 En effet au Cameroun, c'est le Tribunal administratif qui est compétent pour connaître en premier ressort des requêtes contentieuses en matière d'impôts directs, de TVA ou de taxes assimilées, consécutives aux décisions du ministre en charge des finances rendues sur les réclamations contentieuses qui ne donnent pas entièrement satisfaction aux contribuables. A l'issue de la procédure contradictoire, le Tribunal Administratif rend une décision susceptible de recours dans les conditions prévues par la législation sur l'organisation et le fonctionnement des Tribunaux Administratifs et de la Cour Suprême (Cf. art. L 140 du LPF en vigueur au Cameroun.)

1480 GILDEMEISTER (A. E.), *L'arbitrage des différends fiscaux en droit international des investissements*, LGDJ, coll. « Bibliothèque de droit international et de l'Union Européenne » T. 13, 2013, p. 48, n° 56.

1481 D'après l'art. 3-1 de l'Acte Uniforme OHADA relatif au droit e l'arbitrage, *« La clause compromissoire est la convention par laquelle les parties s'engagent à soumettre à l'arbitrage les différends pouvant naître ou résulter d'un rapport d'ordre contractuel »*.

1482 Le compromis est la convention par laquelle les parties à un différend déjà né conviennent de le régler par la voie de l'arbitrage.

1298. En tout état de cause, pour qu'un arbitre tranche un litige purement fiscal, il faut que cette mission lui soit confiée d'un commun accord par l'administration et le contribuable sur le fondement d'une convention d'arbitrage préalablement conclue entre celle-là et celui-ci. Mais pour qu'une telle éventualité se présente, il faut que la législation fiscale évolue vers la consécration de l'arbitrabilité des contentieux fiscaux en se servant des évolutions enregistrées par le droit OHADA en cette matière[1483]. Il faut dire que cette hypothèse qui, d'après la doctrine, a déjà fait l'objet d'une expérimentation aux Etats-Unis[1484] confine au scepticisme au sujet de la neutralité des arbitres. S'exprimant à ce propos au conditionnel, Monsieur Gildemeister affirme que cette procédure instituée en 1990 a été utilisée de manière sporadique et qu' » *il semblerait que la première affaire, totalement remportée par l'administration, ait exercée un effet décourageant ».* Ce constat doctrinal conduit finalement à considérer la neutralité de l'interprétation des contrats d'affaires dans le cadre des litiges purement fiscaux comme une virtualité juridique, étant donné que l'arbitrabilité desdits litiges peine à s'imposer. De fait, l'arbitrabilité des litiges entre administration fiscale et contribuables transnationaux semble relever pour le moment d'une simple vue de l'esprit, tant au Cameroun que dans les autres pays africains de l'espace OHADA, étant donné qu'elle y est perçue comme traduisant un affaiblissement de la puissance publique incarnée par l'Etat dans le cadre de litiges administratifs. En tout cas, si elle venait à être adoptée, il reviendrait à la convention d'arbitrage, spécialement conclue pour les besoins de chaque « litige administratif », de déterminer l'étendue de la compétence du tribunal arbitral.

1299. La neutralité réelle de l'interprétation déterminée par l'arbitrabilité des litiges entre l'Etat et les entreprises transnationales. Si l'arbitrabilité des contestations fiscales formulées par les contribuables à l'encontre des redressements opérés par l'administration fiscale est difficile à envisager en raison de l'inexistence de rapports contractuels entre l'administration et les contribuables, l'arbitrabilité des litiges fiscaux retrouve un espace d'expression plus fertile dès lors qu'elle est envisagée dans le cadre d'un contrat d'affaires international. Sous ce rapport, deux hypothèses peuvent être examinés. La première a trait au litige qui émane d'une relation d'affaires impliquant des personnes privées. La seconde

---

1483 Cf. art.4 de l'AUA : *« La convention d'arbitrage est indépendante du contrat principal. Sa validité n'est pas affectée par la nullité de ce contrat et elle est appréciée d'après la commune volonté des parties, sans référence nécessaire à un droit étatique. Les parties ont toujours la faculté, d'un commun accord, de recourir à l'arbitrage, même lorsqu'une instance a déjà été engagée devant une juridiction étatique ».*

1484 GILDEMEISTER (A. E.), *op. cit.*, p. 46 et 47 : « Cette procédure d'arbitrage est introduite, à l'initiative de l'une ou l'autre partie, lorsque le contribuable et l'administration fiscale conviennent de recourir à l'arbitrage.

hypothèse concerne le litige provenant d'une relation moins homogène impliquant une personne publique - l'Etat ou l'un de ses démembrements - et une personne privée - investisseur transnational -. L'analyse de ces hypothèses permet de dévoiler les principales facettes de l'équilibre fiscal des contrats d'affaires internationaux en fonction des rapports de force existant entre les parties au contrat.

1300. Dans la première hypothèse, le litige né de l'exécution ou de l'inexécution totale ou partielle « des clauses fiscales » par l'une des parties peut être soumis à un tribunal arbitral dans les conditions prévues par la convention d'arbitrage. L'exemple le plus topique est celui où l'arbitre est amené à interpréter une clause contractuelle qui répartit, entre les cocontractants, la charge fiscale générée par une affaire[1485]. Le litige né de l'exécution ou de l'inexécution d'une telle clause est d'abord, et avant tout, un litige commercial dont l'arbitrabilité ne saurait être contestée[1486]. L'arbitre choisi par les parties devra, pour ce faire, trancher le litige en toute neutralité c'est-à-dire conformément aux règles de droit, elles aussi, choisies par les parties. A défaut d'un tel choix, l'arbitre se prononcera conformément aux règles de droit qu'il estime appropriées. Il s'inspirera ainsi des règles disponibles dans les législations étatiques, les conventions internationales, ou de la *lex mercatoria,* c'est-à-dire des usages du commerce international. En tout état de cause, le législateur OHADA prescrit que les parties doivent être traitées sur un pied d'égalité et chaque partie doit avoir toute possibilité de faire valoir ses droits[1487]. Le fait pour les parties de s'en remettre à un organisme d'arbitrage les engage à appliquer le Règlement d'arbitrage de cet organisme, sauf pour les parties à en écarter expressément certaines dispositions, en accord avec ledit organisme[1488]. Ainsi en est-il notamment de la Cour Commune de Justice et d'Arbitrage (CCJA) généralement retenue par les parties comme institution d'arbitrage dans la plupart des contrats d'affaires internationaux exécutés dans l'espace OHADA[1489].

[1485] Voir en ce sens, GILDEMEISTER (A. E.), *op. cit.,* p. 45, L'auteur fait sur ce point référence à une sentence inédite (CCI n° 6420/1990), citée par Ibrahim Fadlallah, « Arbitrage international et litiges fiscaux », Rev. arb., note 170, spéc. p. 410 et à la sentence n°6420/1990, rapporté par Le Gall, « Fiscalité et arbitrage », Rev. arb. 1994, p.1 (partie I) et p. 253 (partie II), spéc. p. 254 s.

[1486] Dans ce cadre, la sentence de l'arbitre n'a pas vocation à être guidée par la recherche de l'équilibre fiscal du contrat, mais plutôt par la recherche de l'équilibre contractuel de la clause fiscale en cause.

[1487] Art. 9 de l'Acte uniforme relatif au droit de l'arbitrage, JO OHADA *préc.*

[1488] Art. 10 de l'Acte uniforme relatif au droit de l'arbitrage.

[1489] La clause relative au règlement des litiges est souvent libellée comme suit : *« Les différends découlant du présent Contrat ou en relation avec celui-ci seront tranchés définitivement par voie d'arbitrage par la Cour Commune de Justice et d'Arbitrage, siégeant à Abidjan conformément à son Règlement d'arbitrage ».*

1301. S'agissant de la seconde hypothèse qui implique l'Etat ou l'un de ses démembrements, il convient de relever que le législateur OHADA a prévu qu'en tant que parties à un contrat d'affaires, ces entités peuvent bel et bien être parties à un arbitrage. En effet, d'après les dispositions du droit communautaire de l'arbitrage, *« Les Etats, les autres collectivités publiques territoriales, les établissements publics et toute autre personne morale de droit public peuvent également être parties à un arbitrage, quelle que soit la nature juridique du contrat, sans pouvoir invoquer leur propre droit pour contester l'arbitrabilité d'un différend, leur capacité à compromettre la validité de la convention d'arbitrage*[1490] *»*. Cela dit, les litiges qui opposent dans leurs relations contractuelles les Etats aux investisseurs privés transnationaux au sujet des clauses fiscales donnent bien souvent du fil à retordre à la justice arbitrale. Il se trouve en fait que lorsque l'Etat est partie à un différend, la problématique de l'équilibre fiscal du contrat d'affaires prend un relief plus ondoyant en raison notamment de l'implication d'une partie dite « faible », en l'occurrence l'investisseur privé, dans la relation contractuelle. Les litiges afférents aux clauses fiscales des contrats d'Etat offrent à cet égard le tableau le plus expressif. Se posent en réalité au sujet de l'arbitrabilité des clauses fiscales de ces contrats, une préoccupation importante qui a trait à la mise en avant par l'Etat de sa souveraineté fiscale à l'effet de la soustraire de l'influence et de l'autorité du contrat.

1302. Il existe en effet un risque que l'Etat se réfugie derrière sa souveraineté fiscale afin d'imposer son impérium dans sa relation contractuelle vis-à-vis de l'opérateur privé en tentant de se soustraire à un arbitrage[1491]. A ce propos, monsieur Gildermeister cite dans sa thèse une résolution de l'Institut de Droit International d'après laquelle *« Dans des arbitrages entre un Etat, une entreprise d'Etat ou une entité étatique et une entreprise étrangère, la compétence du tribunal ne peut être déniée pour des motifs déduits de la souveraineté fiscale*[1492]*»*. Le professeur Emmanuel Gaillard souscrit sans équivoque au contenu de cette résolution en affirmant qu'» *un Etat souverain ayant consenti à soumettre certaines questions fiscales à l'arbitrage ne saurait s'affranchir unilatéralement d'un tel engagement en invoquant des restrictions au domaine d'application de l'arbitrage ou à l'exécution des sentences arbitrales de son droit interne*[1493]*»*. Dans le sillage de ces auteurs, nous souscrivons à l'idée selon laquelle, en s'obligeant vis-à-vis d'une entreprise étrangère dans un contrat d'affaires à travers une clause fiscale, l'Etat fait « souverainement » le choix

---

[1490] Cf. art. 2 de l'Acte uniforme relatif au droit de l'arbitrage.

[1491] GILDEMEISTER (A. E.), *op. cit.*, p. 63, n° 99.

[1492] *Ibid.*, p. 63, n° 99 : l'auteur cite ici l'article 9 de la résolution de l'Institut du Droit International de 1989 dans sa note 287.

[1493] Voir en ce sens préface d'Emmanuel GAILLARD in GILDEMEISTER (A. E.), *op. cit.*, p. VI.

de brider sa souveraineté fiscale dans les matières couvertes par ladite clause.

1303. Les sentences du CIRDI[1494] statuant sur le respect des clauses de stabilité fiscale dans les contrats du secteur extractifs impliquant des investisseurs privés et des Etats africains offrent à ce propos des illustrations frappantes ou transparaît clairement la neutralité de l'interprétation desdits contrats par les arbitres. Ainsi en est-il notamment de la sentence AGIP c. Congo dans laquelle le tribunal a considéré qu'en raison du caractère *inter partes* des obligations contractuelles, un engagement contractuel vis-à-vis d'un investisseur dans le cadre d'une clause de stabilité fiscale n'a pas d'incidence sur la faculté de l'Etat contractant de prendre des mesures d'application générale mais rend inopposable, pour le seul investisseur concerné les modifications du régime fiscal édictées postérieurement à la conclusion du contrat[1495].

1304. Dans les deux hypothèses ci-dessus, la neutralité des arbitres trouve incontestablement matière à s'exprimer dans les limites des stipulations des clauses compromissoires et des textes régissant l'arbitrage choisi par les parties.

2. La neutralité de la médiation des litiges fiscaux en matière d'interprétation des contrats d'affaires internationaux

1305. La médiation, parfois assimilée un peu vite à la conciliation[1496], est un mode amiable de règlement des litiges par lequel un tiers indépendant,

---

[1494] Le CIRDI a été institué en 1966 par la Convention pour le règlement des différends relatifs aux investissements entre États et ressortissants d'autres États (la Convention CIRDI). La Convention CIRDI est un traité multilatéral, élaboré par les Administrateurs de la Banque mondiale pour mettre en œuvre l'objectif de la Banque de promouvoir l'investissement international. L'on peut, à propos du CIRDI, lire sur son site web officiel que *« Le CIRDI est la principale institution au monde dédiée au règlement des différends relatifs aux investissements internationaux. Il dispose d'une vaste expérience dans ce domaine, pour avoir administré la majorité des affaires relatives à des investissements internationaux. Des États ont désigné le CIRDI comme instance pour le règlement des différends opposant un investisseur à un État dans la plupart des traités internationaux d'investissement ainsi que dans de nombreuses lois sur l'investissement et de nombreux contrats d'investissement... »* (https://icsid.worldbank.org/fr/a-propos/CIRDI).

[1495] Voir la sentence dans l'affaire « AGIP SpA c./77/1) du 30 novembre 1979, Rev Congo » (CIRDI ARB/77/1) du 30 novembre 1979, Rev. crit. d.p.i. 1982, p. 92, spéc. p. 102 : Monsieur GILDEMEISTER met à juste titre en exergue l'observation suivante de tirée de ladite sentence : *« Ces clauses de stabilisation qui ont été librement souscrites par le Gouvernement n'affectent pas dans son principe la souveraineté législative ou réglementaire puisqu'il conserve l'une et l'autre à l'égard de ceux, nationaux ou, avec lesquels ce Gouvernement n'a pas pris de tels engagements, et qu'elles se bornent, dans le cas présent, à rendre inopposables à l'égard de son cocontractant, les modifications des dispositions législatives et réglementaires visées à l'accord »*.

[1496] OPPETIT (B.), *Théorie de l'arbitrage*, PUF, 1998, p. 35. Cité par MOUSSERON (J. M.), *op. cit.* 4e éd. p. 659 : D'après Bruno OPPETIT, les notions de médiation et conciliation

neutre et impartial formé à la médiation, aide les parties à résoudre leur différend par l'adoption d'une solution consensuelle satisfaisante pour chacune d'elles et formalisée dans un protocole d'accord.

1306. Comme en matière d'arbitrage, il y a lieu de s'interroger sur le point de savoir si la médiation des litiges fiscaux consécutifs au contrôle fiscal des contrats d'affaires internationaux peut trouver un fondement légal en droit fiscal interne de manière à assurer à l'échelle transnationale une plus grande sécurité juridique au contribuables transnationaux contrôlés. Au Cameroun, l'étude de ce point requiert que l'on se situe dans une perspective historique en distinguant les périodes d'avant et d'après 2020.

1307. Avant la loi de finances pour l'exercice 2020, les litiges consécutifs à l'exécution des procédures de contrôle fiscal par l'administration n'avaient pas vocation à faire l'objet d'une quelconque procédure de médiation. Deux raisons peuvent expliquer cet état de fait. La première, d'ordre théorique, est que la médiation est fondamentalement une procédure d'essence conventionnelle dans la mesure où pour parler de médiation, il faut au moins que les parties conviennent du principe d'une médiation et du choix d'un médiateur. La seconde, plus technique, tient à ce que ni le droit communautaire OHADA[1497], encore moins le droit fiscal camerounais ne prévoyaient la possibilité de recourir à la médiation.

1308. Mais à la faveur de la loi de finances pour l'exercice 2020, le législateur fiscal camerounais a consacré la médiation comme mode alternatif de règlement des litiges fiscaux à travers l'institution de l'article L140 bis du Code Général des Impôts qui définit la médiation en matière fiscale comme *« une procédure par laquelle les parties à un litige fiscal conviennent de recourir à un tiers médiateur pour son règlement amiable »*. Cette définition est d'ailleurs reprise *in extenso* par la doctrine administrative

---

« quoique voisines, ne sont pas synonymes, encore que la pratique ne les distingue pas toujours très nettement. Le médiateur a pour mission d'aider les parties à parvenir à un accord ; il s'efforce de clarifier leurs points de vue respectifs et de les rapprocher pour qu'elles puissent parvenir elles-mêmes à une solution de compromis. Le conciliateur, après avoir rencontré séparément ou ensemble les parties, propose lui-même à ces dernières un accord transactionnel susceptible de constituer une juste issue au différend qui les oppose. Par son action le conciliateur joue sans doute un rôle plus actif et plus directif que le médiateur, davantage tributaire de l'attitude des parties ».

1497 Voir en ce sens sur le site www.ohada.com, BÜHLER (M. W.) et GIDOIN (A.-S.), « Le 10e Acte Uniforme de l'OHADA sur la médiation », Rev. Lexbase édition OHADA n°13 du 12 juillet 2018, p. 2 : L'Acte uniforme sur la médiation (AUM), adopté le 23 novembre 2017 par le 45ème Conseil des Ministres de l'OHADA à Conakry, constitue le 10ème Acte uniforme de l'OHADA. ...L'AUM vient ainsi enrichir le régime uniforme du règlement des différends dans l'espace OHADA, jusqu'alors encadré par l'Acte uniforme sur l'arbitrage, et le Règlement d'arbitrage de la CCJA (ces deux textes qui dataient de 1999, ont pour leur part fait l'objet de révisions en 2017) ».

camerounaise[1498]. Cette soudaine évolution s'explique, de l'avis des autorités fiscales camerounaises, par l'inflation récente du contentieux juridictionnel provoquée par les modifications normatives et institutionnelles qu'a connu le droit processuel au Cameroun ces dernières années[1499]. La doctrine administrative, à la suite du législateur fiscal, fait à juste titre référence à la législation communautaire OHADA en soulignant que la médiation constitue un mode alternatif de règlement des litiges fiscaux qui trouve son fondement dans l'Acte Uniforme relatif à la médiation (AUM) adopté le 23 novembre 2017 à Conakry en Guinée. En effet, l'AUM voit dans la médiation *« tout processus, quelle que soit son appellation, dans lequel les parties demandent à un tiers de les aider à parvenir à un règlement amiable d'un litige, d'un rapport conflictuel ou d'un désaccord [...] découlant d'un rapport juridique, contractuel ou autre ou lié à un tel rapport, impliquant des personnes physiques ou morales, y compris des entités publiques ou des Etats* [1500]». D'après le droit OHADA, cette procédure peut apparaître comme une parenthèse dans le cadre d'une procédure judiciaire ou arbitrale puisque l'AUM prévoit qu'une juridiction étatique ou arbitrale peut, en accord avec les parties, suspendre la procédure et les renvoyer à la médiation et ce, pour une période préalablement fixée par ladite juridiction[1501]. Cela dit, la neutralité de l'institution de la médiation dans le droit OHADA tient essentiellement au fait que le médiateur a pour mission première la conciliation des positions des parties qui, logiquement, ne sauraient d'un commun accord se passer de cette neutralité. L'article 6 de l'AUM qui traite du statut du médiateur est à cet égard suffisamment édifiant. Selon ce texte, *« Au moment de sa désignation, le médiateur confirme, dans une déclaration écrite, son indépendance et son impartialité ainsi que sa disponibilité pour assurer la procédure de médiation »*. Le même texte précise que : » *Lorsque le médiateur révèle aux parties après sa nomination la survenance de circonstances nouvelles susceptibles de soulever des doutes légitimes sur son impartialité ou son indépendance, il les informe de leur droit de s'opposer à la poursuite de sa mission. Si l'une des parties refuse en conséquence de poursuivre la médiation, il est mis fin à la mission du médiateur »*.

1309. En attendant les modalités d'application de cette nouvelle mesure qui seront précisées par un texte spécifique, l'on peut d'ores et déjà s'interroger sur l'usage qu'entend faire l'administration de ce mode alternatif de règlement des litiges. D'après la doctrine administrative, la consécration de la procédure de médiation en matière fiscale au Cameroun

---

1498 Voir en ce sens Circ. N° 006/MINFI/DGI/LRI/L du 21 février 2020 Précisant les modalités d'application de la loi N° 2019/023 du 24 décembre 2019 portant loi de finances de la République du Cameroun pour l'exercice 2020.

1499 Circ. N° 006/MINFI/DGI/LRI/L du 21 février 2020, *préc.*

1500 Art. 1 de l'AUM

1501 *Ibid.*,Art. 4

poursuit deux objectifs : le premier est celui de la réduction significative du stock des arriérés fiscaux consécutifs aux procédures contentieuses juridictionnelles ; le second vise l'amélioration du climat des affaires par une justice plus rapide, plus consensuelle et donc, mutuellement bénéfique pour l'Etat et les contribuables[1502]. Il y a là assurément une évolution intéressante qu'il convient cependant de relativiser dans la mesure où la doctrine administrative semble davantage préoccupée par l'idée de *réduire significativement le stock des arriérés fiscaux* qui relève du contentieux du recouvrement[1503], que par celle de la connaissance par le médiateur du bien-fondé fiscal des redressements de l'administration qui procède du contentieux d'assiette[1504]. Il est à craindre sur cette base que le médiateur ne se limite dans le contexte camerounais qu'à transiger sur le montant des redressements fiscaux opérés par l'administration sans avoir à se prononcer sur le fond desdits redressements, c'est-à-dire sur le caractère régulier et équitable des impositions mis à la charge du contribuable à la suite d'un contrôle fiscal. L'on peut néanmoins espérer que le législateur camerounais affirme avec plus d'audace sa volonté de prendre part, dans le sillage du législateur OHADA, à la construction d'un environnement juridique transnational plus sécurisé en donnant notamment plus de profondeur à la compétence *rationae materiae* dévolue à l'institution de la médiation, de sorte que le contrôle fiscal des contrats d'affaires internationaux puisse trouver en ladite médiation une solution alternative adéquate relativement au contentieux d'assiette. Cela donnerait la possibilité au médiateur chargé de connaître de ce contentieux, de s'affirmer - comme le juge ou l'arbitre - en tant qu'interprète des clauses contractuelles, même si sa mission ne consiste pas à trancher, mais plutôt à accompagner les parties dans la résolution de leur différend[1505].

B. L'équité dans l'interprétation des contrats d'affaires internationaux par les autorités de justice fiscale alternative

1310. La présente réflexion sur l'équité dans l'interprétation des contrats d'affaires internationaux dans le cadre des litiges fiscaux soumis aux institutions de justice fiscale alternative ne vise aucunement à passer en revue les sentences arbitrales ou les accords de médiation qui attesteraient de

---

[1502] Cf. Exposé des motifs du projet de loi de finances pour l'exercice 2020.

[1503] Voir en ce sens, ATECK A DJAM (F.), *op. cit.* p. 21 : *« C'est donc la contestation, soit de la régularité en la forme d'un acte de poursuites engagé par le comptable public, soit de l'existence de l'obligation de payer qui constitue le contentieux de recouvrement ».*

[1504] ATECK A DJAM (F.), *op. cit.* p. 21 : *« Les litiges portant sur les opérations d'assiette et de liquidation de l'impôt se rapportent surtout à la contestation du bien-fondé des impositions ou de la procédure employée au moment de l'établissement de l'impôt ».*

[1505] BÜHLER (M. W.) et GIDOIN (A.-S.), « le 10e Acte Uniforme de l'OHADA sur la médiation », Lexbase édition OHADA n°13 du 12 juillet 2018, p. 2.

leur caractère équitable. Elle vise plutôt à mettre en évidence les dispositions le droit fiscal camerounais et du droit des affaires OHADA qui justifient l'usage incontournable de l'équité par ces institutions de justice transnationale. Cela dit, en nous projetant à partir du droit OHADA, l'équité dans l'interprétation des contrats d'affaires internationaux par ces institutions transparaît d'un côté à travers le traitement des parties sur un pied d'égalité dans le cadre de l'arbitrage **(1)**, et de l'autre, à travers le traitement équitable des parties dans le cadre de la médiation, de l'autre **(2)**.

1. Le traitement des parties sur un pied d'égalité dans le cadre de l'arbitrage des litiges fiscaux

1311. Avant d'aborder la question de l'équité appliquée à la résolution arbitrale des litiges fiscaux, il convient de relever que le droit de l'arbitrage OHADA traite de l'équité à la fois comme une obligation et une option entre les mains du tribunal arbitral. En effet, à la lecture des dispositions traitant de l'instance arbitrale dans l'AUA, l'on peut affirmer sans hésitation que l'équité gouverne, avec cette double résonnance, le déroulement de l'instance arbitrale. Deux articles méritent à ce propos d'être mis en évidence. Le premier est l'article 9 de l'AUA qui véhicule à ce sujet une obligation à la charge du tribunal arbitral, le second est l'article 15 qui fait de l'équité une méthode parmi d'autres à la disposition dudit tribunal. D'après l'article 9, *« Les parties doivent être traitées sur un pied d'égalité et chaque partie doit avoir toute possibilité de faire valoir ses droits ».* De toutes les règles édictées dans l'AUA au sujet du déroulement de l'instance arbitrale[1506], c'est cette disposition relative au traitement des parties *sur un pied d'égalité* qui résume le mieux la volonté du législateur OHADA de garantir la sécurité juridique des parties devant le tribunal arbitral.

1312. D'après l'article 15, le tribunal arbitral peut également statuer en amiable compositeur lorsque les parties lui ont conféré ce pouvoir. Statuer comme amiable compositeur implique, en droit des affaires OHADA comme en droit français[1507], le pouvoir des arbitres de ne pas se prononcer en droit, mais en équité, sous la seule réserve du respect de l'ordre public international. D'après la doctrine française, *« le triomphe de l'équité ne peut*

[1506] Sur le déroulement de l'instance arbitrale lire les articles 8-1 à 18 de l'AUA. Art14 : Les parties peuvent, directement ou par référence à un règlement d'arbitrage, régler la procédure arbitrale. Elles peuvent aussi soumettre celle-ci à la loi de procédure de leur choix. Faute d'une telle convention, le tribunal arbitral peut procéder à l'arbitrage comme il le juge approprié. A l'appui de leurs prétentions, les parties ont la charge d'alléguer et de prouver les faits propres à les fonder. Les parties agissent avec célérité et loyauté dans la conduite de la procédure et s'abstiennent de toutes mesures dilatoires. Art. 15 : Le tribunal arbitral tranche le fond du différend conformément aux règles de droit choisies par les parties. A défaut de choix par les parties, le tribunal arbitral applique les règles de droit qu'il estime les plus appropriées en tenant compte, le cas échéant, des usages du commerce international.

[1507] Cf. art. 1512 du Code de procédure civile français : *« l'arbitre statue en amiable composition si les parties lui ont confié cette mission ».*

se faire que dans le respect des exigences toutes juridiques relatives à l'égalité des parties, au respect du principe de la contradiction, et des limites de la mission confiées au tribunal[1508] ».

1313. Cela dit, ainsi que nous l'avons relevé au sujet de la neutralité de l'arbitrage, la mise en œuvre de l'équité par les arbitres est elle aussi étroitement dépendante de l'arbitrabilité des litiges fiscaux et par suite de l'étendue des compétences dévolue s'agissant de ces litiges. Les développements qui précèdent ont permis de relever que le système fiscal camerounais, à l'instar des systèmes fiscaux des autres Etats de l'espace OHADA, ne prévoit pas de recours à l'arbitrage à l'issue de la procédure contradictoire qu'impose le contrôle fiscal des contrats d'affaires internationaux. Si le droit fiscal interne de ces pays venait à évoluer en faveur d'un tel recours, il lui reviendrait, à travers l'institution des conventions d'arbitrage spécifiques, de donner des indications sur les matières dont pourrait connaître l'arbitre en cas de litige entre l'administration fiscale et les contribuables transnationaux. L'on peut alors s'attendre à ce que les arbitres donnent l'interprétation qui est la leur des clauses contractuelles en rapport avec la loi fiscale qui leur est applicable, comme le feraient l'administration fiscale et le juge en droit interne. Tout dépendrait à ce niveau de l'étendue des compétences conférées par les termes de la convention d'arbitrage préalablement conclue entre l'administration et le contribuable.

1314. S'agissant des litiges commerciaux à portée fiscale afférents aux contrats d'Etat, l'on peut relever que les arbitres disposent d'une marge de manœuvre tantôt large, tantôt restreinte. Elle est de l'avis de la doctrine, restreinte dans les litiges fiscaux qui engendrent, du fait de l'Etat, des demandes reconventionnelles n'ayant pas de cause dans le contrat. Soulignons à ce propos que ces litiges peuvent en fonction des contrats d'affaires et des traités internationaux d'investissement être soumis devant des juridictions arbitrales aussi bien au sein de l'espace OHADA qu'en dehors de celui-ci. D'après Arno Gildermeister, dans cette hypothèse, « l'application des lois fiscales ne rentre pas dans la mission des arbitres sauf si le contrat modifie expressément l'attribution des charges fiscales entre l'investisseur et une entreprise étatique avec lequel il a contracté [1509]». Cette position doctrinale se comprend dans la mesure où les demandes reconventionnelles qui sont généralement formulées par l'Etat défendeur tendent à réclamer des dettes fiscales sur le fondement des règles relevant, non pas du contrat, mais de sa loi fiscale. En effet, les arbitres ont prioritairement vocation à se prononcer sur la violation des stipulations contractuelles et non sur la violation de la loi fiscale.

[1508] ANCEL (M.-E), DEUMIER (P.), LAAZOUZI (M.), *Droit des contrats internationaux*, *op. cit.*, p. 366. n° 510.

[1509] GILDEMEISTER (A. E.), *op. cit.*, p. 56.

1315. En revanche, la marge de manœuvre des arbitres est plus large dans les litiges commerciaux portant sur les « mesures fiscales » octroyées par l'Etat d'accueil. La doctrine nous révèle que pour se prononcer sur cette question, les arbitres saisis tiennent généralement compte des attentes des investisseurs qui peuvent être fondées soit sur un engagement contractuel de stabilité fiscale, soit sur une garantie de stabilisation fiscale contenue dans une loi de l'Etat d'accueil. Dans la première hypothèse, il arrive bien souvent que l'Etat contractant se serve, de son administration fiscale - au prétexte de l'exercice de sa souveraineté fiscale - pour tenter d'exproprier par la voie fiscale l'investisseur étranger auprès duquel il s'est engagé contractuellement. A travers l'interprétation en équité, le tribunal arbitral peut jouer un rôle clé en matière de protection des investisseurs transnationaux contre les « mesures fiscales expropriatoires [1510]».

1316. Dans le second cas de figure, l'Etat s'oblige unilatéralement à travers sa propre loi de stabilisation de s'abstenir de modifier certaines dispositions fiscales à l'égard des investisseurs. Ce type d'engagement est courant en Afrique en ce qui concerne les lois régissant les activités d'exploitation du secteur extractif sous la forme de Codes pétrolier, minier ou gazier. Les investisseurs ont assez souvent recours à l'arbitrage à la suite de contentieux fiscaux provoqués par la remise en cause par l'administration fiscale des engagements légaux de l'Etat au cours de ses contrôles. Sur ce point, les arbitres considèrent généralement que les attentes des investisseurs fondées sur les lois de stabilisation fiscale sont légitimes[1511].

1317. Dans les deux cas de figure ci-dessus, les sentences arbitrales rendues à l'échelle internationale, notamment au niveau du CIRDI et de la CCI contribuent à édifier une véritable justice fiscale arbitrale susceptible, du fait de son impartialité, de faire évoluer le contrôle fiscal des contrats d'affaires internationaux. On le voit, en matière d'arbitrage des litiges fiscaux, le problème de circonscription de la compétence des arbitres se pose là où se pose le problème de l'arbitrabilité des litiges fiscaux. Par suite, l'efficience de la compétence des arbitres s'affirme réellement le mieux lorsque la compétence des arbitres n'est pas bridée par la question préjudicielle de l'arbitrabilité, c'est-à-dire dans la sphère contractuelle.

[1510] *Ibid.*, p. 377 : D'après l'auteur, *« la contravention par l'Etat à un engagement contractuel confère à l'investisseur, qui subit ainsi un préjudice, plusieurs moyens d'agir. Il peut tout d'abord porter cette violation du contrat devant un tribunal compétent pour statuer sur les litiges contractuels. Ensuite à supposer que l'Etat ait agi dans l'exercice de ses prérogatives de puissance publique, il peut alléguer l'expropriation d'un droit contractuel qui s'analyse comme une expropriation partielle. Pourtant il peut être difficile de déterminer la valeur d'une clause de stabilisation qui aurait ainsi fait l'objet d'une expropriation de manière isolée »*.

[1511] Cf. Sentence « Antoine Goetz et al. C. Burundi » (CIRDI ARB/95/3) du 10 février 1999.

2. *Le traitement équitable des parties dans le cadre de la médiation des litiges fiscaux*

1318. Il est frappant de constater que bien qu'ayant été adoptée à travers un Acte Uniforme spécifique près de deux décennies après l'arbitrage, la médiation est jusqu'à présent le seul mode alternatif de règlement des litiges formellement adopté par le législateur fiscal camerounais. Cela tient sans doute à la flexibilité et à la célérité qui caractérisent cette procédure. En permettant à la procédure de médiation d'arrêter des impositions immédiatement exigibles sous peine de résolution de l'accord de médiation conclu avec l'administration fiscale, le législateur fiscal camerounais a consacré sans équivoque la compétence du médiateur au regard du contentieux d'assiette. Cette prérogative du médiateur lui donne clairement la possibilité de connaître des litiges purement fiscaux dans la conduite de sa mission, ce qui offre aussi bien aux contribuables transnationaux contrôlés qu'à l'administration fiscale camerounaise des perspectives intéressantes en matière règlement amiable des différends fiscaux.

1319. Le législateur fiscal camerounais opère à ce sujet un réel progrès en prescrivant que la médiation soit exclusivement mise en œuvre pendant la phase contentieuse devant les juridictions, soit à l'initiative du contribuable ou de l'administration fiscale, soit sur invitation d'une juridiction administrative compétente, dans les conditions définies par l'Acte Uniforme OHADA relatif à la médiation. Les dispositions de l'AUM relatives à la médiation indiquent à cet égard que « le médiateur n'impose pas aux parties une solution au différend. Toutefois, il peut, à tout stade de la médiation, en fonction des demandes des parties et des techniques qu'il estime les plus appropriées au vu des circonstances du différend, faire des propositions en vue du règlement du différend. Cette appropriation de la procédure OHADA de médiation par le législateur fiscal camerounais permettra sans doute d'améliorer la qualité du système de règlement des différends fiscaux au Cameroun et dans l'espace OHADA.

1320. Une telle évolution ne peut qu'entraîner des répercussions positives sur le contrôle fiscal des contrats d'affaires internationaux aussi bien d'un point de vue juridique qu'économique. Du point de vue juridique, la médiation OHADA qui porte a priori matériellement sur tous les domaines du droit des affaires couverts par le champ d'application du Traité OHADA, étend dorénavant son influence au-delà de ces domaines harmonisés pour se saisir subtilement du domaine non harmonisé que constitue le droit fiscal. Du point de vue économique, parce qu'elle réduit la défiance des investisseurs transnationaux vis-à-vis du système fiscal et par ricochet de l'environnement des affaires camerounais, l'institution de la médiation est susceptible d'exercer sur eux un attrait plus « intelligent » que celui exercé par les nombreuses exonérations fiscales proposées en leur faveur par le législateur en guise de mesures incitatives.

1321. L'on peut toutefois regretter que cette procédure ne soit pas encore mise en œuvre dans les conditions prévues par le législateur fiscal camerounais. Les potentiels utilisateurs de la médiation attendent sans doute la publication des modalités d'application de ce nouveau dispositif qui restent, d'après l'article L140 du LPF, à préciser par un acte réglementaire du Ministre en charge des finances. Cela dit, il ne suffira pas seulement aux Etats de l'espace OHADA de faire référence aux modes alternatifs transnationaux de règlement des litiges fiscaux en droit fiscal interne pour assurer une véritable sécurité fiscale aux contribuables contrôlés, encore faudra-t-il garantir l'exécution des décisions de justice fiscale alternative.

1322. L'idée du secours des méthodes objectives d'interprétation des contrats d'affaires devant les autorités de justice fiscale alternative dans l'ordre international conduit à considérer ces institutions comme une véritable « bouée de sauvetage » pour le contrôle fiscal des contrats d'affaires internationaux dans la mesure où elles permettent de dénouer les différends fiscaux qui en découlent sur un terrain procédural plus neutre, et partant plus objectif. Cette idée invite cependant à réaliser en bout d'analyse qu'en adoptant légalement l'arbitrage et la médiation en tant que voies de recours parallèles pour le règlement des litiges consécutifs au contrôle fiscal des contrats d'affaires internationaux, la sécurité juridique des contribuables transnationaux serait mieux assurée au sein des Etats de l'espace OHADA. Une telle option constituerait en effet une garantie supplémentaire de sauvegarde de leurs droits dans la mesure où l'administration fiscale s'abreuverait à la source de positions émises plus neutres, et sans doute plus équitables, issues des procédures d'arbitrage et de médiation et verserait moins par la suite dans l'arbitraire à l'occasion de ses contrôles, soucieuse qu'elle serait dorénavant de ne pas perdre la face devant ces institutions transnationales de justice fiscale alternative.

CONCLUSION DU TITRE II

1323. Ainsi la réflexion sur l'équilibre fiscal des clauses en tant que finalité juridique de la déconstruction des contrats d'affaires internationaux permet de réaliser que le contrôle fiscal peut évoluer dans son encadrement institutionnel et sa mise en œuvre suivant une logique de recherche d'un rapport équilibré entre les intérêts fiscaux de l'Etat et la sécurité fiscale des contribuables transnationaux. L'équilibre fiscal des clauses contractuelles procèderait sous un tel rapport, non pas d'un état statique, mais d'une quête dynamique appelée à composer, avec les nécessaires réformes des dispositifs institutionnels nationaux et supranationaux qui permettraient au Cameroun et à chaque Etat de l'OHADA de s'adapter aux exigences structurelles et techniques du contrôle fiscal des contrats d'affaires internationaux.

1324. Cela dit, cette adaptation passe d'abord de notre point de vue non seulement par l'arrimage des normes fiscales internes et des conventions fiscales internationales à ce type de contrôle, mais aussi par la modernisation des administrations fiscales et l'essor d'une coopération fiscale internationale et interafricaine plus pragmatique et plus avisée. Elle passe ensuite par l'émergence d'un cadre juridique soucieux de la prévisibilité objective des qualifications fiscales attachées aux opérations contractuelles réalisées par les contribuables transnationaux d'une part, et d'autre part, de l'interprétation objective des clauses contractuelles par les autorités nationales et supranationales de justice fiscale. Toute chose qui permettrait au contrôle fiscal des contrats d'affaires internationaux de se déployer dans un environnement juridique mieux régulé et plus équitable.

CONCLUSION DE LA DEUXIÈME PARTIE

1325. Sur le terrain du contrôle fiscal, le problème de la désorientation des administrations fiscales africaines face à la prolifération des contrats d'affaires internationaux et des constructions multiformes à finalité fiscale qu'ils drainent, requiert de la part des Etats la mobilisation de moyens didactiques, organisationnels et infrastructurels appropriés susceptibles de les aider à rétablir l'équilibre du rapport de force technique vis-à-vis desdits contrats.

1326. A ce sujet, la théorie de la déconstruction fiscale des contrats d'affaires internationaux proposée dans la présente étude en tant qu'axe de réorientation du contrôle fiscal des contrats d'affaires internationaux au Cameroun et au sein des Etats de l'OHADA, offre à ces pays l'opportunité de se saisir du phénomène contractuel pour le placer au centre des investigations des chercheurs et des praticiens en matière juridique et fiscale. Cette théorie permet aux administrations fiscales africaines de sortir de l'attitude attentiste qui est traditionnellement la leur, et qui se caractérise par la stigmatisation passive et infructueuse des montages contractuels transnationaux, pour évoluer vers une attitude plus volontariste tournée vers l'exploration - aux fins de recherche de matières imposables - des centres d'intérêt fiscaux qui gravitent autour de ces montages.

1327. Cela dit, l'évolution vers la déconstruction fiscale des contrats d'affaires internationaux en matière de contrôle fiscal ne saurait avoir pour ambition d'épuiser l'intérêt de la recherche de la portée fiscale – ou du sens fiscal – des clauses. Au contraire, le « déconstructionnisme fiscal » déclenche et dynamise sans discontinuer la problématique du décryptage des clauses dans le seul but de satisfaire l'intérêt général symbolisé par les intérêts fiscaux de l'Etat tout en préservant la sécurité juridique des contribuables transnationaux. Cette démarche invite les acteurs du contrôle fiscal des contrats d'affaires internationaux à interroger les apparences juridiques que renvoient ces contrats afin de valider ou invalider par le jeu de l'interprétation le sens fiscal des clauses en les confrontant principalement à la légalité fiscale et subsidiairement à l'équité fiscale.

1328. Une telle évolution permettrait amplement à l'action du contrôle fiscal de servir de passerelle, non seulement entre le droit fiscal et le droit des contrats dans leurs aspérités internes et internationales, en catalysant la révélation réciproque de chacune de ces matières à l'autre, mais aussi, entre le droit fiscal et les nombreuses autres branches du droit chargées de réguler, chacune en ce qui la concerne, des activités ou des secteurs d'activités spécifiques. On soulignera que cette évolution ne peut se faire sans l'engagement responsable des administrations fiscales et des autorités de justice fiscale dans l'ordre interne d'une part, et d'autre part, sans une coopération fiscale interafricaine et internationale mieux organisée et plus active pour répondre aux nombreux défis techniques et structurels qu'impose le contrôle fiscal des contrats d'affaires internationaux.

CONCLUSION GÉNÉRALE

1329. L'Afrique est aujourd'hui plus que jamais concernée par le phénomène de l'expansion des contrats d'affaires internationaux qui contraint chaque Etat à faire face à l'agressivité de l'ingénierie fiscale dont ces contrats sont bien souvent le produit[1512]. Le Cameroun n'échappe pas à cette donne, lui qui reflète bien sur le plan économique cette « Afrique en miniature » dont les principaux traits lui viennent de sa situation géographique et de sa diversité culturelle.

1330. Au Cameroun et dans les pays de l'espace OHADA, le contrôle fiscal des contrats d'affaires internationaux, à son stade actuel, peine à faire l'objet d'une réelle modélisation, sans doute en raison du gigantisme du domaine et de la complexité de la matière des contrats. Pourtant, ignorer l'importance, voire la nécessité d'une rationalisation systématique du savoir et du savoir-faire relatif à ce pan du contrôle fiscal dans les pays africains participerait à la fois d'un aveu d'impuissance face à l'ingénierie juridique et fiscale internationale, et d'un refus de proposer les termes d'une solution pertinente au problème du « déséquilibre fiscal » qui affecte les rapports entre opérateurs économiques transnationaux et Etats. C'est fort de ce constat qu'il nous semble plus qu'opportun de jeter les bases d'une réflexion à la foi théorique et pratique, en faveur de l'édification d'un modèle exploitable de contrôle fiscal dédié aux contrats d'affaires internationaux qui pivoterait autour de la « déconstruction fiscale » des clauses contractuelles.

1331. Formuler une proposition déconstructionniste du contrôle fiscal des contrats d'affaires internationaux, c'est rechercher à notre sens une réponse effective à la désorientation des acteurs du contrôle occasionnée par les constructions à finalité fiscale des contrats d'affaires internationaux. Il faut en effet reconnaître que pour l'heure, l'exercice du contrôle fiscal en général, et du contrôle fiscal des contrats d'affaires internationaux en particulier, souffre au Cameroun et dans les autres pays de l'espace OHADA, d'un manque de repères méthodologiques qui contraste avec le développement exponentiel des transactions économiques et financières en Afrique qui, elles, représentent pourtant un potentiel important de recettes fiscales pour ces pays.

1332. Ainsi, à partir d'une perspective « constructionniste », notre étude indexe le transfert indirect de bénéfices à la fois en tant qu'enjeu principal des montages contractuels à finalité fiscale et facteur indéniable de désorientation du contrôle fiscal des contrats d'affaires internationaux. Il faut certes reconnaitre que la désorientation qui affecte en cette matière les

[1512] C'est cette ingénierie qui œuvre au quotidien à l'optimisation fiscale dite « agressive » qui *consiste à tirer parti des subtilités d'un chaque système fiscal ou des incohérences entre plusieurs systèmes fiscaux afin de réduire l'impôt à payer.*

administrations fiscales africaines se traduit, non pas par un délaissement de ce segment du contrôle fiscal, mais davantage par un contrôle sous-optimal des prestations et des revenus découlant des obligations qui lient contractuellement les parties. Parce qu'il constitue au départ le produit de stratégies imaginées par les opérateurs économiques transnationaux pour optimiser la rentabilité commerciale et financière de leurs affaires, le transfert indirect de bénéfices s'avère à l'arrivée être un facteur de déséquilibre du lien fiscal entre les contrats d'affaires internationaux et les Etats. En face, les administrations fiscales africaines sont prises au dépourvu sur le plan organisationnel et méthodologique lorsqu'il s'agit de contrôler les contrats d'affaires internationaux et ce, en grande partie parce qu'elles ne disposent pas de modèles rationnels susceptibles de servir de repères en cette matière. Le contrôle fiscal se contente dans ces conditions du « service minimum » et focalise tantôt sur les prix de transfert, tantôt sur certains revenus servis à l'étranger par les entreprises opérant en Afrique.

1333. Nos investigations montrent que la désorientation du contrôle fiscal des contrats d'affaires internationaux, tel qu'il est diligenté par les administrations fiscales africaines, est accentuée par le phénomène de l'abus de droit exposé dans notre étude comme le fait pour les opérateurs économiques transnationaux de se servir des stipulations contractuelles pour précisément « abuser du droit » à des fins fiscales. Sous ce rapport, la désorientation des agents en charge du contrôle tient de notre point de vue non seulement de la furtivité du phénomène de l'abus de droit mais aussi de la fébrilité, voire de l'attentisme desdits agents à mobiliser la procédure fiscale de répression des abus de droit. De la sorte, les contrats d'affaires internationaux, qui sont le cadre par excellence de manifestation de l'abus de droit constituent en pratique un espace aride de contrôle fiscal dudit phénomène. Il s'en suit une désarticulation du contrôle fiscal desdits contrats du fait de l'embarras technique occasionné par l'abus de droit et du maniement inapproprié de la procédure en charge de sa répression. Rien d'étonnant à ce que dans de telles conditions, le contrôle fiscal des contrats d'affaires internationaux peine à trouver ses marques sur le terrain de l'abus de droit au point de se confiner tantôt au contrôle sous-optimal des prix de transfert, tantôt au contrôle erratique des revenus servis à l'étranger ou encore au contrôle des erreurs et actes anormaux de gestion de source contractuelle.

1334. Pourtant, les contrats d'affaires internationaux, envisagés isolément ou dans le cadre des ensembles contractuels, offrent aux autorités et aux agents des administrations fiscales africaines un vaste champ d'investigation leur permettant, suivant une logique déconstructiviste, de découvrir les constructions intra-contractuelles et pluri-contractuelles élaborées à des fins fiscales, ceci dans le but ultime de rétablir la justice et l'équité fiscale bien souvent altérées, intentionnellement ou non, par ces contrats. Le constat général de la désorientation du contrôle fiscal des contrats d'affaires internationaux exposée dans la première partie de notre thèse appelle nécessairement une réorientation systémique qui devrait de notre point de vue emprunter deux axes : le premier, celui de la recherche patiente du sens fiscal des clauses requiert une lecture intégrale des contrats qui structurent et gouvernent les relations d'affaires entre opérateurs transnationaux dans un souci de qualification ou de requalification fiscale appropriée des prestations contractuelles. Cette approche, qui ne saurait éviter de prendre en compte les particularismes juridiques propres à certains secteurs d'activité, permettrait à coup sûr de faire évoluer les procédures et les techniques de contrôle fiscal, dans la mesure où elle a vocation à élargir le spectre des investigations fiscales de l'administration dans leurs aspérités touchant aux opérations internationales.

1335. Le second axe est celui de la recherche constante de l'équilibre fiscal des contrats d'affaires internationaux entendu, non comme un équilibre contractuel, mais comme un équilibre relationnel qui gouverne les rapports entre les contrats d'affaires en cause et les administrations fiscales en charge de les contrôler. Notre étude reconnaît que la quête d'une relation fiscale équilibrée entre les contrats d'affaires internationaux et l'Etat, que seule peut assurer le contrôle fiscal, ne peut servir de ferment à l'enrichissement du droit fiscal que si elle reste soucieuse de préserver les intérêts fiscaux de l'Etat tout en assurant la sécurité juridique et fiscale des contribuables transnationaux. S'agissant de la préservation des intérêts fiscaux de l'Etat, deux niveaux d'évolution du système fiscal nous paraissent souhaitables. En premier lieu, le Cameroun comme chacun des pays de l'espace OHADA, devrait adapter son dispositif institutionnel national aux contraintes du contrôle fiscal des contrats d'affaires internationaux en se montrant notamment plus offensif dans le renforcement des règles fiscales anti-abus. En second lieu, les pays africains gagneraient à faire évoluer les dispositifs institutionnels supranationaux à travers la reconfiguration du droit d'imposer dans le cadre des conventions fiscales bilatérales et, à travers l'émergence d'une coopération internationale active en matière de contrôle fiscal des contrats d'affaires internationaux.

1336. S'agissant de la sécurité fiscale des contribuables, deux axes de transformation méritent d'être empruntés. Ces pays devraient d'une part, œuvrer à l'amélioration de la prévisibilité objective des qualifications fiscales par les contribuables transnationaux à travers le respect scrupuleux du principe de légalité de l'impôt et la promotion sans complaisance du rescrit fiscal. D'autre part, le droit fiscal au Cameroun et dans les autres pays de l'espace OHADA s'enrichirait en favorisant l'interprétation objective des clauses contractuelles par les autorités de justice fiscale. Ce dernier axe peut aux yeux de certains paraître utopique, mais il est important pour les autorités fiscales africaines d'avoir l'audace d'emprunter une telle voie si elles veulent obtenir dans ces Etats une réelle efficience du contrôle fiscal des résultats contrats d'affaires internationaux. Il ne reste qu'à espérer que les termes de la réorientation proposée dans le cadre de la présente thèse apportent au lien de droit[1513] singulier qui existe entre le contrôle fiscal et les contrats d'affaires internationaux un épanouissement heuristique nouveau.

1337. A la vérité, aucune partie du monde n'est épargnée par la grande influence des contrats d'affaires internationaux sur la vitalité économique des Etats et sur leurs finances publiques. Il ne fait en effet aucun doute qu'en Afrique comme ailleurs, les recettes fiscales portent pour une large part l'empreinte de ces contrats. Pour qu'elle leur soit bénéfique de manière durable, cette influence doit pouvoir composer avec la volonté et la capacité des Etats à se mettre au diapason de « l'intelligence juridique et économique» qui transparaît à travers les montages contractuels transnationaux, de sorte à administrer le plus efficacement, et le plus équitablement possible, les risques fiscaux qui leur sont associés.

1338. Ainsi, contribuer à l'émergence d'un environnement juridique et économique international plus équitable en matière fiscale commande que le Cameroun et les Etats africains de l'espace OHADA prennent une part plus active dans la fixation des règles du jeu. Une telle ambition requiert de la part des pouvoirs publics et des universitaires africains, non pas de dupliquer aveuglément les solutions adoptées par les pays industrialisés, mais plutôt, de faire la politique de leurs moyens, c'est-à-dire de proposer les solutions techniques les moins onéreuses, à même de générer les résultats les plus probants. Dans le millefeuille de solutions imaginables, le contrôle fiscal des contrats d'affaires internationaux tient de notre point de vue une place de choix. Ce contrôle, faut-il le reconnaître requiert, pour être effeicient, un double effort consistant d'une part, à appréhender les subtilités de la technique contractuelle et de la régulation des contrats internationaux de sorte à les passer de manière appropriée au crible du droit fiscal ; et d'autre part, à adapter en permanence les normes d'encadrement du contrôle fiscal, tant dans l'ordre interne que dans l'ordre international, afin de rester au diapason des mutations du phénomène contractuel et du droit des contrats. La nécessité de ce double effort est d'autant plus impérieuse que les contrats d'affaires internationaux constituent le champ d'une réinvention permanente des techniques de fraude et d'évasion fiscale internationales.

1339. Les Etats africains gagneraient à ne pas faire l'économie d'un tel effort s'ils veulent œuvrer de manière plus significative aux côtés du reste du monde dans la bataille contre la fraude et l'évasion fiscales internationales, et plus largement, dans celle contre les flux financiers illicites[1514]. Cela dit,

---

[1513] JEULAND (E.), « L'énigme du lien de droit », *Revue juridique de la Sorbonne*, n° 1, juin 2020, p. 159, n°22 : *« [...] le lien de droit que Kelsen nomme le rapport de droit est créé par la norme : le rapport de droit « doit son existence même, sa naissance même, à des normes juridiques, qui seules le créent .»*

[1514] L'effort que nous préconisons ici fait pleinement écho à l'adresse suivante formulée par Monsieur Alexandre LAUMONIER dans ses travaux de thèse : « Pays, encore un effort si

la problématique du contrôle fiscal des contrats d'affaires internationaux continuera assurément de susciter d'importants débats sous toutes les latitudes ; et l'on peut d'ores et déjà compter au nombre de ces débats ceux qu'impose le mouvement irréversible de digitalisation de l'économie et de fragmentation des pôles émetteurs du droit[1515]. Il ne reste plus qu'à espérer que les Etats africains se saisissent de cette préoccupation et qu'elle leur permette de mieux s'affirmer en tant que *« sources de normativité au rayonnement mondial »*[1516].

---

vous voulez récupérer vos impôts » ! (Cf. LAUMONIER (A.), *La coopération entre Etats dans la lutte contre la fraude et l'évasion fiscales internationales*, *op. cit*., p. 480).

1515 Voir en ce sens KJAER (F.), « L'idée sociologique de connectivité et le droit privé. Vers une archtecture constitutionnelle au-delà de l'Etat ? », Rev. crit. DIP 2019, p. 929. D'après l'auteur, *« [...] les perspectives pluralistes [du « droit global »] ont [...] mis en lumière la nature acentrique et non hiérarchique du droit dans la société mondiale, en avançant une théorie du conflit de lois adaptée à un monde fragmenté et en mettant en exergue la dimension politique de la diversité juridique »*.

1516 LHUILIER (G.), *Le droit transnational*, *op. cit*., p. 5, n° 4.

BIBLIOGRAPHIE SÉLECTIVE

A. DICTIONNAIRES ET ENCYCLOPÉDIE

AZEMA (J.), BESNARD GOUDET (R.), ROLAND (B.), VIENNOIS (J.-P)., *Dictionnaire de droit des affaires*, Ellipses, coll. « Dictionnaires de Droit », 2007.

BARILARI (A.), DRAPE (R.), *Lexique fiscal*, Dalloz, 2e édition, 1992.

BARAQUI (N.), BAUDART (A.), DUGUE (J.), LAFFITTE (J.), RIBES (F.), WILFERT (J.), *Dictionnaire de philosophie*, Armand Colin, 4e éd., 2014.

BIALES (C.), BIALES (M.), LEURION (R.), RIVAUD (J.-L.), *Dictionnaire d'économie*, Foucher, coll. La Dicothèque Foucher, Paris, 1999.

DROSS (W.), *Clausier*, Dictionnaire des clauses ordinaires et extraordinaires des contrats de droit privé interne, Litec, 2e éd. 2011.

Groupe Revue Fiduciaire, *Dictionnaire fiscal*, Paris, 18ème édition, 2003.

GUILLIEN (R.) et VINCENT (J.), *Lexique des termes juridiques*, Dalloz, 10e éd.,1995 et 17e éd. 2010.

MARTINET (A.-Ch.) et SILEM (A.), *Lexique de gestion*, Dalloz, 5e éd., 2000.

Revue de droit fiscal N°41 du 9 octobre 2019

B. OUVRAGES GÉNÉRAUX, MANUELS ET TRAITÉS

AKUETE (P. S.) et YADO TOE (J.), *Droit commercial général*, Paris, Bruylant, coll. « Droit Uniforme Africain », 2002.

ANCEL (M.-E.), DEUMIER (P.), LAAZOUZI (M.) *Droit des contrats internationaux*, Paris, Dalloz, coll. « Sirey Université », 2017.

BARBE (V.), *Droit fiscal international*, Paris, Gualino, Lextenso éditions, coll. « Droit Expert », 2018.

BERGEL (J. L.), *Théorie générale du droit*, Paris, Dalloz, 5e édition, coll. « Méthodes du droit », 2012.

BESSONET (A.), LAMY (P. E.), *Contrats d'affaires internationaux,* Paris, Pearson Education, 2e éd., 2008.

BIGAUT (C.), *Finances publiques, Droit budgétaire (le Budget de l'Etat)*, Paris, Ellipses, collection « Universités », 1995.

BOUVIER (M.), Introduction au droit fiscal général et à la théorie de l'impôt, Paris, L.G.D.J, 5e éd., 2003.

BUR (C.), *L'acte anormal de gestion ou le premier risque fiscal pour l'entreprise*, Paris, EFE, coll. « Audit juridique, comptable et fiscal », 1999.

BURLAUD (A.) (dir.), POITRINAL (F.-D.), SALUSTRO (E.), Comptabilité et droit comptable : l'intelligence des comptes et leur cadre légal, Paris, Gualino, 1998.

CASTAGNEDE (B.), *Précis de fiscalité internationale*, Paris, PUF, 2e éd., coll. « Fiscalité », 2002.

CASTAGNEDE (B.), *Précis de fiscalité internationale*, Paris, PUF, 6e éd., 2019.

CHAMPEIL-DESPLATS (V.), *Méthodologies du droit et des sciences du droit*, Dalloz, coll. « Méthodes du droit », 2014.

COHET (F.), *Le contrat*, Paris, Presse universitaires de Grenoble, 2016.

COLLET (M.), *Droit fiscal*, Paris, PUF, coll. « Thémis droit », Paris, 2007.

COURET (A.) et RAPP (L.), *Les 100 mots du Droit des affaires*, Paris, PUF, coll. « Que sais-je ? », 2010, 486 p.

CORNU (G.), Association Capitant, *Vocabulaire Juridique*, Quadrige, PUF, 9e éd., 2012.

COZIAN (M.), *Précis de fiscalité des entreprises*, Paris, Litec, 29e éd., 2005.

COZIAN (M.), *Les grands principes de la fiscalité des entreprises*, Préf. Florence DEBOISSY 2015, Paris, Litec, LexisNexis, 4e éd. 1999, 2016.

COZIAN (M.), GAUDEL (J.-P.), *La comptabilité racontée aux juristes*, Paris, LexisNexis, 2e éd., 2016.

DEBOISSY (F.), *La simulation en droit fiscal,* Préf. Maurice COZIAN, Paris, LGDJ, coll. « Bibliothèque de droit privé » T. 276, 1997.

DISLE (E.) et SARAF (J.), *Fiscalité pratique*, Paris, Dunod,

DOUVIER (J. P.), *Fiscalité internationale*, Paris, Litec, coll. « Fiscal », 1996.

DREYFUS (S.) et NICOLAS-VULLIERME (L.), *La thèse de doctorat et le mémoire étude méthodologique*, Paris, Cujas, 3e éd., 2000.

DUBOIS de LUZY (A.), *L'interposition de personne*, Préface de Bertrand ANCEL, Paris, LGDG, Lextenso éditions, coll. « Bibliothèque de droit privé », 2010.

DUCCINI (R.), Approche fiscale des contrats internationaux, Paris, Litec, 1985.

DUCCINI (R.), Fiscalité des contrats internationaux, Paris, Litec, 1991.

DUCCINI (R.), Stratégie fiscale des contrats internationaux, Paris, Litec, 2006.

DUTILLEUL (F. C.), DELEBECQUE (P.), *Contrats civils et commerciaux*, Paris, Dalloz, 9e éd., 2011.

FAVOREU (L.), HERTZOG (R.), ROUX (A.), (*Contrib. réunies par) Constitution et Finances publiques*, FAVOREU L., HERTZOG R., ROUX A.), Etudes en l'honneur de Loïc PHILIP, Paris, Préface de Pierre JOXE, Economica, 2005.

FONTAINE (M.), « *La pratique du préambule dans les contrats internationaux* », RDAI 1986 et Droit des contrats internationaux, collection « Feduci-FEC », 1989.

FONTAINE (M.), LY de (F.), *Droit des contrats internationaux*, Bruylant, FEC, 2003.
GIVRE (de) (Y.), La notion de « juste prix » dans les opérations de restructuration, JCP éd. E 1999, p. 704.
GHARBI (N.), *Le contrôle fiscal des prix de transfert*, L'Harmattan, Paris, coll. « Finances publiques », 2005.
GOLTZBERG (S.), *Les sources du droit*, Paris, PUF, coll. « Que sais-je ? », 2016.
GOUTHIERE (B.), *Les impôts dans les affaires internationales*, Paris, Francis Lefebvre, 5e éd., 2001.
GOURION (P.-A.), PEYARD (G.), SOUBEYARD (N.), *Droit du commerce international*, Paris, LGDJ, 4e éd., 2008.
GROSCLAUDE (J.) et MARCHESSOU (P.), *Droit fiscal général,* Paris, Dalloz, 11e éd., coll. « Cours Dalloz », 2017.
GUEZ (J.), *L'interprétation en droit fiscal*, préf. Bernard CASTAGNEDE, LGDJ, coll. « Bibliothèque de l'Institut André Tunc », 2007.
FENEON (A.), *Droit des sociétés en Afrique*, Paris, LGDJ, Lextenso, coll. « Droits africains », 2015.
FONTAINE (P.) et HAMET (J.), *Les marchés financiers internationaux,* Paris, PUF, 3e éd., coll. « Que sais-je ? » 2011.
HAQUANI (Z.), SAUNIER (P.), *Droit international de l'économie*, Paris, Ellipses, coll. « Universités-Droit », 2007.
JACQUET (J.-M.), DELEDECQUE (P.), CORNELOUP (S.), *Droit du commerce international*, Paris, Dalloz, 1ère éd., 2007.
JACQUET (J.-M.), DELEDECQUE (P.), CORNELOUP (S.), *Droit du commerce international*, Paris, Dallloz, 3e éd., 2014.
JEMMAR (S.), *L'évaluation des biens et services en droit fiscal*, Paris, L'Harmattan, coll. « Logiques juridiques », 2010.
JESTAZ (P.), *Les sources du droit*, Paris, Dalloz, coll. « Connaissance du droit », 2005.
KENFACK (H.), Droit du commerce international, Dalloz coll. « Memento », 2012
KIRAT (T.), *Economie du droit*, Paris, La Découverte, coll. « Repères Economie », 2012.
KRUGER (H.), *Les principes généraux de la fiscalité*, Paris, Ellipses, coll. « Droit-Eco-Gestion », 2000.
LAMBERT (T.), *Contrôle fiscal*, droit et pratique,
LAMBERT (T ;), *Procédures fiscales*, Paris, LGDJ, Lextenso, 3e éd., coll. « Précis Domat, Droit public », 2017.
LEROY (M.), *La sociologie de l'impôt*, Paris, PUF, 2002.
LHUILIER (G.), *Le droit transnational*, Dalloz, Coll. « Méthodes du droit », 2016, 522 p.
MARCUS (L.), *L'unité des contrats publics*, préf. Pierre DEVOLVE, Paris, Dalloz, coll. « Nouvelle bibliothèque de thèses », 2010.

MARDIERE (C. de la), *La preuve en droit fiscal*, Paris, Litec, coll. « Litec fiscal », 2009.
MENJUCQ (M.), *Droit des affaires*, Paris, Gualino, Paris, 2001.
MAITROT DE LA MOTTE (A.), *Droit fiscal*, Paris, PUF, coll. « Licence Droit »,1e éd., 2011.
MOIGNE (J.-L. Le), *Les épistémologies constructivistes*, PUF, 4e éd., coll. « Que sais-je ? », n° 2969, 2012.
MORDACQ (F.), *Les finances publiques*, Paris, PUF, coll. « Que sais-je ? », 4e éd., 2016.
MOUSSERON (J. M.), *Technique contractuelle*, Francis Lefèbvre, 4e éd. par MOUSSERON (P.), REYNARD (J.), SEUBE (J.-B.), 2010.
MOUSSERON (J. M.), MOUSSERON (P.), REYNARD (J.), SEUBE (J.-B.), *Technique contractuelle*, Francis Lefèbvre, 5e éd. par, 2017.
MUZELLEC (R.), *Finances publiques*, 15e éd., Sirey, coll. « Manuel intégral concours », 2009.
NEMO (P.), *Philosophie de l'impôt,* Paris, PUF, 2017.
OUDENOT (P.), *Fiscalité approfondie des sociétés*, Paris, Litec, 2000.
OUDENOT (P.), Fiscalité des sociétés et des restructurations, 4e éd., Lexis Nexis, coll. » Précis fiscal », 2018.
PUIG (P.), *Contrats spéciaux*, Paris, Dalloz, coll. « Hypercours Dalloz », 2005.
PWC, *Fusions et acquisitions*, Paris, Editions Francis Lefebvre, coll. « Mémento Expert », 2017.
PUJOL (J.), L'application du droit privé en matière fiscale - Recherche sur la véritable place du droit privé dans le système fiscal français-, préf. Jean SCHMIDT, LGDJ, 1987.
RICHER (D.), Les droits du contribuable dans le contentieux fiscal, L.G.D.J., 1997.
RIPERT (G.) et ROBLOT (R.), *Traité de droit commercial*, GERMAIN M. et Louis VOGEL, t. 1, Paris, L.G.D.J., 17ème édition, 1998.
ROCHE Jean-Jacques, *Théories des relations internationales*, Paris, Montchrestien, Lextenso, collection « Clefs politique », 8e édition, 2010.
SCHMIDT- SZALEVSKI (J.), *Droit de la propriété industrielle*, Dalloz Mémentos, 6éme édition, 2006.
SCHLECHTRIEM (P.), WITZ (C.), Convention de Vienne sur les contrats de vente internationale de marchandises, Dalloz, 2008.
SERLOOTEN (P.), *Droit fiscal des affaires*, Paris, Dalloz, Précis, 3e éd., 2003.
SERLOOTEN (P.), *Droit fiscal des affaires*, Paris, Dalloz, Précis, 11e édition, 2012.
SERLOOTEN (P.) et DEBAT (O.), *Droit fiscal des affaires*, Paris, Dalloz, Précis, 17e éd., 2018.
SERLOOTEN (P.), *La fiscalité des contrats d'affaires*, Paris, Economica, coll. « Droit poche »

TOURNEAU (P. L.), *Droit de la responsabilité et des contrats*, Paris, Dalloz, coll. « Dalloz action », 2008.
TESTU (F. X.), *Contrats d'affaires*, Paris, Dalloz, coll. « Dalloz référence », 2010.
TERCINET (J.), Relations internationales, t.1, La scène internationale contemporaine, Paris, coll. « Droit en + », PUG, 2006.
WALTER (R.), *Droit fiscal international*, Paris, Ellipses, 3e éd., coll. « Fiches », 2016.

C. OUVRAGES SPÉCIALISES, THÉSES ET MÉMOIRES

AKAKPO (M. K.), La protection de la partie faible dans l'arbitrage OHADA, Préface Jean-Baptiste RACINE, L'Harmattan, 2017.
ALAKA ALAKA (P.), *La gouvernance fiscale*, Editions Edilivre, 2009.
AMBLARD (M.), Comptabilité et conventions - Quand la comptabilité ne donne pas une image juste de l'entreprise mais juste une image de l'entreprise…-, Préface de Pierre GENSSE, L'Harmattan, 2002.
AMBOULOU (H. D.), *OHADA*, *Traité de fiscalité des entreprises*, Paris, L'Harmattan, coll. « Etudes africaines- série droit- », 2017.
AMBOULOU (Hygin Didace), *OHADA*, *Code des investissements et des activités économiques*, L'Harmattan, 1ère éd., coll. « Etudes africaines- série droit- », 2017.
ANCEL (Marie-Elodie), *La prestation caractéristique du contrat*, préf. Laurent AYNES, Paris, Economica, coll. « Recherches juridiques », 2002.
ATANGA FONGUE (R.), Contrôle fiscal et protection du contribuable dans un contexte d'ajustement structurel : le cas du Cameroun, Thèse, Université du Maine, 2006.
ATANGA FONGUE (R.) et TOCKE (A.), *Eléments de la fiscalité des affaires au Cameroun*, préf. T. KOUSSOK, L'Harmattan, 2011.
ATECK A DJAM (F.), *Droit du contentieux fiscal camerounais,* Préf. de Martin RISSOUCK A MOULONG, L'Harmattan, Coll. « Finances publiques », 2017.
AYANGMA AYANGMA (J.), *Le contrôle fiscal des prix de transfert*, Mémoire DESS en Fiscalité Appliquée, Université de Douala, 2006.
AYANGMA AYANGMA (J.), *La pratique du contrôle fiscal des prix de transfert dans l'espace CEMAC- Le cas du Cameroun-*, Préf. Pierre ALAKA ALAKA, Paris, L'Harmattan, 2015.
BAOUMLAG (C.), *La notion de Peines et soins*, Mémoire DESS en Administration Fiscale, Droit, Université de Douala, 2005.
BARBE (V.), *Droit fiscal international*, Gualino, Lextenso, 2018
BARILARI (A.), *Le consentement à l'impôt*, Paris, Presses de Sciences Po, coll. « la bibliothèque du citoyen », 2000.
BAS (C.), *Le fait générateur de l'impôt*, Paris, L'Harmattan, préf. de Pierre BELTRAME, collection finances publiques, 2007.

BETCH (M.), Le juge judiciaire de l'impôt, LexisNexis-Litec, coll. « Litec fiscal », préf. Claire FAVRE, 2010.
BELTRAN (A.), CHAUVEAU (S.) et GALVEZ-BEHAR (G.), *Des brevets et des marques* (Une histoire de la propriété intellectuelle), Paris, Fayard, 2001.
BERTRAND (A. R.), *Droit des marques*, Paris, Dalloz, 2ème édition, 2005.
BILLONG BILLONG (A. H.), *La sécurisation du commerce électronique dans l'espace OHADA,* th. Université Jean Moulin-Lyon III.
BISSY (de) (A.), *Comptabilité et fiscalité - Du résultat comptable au résultat fiscal*, Préf. Patrick SERLOOTEN, Paris, LexisNexis, coll. « Précis fiscal », 2013.
BISSY (de) (A.), Comptabilité et fiscalité - Du résultat comptable au résultat fiscal- Paris, LexisNexis, 2013.
BLANCO (D.), *Négocier et rédiger un contrat international*, Paris, Dunod, Préf. de Samuel PISAR, 3e édition, 2002.
BRUNEAU (P.) & CHOUVELON (T.), *Ingénierie fiscale du patrimoine*, Paris, Editions EFE, 2000.
BIAKAN (J.), Droit des marchés publics au Cameroun - contribution à l'étude des contrats publics-, Paris, L'Harmattan, coll. « Droits africains et malgache », 2011.
BROS (S.), L'interdépendance contractuelle, thèse Paris II, 2001.
BUISSON (J.), *La sécurité fiscale*, (sous la dir. de) l'Harmattan, coll. « finances publiques », 2011.
BURLAUD (A.) (dir.), POITRINAL (F.-D.), SALUSTRO (E.) Comptabilité et droit comptable, Gualino éditeur, 1998.
CACHERD (O.), *La régulation internationale du marché électronique,* JGDJ, coll. « Bibliothèque de droit privé
CAUSSADE (T.), La stratégie fiscale de l'entreprise : entre optimisation et fraude, Droit, Université de Toulouse 1 Capitole, 2017.
CARASCO (P.-Y.), Prix de transfert et stratégies d'optimisation fiscale de la firme internationale, Paris, L'Harmattan, 2017.
CHARBONNIER (L.), La hiérarchie des normes conventionnelles : contribution à l'analyse normativiste du contrat, Droit, Université d'Avignon, 2010.
CHARVERAT (A.), GOUTHIERE (B.), BARDET (H.) et TOURNES (Ph.), *Les holdings*, *Guide juridique et fiscal*, Francis Lefebvre, 3éme édition, coll. « Dossiers pratiques », 3ème éd., 2002.
CHAUTARD (A.), *La mutabilité de l'instance fiscale et le droit à un procès équitable*, Préface de Guy GEST, Paris, L'Harmattan, coll. « Finances publiques », 2003.
COURET (A.), NABASQUE (H. Le), COQUELET (M.-L.), GRANIER (T.), PORACCHIA (D.), RAYNOUARD (A.), REYGROBELLET (A.), ROBINE (D.), *Droit financier*, Dalloz, coll. « Droit privé », 1ère éd., 2008.

COZIAN (M.), GAUDEL (P.-J.), *La comptabilité racontée aux juristes*, LexisNexis, 2e éd., coll. « Précis fiscal », 2016.
DAL VECCHIO (F.), *L'opposabilité des conventions de droit privé en droit fiscal*, l'Harmattan, coll. « Finances publiques », 2014.
DEDEURWAEDER (G.), *Théorie de l'interprétation et droit fiscal*, th. Panthéon-Assas (Paris II), Paris, Dalloz, coll. « Nouvelles Bibliothèques de Thèses », 2010.
DESFEUILLET (M.), *Les groupes de sociétés confrontés à la théorie des actes anormaux de gestion,* Mémoire de DEA, sous la dir. De MARCHESSOU (Ph.), Université Robert Shuman Strasbourg III, 2003.
DIKOUME (A. L.), *La fiscalité pétrolière des Etats membres de la CEMAC*, Paris, L'harmattan, coll. « Finances publiques », 2008.
DILIGUE BA (El Hadji), *Procédures fiscales- Sénégal-,* Paris, L'Harmattan, 2016.
DJOMGA (C. D.), La procédure d'opposition à l'enregistrement des marques dans l'espace O.A.P.I., Douala, Presses Universitaires Libres, 2006.
DJOUHRI (M.), *L'évolution du contrôle fiscal depuis 1945 : Aspects juridiques et organisationnels,* LGDJ, Lextenso éditions, préf. Michel Bouvier, coll. « Bibliothèque finances publiques et fiscalité », Paris, 2012.
DOUET (F.) :
- *Contribution à l'étude de la sécurité juridique en droit fiscal interne français*, LGDJ, Paris, 1997
- *Précis de fiscalité des assurances et des indemnités*, préf. B. Beignier Paris, Litec, 2e éd., 2011.
DOUVIER (P.-J.), *Droit fiscal dans les relations internationales*, préf. D. Berlin, Pedone, coll. « Etudes internationales », N° 8, 1996.
DUBOIS de LUZY (A.), *L'interposition de personne*, Thèse, préf. B. Ancel, LGDJ, 2010.
DUHAMEL (G.), *Les paradis fiscaux*, Paris, Editions Grancher, 4e éd., 2006.
DURAND (F.), *L'apparence en droit fiscal*, préf. Thierry SCHMITT, coll. "Bibliothèque de droit privé", Paris, LGDJ, lextenso éditions, 2009, Préf. Thierry SCHMITT
DRIE (J.C.), Le contrôle fiscal raconté aux dirigeants et à leurs conseils, Paris, LexisNexis, 3e éd., 2014.
DURAND (B.), La crise pétrolière (Analyse des mesures d'urgence), EDP Sciences, 2009.
DURAND (F.), *L'apparence en droit fiscal*, Préface de Thierry SCHMIDT, Av-pro. Florence DEBOISSY, Paris, LGDJ- Lextenso éditions, 2009.
EBANG MVE (U. N.), L'encadrement juridique de l'exploitation minière au Cameroun, préf. M. Ondoua, L'Harmattan, 2015.
ESSAGA (V. S.) :

- *Les sources du droit des hydrocarbures en Afrique*, L'Harmattan, 2018, Préf. Emmanuel JEULAND, Thèse droit, Université de Paris I, Panthéon-Sorbonne, 2017.

- *Droit des hydrocarbures en Afrique*, préf. Richard EVINA OBAM, L'Harmattan, 2013

- *La clause de stabilité fiscale dans les contrats pétroliers au Cameroun*, Mémoire de DESS en Administration fiscale, Droit, Université de Douala, 2006

EVINA OBAM (R.), *La politique fiscale au Cameroun depuis les années 1980*, L'Harmattan, Thèse Droit, Université d'Aix Marseille, 2016.

FILIGA IBRAHIM OUEDRAGO (L.), Les cessions d'actifs dans le domaine des industries extractives, Mémoire Master 2 en Politique de développement et gestion des industries extractives, Université Ouaga 2, 2017.

FIN-LANGER (L.), *L'équilibre contractuel*, LGDJ, Préface de Catherine THIBIERGE, coll. *« Bibliothèque de droit privé »*, 2002.

FORGET (J.), *Stratégie financière*, Ellipses, coll. « Gestion », 2007.

GALLOUX (Jean-Christophe.), *Droit de la propriété industrielle*, Paris, Dalloz, coll. « Cours Dalloz », 2ème édition, 2003.

GELOT (B.), *Finalités et méthodes objectives d'interprétation des actes juridiques*- aspects théoriques et pratiques, Paris, LGDJ, Cahors, 2003.

GILDEMEISTER (A. E.), *L'arbitrage des différends fiscaux en droit international des investissements,* LGDJ, préf. E. Gaillard, coll. « Bibliothèque de droits international de l'Union Européenne Tome 131 », 2013.

GOLTZBERG (S.), *L'argumentation juridique*, Paris, Dalloz, 3ème éd., coll. « Connaissance du droit », 2017.

GOUADAIN (D.), MONDON (J. L.), *Fiscalité des créations, restructurations et liquidations d'entreprises*, Paris, Lexis Nexis, coll. « Litec fiscal », 2006.

GNIMPIEBA TONNANG (E.), L'ordre *juridique communautaire de la CEMAC*, Paris, L'Harmattan, 2016.

HECKLY (C.), *Fiscalité et mondialisation*, Paris, LGDJ, coll. « Systèmes-fiscalité », 2006.

HILAIRE (J.), *Adages et maximes du droit français*, Paris, Dalloz, 2013.

JACOMINO (F.), Le contrôle objectif de l'équilibre contractuel - Entre droit commun des contrats et droit des pratiques restrictives de concurrence - , Thèse Droit, Université Côte d'Azur, 2018.

JAUNE (R.), *Le droit et la régulation des prix de transfert*, Thèse Droit, Université de Paris 1 Panthéon-Sorbonne, 2018.

JEMMAR (S.), *L'évaluation des biens et services en droit fiscal*, l'Harmattan, coll. Logiques juridiques, 2010.

JOANNARD-LARDANT (E.), *L'établissement de la preuve fiscale : Essai de droit comparé interne*, Thèse Droit, Université Paris 1 Panthéon-Sorbonne, 2017.

JOLIVET (E.), Les incoterms, Etude d'une norme du commerce international, Paris, Litec 2004.

KERHUEL (A.-J.), L'efficience stratégique du contrat d'affaires, un champ d'action de la liberté contractuelle, Thèse Droit, Presses Universitaires D'Aix-Marseille, 2010.

LAMORLETTE (T.) et RASSAT (P.), *Stratégie fiscale internationale*, Paris, Maxima, 3e éd., Paris, 1997.

LAMY (P.) et GNESOTTO (N.), avec BAER (J. M.), *Où va le monde ? - le marché ou la force ? -*, Odile Jacob, 2017.

LANG (M.), Introduction to the Law of Double Taxation Conventions, 2nd edition, Linde, IBFD, 2013.

LAUMONIER (A.), *La coopération entre Etats dans la lutte contre la fraude et l'évasion fiscales internationales*, Préface de F. Deboissy, LGDJ-Lextenso, coll. « Bibliothèque Finances publique et fiscalité, T. 67 », 2019.

LAURIOL (T.) et RAYNAUD (E.), *Le droit pétrolier et minier en Afrique*, LGDJ, Lextenso, coll. « Droits africains », 2016.

LEGAULT (A.), *Pétrole Gaz et les autres énergies*, le petit traité, Paris, Editions Technip, Paris, 2007.

MALGOYRE (A.), *Montages juridiques et habileté fiscale*, Paris, Gualino, Lextenso, 1ère éd. 2016 et 2e éd. 2018, Préf. L. Chatain-Autajon.

MARICHAL (O.), *Sécurisez vos prix de transfert*, Paris, Editions EFE, 2004, Préf. Thierry SCHMITT et Pascal LUQUET

MARDIERE (Ch. de la) :

- *Droit fiscal général*, Paris, Flammarion, 2ème édition, coll. « Champs université », 2015.
- *La preuve en Droit fiscal*, Paris, Litec, coll. « Litec fiscal », 2009.

MEMENTO PRATIQUE FRANCIS LEFEBVRE, *Groupes de sociétés*, Editions Francis Lefèbvre, 2002.

MICHALET (Ch. A), *Le capitalisme mondial*, PUF, Coll. «Quadrige », 1998, 368 p.

LE MOIGNE (J.-L.), Les épistémologies constructivistes, PUF, 4e éd., coll. « Que sais-je ? », 2007, 128 p.

NJAMPIEP (J.) :

- *Comptabilité générale et comptabilité approfondie OHADA,* vol.1 : Eléments de comptabilité générale, Editions ECC/RFA, t. 1, 2018.
- *Comptabilité générale et comptabilité approfondie OHADA,* vol. 2 : Eléments de comptabilité approfondie, Editions ECC/RFA, t. 1, 2018.

N'GAKOSSO (A.), Corruption, Fraude, Evasion fiscale et croissance, Paris, L'Harmattan, 2009.

NGNEBA WANDOP (C. S.), *Le pouvoir de contrôle de l'Administration fiscale à l'épreuve des licences de marques étrangères*, Mémoire DESS en Administration fiscale, Droit, Université de Douala, 2006.

NOIROT (R.), *Les dates de naissance des créances,* Thèse Droit privé, Université Paris Descartes, 2013.

OATS (L.), *Principles of International Taxation*, Bloomsbury Professional, 8th Edn., 2021, 667p.

OLINGA (A. D.) (*dir.*), Le Cameroun et le prétoire international, Afrédit, 2015.

PELLE (S.), L'interdépendance contractuelle - Contribution à l'étude des ensembles de contrats -, Dalloz, Préf. de J. Foyer et M.-L. DEMEESTER, coll. « Nouvelle Bibliothèque de Thèses », 2007.

PIERRE (J.-L.), Fiscalité de la recherche, de la propriété industrielle et des logiciels, Paris, EFE, 2005.

PWC, *Fusions et acquisitions*, Paris, Editions Francis Lefèbvre, coll. *« Memento Expert »*, 2017.

RASSAT (P.) et MONSELLATO (G.), *Les prix de transfert*, Paris, Maxima, 1998.

RASSAT (P.), LAMORLETTE (T.) et CAMELLI (T.), *Stratégies fiscales internationales*, Paris, Maxima, 2010.

RIVERO (J.) et WALINE (J.), *Droit administratif*, Paris, Dalloz, coll. « Droit public- Science politique », 18e éd., 2000.

ROPAN (D.-I), *L'équilibre contractuel*, Thèse droit, Université Babes-Bolyai de Cluj-Napoca, 2012.

SCHLECHTRIEM (P.) et WITZ (C.), Convention de Vienne sur les contrats de vente internationale de marchandise, Paris, Dalloz, 2008.

THOMAS (J. N.), *Le contrôle fiscal des opérations internationales*, Paris, L'Harmattan, coll. « Finances publiques », 2004.

VARNEROT (V.), *Les sources privées du droit fiscal*, Thèse Droit, Université de Nice Sophia-Antipolis, 2001.

VIDAL (L.), L'équilibre financier du contrat dans la jurisprudence administrative, Bruylant, 2005.

VILLEMOT (D.), *Fiscalité des fusions acquisitions*, EFE, collection « Référence première », 2001.

VERNAY (A.), *Les paradis fiscaux*, Paris, Editions du Seuil, 1968.

VERGNET (N.), La création et la répartition de la valeur en droit fiscal international, Préface de B. Delaunay, LGDJ, coll. « Bibliothèque finances publiques et fiscalité », T. 71, 2020.

VERNIER (E.), Fraude fiscale et paradis fiscaux- Décrypter les pratiques pour mieux les combattre-, Préface de Daniel LEBEGUE, Dunod, 2014.

WEIDENFELD (K.), *À l'ombre des niches fiscales*, Paris, Economica, coll. « Pratique du droit », 2011.

XU (C.), La jurisprudence arbitrale relative à la fiscalité en droit des investissements, Mémoire Master 2, Université de Bourgogne, 2013.

D. ARTICLES

ANGOTTI (A.) et MARTINET (F.), » Conseil d'Etat et Cour de Cassation, juges de l'impôt : étude comparative (deuxième volet) - La procédure fiscale ou la « théorie des jeux » », *Dr. Fisc.* 2013, n°39, 435.

BEZZINA (A-Ch.), « Acte anormal de gestion : de quelques considérations sur l'abandon du critère du « risque excessif » », *Dr. fisc.* 2016, n°47, comm. 598.

BLANCHOT (M.), « L'accompagnement de Jacques Derrida », in LEGRAND (P.), *Pour la relevance des droits étrangers*, IRJS Editions, coll. « les voies du droit », 2014, pp. 34 -118.

BIRKINSHAW (P.), BREEN (E.), « Contrats et contractualisation de l'action publique : un point de vue anglais », RFDA, Dalloz, 2012, 42 p.

BÜHLER (M. W.) et GIDOIN (A.-S.), « le 10e Acte Uniforme de l'OHADA sur la médiation », *Lexbase édition OHADA*, n°13 du 12 juillet 2018.

CHEVALIER (J.), « la régulation juridique en question », *Editions juridiques associées*, coll. « Droit et société », 2001/3 n°49, p. 827 à 846.

COZIAN (M.) :

- « Propos désobligeants sur « une tarte à la crème » : L'autonomie et le réalisme du droit fiscal » in *Les grands principes de la fiscalité des entreprises*, Document 1, p.3 et s.
- « La méthode de la comptabilité d'engagement » *in Les grands principes de la fiscalité des entreprises*, *op. cit.*, Doc. 10, p.141 et s.
- « On ne badine pas avec les écritures comptables : La théorie des erreurs comptables délibérées » in *Les grands principes de la fiscalité des entreprises*, Document 1, p. 183 et s.

COSSIN (J. P.), « Le contrôle fiscal peut-il permettre une évaluation sérieuse de la fraude ? », *RGFP*, N°12, décembre 2011.

DIFFO THUNKAM (J.), « Le contrat selon la loi camerounaise du 21 décembre 2010 sur le commerce électronique », Juridis Périodique n°87, juillet-Aout-Septembre 2011, pp. 76 à 87.

GATSI (J.), « La jurisprudence, source du droit OHADA », Revue congolaise de droit des affaires N°9 (Juillet- Août-Septembre 2012), L'Harmattan, 2012, p. 13 et s.

GOURION (P.-A.), *RF fin publ.* 1992, n° 40, p. 210

GUTMANN (D.), « Droit fiscal et efficacité économique », in BOLLEE (S.), LAITHIER (Y. M.), PERES (C.) (dir.), *L'efficacité économique en droit,* Economica, 2010.

KJAER (F.), « L'idée sociologique de connectivité et le droit privé. Vers une archtecture constitutionnelle au-delà de l'Etat ? », Rev. crit. DIP 2019, p. 929

MAITROT DE LA MOTTE (A.), « Contrôle fiscal et souveraineté fiscale », *RGFP* N°12, décembre 2011, p. 905 et s.

NICOLAS (E.), SINTEZ (C.), « La décriture du droit, une méthode constructiviste d'observation d'un objet quantique. A propos de V. FORRAY et S. PIMONT, *Décrire le droit et le transformer...- Essai sur la décriture du droit* », Dalloz, coll. « Méthodes du droit », Paris, 2017. ; R.I.E.J., 2018/1 Vol. 80 | pp. 241 à 253.

SERLOTEN (P.) et BISSY (A. de), « Le néo-réalisme du droit fiscal », in HECQUARD-THERON (M.) (dir.) ; KRYNEN (J.) (dir.), *Regards critiques sur quelques (r)évolutions récentes du droit* :Tome 1 : Bilans et Tome 2 : Réformes-Révolutions, Nouvelle édition [en ligne] Presse de l'Université de Toulouse 1 Capitole, coll. « Les travaux de l'IFR Mutations des normes juridiques n° 2 » 2005 (généré le 03 août 2022), p. 195-222.

E.CONTRIBUTIONS AUX MÉLANGES ET ACTES DE COLLOQUES

BOUVIER (M.) (dir.), *Réforme des finances publiques : la conduite du changement*, « Actes de la IIIe Université de printemps de finances publiques du Groupement Européen de recherches en finances publiques (GERFIP) », Paris, LGDJ, 2007.

DUSSART (V.), « Réflexions sur l'apparence en droit fiscal », in JACQUINOT, (N.) (sous la dir. de), *Juge et Apparence(s)*, Actes du colloque des 4 et 5 mai 2009, LGDJ-PUT1Capitole, coll. « IFR Mutations des normes juridiques - Actes de colloques n° 7- », 2010, p. 233 à 241.

FRULEUX (F.), « Lois de finances pour 2019 : une réforme contestable de l'abus de droit » ; Note sous Loi de finances pour 2019 n° 2018-1317 du 28 décembre 2018, JO n° 0302 du 30 décembre 2018, JCP N.

JACQUINOT, (N.) (sous la dir. de), *Juge et Apparence(s)*, actes du colloque des 4 et 5 mai 2009, LGDJ-PUT1Capitole, coll. « IFR Mutations des normes juridiques - Actes de colloques n° 7- » 2010.

F. NOTES, OBSERVATIONS, AVIS ET CONCLUSIONS DE JURISPRUDENCE

1. Jurisprudence française

CA Paris, 7 juillet 2006, n°05- 12395, 1e ch. B, Elias, RJF janvier 2007, n°98

CAA Paris 1er févr. 1994, req. n° 92-965, SARL Ungaro : RJF 5/94 n° 522 ; DF 43 94, comm. 1842.

Cass. Civ. 19 fév. 1930 et Cass. Civ. 27 janv. 1931, S. 1933, I, p. 41

Cass. Civ. 19 mai 1927, D. 1928

Cass. Civ. 1, 4 juill. 1972, 70-14.163

Cass. Com., 9 décembre 1997, *Bull. civ.* IV, n° 324

Cass. Com. 17 juillet 2001, *Bull. civ.* IV, n° 148

Cass. Civ. 3, 18 mai 2017, pourv. n° 16-14750, *non publié au bulletin.*

Cass. Com ; 8 février 2005, n° 191 F-PB, Elias, RJF mai 2005, n° 508

Cass. Civ. 3, 18 mai 2017, pourv. n° 16-14750, *non publié au bulletin*
Cass. Civ. 3e, 3mars 1993, *Bull. civ.* I, n°28.
Cass. Com. 17 juillet 2001, *Bull. civ.* IV
ARRIGHI de CASANOVA (J.) :
- concl. sous CE, 17 mars 1993, n°85894, *Memmi*, RJF 5/1993, p. 612.
- concl. sous CE, 8e et 9e sous-sect., 6 mai 1996, n°148572, *Dr. fisc.* 1996., n°41, comm. 1210
- concl. sous CE, 8e et 7e sous-sect., 12 févr. 1992, n° 67385, *Sté. Sarpa, Lebon* ; *Dr. fisc.* 1992, n°21-22, comm. 1033.

AUSTRY (S.):
- concl. sous CE, ass., 28 juin 2002, , n° 232276, *Schneider Electric, Droit fisc.*, n° 36, comm. 657, BDCF, 10/02, p. 13
- concl. sous CE, 12 mai 2003, n° 234811, 3e et 8e ss.-sect., Arnaudo, RJF août/septembre 2003, n°969.

BOKDAM-TOGNETTI (E.) :
- concl. sous CE, 20 sept. 2017, n° 392231, *Sté Mécatronic, Dr. fisc. 2017, n° 50*, comm. 554.
- concl. sous CE, sect., 13 juill. 2016, n° 375801, *SA Monte Paschi Banque, Dr. fisc.* 2016, n° 36, comm. 464

BOHNERT (B.), concl. sous CE, 8e et 3e sous-sect., 24 juin 2015, n° 365849, *Sté Center parc Ressort France*
BRETONNEAU (A.), concl. sous CE,10e et 9e ch. réun., , 22 sept. 2017, n° 412408, *Lebon* 922
CORTO-BOUCHER (E.), concl. sous CE, 3e et 8e sous-sect., 20 mars 2015, n° 369167
CREPEY (E.), concl. sous CE, 3e, 8e, 9e et 10e ch. réun., 25 oct. 2017, n°396954, *Lebon,* Juris-Data n°2017-020912 ; Procédures 2017, n° 12, comm. 327, note O. Négrin.
DUPONT, comm. sous CE, 8e sous-sect., 7 juillet 1958, n°35977, *Dr. fisc.* 1958, n° 44, p.938.
FOUQUET (O.) :
- concl. sous CE, 8e et 9e sous-sect., 23 nov. 1992, n° 93866, *Yverneau, Lebon ;* RJF 1/93, n°15 ; DF 15/93, comm. n° 772
- concl. sous CE, 7e et 8e sous-sect., 17 oct. 1990, n° 83310, *Loiseau*

GLASER (E.) :
- concl. sous CE, 31 juill. 2009, n° 297933, *Sté Swiss Overseas Airlines*, *RJF* 11/2009, 580.
- CE, 31 juill. 2009, n° 296471, *Sté Overseas Thoroughbed Racing Stud Farms Ltd*, *Dr. fisc.* 2009, n° 50 comm. 580.

GOULARD :
- concl. sous CE, 9e et 10e ss-sect., 26 févr. 2003, n° 223092 et 223093, *Dr. fisc.* 2003, n°24, comm. 436. P. 294

- concl. sous CE, 9e et 10e sous-sect., 1er mars 2004 n° 237013, Sté AS Représentation, *Dr. fisc.*, n° 37, p.1267-1269.

HENRARD (O.), concl. sous CE, 7e et 2e ch., 6 fév. 2019, n°410248, *SARL Alternance*, Lebon ;

JULIEN (B.), concl. sous CE, 10e et 9e sous-sect., 31 juill. 2009, n° 301935, *SARL Jean-Marc Brocard*, Lebon.

LAPRADE (M.) :

- concl. sous CE, 20 décembre 1963, n° 52308, *Dupont*, *Dr. fisc.*, 1964, 13
- concl. sous CE, 7e et 8e sous-sect., 14 fév. 1979, n° 10812

LEGER (Ph.):

- concl. sous CE, 8e et 9e sous-sect., 20 avr. 1984, n°20904, RJF, 6/84, 734
- concl. sous CE, 8e et 9e sous-sect., 28 sept. 1983, n°34626, *Lebon.*

MANDELKERN (D.), concl. sous CE, sect., 20 fév. 1974, *Lemarchand*, 83270, Lebon, p.126 ; *Droit fiscal* 1974, n°30, comm. 958

OLLEON (L.) :

- concl. sous CE, sect., 27 sept. 2006, n° 260050, *Sté Janfin, Droit fiscal* 2006, n° 47, comm. 744.
- concl. sous CE, 8e et 3e sous-sect., n°327764 *Société Legeps*
- VALLEE, concl. sous CE, 9e et 10e sous-sect., 28 février 2007 n° 284565, min. c/S.A. Peco, *RJF* 5/07 n°599.

MARTIN (Ph.) :

- concl. sous CE, 8e et 9e sous-sect., 18 mars 1994, n° 68799 et 70814, *Svermarco-Europe*, *RJF* 5/94, n°532, p. 290.
- concl. sous CE, 8e et 9e sous-sect., 21 juin 1995, n° 132530, *Dr. fisc.* 1995, n°52, comm. 2393.
- concl. sous CE, 9e et 7e sous-sect., 3 juin 1992, n°85067, *SOVIFERM, RJF* 9/92, n°1140 *; Dr. fisc.* 43/92, comm. n° 1946.
- concl. sous CE, 9e et 7e sous-sect., 22 juin 1988, n°58968, *RJF n°8-9/88*, n°1021

NICOLAZO de BARMON (M.-A.) :

- concl. sous CE, 9e et 10e ch., 21 juill. 2017, N°392908, *SAS Thermo Electron Holding*, *Dr. fisc.* 2017, 30-35, act. 443
- CE, 9e et 10e sous-sect., 23 janvier 2015, n.° 369214, *SAS Rottapharm,* Rec Lebon

POUSSIERE (M.), concl. sous CE, 5 janv. 1965: *Dr. fisc.* 1970, n°3 bis, p.23.

RACINE, concl. sous CE, 7e, 8e et 9e sous-sect., 27 juill. 1984, n° 34588 *SA Renfort Services, Lebon.*

RIVIERE (P.):

- concl. sous CE, 7e et 8e sous-sect., 29 mars 1978, n° 5125, RJF 5/78, n° 227 ; Lebon, *Dr. fisc.* 1979, n°4, comm. n° 85.

- concl. sous CE 4 mars 1985, n° 41.396 et 41.399 : RJF 5/85, n° 683 ; *Dr. fisc.* 1985, n° 41, comm. n°1675
- concl. sous CE, sect., 29 mars 1978, req. n° 5.125, RJF 5/78, n° 227 ; Dr.Fisc 1979, n°4 comm. n° 85
- concl. sous CE, sect., 24 févr. 1978, n° 2372, RJF 1978, 122.

SCHRICKE (C.), concl. sous CE, 7e et 9e sous-sect., 26 juill. 1982, n° 27823, *Dupont*, *Dr. fisc.* 1983, n° 10, comm. 384, p. 453 ; RJF 10/1982, n° 1007.

SENERS (F.), concl. sous CE, 3e et 8e sous-sect., 30 mai 2007, n° 285575, *SA Peronnet*

CE, 9e et 10e ch., 21 juill. 2017, n°392908, SAS Thermo Electron Holding, Dr. fisc. 2017, n°30-35, act. 443

1340. X :

- obs. sous CE 26 Juin 1985, n° 39049 et 39805, Dr. fisc. 1985, n° 44 , comm. 1856, comm. 1857 et comm. 1860 déc. (non reproduite), RJF 1985, n° 1212, p. 639
- obs. sous CE 10 nov. 1982, n°25.017, RJF 1/83, n°12.

Conseil Constitutionnel

Cons. Const., Décision n° 83-164 du 29 déc. 1983, JCP 1984, II, 20160

2. Cour de Justice de l'Union Européenne

CJUE, 18 Janvier 2018, Stadion Amsterdam

3. Sentences arbitrales

CCI n° 6420/1990), citée par Ibrahim Fadlallah, « Arbitrage international et litiges fiscaux », Rev. arb., note 170, spéc. p. 410 et à la sentence n°6420/1990, rapporté par Le Gall, « Fiscalité et arbitrage », Rev. arb. 1994

Sentence « AGIP SpA c./77/1) du 30 novembre 1979, Rev Congo » (CIRDI ARB/77/1) du 30 novembre 1979, Rev. crit. d.p.i. 1982, p. 92, spéc. p. 102

Sentence « Antoine Goetz et al. C. Burundi » (CIRDI ARB/95/3) du 10 février 1999

G. TEXTES LEGISLATIFS, REGLEMENTAIRES ET TEXTES INTERNATIONAUX

Acte uniforme (OHADA) du 11 mars 1999 relatif au droit de l'arbitrage.

Acte Uniforme relatif au Droit Comptable et à Information Financière

Acte uniforme (OHADA) du 24 mars 2000 portant organisation et harmonisation des comptabilités des entreprises.

Acte uniforme (OHADA) du 17 avril 1997 portant organisation des sûretés.

Code civil de1804

Code Général des Impôts en vigueur en République du Cameroun.

Code Général des Impôts en vigueur en République du Bénin.

Code Général des Impôts en vigueur en République du Burkina Faso.
Code Général des Impôts en vigueur en République du Congo.
Code Général des Impôts en vigueur en République du Gabon.
Code Général des Impôts en vigueur en République de Côte d'Ivoire.
Code Général des Impôts en vigueur en République du Mali.
Code Général des Impôts en vigueur en République du Sénégal.
Code Général des Impôts en vigueur en République du Togo.
Code Général des Impôts en vigueur en République du Tchad.
Convention entre la France et le Cameroun tendant à éviter les doubles impositions en matière d'impôts sur le revenu et sur les successions, droits d'enregistrement et timbre, 21 octobre 1976(modifiée par les avenants n°1 du 31 mars 1994 et n°2 du 28 octobre 1999.
Convention entre la République du Cameroun et la République de Tunisie, tendant à éviter la double imposition en matière d'impôts sur le revenu, 26 mai 1982.
Convention entre le Canada et la République du Cameroun tendant à éviter les doubles impositions et à prévenir l'évasion fiscale en matière d'impôts sur le revenu, 26 mai 1982.
Convention tendant à éliminer les doubles impositions entre les Etats de la CEMAC, 13 décembre 1996.
Loi N° 2006/ 019 du 29 décembre 2006 régissant l'activité postale au Cameroun.
Loi N° 2010/013 du 21 décembre 2010 régissant les communications électroniques au Cameroun.
Loi N° 2010/021 du 21 décembre 2010 régissant le commerce électronique au Cameroun.
Traité relatif à l'Harmonisation du Droit des Affaires en Afrique (OHADA) du 17 octobre 1993.
Instruction N° 535/MINEFI/DI/LC/L du 16 septembre 2002 précisant les modalités d'application de la Loi N° 2002/003 du 19 avril 2002 portant Code Général des Impôts.

H. RAPPORTS, ETUDES, TRAVAUX ET AVIS

ACTIONAID INTERNATIONAL (2016), Conventions fiscales, conventions inégales – Les conventions fiscales qui privent les pays les plus pauvres du monde de revenus vitaux- Action Aid, Paris, 2016.
ANOLD, (B. J.) (2014), *Protecting the Tax Base of Developing Countries*, United Nations Economic and Social Council (2014), Special Meeting on International Cooperation in Tax Matters - June 5, 2014.
ARNOLD (B. J.), « Introductions aux conventions fiscales », *in* www.un.org, 2015
BAD 2014, Stratégie du Groupe de la Banque africaine de développement pour remédier à la fragilité et renforcer la résilience, 2014-2019, BAD.

CADIET (L.), « Panorama des modes alternatifs de règlements des conflits en droit français », *Ritsumeikan Law Review (R. L. R),* No. 28, 2011, pp. 147-167.

JEULAND (E.), « L'énigme du lien de droit », *Revue juridique de la Sorbonne*, n° 1, juin 2020, p. 144-170.

KJAER (F.), « L'idée sociologique de « connectivité » et le droit international privé. Vers une architecture constitutionnelle », traduit par Louis HILL, Rev. Crit. DIP 2019, p. 929 et s.

KAMTO (M.), « La notion de contrat d'Etat : une contribution au débat », Rev. Arb. 2003.

LANNEAU (R.), « la concurrence fiscale », RGFP, N° 12, Décembre 2011.

LEROY (M.), « Fiscalité et évitement de l'impôt : une comparaison franco-russe », L'Harmattan, collection « finances publiques », 2003.

LEROY (M.), *Mondialisation et fiscalité, la globalisation fiscale*, L'Harmattan, collection « finances publiques », 2006.

NGANGO YOUMBI (É. M), « Les modes alternatifs de résolution des litiges administratifs en Afrique noire francophone », *Revue internationale de droit économique*, 2019/4 (t. XXXIII), p. 449-476. DOI: 10.3917/ride.334.0449. URL: https://www.cairn.info/revue-internationale-de-droit-economique-2019-4-page-449.htm.

PICCIOTTO, S. (2016), *Taxing Multinational Enterprises as Unitary firms*, ICTD Working paper 53, Brighton, International Centre for Tax and Development.

PICCIOTTO, S. (2016), *International Tax Disputes: Between Supranational Administration and Addjudication*, ICTD Working paper 55, Brighton, International Centre for Tax and Development.

SAINT AMANS (P.), « La coopération fiscale internationale *», RGFP* N°12, décembre 2011, p. 922 et s.

SNOUSSI (M.), » les stratégies juridiques des sociétés transnationales : l'exemple des prix de transfert *», RIDE, 2003/3-4 (t. XVIII), p. 443 à 469.*

CEA (2015), « Flux financiers illicites », Rapport du Groupe de haut niveau sur les flux financiers illicites en provenance d'Afrique - Rapport établi à la demande de la Conférence conjointe UA/CEA des ministres des finances, de la planification et du développement économique -, Addis-Abeba, CEA.

CEA (Mai 2018), Erosion de la base d'imposition et transfert de bénéfices en Afrique : Réformes de l'imposition des multinationales, Addis-Abeba, CEA.

CEA (2015), *Financements novateurs et transformation économique en Afrique,* Publication de la Commission Economique pour l'Afrique (CEA), sous. la dir. de Carlos LOPEZ, 2015.

GIZ (2018), « Note diagnostique globale du système de contrôle des industries extractives au Mali », GIZ, Bamako, 2018.

FMI, OCDE, Nations Unies, Groupe de la Banque mondiale (2020), Guide pratique pour la mise en œuvre réussie des obligations en matière de documentation des prix de transfert dans les pays en développement, Plateforme de collaboration fiscale, version provisoire, 2020.

IBFD (2009), Transfer pricing and customs valuation, two worlds to tax as one, IBFD Anuschka Bakker and Balema Obuoforibo, The Netherlands.

WEST C. (2022), Trends in international Taxation: An African Perspective – An Overview of the International Tax Landscape, IBFD, Africa Tax Symposium – Webinar Edition.

Nations Unies (2017), Atelier des Nations Unies sur les conventions de double imposition et l'érosion de l'assiette fiscale pour les pays en développement, Nairobi, 21-24 mars 2017 (www.un.org.)

Nations Unies (2019), Comité d'experts de la coopération internationale en matière fiscale, Rapport sur les travaux de la dix-septième session, 16-19 octobre 2018, Nations Unies, 2019.

Nations-Unies (1980), Manuel de négociation de conventions fiscales bilatérales entre pays développés et pays en développement, New York, Nations-Unies

Nations-Unies (2015), Modèle de Convention des Nations-Unies, Révision de 2011, New York, Nations-Unies

OCDE (1995), Prix de transfert et entreprises multinationales. Principes applicables en matière de prix de transfert à l'attention des entreprises multinationales et des administrations fiscales, Paris, Editions OCDE.

OCDE (2014), « Transparence fiscale », Forum mondial sur la transparence et l'échange de renseignements à des fins fiscales, Rapport de progrès, OCDE, 2014.

OCDE (2015), *Documentation des prix de transfert et déclaration pays par pays, Action 13*-Rapport final 2015, Projet OCDE/G20 sur l'érosion de la base d'imposition et le transfert de bénéfices, Paris, Editions OCDE.

OCDE (2009), « Soutenabilité budgétaire », dans *Govermment at a Glance 2009*, Paris, Editions OCDE.

OCDE (2010), Principes de l'OCDE applicables en matière de prix de transfert à l'intention des entreprises multinationales et des administrations fiscales 2010, Paris, Editions OCDE.

OCDE (2015), Action 15, Mandat pour l'élaboration d'un instrument multilatéral sur les mesures relatives aux conventions fiscales visant à lutter contre le BEPS, Editions OCDE

OCDE (2017), Principes de l'OCDE applicables en matière de prix de transfert à l'intention des entreprises multinationales et des administrations fiscales 2017, Paris, Editions OCDE.

OCDE et Conseil de l'Europe (2011), La convention multilatérale concernant l'assistance administrative mutuelle en matière fiscale : Amendée par le Protocole de 2010, Paris, Editions OCDE.

OCDE (2017), Articles du Modèle de convention fiscale concernant le revenu et la fortune - tel qu'il se lisait le 21 novembre 2017-, Paris, Editions OCDE.
OCDE (2020), les défis fiscaux soulevés par la numérisation - Rapport sur le blueprint du Piler Un -, Projet OCDE/G20 sur l'érosion de la base d'imposition et le transfert de bénéfices, Cadre inclusif sur le BEPS, Editions OCDE, Paris, 2020
OCDE (2020), les défis fiscaux soulevés par la numérisation - Rapport sur le blueprint du Piler Deux -, Projet OCDE/G20 sur l'érosion de la base d'imposition et le transfert de bénéfices, Cadre inclusif sur le BEPS, Editions OCDE, Paris, 2020
OECD (2014), Domestic revenue mobilization in fragile states, Paris, OECD, 2014.
OHADA (2020), Système Comptable OHADA, Guide d'application, p. 100.
ODD-HEDGE FJELDSTAD (2007), *Revenue Authorities: Experiences from sub-Saharan Africa*, Chr. Michelsen Institute (CMI), Conference on Poverty Policies and Budgetary Processes, Windhoek, 5-6 July 2007.
PICKERING (A.) (2014). *Negotiation of tax treaties for developing countries*, United Nations, (www. un.org.)
ATAF (2016), *Perspectives fiscales en Afrique* 2016 -Publication du Forum sur l'Administration Fiscale Africaine - , 1ère édition, 2016.
ZOCK ATARA à NGONN (J. S. F. M.), « Le Cameroun devant les instances arbitrales internationales » *in* OLINGA (A. D.) (*sous la dir. de*), *Le Cameroun et le prétoire international,* Afrédit, 2015, pp. 137-178.
IFP (2002), Centre Economie et Gestion de l'Ecole du pétrole et des moteurs (coord.), *Recherche et production du pétrole et du gaz -Réserves, coûts, contrats-*, Editions Technip, 2002.
SENAT du CANADA (Décembre 2006), « l'Equilibre fiscal horizontal : Vers une démarche fondée sur des principes », Rapport intérimaire sur l'étude du Comité au sujet de l'équilibre fiscal entre les divers niveaux de gouvernement au Canada, Comité sénatorial permanent des finances publiques, 7e rapport.
United Nations (2016) Manual for the Negotiation of Bilateral Tax Treaties between Developed and Developing Countries, United Nations, New York, 2016.

I. JURISCLASSEURS, ENCYCLOPÉDIES JURIDIQUES ET RÉPERTOIRES

MARDIERE (Ch. De la), « Abus de droit.- Textes, historique et notion », *Juris-Classeur Procédures fiscales*, fasc. 375 (2015), mis à jour 2019.

J. SITES INTERNET

www.ataftax.org – *Forum l'Administration Fiscale Africaine*

www.oecd.org – Organisation pour la Coopération et le Développement Economique
www.OHADA.com - Organisation pour l'Harmonisation du Droit des Affaires en Afrique
www.unidroit.org – *Institut International pour l'Unification du Droit Privé*
www.bofip.impots.gouv.fr – *Bulletin Officiel des Finances Publiques – Impôts*
www.economie.gouv.fr - Ministère de l'Economie, des Finances et de la Souveraineté Industrielle et Numérique
www.icc-france.fr – Comité National de la Chambre de Commerce Internationale en France
https://www.jurifax.com
www.legifrance.gouv.fr
www.pfongue.org - *La plate-forme des ONG européennes*
www.un.org - *Organisation des Nations-Unies*
www.lecercledesfiscalistes.com - *Le cercle des fiscalistes*

INDEX

A

Abandon de créance 248, 266
Abus de droit16, 17, 37, 38, 42, 48, 62, 64, 67, 76, 80, 146, 174, 175, 176, 177, 178, 179, 180, 181, 182, 184, 185, 186, 187, 188, 189, 190, 191, 192, 193, 194, 195, 196, 197, 201, 202, 203, 204, 205, 206, 207, 208, 209, 210, 211, 212, 213, 214, 215, 216, 217, 219, 220, 221, 222, 223, 250, 251, 252, 273, 274, 287, 288, 364, 366, 442, 445, 453, 457, 502, 506, 508, 511, 515, 521, 522, 544, 557
Acte anormal de gestion180, 195, 196, 221, 250, 251, 252, 253, 254, 255, 259, 260, 262, 264, 265, 267, 268, 269, 270, 271, 273, 274, 278, 281, 284, 285, 286, 287, 329, 366, 515, 521, 548
Acte juridique17, 179, 182, 185, 205, 213, 215, 229, 319, 352, 382, 499, 507, 508, 511, 513, 514, 520, 522, 523
Apparence68, 113, 117, 175, 177, 178, 179, 180, 181, 202, 206, 240, 287, 289, 306, 328, 347, 553, 557
Arbitrabilité 527, 528, 529, 530, 531, 537, 538, 539
ArbitrageV, 28, 75, 526, 527, 528, 529, 530, 531, 532, 533, 534, 536, 537, 538, 539, 540, 551, 554, 560
Assistance administrative mutuelle469, 478, 481, 483, 485, 486, 489, 490, 491, 562
Assistance technique9, 80, 96, 104, 154, 155, 156, 157, 162, 163, 168, 169, 170, 171, 172, 181, 182, 183, 194, 231, 232, 248, 256, 257, 258, 275, 276, 280, 285, 301, 304, 305, 312, 320, 321, 346, 428, 446, 448, 478, 489, 492, 493, 494, 495, 496, 517, 518, 524
Assurances10, 89, 90, 98, 297, 375, 398, 399, 404, 405, 406, 408, 409, 410, 411, 412, 451, 461, 464, 553
Autonomie du droit fiscal 498, 499, 500, 501, 514

B

Balance 309, 439, 497
BATTIFOL 6, 7
Bénin 32, 96, 97, 100, 104, 266, 277, 336, 405, 450, 560
Burkina Fasso 28, 378, 379, 449

C

Cadre inclusif 22, 473, 563
Cash-flow 356, 359
Cession des titres miniers 379
Cessions directes 348, 349, 350, 379, 449
Cessions indirectes 57, 217, 352, 353, 379, 449, 457

Charge de la preuve17, 73, 122, 140, 195, 204, 207, 210, 211, 212, 273, 283, 284, 285, 286
Charges financières 196, 228, 229, 230, 258, 259, 385
Clause de réserve de propriété 250, 326, 327, 328
Client60, 78, 89, 119, 180, 186, 220, 234, 236, 247, 263, 267, 303, 311, 315, 318, 319, 321, 322, 323, 324, 326, 327, 328, 367, 370, 371, 390, 401
Codage 35, 293
Comité des affaires fiscales 436, 481
Commerce électronique375, 413, 414, 425, 426, 427, 428, 429, 430, 431, 432, 433, 434, 435, 436, 449, 451, 452, 455, 461, 552, 556, 560
Communication16, 34, 98, 226, 413, 414, 415, 416, 418, 420, 426, 451, 456, 460, 461, 464, 485, 487
Concessions de service public 360
Constructions à finalité fiscale 37, 39, 287, 442, 543
Contrat imbriqué 342, 345, 362, 363, 364, 365, 366, 369, 370, 372
Contrat isolé 9, 85, 296, 362, 367, 369, 517
Contrôle d'effectivité 237
Contrôle de proportionnalité 279, 314, 323
Contrôles fiscaux simultanés 489, 490, 491
Contrôles ponctuels 16
Convention3, 4, 55, 72, 75, 81, 143, 148, 149, 150, 151, 156, 166, 167, 168, 169, 170, 172, 182, 185, 188, 194, 201, 206, 214, 219, 226, 229, 250, 257, 258, 262, 266, 275, 276, 295, 300, 306, 307, 310, 323, 327, 345, 347, 349, 359, 360, 367, 370, 372, 382, 389, 393, 394, 400, 433, 436, 468, 469, 470, 471, 472, 473, 474, 475, 476, 477, 478, 479, 480, 481, 482, 483, 485, 486, 487, 488, 489, 490, 491, 507, 508, 516, 517, 518, 524, 529, 530, 531, 536, 537, 562
Conventions fiscales internationales62, 81, 95, 149, 150, 154, 158, 163, 164, 165, 166, 336, 394, 470, 475, 477, 478, 541
Côte d'Ivoire28, 102, 104, 267, 277, 278, 279, 280, 282, 384, 385, 386, 405, 560
Crédit-bail 9, 87, 366, 367, 368, 369, 370, 372

D

Décodage 35, 293, 337
Déconstruction34, 35, 39, 83, 288, 289, 290, 293, 294, 295, 374, 398, 438, 445, 540, 542, 543
*Décryptage fiscal*293, 294, 296, 297, 298, 311, 318, 325, 326, 329, 334, 337, 338, 342, 348, 353, 354, 356, 362, 363, 370, 373, 384, 424, 426, 431, 438
Déficit qualitatif de l'expertise africaine 94
Déficit quantitatif de l'expertise africaine 100
Définitions du contrat 299, 303
Dépendance contractuelle 146, 342, 345, 362
Désarticulation du contrôle fiscal 175, 544

Déséquilibre fiscal 44, 85, 86, 175, 176, 177, 222, 287, 543
Désignation des parties 202, 298, 305, 306
Désorientation 37, 38, 39, 40, 42, 173, 287, 289, 442, 542, 543, 544, 545
Distorsions fiscales 38
Dividendes 279, 282, 325, 343, 344, 354, 357, 358, 447, 475, 485
Double imposition48, 111, 147, 165, 166, 173, 349, 417, 418, 419, 420, 423, 469, 470, 471, 473, 474, 476, 478, 481, 485, 488, 490, 560, 562
Droits du contribuable 551

E

Effet utile 516, 517
Ensemble contractuel9, 79, 80, 183, 291, 310, 339, 342, 346, 360, 362, 363, 364, 365, 366, 367, 368, 369, 373, 440
EQUILIBRE FISCAL 439
Erreurs de gestion 222, 223, 225, 226, 228, 238
Exigibilité de la TVA 236, 328, 368
Expertise africaine 94, 97, 288, 488, 494, 495

F

Fait générateur de l'impôt 65, 235, 552
Fait générateur de la TVA 235
Financement avec recours 354, 359, 360
Financement sans recours 356, 359
Flux financiers illicites 23, 32, 80, 81, 99, 102, 197, 198, 465, 495, 546, 561
Fournisseur60, 77, 84, 120, 267, 311, 315, 317, 318, 319, 320, 322, 323, 326, 327, 328, 335, 370, 371, 390, 417, 418, 419, 423, 429
Frais de siège112, 168, 169, 170, 171, 172, 185, 194, 228, 229, 256, 257, 275, 276, 280, 285, 301, 305, 446
Frais généraux156, 169, 171, 185, 228, 229, 230, 244, 256, 257, 258, 259, 274, 275, 279, 280, 286, 305, 316, 409, 446, 447
Fugitivité 38, 173, 442
Furtivité 38, 174, 442, 544
Fusion rapide 196, 260, 261
Fusions 54, 56, 195, 196, 197, 225, 245, 246, 556

G

GAFAM 41, 431
GAILLARD 532
Garantie de paiement 325, 326
Groupe de sociétés108, 136, 138, 142, 176, 195, 238, 256, 264, 275, 305, 339, 340, 342, 345, 353, 361, 364

H

Hydrocarbures59, 60, 77, 78, 79, 80, 90, 316, 320, 374, 377, 378, 380, 383, 384, 386, 387, 388, 461, 553

I

Identité réelle des parties 306
Imposition selon la résidence 470
Imposition selon la source 469
Impôts sur les revenus 283
Impôts sur les sociétés 206, 380
Indexation 316, 317
Insécurité des contribuables 510
Instrument multilatéral 481, 562
Interconnexion 414, 415, 416, 417, 418
*Interdépendance contractuelle*302, 337, 338, 339, 362, 367, 368, 369, 372, 552, 555
Intérêts fiscaux de l'Etat24, 68, 176, 469, 496, 497, 514, 520, 522, 540, 542, 545
Interprétation20, 25, 34, 36, 39, 62, 66, 70, 71, 72, 73, 82, 159, 183, 186, 191, 201, 202, 204, 205, 206, 207, 208, 210, 212, 213, 214, 215, 216, 217, 218, 219, 220, 223, 290, 297, 299, 301, 303, 329, 330, 331, 332, 333, 335, 337, 366, 381, 386, 451, 456, 476, 485, 497, 498, 499, 500, 501, 502, 503, 504, 506, 509, 510, 511, 512, 513, 514, 515, 516, 517, 518, 519, 520, 521, 522, 523, 524, 525, 526, 527, 529, 530, 532, 533, 536, 537, 538, 540, 541, 542, 545, 549, 553, 554
Itinérance 414, 415, 416, 417, 418, 419

J

Juge fiscal71, 73, 156, 187, 212, 217, 307, 310, 330, 331, 337, 457, 506, 510, 511, 512, 513, 514, 515, 516, 517, 518, 519, 521, 522, 523, 524, 525
Justice fiscale alternative 526, 536, 540
Justifications 15, 109

L

Langue du contrat 330, 332, 456
Leverage Buy 356
Lex mercatoria 336, 432, 531
Lex petrolea 381
Logiciels75, 156, 157, 160, 225, 232, 242, 414, 420, 421, 422, 423, 424, 437, 555

M

Mali 246, 247
Manipulation des prix de transfert37, 113, 133, 143, 144, 145, 174, 267, 446, 447, 505
Médiation 526, 527, 533, 534, 535, 536, 539, 540, 556
Montages contractuels abusifs 38
Montages contractuels transnationaux 177, 295, 515, 521, 542, 546
Montages intra-contractuels78, 84, 85, 193, 201, 203, 288, 296, 337, 338, 373

Montages pluri-contractuels78, 79, 80, 193, 195, 197, 203, 206, 296, 337, 338, 361, 373
Multinationales5, 21, 22, 30, 32, 37, 38, 45, 80, 86, 87, 88, 89, 90, 92, 93, 100, 107, 109, 110, 113, 114, 115, 116, 123, 124, 125, 126, 130, 131, 132, 133, 145, 169, 174, 186, 198, 203, 214, 215, 241, 255, 291, 321, 340, 342, 382, 405, 431, 435, 474, 475, 491, 496, 561, 562

O

Objet du contrat 299, 301, 302, 303, 312, 319, 320, 346, 363, 375, 397
Obligation de facturation de la prestation 320
Obligation de réalisation de la prestation 319
Opérations complexes 296, 337
Opérations simples 296
Opérations transfrontalières34, 55, 231, 241, 252, 253, 255, 256, 258, 259, 260, 262, 264, 267, 268, 269, 270, 283, 284, 404
Opposabilité fiscale des contrats 61, 64
Optimisation fiscale2, 33, 37, 38, 40, 41, 42, 44, 45, 46, 48, 61, 62, 63, 64, 70, 74, 76, 79, 81, 84, 85, 87, 88, 91, 93, 100, 108, 128, 130, 193, 207, 251, 289, 304, 490, 543, 552

P

Paradis fiscal 91, 107, 186, 198, 261, 447
Personnalité juridique des parties 307
Préambule 297, 298, 305, 308, 309, 310, 549
Preuve69, 71, 72, 130, 133, 144, 145, 181, 190, 210, 211, 226, 232, 248, 250, 257, 261, 262, 264, 265, 267, 272, 280, 284, 285, 286, 289, 312, 315, 323, 329, 351, 379, 441, 507, 550, 554, 555
Prévisibilité des qualifications fiscales 39, 498, 499, 510
Principe de pleine concurrence110, 112, 113, 114, 116, 117, 124, 132, 139, 141, 447
Prix de la prestation 311, 312, 319, 322, 328
Prix de transfert2, 17, 18, 19, 21, 26, 64, 83, 95, 99, 106, 107, 108, 109, 110, 111, 112, 113, 114, 115, 116, 117, 118, 121, 122, 123, 125, 126, 128, 129, 130, 132, 133, 135, 136, 137, 138, 139, 140, 141, 142, 143, 144, 145, 146, 147, 148, 197, 259, 267, 268, 295, 323, 340, 343, 344, 454, 455, 456, 457, 461, 462, 473, 494, 544, 549, 551, 554, 555, 561, 562
Procédure de vérification conjointe 489
Produits imposables 29, 233, 236, 328, 360, 361

R

Réalisme du droit fiscal72, 498, 499, 500, 501, 502, 503, 512, 514, 518, 556, 557
Redevances de brevets ou de marques 446
Redressement fiscal 212, 215, 274, 488
*Régime fiscal privilégié*28, 102, 104, 254, 261, 268, 277, 278, 280, 282, 336, 405, 414, 419, 448, 512, 553, 560

Rémunérations versées à l'étranger 154, 157, 159, 183, 424, 446
Renonciation à profit 254, 262, 263, 264, 267, 281
Renseignements15, 95, 110, 112, 136, 414, 460, 464, 466, 467, 478, 479, 480, 481, 482, 483, 484, 485, 486, 487, 488, 489, 491, 507, 562
Réorientation 39, 375, 442, 542, 545, 546
Rescrit fiscal 62, 210, 212, 213, 503, 506, 507, 508, 509, 545
Ressources financières 86, 93, 94, 101, 102, 103
Restructuration contractuelle 52, 56
Risque fiscal 46, 47, 51, 52, 53, 57, 59, 251, 294, 329, 548

S

Secteur bancaire 398, 399, 401, 404, 450, 461
Secteur extractif 241, 285, 377, 378, 380, 382, 398, 450, 461, 538
Secteur minier 59, 194, 377, 378, 379, 380, 381, 382, 383
Secteur pétrolier 157, 184, 185, 377, 383, 384
Secteurs stratégiques 88, 309, 333, 376, 449
Sécurité fiscale33, 39, 173, 269, 441, 442, 443, 452, 459, 468, 496, 497, 498, 500, 501, 502, 503, 506, 509, 526, 540, 545, 552
Sous-capitalisation 37, 247, 255, 258, 259, 281, 282, 283, 327, 356, 360
Souveraineté fiscale10, 12, 13, 30, 149, 163, 170, 257, 336, 375, 376, 377, 378, 391, 398, 399, 401, 404, 405, 414, 424, 425, 469, 488, 526, 528, 531, 532, 538, 557
Stratégies fiscales 47, 64, 340
Stratégies juridiques 340, 561
Structuration contractuelle 20, 47
Structuration financière 21, 339, 353, 354, 356
Subsidiarité 164, 165, 167, 168
Subventions d'équilibre 360
Subventions d'équipement 360, 361
Suspensive 266, 327, 328, 329, 335

T

Taxe spéciale sur les revenus 154, 157, 158, 160, 161, 392, 422, 424, 475
Taxe sur la valeur ajoutée 57, 73, 74, 158, 161, 235, 364, 370, 389, 393, 397
Tchad 28, 32, 50, 104, 105, 256, 266, 277, 278, 280, 401, 405, 560
Technique contractuelle4, 45, 74, 75, 173, 291, 295, 296, 297, 299, 367, 546
Télécommunications90, 359, 375, 413, 414, 415, 416, 417, 418, 419, 420, 422, 431, 461, 467
Téléphonie mobile 404, 414, 415, 427, 461
Territorialité148, 149, 151, 153, 154, 162, 164, 346, 407, 426, 429, 434, 435, 436, 445, 448, 452
Théorie de l'apparence 178
Titre du contrat 298, 299, 300, 302, 323
Transactions5, 12, 30, 38, 41, 46, 52, 56, 69, 76, 90, 93, 101, 109, 110, 111, 112, 113, 114, 115, 116, 117, 118, 119, 120, 121, 122, 123, 124, 125,

126, 127, 128, 129, 130, 132, 137, 138, 139, 140, 141, 145, 147, 148, 186, 194, 224, 225, 230, 231, 237, 240, 247, 257, 259, 261, 295, 323, 324, 326, 327, 338, 339, 344, 345, 352, 357, 359, 362, 378, 380, 420, 421, 422, 427, 431, 434, 447, 451, 454, 456, 490, 495, 496, 543
Transfert indirect de bénéfices18, 37, 41, 42, 43, 44, 45, 62, 85, 101, 106, 110, 111, 115, 118, 132, 133, 135, 143, 144, 145, 174, 179, 182, 201, 251, 252, 267, 268, 272, 273, 278, 280, 281, 301, 305, 312, 323, 343, 345, 346, 366, 442, 443, 515, 521, 543, 544

U

Usure 400, 401
Utilité fiscale 513, 514, 515, 521

V

Vérité juridique 71, 315

TABLE DES MATIÈRES

REMERCIEMENTS **7**

PRÉFACE **9**

SOMMAIRE **13**

TABLE DES ABRÉVIATIONS **15**

INTRODUCTION GÉNÉRALE **17**

§1. Aspects théoriques de la relation entre le contrôle fiscal et les contrats d'affaires internationaux 19

A. Clarifications terminologiques autour des concepts de contrôle fiscal et de contrat d'affaires international 19

B. L'objet de l'étude : l'exploration des contrats d'affaires internationaux dans une perspective exclusivement fiscale 34

C. L'intérêt de l'étude : Contribuer à la lutte contre « le nomadisme des bases d'impositions » 36

D. La problématique de l'étude 40

§2. Approche méthodologique 42

A. Le champ de l'étude 42

B. La démarche méthodologique de l'étude : le déconstructionnisme fiscal, outil d'analyse des contrats d'affaires internationaux 49

C. Hypothèses de recherche 53

D. Proposition de plan 55

PARTIE I

LA DÉSORIENTATION DU CONTRÔLE PAR LES CONSTRUCTIONS À FINALITÉ FISCALE DES CONTRATS D'AFFAIRES INTERNATIONAUX **57**

TITRE I

LE TRANSFERT INDIRECT DE BÉNÉFICES, OBJET FUGITIF DU CONTRÔLE FISCAL DES CONTRATS D'AFFAIRES INTERNATIONAUX **61**

CHAPITRE I

LE TRANSFERT INDIRECT DE BÉNÉFICES, OPÉRATION CONTRACTUELLE D'ÉVITEMENT DU CONTRÔLE FISCAL 63

SECTION I. LE TRANSFERT INDIRECT DE BÉNÉFICES, OPTION STRATÉGIQUE D'OPTIMISATION FISCALE 63

§1. L'optimisation fiscale contractuelle, option de gestion assumée par les opérateurs économiques transnationaux 64
A. L'anticipation contractuelle du risque fiscal par les opérateurs transnationaux 65
1. L'anticipation du risque fiscal en phase de structuration contractuelle des opérations internationales 66
2. L'anticipation du risque en phase de restructuration contractuelle des opérations internationales 72
3. L'anticipation du risque fiscal à l'extinction du contrat d'affaires international 77
B. La portée fiscale de l'option contractuelle d'optimisation 80
1. Les dérives de l'optimisation fiscale contractuelle 80
2. L'opposabilité fiscale des contrats d'affaires internationaux 84
§2. La technique contractuelle, outil d'optimisation fiscale aux mains des opérateurs économiques transnationaux 94
A. Le recours aux modèles et formules de contrats 94
1. Le recours aux modèles usuels de contrats 95
2. Le recours aux formules originales de contrats 97
B. Le basculement vers les montages contractuels à finalité fiscale 98
1. Les montages pluri-contractuels 98
2. Les montages intra-contractuels 103
SECTION II. LE TRANSFERT INDIRECT DES BÉNÉFICES, FACTEUR DE DÉSÉQUILIBRE FISCAL DES CONTRATS D'AFFAIRES INTERNATIONAUX 105
§1. La responsabilité active des entreprises étrangères 106
A. La prédominance de l'ingénierie fiscale internationale 106
1. Du point de vue fonctionnel 107
2. Du point de vue organisationnel 110
B. La disponibilité permanente des ressources financières 112
§2. La responsabilité passive des administrations fiscales africaines 113
A. Le déficit rémanent de l'expertise locale 114
1. Le déficit qualitatif de l'expertise africaine 114
2. Le déficit quantitatif de l'expertise africaine 120
B. L'indisponibilité rémanente des ressources financières 121
1. L'inconsistance structurelle des ressources financières internes 121
2. La dépendance structurelle vis-à-vis des ressources financières externes 123
CHAPITRE II
LE CONTRÔLE FISCAL, FONCTION VIRTUELLE D'ÉVICTION DES TRANSFERTS INDIRECTS DE BÉNÉFICES 127
SECTION I. LE CONTRÔLE SOUS-OPTIMAL DES PRIX DE TRANSFERT CONTRACTUELS 128

§1. Le mimétisme passif des méthodes de contrôle
préconisées par l'OCDE 131
A. L'adoption à titre principal
des méthodes traditionnelles fondées sur les transactions 132
1. La validation administrative des prix des transactions
intragroupe au moyen de l'analyse comparabilité 133
2. L'exploitation de l'analyse de comparabilité
à travers les méthodes traditionnelles fondée sur les transactions 136
B. L'adoption à titre subsidiaire des méthodes transactionnelles
sur les bénéfices 145
1. La validation administrative des profits des transactions
intragroupe au moyen de l'analyse de comparabilité 146
2. L'exploitation malaisée de l 'analyse de comparabilité
à travers les méthodes transactionnelles sur les bénéfices 147
§2. Le formalisme paralysant des méthodes
de contrôle préconisées par l'OCDE 153
A. L'exigence d'un préalable de forme : l'engagement
d'une vérification de comptabilité 154
1. De la production des informations et documents
sur réquisition de l'administration fiscale… 154
2. … A la production automatique des informations
et documents par les entreprises liées 158
B. L'exigence d'un préalable de fond : le déclenchement d'une
présomption de transfert illicite de bénéfices 163
1. Le contrôle des entreprises liées fondé sur la dépendance juridique 163
2. le contrôle fiscal des entreprises liées fondé
sur la dépendance économique 167
SECTION 2 : LE CONTRÔLE MINIMAL DES REVENUS
DE SOURCE CONTRACTUELLE SERVIS A L'ETRANGER 169
§1. Le contrôle extensif des rémunérations servies à l'étranger
en l'absence de convention fiscale internationale 169
A. La surveillance de l'application du principe de territorialité 170
1. Entre siège social et lieu de direction effective 170
2. Entre établissement permanent et représentant dépendant 171
3. Le contrôle de la réalisation d'un cycle commercial complet 173
B. La surveillance des sommes versées à l'étranger
en rémunération des prestations de toute nature 175
1. Du contrôle des frais d'assistance technique au contrôle
des rémunérations des prestations de toute nature 176
2. Le contrôle de l'imposition du revenu
et du chiffre d'affaires des entités non-résidentes 179
§2. Le contrôle des revenus servis à l'étranger en présence
des conventions fiscales internationales 184

A. L'application incertaine du principe jurisprudentiel de subsidiarité.... 185
1. La reconnaissance du principe de supériorité
des traités internationaux sur la loi 185
2. La fébribilité des autorités fiscales
dans la mise en œuvre du principe
de subsidiarité des conventions fiscales.. 186
B. L'application contestable du principe conventionnel
de non-discrimination.. 189
1. La neutralisation du principe
de non-discrimination dans le cadre
des conventions fiscales bilatérales 189
2. La transgression du droit international
dans le cadre des conventions fiscales multilatérales 191
CONCLUSION TITRE I 195
TITRE II
L'ABUS DE DROIT, LEVIER FURTIF D'ÉVITEMENT DU CONTRÔLE FISCAL DES CONTRATS D'AFFAIRES INTERNATIONAUX 197
CHAPITRE I. 201
LE DÉSÉQUILIBRE FISCAL DES CONTRATS D'AFFAIRES INTERNATIONAUX OCCASIONNÉ PAR L'ABUS DE DROIT 201
SECTION I : LES CONTRATS D'AFFAIRES INTERNATIONAUX, ESPACE FERTILE DE MANIFESTATION DE L'ABUS DE DROIT 202
§1. La manifestation multiforme de l'abus
de droit contractuel transnational 203
A. La manifestation de l'abus de droit à travers la simulation 203
1. L'abus de droit du fait de la simulation par acte fictif............................ 204
2. L'abus de droit du fait de la simulation par acte déguis 206
3. L'abus de droit du fait de la simulation par interposition de personnes . 210
B. La manifestation de l'abus de droit à travers la fraude à la loi 211
1. Entre motivation exclusivement fiscale
et motivation principalement fiscale des parties au contrat 212
2. La violation manifeste de l'esprit de la loi fiscale par le contrat 216
§2. La prolifération des montages contractuels à finalité fiscale
du fait de l'abus de droit... 217
A. L'abus de droit par exploitation conventionnelle
de la complexité dans les montages pluri-contractuels.............................. 218
1. La combinaison de plusieurs contrats simultanés ou successifs 218
2. La réalisation d'une opération économique transfrontalière.................. 222
B. L'abus de droit par dénaturation conventionnelle du contrat
dans les montages intra-contractuels 226
1. La dénaturation de la forme du contrat 226

2. La dénaturation du fond du contrat 228
SECTION II. LES CONTRATS D'AFFAIRES INTERNATIONAUX, ESPACE ARIDE DE CONTRÔLE DE L'ABUS DE DROIT 229
§1. L'affirmation laconique du pouvoir interprétatif de l'administration fiscale en matière de contrôle des contrats d'affaires 229
A. La consécration légale du pouvoir d'interprétation en matière de répression de l'abus de droit 229
1. La reconnaissance légale du pouvoir d'interprétation des contrats d'affaires 230
2. Les résultats mitigés de la répression de l'abus de droit contractuel 233
B. Le renversement de la charge de la preuve en matière contentieuse 235
1. La remise en cause systématique des requalifications administratives 236
2. L'usage sibyllin de la procédure du rescrit fiscal par les entreprises étrangères 238
§2. L'improvisation méthodologique de l'administration en matière d'interprétation 240
A. Le mutisme du législateur quant aux modalités d'interprétation 241
1. L'inexistence d'un organe consultatif spécialisé 241
2. L'inexistence d'un référentiel fiscal en matière d'interprétation des contrats 243
B. Le dilettantisme de l'administration et du juge en matière d'interprétation 244
1. Le règne de l'empirisme en matière d'interprétation 244
2. L'obsession de la performance financière de l'administration fiscale 246
CHAPITRE II
LA DÉSARTICULATION DU CONTRÔLE FISCAL DES CONTRATS D'AFFAIRES INTERNATIONAUX DU FAIT DE L'ABUS DE DROIT 249
SECTION I. LE CONTRÔLE ASYMÉTRIQUE DES ERREURS DE GESTION DE SOURCE CONTRACTUELLE A PARTIR DE L'EXAMEN DES COMPTES SOCIAUX 250
§1. Le contrôle sporadique des erreurs de gestion à partir de l'examen des comptes de gestion 253
A. Le contrôle de conformité fiscale des charges transfrontalières de source contractuelle 254
1. Le contrôle du respect des limites de déductibilité fiscale des charges inhérentes aux engagements contractuels transfrontaliers 255
2. Le contrôle de l'effectivité des charges transfrontalières de source contractuelle 257
B. Le contrôle de la conformité fiscale des produits d'origine contractuelle 260

1. Le contrôle de la réintégration fiscale des produits
de source contractuelle 260
2. le contrôle de l'exhaustivité des produits comptabilisés
de source contractuelle 263
§2. Le contrôle asymétrique des erreurs de gestion
à partir de l'examen des comptes de situation 265
A. Le contrôle de la conformité fiscale des éléments
de l'actif émanant du contrat 266
1. Le contrôle de la traçabilité des éléments
d'actif de source contractuelle 267
2. Le contrôle de la sous-évaluation financière
des éléments d'actif d'émanation contractuelle 270
B. Le contrôle de conformité fiscale des éléments du passif
découlant du contrat 272
1. Le contrôle de la tangibilité des éléments
du passif d'émanation contractuelle 272
2. Le contrôle de la surévaluation financière
des éléments du passif 275
SECTION II . LE CONTROLE REPRESSIF DES ACTES
ANORMAUX DE GESTION D'ORIGINE CONTRACTUELLE 277
§1. La présomption d'anormalité inhérente à certaines opérations
transfrontalières 280
A. La présomption d'anormalité des opérations transfrontalières
étrangères à l'intérêt de l'entreprise 281
1. La détection des charges engagées
par l'entreprise au profit des tiers 281
2. La détection de la renonciation à profit
au détriment de l'entreprise 289
B. La présomption de l'anormalité des opérations transfrontalières
tributaires d'un risque manifestement excessif 296
1. La controverse autour de la présomption
de l'acte anormal de gestion fondé sur le critère du risque
manifestement excessif 296
2. Le délaissement de la présomption
de l'acte anormal de gestion fondé sur le critère du risque
manifestement excessif 298
§2. La répression du transfert indirect de bénéfices véhiculé
par les actes anormaux de gestion détectés 300
A. Le redressement fiscal de l'acte anormal
de gestion par l'administration 301
1. La rectification de l'anormalité des charges engagées
par l'entreprise au profit des tiers 302

2. La rectification de l'anormalité de la renonciation
à profit au détriment de l'entreprise....................308
B. La dévolution de la charge de la preuve
de l'anormalité de l'acte de gestion....................311
1. La dévolution de principe de la charge
de la preuve del'acte anormal de gestion à l'administration fiscale....................311
2. Le renversement de la charge de la preuve
au détriment de l'entreprise....................313
CONCLUSION DU TITRE II....................315
CONCLUSION DE LA PREMIÈRE PARTIE....................317
PARTIE II
LA RÉORIENTATION DU CONTÔLE PAR LA DÉCONSTRUCTION FISCALE DES CONTRATS D'AFFAIRES INTERNATIONAUX....................319
TITRE I
LE DECRYPTAGE FISCAL DES CLAUSES, OUTIL DIDACTIQUE DE DECONSTRUCTION DES CONTRATS D'AFFAIRES INTERNATIONAUX....................323
CHAPITRE I....................325
LA DÉTECTION DES RISQUES FISCAUX DISSIMULÉS
DANS LES MONTAGES CONTRACTUELS TRANSNATIONAUX....................325
SECTION I. LA DÉTECTION DES RISQUES FISCAUX ASSOCIÉS AUX MONTAGES INTRA-CONTRACTUELS INHÉRENTS AUX OPÉRATIONS SIMPLES....................326
§1. Le décryptage fiscal des clauses introductives des obligations contractuelles....................328
A. Le contrôle fiscal des clauses concourant à la qualification des prestations....................329
1.La détection des risques fiscaux entourant le titre et l'objet du contrat....................329
2. La détection des risques fiscaux entourant les définitions du contrat....................334
B. Le contrôle fiscal des clauses concourant à la justification des prestations....................335
1. La détection des risques fiscaux entourant la désignation des parties....................336
2. La détection des risques fiscaux entourant le préambule....................338
§2. Le décryptage fiscal des clauses distributives des obligations contractuelles....................341
A. Le décryptage des clauses descriptives des obligations contractuelles....................341
1. Le contrôle des clauses de détermination de la prestation
axé sur l'effectivité....................342

2. Le contrôle des clauses de détermination du prix
de la prestation axé sur la proportionnalité 343
B. décryptage fiscal des clauses régissant
les obligations spécifiques à chaque partie 349
1. Le contrôle fiscal des clauses fixant
les obligations matérielles et financières incombant au fournisseur 349
2. Le contrôle des clauses fixant les obligations matérielles
et financières du client 352
§3. Le décryptage fiscal des clauses conclusives du contrat 360
A. Le contrôle fiscal des clauses d'interprétation 360
1. L'opposabilité de la clause d'interprétation
vis-à-vis de l'administration fiscale 361
2. Les difficultés d'interprétation fiscale liées à la langue du contrat 363
B. La détection des risques fiscaux entourant les conditions
résolutoires et le droit applicable 364
1. Le contrôle fiscal des conditions résolutoires 364
2. Le contrôle fiscal des clauses de droit applicable 366
SECTION II. LA DÉTECTION DES RISQUES FISCAUX ASSOCIÉS
AUX MONTAGES PLURI-CONTRACTUELS AFFÉRENTS
AUX OPÉRATIONS COMPLEXES 368
§1. Le décryptage fiscal des clauses par exploitation
de l'interdépendance contractuelle transnationale 369
A. La détection des risques fiscaux inhérents
aux opérations transnationales de structuration juridique 370
1. Le décryptage fiscal de la dépendance contractuelle
de l'entreprise vis-à-vis des autres entités du groupe 373
2. Le décryptage fiscal des opérations
de restructuration de la dépendance juridique de l'entreprise au sein
du groupe : le cas des cessions directes et indirectes de titres sociaux 379
B. La détection des risques fiscaux inhérents
aux opérations transnationales de structuration financière 385
1. Le décryptage fiscal des opérations de financement
sans recours : le cas des opérations d'acquisition à effet de levier 388
2. Le contrôle fiscal des opérations de financement avec recours :
le cas des concessions de services publics. 391
§2. Le décryptage fiscal des clauses par exploitation de l'interdépendance
contractuelle 394
A. La détection des risques fiscaux par exploitation
de l'économie générale de chaque contrat imbriqué 395
1. Le contrôle de l'effectivité des prestations
de chaque contrat imbriqué 395

2. Le contrôle de la conformité fiscale des prestations de chaque contrat imbriqué 397
B. La détection des risques fiscaux par exploitation de l'économie globale de l'opération 398
1. Le cas du contrôle fiscal de l'économie globale des opérations de crédit-bail 399
2. Le cas du contrôle fiscal de l'économie globale des opérations de compensation de dettes connexes intragroupe 401

CHAPITRE II
LA DÉTECTION DES RISQUES FISCAUX CONTRACTUELS MODULÉE PAR SECTEUR D'ACTIVITÉS 407
SECTION I. LA MODULATION DE LA DÉTECTION DES RISQUES ORIENTÉE PAR LES INTERACTIONS ENTRE LA SOUVERAINETÉ FISCALE ET LE DROIT DE RÉGULATION DU SECTEUR D'ACTIVITÉS CONTRÔLÉ 408
§1. Le décryptage des interactions entre la souveraineté fiscale et le droit national de régulation du secteur d'activité en cause 410
A. Le décryptage des interactions entre la souveraineté fiscale et le droit national de régulation du secteur extractif 410
1. Le contrôle fiscal des contrats du secteur minier 411
2. Le contrôle fiscal des contrats du secteur des hydrocarbures 417
B. Le décryptage des interactions entre la souveraineté fiscale et le droit national de régulation du secteur des travaux publics : l'exemple du Cameroun 424
1. Le contrôle de l'application du régime fiscal général des marchés publics sur financement extérieur 425
2. Le contrôle de l'application du régime fiscal spécial des contrats de partenariat 430
§2. Le décryptage des interactions entre la souveraineté fiscale et le droit supranational de régulation du secteur d'activité contrôlé 431
A. Le décryptage des interactions entre la souveraineté fiscale et le droit de régulation du secteur bancaire 432
1. Le contrôle fiscal des clauses relatives au taux effectif global dans les contrats de financement en zone CEMAC 433
2. Le contrôle fiscal des provisions pour créances et engagements douteux 434
B. Le décryptage des interactions entre la souveraineté fiscale et la régulation supranationale du secteur des assurances 437
1. Le contrôle des primes d'assurance et de réassurance directe à l'étranger 438
2. Le contrôle des engagements réglementés en conformité avec le droit supranational du secteur des assurances 441

SECTION II. LA MODULATION DE LA DÉTECTION DES RISQUES ORIENTÉE PAR LES INTERACTIONS ENTRE LA SOUVERAINETÉ FISCALE ET LE DROIT DE RÉGULATION DES TÉLECOMMUNICATIONS ET DU COMMERCE ÉLECTRONIQUE 446
§1. le décryptage des interactions entre la souveraineté fiscale et le droit de régulation des télécommunications internationales 447
A. Le contrôle fiscal des clauses d'interconnexion et d'itinérance entre opérateurs tarnsnationaux de téléphonie mobile 448
1. La délimitation du périmètre des prestations d'interconnexion et d'itinérance 449
2. Le traitement fiscal des clauses d'interconnexion et d'itinérance 451
B. Le contrôle fiscal des clauses de fourniture de logiciels 454
1. La délimitation des contours de la notion de logiciel 454
2. Le traitement fiscal des transactions internationales sur les logiciels 456
§2. Le décryptage des interactions entre la souveraineté fiscale et le droit de régulation du commerce électronique 458
A. Le contrôle fiscal des contrats relatifs à l'internet 460
1. La prise en compte du droit national de régulation du commerce électronique 461
2. L'exploitation du droit supranational de régulation du commerce électronique 465
B. Les difficultés de contrôle de la territorialité fiscale des contrats électroniques 468
CONCLUSION DU TITRE I 471

TITRE II

L'ÉQUILIBRE FISCAL DES CLAUSES, FINALITÉ DE LA DÉCONSTRUCTION DES CONTRATS D'AFFAIRES INTERNATIONAUX 473

CHAPITRE I 477
LA NÉCESSAIRE PRÉSERVATION DES INTERÊTS FISCAUX DE L'ÉTAT 477
SECTION I. L'ADAPTATION DU DISPOSITIF INSTITUTIONNEL NATIONAL AUX CONTRAINTES DU CONTRÔLE FISCAL DES CONTRATS D'AFFAIRES INTERNATIONAUX 478
§1. L'adaptation fonctionnelle des normes fiscales à la prolifération des contrats d'affaires internationaux 478
A. L'Adaptation du droit fiscal subsatantiel 479
1. L'arrimage du dispositif général anti-évasion aux enjeux du contrôle fiscal des contrats d'affaires internationaux 479
2. L'adoption de dispositifs particuliers anti-évasion 484
B. L'adaptation du droit fiscal processuel 487

1. L'extension explicite du pouvoir de contrôle de l'administration fiscale vis-à-vis des contrats d'affaires internationaux 488
2. L'expression pratique du pouvoir du juge en matière de contentieux fiscal des contrats d'affaires internationaux 492
§2. L'adaptation structurelle de l'administration fiscale aux enjeux du contrôle fiscal des contrats d'affaires internationaux 494
A. L'affermissement de la modernisation infrastructurelle des services de contrôle de l'administration fiscale 495
1. La modernisation des structures centrales de coordination du contrôle fiscal 495
2. La modernisation des structures opérationnelles d'exécution du contrôle fiscal 497
B. Le renforcement de la collaboration entre l'administration fiscale et les autres organismes nationaux de contrôle 498
1. Le renforcement du décloisonnement vis-à-vis des autres régies financières 498
2. Le renforcement du décloisonnement vis-à-vis des agences nationales de contrôle et de régulation 500
SECTION II. L'ADAPTATION DU DISPOSITIF INSTITUTIONNEL SUPRANATIONAL AUX CONTRAINTES DU CONTRÔLE FISCAL DES CONTRATS D'AFFAIRES INTERNATIONAUX 503
§1. Le réaménagement du droit d'imposer dans le cadre conventionnel bilatéral entre pays africains et pays développés 504
A. L'option d'une répartition plus équitable du droit d'imposer orientée par l'appréhension effective des revenus et de la valeur ajoutée ... 505
1. La recherche d'une répartition plus équitable du droit d'imposer privilégiant l'imposition des revenus selon la source 505
2. La recherche plus équitable du droit d'imposer privilégiant l'impostion de la valeur ajoutée selon la destination. 509
B. La formulation d'un modèle de convention plus compatible avec les intérêts fiscaux des Etats africains 511
§2- L'émergence d'un « pôle fiscal africain » en matière d'assistance administrative mutuelle 513
A. La densification de la coopération administrative en matière d'échange de renseignements 514
1. L'adoption de mécanismes d'échange de renseignements avec les pays développés 514
2. L'adoption de mécanismes d'échange de renseignements avec les autres pays africains 520
B. La promotion de la coopération interafricaine au service des contrôles fiscaux internationaux 524

1. L'exploitation du dispositif conventionnel
supranational dédié aux contrôles fiscaux internationaux 524
2. Le recours à l'assistance technique
supranationale en matière de contrôle fiscal des contrats d'affaires
internationaux 528

CHAPITRE II
LA NÉCESSAIRE PRÉSERVATION DE LA SÉCURITE FISCALE
DES CONTRIBUABLES TRANSNATIONAUX.................................... 533

SECTION I. LA PRÉVISIBILITE OBJECTIVE
DES QUALIFICATIONS FISCALES PAR LES CONTRIBUABLES
TRANSNATIONAUX 534

§1- La déstabilisation de la sécurité fiscale des cocontractants
par les théories de l'autonomie et du réalisme du droit fiscal 534

A. La prévisibilité des qualifications fiscales des clauses obstruée
par l'autonomie du droit fiscal 535

B. L'insécurité fiscale des cocontractants occasionnée
par l'application du réalisme du droit fiscal 537

§2- La stabilisation de la sécurité fiscale des cocontractants
par le respect du principe de légalité de l'impôt... 539

A. La promotion du respect de la légalité fiscale dans le cadre
des requalifications administratives 540

B. La promotion du rescrit au service de la prévisibilité objective
des qualifications fiscales... 542

1. La consécration légale du rescrit en faveur
de la sécurité juridique des invrstisseurs transnationaux 542

2. Le rescrit fiscal, gage insuffisant de l'opposabilité
des qualifications fiscales administratives.. 545

SECTION II. L'INTERPRETATION OBJECTIVE DES CLAUSES
CONTRACTUELLES PAR LES AUTORITES FISCALES 546

§1- Le recours aux méthodes objectives d'interprétation des contrats
d'affaires devant le juge fiscal dans l'ordre interne 548

A. La référence légale aux méthodes pragmatiques fondées
sur l'utilité fiscale du contrat.. 549

1. L'intérêt de l'utilité fiscale en matière d'interprétation
des contrats d'affaires internationaux... 550

2. Le contenu des méthodes d'interprétation
des clauses contractuelles ayant en commun la recherche de l'utilité 552

B. La référence légale aux méthodes d'inspiration morale
tenant au respect de l'équité 555

1. L'intérêt de l'équité fiscale en matière d'interprétation
des contrats d'affaires internationaux... 556

2. Le contenu des méthodes d'interprétation
des clauses contractuelles ayant en commun la recherche de l'équité........ 558
§2- Le secours des méthodes objectives d'interprétation des contrats d'affaires devant les autorités de justice fiscale alternative dans l'ordre international........ 562
A. La neutralité des institutions transnationales de justice fiscale alternative dans l'interprétation des contrats........ 563
1. La neutralité de l'arbitrage des litiges fiscaux en matière d'interprétation des contrats d'affaires internationaux........ 563
2. La neutralité de la médiation des litiges fiscaux en matière d'interprétation des contrats d'affaires internationaux........ 569
B. L'équité dans l'interprétation des contrats d'affaires internationaux par les autorités de justice fiscale alternative........ 572
1. Le traitement des parties sur un pied d'égalité dans le cadre de l'arbitrage des litiges fiscaux........ 573
2. Le traitement équitable des parties dans le cadre de la médiation des litiges fiscaux........ 576
CONCLUSION DU TITRE II........ 577
CONCLUSION DE LA DEUXIÈME PARTIE........ 579
CONCLUSION GÉNÉRALE........ 581
BIBLIOGRAPHIE SÉLECTIVE........ 587
A. DICTIONNAIRES ET ENCYCLOPÉDIE........ 587
B. OUVRAGES GÉNÉRAUX, MANUELS ET TRAITÉS........ 587
C. OUVRAGES SPÉCIALISES, THÉSES ET MÉMOIRES........ 591
D. ARTICLES........ 597
E.CONTRIBUTIONS AUX MÉLANGES ET ACTES DE COLLOQUES........ 598
F. NOTES, OBSERVATIONS, AVIS ET CONCLUSIONS DE JURISPRUDENCE........ 598
G. TEXTES LEGISLATIFS, REGLEMENTAIRES ET TEXTES INTERNATIONAUX........ 601
H. RAPPORTS, ETUDES, TRAVAUX ET AVIS........ 602
I. JURISCLASSEURS, ENCYCLOPÉDIES JURIDIQUES ET RÉPERTOIRES........ 605
J. SITES INTERNET........ 605
INDEX........ 607

Structures éditoriales du groupe L'Harmattan

L'Harmattan Italie
Via degli Artisti, 15
10124 Torino
harmattan.italia@gmail.com

L'Harmattan Hongrie
Kossuth l. u. 14-16.
1053 Budapest
harmattan@harmattan.hu

L'Harmattan Sénégal
10 VDN SICAP AMITIE 3
BP 45034 Dakar-Fann
direction@senharmattan.com

L'Harmattan Cameroun
Tsinga/Derrière polyclinique FECAFOOT
BP 11486 Yaoundé
Jacques.koukam@harmattan.fr

L'Harmattan Burkina Faso
Villa 281, secteur 23 623, rue 14.32
Ouagadougou
zagbie@outlook.fr

L'Harmattan Guinée
Almamya, rue KA 028 OKB Agency
BP 3470 Conakry
harmattanguinee@yahoo.fr

L'Harmattan RDC
185, avenue Nyangwe
Commune de Lingwala – Kinshasa
matangilamusadila@yahoo.fr

L'Harmattan Congo
219, avenue Nelson Mandela
BP 2874 Brazzaville
deunovmikhael@gmail.com

L'Harmattan Mali
Immeuble Mgr Jean Marie Cissé
Aci Hamadallaye
BP 145 Bamako
syllaka@yahoo.fr

L'Harmattan Togo
Djidjole – Maison Amela
face EPP BATOME
02 BP 20680 Lomé
didieramela11@gmail.com

L'Harmattan Côte d'Ivoire
Résidence Karl – Cité des Arts
Abidjan-Cocody
03 BP 1588 Abidjan
harmattan.ivoire@gmail.com

L'Harmattan Bénin
Rue 604, (Immeuble à l'entrée
de la rue UCAO- Cite de Saint-Jean)
Cotonou
stepcorpus@gmail.com

Nos librairies en France

Librairie internationale
16, rue des Écoles
75005 Paris
librairie.internationale@harmattan.fr
01 40 46 79 11
www.librairieharmattan.com

Librairie des savoirs
21, rue des Écoles
75005 Paris
librairie.sh@harmattan.fr
01 46 34 13 71
www.librairieharmattansh.com

www.ingramcontent.com/pod-product-compliance
Lightning Source LLC
LaVergne TN
LVHW011219061026
849535LV00001BA/91